LUTTE CONTRE LA FRAUDE DOUANIÈRE EN RDCONGO

Pour la création d'une direction générale de la Brigade douanière
(Enjeux financiers pour la reconstruction)

Collection « Comptes rendus »
fondée et dirigée par Eddie Tambwe

5-7, rue de l'École-Polytechnique ; 75005 Paris

http://www.librairieharmattan.com
diffusion.harmattan@wanadoo.fr
harmattan1@wanadoo.fr

L'HARMATTAN RDC
Eddie Tambwe et Léon Matangila
Kinshasa/Lemba – RDCongo

ISBN : 978-2-296-11681-8
EAN : 9782296116818

AFOTO JEAN ELENGA-DI-OKANGA

LUTTE CONTRE LA FRAUDE DOUANIÈRE EN RDCONGO

Pour la création d'une direction générale
de la Brigade douanière
(Enjeux financiers pour la reconstruction)

PRÉFACE D'ÉVARISTE MABI MULUMBA

L'HARMATTAN

Nota bene :

Alors que ce livre était encore sous presse, un groupe d'experts venait d'être constitué en vue de confectionner des textes juridiques pour la transformation de l'OFIDA en la DIRECTION GENERALE DES DOUANES ET ACCISES, DGDA. Service public ; et ce, suivant l'arrêté du ministre des Finances n° 014/CAB/ MIN/FINANCES/2009 du 07 mai 2009 en exécution des lois n° 08/007 et 08/009 de 07 juillet 2008 portant respectivement dispositions générales relatives à la transformation des entreprises publiques et aux établissements publics. Cette mutation statutaire, du reste confortée par la vision et l'expertise du COPIREP, n'altère en rien l'esprit et le fond de notre démarche.

Notre lecteur voudra bien donc tenir compte de cette récente actualité dans l'examen du présent travail.

Afoto Jean Elenga-di-Okanga

LUTTE CONTRE LA FRAUDE DOUANIÈRE EN RDCONGO

Pour la création d'une direction générale
de la Brigade douanière
(Enjeux financiers pour la reconstruction)

Préface d'Évariste Mabi Mulumba

L'Harmattan

Nota bene :

Alors que ce livre était encore sous presse, un groupe d'experts venait d'être constitué en vue de confectionner des textes juridiques pour la transformation de l'OFIDA en la DIRECTION GENERALE DES DOUANES ET ACCISES, DGDA. Service public ; et ce, suivant l'arrêté du ministre des Finances n° 014/CAB/ MIN/FINANCES/2009 du 07 mai 2009 en exécution des lois n° 08/007 et 08/009 de 07 juillet 2008 portant respectivement dispositions générales relatives à la transformation des entreprises publiques et aux établissements publics. Cette mutation statutaire, du reste confortée par la vision et l'expertise du COPIREP, n'altère en rien l'esprit et le fond de notre démarche.

Notre lecteur voudra bien donc tenir compte de cette récente actualité dans l'examen du présent travail.

Remerciements

Qu'il me soit permis d'exprimer ma déférence renouvelée aux éminentes personnalités de la Douane, de la Banque Centrale du Congo (BCC) et des experts du Fonds monétaire international (FMI) ci-après :

- *Monsieur le Professeur Docteur Kunio Mukuriya, Secrétaire général de l'Organisation mondiale des douanes (OMD), notre parfait icône professionnel au parcours sans faute, pour son engagement fervent et sans réserve à l'émulation de notre organisation.*
- *Monsieur Jean-Claude Masangu Mulongo, Gouverneur de la Banque Centrale du Congo (BCC), pour nous avoir aimablement accordé l'accès aux données statistiques de son institution ayant aussi servi à l'élaboration de cet essai.*
- *Mesdames et Messieurs : Anne Krueger, Teresa Ter-Minassian, M.J. Allein Richir, M.L.F. Malnati, Michael Keen, Geourjon, James T. Walsh, François L. Corfmat, Adrien Goorman, Patricio Castro...*
- *A tous les collègues formateurs en douane qui, par leur dévouement, convergent la vision des apprenants sur le pas technique de l'OMD dans sa marche vers la globalisation.*
- *Aux autorités académiques de l'Ecole Nationale des Finances (ENF), dirigée par le Professeur Denys Mbuyu Manga.*
- *A tous les collègues douaniers, ils sont nombreux, qui s'évertuent à l'observance de notre éthique professionnelle.*

« La richesse d'une nation, c'est au cœur des entreprises qu'il faut la rechercher [...] Plus que jamais, dans la décennie qui s'ouvre... c'est l'intelligence, le savoir, la connaissance qui seront les créateurs de richesse.

Edouard BALLADUR
Premier ministre français
1993-1995

« Pour une douane citoyenne, l'opérateur des douanes gagnerait à pénétrer l'esprit de la Brigade Douanière dans une synergie conviviale, gage de notre triomphe commun dans la reconstruction de la RDC».

L'auteur.

PREFACE

de Evariste Mabi Mulumba[1]

Au moment où le Congo démocratique, notre pays, est à la recherche de sa croissance et s'engage résolument dans un vaste chantier de réhabilitation et de renforcement de ses principales infrastructures socio-économiques de base, et en dépit de la crise financière internationale qui secoue le monde, cet ouvrage, puisque porteur d'une moisson de propositions concrètes et innovantes, arrive à point nommé comme pour apporter de l'eau au moulin d'une économie congolaise qui tourne au ralenti.

C'est pour moi un réel plaisir et même une fierté de préfacer ce précieux ouvrage du talentueux Jean Afoto Elenga, mon ancien étudiant (-auditeur) dont j'ai dirigé la dissertation ainsi que la soutenance pour l'obtention de son DEA en Management économique et Droits de l'Homme, à la Chaire Unesco de l'Université de Kinshasa.

Cet imposant ouvrage s'inscrit audacieusement dans une discipline appelée à se renouveler à l'aune de nouveaux enjeux qui s'imposent à la marche de notre société, et ce en tant qu'il enrichit la grille conventionnelle de notre savoir économique.

Venons-en au fond de l'ouvrage proprement dit : *Lutte contre la fraude douanière en R.D. Congo — Pour la création d'une Direction générale de la Brigade douanière (Enjeux financiers pour la reconstruction)*. Tel est le titre que l'auteur a donné à son travail. Un titre qui résonne à la fois comme un manifeste, un acte de foi et un programme de redressement d'un secteur vital pour notre économie. Quoi de plus normal, dans le contexte actuel d'autotransformation de la RDC, que de s'engager dans une problématique qui agite autant la profession douanière elle-même à un tournant de son évolution face aux nombreux défis qui l'interpellent dans la perspective de sa redynamisation.

C'est dire combien, comme l'évoque l'auteur abordant la question sous le prisme éthique dans son diagnostic préliminaire, « un homme privé d'un minimum d'éducation et d'absence de morale face au vice est susceptible d'être réduit à un statut d'animal inférieur. Il est donc de notre devoir de faire triompher l'idéal éthique dans l'intérêt bien compris de l'affirmation d'une humanité plus glorieuse. En déportant cet idéal dans le domaine de la douane, en combattant la fraude douanière, notre étude nous offre l'opportunité de montrer qu'il est possible de préserver la morale publique et individuelle, les besoins de la croissance économique et les efforts de réduction de la pauvreté d'un pays en retard sur le plan du développement.

---

[1] Professeur des universités, sénateur et président de la Commission économique et financière du Sénat. Il a été ministre des Finances, premier ministre et président de la Cour des comptes.

Cela est plus qu'une urgence, une nécessité vitale, car le niveau de la réflexion prospective et stratégique en cette matière est alarmant ».

A la lisière de l'anthropologie sociale, juridique et économique, d'entrée de jeu, le livre m'inspire une double représentation symbolique : la peur du gendarme et l'assurance d'une sécurité qui peut être garantie à tous les opérateurs sous la gouverne du droit douanier. Cette métaphore m'instruit, en effet, que si le gendarme a le mérite de garantir à la fois l'application et le respect de la règle de droit pour le bien de tous, en revanche une loi, si faible ou rigide soit-elle, se doit impérativement de servir de levier à l'harmonie sociale. Pourtant, elle a l'obligation de sécuriser les rapports des opérateurs douaniers entre eux et à l'égard de la société. Mais, entre les deux limites, il s'interpose des obligations « naturelles » par rapport aux obligations dites « civiles ». Et au-delà, des obligations d'un genre plus économique, liées à la nature foncièrement fiscaliste dans sa dimension d'être particulier, le livre a le mérite de lever, dans une démarche très originale, et de mettre en lumière les atouts d'une gestion rationalisée de la fiscalité douanière — sous l'impulsion d'une Direction Générale autonome de la *Brigade douanière paramilitaire* (à créer) — capable de faire face à la fraude dans ses multiples déclinaisons.

La quintessence du message que l'auteur tente de nous transmettre est qu'il confine son essai sur la lutte contre la fraude douanière et ses incidences négatives sur la fiscalité du pays en la situant sur un niveau éthique, mais envisagée ici sous le prisme juridique et économique. Pianotant d'une discipline à une autre à la manière d'un virtuose, l'oeuvre conjugue, à travers une saisissante multidisciplinarité, droit, économie, histoire, sociologie, philosophie, politique, fiscalité, management, etc., sans pour autant prendre le risque de perdre le fil des idées.

Côté scientifique, tout y est : la rigueur dans la méthode, le recours à une diversité de techniques opératoires selon une vision complémentaire, la patience d'un chercheur exigeant vis-à-vis de lui-même, campant avec acuité toutes les situations sous analyse, qui plus est, manipulant admirablement la langue. Une langue pour le moins dire techniquement précieuse, parfois fleurie mais jamais dévoyée. Il ne manque pas d'attirer l'attention du lecteur sur l'essentiel de son propos: la lutte contre la fraude dans le respect de la norme et de la dignité humaine – à l'aune d'une paramilitarisation fonctionnelle à visage humain. Ce propos, qui n'est pas celui d'un historien, encore moins d'un moraliste à la petite semaine, a ceci de particulier : il peint un paysage socio-économique composite avec le souci d'une cohérence scientifique bien mesurée. Funambule ou simple chercheur audacieux et foncièrement imbu de sa science? Le fait est là que Afoto Jean me semble être de la race d'essayiste courageux, peut être téméraire, tout à fait à son corps défendant, pourtant plein de conviction et peu enclin à s'incliner devant la difficulté. A l'évidence, il ne se laisse pas enfermer dans les limites d'un utopiste en mal d'imprimatur, ou d'un théoricien plat. L'abondante illustration graphique et chiffrée, ainsi que la pertinence des propositions de réorganisation de l'espace douanier qui caractérisent ce livre portent la vision d'un auteur engagé résolument dans une perspective courageuse et optimiste. Soucieux de ne pas brouiller sa pensée, il veille surtout à ne pas donner dans l'iconoclastie de (re)faiseur d'un monde irréaliste.

Le règlement des délits douaniers face à la loi et leurs différentes implications et articulations restent au coeur de l'ouvrage dans toute son étendue phénoménologique. Si tant est qu'il faille noter, ainsi que l'a signalé l'essayiste à notre intention de potentiel justiciable, parfois le droit peut dérouter par son essence phénoménologique. Evidemment, le terme fait référence simplement à une diffraction de situations impliquant, tout à la fois, du droit ou du juridique, où le droit est tantôt affligeant, tantôt réparateur, tantôt du coté des bons (honnêtes déclarants), tantôt du coté des méchants (fraudeurs), tantôt moral, juste et injuste selon le cas, etc. débouchant ainsi sur des phénomènes de droits parfois inattendus, conciliant ou opposant des solutions juridiques et des questions de droit. Reste que, par-delà les désignations multiples que peut comporter cette notion, tant qu'il y a des phénomènes de droit, il y a donc forcément du droit pour le rétablissement de l'équité fiscale par cette structure.

Reste le sentiment général que quelque chose de nouveau transparaît dans cette étude. Comme il le dit lui-même, dynamisé assurément par son profil de douanier rompu aux règles de son domaine et du management, il est clair que l'objectif premier de cet essai est sans doute l'amélioration du recouvrement et l'encadrement efficients des recettes fiscales des douanes et ce, dans les règles de l'art managérial. En s'inspirant de l'excellent travail abattu dans le cadre de la réforme des entreprises du portefeuille de l'Etat par le COPIREP, les propositions que suggère ce livre impliquent à la fois des stratégies réalistes et révolutionnaires, alliées à un plan d'actions proche des standards universels modernes en matière de gestion douanière.

En intégrant, par exemple, la dimension environnementale dans son travail, l'auteur nous rappelle que les droits humains concèdent à l'homme le privilège d'évoluer dans un environnement sain, loin des substances nocives qui appauvrissent la couche d'ozone, les SAO. C'est à juste raison que ce travail en tire la sonnette d'alarme.

Mon souhait le plus ardent est que ce livre puisse davantage aider les responsables politiques, les chercheurs de toutes les disciplines, les professionnels de la douane et des accises, tout comme le grand public ... et les *parlementaires élus* que nous sommes à renouveler notre regard et notre jugement sur la douane congolaise, et aussi à revitaliser l'intelligence qui postule de la promotion de la culture fiscale. Mon intime conviction est d'autant plus confortée — de par mon expérience de plus de vingt ans passés à la présidence de la Cour des comptes de notre pays — par le fait que, tel que nous y invite cet ouvrage, seule une tenue honnête et loyale de la fiscalité douanière est à même, par le dynamisme et la vigilance de la nouvelle Brigade douanière, d'affranchir le Trésor public de la contre-performance dommageable découlant de la fraude douanière. C'est, à mon sens, un des moyens parmis tant d'autres les plus sûrs d'accompagner la politique de bonne gouvernance pour affronter de grands défis qui attendent la RDC dans la conquête de sa prospérité et son affirmation comme une puissance économique au cœur de l'Afrique, une puissance capable en plus de passer de son état de géant potentiel d'aujourd'hui, et demain, à un géant réellement digne de respect, de dévotion et de convoitise.

AVANT-PROPOS

Dans un antagonisme légal de partage des devoirs et droits des parties, l'un des objectifs essentiels de cet essai est de rapprocher les opérateurs du secteur des douanes de ceux du Trésor public.

Les douaniers et les déclarants — qu'on le veuille ou non — sont des compa-gnons, sinon des partenaires, qui font la vie de l'administration douanière. Mais ce tandem n'évolue toujours pas sans heurts, car dans une espèce de jeu de cache-cache (qui n'est pas à somme nulle) et de secret de polichinelle, chacun a généralement tendance à tirer la couverture des intérêts de son côté, profitant surtout de la moindre inadvertance professionnelle du douanier. Maintenant que se développent par-delà nos frontières les relations commerciales avec de très larges horizons qui s'ouvrent et qui ne cessent de prendre une importance grandissante avec leurs implications dans l'économie nationale, notre ambition pour la RDC est de la doter d'une instance de surveillance, de contrôle, de dissuasion qui soit capable de réprimer, en toute indépendance et loin des pesanteurs de certains oligarques internes de l'Ofida, les infractions douanières et commerciales.

Il sied d'associer, en amont de cette capacité de répression, un potentiel de la force de dissuasion dans l'optique de réduire sensiblement le volume de dossiers contentieux qui se résorberait, il va de soi, par l'acquittement dans la norme des droits dus au Trésor. Pour atteindre une telle performance, une modernisation sous-tendue par une restructuration fondamentale de la Brigade douanière, tant au niveau de l'esprit que de la fonctionabilité, s'avère être la condition *sine qua non* pour une amélioration qualitative des missions de l'Ofida et de sa Brigade en RDC - en vue d'un meilleur encadrement et une sécurisation optimale d'une bonne partie des recettes publiques -. C'est dans cette perspective que nous proposons par ce travail un modèle de management radicalement nouveau et réaliste de la gestion des relations entre l'Administration et la Brigade douanières face à leurs opérateurs, dans une vision dynamique des rapports fructueux entre parties. Ce qui conduira cette nouvelle brigade douanière vers sa mission de fond : celle de forger la conscience du patriotisme fiscal en vue de générer la conscience du Congolais au devoir fiscal par un comportement citoyen à la pratique douanière. Cet état d'esprit contribuera à favoriser la croissance et le développement par de nouvelles stratégies de travail que nous comptons mettre en place en vue d'apporter des réponses à la fois novatrices et prospectives aux réalités de notre environnement.

Il est un fait que les solutions peuvent, sans doute, diverger selon les tradi-tions et les cultures d'un pays à un autre, il reste que le contexte actuel de la mondialisation des échanges implique une standardisation consensuelle d'un certain nombre de règles de fonctionnement de base dans la détection à partir des indices, la verbalisation et la répression des fraudes. Qu'importe si les réali-tés congolaises sur la fraude ne sont pas identiques à celles de la France, de la Belgique, etc. Il n'empêche, partant des pratiques interlopes locales, qu'il soit toujours possible de s'inventer des stratégies de lutte contre une certaine forme de banditisme économique en en « tropicalisant » les méthodes. Avec toujours en arrière-plan, la volonté lancinante de consolider les assises économiques de la collectivité.

Dans cet essai, nous nous efforcerons d'user d'un langage douanier certes rigoureux, sans pour autant chercher à verser dans un académisme pédant. L'es-sentiel pour nous sera d'offrir au lecteur, dans une approche heuristique doublée d'une acuité pédagogique et méthodique constructive, une grille de lecture plus simple, capable de transcender certaines querelles sémantiques ou techniques découlant de la complexité de certaines questions douanières dans leur relation au quotidien du douanier et, partant, de la Brigade douanière, sa police. Il est dès lors évident que, c'est l'intériorisation du patriotisme fiscal qui ouvre la voie au civisme fiscal, qui demeure la voie la plus sûre pour l'administration douanière de contribuer à la reconstruction de notre Congo. Car la lutte contre la fraude postule à la viabilisation budgétaire qu'y apportent les recettes douanières qui, pour nous, resteront pendant encore longtemps une source importante de son financement intérieur.

Sans nul doute, la vision du COPIREP nous a permis de mettre à jour de nouveaux modes de gestion dont une bonne partie a inspiré nos propres réflexions sur la manière qui nous paraît plus idoine d'apporter notre contribution à notre pays, à partir du nouveau régime statutaire mis en place, à matérialiser une stratégie optimale de maximisation des recettes douanières. Celle-ci passe par une restructuration fondamentale observant les règles managériales d'une organisation scientifique du travail que nous comptons mettre en place. Ce qui implique impérativement des méthodes de travail innovantes et une éthique douanière nouvelle. Pourvu que la réflexion proposée ici ne soit réduite à une simple déclaration d'intentions, encore moins à une pieuse incantation ; autrement « *l'enfer restera paver de bonnes intentions* » qui doivent nécessairement être suivies d'un effort de réalisation que d'être saluées comme simple mérite. Au levier politique d'agir donc. Car après tout, notre théorie, belle serait-elle dans son canon, ne peut être profitable à tous que dans l'action concrète de l'homme politique de qui nous attendons prendre le relai matériel de cette réflexion. Son implication avec conviction aboutira, espérons-nous, à la réformation profonde d'une brigade douanière d'un type nouveau.

Cette nouvelle orientation ne peut justifier sa pertinence que dans la mesure où elle permet de concilier les nouvelles ambitions de nos services douaniers avec un engagement plus affirmé des opérateurs économiques et autres investis-seurs nationaux et étrangers.

Puisse notre modeste contribution servir de levier et de levure au (re)décol-lage de l'économie, exsangue, de notre pays par sa capacité à élaborer un sché-ma mental et fonctionnel qui, sous la figure de la concussion et du travestis-sement de la morale publique, n'aura que trop retarder l'envol de la RDC.

L'auteur

INTRODUCTION GENERALE

I. PROBLEMATIQUE

Dresser des balises dans les sillons de la fraude douanière pour en faire une lutte équivaudrait à reconstituer un puzzle labyrinthique. Du coup, lorsque l'on s'engage dans une telle démarche, il se pose, dès le départ, un *problème* qu'il sied de cerner avec circonspection et méthodes.

Devant ce genre de situation, Michel Meyer[1] pose pertinemment cette question : « Qu'est-ce qu'un *problème* [envisagé bien entendu dans le cadre d'une recherche scientifique] ? ». Il y répond en ces termes : « Au-delà de son sens négatif, l'idée de problème renvoie à la première étape dans la démarche scientifique : formuler un problème [clairement comme celui que pose la fraude douanière] est essentiel à sa résolution et comprendre ce qui fait problème permet de voir ce qui doit être résolu »[2]. De ce point de vue, notre démarche, puisque portée par une vision épistémologique, s'engage à analyser le problème que pose le divorce de la morale d'avec l'éthique douanière, l'absence de synergie entre le civisme patriotique et le civisme fiscal, l'obsession dolosive de certains opérateurs économiques et l'absence d'intégrité professionnelle que leur concèdent certains douaniers.

Et dire que, en créant la Brigade douanière par ordonnance n° 78-302 du 6 juillet 1978 comme « Corps » spécialisé de lutte contre la fraude au sein de l'administration douanière, le législateur recherchait l'efficacité de cette entité spécialisée (en parfaite synergie avec ladite administration) en la dotant de pouvoirs de coercition étendus. Ainsi cette loi charge-t-elle la Brigade de *surveiller, de prévenir, de rechercher et de réprimer la fraude douanière* sur toute l'étendue de la RDC. On l'aura bien compris, la présence de la Brigade douanière lors de la vérification physique des marchandises permet de dissuader les actes de délinquance douanière. Au plan interne, la Brigade douanière fait le contrepoids de la vérification et de ses corollaires sur la fraude ; tandis qu'au plan externe, elle use de ses prérogatives de répression contre la contrebande via ses branches et services spécialisés. En conséquence, les cordes de la bourse du Trésor s'en trouvent tant soit peu consolidées face aux charges publiques.

Du fait que certains milieux professionnels répugnent à s'acquitter du paiement de droits de douane et que la douane se montre un peu laxiste dans sa mission en concédant des faveurs indues à certains opérateurs

---

[1] Professeur de philosophie à l'Université libre de Bruxelles.

[2] M. MEYER, « Qu'est-ce qu'un problème ? », *in Sciences et avenir* (Hors-Série) : La science en 10 questions, décembre 2002 à janvier 2003, Paris, p. 55.

économiques véreux dans les transactions douanières, il revient donc à la puissance publique de juguler cette tare axiologico-économique.

De notre point de vue, ici le problème à résoudre se pose comme suit : le fait de subordonner la Brigade douanière, dès le départ, à une autorité unique centralisée ne permet d'avoir un contrepoids suffisant capable d'aider à contrevérifier correctement et en toute indépendance certaines déclarations et opérations douanières importantes sans encourir les risques de subir les effets négatifs des interférences de certains oligarques internes impliqués dans les réseaux frauduleux. Il y a donc un réel conflit au sein de l'OFIDA, conflit matérialisé par certaines intrusions de la hiérarchie administrative sur le fonctionnement de la Brigade.

Il importe donc de clarifier la question en revisitant certains passages des deux ordonnances en question qui permettent aux structures impliquées dans la gestion des affaires douanières. Que peut-on en dégager comme commentaires juridiques ? C'est que, quoique faisant partie d'une même structure fonctionnelle, les deux entités sont régies par deux ordonnances distinctes. Ce qui implique comme conséquence logique de les rattacher à un même niveau de juridicité. Partant, aucune disposition de ces deux ordonnances ne peut être modifiée par une règle de droit de niveau inférieur quel qu'il soit, si ce n'est pour clarifier ou imposer l'exécution sans faille des prescrits desdits textes.

Or, du point de vue du droit positif congolais – lorsqu'une décision est prise – une option levée et ensuite coulée sous forme de loi par le législateur en amont et promulgué par le Président de la République, les autres décisions qui lui sont subsidiaires (arrêtés ministériels, décrets, décisions, instructions et notes administratives) en aval, ne doivent que concourir à la pleine exécution et la réalisation des mesures d'application de cette loi. Il y a donc primauté et préséance absolues de cette loi sur les autres dispositions réglementaires qui en découleraient. C'est que les autres dispositions subséquentes ne doivent pas aller à contre courant de l'esprit et de la lettre de cette ordonnance dans leurs mesures d'exécution. Tout autre acte contraire à cette loi ne doit donc être pris que par une autre loi abrogeant la première et généralement prise par la même autorité requérante, préservant ainsi à la fois le parallélisme de forme et la convergence de fonds juridiques[1]. Comme l'écrit d'ailleurs Georges Vedel, une telle loi d'abrogation « doit en principe émaner de l'auteur de la décision à abroger et être prise dans les mêmes formes (règle de l'acte contraire et du parallélisme de forme) ou être prise par une autorité supérieure ayant pouvoir de réformation »[2].

---

[1] C. LUTALADIO MBUTA, *Droit Administratif*, notes de cours, Finances Publiques, GII D&A, ENF, Kinshasa, 1999-2000.

[2] G. VEDEL, *Droit administratif*, Presses Universitaires de France, 1961, p. 155.

De ce fait, le rôle de l'Administration des douanes et accises est de faire réaliser la pleine exécution des missions assignées à la Brigade douanière et non d'en donner des interprétations et des directives subjectivement partisanes. Ce qui a conduit la Brigade douanière à sa situation d'épouvantail actuelle, c'est le foisonnement des décisions et des instructions émises par l'Administration des douanes au mépris de l'esprit et de la lettre de loi qui l'institue (voir *Annexe n° 1*). Au point de mettre la Brigade douanière dans une situation de profond malaise juridique et de violation flagrante de son droit d'exercice de la part de son Administration par le fait de son émiettement au sein des autres services de l'entreprise. Cette crise muette de fond appelle donc sa restructuration et la redéfinition de son cadre juridique.

De façon évidente, à l'analyse de certaines instructions émanant de la haute hiérarchie de l'Administration douanière (cf. Note de service n° DG/SG/ADG/028/2003 du 23/05/2003 portant réorganisation de la Brigade douanière ...), il semble que nous soyons tombé dans un cas qui, sous le prétexte d'agir dans le sens de la réduction des tracasseries douanières (supposées) au niveau de la Brigade douanière, par un télescopage d'instructions et de décisions de service, fait que l'administration centrale soit tentée d'usurper certaines prérogatives de la Brigade. Les problèmes que soulèvent ces nouvelles instructions sont de cet ordre :

1° Sans dénier à la Brigade douanière ses missions et attributions, l'ADG de l'OFIDA a décidé que les agents de ce corps « soient soumis à des règles particulières dont les modalités seront fixées par *sa décision* (article 2).

2° Au lieu de réprimer la fraude, « dans chaque province, les unités de la Brigade sont placées sous l'autorité du directeur provincial assisté d'un sous-directeur de la Brigade » et celle-ci « doit [plutôt] travailler en synergie avec les directions provinciales » (article 4, al.1 et 4). La Brigade douanière qui originellement était créée comme « corps national spécialisé » de lutte contre la fraude a été totalement démembrée en petites brigades fédérales et autonomes au niveau des provinces, avec un rang organique d'une sous-direction que chapeaute un directeur provincial ayant un ascendant absolu sur celle-ci.

3° La mise en règle d'un processus de déliquescence de la Brigade douanière nationale amorcé depuis bientôt six ans a, à ce jour, des répercussions désastreuses sur les recettes du Trésor public. Au point que la courbe oscillatoire de la répression douanière, tant au niveau de l'OFIDA que de la Brigade, est au point fixe ou, sinon en baisse : preuve que la fraude résiste mieux.

4° Les pouvoirs coercitifs de la Brigade douanière avec son statut et sa position actuels devant la fraude sont complètement anéantis par le seul et unique pouvoir discrétionnaire de chaque directeur provincial qui peut être à la fois juge et partie dans des cas de fraudes douanières, puisque capable d'user de son ascendant sur la sous-direction de la Brigade douanière.

5° La Direction divisionnaire[1] de la Brigade douanière au niveau central (DG) a été subrepticement dissoute pour empêcher, par ce vide, toute coordination de lutte contre la fraude au niveau national.

6° Au plan de la ville de Kinshasa, cette brigade, puisque placée sous la surveillance permanente de la direction générale (qui, elle aussi, contrôle et réprime parfois les fraudes douanières constatées par la Brigade), se retrouve en situation de l'arroseur arrosé.

7° L'esprit et la lettre de nouvelles instructions et décisions de la Direction générale privilégient plutôt une sorte de collaboration fonctionnelle avec les services de douane dans des dossiers contentieux, au lieu de laisser la Brigade jouer pleinement son rôle de répression (sans interférences extérieures), tel que le lui recommande la loi – un peu à l'image d'un Ministère public se complaisant dans un conciliabule et un flirt avec un infracteur de droit commun.

Ce suicide financier amorcé au nom de la réforme telle qu'insinuée par l'Administration douanière ne peut répondre, ni rencontrer les attentes et aspirations du COPIREP, ni celles de bailleurs de fonds extérieurs à la RDC, encore moins les intérêts financiers du Gouvernement. Surtout que, comme écrit Michael Keen, « le FMI consacre une part non négligeable de son assistance technique à accroître le rendement de l'administration douanière. Le fait de rechercher à améliorer le rendement de l'administration révèle simplement qu'en pratique, les droits de douane resteront encore longtemps

---

[1] *La Direction divisionnaire* est une direction centrale établie à la direction générale de l'OFIDA et ayant pour compétence fonctionnelle nationale la gestion du personnel lui rattaché et jouissant d'autres prérogatives administratives. Alors que *la Direction provinciale* est un service extérieur et excentré à la direction générale de l'OFIDA mais n'ayant qu'une compétence limitée sur une portion administrative du territoire national. Elle gère et dirige une *province douanière* qui ne peut pas nécessairement être une province constitutionnellement de la RDC dans ses limites administratives. Tel est le cas de la ville-province de Kinshasa constituée de 3 provinces douanières : Kin-Est, Kin-Aéro et la Direction provinciale de la Brigade douanière.

une importante source de revenus pour de nombreux pays en développement [et] une nécessité (...)[1] » budgétaire pour la RDC.

En l'état, la Brigade douanière de la RDC, puisque dégarnie de ses griffes, demeurera encore longtemps un épouvantail moins dissuasif face aux opérateurs économiques douteux. Ce qui amène à nous interroger quant aux possibilités de solutionner cet épineux problème :

Quelles sont les raisons qui favorisent les fraudes douanières ? Que faudrait-il faire pour réhabiliter efficacement la Brigade douanière dans ses missions traditionnelles, et comment en même temps répondre aux exigences de sa réforme et de sa modernisation sans empiéter sur les droits des opérateurs économiques ? Comment améliorer et renforcer les stratégies dans cette lutte pour la diminution de la fraude douanière, tant à l'intérieur qu'à l'extérieur de cette Administration ?

Tel sera l'état de la question sous examen, dont une bonne partie de la réponse viendra sans doute de l'étude attentive de l'arsenal et des moyens juridiques disponibles... Ce, à partir des données glanées entre 1998 à 2004.

II. ETAT DE LA QUESTION

L'acmé phénoménale qu'a atteint la fraude douanière, avec son ampleur à l'échelle nationale ces dernières années, a eu pour effet de nous faire prendre conscience de la perversion et de la nocivité à la fois morale, civique et économique de la gestion des finances publiques de l'Etat. L'opportunité de sa répression, dans la limite de l'application effective de la réglementation, avec la sévérité proportionnelle aux infractions commises, ne peut trouver du répondant que dans un autre cadre que celui du simple assainissement interne. Nous avons conscience que les auteurs, coauteurs et autres organisateurs des fraudes douanières, en dehors de ceux de l'intérieur de la RDC, sont parfois domiciliés à l'étranger et reliés à des réseaux complexes. Ce qui, par moments, rend les fraudes difficiles à déceler du fait de leur organisation minutieuse, au point que leurs auteurs restent souvent hors de portée des mesures répressives internes puisque étant constitués en filière internationale. Néanmoins, le fait d'avoir une prise sur leurs complices internes permet d'atteindre les véritables bénéficiaires de la fraude et d'en fragiliser les réseaux systémiques.

Un ancien directeur de la Brigade douanière ne s'en cache pas et croit trouver opportunément d'ailleurs une occasion de ne pas se taire. Sous sa plume, nous lisons : « La fraude [douanière] est devenue un véritable phénomène national. Elle est aujourd'hui considérée à juste titre comme une pieuvre aux ramifications diverses en engendrant des conséquences néfastes sur l'économie en général et sur le contribuable en particulier. » Ainsi,

---

[1] M. KEEN (dir.), *Moderniser la douane : Défis et stratégies de réforme de l'administration douanière*, éd. FMI/OMD, Washington/Bruxelles, 2003, p. 1.

quantifie-t-il conséquemment, dans une analyse d'expert, d'approximation à la hausse, la razzia financière que cause la fraude. De toute évidence, l'ampleur d'une telle fraude est financièrement criminelle[1] : « Le Trésor public se trouve amputé de plus de la moitié des recettes qui devaient lui revenir. Le contribuable, quant à lui, paie aux opérateurs de fraude, ce qui revient de droit à l'Etat. La fraude permet donc aux opérateurs de fraude de s'enrichir non seulement des bourses de contribuables, mais également du Trésor public (...). Les honnêtes contribuables sont aussi victimes de la concurrence déloyale des produits de fraude ». Pourtant, la Brigade douanière est censée l'en protéger. Comme nous pouvons le constater, la douane congolaise est aussi malade de sa propre brigade.

Par ailleurs, l'ampleur de cette fraude reflète l'environnement dans lequel évolue notre douane. Et la stratégie efficace de sa lutte doit s'intégrer dans une démarche plus large autour d'une structure unipolaire, cohérente et efficacement coordonnée au plan national, qui réponde à la fois aux impératifs de la réforme, de la modernisation de la Brigade douanière et d'assainissement des finances publiques. Or, l'Administration des douanes dispose en son sein d'une loi ayant créé et qui organise en même temps « un Corps » de surveillance des frontières nationales, de prévention, de dissuasion et de répression de ladite fraude, la Brigade douanière. Au point que si cette loi *était effectivement appliquée* sans entraves et renforcée, elle réduirait sensiblement la lèpre morale qu'est la fraude qui mine la fiscalité congolaise et ses corollaires. L'application de cette loi souffre aujourd'hui de beaucoup d'écueils. Il est établi que chaque fois que la Brigade douanière doit appliquer l'esprit et la lettre de cette loi (loi contentieuse de répression...), l'Administration douanière, au niveau de ses différents échelons hiérarchiques, se retrouve bien souvent elle-même dans 'organisation, la couverture et l'entretien de la fraude. C'est ainsi que les pires délinquants de la fraude se recrutent essentiellement parmi certains agents et hauts cadres de cette Administration et de sa Brigade, manipulant à souhait le délit d'initié et de police douanière avec les suppôts d'opérateurs douaniers véreux. Le professeur Buabua wa Kayembe[2] qualifie ces faits, dans un propos vitriolé et sans concession, d'incivisme fiscal, typiques *« des associations de crimes organisés :* [puisque impliquant tous azimuts] *généraux et colonels, membres des services de sécurité, trafiquants expatriés (certains Libanais) et nationaux sans foi ni loi, bandits de grand chemin...»* Qui dit fort bien et mieux par cette saine colère fiscaliste ?

---

[1] KABONGOLO LUKUMU : « La fraude douanière, une pieuvre pour le Trésor Public – Recette de la Brigade pour sortir du bourbier », dans *Revue des Douanes Congolaises*, n° 000, juin 1999, OFIDA, Kinshasa, p. 38.

[2] M. BUABUA wa KAYEMBE, *Droit fiscal congolais – La législation fiscale et douanière en vigueur en RDC*, Editions universitaires africaines, Kinshasa, 2006, p. 225.

N'importe comment, comme le dit d'ailleurs par expérience professionnelle le fiscaliste Ferdinand Baudhuin[1], « l'administration des douanes peut difficilement admettre officiellement l'existence de sous-évaluations des recettes et des fraudes diverses. En publiant des estimations de recettes, elle peut mettre l'Etat en situation délicate lors de discussions ou de négociations avec les bailleurs de fonds extérieurs. Ceux-ci pouvant se servir de ces évaluations comme arguments *ad hominen* très dangereux. Le caractère approximatif de ces prévisions rend douteux d'engager la responsabilité de l'Administration ».

En feuilletant la presse locale, beaucoup de titres accusateurs défrayant la chronique occupent ses manchettes, au point que la « *criminalité douanière en col blanc* » gangrène même sa structure de répression qu'est la Brigade. Le journal kinois *Le Libre Débat*, pour ne citer que celui-ci, accuse, lui aussi, vertement la Brigade douanière. Alors qu' « *il ne faut pas parler de corde dans la maison d'un pendu* », ce journal dénonce et, sur une tonalité de verdict qui ne met pas de gants, s'en va-t-en guerre contre les actes et les attitudes cousus de vénalité de la Brigade douanière qui la font *pendre* publiquement : « A Kinshasa comme à Matadi, à Mwene-Ditu comme à Kasumbalesa, pour ne citer que ces exemples, la Brigade douanière ne fait pas son travail. Car, les responsables de cette Brigade affectés partout à travers le pays se font corrompre, puisqu'il ne peut pas en être autrement quand on sait que les cas de fraude ne sont jamais signalés. » Et le journal de se poser une question à laquelle il répond : « Peut-on dire que la RDC est devenue le seul pays au monde où les importateurs et exportateurs sont corrects vis-à-vis de la législation douanière ? Répondre à cette question par l'affirmative, c'est mentir du fait des réalités auxquelles on est quotidiennement confronté ». La dénonciation, moins passionnelle, de ce journal est sans complaisance mais plutôt suggestive de voie de sortie de ce *statu quo*. Il propose : « Pour remédier à la situation, la Brigade douanière doit être restructurée. Dans cette perspective, elle doit être débarrassée de tous les responsables et agents qui entretiennent et vivent de la fraude. Ils sont connus et bien identifiés, mais jamais inquiétés.» *Le Libre Débat* ne s'arrête pas en si bon chemin[2] : « A la direction provinciale [de la Brigade] de Kinshasa tout comme dans l'arrière-pays, au port de Matadi dans la province du Bas-Congo, à Kasumbalesa dans le Katanga, à Mwene-Ditu dans le Kasai-Oriental... les responsables de la Brigade douanière brillent par la médiocrité. Ils initient et encouragent la fraude douanière en contrepartie des pourboires négociés avec les importateurs. Ces agents de l'Etat ainsi corrompus méritent d'être balayés au profit d'autres plus crédibles et prêts à servir dans l'intérêt supérieur de la nation ».

---

[1] F. BAUDHUIN, *Précis des finances publiques - Tome II*, 4e éd. Etablissement Emile Bruyant, Bruxelles, 1966, p. 66.

[2] *Libre Débat* : « OFIDA/Brigade douanière », n° 43 des 22 et 23/12/2004, p. 12.

Quant au groupe de projet qui travaille sur le programme de réforme et de modernisation de l'OFIDA, il reconnaît entre autre que[1] « L'OFIDA n'assure correctement ni la mission économique ni la mission fiscale qui incombe à une administration des douanes moderne et que des progrès importants doivent être accomplis [...] dans la lutte contre la fraude ». Ce groupe d'experts appose sa signature au bas du mal qui ronge l'administration douanière en tentant de déporter ce vice dans le temps : « A la décharge des services, il convient de souligner que la période trouble que connaît la RDC depuis plusieurs années a favorisé le large développement, dans une certaine impunité, de l'incivisme fiscal et des trafics illicites de toutes natures, ce qui a conduit les agents à abandonner le terrain de la lutte contre la fraude pour se focaliser sur le contrôle du secteur formel qui est devenu la cible de tous les formalismes et de tous les contrôles ».

Etant à la fois juge et partie impliquée souvent dans la fraude et la contrebande, l'administration douanière a été amenée depuis par ses fonctionnels, à produire une kyrielle de notes et de décisions administratives pour le moins subjectives, souvent contraires à l'esprit de cette loi, avons-nous dit, dans le seul but intentionnel d'annihiler et de contourner l'action de lutte que devrait mener la Brigade. C'est ainsi que celle-ci se trouve à ce jour dépouillée presque totalement de ses prérogatives légales de surveillance des frontières, de ses moyens de recherche, de prévention, de dissuasion et surtout de répression de la fraude. Et les brigadiers ne peuvent agir que timidement sur des dossiers litigieux de moindre importance et ne bénéficiant de la couverture triviale de la hiérarchie. La conscience professionnelle des brigadiers, auprès de qui il ne faut attendre plus, s'en trouve bien souvent émoussée, avec toutes les conséquences qui en découlent. Les droits des citoyens, quant à eux, censés être régulés par la douane comme un instrument de protection des droits de l'homme, s'en trouvent dangereusement biaisés et étouffés.

La Brigade douanière assume, d'autre part, la responsabilité première de rétablir la justice fiscale de la douane auprès des usagers. Cette justice est rompue du fait de la fraude. F. Baudhuin élucide cette pensée : « La justice fiscale impose que les opérateurs de douanes soient grevés de charges égales lorsqu'ils sont dans une situation égale de déclaration des marchandises souscrites au même régime tant à l'importation qu'à l'exportation. Or ce postulat, à bien des égards, n'est pas respecté lorsque cette situation se trouve confrontée à la fraude ou à la contrebande ». C'est ainsi que la Brigade douanière, par sa présence permanente à la frontière, sert premièrement de prévention, de dissuasion ou d'intimidation, voire de répression effective pour rétablir cette justice fiscale. Ce qui n'est pas toujours le cas.

A cette allure, il faudra malheureusement attendre encore longtemps pour que des « conventions internationales de lutte contre les infractions aux lois

[1] Cf. Programme de réforme et de modernisation de l'OFIDA, *op. cit.*, p. 5.

douanières puissent être rendues plus efficaces par une étroite coopération entre administrations des douanes prévoyant des prohibitions, des restrictions et des mesures particulières de contrôle à l'égard de certaines marchandises ».[1] A la lumière de notre analyse et de nos observations de terrain, ces belles conventions risquent de souffrir encore assez longtemps d'inapplication tant que l'institution de la fraude, par ses parrains interposés, continuera à observer le *statu quo*.

L'impressionnant dépouillement des dossiers contentieux des droits compromis réalisé consécutivement sur la fraude, mais en souffrance à l'ex-division et l'actuelle Direction provinciale de la Brigade douanière de Kinshasa, à la Division des contentieux... attend vainement d'aboutir tant que les agents de l'administration douanière et de sa brigade resteront encore et intimement inféodées au système frauduleux ambiant.

Au regard des rapports équivoques, matérialisés surtout par de nombreux contentieux transmis quotidiennement à la direction de la Brigade par ses différents postes essaimés sur toute l'étendue de la ville de Kinshasa (à titre indicatif), *deux ou trois dossiers contentieux seulement ont été difficilement établis pour l'année 2004* en dépit des logiques de pression du lobbying interne. Encore que ces droits demeurent hypothétiques quant au recouvrement imputable aux barons de la fraude. En province, la même réalité prospère au grand dam du Trésor public : un indicateur montrant de façon évidente que la fraude et la contrebande se portent mieux à la douane et au sein même de son organe de répression, la Brigade douanière. Ces dernières évoluent, toutes deux, dans un même cadre certes légal, *mais inadéquat* au regard de leurs missions respectives.

La réflexion que nous consacrons ici, sous la forme d'une étude critique et constructive, porte justement sur le management situationnel et efficace de la Brigade par rapport à l'Administration des douanes et accises. Notre étude concourt à atténuer tant soit peu l'ampleur économiquement criminelle de la fraude sur les finances publiques et son désastre insidieux sur les droits de l'homme congolais, dans le transfert du contrôle de responsabilité de la Brigade douanière sous une autorité de tutelle directe et indépendante, auprès de qui elle devra rendre compte quant à sa gestion et à ses missions. C'est à cette condition qu'elle s'affranchira d'une certaine mainmise et d'une influence pernicieuse dans ses missions et objectifs de la part de mauvais génies.

Par ailleurs, l'Administration des douanes et accises étant constituée sous la double tutelle du ministère du Portefeuille (tutelle administrative et financière) et du ministère des Finances (tutelle technique), leur responsabilité

---

[1] En liminaire de l'Accord bilatéral d'assistance mutuelle administrative en matière douanière entre le gouvernement du royaume de Belgique et le gouvernement de la RDC, « La main dans la main pour l'assistance en matière douanière », in *Revue des Douanes Congolaises*, n° 004, mai 2004, Kinshasa, OFIDA, p. 8.

gestionnaire est fort solidairement engagée. Leur implication active et conjuguée dans la viabilité, la sauvegarde et la surveillance des ressources financières que génère cette administration pour l'Etat ont inspiré notre démarche pour interpeller les pouvoirs publics.

A l'instar de « la traite négrière qui était une violence contre les droits humains érigée finalement en *une entreprise criminelle à responsabilité illimitée* qui ne privilégia en somme que le seul profil économique[1] », la fraude douanière, quant à elle, s'en rapproche du fait de sa juxtaposition sur le même fil conducteur d'intérêt, et est un crime économique aussi grave que l'autre par ses conséquences sur les droits de l'homme. Car elle sape la promotion des droits de l'homme dans leurs expressions diverses d'émulation sociale et économique. Surtout que le devoir fiscal fait défaut auprès de l'homme de la rue qui croit que l'Etat est une notion encore trop abstraite pour se plier à cette exigence. Et loin de toute rectitude morale, « il se sent parfaitement absout, comme l'écrit l'ouvrage *FRAUDES*[2]..., par la simple évocation de la pression fiscale globale et intolérable à laquelle il est soumis ». Surtout qu'en plus la fraude douanière, comme crime économique, ne choque certainement et directement pas l'opinion du fait qu'elle ne s'opère pas de façon spectaculaire et tangible, encore moins violente, et qu'elle est considérée comme moins grave que les délits de droit commun. Mais sa latence incubatrice fait œuvre de dose létale dans la masse financière pour biaiser toute prévision budgétaire relative aux recettes douanières. Au point qu'aujourd'hui, bon nombre de projets et de programmes gouvernementaux d'intérêt général sont soit arrêtés, soit mis en sursis, soit déprogrammés ou encore annulés par manque de financements intérieurs, dilués quasiment par le fait de la corrosion partielle de la fraude douanière. Quand bien même ces projets de société seraient programmés dans le budget de l'Etat, les prévisions de recettes douanières, venant en couverture de ces charges, ne sont toujours pas totalement réalisées et connaissent des écarts d'impasse béats entre les prévisions et les réalisations. La cause de ce déficit est imputable à la part substantielle qu'induit la fraude dans ses diverses formes de manifestations insoupçonnées. Des contrats-programmes assignés en recettes à l'Ofida en souffrent souvent pour être atteints.

La Cour des comptes, autorité attitrée et tutélaire par excellence, toutes ses sections réunies, n'édulcorant rien dans un langage péremptoire de

---

[1] MANDA TCHEBWA, *Traite négrière, esclavage et musiques dans les Petites Antilles française (du XVe au XXe siècle), Quête de la paix et de la restauration ontologique à travers la dialectique de la violence coloniale face aux droits humains*, dissertation DES, Université de Kinshasa/Chaire Unesco, Département Education et Culture de la paix, 2005, p.10.

[2] B. MORSELLI ; J. TIMINIAU, *FRAUDES - Techniques et Répression dans le monde*, éd. Office International de Librairie (OIL), Liège, 1996, p. 44.

certification, circonscrit l'étendue du mal[1] : « Il est aujourd'hui établi que l'ampleur de la fraude est telle qu'une part importante de recettes fiscales échappe au Trésor». Une affirmation concluante d'une autorité des plus fiables qui étaye notre démarche.

Une autre plaie béante et dévastatrice reste ouverte sur les matières précieuses. Elles aussi ont leur part non moins significative dans la fraude douanière. L'ancien ADG du CEEC, Victor Kasongo Shomary, l'a reconnu en stigmatisant dans son brillant exposé lors du forum de l'ITIE au Grand Hôtel Kinshasa le 11 mai 2005[2] : « Les résultats ainsi atteints [grâce au processus de Kimberley] sont certes encourageants *mais beaucoup reste à faire dans la lutte contre la fraude des matières précieuses* ainsi que dans l'utilisation effective des données relatives aux recettes fiscales générées par cette évolution positive » (C'est nous qui soulignons). Nous renvoyons à l'*Annexe n° 20* pour plus de détails sur l'ITIE et les principaux engagements pris par les pays qui s'y sont adhérés.

« Au ministère des Mines[3], on évalue entre 200 et 250 millions de dollars par an la valeur des diamants exportés par des circuits frauduleux ». Cette source précise même que « le diamant est la principale source de revenus pour la RDCongo dont les exportations dans le secteur ont rapporté 700 millions de dollars en 2003 ».

Par contre, le rapport du panel d'experts de l'ONU (additif de novembre 2001) estime qu'un tiers de la production totale de diamants bruts de la RDC, soit 300 millions de dollars par an, serait exporté en contrebande via le Congo-Brazzaville et la RCA, en raison notamment des droits d'exportation beaucoup plus bas pratiqués dans ces pays de transit[4]. Selon la même source brazzavilloise, « le potentiel d'exportation du secteur diamantifère de la RDC se situerait autour de 600 millions de dollars par an, ses exportations illégales de gemmes via des réseaux mafieux atteignent, selon une étude publiée fin mars 2001 par l'*Observatoire de la Gouvernance et de la Transparence*, entre 300 et 400 millions de dollars par an, soit de 50 à 60% de la valeur totale des exportations de diamants.

---

[1] J.O. de la RDC, *Reddition de comptes 2004 : Observations de la Cour des comptes relatives au Projet de Loi portant Arrêt des comptes et Règlement définitif du budget de l'Etat pour l'exercice 2004*, 46è année, Numéro Spécial Cour des Comptes, décembre 2005, p. 10.

[2] Jeannine KALENGA, « *Le CEEC, un service crédible des substances minérales précieuses congolaises* », dans *LA RELANCE* n° 09 du 1er juin 2005, Kinshasa, p. 3, col. 4.

[3] *MARCHES TROPICAUX – Stratégies et investissements en Afrique*, « Ressources minières – RD Congo», n° 3066 – 59e année, Paris, vendredi 20 août 2004, pp. 1816-1818.

[4] Institut Vie et Paix, *Les causes socioéconomiques des conflits armés en Afrique Centrale et leur résolution : Cas du Congo-Brazzaville*, étude non éditée, Brazzaville, décembre 2006, pp. 16-17. (ONG activiste de droits de l'homme, de bonne gouvernance, de recherche et d'action pour la paix, dirigée par des Maîtres-assistants, tous docteurs dans leurs discip-lines, à la Faculté des Sciences économiques de l'Université Marien Ngouabi de Brazza-ville et où ils sont chercheurs auprès du Centre de Recherche et d'Etudes Prospectives, « CREP »).

Ces chiffres rejoignent ceux avancés par d'autres experts, tel *Marysse (2001)* qui considère en effet qu'à la fin des années 90 et sur la base des données d'autres pays exportateurs mais non-producteurs de diamants, il apparaît une exportation frauduleuse de 2/3 contre 1/3 au début de la même décennie. Cette montée spectaculaire des exportations frauduleuses de diamants pourrait être interprétée comme une conséquence directe du conflit en RDC dans la mesure où, comme le note Marysse (2001) : « il est probable que le Congo-Brazzaville (comme pays de transit) sera partiellement remplacé par le Rwanda et l'Ouganda. En effet, de plus en plus de comptoirs s'ouvrent à Kigali et à Kampala. ' Même *De Beers* a ouvert un comptoir à Kigali. ' Le rapport du panel d'experts de l'ONU (2001) montre clairement que le Rwanda et l'Ouganda qui ne sont pas reconnus comme producteurs de diamants en sont devenus *subitement* exportateurs après l'invasion de la RDC par leurs troupes en août 1998. »

Dans la foulée, « le Congo [-Brazzaville] a été exclu [après enquête] du *processus de Kimberley*[1] le 9 juillet 2004 pour n'avoir pas justifié l'origine d'une importante quantité de diamants qu'il exporte (...) car il importe frauduleusement des diamants de pays voisins»[2] signale la revue hebdomadaire et économique *Marchés tropicaux*. Confirmant en plus cette accusation, un rapport de vérification a révélé que le volume des exportations officielles de ce pays (de 4 à 5 millions de carats par an) dépasse à concurrence de *100 fois ses capacités nationales de production* (à peine 50.000 carats par an sous forme de production artisanale concentrée dans le nord du pays, département de la Likouala[3]). Une autre étude indépendante, menée par Nzonzimbu Lusasi[4], décrit partiellement sur sa période d'étude toute l'ampleur de la fraude sur les matières gemmes.

---

[1] Le ***processus de Kimberley*** est une initiative internationale créée en janvier 2003, regroupant plus de 40 pays (soit 98% du marché mondial des diamants) et destinée à contrôler les commerces de diamants dans le but d'interdire leur circulation, dits *diamants du sang*, issus des pays en conflits armés et pouvant servir à financer les guerres civiles ou à déstabiliser les régimes politiques en place. Par souci de meilleure « traçabilité » et de reperage, ce processus impose particulièrement que des diamants soient livrés dans des containers scellés et la fourniture d'un certificat de provenance (Pour plus de détails, consulter www.kimberleyprocess.com).

A ces commerces qui génèrent des recettes issues des *minerais de sang*, le processus dit de Kimberley devrait s'étendre aussi, à notre avis, au coltan, au pétrole, à l'or, au cobalt, à l'étain, au bois, au zinc et à d'autres minerais rares et stratégiques pour mieux faire baisser les tensions de guerres et leurs foyers. Surtout que la RDC (dans le grand Kivu) détient **80% des réserves mondiales de coltan**. De quoi entretenir de façon récurrente la guerre dans l'Est, financée à l'ombre par les tenants dirigistes des hautes sphères et géographie de la finance internationale tapis au sein des grandes puissances du Nord.

[2] *MARCHES TROPICAUX*, *art. cit.*, p. 1817, col. 1, 2.

[3] Institut Vie et Paix, art. *cit.*

[4] B. NZONZIMBU LUSASI, *La douane congolaise face à l'exportation du diamant de 2001 à 2004*, TFC, Finances publiques, D&A, ENF, Kinshasa, 2004-2005, pp. 6, 7.

Le bois congolais de la RDC connaît, quant à lui, la prédation la plus vorace dans la fraude. Bien que la restructuration du secteur ait mis en place le Code forestier et une nouvelle législation compatible avec les exigences modernes de tarification des essences tropicales, une autre bataille de grande envergure de l'assainissement de la filière est plus qu'urgente. *Jeune Afrique Economie (JAE)* en donne les raisons :

« Cette dernière [filière du bois] est minée par des fraudes massives, longtemps entretenues par des exploitants forestiers qui ne déclarent que **50%** de leurs exportations. Pourtant la république démocratique du Congo possède **47%** des réserves forestières de la planète et conserve encore **intacts 86%** de son parc forestier. Une véritable prouesse, si l'on tient compte du fait que de nombreuses réserves nationales sont largement entamées dans la région au grand dam des écologistes. Au Gabon, en Côte d'Ivoire ou au Cameroun, [et encore loin au Canada et en Amérique latine], elles ont permis l'essor de l'économie nationale (...). Les prévisions les plus optimistes tablent sur **1 milliard de dollars** par an de pouvoir tirer davantage de ressources du parc forestier [de la RDC] »[1].

Une étude scientifique réalisée par Fataki Bebese[2], lauréate de l'E.N.F., éclaire encore mieux les prétentions qui viennent d'être décrites. Au lieu qu'il en soit ainsi, Albert Kasongo Mukonzo, alors directeur des statistiques et de la documentation de l'Ofida lançait un SOS sur le bois congolais estampillé par la fraude à l'export. Son cri du cœur, du reste pathétique, ne manque pas de pertinence : « Décidément, le bois congolais d'exportation pose problème. Tant que ce bois, reconnu après le cuivre comme étant la principale richesse potentielle de la RDC, n'aura pas joué un rôle moteur dans le développement économique du pays, il y aura toujours un malaise ». Il plante le décor même de sa plainte et nous rappelle intelligemment l'étendue et le contraste des indications économiques de notre géographie floristique : « La forêt congolaise, rappelons-le, écrit-il[3], occupe presque 105 millions d'hectares des forêts denses d'Afrique tropicale et 6 % de celles du monde. Cependant, depuis plusieurs années, la production annuelle de bois en grumes a toujours gravité autour de 300 000 à 400 000 m^3 [...]. En revanche, les recettes douanières issues de ces exportations n'ont cessé de s'amenuiser ». De quoi faire réfléchir !

Et pour cause ? Une gestion à l'emporte-pièce de la fiscalité publique que le doigt accusateur de l'auteur de cet article pointe en direction de la douane en ces termes : « Au plan général, il y a entre autres la *fraude*

---

[1] JAE, « Congo-Kinshasa » : Le bois apporterait-il un souffle nouveau à l'économie ? », in *Jeune Afrique Economie* du 3 au 16 mai 1999, p. 44, col. 3 et 4.

[2] FATAKI BEBESE, *La Fiscalisation du secteur stratégique de la vie nationale : Cas du secteur forestier*, TFC, Finances Publiques, GIII, Impôts directs et indirects, ENF, Kinshasa, 2002-2003.

[3] A. KASONGO MUKONZO, « Bois export – Bien fiscaliser pour faire rentrer l'Etat dans ses droits », dans *Revue des DOUANES CONGOLAISES*, n° 000, *art. cit.*, pp. 10-11.

douanière qui affecte les produits congolais à l'exportation. De grosses quantités de bois quittent le pays avec ou sans la complicité des douaniers postés aux frontières du pays »[1]. Après ce diagnostic déroutant qui ne pouvait nous laisser insensible, il indique une piste de sortie : « La contribution du secteur forestier au redressement des finances publiques, notamment par le biais de l'accroissement des droits et taxes à l'exportation qui frappent son principal produit, « le bois », suppose une stratégie d'actions et une conjugaison d'efforts des pouvoirs publics, des opérateurs économiques œuvrant dans le secteur et les administrations fiscales et douanières. D'énormes possibilités d'actions pour réaliser le potentiel qu'offre le bois congolais existent ». Et c'est ainsi qu'alertait un expert en s'inspirant des idées-forces de Greenpeace : « Il est temps de sauver les forêts primaires intactes de la RDC et de soutenir des modèles de gestion véritablement durables et de développement local qui bénéficient aux Congolais. »[2] Il semble là rejoindre de toute évidence notre préoccupation. La liste des cas de fraudes est longue et variée pour être tous évoqués ici.

Le survol de ces quelques indications montre clairement que la douane souffre d'un mal complexe et profondément endémique composé essentiellement de la *fraude* et de l'*évasion fiscales* qui appellent un sérieux diagnostic qui déboucherait sur la prescription d'un traitement intellectuel et intelligent de choc à la dimension du mal, pour espérer un soulagement tant soit peu léger en faveur du Trésor public pour le bien-être du Congolais. La réduction de notre dépendance financière extérieure auprès des bailleurs de fonds en dépend très significativement.

En marge de ces dérives fiscales et financières, l'administration des douanes congolaises doit faire face à un autre type d'entreprise criminelle aux ramifications internationales : le commerce illicite de stupéfiants et autres substances psychotropes. En tenant compte de ses réseaux de blanchiment d'argent et de transit des drogues dont le gain contribue à corrompre les dirigeants de nos sociétés à tous les niveaux, une vigilance préventive de la Brigade douanière est particulièrement requise à tous les postes frontières de la RDC. Ce réseau, étant en train de déserter ses filières traditionnelles américano-euro-asiatiques, se délocalise et est en voie de se déporter en RDC ; surtout quant on sait que la consommation de cocaïne, par exemple, est devenue un sérieux problème de santé publique qui ronge de façon presque irréversible toutes les couches de la société européenne avec ses fâcheux corollaires. Mais le mal n'est pas circonscrit seulement à ce niveau.

---

[1] A. KASONGO MUKONZO, *art. cit.*

[2] Alain Diasso: « [Ministre de l'] Environnement : José Endundo tente de se dédouaner vis-à-vis de Greenpeace », dans *Les Dépêches de Brazzaville*, Edition de Kinshasa, n° 803 du lundi 24 août 2009, p. 9, col. 3.

L'ampleur de ce commerce illicite et criminel a fait tirer la sonnette d'alarme du secrétaire général de l'OMD par sa lettre du 16 octobre 2007 adressée aux administrations douanières, lettre[1] qui appelait une réunion spéciale sur la lutte contre les stupéfiants. Ce large extrait souligne sans détours l'ampleur de ce trafic : « (...) Avec l'explosion de l'offre et de la demande alimentée par la mondialisation des échanges, aucun pays n'est suffisamment isolé pour s'imaginer ou prétendre qu'il n'est pas touché par le trafic de drogues. Ceux qui vivaient dans l'illusion d'invulnérabilité en pensant n'être que des lieux de « passage » ont bien dû admettre qu'ils étaient devenus eux-mêmes des fournisseurs, des consommateurs, voire même les deux (...).

Les frontières qui étaient au départ des lieux de passage obligés et de contrôle ont-elles aussi souffert du libre échange puisqu'il est difficile d'exercer un contrôle efficace dans un contexte de mondialisation. Elles sont donc devenues les meilleures alliées des trafiquants qui profitent des difficultés, voire parfois du vide existant en termes de coopération et d'assistance mutuelle administrative ou judiciaire. »

C'est ainsi que la toute *1ère Conférence internationale OMD/Interpol sur les passeurs de fonds illicites*, organisée à Lyon (en France) les 13 et 14 mai 2008 a alerté la communauté internationale sur « le blanchiment d'argent résultant d'actes criminels ne cesse de prendre de l'ampleur, et ce, au même rythme que les crimes et les fonds qu'ils génèrent. Des techniques et des méthodes sophistiquées sont mises en œuvre afin de réintroduire les montants illégalement obtenus dans l'économie formelle. Le recours à des passeurs de fonds, personnes qui exécutent des transports physiques transfrontaliers d'espèces ou d'instruments négociables au porteur, constitue l'une des principales méthodes permettant aux criminels et terroristes de déplacer des fonds pour les blanchir ou fincancer leurs activités[2] ». Ce problème mondial est préoccupant du fait de la difficulté à détecter les flux financiers suspects dans le flot continu des transferts de fonds internationaux.

Il est donc évident, dans cette lutte contre les narcotrafiquants, que le défi à relever est énorme. Bien que la RDC n'en soit pas une plaque tournante comme le sont certains pays africains ou sud-américains, sa position géostratégique au cœur de l'Afrique la prédispose à l'être, et la mise sur pied d'une structure de la taille de notre brigade est plus qu'une opportunité. Nous avons constaté que plusieurs saisies opérées sur les stupéfiants et leurs succédanés semblent être aujourd'hui une des tares de la société de consommation occidentale, exposée qui plus est à une corruption rampante, qu'alimentent des réseaux maffieux alliés à de puissants cartels de

---

[1] Cf. Lettre réf. 07.EL-0181F/P.B. du 16 octobre 2007 (Bruxelles), adressée aux Directeurs généraux des douanes par M. Michel Danet, alors Secrétaire général de l'OMD.

[2] OMD Actualités, « 1ère Conférence internationale OMD/Interpol sur les passeurs de fonds illicites », dans *OMD Actualités* n° 57, octobre 2008, Bruxelles, p. 51.

narcotrafiquants. Si nous n'y prenons garde, la drogue nous imposera demain de nouvelles habitudes morales et comportementales, eu égard à sa force de pénétration rapide parmi les jeunes qui sont les plus exposés et qui sont d'une perméabilité et absorption de buvard à cette dépravation. C'est en cela que notre structure technique telle que nous la concevons, se fixe comme objectif la conscientisation de notre jeunesse en particulier et de la société congolaise en général. De quoi alimenter la réflexion d'un chacun de nous.

Ainsi donc dans ses réflexions, en tant qu'agent de douane ayant observé la psychosociologie à l'OFIDA, E. Djuma-Pili Babu analyse un certain nombre de forces négatives qui contribuent à cette érosion générale des valeurs éthiques et fondamentalement professionnelles au sein de notre administration. A ce propos, il note : « ... la fraude tout comme les différents maux de notre administration ainsi que de nos services publics peuvent être appréhendés comme des moyens déviants de solliciter une attention de l'autorité, pour un personnel qui s'estime mal aimé [ou même mal traité socioprofessionnellement] ... Cette maladie peut aussi se manifester par un trouble systématique de comportement individuel ou collectif inhérent à un conditionnement psychosocial réduisant un adulte à fonctionner sur la base de pulsions instinctives. Ainsi, de suite à cette pathologie, la philosophie de '' *[Faire] la douane autrement* ''[1] [ou encore ''*Le renouveau douanier* ''][2] a été à bien des égards rattrapée et galvaudée par des réflexes et des comportements « adolescentiques[3] ». Il lance là un véritable cri du cœur en faveur de l'instauration de la palingénésie douanière qu'il espère être recouvrée au sein de notre administration par un échange des devoirs et des droits entre la base et le sommet hiérarchique, en passant par toutes les couches socioprofessionnelles.

Le fait est là, et que, vu sa gravité, seule une thérapie de choc serait en mesure de juguler cette pathologie douanière, dans la mesure où le comportement « adolescentique » que décrit notre sociopsychologue cumule hédonisme individuel et collectif, avidité et propension à l'enrichissement rapide pour se muer en une autogratification. Le rêve d'adolescent s'installe ainsi dans l'esprit d'un adulte en déchéance tourné dès lors vers la satisfaction des ambitions essentiellement matérielles, loin de toute

---

[1] Vague de slogans philosophiques de travail prônés par l'Adg Albert Kasongo Mukonzo lors de son mandat à la tête de l'Ofida (2002-2005). Slogans effectivement galvaudés et traduits ironiquement par les basses moralités en : ''*Faire la douane autrement, et non normalement, pour mieux voler*'' ou encore, '' '**Re**nouveau **dou**anier' en 'Redou'=*Récolte douce*''. entendez : vol en douceur par la hiérarchie de l'OFIDA !

[2] *Idem.*

[3] E. DJUMA-PILI Babu, *Le manque et ses effets pathologiques à l'OFIDA*, réflexion et étude inédites, cf. Division de la Formation DG/OFIDA, p. 14, §§ 2 et 5

préoccupation éthique. Il importe de noter ici que ce comportement « adolescentique » a été observé surtout chez les 20-61 ans et plus (cf. tableau n° 14 et graphiques n° 9 et 10). Et c'est là qu'il sied de comprendre le sens de la question que pose l'écrivain français René Daumal[4] : « *Qu'est-ce qu'un adulte ? [Sinon] Un enfant gonflé d'âge.* »

Pour mieux cerner cet aspect, il nous a donc fallu consulter, dans le cadre de notre analyse documentaire, de nombreux ouvrages et travaux de recherche consacrés aux activités douanières en RDC. Il est heureux de constater que certaines de ces sources — telle la dissertation de S. Kasindi[5] — traitent pertinemment diverses questions liées au fonctionnement et à l'évolution de la douane congolaise. Il est à déplorer cependant l'absence en cette matière d'une littérature abondante, excepté les quelques ouvrages suivants : *Terminologie de la douane et du commerce international*[6], *Droit douanier zaïrois*[7], *Le Régime des exonérations douanières en République démocratique du Congo*[8], *L'Office des douanes et accises face à l'évolution technologique : Quelle stratégie pour l'adaptation des ressources humaines*[9], *Les Eléments de base du contentieux répressif douanier*[10], *Vente publique des marchandises abandonnées sous douane – Aspects juridiques*[11], et enfin, *Un demi-siècle des négociations commerciales pour un nouvel ordre économique mondial – De GATT à l'OMC.*[12]

De plus, il est à noter que des études académiques assez poussées de la section douanes et accises de l'Ecole nationale des finances (ENF) ont égalcment été consacrées, depuis la 1re promotion en 1975, à divers aspects fonctionnels et évolutifs de la douane. C'est en grande partie cette académie financière de la RDC (ENF) qui nous a gratifié de son riche et précieux fond de consultation. Par le passé, nombre d'études issues de l'ENF ont été

---

[4] R. DAUMAL : jeune écrivain français (1908-1944), membre du [Le] Grand Jeu (= revue littéraire française parue en 3 numéros de 1928 à 1930 et fondée par lui-même et R. Gilbert-Lecomte, Roger Vailland (1907-1965) et le peintre J. Sima.

[5] S. KASINDI YIMBA, *La performance d'une entreprise publique en RDC – Le Manager Juge et Jury – Voyage à travers l'Office des douanes et accises (OFIDA)*, dissertation DES, SSPA.UNIKIN, Kinshasa, 2004.

[6] T. BANZE NGOI, *Terminologie de la douane et du commerce international*, éd. Semences Merveilles, Lubumbashi, 1977.

[7] A.S. THAMBWE-MWAMBA, *Droit douanier zaïrois*, éd. PUZ, Kinshasa, 1996, pp. 7-186.

[8] Y. ECIBA w'ISSANGANINO, *Le Régime des exonérations douanières en République démocratique du Congo*, éd. CEDIS, Kinshasa, 2002, pp. 5-141.

[9] S. KATENDE KANUMUANGI, *L'Office des douanes et accises face à l'évolution technologique : Quelle stratégie pour l'adaptation des ressources humaines ?*, éd. C.R.P.A./I.P.N., Kinshasa, 2003.

[10] D. DELDICQUE, *Les Eléments de base du contentieux répressif douanier*, cours polycopié et relié, cf. Division de la formation OFIDA/DG, Kinshasa, 1990.

[11] Y. ECIBA w'ISSANGINO, *Vente publique des marchandises abandonnées sous douane – Aspects juridiques*, Imprimerie Cedi, Kinshasa, 2007, pp.7-171.

[12] P. EPONDO ESO ASOMANZOA, *Un demi-siècle des négociations commerciales pour un nouvel ordre économique mondial – De GATT à l'OMC*, éd. Cedi, Kinshasa, 2008.

commuées en propositions constructives, elles-mêmes traduites à terme en décisions administratives et directives en faveur de l'administration des douanes et accises ou de l'autorité de tutelle, à l'aune des recommandations des derniers « Etats généraux de la recherche scientifique » tenus à Kinshasa au mois de mai 2005. Ce, en complément des actes issus de nombreuses conférences, ateliers, séminaires... organisés par la même structure dans le sens de la redynamisation de ce secteur.

Il importe néanmoins de signaler que de tous ces ouvrages, voire de tous les colloques organisés jusqu'à ce jour, nul n'a abordé la question sous le prisme que propose notre livre. Un premier jalon venait cependant d'être posé par la dissertation de J. Muaka Ndombe Makula, mais dans l'optique des « droits de l'homme » appliqués à la douane[1]. Dans son précieux ouvrage *L'Entreprise publique congolaise face au défi du management moderne*[2], François Mbilo Bompate relève, en ce qui le concerne, le défi de gestion des entreprises congolaises face à tous les principes et toutes les techniques que développe la nouvelle discipline scientifique qu'est le management, avec ses matériaux incontournables de bonne gouvernance, fondés sur un panier de concepts appropriés. Il propose avec pertinence la manière de rechercher et de trouver des solutions adaptées aux réalités d'une entreprise pour qu'elle assume pleinement sa responsabilité à la fois économique et sociale. En un sens, c'est une partie de sa vision managériale qui a en quelque sorte parrainé l'esprit de notre démarche.

Il n'empêche qu'au-delà de tous ces efforts, ce chantier semble rester encore vierge. Notre modeste ambition est donc, à travers ce livre, de combler cette lacune en y apportant un regard nouveau, doublé de propositions pragmatiques et scientifiquement irréfutables.

III. HYPOTHESES DE TRAVAIL

La douane congolaise est malade d'une fraude généralisée et quasi institutionnalisée. Quel nouveau mécanisme correctif peut-on imaginer pour y remédier ? Telle est la question essentielle que nous nous posons à travers cette étude. « Aux grands maux les grands remèdes », dit-on. Vu la gravité de la situation de la fraude douanière, la solution idoine consisterait en la séparation structurelle entre l'administration douanière et sa brigade en laissant évoluer séparément les deux structures, chacune dans son cadre légal ; par l'institutionnalisation d'un nouveau cadre juridiquement adéquat à la faveur de nouvelles opportunités qu'offre l'environnement international actuel.

---

[1] J. MUAKA NDOMBE MAKULA , *op. cit.*

[2] F. MBILO BOMPATE, *L'entreprise publique congolaise face au défi du management moderne*, éd. FMB, Bruxelles/Kinshasa, 2002.

De plus, l'évolution, ainsi que la complexité grandissante de la fraude douanière, commandent davantage la formulation de plans stratégiques tant en termes de vision prospective que d'assainissement de l'environnement dans lequel évolue actuellement la Douane aux côtés de la Brigade. Et la restructuration qui naîtrait des cendres de l'actuelle brigade créerait un nouveau corps capable d'affronter et d'anticiper sur les événements présents et futurs à l'aune du flux des échanges internationaux et du commerce mondial générés par la mouvance de la globalisation en cours.

Dans cette perspective, un cadre de formation permanente, de recyclage aux nouvelles méthodes et techniques de lutte contre la fraude serait un atout majeur pour espérer une efficacité dans la durée. Dans un premier temps, la prise en charge de la formation des corps de brigadiers pourrait s'opérer dans le cadre des "accords d'assistance mutuelle et/ou de la coopération structurelle" en usage dans les grandes écoles de brigades douanières du Nord et apparentées (en Belgique, France [à La Rochelle], en Suisse...) ou en Afrique du Sud. Avant tout, une formation paramilitaire locale, auprès soit de la Police nationale (dans les centres d'instruction de Maluku, Kapalata, Kasangulu...), soit des FARDC (Kibomango, Kota-Koli, Kitona...), est requise. Ces centres d'instruction devraient logiquement accroître fortement la dissuasion psychologique auprès de l'opinion dans son ensemble. Autant que la délocalisation d'une école exclusive à cette formation en RDC devrait contribuer à faire rayonner à plus d'un titre l'image et le prestige de la Brigade douanière dans notre sous-région.

IV. OBJECTIFS DE NOTRE OUVRAGE

IV.1. Objectif global

Ce travail recherche les voies susceptibles de s'adapter aux politiques publiques économiques du pays par rapport à la fraude douanière. Nous cherchons à nous affranchir des schémas de pensée politiques et financières internationales (de type occidental) préétablis et prêts à être consommés, en nous imposant plutôt une grille de réponses d'inspiration locale. Or les recettes de la science économique occidentale laissent souvent peu d'espace à la critique et à l'éclosion de nouvelles réflexions telles que nous tentons par cet essai ; pour que de nouvelles idées se confrontent afin d'affiner des jugements pour le développement qualitatif de nouvelles options. Il sied pour ainsi dire avoir conscience, comme l'écrit le professeur Emile Bongeli[1], que « les résultats des recherches scientifiques effectués ailleurs ne sont pas mécaniquement exportables, les experts étrangers ne pourront jamais remplacer les nationaux qui ont développé sur leurs milieux environnementaux

---

[1] E. BONGELI Yeikelo Ya Ato, *D'un Etat-bébé à un Etat congolais responsable*, L'Harmattan – Espace Kinshasa, Paris, 2008, p. 75.

des sensibilités [tel est notre cas] que ne peuvent avoir les autres » pour combattre méthodiquement cette fraude. Il nous revient donc de légitimer le savoir technique du personnel local tout en l'accommodant aux exigences de la pratique douanière du Congo, voire de la sous-région. Cet essai rentre donc dans la production d'une pensée congolaise proprement originale à sa réalité sur la fraude et de ses conséquences, et qui participe à l'idéal immanent d'atteindre la *« tolérance zéro »* dans ce secteur des douanes et accises.

Notre souhait est que les résultats auxquels aboutira cette étude puissent aider les instances dirigeantes à envisager un nouveau cadre de bonne gouvernance et d'assainissement des finances publiques du secteur des douanes et accises. Pour plus d'efficacité, seule une structure autonome et jouissant d'une plus grande liberté de manœuvre est à même d'accomplir une telle mission, soit sous le statut d'une Inspection générale, soit en tant qu'une Direction générale de la Brigade douanière (DGBD).

IV.2. Objectifs spécifiques

« Combattre efficacement les fraudes douanière et commerciale » et « contribuer à la matérialisation des principaux chantiers de grandes infrastructures en RDC », tel est l'objectif essentiel de cette étude.

Pour ce faire, nous proposons la mise en place d'instruments de contrôle performants et un système efficace de dissuasion, de recherche et de répression des fraudes, à l'aune d'une nouvelle vision stratégique, afin d'en matérialiser la lutte optimale contre la fraude.

De même, l'étude s'inscrit dans une expertise technique visant à contribuer activement dans la durée, en termes d'apport, aux Programmes économiques du Gouvernement (PEG) présents et futurs, notamment aux différentes étapes des DSRP, PMPTR… et à assurer la continuité après « les points d'achoppement à l'initiative PPTE et de décisions projetés et reportés en juin 2010»[1], et autres futurs programmes à négocier avec les institutions de Bretton Woods.

Dans cette optique, il faudra assurer totalement la couverture des frontières nationales de la RDC contre les fraudes douanières et commerciales en les soumettant à une discipline typique d'un corps paramilitaire de la brigade douanière. De même il s'avère utile d'accompagner ensuite la croissance par le maintien du civisme fiscal douanier : ce qui épargnera à l'Etat le recours au financement monétaire et/ou le transfert de sa souveraineté à des services tiers privés et extérieurs pour l'accomplissement souverain de ses tâches républicaines. Cette défaillance s'est ullustrée par la conclusion d'un contrat du genre CTC/OFIDA.

---

[1] FAUSTIN K., « Entre la stabilisation et la relance – Le Programme économique du gouvernement : choix difficile », in *Le POTENTIEL* n° 3465 du lundi 4 juillet 2005, Kinshasa, p. 7, col. 1-5.

Plus important encore, il est du devoir des pouvoirs publics de la RDC de faire de la Brigade douanière un catalyseur efficace de mobilisation de financements intérieurs, en l'insérant dans la vision politique voulue du PMURR. D'autant plus que ce projet « a été mis en œuvre en 2002 pour consolider et pérenniser les acquis du Programme intérimaire renforcé [PIR]... ayant permis d'assainir le cadre macro-économique du pays et visant deux objectifs globaux : amorcer le démarrage d'un processus de reconstruction [des infrastructures de base] et de réhabilitation économique, et assurer la pérennité à long terme du programme, de sorte que les actions entreprises durant la phase d'urgence n'aient plus d'effets pervers sur les programmes et institutions futures »[1], afin de soutenir les réformes du secteur des finances publiques. Une telle démarche, menée avec doigté, devrait en toute logique permettre au Congo de faire un choix définitif entre laisser prospérer des « hors-la-loi » dans la fraude douanière, et partant, encourager la régression économique du pays ; ou prendre le parti d'un saut qualitatif dans un futur innovant et radieux, fondé sur une gestion saine de la fiscalité. Telle est notre préoccupation que résume le professeur Bongeli en ces termes qui nous frôlent : « tout chercheur choisit son paradigme en fonction de son engagement soit à défendre l'ordre établi, soit à contester le *statu quo* pour s'impliquer dans l'action transformatrice de la société »[2].

IV.3. Fil conducteur

Revenons aux propos liminaires de notre problématique : « *Dresser des balises dans les sillons de la fraude douanière pour en faire une lutte équivaudrait à reconstituer un puzzle labyrinthique.* » La raison est que, comme écrivait Kabongolo Lukumu, « la fraude est mythologique, quand on en bouche une issue, c'est automatiquement qu'une autre se crée »[3].

En nous engageant dans cette périlleuse entreprise intellectuelle, nous avons conscience qu'il sera utile de nous armer de patience et de ténacité, pourvu que nous atteignions l'objectif visé qui est celui de proposer à nos dirigeants une gestion fiscale plus transparente et efficace, à l'abri de toute dérive éthique. Il s'agit d'une approche éthique dont le professeur Bruno Mupinganayi[4] nous donne la quintessence sous ses deux aspects principaux que voici :

---

[1] H. MALEMBE, « Economie – Le PMURR et ses réalisations dans la ville de Kinshasa », in *REGARDS sur Kinshasa* n° 3, avril 2005, Paris/Hôtel de Ville de Kinshasa, éd. SEAP, p. 24, col.1.

[2] E. BONGELI Yeikelo ya Ato, *Sociologie & Sociologues africains – Pour une Recherche sociale citoyenne au Congo-Kinshasa*, Editions L'Harmattan, Paris, 2001, p. 53.

[3] KABONGOLO LUKUMU, *art. cit.*, p. 39, col. 3.

[4] B. MUPINGANAYI KADIAKUIDI, *Ethique et déontologie professionnelle*, cours séminaire DEA, Unikin, Chaire Unesco, Kinshasa, 2004.

1. L'Ethique de conviction

Celle-ci se décline comme la fidélité absolue à un idéal qu'il faut honorer, quelles que soient les conséquences matérielles. C'est en cela que cette éthique justifie la devise des esprits chevaleresques selon laquelle « faire ce que l'on doit, advienne que pourra ». A cette litote ajoutons cette autre pensée de Gilbert Hottois : « L'Ethique de conviction réclame la pureté absolue des moyens et s'accommode de l'indifférence à l'égard des conséquences. Ce n'est donc pas l'efficacité qui prime, c'est-à-dire le triomphe matériel d'une valeur, mais son respect par celui qui agit et tout au long de son action. »[1] Restant constant dans cette conviction, « nous nous sommes accommodé de l'indifférence à l'égard des conséquences » fâcheuses face aux aiguillons de nos détracteurs et de pesanteurs ambiantes des intérêts partisans de ternir notre image et notre réputation professionnelle. C'est le triomphe d'un idéal, un niveau d'éthique élevé, qui compte pour nous que de nous plier aux intimidations des accusations cabalistiques de forme mais dont le fond reste creux pour saper nos valeurs éthiques qui participent singulièrement de cette lutte.

2. L'Ethique de responsabilité

Selon Max Weber, cette forme d'éthique est extravertie au sens où elle s'inquiète des conséquences concrètes de l'action sur les autres. En conséquence, son attribut essentiel est la capacité de prédiction quant aux effets des actions entreprises et des moyens utilisés. Weber précise que l'*éthique de responsabilité* est celle qui guide tout responsable politico-administratif de notre époque moderne dans le sens de la rationalisation croissante de l'activité sociale. Donc, la responsabilité ne va pas sans conviction. C'est dire combien un homme privé d'un minimum d'éducation et d'absence de morale face au vice est susceptible d'être réduit à un statut d'animal inférieur. Il est donc de notre devoir de faire triompher l'idéal éthique dans l'intérêt bien compris de l'affirmation d'une humanité plus glorieuse.

En déportant cet idéal dans le domaine de la douane, notre étude nous offre l'opportunité de montrer qu'il est possible de préserver la morale publique et individuelle, les besoins de la croissance économique et les efforts de réduction de la pauvreté d'un pays en retard sur le plan du développement. Cela est plus qu'une urgence, une nécessité vitale, car le niveau de la réflexion prospective et stratégique en cette matière, ainsi que l'a constaté le professeur Emile Bongeli, est alarmant pour nous sensibiliser : « Aucune réflexion commune n'est entreprise pour juguler la crise. Le pays en fonctionnant sans recherche scientifique, sans structure de réflexion nationale, sans appui des travaux intellectuels rationnels, sans maîtrise des

---

[1] G. HOTTOIS et alii, *Ethique du vivant*, Unesco, Paris, 1998, p. 52, cité par le prof. Bruno Mupinganayi K., *idem*.

données en présence. Les scientifiques congolais sont rangés dans la série des indésirables, des marginaux sociaux. Le pays vit comme vivrait un homme privé de cerveau. En se privant ainsi d'un cerveau national, il condamne ses habitants à une vie bestiale, [crachant ainsi sur les droits de l'homme congolais] ». Et dire que c'est ce type de vision qui, nous semble-t-il, devrait servir de levier à tout effort de développement d'un pays aspirant à un grand destin. C'est à partir donc de la profonde réflexion de ce grand sociologue congolais, professeur des universités et acteur politique, que nous voulons faire de la Direction générale de la Brigade douanière une structure nationale d'action et de réflexion, comme pour doter la RDC d'un *cerveau national* de lutte contre les fraudes douanière et commerciale.

Cette préoccupation est aussi soutenue par un autre analyste politique qui constate que « la déliquescence de l'économie et de la société en RDC exigent que des recherches d'urgence soient menées sur le terrain (...), que des solutions appropriées émergent pour sortir le pays de cette crise (...) et que ces recherches aboutissent à de bons résultats (...) pour conforter la théorie scientifique à la réalité sur le terrain. »[1] Dans ce domaine précis, notre travail tente de faire le pas dans le sens qu'exprime cette préoccupation.

V. METHODES D'ETUDE ET DE RECHERCHE ADOPTEES

Au regard de la nature ambivalente de l'objet de notre recherche, combinant le management et la douane en y extrayant les éléments et instruments de lutte contre la fraude, cette recherche a nécessité le cumul de plusieurs disciplines scientifiques : l'économie, la philosophie, la sociologie, le droit, etc. Ce qui confère ainsi à notre essai un *caractère interdisciplinaire* au nom du principe de la transversalité épistémologique en sciences humaines. Sciences sociales entendues, selon la vision de J. Piaget, comme un ensemble de disciplines scientifiques ayant pour objet l'homme vivant en société, saisi ici comme un être pensant dans ses divers rapports interhumains ; rapports à ses valeurs, à l'univers des symboles qu'il a en partage avec d'autres congénères, son comportement individuel et collectif, sa personnalité objective et psychologique, son passé, etc.

Ainsi, pour les besoins de la cause, nous avons recouru aux méthodes historique, dialectique, systémique et statistique, couplées à un certain nombre de techniques opératoires nécessaires à l'observation scientifique et économique des faits de fraude :

a. *La méthode historique*, par exemple, occupe une place centrale au cœur de notre démarche en tant qu'elle aura contribué à donner corps à notre regard rétrospectif en cumulant avec un degré de scientificité suffisant le

[1] F. MULUMBA KABUAYI wa BONDO, *Réflexions sur la responsabilité des intellectuels dans la crise en R.D. Congo*, Editions Le Potentiel, Kinshasa, Janvier 2007, p. 26.

cheminement diachronique des acteurs et les faits historiques. L'histoire de la douane congolaise, puisque construite en séquences successives, depuis l'époque léopoldienne (XIXe siècle) et fondée sur une économie de type rentier, en transitant par l'époque coloniale et ses sociétés à chartes, jusqu'à la période post-coloniale plus ouverte vers une économie de marché. Elle ne pouvait être étudiée avec plus de maîtrise en dehors d'un cadre historique plus rigoureux.

b. La richesse de la rectitude scientifique de la *méthode dialectique*, quant à elle, réside dans son habileté de nous avoir aidé à porter les contradictions au cœur des débats sur la fraude, en mettant d'abord en opposition dans la progression de la réflexion, la thèse et l'antithèse. Cet exercice nous a permis de dégager la synthèse après confrontation des idées comme principe d'union qui va au-delà des deux premiers (thèse/antithèse). Cette méthode structurée autour de ce triple pivot (hypothèse, antithèse et synthèse) obéit à l'immuabilité du principe qui veut que chaque acte ou essence ait systématiquement son opposé : la fraude à la répression, les droits de l'homme à leurs violations, etc.

Le discours dialectique offre de façon évidente l'opportunité aux décideurs de soulager la douane congolaise de la fraude qui la gangrène. Ce vaste champ de réflexion repose sur les quatre lois ci-après :

1) Loi de la connexion universelle ou la loi de l'action réciproque ;
2) Loi du changement dialectique ;
3) Loi de la contradiction ou de la lutte du contraire ;
4) Loi du passage de la quantité à la qualité.

c. La *méthode systémique* repose par contre sur les relations qui unissent les différents éléments structurels d'un système et le comportement naturel de ses acteurs. Ici, l'approche systémique met en lumière la recréation d'un corps qui devra retrouver son aura par sa dynamisation interne, mais réactivé d'abord, avant son développement, comme un véritable système lesté de vitalité.

d. Grâce à la *méthode statistique*, les résultats auxquels nous sommes arrivés, au moyen des données numériques et chiffrées face à l'évolution du phénomène « fraude douanière », nous ont permis de visualiser toute la richesse des informations managériales de douane contenues dans les graphiques, les tableaux, les schémas, les images, etc. en vue d'orienter le processus décisionnel des pouvoirs publics. Car seule l'analyse statistique permet d'analyser objectivement les résultats obtenus et de savoir s'ils sont les fruits d'une relation réelle entre les variables, ou au contraire s'ils sont dus aux fluctuations liées à la période d'étude prise en compte dans cette recherche (1998-2004). Ce qui nous permet de baliser l'avenir avec beaucoup plus de réalisme dans cette lutte, soutenue par une vision managériale rationnellement plus objective.

Première Partie

Notions et définitions des concepts-clés :
Management, Budget, Brigade douanière et Lutte contre la fraude douanière

Chapitre I :
DU CADRE CONCEPTUEL ET THEORIQUE D'ANALYSE

> « Par-delà son sens faible de conjecture, une théorie est un système explicatif articulé autour d'une hypothèse et étayée par un ensemble de faits qui lui confèrent un contenu positif et rendent l'hypothèse bien fondée. »
>
> Jean GAYON

SECTION 1 : LE CONCEPT « MANAGEMENT »

1.1. LES DEFINITIONS

La définition n'a pas seulement un intérêt purement intellectuel ou encore académique, mais elle est aussi et surtout une opportunité de consensus dans le cadre d'une recherche comme pour cet opus. Ce, afin de faciliter une compréhension accessible au plus grand nombre. Il va sans dire que le consensus autour d'un concept ne peut s'obtenir que par une définition complète qui englobe tous les éléments qui caractérisent le terme.

Le terme « Management » relève d'un champ définitionnel complexe. Pour mieux cerner ses contours sémantiques principaux, il nous semble plus pratique de faire le tour de ses diverses acceptions telles qu'elles nous sont proposées par la littérature spécialisée. Lorsqu'on consulte le *Lexique économique*, le mot management y est défini comme l' « ensemble des techniques d'organisation et de gestion de l'entreprise ».[2]

Deux verbes moteurs sont ici mis en lumière : *organiser* et *gérer*. Le management est donc un acte dynamique d'entreprendre qui implique un certain degré d'organisation, doublé d'une grande acuité de gestionnaire conduisant à des choix et des décisions stratégiques.

Dans *Les Principes généraux de management*, le même terme est défini de manière pratique comme « une action de faire les choses par les gens et avec les gens en canalisant leurs efforts et en utilisant rationnellement les ressources à contribution en vue d'atteindre des objectifs prédéterminés en tenant compte de la mission de l'organisation »[3].

Ici aussi, à l'action d'entreprendre se joint la notion de mise en commun d'efforts dans le cadre d'une organisation structurée et visant les mêmes performances autour d'un objectif commun. L'idée d'une coordination

---

[2] J.-F. PHILEZON, *Lexique des termes économiques*, éd. Technique et Vulgarisation, Paris, 1970, p. 101.

[3] KIDINDA SHANDUNGO (Ph.D), *Principes généraux de management*, éd. Centre de recherche de l'Université pédagogique nationale (CERUP), Kinshasa, 2005, p. 13.

efficace n'est pas exclue. En ce qui concerne l'encyclopédie électronique WIKIPEDIA[1], elle nous apprend que le management est la gestion d'un groupe pour la réalisation d'un objectif. Apparaissent ici les notions d'autorité et d'encadrement. Un des réflexes stratégiques de l'autorité est de « tirer vers le haut », « tirer le meilleur de chacun », la confiance cimentant intimement les différents éléments du groupe.

A la lumière de ces différentes acceptions, il ressort clairement que le concept de management est à la confluence de l'une des options que nous avons levée dans le cadre de la rationalisation de cette entreprise socio-économique visant à préserver l'intérêt mutuel en vue de favoriser le bien-être collectif.

1.2. L'HISTORIQUE DU « MANAGEMENT »[2]

Le *management* est une discipline qui est relativement entrée récemment dans les mœurs scientifiques. D'autant plus que les toutes premières pensées administratives, dont découle le management d'aujourd'hui, ont pris naissance vers le début du XVIIIe siècle avec Adam Smith qui semble avoir introduit la théorie sur la division du travail. C'est alors que vers le milieu des années 1800, qu'avec Charles Babbage naîtra le concept de payer les services rendus pour des gestes et des capacités limitées et spécifiques. Cette pratique visait en fait de réduire la valeur économique du travail d'autant plus qu'il était divisé en *spécialités*. Cette stratégie visait de ne plus payer des ouvriers pour leurs polyvalences, mais plutôt uniquement pour ce qu'ils savaient faire de meilleur.

C'est ainsi que vers la fin du XIXe siècle, l'ingénieur et économiste américain Frederic Taylor (1856-1915), avec sa structure fonctionnelle, proposera des concepts sur la conception scientifique du travail basés sur une approche humaine. C'est donc pour la première fois dans l'histoire du travail que l'on intègre l'*employé* comme étant un *humain valorisé* et *non plus comme une machine*. Par la suite, l'ingénieur et administrateur français Henri Fayol (1841-1925), avec sa structure hiérarchique centralisée, apportera la précision à l'administration et à l'organisation bureaucratique qui introduira alors l'administration moderne qui fut et est toujours aujourd'hui la base de tout manuel de gestion. Il créera sa doctrine administrative dite « *fayolisme* » ayant pour but le gouvernement de l'entreprise dans son ensemble qui est inspiré d'une organisation du type militaire, avec unité de commandement. C'est lui qui synthétisera les concepts de systématisation du travail du dirigeant, de la prévision jusqu'au contrôle en passant par le processus décisionnel. Ainsi avec le temps,

---

[1] Encyclopédie en ligne : www.wikipedia..org, dossier : MANAGEMENT.

[2] E. BONGELI YEIKELO Ya Ato, *Leadership et management des cadres*, notes de cours séminaire, DEA, Unikin, Chaire Unesco, 2001-2002.

apparaîtront alors les principes généraux de l'administration et de gestion : *prévoir, organiser, commander, coordonner* et *contrôler*. Aujourd'hui, on reconnaît plutôt diversément ces termes sous l'anacronyme PODC : Planifier, Organiser, Diriger et Contrôler.

Il faut tout de même rappeler que c'est au début du XXe siècle que Max Weber interviendra dans la définition du management. Alors apparaîtront ses idéaux des sciences de gestion en France vers fin 1970 et début des années 1980. Ces sciences regroupent particulièrement la gestion des *ressources humaines, la stratégie d'entreprise, la finance ou le marketing*. Elles combinent des approches à la fois déductives - à partir de postulats théoriques que l'on voudrait tester : on produit des outils de gestion et on modifie la théorie – et inductives – à partir d'une observation de la réalité managériale : par où le manager tentera de diagnostiquer les dysfonctionnement d'une organisation donnée par exemple - . C'est de là qu'est née la théorie ou la connaissance *technoscientifique* du management.

C'est donc à partir de cette approche épistémologique que nous voulons adosser la gestion de notre Brigade douanière à l'historique qui suit en tant que *service public*.

1.3. L'HISTORIQUE DU « MANAGEMENT PUBLIC »

En tentant de saisir le mot sous le prisme épistémologique, on se rend compte que l'origine du terme « management », selon les dires de Michel et consorts, est très incertaine.

D'après ces auteurs, le management tire sa sève de racines latines (*manus*, main), puis plus tard françaises à travers le mot « manège », voire aussi l'italien « *maneggiare* », avant d'apparaître dans le paysage anglais à travers le verbe « *to manage* ».

Dans son acception économique, le terme dérive en fait d'un anglicisme utilisé pour la première fois aux Etats-Unis par F. Taylor au début du siècle dernier et emprunté en France, quelques années plus tard, par H. Fayol.[1] A ce titre, ces deux pères du « management », que rejoignit par la suite M. Weber, en sont donc les pionniers. De là, le vocable intégrera le champ d'activité des gestionnaires, économistes, juristes, historiens, sociologues, universitaires et autres praticiens de l'administration. En revanche, le *management public* tire sa source du management du secteur privé industriel où H. Fayol traduisit premièrement en 1916 la définition du management en proposant une structuration de la fonction de la direction en 5 composants articulés autour des activités suivantes : *planifier, organiser, commander, coordonner* et *contrôler*. Mais c'est surtout chez les Américains que cet esprit a connu son meilleur essor.

---

[1] M. AMIEL et all, *Management de l'Administration*, 2e éd. De Boeck Université, Paris/Bruxelles, 1998, p. 3.

De la France aux Etats-Unis, jusqu'aux Etats du Sud-Est asiatique, le management public a fini par s'imposer comme la voie par excellence de la gestion des affaires ou des administrations avec, cependant, des nuances relatives dans les modes d'approche, pour l'essentiel liées aux traditions et aux cultures des uns et des autres. Mais notons tout de même que le management public n'est pas l'apanage exclusif de la France et des Etats-Unis ; le Japon, l'Italie, les pays scandinaves, l'Allemagne figurent également parmi tant d'autres sur la liste des pays qui ont su pratiquer le management public avec à la clef des résultats probants.

Il sied également de rappeler qu'à l'origine, le vocable « management » relève du domaine sportif, et plus particulièrement hippique, où il signifie « entraîner, dresser ». C'est en intégrant le monde des affaires sous le couvert d'une *double réalité* qu'il désigne d'une part, l'*ensemble des personnes* chargées de la gestion et de la direction d'une institution, d'un organisme, d'une entreprise ; d'autre part, l'*ensemble des techniques* de gestion et d'organisation d'une entreprise. Ainsi donc, en nous référant à cette ambivalence sémantique, on constate que le management porte autant sur des fonctions de commandement, d'organisation, d'administration, d'animation que sur celles de contrôle, de planification, de mise en processus et de communication.

Après cette mise au point, il est donc possible de définir l'espace opérationnel de management autour des activités suivantes : diriger, entraîner, piloter : c'est le rôle du dirigeant ; organiser, administrer, animer : c'est à la fois du domaine du dirigeant et de celui de la hiérarchie intermédiaire ; rendre le management efficace en donnant un cadre à l'initiative des agents pour que s'expriment les compétences : c'est le rôle dévolu à l'ensemble de l'encadrement[1].

En raison du pragmatisme qu'inspire le mode de management américain, il nous semble intéressant de nous attarder un petit moment sur ce cas pour en saisir les ressorts essentiels.

1.4. L'IMPORTANCE DE SON ENSEIGNEMENT A L'UNIVERSITE

a) Le cas des Etats-Unis

Aux Etats-Unis, la recherche et l'enseignement en management public sont au cœur des programmes de tous les établissements d'enseignement supérieur comme Ohio State University, Academy of Management, Harvard University, etc.

[1] AGEFGOS PME Rhône-Alpes, *Manager le changement – Changer le management – L'Entreprise apprenante*, éd. Chronique sociale, Lyon, 2001, pp. 25-26.

Une telle stratégie permet d'inculquer, dès le banc de la faculté, les règles essentielles de cette discipline aux apprenants avec un niveau d'excellence.

b) Le cas français

En France, l'enseignement du management est dispensé à travers plusieurs disciplines, notamment :

- **Le *droit public*** : il porte essentiellement sur les relations entre les organisations publiques (le cas des administrations, des EAD...) et la sphère privée (individuelle et collective). Ici, l'enseignement est encadré par des praticiens et experts spécialisés.
- **La *sociologie des organisations*** : le regard des sociologues en cette matière ratisse large : les *processus de décision, les systèmes organisationnels, le rôle des acteurs et des fonctionnels, le pouvoir dans la direction*, etc. Ce qui, à terme, permet à l'apprenant, d'après Bartoli, d'avoir un double regard tant en termes de fonctionnement pratique des entités publiques qu'au niveau des référentiels théoriques (optimisations économiques et règles juridiques) par rapport à certaines analyses cliniques[1].
- **L'*économie publique*** : dans ce domaine précis, la formation touche généralement les finances publiques, l'organisation des politiques publiques, le rôle de l'Etat, l'optimisation des choix politiques, la fixation des prix des biens publics, etc. Ce qui logiquement permet d'imbriquer l'économie publique, la science de gestion et le marketing.
- **Les *sciences de gestion*** : longtemps restées en marge du management public en France, celles-ci ont depuis intégré la pratique courante. Dans ce domaine, l'enseignement du management des services publics de l'Etat accorde une place importante aux matières concernant les processus de finalisation, d'organisation, d'animation et de contrôle des pratiques et techniques gestionnaires.

Après avoir pris connaissance de l'expérience des pratiques managériales en Occident par cette fenêtre illustrative, nous proposons dans le chapitre suivant notre propre vision managériale concernant la Brigade Douanière en gestation par rapport à sa contribution au budget de l'Etat. Ce qui nous oblige à circonscrire d'abord le champ théorique, puis celui opérationnel du budget de l'Etat.

SECTION 2 : LE CONCEPT « BUDGET »

2.1. LES APPROCHES DU CONCEPT « BUDGET »

2.1.1. Les définitions et caractères du budget

a) Définitions du budget

Commençons par circonscrire brièvement la dimension épistémologique du mot « budget ». D'origine anglaise, le terme dérive du vieux français

---

[1] A. BARTOLI, *Le Management dans les organisations publiques*, éd. Dunod, Paris, 1997, p.23.

« bougette », qui autrefois désignait un *sac de cuir*. Quel type de sac ? A quoi pouvait-il servir au juste ? A transporter de l'argent ou autre chose ?

Toujours est-il qu'une fois passé dans le langage des économistes, le terme budget, quoique variablement défini aujourd'hui, a été utilisé pour désigner l'acte par lequel sont prévues et autorisées les recettes et les dépenses pour une période déterminée. Il prévoit, énumère, évalue et considère les dépenses et les recettes pour une période à venir. Un regard rapide dans les législations de certains pays nous aidera sans doute à saisir les disparités qui peuvent intervenir dans l'acception du terme, son contenu et son mode d'exécution.

a.1. Le budget selon les diverses législations européennes :

• L'article 5 du décret français du 31 mai 1862 le définit comme suit :

- Le budget est l'acte par lequel sont prévues et autorisées les dépenses annuelles de l'Etat ou des autres services que les lois assujettissent aux mêmes règles.

• La loi prussienne du 11 mai 1898, quant à elle, détermine son contenu comme suit :

- Le budget de l'Etat contient le devis de toutes les recettes que l'on prévoit d'effectuer, et de toutes les dépenses qui seront nécessaires dans le cours de l'année financière.

• L'article 28, paragraphe 1 du décret italien du 17 février 1884 dispose :

- Le budget de prévision pour l'exercice suivant comprendra l'état de prévision de la recette et les états de la dépense, ces derniers distingués par le ministre.

• L'article 1 al. 1 de la loi belge sur la comptabilité de l'Etat du 15 mai 1846 indique :

- Les recettes et les dépenses publiques à effectuer pour le service de chaque exercice sont autorisées par les lois annuelles de finances, et forment le budget général de l'Etat.

A l'analyse de toutes ces dispositions il ressort, dans les grandes lignes, que, outre le fait que le budget « exprime les choix politiques du gouvernement et de sa majorité, il est [en plus] la traduction quantitative des politiques publiques : ce qui fait de lui *un document politique*. Le budget donne l'autorisation de dépenser et de recouvrer. Il prend la forme d'une loi de finances soumise à un particularisme procédural d'adoption, d'exécution et de contrôle qui lui confère la qualité d'un *document juridique* ».[1]

[1] R. MUZELLEC, *Finances publiques*, 13e édition, éd. Intégral Concours/Dalloz, Paris, 2004, p. 24.

a.2. Les apports conceptuels de quelques auteurs :

La doctrine, quant à elle, s'avère riche en définitions. Ainsi chaque expert en économie y va-t-il de sa petite formule, dont le contenu arrive finalement, à partir d'un certain recoupement, à circonscrire la réalité budgétaire sur une aire d'intersection commune. Voici quelques-unes de ces définitions triées sur le volet :

- C. COLSON (*in* cours d'*Economie politique*, Paris, 1905, tome III, 1re Partie, p. 7) : « Avant que l'année ne commence, un état préalable résume les prévisions (des recettes et des dépenses) ; cet état prend le nom de budget, quand il reçoit une sanction officielle pour un acte qui autorise l'encaissement des ressources et leur emploi conformément aux tableaux approuvés. »
- STOURM (*in Le Budget*, 7e édition, Paris, 1912, p. 4) : « Le budget est un acte contenant l'approbation préalable des recettes et des dépenses publiques. »
- JEZE (*in Science des finances*, Paris 1909, p. 8) : « Dresser le budget, c'est énumérer, évaluer et comparer périodiquement, à l'avance et pour une période de temps à venir, les dépenses à faire et les recettes à percevoir. »
- J.-Bte SAY : le budget c'est « la balance des besoins et des ressources de l'Etat. »
- P. LEROY-BEAULIEU (*in Traité de la science des finances*, Paris, 1912, Tome II, p. 2) : « Le budget est un état de prévoyance des recettes et des dépenses pendant une période déterminée, un tableau évaluatif et comparatif des recettes à réaliser, des dépenses à effectuer ; c'est en outre une autorisation ou une injonction donnée par les pouvoirs compétents de faire ces dépenses et de recueillir ces recettes. »
- Le budget est un acte annuel en forme de loi par lequel sont prévues et autorisées les recettes et les dépenses de l'Etat.
- Un budget est un plan d'entrée ou de sortie (ou les deux à la fois) d'argent, de personnel, d'articles achetés, d'articles vendus ou de toute autre chose [service], dont le dirigeant pense qu'il convient de déterminer l'évolution future afin d'assister les efforts futurs de gestion.

2.1.2 Les caractères essentiels du budget

En résumé, le budget revêt essentiellement deux caractères fonctionnels, en tant qu'il est un acte de prévision, un acte d'autorisation.

a) Le budget, acte de prévision

Cette dimension prévisionnelle implique par voie de conséquence un certain nombre d'incidences.

a.1. Du point de vue de son antériorité par rapport aux opérations qui le concernent

Si gouverner c'est prévoir, comme dit l'adage, l'acte d'administrer implique en conséquence un engagement rationnel à la dépense. Ce qui sous-entend que les recettes et les dépenses publiques soient ordonnées suivant un plan et des bases préventivement arrêtés par le pouvoir compétent, de manière à éviter de subir passivement des déconvenues ou les effets dévastateurs d'une gestion improvisée.

a.2. L'équilibre des recettes et des dépenses

Lorsque le projet de budget est soumis au quitus du Parlement par le gouvernement en même temps que les éléments essentiels de sa politique, celui-ci doit s'assurer qu'aucune cause de déséquilibre financier ne viendra perturber le programme proposé. Autrement dit, le recours à l'emprunt et à la perception de recettes exceptionnelles ne doit être envisagé que dans un cadre budgétaire prévisionnel cohérent, partant dans des limites raisonnables.

b) Le budget, acte d'autorisation

Bon nombre de législations en la matière souscrivent à ce principe politique eu égard à l'assurance qu'il confère en termes de sécurité de gestion.

b.1. Par rapport aux opérations autorisées

Le vote du budget par le Parlement, après débats, précède en principe l'ouverture ou le début de l'exercice. Lorsque ce principe est dévoyé (comme nous l'avons vécu en RDC en 1997 et 1998), le risque de conduire le pays vers une catastrophe économique généralisée est inévitable.

Quel que soit le moyen adopté (tacite reconduction du budget antérieur, tacite approbation du budget proposé, crédits provisoires…), dans le cas où la règle de la prévision est entachée d'irrégularité, le principe d'autorisation devrait au moins être préservé. Nous notons ici qu'en raison de certaines obligations contractuelles ou juridictionnelles impératives, l'Etat peut être amené à une solution de repli, comme le recours à l'autorisation budgétaire. Sous d'autres cieux (en Angleterre par exemple), ce genre de dépenses rentre dans la catégorie des dépenses dites « consolidées » qui constituent le dernier rempart sur lequel s'appuie l'Etat pour faire face à ses obligations.[1]

b.2. L'équilibre des recettes et des dépenses

Pour qu'une opération d'autorisation de dépenses soit viable, elle doit forcément tenir compte de la réalité des recettes disponibles. De la sorte, en

---

[1] J. NSAKA CILOMBO, *Elaboration des prévisions budgétaires*, notes de cours inédit, Finances publiques, GII Budget et Comptabilité publique, ENF, Kinshasa, 2001-2002.

cas d'épuisement des forces contributives, il sied de considérer le plafond des recettes possibles avant de déterminer les charges correspondantes.

2.2. LE BUDGET GENERAL DE L'ETAT[1]

2.2.1. Sa présentation

Le budget général de l'Etat comporte, quelle que soit leur nature, l'ensemble des recettes et des dépenses du gouvernement (l'exécutif), du Parlement, des cours et tribunaux, des services centraux tant au niveau central qu'en province et des services de chefs-lieux. Les recettes prévues sont enregistrées intégralement sans aucune contraction de leur montant. L'ensemble des recettes couvre l'ensemble des dépenses, sans aucune affectation de leur produit à des dépenses particulières.

2.2.2. De l'adéquation du budget aux besoins réels

Les résultats de l'exécution d'un budget soigneusement préparé contiennent des prévisions de recettes et de dépenses se rapprochant autant que possible des besoins réels de l'Etat. De ce fait, la précision dans la prévision des dépenses présente une grande importance, car le montant des crédits à allouer à des dépenses prévues constitue la limite et ne peut dépasser les engagements et les paiements. De ce fait, les administrations devraient éviter de s'accorder des affectations de crédits superfétatoires susceptibles d'occasionner des dépenses insuffisamment justifiées.

Même si, d'un certain point de vue, l'évaluation des recettes peut s'avérer moins limitative, il n'empêche qu'un bon budget tire sa pertinence et son succès dans sa précision et son exactitude. Autrement dit, le total des recettes ordinaires devrait être en balance équitable avec celui des dépenses ordinaires. Dans le cas contraire, le budget risque d'être en déséquilibre. Par conséquent, un budget bien aménagé devrait éviter d'accuser un excédent trop considérable concédant une charge trop lourde au contribuable au risque de le contraindre à des dépenses exagérées. De là, l'on saisit aisément la portée de l'adage suivant : « Le meilleur budget est celui qui côtoie le déficit ».[2]

Reste que pour atteindre un tel exploit, il est utile d'avoir de la méthode dans son engagement.

2.2.3. Les méthodes d'évaluation en recettes et en dépenses

Plusieurs méthodes sont envisageables. Dans le cadre de cette étude, nous nous limiterons à deux méthodes précises : la méthode de la pénultième année, la méthode de l'évaluation directe.

---

[1] J. AFOTO ELENGA, *L'Efficacité organisationnelle de la douane congolaise sous l'EIC (1885-1908)*, *op. cit.*, p. 28.

[2] J. NSAKA CILOMBO, *op. cit.*

a) La méthode de la pénultième année

En vue d'éviter un équilibre fictif et illusoire basé sur des estimations trop optimistes, la prévision dans la fixation des recettes budgétaires doit tenir compte des résultats de la pénultième année, c'est-à-dire des résultats de l'avant-dernière année de l'exercice concerné par le budget.

Aujourd'hui, ce procédé semble inopérant en RDC car il est tributaire, à bien des égards, de la stabilité de la monnaie et des dérives politiques de tous ordres. Il l'est d'autant moins qu'il ploie surtout sous l'influence des fluctuations de la conjoncture économique et des variations rapides de prix, et de l'instabilité monétaire, politique et institutionnelle, etc.

La méthode automatique de la pénultième année (recouvrant la plus récente période de douze ou six mois) peut éventuellement être rectifiée par la méthode de correction (tantièmes de majoration ou de réduction). Pour l'essentiel, elle repose sur l'évaluation, entre autres :

a) des impôts indirects dont le rendement est tributaire de l'évolution de la matière imposable en fonction des variations de la situation économique ;

b) des dépenses dont la quotité unitaire est connue, mais dont l'amplitude varie en fonction de certains aléas économiques conjoncturels.

Cette méthode serait peu indiquée en ce qui concerne les impôts de répartition dont le montant total est fixé par la loi financière ou en cas d'évaluation approximative des recettes. Une bonne estimation budgétaire, tout en tenant compte des résultats des exercices passés, gagnerait davantage en tablant sur des prévisions de recettes et de dépenses optimistes et ambitieuses à l'aune des besoins réels que se fixe l'Etat dans son programme de gouvernement.

En règle générale, le projet de budget est toujours élaboré à l'appui de tableaux comparatifs montrant clairement toutes les données escomptées tant en recettes qu'en dépenses : les chiffres du prochain exercice et ceux résultant du cumul des expériences acquises dans la pratique.

b) La méthode de l'évaluation directe

Cette méthode permet de déterminer les recettes et les dépenses par l'interprétation libre des données de l'expérience, de façon à aboutir à une évaluation directe, tout en s'appuyant sur les indications de la statistique et de l'économétrie.[1]

---

[1] L'étudiant Vital BUNDU PHEMBA a réalisé une étude sur la question sous le thème : *L'Intérêt de la démarche économétrique en matière d'élaboration des prévisions budgétaires des recettes de l'Ofida* (cf. son mémoire de licence, faculté des sciences économiques, département économie pure/Unikin, 2002-2003, 92 pages). Par la formule qu'il y avance, l'auteur estime que les prévisions de recettes douanières peuvent être appréciées avec beaucoup plus de réalisme. A cet effet, des logiciels tels que E.VIEWS 3, TSP70, EPT Info, SPSS, SAS… ont été conçus pour leur exploitation à souhait.

Dans cette perspective, on attend des préparateurs du budget, non seulement beaucoup de sincérité, mais aussi une parfaite maîtrise des phénomènes économiques et une grande capacité à anticiper, doublée d'une habileté dans l'estimation de leurs évaluations dans le temps. Il arrive souvent que le total des dépenses prévues pour les divers projets de budgets (budgets des voies et moyens, budgets des dépenses ordinaires, budgets des non-valeurs et remboursements, budgets des recettes et des dépenses ordinaires, budgets des recettes et des dépenses pour ordre) dépasse de façon significative celui des recettes projetées. Dans un tel cas, les ministres sont invités à revoir les copies de leurs demandes de crédits. Cette réduction est d'ordinaire réalisée en collaboration avec les ministres des Finances, du Budget et du Plan en vue de plancher sur les priorités du gouvernement. L'équilibre annuel du budget reste l'idéal vers lequel il faut tendre. Il est un fait que l'équilibre véritable doit porter sur l'ensemble d'un cycle de la conjoncture.

En cas de désaccords dans l'harmonisation des vues entre l'une et l'autre partie, il revient généralement au Conseil des ministres de trancher par une décision finale d'autorité.

Quelles sont les articulations essentielles d'un budget public ?

Pour ne prendre que le cas de la RDC, notons que le budget de l'Etat comprend, d'abord au niveau central : le budget général ; les budgets annexes ; le budget pour ordre. Ensuite, concernant les budgets des entités administratives décentralisées, ils comprennent : le budget général ; les budgets annexes ; les dépenses administratives d'intérêt général à charge du pouvoir central et en recettes, les subventions de l'Etat correspondant à ces dépenses. Les budgets annexes sont constitués par les budgets des organismes auxiliaires de l'Etat et des entreprises publiques à caractère administratif, social ou culturel, scientifique et technique dont l'équilibre est assuré soit par un versement au budget général en cas d'excédent, soit par une subvention en cas de déficit.

Les budgets annexes comprennent, d'une part, les recettes et les dépenses d'exploitation, d'autre part, les dépenses d'investissement et les ressources affectées à ces dépenses.

La création ou la suppression des budgets annexes est décidée par la loi budgétaire. Le budget pour ordre est essentiellement de nature comptable ; il n'ouvre aucun crédit, mais énumère les opérations à effectuer pour compte des tiers, en dehors des opérations budgétaires. L'existence du budget pour ordre entraîne l'inscription au budget général, en recettes et en dépenses, du montant total des opérations à effectuer pour le compte des fonds des tiers et des fonds spéciaux. Les opérations en dépenses sont limitées au total des recettes effectivement réalisées ou des dotations budgétaires allouées pour l'objet que ces dépenses concernent. Le budget pour ordre comprend notamment les opérations ci-après :

-les fonds constitués par les dépôts des tiers dans les caisses du Trésor et devant être restitués : consignations, cautions judiciaires, douanières, fiscales et autres ;

-les fonds spéciaux des comptes alimentés par les ressources devant être affectées à des dépenses déterminées.

Ce faisant, dans quelle niche serait située la contribution de la nouvelle structure que nous appelons de tous nos vœux dans cette configuration budgétaire ? Sinon dans le cadre de ce qu'il est convenu d'appeler dans le jargon des économistes « le budget des voies et moyens », tel que prévu par la loi dans son volet « recettes ».

2.3. L'APPORT POTENTIEL DE LA NOUVELLE BRIGADE DANS LES RECETTES ORDINAIRES DU BUDGET DES VOIES ET MOYENS

Au terme de la loi, le budget des voies et moyens est établi d'après les éléments fournis par les ministères. Ce budget, tel que l'indique A. Magain, par rapport à l'article 16 de la loi financière de la RDC, est subdivisé comme suit :

2.3.1. Les recettes ordinaires incluant :

a) Les impôts : ceux-ci sont issus des produits des administrations des impôts directs et indirects, des douanes et accises. C'est à ce niveau que la brigade est appelée à apporter sa contribution par les recettes découlant des opérations de répression de la fraude.

b) La parafiscalité : elle est constituée de l'ensemble des taxes qui ne sont destinées ni au budget de l'Etat ni à celui des collectivités publiques.

c) Les capitaux et revenus : ceux-ci découlent des produits des domaines : aliénations, concessions, locations, participations diverses, placement des fonds disponibles du Trésor.

d) Les remboursements sont effectués au Trésor à quelque titre que ce soit et les autres recettes accidentelles. Tel est le cas des recettes destinées à compenser les dépenses fictives résultant des prestations de service à service. Ces dépenses englobent divers remboursements comme, par exemple, les factures d'eau de la Regideso devant être payées par le ministère de la Défense... Il serait plus logique, donc, de classer ces recettes parmi les recettes compensatoires, mieux, d'éliminer du budget ces recettes et ces dépenses fictives.

2.3.2. Les recettes exceptionnelles

Elles comprennent des titres émis, des dividendes, des intérêts, des sommes et des avantages afférents aux actions, parts et obligations au porteur et qui sont dilués par la prescription (bon du Trésor, produit net de la vente publique...).

2.3.2. Les recettes compensatoires

On y inscrit en dépenses les intérêts des capitaux empruntés en vue du premier établissement des entreprises publiques. Ces prévisions de dépenses ne donnent pas lieu automatiquement à un décaissement effectif, les dépenses réelles étant supportées par le budget de la dette publique.

2.3.4. Les recettes de réparation

Bien que cette rubrique ne figure pas dans notre loi financière, ces recettes « proviennent de produits de titres à émettre en paiement de dommages de guerre. A ce compris en recettes, le butin de guerre », note A. Magain. La loi financière de la RDC les présente plutôt en rubrique comme « les produits divers » en son article 16 précité.

Ouvrons cette paranthèse pour illustrer l'intérêt que peut tirer notre pays en recourant aux recettes dites « de réparation » en souffrance. Il suffit de considérer les retombées financières du préjudice subi par la RDC à la suite de l'agression et de l'invasion militaires dont elle a été l'objet de la part de trois pays voisins de l'est et du nord-est, dans le cadre d'un procès devant les tribunaux internationaux.

Si jamais la RDC obtenait globalement réparation et gain de cause des agressions dont elle a été victime de la part des pays voisins (Ouganda, Rwanda et le Burundi) en 1998 et les années suivantes, ces recettes-là seraient inscrites dans cette rubrique comme « recettes de réparation » ou même comme « *recettes d'indemnisation* ». Ainsi par exemple la dernière condamnation et le verdict rendu le 29 novembre 2005 contre l'Ouganda par le tribunal de la Cour internationale de justice, à La Haye, de payer à la RDC plus de 10 milliards de dollars au titre de dommages et intérêts consécutifs à ces agressions et pillages avérés des richesses congolaises, devraient-ils être capitalisés au profit du Trésor public.

Un autre exemple est celui des réparations potentiellement inaliénables que la RDC est en droit d'attendre dans le cadre du règlement de l'affaire des anciens « tirailleurs congolais-belges » ayant combattu sous les drapeaux de la Métropole et des Alliés lors de la déflagration des 1re et seconde Guerres mondiales. Il va falloir s'inspirer et se référer au règlement de certains pays de l'Afrique de l'Ouest (Sénégal, Gambie, Mauritanie, Mali, Guinée...) et du Nord (Algérie, Maroc, Tunisie...) ayant constitué un cas de jurisprudence et dont les pays venaient d'engager des pourparlers avec leur ancienne puissance coloniale, la France, dans le cadre de l'harmonisation de la fameuse cristallisation de leurs soldes à l'apurement.

Ces mêmes droits doivent revenir aussi de droit aux poilus congolais du fait, qu'en plus, ils sont des *belges de fait* et par le fait consécutif même de l'annexion et de la cession de l'EIC à la Belgique, faisant hériter conséquemment aux deux souches (congolaise et belge) d'un échange des droits fondus et confondus dans l'actif et le passif de l'une et l'autre qui se sont depuis et desormais consolidées. Par conséquent, tous ceux de congolais nés avant 1960 jouissent des droits du Droit belge que personne ne peut leur dénier. Le spectre de ces droits est très large dans leur applicabilité aux ayant-droit que nous sommes, d'autant plus qu'en vertu des *articles 4 et 5 de la Charte coloniale*, la nationalité congolaise est supprimée et elle est remplacée par la nationalité belge avec tous les effets juridiques, politiques et sociologiques qu'elle traîne. Et qu'entretemps les quelques rares survivants des anciens tirailleurs de la RDC[1] (dont nous sommes descendants) ploient sous l'indifférence coupable de la Belgique et ses anciens alliés ; pendant que leurs compagnons d'armes d'autres pays africains bénéficient de ces droits ! Ce compte-là reste à solder de manière comptable. Il ne tient

---

[1] Les victoires remportées par les redoutables combattants, guerriers et poilus congolais-belges de la Force publique du Congo d'alors (émanation de l'ANC, des FAZ et des FARDC actuelles) lors des deux guerres mondiales (1914-1918 et 1940-1945) sont incrustées dans la mémoire collective. Les noms de certaines avenues des communes de la ville de Kinshasa, certains endroits de l'arrière-pays et à l'étranger constituent des lieux de mémoire dignes des conquêtes et du couronnement de ces héros. D'où la dénomination de la grande *Avenue* ***Victoire*** à Kinshasa (partant des communes de Kalamu, Kasa-Vubu et Lingwala) pour célébrer et immortaliser ces hauts faits d'armes, doublée des différentes victoires de la Force publique (avenues *ad hoc* des Communes de Kalamu, Kintambo et Kasa-Vubu). Tels les cas de mémorables artères et autres mémoriaux comme ceux-ci :

- Avenues DODOMA, KATO, KIGOMA, MAHENGE, NYANZA, RUFIJI, *Tombeurs* de TABORA (en TANZANIE) situées dans les Communes de Barumbu, Kinshasa et Kintambo à KINSHASA ; et dans la Commune de Lubumbashi à LUBUMBASHI ;
- Avenues ASOSA, ETHIOPIE, GAMBELA (en ETHIOPIE) situées dans les communes de Kasa-Vubu et Ngiri-Ngiri ;
- Avenues KHARTOUM, LADO et le camp militaire REDJAF (au SOUDAN), situées respectivement dans les communes de Ngiri-Ngiri, Kintambo et dans la ville de Matadi.
- Avenue BIRMANIE (appelée aussi MYANMAR, Etat de l'Asie du Sud-Est), elle traverse les Communes de Kasa-Vubu et Ngiri-Ngiri ;
- Camp et Avenue Sergent KETELE (en mémoire de ce vaillant combattant congolais-belge KETELE), à Kisangani dans la Commune de la Makiso. « Au plus fort de la colonisation sanglante du Congo, nous contait et rappelait notre géniteur alors sous le drapeau, la bravoure martialement épique de notre compagnon d'armes *KETELE* sur les champs de bataille et des opérations militaires ne pouvaient mieux faire taire le *Flamand* [entendez le Colon belge] qui l'a finalement immortalisé en frappant son efigie sur le billet de 10 FRANCS du 15.01.55 de la Banque Centrale du Congo Belge et du Ruanda-Urundi ». Quel mémorial !
- Avenue Sergent MOKE dans la commune de la Gombe et logeant le camp Kokolo ;
- Chemin des Dames (petite rue située à la Place commerciale à Macampagne, Quartier Joli Parc à Kinshasa/Ngaliema), monument érigé en mi-septembre 2007 sur la route de Crête dans le Département de l'Aisne (au nord de la France) et où eurent lieu des combats meurtriers lors de la 1re Guerre mondiale entre Français appuyés par les tirailleurs et poilus africains contre les Allemands en 1917 et 1918 ;
- *Mémorial aux Anciens Combattants*, dressé au Rond-point de *Place de la Force Publique* au croisement des Avenues Force Publique et Gambela dans la Commune de Kasa-Vubu à KINSHASA; et
- D'autres lieux mémorables non cités ici (*in* Colonel [E.R.] E. van der MEERSCH, *La Force publique a 70 ans*, éd. Services de l'Information et de l'Education des Forces armées, Bruxelles, 1956, pp. 8-14).

qu'à la diplomatie congolaise de déployer ses meilleures ressources au recouvrement de ces droits inaliénables encore et toujours en souffrance.

L'hommage mérité des hauts faits d'armes de ces combattants a été en plus scellé dans l'Histoire par des empreintes indélebiles en portant successivement, fièrement et plus de 6 fois l'efigie de ces braves militaires sur les différents billets de *10 FRANCS de la Banque Centrale du Congo Belge et du Ruanda-Urundi du 10.12.41, du 10.07.43, du 10.06.44, du 01.07.52 et du 15.01.55* (Voir Valves *ad hoc* dans la salle d'attente du 4e niveau de la BCC à Kinshasa/Gombe).

Ajoutons à ces *recettes de réparation*, celles qui proviendraient de la récupération totale et effective de notre plateau continental marin dans ses vraies limites où l'Angola et le Congo-Brazzaville puiseraient notre pétrole brut depuis des décennies : véritables cas de figure de « *contrebande internationale extravertie* » sur les produits pétroliers congolais. D'autres litiges du genre sont à inscrire dans ce registre.

Fermons cette paranthèse en précisant qu'aussi longtemps que le débat sur ces recettes de réparation resteront pendantes devant le Parlement congolais et devant la conscience de la communauté internationale, en attendant, nous exigeons du Législateur la réhabilitation de cette rubrique de veille dans notre Loi financière. Nous ne pouvons concevoir qu'elle soit confinée dans un flou artistique de fourre-tout de recettes de « produits divers » alors que ces recettes de réparation ont une portée hautement indemnitaire sur des droits humains congolais et autres droits spoliés par la Belgique et autres tiers.

Revenons en précisant qu'en principe, les recettes ordinaires prévues au budget des voies et moyens doivent « équilibrer » les dépenses autorisées par le budget ordinaire. Avant d'alimenter le Trésor, un agent intermédiaire est commis à la perception, au recouvrement et à la garde de ces recettes sectorielles ou autres valeurs. Mais auparavant, il importe de signaler que les ressources de l'Etat relèvent de plusieurs sources. Au terme de l'article 16 de la loi financière de la RDC, les ressources courantes de l'Etat participent, d'une part, de :

a) Produits des contributions et taxes relevant de la fiscalité directe et indirecte ;
b) Revenus du domaine et des participations financières ainsi que de la part de l'Etat dans le bénéfice des entreprises publiques ;
c) Produits des recettes administratives et judiciaires, des redevances, des taxes rémunératoires ;
d) Produits divers.

D'autre part, les ressources des entités administratives décentralisées proviennent notamment de :

a) Taxes sur les matières locales non imposées par l'Etat ;
b) Recettes administratives rattachées aux actes générateurs dont la décision relève de leur compétence ;

c) Produits des contributions réelles sur les véhicules et la contribution foncière tant des personnes physiques que morales ;
d) Contributions personnelles minimums ;
e) Subventions de l'Etat correspondant aux dépenses administratives d'intérêt général à la charge du pouvoir central
f) Fonds de péréquation.

Le président de la République fixe par ordonnance la répartition des ressources entre ces entités administratives décentralisées. Il importe de noter qu'en érigeant la brigade en une structure totalement indépendante et autonome par rapport à l'OFIDA, le budget des voies et moyens sera davantage dopé grâce au dynamisme que développera cette structure. De même qu'elle confortera les missions fiscales de l'OFIDA par un effet d'entraînement.

En appliquant correctement les nouvelles mesures de surveillance, de dissuasion et de répression des infractions douanières par la brigade, il est possible que celle-ci contribue à dégager un excédent budgétaire, voire à dépasser les charges en couverture des recettes qu'elle pourrait réaliser.[1]

Pour mieux étayer cette projection, il suffit de voir comment se structure un budget de recettes dans une optique douanière et accisienne.

2.4. LE BUDGET DES RECETTES DE DOUANES ET ACCISES

En observant bien de près, la RDC recourt au financement extérieur de son budget pour répondre à un double besoin de couverture financière :

- d'une part, à l'insuffisance de capitaux internes (souvent mal évalués) et/ou de ressources pour son financement (souvent mal recouvrés et canalisés) au Trésor public ;
- d'autre part, au manque de devises étrangères (lié au déficit de la balance de paiements) ; déficit dû en partie (comme cela arrive souvent en RDC) à une mauvaise prise en charge des marchandises et à leur conduite en douane, à l'export mal taxé et mal évalué. Ces droits compromis se diluent le plus souvent dans la fraude et la contrebande.

Or, le budget des recettes de douanes et accises est constitué des recettes générées par les mouvements des importations, des exportations, des droits d'accises ou de consommation et des perceptions diverses y relatives.

En ce qui concerne l'élaboration de ce budget, l'OFIDA prend en compte les flux du commerce extérieur en entrées comme en sorties réalisés durant l'exercice précédent pour projeter les recettes entendues dans l'exercice suivant. Les éléments spécifiques de budgétisation de chaque catégorie de ces recettes doivent être évalués avec beaucoup plus de fiabilité et appuyés

[1] A. LAFERRERE, *Finances publiques - Les Notices*, éd. La Documentation française/Nos librairies, Paris, 2000, p. 89.

par des statistiques objectives. Ce budget doit cumuler dans sa présentation les données relevant des années ou exercices antérieurs et celles de chaque trimestre. Ceci dans le but de dégager les chiffres les plus réalistes et réalisables[1] possibles (cf. notre point 3.2.3 ci-dessus).

2.4.1. La composition des recettes des douanes et accises

En ce qui concerne les recettes de l'OFIDA, elles sont principalement composées de :

-Droits d'entrée ;
-Taxes à l'importation ;
-Droits de sortie des produits végétaux et marchandises ;
-Droits de sortie des produits minéraux ;
-Taxes à l'exportation ;
-Droits de consommation (accises) sur les produits locaux ;
-Droits de consommation sur les produits importés ;
-Recettes d'entrepôt ;
-Recettes douanières diverses.

a) Les droits d'entrée

Ces droits constituent actuellement le gros des recettes que réalise la douane congolaise, plus que l'ensemble des recettes d'entrepôt, droits de sortie et autres recettes réunies. Ils comprennent :

-Les droits d'entrée (hors GECAMINES) ;
-Les droits d'entrée (GECAMINES).

b) Les taxes à l'importation

-I.C.A. à l'importation (hors GECAMINES) ;
-I.C.A. à l'importation (GECAMINES) ;
-Taxe administrative (hors GECAMINES) ;
-Taxe administrative (GECAMINES).

c) Les droits de sortie des produits miniers

-Droits de sortie diamant industriel ;
-Droits de sortie diamant artisanal ;
-Droits de sortie or industriel ;
-Droits de sortie or artisanal ;
-Droits de sortie argent ;
-Droits de sortie cuivre et cobalt (GCM & SODIMICO) ;
-Droits de sortie autres produits.

d) Les droits de sortie des produits végétaux et marchandises

[1] *Loi financière* n° 83-003 du 23 février 1983, modifiée et complétée par l'ordonnance-loi n° 87-004 du 10 janvier 1987.

-Droits de sortie café arabica ;
-Droits de sortie bois (grumes) ;
-Droits de sortie café robusta ;
-Droits de sortie produits végétaux et marchandises.

e) Les taxes à l'importation
-I.C.A. à l'exportation (produits minéraux) ;
-I.C.A. à l'exportation (sauf les produits minéraux) ;
-Taxe de statistiques (hors GCM et pétrole GCM) ;
-Taxe statistique (GCM) ;
-Taxe statistique pétrolière ;
-Taxes conjoncturelles spéciales sur le café ;
-Amendes à l'exportation.

f) Les recettes d'entrepôts
-Droits de magasins ;
-Taxes progressives et cumulatives ;
-Taxes d'ouverture d'entrepôt ;
-Taxes d'entreposage d'office.

g) Les droits de consommation sur les produits locaux[1]
-Droit de consommation sur la bière locale ;
-Droit de consommation sur les alcools et les boissons alcooliques locales ;
-Droit de consommation sur les eaux de table et limonades locales ;
-Droit de consommation sur le tabac fabriqué localement ;
-Droit de consommation sur les parfums et liquides alcooliques locaux ;
-Amendes sur les droits de consommation des produits locaux ci-dessus.

h) Les droits de consommation sur les produits importés
-Droit de consommation sur la bière importée ;
-Droit de consommation sur les alcools et boissons alcooliques importés ;
-Droit de consommation sur les eaux de table et limonades importées ;
-Droit de consommation sur le tabac importé ;
-Droit de consommation sur les parfums et liquides alcooliques importés ;
-Amendes sur les droits de consommation à l'importation des produits ci-dessus.

i) Les recettes douanières diverses

---

[1] Le *sucre*, les *allumettes* et le *ciment hydraulique* venaient d'être retirés de la liste des produits d'accises de la RDC suivant la Loi n° 04/011 du 5 juillet 2004 modifiant et complétant l'ordonnance-loi n° 68-010 du 6 janvier 1968 relative aux droits d'accises et de consommation et au régime des boissons alcooliques.

-Travaux extraordinaires OFIDA (heures supplémentaires) ;
-Taxe enregistrement ivoire ;
-Produit partiel de la vente publique OFIDA ;
-50% vente restitution douanière ;
-15% taxe sur vente publique.

j) Les autres recettes perçues par l'OFIDA pour les services tiers

En plus de ces ressources que génère l'OFIDA pour le compte du Trésor public, la douane congolaise perçoit des recettes au moyen des législations connexes pour le compte de la DGI, de la DGRAD, de l'OGEFREM, du FPI, de la Santé, etc.

k) Les recettes de l'OFIDA provenant des autres services générateurs

Ce sont des prélèvements fiscaux opérés par l'OFIDA aux organismes générateurs et émanant des droits de consommation sur les produits d'accises importés, des redevances administratives et autres perceptions liées à l'exercice de l'activité douanière.

l) Les entreprises pétrolières « distributeurs »

Ces sociétés sont assujetties à un régime normal d'importation. Dans la plupart des cas, elles ne bénéficient guère d'exonérations.

m) Les industries minières

Elles sont régies par le Code minier et les attributions des espaces d'exploitation leur sont délimitées par le Cadastre minier (CAMI). Ces industries sont généralement exemptées de certains impôts et sont assujetties aux régimes d'exception concernant les droits de douane à l'importation et à l'exportation. Quelques-unes de ces entreprises minières en RDC sont et exploitent entre autres :

- Le cuivre, le cobalt, le manganèse, la cassitérite, le zinc… sont exploités au Katanga par la *Gécamines (GCM) et ses divers partenaires contractuels* dont *Anvil Mining Company Katanga (AMCK), MCK, SMMK* ; *Tenke-Fungurume Mining (TFM), Bazano…* à Kolwezi ; *Anvil Mining Congo* à Kilwa ; *Société de Développement Industriel et Minière du Congo (SODIMICO)* et *ses partenaires* à Musoshi dont la *Minière de Musoshi et Kinsenda (MMK sarl)*; *Entreprise Minière de Kisenge-Manganèse (EMK-Mn) et ses partenaires* dont la *Minière d'Or de Kisenge (MODK sarl), Orama Properties (OPL)* ; *Dodge, Chemaf…* à Lubumbashi.
- Les mêmes filons sont exploités par *FIRST QUANTUM Minerals Ltd* avec ses filiales dont *COMISA sprl, FRONTIER sprl, RPM sprl* à Kolwezi.

• L'uranium (exploitation réglementée par l'AIEA) est passé sous exploitation contractuelle de la *Gécamines* avec *AREVA*[1].

• Le coltan, l'or,... sont exploités par l'*Office des Mines d'Or de Kilo-Moto* (OKIMO) et *ses partenaires* dans l'Ituri dont *Anglo Goldfield Kilo sarl (AGK), Borgamin, Mwanafrica sprl, Kibali Gold sprl, Gorumbwa sprl* dans la province Orientale.

• Le diamant est exploité par la *Miba et ses divers partenaires contractuels*[2], *la Société Kasaï Diamant (SKD)*... à Mbuji-Mayi ; *Kabongo Développement Congo (KDC), EXPROM, Nanzambi Mining Congo (NAMICO), AMB*... à Tshikapa.

• La cassitérite, l'étain,... sont exploités par *Sakima et ses partenaires* dans le Nord-Kivu, le Sud-Kivu dont la *GEMICO sprl*, et dans le Maniema par *Banro Corporation*.

Comme ces produits sont exportés, leurs entreprises réalisent aussi des importations sur lesquelles la douane perçoit ses droits. Ces ressources financières et fiscales générées par ce secteur en affectation au budget national est vital pour le pays afin de booster ses divers projets de développement. Mais il est déplorable de constater que ce secteur soit traité par certains décideurs avec laxisme en livrant le patrimoine minier national au bradage et pillage par des contrats léonins aux affairistes dénués de toute éthique et probité morale. L'exploitation de ce secteur par l'observance de sa réglementation devrait être d'application stricte, efficience et rationnelle car les minerais sont une ressource *non renouvelable* à l'instar des autres ressources et par rapport à des espaces de désolation des terres brûlées laissées par des exploitants industriels derrière eux et autres lacs artificiels se formant consécutivement après exploitation et abandon des sites.

---

[1] **AREVA** est un groupe industriel français, crée en 2001 sous l'égide du Commissariat à l'énergie atomique et est le numéro 1 mondial dans l'exploitation du nucléaire civil par l'uranium à des fins « nobles et pacifiques ». Le gouvernement congolais, par l'implication personnelle du président français Nicolas Sarkozy le jeudi 26 mars 2009 (raison fondamentalement essentielle de sa première venue stratégique et diplomatique en RDC), a attribué à AREVA le contrat de permis de recherches des gisements d'uranium sur l'ensemble du territoire de la RDC, et plus potentiellement dans le Bas-Congo, le Nord-Kivu et dans les deux Kasaï. En plus du seul gisement connu de Shinkolobwe, situé à 35 kms de Likasi (au Katanga), il venait d'être réouvert par ce contrat, mais était fermé depuis 1960 à cause de son coût d'exploitation très élevé et de sa dangerosité après avoir été utilisé pour la fabrication des bombes atomiques qui ont été larguées sur les villes nipponnes d'Hiroshima et Nagasaki, mettant ainsi fin à la 2e Guerre mondiale par la capitulation du Japon et de l'Allemagne en 1945.

Nous préconisons aussi l'exploitaion de ces gisements d'uranium à soumettre absolument aux recommandations de l'ITIE (Initiative de la Transparence dans les Industries Extractives) auxquelles la RDC a adhéré pour le bénéfice suprême de ses populations locales.

[2] Cf. *Le Phare* (Exlusivité), « Toute la vérité sur les contrats miniers », dans *Le Phare* n° 3198-3299, Kinshasa, du vendredi 02/11/2007 sur le rapport de la Com-mission de révisitation des contrats miniers, pp. 3-13. www.lepharerdc.com

En rapprochant nos investigations et enquêtes (en rapport avec notre thème) du publi-reportage exclusif, très sensible, rendu par *Le Phare* (Exclusivité) n° 3198-3199 du vendredi 02/11/2007 sur le *Rapport de la Commission parlementaire de revisitation des Contrats miniers* et de sa livraison n° 3195 de lundi 29/10/2007, il s'est révelé que le secteur d'exploitation minière en RDC récèle des rapaces les plus voraces de toutes les couleurs où flirtent allègrement clientélisme, pillage, gangstérisme et maffia à ciel ouvert sous le couvert de certains contrats léonins.

Mais au cœur de cet Eldorado minier, certaines entreprises professionnelles se démarquent et émergent du lot dans l'observance du Code minier et de sa réglemenation. Nous en avons épinglé entre autres *First QUANTUM Minerals Ltd* qui, à travers ses filiales que nous venions d'évoquer, positionne dans la *catégorie A* ses entreprises dont les contrats miniers sont maintenus par leur respect des obligations légales et contractuelles, l'observance des clauses sociales par leur contribution à l'amélioration des conditions de vie socio-sanitaires des populations environnant leurs exploitations. De 2005 à 2009 avions-nous noté par exemple, le Trésor public s'est vu bonifier par des virements directs First Quantum Minerals Ltd au compte du Trésor de plus de ***US$ 80 000 000*** des droits, taxes et autres redevances au Code minier, en sus des impôts professionnels sur les revenus : ce qui dénote une meilleure traçabilité, répérage et transparence des droits dus à l'Etat. Par ailleurs, le coût total de ses investissements approche les **US 920 000 000,** sans compter d'autres investissements à court terme avoisinnant des dizaines de millions des dollards.

Lors de nos enquêtes, avons-nous constaté, *First Quantum Minerals Ltd*, par ses filiales, a su imposer ses marques et assoeir la visibilité de ses importants investissements sur terrain. Beaucoup mieux encore, en *joint-venture* avec la SNEL, FIRST QUANTUM Minerals Ldt financera bientôt le reconditionnement de la ligne haute tension *Inga-Kolwezi* et *la réhabilitation de deux turbines de Inga 2*: le tout à hauteur financière de *US 100 000 000*! En modèle et en exemple à suivre, cette entreprise nous a servi de référence. Elle mérite d'être encouragée par les pouvoirs publics pour être évoquée ici comme le parfait modèle d'investisseur sérieux contribuant au développement socio-économique de la RDC.

3.4.2. La structure comptable des bureaux de recettes de l'OFIDA

a) La structure comptable des bureaux de recettes

L'OFIDA dispose de plus de 106 bureaux codifiés destinés à la perception des recettes pour le compte du Trésor public. Sur l'ensemble des provinces douanières, l'ordre d'importance quantitative et de capacité contributive au budget de l'Etat correspond aux données que nous présentons dans le tableau ci-dessous. Il faut noter que les pourcentages attribués à chaque province douanière ne correspondent pas nécessairement au volume réel du trafic, étant donné que certaines marchandises sont soit exonérées, soit encore exemptées.[1]

Tableau n° 01 : Bureaux des Recettes par province douanière

N°	Provinces douanières	Nombre de bureaux	Rapport proportionnel
01	Kinshasa-Est	26	24,54 %
02	Kinshasa-Aéro	3	02,83 %
03	Bas-Congo	18	16,98 %
04	Katanga	18	16,98 %
05	Nord-Kivu	6	05,66 %
06	Sud-Kivu	6	05,66 %
07	Province Orientale	11	10,38 %
08	Kasaï Oriental	3	02,83 %
09	Kasaï Occidental	3	02,83 %
10	Equateur	11	10,38 %
11	Bandundu	1	00,94 %
	TOTAL :	**106**	**100,00%**

Source : OFIDA/DG.

b) La structure comptable des bureaux de dépenses

En vue d'assurer une meilleure perception des recettes du budget en faveur du Trésor public et d'effectuer entre-temps les dépenses courantes pour le fonctionnement normal de l'OFIDA, celui-ci dispose de bureaux comptables de recettes avec leurs succursales et leurs postes frontaliers ainsi que de onze bureaux de dépenses essaimés sur l'ensemble du territoire national, tels que repris dans le tableau ci-dessous.

Tableau n° 02 : Les Bureaux des dépenses de l'OFIDA par province douanière

N°	Provinces douanières et localisation des Bureaux de dépenses	Nombre de bureaux
01	Kinshasa-Est (Gombe)	1
02	Kinshasa-Aéro (N'Dolo)	1
03	Bas-Congo (Matadi)	1
04	Katanga (Lubumbashi)	1
05	Nord-Kivu (Goma)	1
06	Sud-Kivu (Bukavu)	1
07	Province Orientale (Kisangani)	1
08	Kasaï-Oriental (Mbuji-Mayi)	1
09	Kasaï-Occidental (Kananga)	1
10	Equateur (Mbandaka)	1
11	Bandundu (Bandundu)	1
	TOTAL :	**11**

Source : OFIDA/DG.

[1] J. AFOTO ELENGA, *Analyse organisationnelle de la comptabilité douanière de l'OFIDA (1979- 2000)*, TFC, Finances publiques, D&A, ENF, Kinshasa, 2001, p. 19.

SECTION 3 : LA « BRIGADE DOUANIERE »

3.1. L'acception générale de la notion de brigade

- La « brigade », expliquons-le, est une unité militaire d'effectif et de composition très variables, suivant les époques et les circonstances. Aujourd'hui, il peut s'agir d'une toute petite unité de quelques hommes (brigade de gendarmerie), comme d'une très grande unité regroupant plusieurs milliers de soldats et de gradés (brigade de zone, brigade de logistique...)[1].
- Les brigades internationales, unité de combattants étrangers ayant participé à la guerre d'Espagne. Créées dès octobre 1936 pour protéger la République, elles rassemblèrent des antifascistes allemands et italiens, des intellectuels (Hemingway, Orwell) et des communistes, en tout 40 000 hommes. Elles contribuèrent à la défense de Madrid et de Teruel [ville d'Espagne (Aragon)] qui fut très disputée durant la guerre civile de 1936 à 1939. Ces brigades furent dissoutes en 1938[2].
- Les Brigades rouges, nom d'un groupe terroriste italien fondé en 1970 par Renato Curcio. Issus de l'extrême gauche italienne, les membres de cette organisation préconisaient la lutte armée pour déstabiliser l'Etat et la société capitalistes. Ils enlevèrent et assassinèrent le président de la démocratie chrétienne Aldo Moro en 1978. De nombreuses arrestations à la fin des années 70 et au début des années 80 permirent le démantèlement des Brigades rouges.

3.2. La particularité et l'histoire de la brigade douanière congolaise

Par rapport à ses missions, nous définissons donc la brigade douanière comme étant un corps spécialisé para policier ou paramilitaire de recherche, de lutte, de prévention, de dissuasion et de répression technique des actes de délinquance douanière.

Mais avant tout, un regard rétrospectif dans les annales de la douane congolaise nous permet de saisir le cheminement diachronique de ses principaux acteurs et faits de sa brigade. Cette petite lecture que nous faisons de ce pan de l'Histoire partira de l'époque de terreurs, pillages et enrichissement insolents de Léopold II, en transitant par l'époque coloniale belge -- avec ses horreurs et crimes imprescriptibles --, jusqu'à la période post-coloniale d'une tempête apaisée. L'étude sommaire de ces périodes nous offre une vue panoramique, avec ses vissiscitudes, de l'évolution de cette brigade, avec leurs séquences d'horreurs et de leçons de l'Histoire à tirer.

---

[1] *Encyclopédie BORDAS*, éd. SGED, Paris, 1996, p. 2057, col. 1.
[2] *Idem.*

3.2.1. Sous l'Etat indépendant du Congo, E.I.C.[1] (de 1885 à 1908)

L'histoire moderne de la douane congolaise remonte donc à l'acte de Berlin du 26 février 1885. Acte qui fit de l'EIC la propriété privée et personnelle du roi Léopold II du royaume de Belgique. Ce qui lui permit de devancer les Anglais dans la colonisation de l'Afrique centrale.

Il faut d'abord rappeler que c'est un concours de circonstances pour le moins exceptionnel qui s'allia à l'esprit visionnaire même du roi Léopold II qui favorisa son acquisition du bassin du Congo, du fait notamment :

- de l'accession de la Belgique à l'indépendance de la Hollande en 1830 ;
- du refus de l'Angleterre de prendre en compte les propositions sur le Congo de l'explorateur journaliste et voyageur anglo-américain Henry Morton Stanley avec qui le roi négociera pour son propre compte, en créant successivement des organisations à caractère scientifique et dont il modifiera malignement par la suite les objectifs (Association internationale du Congo, « AIC », en 1876 ; Association internationale africaine, « AIA », le 14 septembre 1876 ; Comité d'études du Haut-Congo, « CEHC », le 25 novembre 1878) ;
- de la convoitise de grandes puissances européennes de l'époque qui voulait coloniser toute l'Afrique ;
- des dispositions molles de la charte de Berlin qu'il exploitera à souhait, etc.

L'article 13 des résolutions de la conférence de Berlin spécifiait l'organisation du régime de liberté commerciale dans le bassin conventionnel du Congo. Il était donc de ce fait impossible de créer une surveillance spéciale aux frontières[2]. Mais le roi souverain ne devait pas laisser perdurer indéfiniment cet apparent blocage devant la manne providentielle qu'était l'EIC avec tout son potentiel économique inexploré et inexploité qui se trouvait à sa merci. Comme Léopold II récusait ce point de vue-là, la conférence lui en garantit en définitive les *droits de sortie* : ce fut alors la naissance de l'administration douanière au Congo. C'est ainsi qu'à partir du 15 décembre 1885, le Congo taxait à l'exportation pour le compte du roi souverain de l'*ivoire* et du *caoutchouc* au taux de 10% de la valeur *ad valorem* et les autres produits agricoles (café, huile de palme, arachides…) au taux de 5% de valeur spécifique comme cotisation anticipée à l'impôt

---

[1] Après avoir dépiécé et charcuté l'Afrique à la Conférence de Berlin du 15 novembre 1884 au 26 février 1885, il sera proclamé officiellement à Vivi le 1er juillet 1885 la création de l'Etat indépendant du Congo « E.I.C », premier nom étatique de la RDC qui s'appellera successivement : *Etat indépendant du Congo, E.I.C, de 1885 à 1908 ; Congo belge, de 1908 à 1960 ; République du Congo, de 1960 à 1964 ; République démocratique du Congo de 1964 à 1971 ; République du Zaïre, de 1971 à 1997 ;* République démocratique du Congo, rebaptisée et réhabilitée depuis le 17 mai 1997.

[2] *Instructions de surveillance pour les corps des "gardes frontaliers"* (Manuel), ministère des Finances, Léopoldville, mars 1963, p. 1.

direct sur le revenu. L'établissement des droits de sortie sur les produits exportés du Congo[1] entra en application en date du 2 juillet 1890 et restreignit la liberté de commerce proclamée par la conférence de Berlin.

« L'EIC, nous informe Sophie Lihau N'Kanza[2], fut créé dans le but principal de réglementer le libre commerce pour toutes les nations. Mais dès le début, le roi souverain s'est évertué à réglementer le commerce pour son profit personnel et celui de son royaume : la Belgique. Son premier décret est explicite à ce propos, car il déclare que tout le sol et le sous-sol du Congo lui appartiennent. L'EIC est un Etat individualisé en la personne du roi souverain. La préoccupation majeure de Léopold II était de gérer son entreprise au mieux pour en tirer le maximum de profit ».

On estime que Léopold II, depuis le début de la colonisation jusqu'en 1906, a amassé quelque 20 millions de dollars dans le commerce de l'ivoire et du caoutchouc. Selon les sources belges (in *Le Syndicalisme et la Guerre*), entre 1887 et 1953, ce seraient environ 4,3 milliards de dollars qui auraient quitté le Congo sous la forme de bénéfices. Trois groupes financiers contrôlaient 75% des activités économiques de la colonie : la Société générale, la Banque de Bruxelles et le Groupe Empain. Par le biais de l'Union minière, la Société Générale exploitait les mines de cuivre du Katanga ; et par le biais de la Forminière, elle se livrait à l'exploitation du diamant dans le Kasaï.

Photo n° 01 : 1er bureau des douanes à Léopoldville en 1902 (situé à l'emplacement actuel du Quartier Général de la Brigade Douanière de Kinshasa, du Guichet unique de Kin-Est et de l'EPC Elit). Ce bureau était deservi par l'*Avenue de la Douane* logeant le tout 1er building à Kinshasa, l'Immeuble Forescom vers le port et les entrepôts ONATRA.

---

[1] MANDJUMBA MWANYIMI-MBOMBA, *Chronologie générale de l'histoire du Zaïre (des origines à 1988)*, CRP, Kinshasa, p. 53.

[2] S. ZALA LIHAU N'KANZA, *Les Origines du sous-développement politique au Congo belge "De Padroado à la loi fondamentale" (1482-1960)*, PUZ, Kinshasa, 1985, p. 175.

Une note d'une incidence particulière est à mentionner cependant au service de la *Force publique*, réputée comme étant l'instrument de l'absolutisme colonial par excellence de l'exécution des décisions souveraines de Léopold II. « C'est le décret du 15 août 1888 qui, officiellement, créa la Force publique. Cette dernière était divisée en deux sections : la section militaire, travaillant dans les expéditions de pacification, et la section de la main-d'œuvre, travaillant comme collecteurs de caoutchouc et d'autres ressources. Chaque chefferie devait fournir un nombre déterminé de soldats et de travailleurs, selon la grandeur du village. Par une ordonnance du Gouverneur général [Janssen Camille] du 5 octobre 1891, un corps de police administrative était organisé au sein de la Force publique »[1].

La section de la main-d'œuvre de la Force publique d'où était issu le Corps de police administrative, constituant en même temps le bras droit armé de la douane de l'EIC. Il s'est illustré par des violations massives et permanentes des droits humains sur les indigènes autochtones congolais : *amputation vive des mains des saigneurs d'hévéas qui n'atteignaient pas les quotas imposés ou exécution de ceux-ci en compagnie de leurs femmes et enfants, flagellation des cadavres condamnés à titre posthume, exécutions sommaires, emprisonnements et condamnations sans défense et sans assistance judiciaire, etc.* (Voir en illustrations dans les pages suivantes montrant les photos des victimes congolaises et de leur bourreau, le philantrope (*sic*) Roi Léopold II !).

Du fait des impôts, des cultures imposées, des travaux forcés, des travaux publics obligatoires et non payés, de la violence et des déportations, les esclaves « libérés » demeuraient tout autant victimes de l'inégalité, de l'oppression et de l'exploitation. La brutalité des colons belges était si grande que des journalistes et des missionnaires ont commencé à témoigner de ces actes de cruauté en Europe. L'Angleterre, qui elle-même avait voulu coloniser le Congo, a fondé la première commission d'enquête en faveur des droits de l'homme afin de pouvoir agir contre Léopold II (voir Photos n° 11, 12 et autres). Mais Léopold II continua à se défendre : « Notre seul but, je continue de le répéter, est une œuvre d'amélioration morale et matérielle. » Déjà à l'époque, les droits de l'homme constituaient une arme idéologique utilisée par les grandes puissances afin de mieux mener la lutte économique en faveur de leurs propres intérêts.

Dans une lettre datée du 3 juin 1906, Léopold II écrit au secrétaire général des propos qui transpirent son absolutisme sur le Congo et la façon dont il entendait le conserver : « Mes droits au Congo ne sont partagés avec personne d'autre, ils sont le résultat de mes efforts et de mes dépenses (...) La manière dont s'exerce le pouvoir public au Congo, dépend uniquement du fondateur de l'Etat [que je suis], dans l'intérêt de la Belgique, il dispose en toute légalité et souveraineté, et il doit aussi continuer à le faire seul,

---

[1] S. ZALA Lihau N'KANZA, *op. cit.*, p. 174.

nécessairement, de tout ce qu'il a créé au Congo. » Pour y parvenir avec efficacité et efficience, Léopold II eut recours à une espèce de Sainte Trinité coloniale composée du Capital (le pouvoir fédéral d'Etat constitué de 3 éléments : la monarchie absolue, l'armée et l'administration coloniale), de l'Eglise et de l'Etat.[1]

Ce « système léopoldien », instauré depuis 1891, avait conduit aux abus et à d'autres atrocités connus sous le nom de « *red rubber* [2] »[3]. Ce corps de police-là avait installé une psychose de peur entretenue en permanence et sans précédent dans les populations qui évitaient absolument la commission et la consommation de tout type de délit.

Cette police avait aussi été créée du fait que les frontières de l'EIC venaient d'être ouvertes sans condition à tous ceux qui désiraient y exercer une activité commerciale mais ils « devaient s'adresser à elle pour recevoir un lopin de terre ». Les paysans qui cultivaient ou récoltaient les plantes destinées à l'exportation étaient soumis à une longue chaîne d'intermédiaires qui les exploitaient à souhait. Ces commerçants semi-grossistes, la plupart d'origine libanaise ou indienne, constituaient le lien avec les compagnies européennes. Ces capitalistes maintenaient les paysans dans un étau : ils déterminaient unilatéralement le prix des produits maraîchers que livraient les paysans. Il est triste de dire et de constater que ce relent néocolonialiste s'observe malheureusement encore aujourd'hui auprès des masses de travailleurs congolais par les mêmes ténors asiatiques du Congo. Surtout que l'avantage comparatif en matière commerciale ne doit pas être procuré par l'exploitation à outrance des travailleurs et par la suppression de certains droits et avantages rattachés à leur emploi.

Dans son ouvrage de 439 pages, Adam Hochschild décrit et dissèque dans une rhétorique déconcertante et poignante comment le sadisme et les atrocités inhumaines infligées par Léopold II firent périr plus de 10 millions de *nègres* (le 7e de la population actuelle du Congo) au point que des voix commencèrent à dénoncer ces horribles crimes contre l'humanité commis sur les masses congolaises, avec le concours de toute l'Europe et des Etats-Unis dans ce véritable holocauste enterré dans la mémoire de l'Histoire. Ce qui marquera le premier mouvement international de défense des droits de l'homme du XXe siècle et la réputation de philanthropie envers le Congo.

---

[1] *Idem.*, pp. 8–11.

[2] *Red rubber* signifie caoutchouc rouge, et symbolise les abus du régime léopoldien et le sang versé par les indigènes congolais sous la chicotte (le fouet) et les exactions de tout genre commises par des agents de l'EIC (précisément le corps « de répression » de la police administrative – ancêtre de la brigade douanière actuelle composée des militaires) et de sociétés à charte en vue de la production toujours accrue du caoutchouc, de l'ivoire… alors principales richesses de la colonie.

[3] MANDJUMBA MWANYIMI-MBOMA, *op. cit.*, pp. 53, 164.

Photos n° 02 et 03 : Les armoiries de l'EIC et la Force Publique

Source :

Photos n° 04 et 05 : Le roi Léopold II, propriétaire et bourreau de l'EIC

Source : Microsoft Corporation, DVD ENCARTA 2007.

Photo n° 06 : Couverture du livre *Les fantômes du Roi Léopold II*

Photos n° 07, 08, 09 et 10 : Quelques images terrifiantes de la colonisation

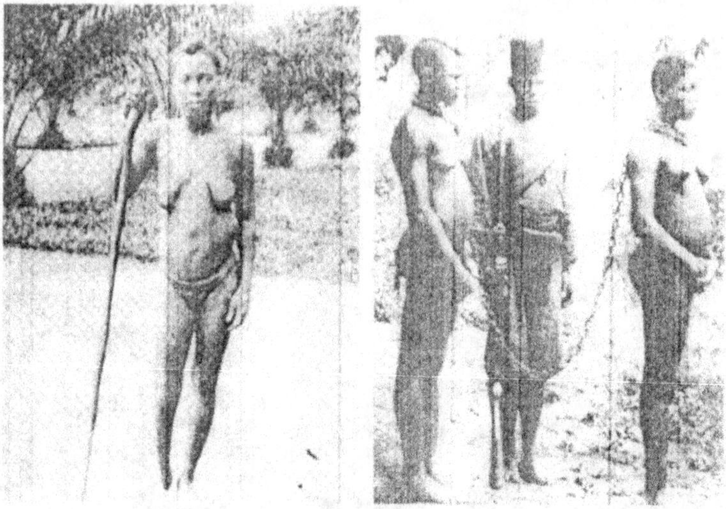

<u>*Source*</u> : In *Les fantômes de Léopold -- Un holocauste oublié.*

« Devant les abus cumulés du roi souverain [avec à la clé, la violation systématique et massive des droits humains des Congolais], l'opinion internationale s'était élevée pour condamner l'exploitation du Congo par un individu », poursuit Sophie N'kanza. « Lorsqu'il s'est avéré inévitable de retirer l'administration du Congo des mains du roi Léopold II, ce dernier s'arrangea pour sauver la fortune accumulée pour lui et la famille royale. A la veille du débat parlementaire, le 4 juin 1908, sur la question de l'annexion du Congo à la Belgique, Léopold II signa plus de 50 décrets – non publiés dans le Bulletin officiel de l'EIC - destinés à sauver sa réputation de *philanthrope du Congo* (!!). C'est dans ce cadre que le Domaine de la Couronne fut transformé, en un jour, en Fondation de la Couronne, par décret royal n° 1421 R du 3 juin 1908. Le même jour, un manifeste royal déclarait qu'en créant le Domaine de la Couronne, le roi avait rendu le service le plus significatif au Congo, et en fin de compte, à la Belgique. Si la Belgique s'annexait le Congo, poursuivait le manifeste, elle devait respecter toutes les entreprises de l'EIC, spécialement la Fondation de la Couronne, et devait s'engager à ne pas aliéner ou diminuer en aucune mesure l'intégrité des revenus tirés sans aucune compensation équivalente. L'objectif visé était, entre autres, de protéger les *compagnies à charte* qui passeront sous la gestion du Congo belge.

Photos n° 11 et 12 : Affiche protestataire des Anglais contre les actes de violations des droits humains sur les Congolais par Léopold II et d'autres images illustrant ses atrocités.

<u>Source</u> : In *Les fantômes de Léopold -- Un holocauste oublié.*

Par contre, il était imposé aux sociétés privées qui échappaient au contrôle direct du roi souverain des *taxes très lourdes* que réclamait le fameux « corps de police administrative ». Hormis le crime esclavagiste et les graves violations de droits humains commis, l'efficacité et l'efficience qu'apportait ce corps de police administrative dans l'encadrement des intérêts du roi Léopold II l'inscrirent indubitablement dans le record des fortunes de son temps.

La pauvre Belgique aujourd'hui, par ses quelques officiels interposés, restera encore longtemps nostalgique de ce passé colonial providentiel dans ses rapports bilatéraux souvent tumultueux et recurrents avec le Congo indépendant. Une certaine classe politique belge a du mal à réaliser la souveraineté internationale de la RDC et à se départir de son ancien statut de colonisateur dont elle rêve encore. Ce relent colonialiste se traduit souvent par des écarts de langage et de comportement qui lui font souvent perdre sa rhétorique diplomatique par ses immixtions intempestives dans les affaires congolaises.

3.2.2. Sous le Congo belge (de 1908 à 1960)

A la cession de l'EIC comme colonie à la Belgique en 1908, la loi du 18 octobre de la même année décréta que le gouvernement belge devait poursuivre l'œuvre entreprise et léguée par la famille royale. C'est par la convention de Saint-Germain-en-Laye du 10 octobre 1919 que les puissances étrangères autorisèrent par la suite les autorités coloniales du Congo à fixer librement sur les produits des taux de droits d'entrée et de sortie. Dans la foulée, la loi du 20 octobre 1919 fit créer et installer à Anvers (en Belgique) un office des douanes du Congo belge dénommé *Office douanier colonial*[1], *ODC*, face à l'importance que prenaient les droits de douanes pour la Métropole. Mais une loi votée le 5 juillet 1920 par les chambres législatives belges reconnut au Congo belge le droit de fixer librement sa taxation douanière. Néanmoins les droits préférentiels lui étaient interdits : ce qui conduisit à la promulgation au Congo belge d'un nouveau tarif de droits d'entrée par décret du 3 décembre 1923.

Il était donc temps de ne pas seulement focaliser son attention sur la perception des droits, mais aussi sur les mécanismes pour contrer toutes les manœuvres frauduleuses. Jusqu'en 1926, la police administrative se présentait comme une des branches de la Force Publique. De là, par Décret du 22 novembre 1926, l'on voit apparaître les ébauches d'un corps de surveillance créant un *corps de police administrative* plus autonome par rapport à la Force Publique. C'est dans le cadre du décret susmentionné que par l'ordonnance n° 33/245 du 31 juillet 1949, il a été créé un corps de « Garde-Frontières », véritable précurseur du corps de la Brigade, dépendant totalement de l'administration douanière.

Les missions des « gardes-frontaliers » sont définies à l'article 8 de cette ordonnance comme suit :

- Contribuer à la surveillance générale des frontières et faire des patrouilles ;
- Rendre compte à leur chef de ce qu'ils remarquent et qui est contraire aux lois, décrets, ordonnances, arrêtés et règlements et spécialement des infractions en violation de la législation douanière ;
- Rechercher, recueillir et prendre, au sujet des infractions, tous les renseignements possibles et en donner immédiatement connaissance à leur chef ;
- Dépister les tentatives de fraude et rechercher leurs auteurs ; appréhender au corps et conduire devant le chef local tous les individus pris en flagrant délit de fraude ou détenteurs de marchandises qu'ils tentent d'importer ou d'exporter par des voies non autorisées ;

[1] H. LECLERCQ, « Evolution des finances publiques zaïroises », in *CAHIERS ECONOMIQUES ET SOCIAUX N° 2*, IRES, Kinshasa, septembre 1969, p. 129.

- Empêcher toute action tendant à faire disparaître les traces matérielles des infractions[1].

L'administration de la colonie accordait beaucoup d'attention à ce corps ; de sorte que le recrutement local de ses membres s'opérait principalement parmi les ex-militaires considérés comme rompus d'honnêteté de par leur formation, caractérisés par une discipline de fer et sans compromis. Ils étaient massivement affectés aux frontières nationales et aux grandes zones d'affluence de mouvements de populations et de marchandises.

Bien que dépendants de la police administrative, les gardes-frontaliers se distinguaient des militaires et des civils. Ils s'identifiaient par le port de leur uniforme particulier. Ils se déplaç[1]aient rapidement à vélo dans les campagnes et se servaient de jeeps dans les grands centres urbano-ruraux et en ville avec un dévouement et une ferveur qui insufflaient l'observance de la réglementation douanière par la communauté. Faute de quoi, le contrevenant était conduit *manu militari* devant l'autorité compétente.

3.2.3. Avec le Congo indépendant (dès 1960)

Avec l'accession du Congo au statut international d'Etat souverain, les nouvelles autorités congolaises humanisèrent cet odieux corps et le rendirent plus ou moins citoyen en le débarrassant des scories de la colonisation et des violations des droits de l'homme. Mais il se posait le problème de la relève qui devenait de plus en plus préoccupant, car les gardes-frontaliers croulaient visiblement sous le poids de l'âge et par conséquent devenaient inopérants. Il fallait donc penser à leur remplacement et, en même temps, au rajeunissement de ce corps. C'est ainsi que, par ordonnance n° 77 du 24 mai 1962 en exécution du même décret du 22 novembre 1926 susmentionné, un corps de police administrative dénommé « brigade financière » a été créé. Ainsi, celle-ci opérait à l'intérieur du territoire national, tandis que les gardes frontaliers traquaient les fraudeurs aux frontières du Congo. Les gardes frontaliers et la brigade financière composaient plus nettement les deux sections du corps de la police administrative.

Ces deux corps de police administrative n'avaient pas comme seule tâche de combattre la contrebande et la fraude douanière, mais collaboraient aussi à faire respecter et appliquer d'autres lois économiques du pays. Parmi ces tâches, figuraient le contrôle, la surveillance, la recherche et bien d'autres opérations douanières dans les zones frontières et même à l'intérieur du pays, dans les cas de poursuites ininterrompues de fraudes depuis l'extrême frontière. Mais le piétinement dans les attributions, la confusion des rôles de l'une des sections du corps par rapport à l'autre eurent raison de l'efficacité

---

[1] Cité par C. KEBADIO KANDA, *L'incidence de la Brigade Douanière restructurée sur le comportement des usagers de la douane*, TFC, Finances Publiques, D&A, ENF, Kinshasa, 2000-2001, pp. 4,5.

et du rendement de la police administrative. Elle fut par conséquent condamnée à la dissolution, tant qu'elle garderait en elle les tares et gènes de l'ancienne administration coloniale.

Par l'ordonnance-loi n° 14 du 23 janvier 1964, rapporte une étude, l'Etat créa au sein de la Direction des douanes et accises du ministère des Finances le *Service de recherche des infractions douanières et financières*. C'est une police douanière chargée de prévenir, rechercher et acter les infractions à la législation douanière.

En ce temps, existait également une Inspection de recherche exerçant des missions annuelles dans chaque province pour constater la régularité des opérations douanières auprès des bureaux de douane et contrôler l'utilisation des crédits de fournitures et matériels mis à leur disposition. Auprès des tiers, l'investigation exercée avait pour but de vérifier la détention régulière des marchandises et le volume des recettes réalisées.

Dans l'esprit du législateur, le Service de recherche n'était pas une entité indépendante ou parallèle à l'administration des douanes. Il était une branche intégrante de celle-ci.

Vers la fin des années 70, le ministère des Finances mit en place une nouvelle brigade : la « Brigade de la recherche » dont le rôle fut d'assurer une surveillance permanente sur toute l'étendue du territoire de la République et de prévenir, par des méthodes spécifiques à chaque province, toute forme de fraude. Cette brigade était appelée par conséquent à de fréquents déplacements et enquêtes dans les magasins et ailleurs. Ce service de recherche et de répression s'occupait de la recherche de la fraude et des infractions par :

1) enquête provoquée par une dénonciation faite par un aviseur ;
2) une contre-vérification ;
3) des investigations systématiques basées sur le contrôle de routine facilité par des missions de service à l'intérieur du pays ;
4) des investigations ponctuelles ou spontanées[1].

Pour un besoin dynamique d'adaptation lié à l'évolution de l'environnement douanier, ce service sera remplacé par la Brigade douanière qui fait l'objet d'une étude détaillée à la section 2.3. du chapitre II.

SECTION 4 : LE CONCEPT « FRAUDE DOUANIERE ET SA LUTTE»

A. LA FRAUDE DOUANIERE

4.1. DEFINITIONS, PARTICULARITE, QUALIFICATION ET CLASSIFICATION DES INFRACTIONS DOUANIERES

[1] BANGILA MATA, *Analyse critique de l'organisation et du fonctionnement du service de la recherche et de la répression des infractions douanières de l'OFIDA 1990-1993*, TFC, Sciences commerciales et financières, ISIPA, Kinshasa, pp. 23-25.

4.1.1. Les définitions :

La fraude peut être comprise comme un acte délictueux posé avec préméditation au moyen de quelque subterfuge, ou par omission volontaire, en vue de se soustraire à l'obligation du paiement des droits dus à l'Etat au mépris de la réglementation en vigueur (en matière de certaines formes d'impôt, taxes, etc.) et qui, du point de vue pénal, est passible de redressement correctif et d'amende.

Dans son acception générale, le professeur E. Midagu Bahati[1] définit *la fraude fiscale* comme un acte consistant, soit à « faire disparaître ou réduire la matière imposable, soit à obtenir de l'Etat des remboursements injustifiés, lorsque ces procédés ne peuvent être considérés comme des erreurs excusables ou des omissions involontaires mais sont, au contraire, le résultat d'actes conscients et volontaires destinés à donner l'apparence de la sincérité à des déclarations en réalité inexactes et impliquant l'intention manifeste d'éluder tout ou une partie de l'impôt. »

Généralement, l'initiative de la fraude vient de la personne qui en tire directement avantage, à savoir l'importateur/l'exportateur ou le commissionnaire en douane. Cependant, elle implique aussi l'argent public de l'Etat dans la mesure où la fraude fiscale douanière s'accompagne de corruption. Car en effet, l'on remarque que le douanier prend de plus en plus d'initiatives en intéressant l'importateur ou l'agent en douane à la fraude. Dans ce cas, il s'agit d'un détournement de deniers publics.

La fraude douanière est un acte de tromperie destiné à obtenir un avantage en modifiant un ou des élément(s) de la déclaration devant affecter l'assiette fiscale ou permettant de se voir appliquer une disposition ou une loi différente de celle qui lui serait normalement applicable[2].

L'infraction est définie comme étant la violation d'une loi pénale, l'action ou l'inaction que la loi frappe d'une peine[3]. La jurisprudence nous apprend que chaque fois que la violation de la loi n'est pas assortie d'une peine, elle échappe dans ce cas à la qualification d'infraction pénale. L'étude de l'infraction dans sa structure juridique contient donc l'*élément légal* et *matériel*.

- *L'élément légal* renvoie directement au principe fondamental, à savoir la légalité du délit. Les autorités compétentes se doivent d'en déterminer la qualification par une confrontation avec la définition de la loi : c'est la qualification des faits.

---

[1] Ernest MIDAGU BAHATI, « Fraude et évasion fiscales : Problématique et lutte », in *Congo Fiscalité* n° 001, 2008, Kinshasa, p. 13.

[2] J.AFOTO ELENGA, *Moyens et méthodes de vérification & Lutte contre la fraude*, cours inédit, Administration publique, GIII Administration douanière, ENAP, Kinshasa, 2004-2005.

[3] *Idem.*

- *L'élément matériel* présente ce qui a concouru à l'accomplissement d'une action ou ce qui en constitue le résultat tangible, relevant de la matérialité d'un acte accompli ou consommé.

Tandis que *l'infraction douanière* est tout acte ou abstention qui constitue une violation de la loi ou une disposition réglementaire prise pour son application et frappée d'une peine par la législation douanière.

4.1.2. La particularité de l'infraction douanière

Pour l'établissement d'une infraction en matière douanière, il n'est pas nécessaire de prouver l'intention coupable ou la négligence de son auteur. L'infraction douanière est constituée du simple fait de sa tangibilité (réalisation matérielle de l'infraction), en l'absence de l'élément moral constitutif du délit. Toute tentative donc d'infraction douanière est assimilée à l'infraction elle-même.

Par ailleurs, l'infraction douanière se caractérise par le fait que tous les faits délictueux sont qualifiés de délits de police s'ils ne sont pas des délits d'initié. C'est par ce fait que la législation douanière ne soulève pas la question du droit commun des crimes, des délits correctionnels, des contraventions, etc.

4.1.3. La qualification des faits, le concours et la typologie des infractions douanières

a) La qualification des faits infractionnels

Leur qualification est multiple. La question de l'imputation des faits à une définition légale de l'infraction se pose lorsque les actes commis par le délinquant sont susceptibles, même à première vue, d'être qualifiés.

En effet, quelle qualification faut-il déterminer et retenir lorsqu'un individu commet successivement et à certains intervalles toutes ou une partie des infractions à sa charge ? Devant ces différentes possibilités d'infractions à qualifier, il faut retenir une seule infraction : c'est la question du concours d'infractions. Il est réalisé lorsque dans une situation donnée, un individu doit répondre de plusieurs infractions dont aucune n'a fait l'objet d'un jugement définitif.

b) Le concours idéal et matériel d'infraction

- Le concours idéal d'infraction est réalisé lorsque le même fait constitue plusieurs infractions. Dans ce cas, la peine la plus forte sera prononcée et infligée à l'infracteur.
- Le concours matériel d'infraction est réalisé lorsqu'un même sujet commet plusieurs infractions distinctes non qualifiées sous une seule intention délictueuse et dont aucune n'a encore fait l'objet d'une condamnation définitive. Les infractions se commettant séparément, les faits sont aussi punis séparément.

c) La typologie des infractions douanières

Les actes ci-après sont qualifiés de faits infractionnels au regard de la législation douanière. Il s'agit de :

- la fausse dénomination ;
- la sous-évaluation ;
- le non déclaré ;
- le manquant ;
- l'excédent ;
- la fausse déclaration d'origine ou de provenance ;
- la contrebande.

Ces infractions douanières, qui constituent des faits matériels de la fraude, se définissent comme suit :

- *La fausse dénomination* : déclaration inexacte en ce qui concerne la nature, le genre, la substance ou l'espèce de la marchandise. Est aussi considérée comme entachée de fausse dénomination, toute déclaration libellée de manière à fausser la classification de la marchandise pour l'application soit du tarif des droits d'entrée ou de sortie, soit des mesures de prohibition ou de contrôle.
- *La sous-évaluation* : est l'infraction douanière qui consiste à minorer la base imposable. Elle constitue actuellement la forme la plus usitée de la fraude douanière ; elle est basée essentiellement sur la présentation de fausses factures.
- *Le non déclaré* : il y a cette infraction lorsque la (ou les) marchandise(s) omise(s) dans la déclaration est (sont) d'une nature différente de celle(s) qui est (sont) déclarée(s).
- *Le manquant* : est l'infraction qui consiste à déclarer une marchandise fictive qui, le plus souvent, cache ou vient en couverture de celle non déclarée.
- *L'excédent* : cette infraction est constatée lorsque pour des marchandises de même nature, la quantité vérifiée physiquement s'avère supérieure à celle inscrite sur la déclaration.
- *La fausse déclaration d'origine ou de provenance* : cette fraude est souvent commise dans le but de contourner une mesure de contrôle ou de restriction, ou encore de se soustraire à une disposition de prohibition. La fausse déclaration d'origine se décèle lorsqu'il y a inexactitude ou inadéquation du pays où la marchandise est supposée avoir été fabriquée, récoltée ou encore extraite… où elle aurait subi une transformation essentielle qui lui a conféré l'entité sur la base de laquelle elle est présentée à la douane.

Tandis que la *fausse déclaration de provenance* se remarque lorsqu'il y a inexactitude du pays où s'est effectuée l'expédition de la marchandise à destination du pays d'importation, comme la RDC. Cette fraude transpire à partir des documents de transport usuels tels que les LTA, BL, LDV, les certificats de contrôle...

A toutes ces définitions, ajoutons le délit le plus criminel économiquement :

- **la contrebande** est une opération délictueuse concernant l'importation ou l'exportation de marchandises en dehors des bureaux de douane. Elle se manifeste secondairement aussi d'une manière on ne peut plus insidieuse :

- la non-présentation, à la première réquisition des agents douaniers, des marchandises placées dans les magasins et aires de dédouanement ;
- la dissimulation des marchandises non déclarées dans des cachettes spécialement aménagées pour les soustraire de la visite des agents douaniers lors du passage en douane [1] ;
- la soustraction en cours de trajet des marchandises expédiées ou transférées sous un régime douanier suspensif de droits.

L'une ou l'autre de ces infractions se constate par un procès-verbal dûment établi dans les formes prescrites pour faire foi devant les instances compétentes.

B. LA LUTTE CONTRE LA FRAUDE DOUANIERE

Nous la concevons comme l'ensemble des mesures mises en place ou qui le seront par les pouvoirs publics pour réprimer, sanctionner ou dissuader et empêcher les violations des lois et des règlements douaniers, et ce, en rapport avec les valeurs morales, administratives et inhérentes à la bonne gouvernance du secteur douanier et commercial, et concourant en même temps par ricochet au respect des droits humains.

Par ailleurs, le Nouveau Code des douanes congolais développe les grandes lignes de cette lutte, telle qu'il l'exprime en substance dans son exposé de motif et souligne entre autres : « le renforcement des pouvoirs des agents des douanes dans la recherche et la poursuite des infractions ; l'introduction des mesures de lutte contre le trafic de stupéfiants et de substances psychotropes, le blanchiment d'argent et celles relatives à la sécurité de la chaîne logistique, etc. »

Dans sa lutte contre la fraude douanière et commerciale, la Brigade douanière est donc appelée à :

- Moraliser et civiliser la conduite des milieux d'affaires congolais et étrangers dans leurs secteurs en rapport avec la douane ;
- Inciter à la promotion de la culture et du civisme fiscal des douanes ;

[1] KACEM TAJ, *Dédouanement des marchandises au Maroc – Réforme douanière/Guide pratique*, 2e éd. revue et corrigée, Impr. NAJAH EL JADIDA, Casablanca, 1996, pp. 231-236.

- Faire des propositions concrètes dans le cadre de cette politique stratégique auprès de la hiérarchie pour développer la lutte contre la fraude et la corruption dans son secteur d'intervention ;
- Prendre en charge effectivement, sous la responsabilté directe de la brigade douanière, tous les conteneurs et autres moyens de transport en trafic international en RDC, pour en assurer le suivi et ses corollaires probables dès leur entrée jusqu'à la sortie ;
- Assurer la garde des clés de tous les entrepôts sous la responsabilité de la douane ;
- Superviser toute prestation horaire sollicitée de travaux extraordinaires (TE);
- Suivre et contrôler *a posteriori* tous les *enlevèments d'urgence autorisés* dans leur régularité, temporalité, motivation, etc. ;
- Lutter contre les anti-valeurs qui rongent et gangrènent la douane, tout en développant ses réseaux et ses relations de coopération tant internes qu'externes lors des recherches, investigations et enquêtes pour déceler les cas de fraude, de corruption et les autres délits condamnés par le Code des douanes ;
- Mener des actions pour l'identification, le fichage des causes et des réseaux de fraudes et faire des propositions pour lutter contre ;
- Vulgariser sur le plan médiatique la loi relative au nouveau Code des douanes congolais et diffuser des informations sur le code de bonne conduite et la conduite en douane ;
- Collaborer avec les administrations et les organismes spécialisés, et les brigades douanières sœurs dans la lutte anti-fraude transnationale et contre les autres délits du secteur.

Chapitre II :
LA VISION ORGANISATIONNELLE ET MANAGERIALE DE RECREATION DE LA BRIGADE DOUANIERE FACE A LA REFORME, LA MODERNISATION ET SON INTEGRATION SOUS-REGIONALE

« Planifier, c'est augmenter son propre pouvoir
en tentant de prédire et de contrôler l'incertitude ».

Robert SCHNEIDER

SECTION 1 : LA NOTION D' « ORGANISATION » ET SES COROLLAIRES

1.1. LA PHILOSOPHIE ORGANISATIONNELLE

1.1.1. Les définitions

Dans son glossaire, STRATEGOR[1] définit l' « *Organisation* » comme étant une « unité économique de coordination possédant des frontières identifiables et fonctionnant de façon continue en vue d'atteindre certains objectifs, *a priori* partagés par les membres de l'organisation ».

Dans le contexte de notre étude, la même notion d'« organisation » peut s'appliquer à toute unité, qu'elle soit économique, sociale ou administrative. Ainsi, l'organisation concernerait indistinctement une entreprise (publique, semi-privée, privée), une coopérative, une ONG, une association (de tout genre), une collectivité. Ainsi, sur un autre plan, en termes de corrélation opérationnelle entre partenaires, une « organisation » peut impliquer *deux* ou *plusieurs* personnes/individus *engagés dans un effort systématique pour produire des biens et services*[2].

1.1.2. La philosophie fonctionnelle de l'organisation

Dans sa fonction managériale, l'organisation est le processus par lequel les tâches sont conçues, regroupées en une unité *manageable* (gérable) et les tendances d'autorité entre tâches et groupes de tâches établies.

---

[1]STRATEGOR, *Stratégie, Structure, Décision, Identité : Politique générale d'entreprise*, 2e édition, InterEditions, Paris, 1993, p. 584 : éminente équipe de 20 professeurs du département stratégie et politique d'entreprise du groupe HEC de Jouy-en-Josas en France. Parmi les institutions dans lesquelles elle intervient de façon régulière, on peut citer : l'Ecole nationale d'administration, l'Ecole supérieure de commerce de Paris, le Centre de perfectionnement aux affaires (CPA), l'Université Paris-Dauphine, l'université Paris-Nanterre.

[2] CEFORMAD/NAS N. AMOUYE, *Module 1/Formation en management des organisations*, Ceformad, UPC/Kinshasa, 2002, p. 11.

Dans ce sens, l'organisation sert à :

-décomposer le travail en tâches opératoires ;

-regrouper les tâches opératoires en unités viables et liées les unes aux autres ;

-clarifier les exigences des postes de travail ;

-choisir les individus et leur attribuer l'emploi qui convient ;

-utiliser et décider l'autorité qui convient, cela pour tous les cadres ;

-fournir des équipements personnels et d'autres ressources ;

-adapter l'organisation à la lumière des résultats du contrôle.[1]

Par extension, l'organisation peut comprendre :

-l'activité d'organiser, qui consiste notamment à élaborer une structure, des procédures, un ordre propre au système ;

-le cadre que représente pour ses membres l'état d'un système après l'acte d'organiser, notamment en termes de structures et de culture ;

-une institution sociale en tant que système organisé.[2]

Comme l'affirment C. Kepner et B. Tregue, ils attendent de toute organisation qu'elle fonctionne comme une unité dont les parties coopèrent efficacement (...) Comme on s'en doute, les résultats furent meilleurs dans les entreprises qui encourageaient l'utilisation de ces idées et où de nombreux cadres avaient été formés.[3]

1.1.3. La place de la fonction 'Organisation' dans les structures managériales

Schéma n° 03 :

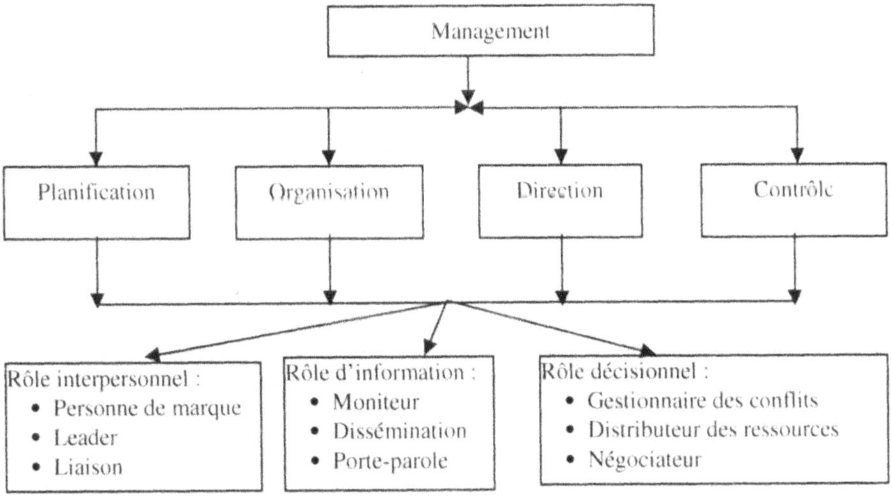

[1] NAS N. AMOUYE/CEPROMAD, *op. cit.*, pp. 22, 25.

[2] J.B. PROBST et all., *Organisation et Management : Tome I, Structurer l'organisation*, Les Editions d'Organisation, Paris, 1991, p. 35.

[3] C. KEPNER ; B. TREGUE, *Le Nouveau Manager rationnel*, InterEditions, Paris, 1985, p.13.

Source : Schéma de Nas AMOUYE amélioré par l'Auteur
Explication du schéma :

Quand on fait une planification, il faut savoir l'organiser, la diriger et surtout la contrôler. Le contrôle permet à son tour de voir si les autres fonctions ont été respectées ou pas ; et que faire en cas d'échec ou de dysfonctionnement !

Ces différentes fonctions permettent de voir si chaque acteur est à même de jouer pleinement son rôle dans l'organisation. La fonction « organisation » est un des maillons essentiels, voire vitaux, de la chaîne.

Comme on peut le remarquer sur le schéma ci-dessus et sa définition à la page suivante, la fonction « organisation » porte en elle-même les gènes de la « structure » de toute entreprise que déclinera son phénotype. Elle est la matrice même d'où sortira l'organigramme de notre brigade. Car l'organisation vise à assurer la coordination de toutes les activités de notre entreprise dans un ensemble lui permettant de réaliser au mieux ses objectifs et missions. Cette organisation se traduira par un découpage géographique de la direction générale de la brigade en directions interprovinciales et sous-directions provinciales, en inspections spécialisées ou secteurs déterminés dans une tâche particulière, et par la définition de rapports, de liaisons hiérarchiques et fonctionnelles (réseaux de communication entre elles), etc.

1.1.4. Les activités importantes de chaque fonction de la gestion et leurs buts

L'étude des origines formelles du management reposait sur cinq principales actions dites « P.O.C.C.C. » : *Planifier – Organiser - Coordonner – Commander – Contrôler.* Tout manager préoccupé par l'efficacité de son organisation ou entreprise, telle celle de la future brigade douanière, veillera jalousement à l'observance permanente du processus de base de gestion ci-dessous sur lequel tableront ses actions[1].

---

[1] NSAMAN-o-LUTU (Ph.D.), *Questions approfondies du management*, cours inédit, Licence, faculté de management, UNIC, Kinshasa, 2001.

Tableau n° 03

A. PLANIFICATION	B. ORGANISATION
Il s'agit de : - Clarifier, développer et déterminer les objectifs. - Prévoir. - Fixer les conditions et les hypothèses à partir desquelles le travail sera accompli. - Choisir et formuler les tâches permettant d'atteindre les objectifs. - Etablir un plan général de réalisation, en insistant sur la créativité afin de découvrir des stratégies et moyens nouveaux et meilleurs de réalisation du travail. - Fixer les orientations, les procédures, les normes et les méthodes de réalisation. - Anticiper les problèmes futurs possibles. - Rectifier les plans à la lumière des résultats du contrôle.	*Cela s'entend par :* - Décomposer le travail en tâches opératoires. - Regrouper les tâches opératoires en postes de travail opératoires. - Assembler les postes de travail opératoires en unités viables et liées les unes aux autres. - Clarifier les exigences des postes de travail. - Choisir les agents et leur attribuer l'emploi qui convient à leur profil. - Utiliser et décider l'autorité qui convient, cela pour tous les cadres. - Doter les agents et fournir des équipements personnels et d'autres ressources appropriées. - Adapter l'organisation à la lumière des résultats du contrôle.
C. IMPULSION	**D. CONTRÔLE**
Il importe de : - Faire participer tous ceux qui subissent l'effet d'une décision ou d'un acte. - Pousser sans cesse les autres à faire de leur mieux. - Motiver les agents.Organiser des communications efficaces. - Aider les agents à se développer et à atteindre tout leur potentiel. - Récompenser par la reconnaissance du travail bien fait et par une rémunération conséquente. - Satisfaire les besoins des agents dans les efforts qu'ils font dans leur mission. - Revoir les efforts d'impulsion à la lumière des résultats du contrôle.	*Il faut régulièrement :* - Comparer généralement les résultats aux plans. - Apprécier les résultats au regard des normes de réalisation. - Concevoir des moyens efficaces de mesure des activités. - Faire connaître les moyens de mesure. - Transcrire les données détaillées sur des tableaux comparatifs, montrant les écarts. - Suggérer, si nécessaire, des actions correctrices. - Donner des informations aux individus responsables des interprétations. - Adapter le contrôle à la lumière des résultats du contrôle.

***Observations** : La familiarité avec les 8 job-descriptions explicatifs de chacune des 4 composantes des activités essentielles de la gestion assure au manager la maestria de tous les arcanes de pilotage de n'importe quelle* *organisation. Elle lui garantit un pilotage à nul autre pareil, un atterrissage en toute assurance, en toute beauté, en toute douceur et sans heurts. Un « big manager » ne s'improvise donc pas en dehors de ces instruments procéduraux d'ajustement et de redressement en management ; instruments qu'il est appelé à manier et à combiner avec la dextérité d'un virtuose patenté.*

L'« organisation » se présente comme une fonction incontournable et principale dans l'aboutissement d'une gestion. Le concept de « management » est globalisant en ce que la gestion fondamentale de chaque fonction de l'organisation est sa composante fonctionnelle. La maîtrise de tous ces paramètres de gestion confère au manager un pilotage assuré de son organisation ou de son entreprise vers son but, la réalisation de ses missions, etc. Elle est par essence la matrice de la direction administrative.

1.1.5. La structure et sa valeur administrative

a) La valeur administrative

L'analyse de la valeur administrative est une méthode organisée de conception ou de (re)structuration d'une prestation en milieu administratif.

Dans le cas d'espèce de l'efficacité organisationnelle administrative, elle repose essentiellement sur :

-La notion de « valeur » ;

-L'analyse fonctionnelle ;

-Le travail en groupe.

Quand nous voulons appliquer l'analyse de la valeur au domaine administratif, il est essentiel de distinguer :

-Le produit administratif destiné aux usagers : facilitation accordée, dossier contentieux… ;

-L'unité administrative (ou enchaînement des unités administratives) chargée de réaliser un travail dans une chaîne de commandement ;

-Les procédures, qui sont l'enchaînement des règles imposées (réglementation externe, mais aussi obligations internes) ;

-Les processus correspondant à la manière dont les procédures sont exécutées : organisation des postes de travail, des moyens utilisés, de la répartition des responsabilités, de la délégation, etc.[1]

b) La structure administrative

De tout temps, Taylor et Fayol sont présentés comme les pères du management, nous l'avions dit. Frederik Winslow Taylor s'est principalement occupé d'organiser le travail à la base par rapport à ses

---

[1] F. MINGOTAUD, *La Fonction d'encadrement : Comment réussir*, Les Editions d'Organisation, Paris, 1989, p. 118-123.

activités de production industrielle ; tandis que Fayol, lui, s'est intéressé au travail fait par les dirigeants par rapport aux problèmes de commandement afin de mener les hommes sous ses ordres. Il distingue 5 types de fonctions : techniques, commerciales, comptables, administratives et de sécurité.

L'organisation administrative est, de toutes les fonctions, celle qui a pour but de coordonner les différentes activités d'une organisation ou d'une entreprise et elle est primordiale.

La direction administrative est multiple dans ses attributions et ses buts, car elle doit « prévoir, organiser, coordonner, commander, contrôler ». D'autant plus qu'elle doit prévoir et préparer les conditions financières, commerciales, techniques au milieu desquelles doit vivre et évoluer l'organisation ou l'entreprise, conclut Fayol.

Le service administratif coordonne. Il est l'instrument des relations de toutes les parties de l'entreprise entre elles et des relations de l'entreprise avec le monde extérieur. Dans les principes du management, le processus de gestion détermine que l'organisation administrative consiste à répartir le travail entre les membres du groupe, identifier et mettre en place les relations nécessaires[1] que peut présenter l'organigramme.

1.2. L'ETUDE COMPARATIVE DES DIFFERENTS TYPES DE STRUCTURE ORGANIQUE

1.2.1. Les définitions et structures

a) Définition

La *structure* est définie comme l'ensemble des fonctions et des relations déterminant formellement les missions que chaque unité de l'organisation doit accomplir, et les modes de collaboration entre les unités.

b) Les types de structures (d'après STRATEGOR)

b.1. Le glossaire de STRATEGOR nous en donne onze et leurs définitions spécifiques. Elles se définissent comme suit[2] :

1. *Structure de compromis* : structure combinant les caractéristiques de différentes structures classiques ;
2. *Structure de coût* : décomposition du prix de revient suivant la nature des coûts ;
3. *Structure divisionnelle* : structure divisée en centres de profits distincts disposant de pouvoirs étendus sur leur produit et leur marché ;

[1] R. GEORGES R. TERRY & G. STEPHEN. Franklin, *Les Principes du management*, 8e édition Economica, Paris, 1985, p. 37.
[2] STRATEGOR, *op. cit.*, p. 588.

4. *Structure en soleil* : structure exclusivement centrée autour du patron qui assure les responsabilités stratégiques et la direction opérationnelle de l'entreprise ;

5. *Structure fonctionnelle évoluée* : structure découpée principalement par fonctions, mais permettant des modes d'intégration autour d'autres axes de spécialisation (par exemple, « produits ou pays ») ;

6. *Structure simple* : structure exclusivement découpée en grandes fonctions et en sous-fonctions ;

7. *Structure globale* : structure qui prend en compte à la fois les dimensions « fonctions, pays et produits » dans une multinationale diversifiée ;

8. *Structure matricielle* : structure différenciée suivant plusieurs axes à la fois (pays/produits, technologie/produit, fonctions/projets…) et impliquant, par conséquent, plusieurs lignes hiérarchiques simultanées ;

9. *Structure mécaniste* : structure se caractérisant par sa centralisation, sa formalisation et sa rigidité élevée ;

10. *Structure organique* : structure se caractérisant par sa décentralisation, son caractère peu formalisé et sa flexibilité ;

11. *Structure par projets pure* : structure décomposée en fonction des projets, où le responsable de projet dispose d'un pouvoir hiérarchique sur tous les membres de l'entreprise intervenant dans son projet.

La technostructure s'ajoute à toutes ces définitions comme ayant une place dans une organisation où les fonctionnels conseillent et orientent les services de celle-ci dans la définition de leurs politiques spécifiques et la mise en application des décisions les concernant.

b.2. La structure de l'entreprise (d'après Monique PICARD)

Dans son livre, Monique Picard étudie la structure d'une entreprise en mettant en lumière la composition de l'ensemble ainsi que ses différents éléments fonctionnels. Ainsi à la structure de l'entreprise correspond une organisation complexe de ses différents organes ou services ainsi qu'un mode particulier de prise de décisions et de leur répercussion sur l'ensemble de l'entreprise. Dans cette optique, STRATEGOR distingue 4 types de structures tout en spécifiant leurs avantages et inconvénients[1] spécifiques :

1. <u>Structure hiérarchique</u> : organisation pyramidale où les ordres partent du sommet pour se diffuser en suivant les différents échelons jusqu'au niveau le plus bas.

La direction de la brigade douanière (direction parapolicière de l'administration des douanes) est l'exemple qui permet de comprendre ce qu'est une structure hiérarchique : l'inspecteur de brigade donne un ordre au contrôleur qui le transmet au commandant. Celui-ci le transmet à son tour

[1] M. PICARD, *op. cit.*, p. 36.

au commandant-adjoint qui le répercutera au brigadier-chef... jusqu'au sous-brigadier.

- *Avantages* : organisation claire, absence d'ordres contradictoires.
- *Inconvénients* : rigidité, lenteur et retards. L'information peut être déformée ; peu d'informations remontent de la base jusqu'au sommet.

2. Structure hiérarchico-fonctionnelle :

- *Avantages* : l'entreprise qui n'est pas encore passée au stade de grande entreprise est dotée d'une équipe qui assiste le directeur.
- *Inconvénients* : les directeurs de services n'ont pas toujours l'esprit disponible pour bien remplir leurs rôles de conseiller.

3. Structure hiérarchique avec état-major (*staff and line*) : l'état-major (en anglais : *staff*) est l'équipe qui assiste le chef avant la prise de décision, fait des études pour lui et poursuit l'information nécessaire.

- *Avantages* : équipe de spécialistes, unité de commandement conservée.
- *Inconvénients* : il est difficile de mesurer l'efficacité des fonctionnels puisqu'ils n'ont pas de responsabilités directes.

4. Structure décentralisée :

- *Avantages* : la direction est déchargée de très nombreuses tâches, elle peut s'occuper de la stratégie.
- *Inconvénients* : risque de voir chaque unité décentralisée œuvrer pour son propre compte ; dans le sens contraire, elle permet de voir la direction générale exercer une autorité très forte sur les unités décentralisées.

1.3. LA GESTION ET LA FORMATION STRATEGIQUES DES RESSOURCES HUMAINES

1.3.1. Les définitions

Au sens étymologique, le mot « ressource » vient de l'ancien français *resurdre*, ressusciter, terme qui désigne quelque chose qui permet de sortir d'une situation difficile. On dit de quelqu'un qui se tire d'un mauvais pas qu'il a de la ressource. Par la suite, le mot a pris le sens de moyen d'existence et de richesse, et même de potentialité, particulièrement quand on parle des richesses naturelles (mines, forêts, nappes d'eau, etc.).

En entreprise, on appelle « ressources humaines » l'ensemble des capacités d'une population donnée à fournir des prestations attendues dans le cadre de leurs activités par rapport aux objectifs fixés. Ainsi, est-il nécessaire d'analyser objectivement les profils ainsi que le niveau des prestations de cette population ouvrière afin de déterminer l'adéquation entre son potentiel de production et le seuil optimum de production visé par cette entreprise.[1]

Du coup, la gestion des ressources humaines oblige donc à faire des choix stratégiques et tactiques en rapport avec la prise de décisions[2] sur les gestions stratégique et prévisionnelle du personnel (cf. chapitre IV.4.4.).

1.3.2. La base de gestion des ressources humaines

Les méthodes contemporaines de « gestion des ressources humaines » (GRH) reposent sur quatre activités spécifiques[3].

a.*La sélection* : activités corporatives liées au mouvement du personnel, qu'il s'agisse de promotions internes ou de recrutement extérieur.

b.*L'évaluation* : systèmes qui contrôlent et mesurent les performances individuelles et parfois même sectorielles (équipes, services, directions...).

c.*Les récompenses* : systèmes par lesquels la qualité et le mérite du travail individuel sont ouvertement reconnus et dûment rétribués.

d.*Développement et formation* : activités diverses destinées à renforcer les aptitudes (ou capacités) des employés ou des agents.

1.3.3. Les méthodes stratégiques de GRH

La gestion stratégique des ressources humaines incite à contrôler activement l'adéquation entre la gestion du personnel et les structures ou le fonctionnement usuel de l'organisation. Ce qui donne de l'ascendant et contribue à améliorer en plus les performances collectives.

Les pratiques très opérationnelles de GRH offrent des conseils avisés sur l'analyse des profils de poste et le recrutement des candidats appropriés ; elles proposent des systèmes d'évaluation établis selon des barèmes précis ; des systèmes de rémunérations, de primes ; des programmes de formation interne ou externe, etc.

De toutes les ressources que peut détenir n'importe quelle organisation (entreprise publique, privée, mixte...), la ressource humaine à elle seule en constitue le moteur ; car elle est celle qui met en œuvre et en valeur toutes les autres ressources dans la conception, l'orientation et l'exécution pour la viabilité de l'entreprise. Elle en constitue la base et a donc préséance sur les autres.

a) La sélection stratégique des agents

Le manager doit développer une stratégie de sélection, identifiant les « têtes » indispensables à long terme. Le recrutement stratégique doit tenir

---

[1] J. MARRE, *Entreprise & Partage*, Guy Trédamiel éditeurs, Paris, 1994, p. 21.

[2] L. NGALALA MAPESA, *Gestion des ressources humaines*, cours inédit, Graduat, faculté d'Administration des affaires et sciences économiques, UPC, Kinshasa, 2002.

[3] A.R. COHEN, *MBA Management - Synthèse des meilleurs cours des grandes business schools*, éditions Nouveaux Horizons & MAXIMA, Paris, 1995, pp. 289-293.

compte des compétences actuelles, mais aussi de la manière dont elles devront évoluer pour s'adapter aux fluctuations de la conjoncture du moment.

b) L'évaluation stratégique des agents

Les systèmes d'évaluation sont prisés et généralisés. Ils se limitent souvent à l'examen des résultats passés et déterminent le mérite d'un agent par rapport à ses collègues. Par contraste, les évaluations stratégiques tiennent compte du potentiel de chacun. Elles projettent dans le futur et jugent un agent dans une perspective d'avenir.

c) Les systèmes stratégiques de récompense

Tout comme l'évaluation à l'ancienneté, les rémunérations et les promotions étaient calculées à court terme : augmentation, avancement ou mérite, etc. étaient attribués aux employés ou agents dont les performances avaient un impact immédiat sur les objectifs globaux de l'entreprise ou de l'organisation, en termes de bénéfices ou de hausse des recettes par exemple.

En revanche, un système stratégique s'appuie sur des mesures incitatives tout à la fois financières et symboliques, qui poussent les agents à mieux faire, à accroître leur rentabilité et à progresser, et ce, dans une optique à long terme, même si les résultats immédiats en pâtissent. Les récompenses et les gratifications autres que pécuniaires sont des motivations plus efficaces et plus simples que les primes ou les augmentations de salaire.

M. Weber, un des pères et exégètes du management, pense quant à lui que le pouvoir et les promotions s'acquièrent au prorata des mérites et de l'ancienneté[1].

d) La formation stratégique pour le développement et l'adaptation

Dans cet environnement mouvant qu'est le nôtre, les aptitudes et spécialisations diverses deviennent surannées rapidement. Les entreprises se doivent d'entretenir les connaissances de leurs effectifs ou agents en proposant des programmes éducatifs et de formation qui aident à diversifier les compétences et à se recycler en vue de leur renforcement. La formation stratégique s'y applique, en permettant également aux agents de saisir les nouvelles opportunités qu'ils découvrent lors de stages ou de séminaires. Le manager doit participer lui-même activement à la recherche sur la formation continue et le contrôle d'aptitude professionnelle pour développer ses propres capacités et les relations au sein de l'entreprise ou du corps, comme la brigade. Il doit également penser à la mise en place de plans de carrière qui créent les leaders de demain et préparent la succession pour l'avenir.

Une politique de formation stratégique efficace devra être mise en place pour préparer les jeunes cadres de haut niveau ayant le profil type de futurs

[1] AMIEL MICHEL et alii., *op. cit.*

dirigeants, des managers donc, qui regardent vers le futur proche et l'avenir lointain de notre brigade douanière par exemple. Cette politique vise à garder la dragée haute quant à la qualité des agents au sein de ce corps. C'est ainsi que la brigade devra être une structure suffisamment souple pour répondre rapidement aux impératifs du changement lié à l'environnement, aux nouvelles technologies de l'information et de la communication, à l'avancée et à l'expansion de la globalisation.

Cette formation stratégique doit surtout intégrer les nouvelles approches de la RDC dans les nouveaux espaces communautaires douaniers et commerciaux de la SADC, du COMESA, de la CEEAC... dans la vision d'une prospective avant-gardiste, telle que nous la traitons plus loin.

1.3.4. Le rôle de l'organigramme dans une organisation

L'illustration du schéma de la structure mixte ou *staff and line*

Schéma n° 04

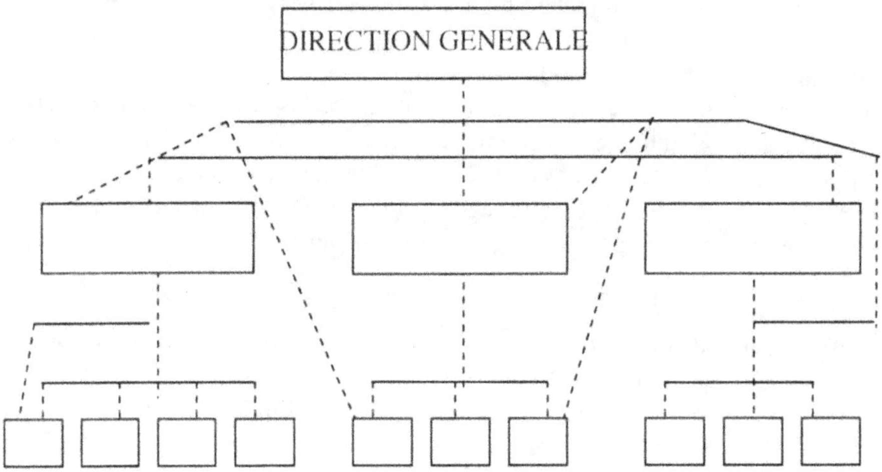

Unité de ligne Voie de subordination (ligne) ———

Unités d'état-major (états-majors) Voies de support-conseil - - - - - - - - - -

L'organigramme est un graphique représentant de façon synthétique l'ensemble de la structure d'une organisation. Ce schéma permet de visualiser la place de chaque fonction et les relations de travail existant entre celles-ci. L'organigramme peut se présenter sous une forme pyramidale ou circulaire. Dans un organigramme pyramidal, les instances dirigeantes se trouvent au sommet alors que les membres exécutants opérationnels sont à la base. C'est ici que Taylor et Fayol se superposent dans le nivellement des services, de bas en haut. Nous avons, dans cette partie, représenté les organigrammes à l'aide d'un schéma pyramidal.

Chaque rectangle situé plus haut dirige ceux qui sont situés en dessous et qui sont sous son contrôle sans partage ni ambiguïté. Les instances dirigeantes se trouvent au sommet ; alors que la base est constituée par les exécutants. De la sorte, il est facile de distinguer les niveaux et les lignes hiérarchiques, les échelons et les voies de service (sans que nécessairement ces différents types de structure aient une incidence directe sur notre travail, nous les avons indiqués à titre simplement d'information scientifique).

SECTION 2 :
LA REFORME DE LA BRIGADE DOUANIERE DANS L'OPTIQUE DU COPIREP FACE AUX NOUVEAUX DEFIS A RELEVER

Cette section, croyons-nous, est la plus fournie en détails dans cette étude, car elle aborde la réforme de la Brigade douanière de la RDC, partant de l'historique de la douane et ses missions, des accises et de l'évolution temporelle de la Brigade elle-même. Elle schématise ensuite la démarche du changement organisationnel et structurel de la Brigade dans l'optique du COPIREP, en y opérant de choix gestionnaire qui part de sa conception de recréation observant les normes de l'organisation scientifique du travail.

2.1. L'HISTORIQUE DE LA DOUANE, DES ACCISES ET DE LA BRIGADE DOUANIERE

2.1.1. Définition des concepts

a) Les acceptions sémantiques et caractéristiques du terme « DOUANE »[1]

a.1. Les sens du terme « DOUANE » emportent l'idée de :

1° Droit ou impôt de douane :

Taxe perçue par l'administration des douanes lorsque la marchandise franchit la frontière tant à l'entrée qu'à la sortie.

Exemple : Payer la douane.

2° Administration ou service de douane :

Branche de l'administration publique chargée de la perception des droits et taxes imposés sur les marchandises en exportation et en importation ou les autres droits y afférents.

---

[1] V. BUNDU PHEMBA, *Législation douanière, op. cit.*

Exemple : OFIDA.

3° Métier ou discipline de douane :

Ici, la douane est perçue à la fois comme *profession* et *matière d'enseignement scientifique* du domaine particulier des finances publiques de l'Etat qui, elles, étudient les problèmes relatifs aux dépenses et aux ressources des personnes et des organismes publics. C'est de ce fait qu'elles font appel aussi bien au Droit constitutionnel qu'au Droit administratif ou encore au Droit international public (en rapport avec les problèmes financiers des organisations internationales, l'aide financière internationale, etc.) dont elles se nourrissent de leurs différentes dispositions[1].

La douane étant une branche de la *fiscalité indirecte* incluant et regroupant l'ensemble des règles et lois applicables dans ce domaine, elles conditionnent l'établissement et le prélèvement de l'impôt douanier dans l'esprit du Droit fiscal. Celui-ci étant une branche du Droit public interne qui comprend l'ensemble des règles et des mesures destinées à financer par l'impôt et la taxe pour le Trésor public.

Exemple : Enseignement des cours de douanes à l'ENF.

a.2. Les caractéristiques du terme « DOUANE »

Ce terme porte les caractéristiques suivantes :

a. son activité principale est toujours la perception des impôts et taxes douaniers ;

b. elle fait partie de la dénomination de son administration ;

c. c'est un service appartenant toujours à l'Etat ;

d. elle est toujours placée sous la gestion directe ou indirecte du ministre ayant dans ses attributions les Finances publiques ;

e. ses agents ont le statut de fonctionnaires et sont toujours formés, du moins pour ceux qui œuvrent dans la douane active, dans les écoles dites « nationales » (ENF, ENAP, END/France...) d'où ils sortent formés comme « agents des douanes » ; et les autres agents non formés comme étant simplement des « *agents à la douane* ».

b) Les accises

Les « accises » sont des droits indirects de consommation qui frappent la fabrication ou la production locale et/ou l'importation de certains produits spécifiquement désignés par le législateur. *Les alumettes, le sucre et le ciment hydraulique* ont été récemment élagués de la liste de produits d'accises par la loi n° 04/011 du 5 juillet 2004. Par la suite, aux termes de la loi n° 08/002 du 16 mai 2008 modifiant et complétant l'ordonnace-loi n° 68-10 du 06 janvier 1968 relative aux droits d'accises et de consommation et au

[1] P. LOÏC, *Finances publiques*, éditions Cujas, 4e éd. revue et augmentée, Paris, 1992, p. 9.

régime des boissons alcooliques, les groupes de produits suivants sont soumis aux droits d'accises et de consommation, notamment (en RDC) [1] :

1) Les alcools et boissons alcooliques ;
2) Les eaux de table et limonades ;
3) Les tabacs fabriqués ;
4) Les huiles minérales ;
5) Les parfums ;
6) Les produits de beauté ou de maquillage ne contenant ni hydroquinone, ni iodure de mercure ;
7) Les préparations capillaires ;
8) Les préparations pour le prérasage, le rasage ou l'après-rasage;
9) Les savons, agents de surface organiques, préparations lubrifiantes et cirages ainsi que les crèmes pour chaussures ;
10) Les articles et ouvrages en matières plastiques ;
11) Les articles et ouvrages en caoutchouc synthétique ;
12) La communication cellulaire ;
13) Les véhicules.

Par ailleurs, conformément aux articles 1er, 4§1er, 5, 6 et et 11§1er de l'ordonnance-loi n° 68/010 du 6 janvier 1968 telle que modifiée et complétée à ce jour, les produits ci-après, fabriqués en RDC ou importés, sont asujettis aux droits d'accises et de consommation déterminés par la présente loi (article 1er de la loi n° 08/002 du 16 mai 2008) :

« Article 1er » :

Outre les marachandises désignées à l'article 1er de la loi n° 04/11 du 05 juillet 2004 modifiant et complétant l'ordonnance-loi n° 68/010 du 06 janvier 1968 telle que modifiée et complétée à ce jour, les produits ci-après, fabriqués en RDC ou importés, sont asujettis aux droits d'accises et de consommation déterminés par la présente loi :

e. les produits de beauté ou de maquillage ne contenant ni hydroquinone ni iodure de mercure ;
f. les préparations capillaires ;
g. les préparations pour le prérasage, le rasage ou l'après-rasage ;
h. les savons, agents de surface organiques, préparations lubrifiantes et cirages ainsi que les crèmes pour chaussures ;
i. les articles et ouvrages en matières plastiques ;
j. les articles et ouvrages en caoutchouc synthétique ;
k. La communication cellulaire ;
l. les véhicules.

---

[1] Loi n° 08/002 du 16 mai 2008 modifiant et complétant l'ordonnance-loi n° 68-010 du 6 janvier 1968 relative aux droits d'accises et de consommation et au régime des boissons alcooliques.

« Article 4 » : Alcools et boissons alcoolisées

§1. Les droits s'appliquant aux alcools et aux boissons alcoolisées sont déterminés comme suit :

I. Bière
1. Titrant moins de 6° : 18%
2. Titrant 6° et plus : 23%

II. Vins de raisin frais
1. Titrant 15° et plus : 30%
2. Titrant moins de 15°
   a. Vins mousseux : 20%
   b. Autres : 20%

III. Vermouth et autres vins frais préparés à l'aide de plantes ou de matières aromatiques
1. Titrant 15° et plus : 25%
2. Titrant moins de 15° : 25%

IV. Cidre, poiré, hydromel et autres boissons fermentées, mousseux ou non : 20%

V. Alcool éthylique non dénaturé, eaux-de-vie, liqueurs et autres boissons spiritueuses, préparations acooliques composées (dites « extraits concentrés ») pour la fabrication des boissons : 40%.

VI. Alcool éthylique dénaturé
1. Pour usages médicaux : 3%
2. Pour la fabrication des eaux de senteur et autres parfums : 10%
3. Pour tous autres usages industriels : 3 %.

VII. Autres alcools industriels au sens de l'article 3 de l'ordonnance-loi n° 68/010 du 06 janvier 1968 : 3%.

« Article 5

Eaux de table et limonades.

Les droits s'appliquant aux eaux de table et limonades sont fixés comme suit :

1. Eaux minérales naturelles ou artificielles, eaux potables ordinaires, conditionnées pour la table. Elles peuvent être rendues gazeuses à l'aide d'anhydride carbonique : 10 %
2. Limonade et autres boissons sucrées, aromatisées ou non : 5 %
3. Boissons à base de jus de fruits contenant un agent chimique de stérilisation : 5%

4. Boissons à base de jus de fruits contenant d'autres substances que du jus de fruits et un agent chimique de stérilisation : 10% ».

« Article 6 : Tabacs fabriqués

Outre les droits spécifiques institués par l'article 54 bis de l'ordonnance-loi n° 68/010 du 06 janvier 1968 telle que modifiée et complétée à ce jour, il est instauré un droit d'accises spécial au taux ad valorem de 20% sur les tabacs fabriqués. »

« Article 11 : Parfums

4. Sans préjudice des dispositions de l'article 20, alinéa 1er, 9° de l'ordonnance-loi n° 68-010 du 6 janvier 1968, les droits ad valorem s'appliquant aux eaux de senteur et autres produits de la parfumerie sont fixés comme suit :

a. Produits contenant, en volume, moins de 50% d'alcool : 10% ;
b. Produits contenant en volume, 50% ou plus de 50% d'alcool : 10% ;
c. Produits ne contenant pas dalcool : 10% ».

L'article 2 de la loi n° 02/008 du 16 mai 2008 édicte :

Les autres produits cités à l'article 1er ci-dessus sont assujettis à un droit d'accises et de consommation ad valorem comme suit :

1. 2% sur les véhicules des positions tarifaires 87.02 ; 87.03 ; 87.04 à l'état neuf ;
2. 5% sur les véhicules des positions tarifaires 87.02 ; 87.03 ; 87.04 dont l'âge est inférieur ou égal à 5 ans à partir de la date de sa première mise en circulation ;
3. 5% sur les savons, agents de surface organiques, préparations lubrifiantes et cirages ainsi que les crèmes pour chaussures ;
4. 10% sur :

a. les véhicules des positions tarifaires 87.02, 87.03 et 87,04 dont l'âge est supérieur à 5 ans à partir de la date de sa première mise en circulation ;
b. les produits de beauté ou de maquillage ;
c. les préparations capillaires ;
d. les prépartions pour le prérasage, le rasage ou l'après-rasage ;
e. les parfums.

5. 13% sur :

a. les articles et ouvrages en matières plastiques ;
b. les articles et ouvrages en caoutchouc synthétique.

. 10% sur la communication cellulaire.

Le droit d'accise fait partie intégrante des recettes douanières. Il est similaire, par son principe d'imposition, à la *taxe sur la valeur ajoutée* (TVA) telle qu'appliquée ailleurs et est cumulatif à d'autres droits et taxes. Mais contrairement à la TVA, il s'agit plutôt de taxes spécifiques, exprimées en tant que montant monétaire par quantité ou unité de produits importés ou fabriqués localement présentant une certaine rigidité. La gestion de la taxation spécifique est plus facile surtout pour les droits d'accises par rapport à l'impôt *ad valorem* qui présente une élasticité aux variations de l'assiette fiscale. Mais comme l'indique Gérard Chambas, les droits d'accises doivent être définis de manière à produire des ressources fiscales substantielles sans entraîner une charge administrative excessive. Dans la fixation de ses taux et étant de plus le complément de la TVA, il est nécessaire de tenir compte des effets sociaux en évitant de pratiquer des prélèvements fiscaux excessifs sur des catégories de consommateurs particulièrement défavorisées[1]. Cette vision socioéconomique de la question semble avoir inspiré et guidé les pouvoirs publics congolais pour élaguer loyalement trois marchandises de la liste d'accises ci-dessus en vue d'alléger cette charge fiscale auprès de la masse laborieuse, quitte à les remplacer par d'autres plus conséquentes.

En plus, sur l'ensemble des recettes d'accises que réalise l'OFIDA, le total des recettes de ces trois produits (allumettes, sucre et ciment hydraulique) n'atteignait même pas 10% de la masse !

2.1.2. Bref aperçu sur la douane[2] et son évolution

Le vocable **douane** tire son origine de l'arabe *diouãn*, lui-même venant du turc *diwãn*, d'origine persane (Perse, l'actuel Iran). Ce mot désignait le lieu où se tenaient les réunions des administrateurs des finances de l'époque. Les raisons fiscales sont fondamentalement à l'origine des droits de douanes.

Les gouvernements ont, depuis l'Antiquité, levé des impôts sur les marchandises venant de l'étranger avant de franchir la frontière. L'histoire de la Bible rapporte même que le futur apôtre de Jésus-Christ, Matthieu, était le *receveur des douanes romaines* de la ville-frontière de Capernaüm, située sur la rive nord-ouest de la mer de Galilée. Ces percepteurs d'impôts de douanes n'avaient pas bonne presse auprès de l'opinion publique. Cependant, en raison des besoins financiers croissants, l'Etat romain avait établi un système fiscal plus développé, où l'on peut considérer qu'apparaît la notion de contribution aux charges communes. C'est ainsi qu'existaient d'importants droits de douanes, d'octroi et de péages. Les nécessités financières dérivant des guerres avaient fait naître d'autres impôts, notamment sur le prix des affranchissements, des successions et même une sorte de taxe de transmission sur les ventes des produits comestibles et les ventes d'esclaves. L'histoire de l'Afrique rapporte que les grands et

---

[1] G. CHAMBAS, *Fiscalité de développement en Afrique subsaharienne*, éd. Ministère de la Coopération/Economica, Paris, 1994, p. 104.

[2] A. MASANGA NDWASI, *Organisation générale des douanes*, notes de cours, Finances publiques, GII Douanes et Accises, ENF, Kinshasa, 1999-2000.

puissants empires et royaumes qui atteignirent une apogée s'étaient consolidés autour des mêmes pratiques douanières.

Des tracasseries douanières on ne peut plus confuses se multiplièrent au XVIIe siècle en France, au point que les marchandises en circulation étaient toutes à la fois imposées à l'entrée et à la sortie par les provinces, les communes, les seigneurs ; il y avait des péages au passage des ponts, barrières, etc. Ces taxes appelées *tonlieux* mettaient à mal le commerce international de l'époque[1]. Ce qui amena, en 1667, Jean-Baptiste Colbert, alors ministre des Finances sous Louis XIV, à réformer ce régime douanier anarchique en le simplifiant et en l'uniformisant autant que possible, lui conférant le rôle actuel de stabilisateur de l'économie nationale des Etats. Colbert est présenté comme le père de la douane formalisée actuelle. Mais c'est en 1790 que la Constituante vint alors abolir les douanes particulières (de seigneurs, de provinces, de communes...) en les (re)localisant à la frontière comme seul lieu de perception de cet impôt et en unifiant les différents tarifs internes. C'est une année après, soit en 1791, que fut créée la Régie des douanes françaises qui a légué aux administrations douanières actuelles l'essentiel des dispositions en vigueur encore aujourd'hui.

Sous le Second Empire, la loi Méline, votée le 11 janvier 1892, posait les bases du système protectionniste que la France a jalousement conservé jusqu'au Marché commun européen. Mais quelque temps auparavant, en 1834, la Confédération germanique lança le *Zollverein*, union douanière qui contribua énormément au développement du commerce en Europe[2]. La convention de Schengen naquit des suites de l'accroissement des échanges internationaux ; la célérité de communication et des besoins dans l'espace douanier européen a conduit à de profondes modifications dans les régimes douaniers. La simplification et l'harmonisation des procédures en constituent le couronnement à travers le parcours des huit cycles de négociations commerciales (ou rounds) sous l'égide du GATT.

Dans son ouvrage richement documenté, Pascal Epondo Asomanzoa nous décortique, dans un travail de recherches de bénédictin doublé de son enrichissante et longue expérience douanière, toutes les péripéties de ces rounds qui, pendant pratiquement un demi-siècle, ont guidé toutes les parties contractantes au GATT à poser les bases de l'Organsation mondiale du commerce actuelle à partir des objectifs fixés en 1947. Toutes ces parties contractantes, nous renseigne l'auteur, ont mobilisé toutes les compétences et tous les moyens disponibles pour pouvoir supprimer les obstacles de toute

[1] *Tonlieu* : sorte d'impôt douanier interprovincial ayant eu parfois un caractère rémunératoire. Les privilèges étaient peu nombreux. N'en bénéficiaient que les biens donnés comme dot à la fondation d'une église ou d'une abbaye.

[2] *Zollverein* : union douanière instituée pour 8 ans (le 22 mars 1833) entre la Prusse, la Bavière, le Wurtemberg et les deux Hesse, à compter du 1er janvier 1834. Plusieurs fois étendues et renouvelées, l'Union et ses institutions se sont fondues en 1871 dans l'Allemagne que Bismarck venait d'unifier.

nature qui entravent le commerce et les échanges internationaux, notamment les barrières tarifaires et non tarifaires et arriver ainsi à libéraliser le commerce et à l'établir sur des bases stables de façon à contribuer à la croissance économique, au développement et au bien-être de tous les peuples de la planète. Bref, l'objectif du GATT à sa constitution était de promouvoir la coordination des politiques commerciales nationales pour définir une règle de jeu susceptible de garantir à tous (producteurs et consommateurs) que l'ouverture des marchés s'effectuera dans des conditions de concurrence prévisibles et sûres.

Les premiers cycles de négociations conduisent à la création des unions douanières, la conclusion d'accords sur les produits de base, la libéralisation des échanges par la rénonciation à toutes protections autres que tarifaires, l'interdiction de recourir aux restrictions quantitatives et à l'abaissement ou consolidation des droits de douane. Sur le plan purement tarifaire, les tarifs ont connu une baisse moyenne de 15% (produits manufacturés surtout) sur environ 50% du commerce mondial. La clause de sauvegarde comme mesure non tarifaire est maintenue.

Le parcours du GATT a été certes long, plein d'embuches à cause des intérêts très souvent divergents des parties contractantes à l'Accord général, passionnant (parfois décevant), voire plein d'espérance. Il est marqué des résultats positifs très significatifs, mais aussi des résultats négatifs et des questions restées pendantes. Les réductions ou suppressions des droits et taxes ont été négociées produit par produit pendant les quatre premiers cycles de négociations et linéaires pour les quatre derniers cycles. A l'aube de ce troisième millénaire, déplore et stigmatise P. Epondo, le tarif douanier apparaît et reste encore l'arme la plus redoutable de la protection. Bon nombre de parties contractantes l'utilisent abusivement pour régler les différends qui les opposent dans le domaine du commerce.

Tout au long de ces négociations commerciales multilatérales, le GATT a bénéficié de l'apport non négligeable de la Conférence des Nations Unies pour le Commerce et le Développement (CNUCED). Bon nombre de décisions et recommandations de cette dernière ont été adoptées par le GATT et mises en exécution dans le cadre de ses accords par l'OMC, son émenation.[1] Depuis, des unions douanières et leurs tandems ont vu le jour, telles la SADC, le COMESA, la CEEAC, la CEMAC, l'UEMOA ... avec des missions économiques encore plus étendues.

---

[1] P. EPONDO ESO ESOMANZOA, *op. cit.*, pp. 76-80.

2.1.3. Bref aperçu sur les accises et leur évolution

a) L'origine du mot « accise » et raison de son prélèvement

Le mot *accise* vient du latin *« accisia »* qui signifiait au Moyen Age un impôt prélevé par les seigneurs féodaux sur toutes les boissons alcooliques et en particulier sur les vins dérivant des raisins que fabriquaient les moines. Ces vins s'inscrirent depuis et desormais dans le menu quotidien et festif des habitudes et agréments alimentaires de leurs consommateurs.

En effet, les raisins sont comestibles en l'état comme aliment naturel. Mais une fois qu'on les transforme pour produire du vin par un processus chimique, ce procédé détruit et modifie chimiquement un aliment qui, originellement, n'avait aucune conséquence néfaste sur l'organisme humain pour en fabriquer ou en créer relativement un qui en a, le vin. Consommé abusivement, celui-ci n'a pas toujours de bons effets sur l'organisme. Quelqu'un qui s'adonnerait donc à pareille profession dans sa production industrielle est supposé avoir d'autres moyens pour se nourrir en se passant des raisins. Comme il prive la collectivité d'un aliment en le transformant quantitativement en vin (avec ses conséquences néfastes clé en main, à la manière de la toxicité, de la nocivité et de la pollution du tabac et autres), il doit procurer en contrepartie de sa production des moyens financiers à l'Etat par le prélèvement de cet impôt dit d'accise pour nourrir et en même temps soigner cette même collectivité qui en serait victime par la consommation. Tant qu'il fabriquera un produit relativement nuisible à la santé, le prélèvement et le sens de cet impôt trouveront tout fondamentalement leur justification[1].

C'est ce qui fait que, par exemple, plus de *50% de l'ensemble des recettes d'accises* en RDC, avant l'élargissement récent de leur assiette fiscale, provenaient principalement des tabacs fabriqués. Ils sont taxés exponentiellement pour compenser leur toxicité, leur nocivité, leur pollution... sur la santé humaine : une autre manière de décourager leur consommation toxique et impropre à la santé, face aux fumeurs passifs qui en sont conséquemment des victimes innoncentes.

De plus, la consommation de ce produit toxique et nuisible à la santé est réglementée par l'arrêté ministériel de la Santé Publique[2] n° 1250/CAB/MIN/SP/**010**/AQ/2007 du 19 juillet 2007 portant mesures applicables à

---

[1] J. KUBURANWA CHIRIMWAMI, *Légalisation des accises*, notes de cours inédit, 10e session de formation douanière des agents de l'OFIDA, Kinshasa, 2004.

[2] Cet arrêté ministériel est l'émanation de l'article 8 de la Convention-cadre de l'OMS pour la lutte anti-tabac qui est un traité qui repose sur des bases factuelles et réaffirme un des droits fondamentaux humains d'atteindre le meilleur état de santé possible. Et ce, conformément à l'article 12 du Pacte international relatif aux droits économiques, sociaux et culturels qui énonce le droit de toute personne de jouir du meilleur état de santé physique et mentale qu'elle se doit d'atteindre.

l'usage et à la consommation du tabac et de ses dérivés. C'est à partir de cet arrêté qu'est faite l'obligation légale aux entreprises tabacicoles et apparentées de mentionner sur tout paquet et cartouche de cigarettes ou de cigares et autres supports publicitaires au moins deux des mentions suivantes de son *article 7* :

1. ***« FUMER EST PREJUDICIABLE A LA SANTE » ;***
2. ***« LE TABAC NUIT GRAVEMENT A VOTRE SANTE » ;***
3. ***« ATTENTION, FUMER TUE » ;***
4. ***« FUMER CREE UNE FORTE DEPENDANCE ».***

Etant donc ainsi prévenus, ceux qui fument s'assument et se condamnent volontairement à des ennuis de santé et à la mort. Ils dégagent en toute conscience la responsabilité morale et tutélaire des pouvoirs publics de toutes ces conséquences néfastes que développent les lignes suivantes.

Le prélevement exponentiel, spécifique et catégorisé des droits d'accise sur le tabac fabriqué est fondamentalement justifié au regard du spectre dévastateur de ce produit sur la santé humaine tel que relève douloureusement l'Organisation mondiale de la Santé (OMS) :

Le tabac est la *deuxième cause de mortalité dans le monde* et il en est le *quatrième facteur de risque de morbidité*. Il est actuellement responsable du décès d'*un adulte sur 10* (soit environ *5 millions de morts par an*). Si le tabagisme continue dans sa lancée fulgurante actuelle, il provoquera environ *10 millions de morts par an d'ici 2020* et la moitié de ceux qui fument aujourd'hui, environ *650 millions de personnes, finiront par en mourir*.

Les coûts économiques du tabagisme sont aussi dévastateurs et ne se limitent pas aux dépenses de santé publique pour traiter les maladies provoquées par le tabac. Les victimes meurent pendant la période la plus productive de leur vie, privant les familles de leur soutien et les nations d'une main-d'oeuvre en bonne santé. Quand ils sont encore en vie, les fumeurs sont aussi moins productifs en raison de l'augmentation de la morbidité. Selon un rapport de 1994, on estimait que la consommation de tabac entraînait une perte annuelle nette de *200 milliards de dollars américains*, dont un tiers pour les pays en développement.

Le tabagisme est à l'origine de cancers du poumon, de cardiopathies et d'autres pathologies *qui tuent 5,4 millions de personnes chaque année*. Si aucune mesure n'est prise rapidement, se plaint l'OMS, on aura dénombré plus de *8 millions de décès par an* attribuables au tabac d'ici 2030. Le tabagisme est un facteur de risque pour *six des huit premières causes de décès dans le monde*. La brochure *Le monde dans ma poche* nous indique même qu' « environ un tiers de tous les incendies [dans le monde] sont causés par les cigarettes. L'industrie du tabac n'a jamais été tenue pour responsable de ces dégâts et décès. [...]. On estime qu'à l'échelle planétaire, environ **1,1 milliard de personnes** fument **16,5 milliards de cigarettes par jour** ». L'Afrique et le Moyen-Orient, nous signale la brochure, sont des terres de prédilection pour les cigarettiers, qui s'attendent à une hausse de **16,1 %** dans cette région (augmentation prévue de 55,7 % au Zimbabwe et de **35,9 %** au Pakistan).

C'est en ceci, et avec bien d'autres causes, que le tabagisme et la lutte anti-tabac dans le monde devraient être programmés comme priorité de la santé publique extrêment préoccupante.

Pour y revenir, « les boissons alcooliques, le tabac fabriqué et les huiles minérales » constituent à l'origine la base des produits d'accises ; chaque pays devant par la suite en ajouter spécifiquement d'autres sur cette liste dans l'observance des critères que nous évoquons au point suivant pour le cas de la RDC.

b) La compréhension et l'extension actuelle du mot « accise » et les critères de désignation de ses produits

L'accise est un impôt prélevé sur des produits limitativement désignés par la loi de chaque pays lorsque lesdits produits sont soit fabriqués localement soit importés. En RDC, cet impôt est appelé *droits d'accise et de consommation* ou *droits de consommation et d'accise*. Et quand il est prélevé à la production locale pour un produit donné, il peut l'être aussi pour le même produit à l'importation. De manière précise, on parle de *droits d'accise* quand il s'agit de la *production locale* et de *droit de consommation* quand il s'agit de l'*importation*.

D'une manière générale, les critères ci-après peuvent être retenus pour conférer la qualité de produits d'accises sur la liste de marchandises dans un pays donné comme la RDC :

- la grande consommation de masse ;
- la toxicité (par sa nuisance de consommation sur la santé et l'environnement) ;
- le luxe (constituant une dépense somptuaire de sortie de devises) ;
- l'obtention du produit par un processus physique et/ou chimique ;
- le caractère non indispensable du produit ;
- la raison fiscale (pour renflouer les escarcelles du Trésor public).

Tels sont les critères de base qui caractérisent la conditionnalité de l'inscription d'une marchandise sur la liste des produits d'accises. Mais en réalité, le but recherché par le législateur est de dissuader de la consommation de produits qu'il considère comme ayant une externalité[2] négative, inutilement et luxueusement onéreuse.

[2] C'est un effet secondaire ou conséquence d'une activité lucrative affectant d'autres sans que cela se reflète dans le coût ou le bénéfice social des biens et services concernés.

c) L'aperçu historique sur les accises en RDC

Alors que l'histoire de la douane congolaise remonte au 15 décembre 1885, avec les droits de sortie sur les exportations des produits du secteur agricole et animal exclusivement, le système des droits de consommation (accise) ne sera institué que près de quelque 55 ans plus tard par *trois décrets* : celui du 25 mars 1930, suivi de ceux de 22 février et du 18 mars 1931. Ces décrets créèrent dans un premier temps le régime de la taxe de consommation sur trois produits à l'importation.[1] Et pour causes?

C'est à la suite, d'abord, de la grande dépression de 1929 qui tarissait les ressources publiques tirées des exportations, puis du décret du 25 mars 1930 qui exemptait des droits de sortie les produits végétaux pendant quatre ans que furent créés au Congo belge, à la lumière du Bulletin officiel de 1930, les droits de consommation ayant pour but de compenser la perte des recettes sur les droits de sortie[2]. Par la suite, le décret du 13 mars 1931 instaura les droits de consommation par droits spécifiques sur les *boissons alcooliques* importées ou fabriquées localement, dans la colonie. Enfin, le décret du 22 février 1932 fera étendre l'imposition des droits de consommation aux *tabacs* importés et/ou fabriqués localement[3].

Bien après, le décret du 5 janvier 1949 réglementa les taux d'imposition des produits importés et organisa aussi les procédures de fabrication et l'imposition des produits locaux. Ce décret fit prendre au Gouverneur général de la colonie les ordonnances n° 33/8 et 33/9 du 6 janvier 1950 relatives aux droits d'accise des produits locaux, des produits importés et aux droits d'entrée. L'ordonnance n° 33/8 consacra la taxe d'accise sur les *boissons alcooliques* et les *huiles minérales*. Cette ordonnance évoluera et sera remplacée par les ordonnances n° 33/300 et 33/435 du 9 septembre 1952 et du 23 décembre 1953 pour l'organisation des droits d'accise sur les *tabacs*, comme nous l'explique le *Bulletin africain (B.A.)* de 1954[4]. Toutes ces ordonnances furent depuis annexées à l'actuel décret de 1949 en vigueur qui coordonne tous les régimes et procédures douaniers.

Tous ces textes, analyse Makiadi K. Jacques-Larsson, consacraient la naissance du régime de droits de consommation au Congo et ne concernaient que l'évolution sectorielle des taux d'imposition en rapport avec les finances publiques et le système fiscal indirect par lesquels la métropole voulait rationaliser la vie politique, économique, financière et sociale de la colonie[5].

---

[1] F. MBENZA MASUNDA, *Législation accisienne*, cours inédit, Finances publiques, Graduat D & A, ENF, Kinshasa, 2000-2001.

[2] *Bulletin officiel* (de la Colonie) de 1930, Bruxelles, p. 262.

[3] *Bulletin officiel* (de la Colonie) de 1932, Bruxelles, pp. 175-179.

[4] Bulletin africain de 1954, Bruxelles, p. 17.

[5] J.-L. MAKIADI K., *L'Impact des droits de consommation dans les recettes douanières – Cas du Zaïre de 1989 à 1993*, mémoire de licence, sciences économiques appliquées, ULK, 1993-1994, p. 46.

Plus tard, par l'ordonnance-loi n° 68-010 du 6 janvier 1968, les produits d'accises aligneront les huit gammes de marchandises ci-après :

1. les alcools et boissons alcooliques ;
2. les eaux de table et limonades ;
3. les tabacs fabriqués ;
4. les huiles minérales ;
5. les allumettes ;
6. le sucre ;
7. le ciment hydraulique ;
8. les parfums liquides alcooliques.

Par la suite, après 36 ans d'imposition, de cette liste seront retirés *les allumettes, le sucre et le ciment hydraulique* par la loi n° 04/011 du 5 juillet 2004 supprimant ainsi les articles 8, 9 et 10 les ayant consacrés dans cette ordonnance-loi n° 68-010 du 6 janvier 1968, avions-nous déjà signalé.

Enfin, essentiellement dans le but d'élargir l'assiette fiscale, tout en protégeant les consommateurs et l'environnement contre les effets nocifs de certains produits d'une part, et, d'autre part, de moduler à la hausse les taux auxquels sont assujettis les produits jusque-là soumis à cet impôt, le législateur a étendu la liste des produits d'accises jusqu'à treize groupes de marchandises. Il l'a consacrée par la loi n° 08/02 du 16 mai 2008 modifiant et complétant l'ordonnance-loi n° 68/010 du 6 janvier 1968 relative aux droits d'accises et de consommation et au régime des boissons alcooliques. Cette loi trouve ses mesures d'exécution dans l'arrêté ministériel n° 010/CAB/MIN/FINANCES/2008 du 21 août 2008.

d) Les bases légales

- Les produits d'accises actuels tirent leur légitimité de la loi n° 08/002 du 16 mai 2008 modifiant et complétant l'ordonnance-loi n° 68-010 du 6 janvier 1968 qui spécifie la perception des droits d'accise et de consommation et le régime des boissons alcooliques.
- Cette loi trouve ses mesures d'application dans la mise à jour, en 1990, de l'arrêté ministériel du 6 janvier 1968 et ensuite de l'arrêté ministériel n° 010/CAB/MIN/ FINANCES/2008 du 21 août 2008 portant mesures d'exécution de la loi susmentionnée.
- L'arrêté ministériel n° 011/CAB/MIN/FINANCESI2008 du 21 août 2008 portant mesures d'application de la loi n° 08/003 du 16 mai 2008 modifiant et complétant la loi n° 002/03 du 13 mars 2003 instituant un nouveau tarif des droits et taxes à l'importation
- L'arrêté ministériel n° 012/CAB/Min/FINANCES/2008 du 21 août 2008 portant mesures d'application de loi n° 08/004 du 16 mai 2008 modifiant certaines dispositions de l'ordonnance-loi n° 69-058 du 05 décembre 1969 relative à l'impôt sur le chiffre d'affaires ;

- L'arrêté ministériel n° 013/CAB/MIN/FINANCES/2008 du 21 août 2008 modifiant l'arrêté ministériel n° 084/CAB/MIN/FINANCES/ 2003 du 22 octobre 2003 portant taxation spécifique et instauration des vignettes sur les tabacs fabriqués.

e) La structuration de la loi actuelle sur les accises

A. La première est structurée autour de 3 titres, subdivisés en 9 chapitres regroupant les 55 articles suivants :

e.1. TITRE I : Droits de consommation

Il est constitué des chapitres I à VI se résumant comme suit :

- Chapitre I : Désignation des marchandises et base de taxation
  - Articles 1 à 11 : ils touchent aux droits de consommation libellant les produits dans leurs natures, leur traitement dans les mesures d'application, leurs titrages, les taux applicables, etc.

- Chapitre II : Exemptions et restitutions
  - Articles 12 à 15 : déterminent les produits d'accises apparents qui ne sont pas soumis aux droits. Ces articles délimitent par ailleurs le niveau et le temps de restitution accordés à la valeur de ces produits.

- Chapitre III : Perception des droits
  - Articles 16 à 19 bis : ils touchent à la modalité pratique de la perception de ces droits suivant les quantités produites localement ou importées et soumises au paiement des droits, toute la réglementation y afférente (art. 17), l'assiette de l'imposition, le dépôt de la déclaration à la fin de chaque décade et son acquittement, les types de cautionnement, certaines restrictions…

- Chapitre IV : Dispositions destinées à assurer la perception des droits
  - Articles 20 à 25 : l'article 20 dispose que le ministre des Finances est autorisé à prendre toutes les mesures de contrôle pour assurer la perception des droits établis par cette loi ; la procédure d'octroi et de retrait de l'autorisation de fabrication, l'action en recouvrement, la qualité des agents accisiens et leur compétence (art.25), etc.

- Chapitre V : Dispositions pénales
  - Articles 26 à 32 : déterminent les pénalités et amendes susceptibles de paiement en cas d'infraction ainsi que les personnes pénalement

responsables. A la différence des infractions purement douanières, celles des accises sont prescrites après six ans (article 30). Mis à part la procédure à suivre pour la constatation, la poursuite des infractions en matières d'accises est la même qu'en matière de douanes.

- Chapitre VI : Dispositions transitoires

- Article 33 : A titre transitoire, les fabricants de produits taxables, dont l'entreprise était en activité à la date de l'entrée en vigueur de cette loi et qui avaient déposé une déclaration de profession valant demande d'autorisation, pouvaient poursuivre leurs activités en attendant la délivrance de l'autorisation, sauf si une décision motivée de refus d'autorisation prise par le ministre des Finances était notifiée par l'OFIDA.

e.2. TITRE II : Régime des boissons alcooliques

Il est, lui aussi, constitué des chapitres VII à IX, avec cette teneur :

- Chapitre VII : Dispositions générales

- Articles 34 à 44 : l'exploitation dans ce domaine est couverte par une licence délivrée par le gouverneur de province telle que la prévoit cette loi qui en détermine aussi les exceptions, les conditions de refus d'octroi de licence (art. 41), de son retrait ou de sa suspension.

- Chapitre VIII : Différents modèles de licences

- Articles 45 à 49 : l'article 45 détermine les modèles de licence qui vont de la licence modèle A et modèle B, aux modèles D, E et F ; en passant par les modèles H, K et R. Cet article en circonscrit le niveau et leurs lieux d'exploitation ainsi que leurs coûts.

- Chapitre IX : Pénalités

- Articles 50 à 54 bis : la combinaison des compétences est accordée concomitamment aux douaniers-accisiens et aux OPJ de compétence générale pour constater, rechercher les infractions, tel que stipulé au titre II de cette loi. Il est accordé au ministre des Finances la compétence de convertir les droits *ad valorem* des produits d'accises en droits spécifiques équivalents, etc.

e.3. TITRE III : Dispositions finales

Ce titre est constitué d'un article unique (article 55) qui abroge toutes les dispositions antérieures relatives aux droits de consommation et au régime des boissons alcooliques, notamment le décret du 5 janvier 1949 concernant les taxes de consommation, les ordonnances législatives 33/608 et 33/609 du

10 décembre 1959 relatives au régime des boissons alcooliques, l'arrêté ministériel du 31 juillet 1964 relatif au fonctionnement des distilleries et au régime des alcools, l'ordonnance-loi n° 66/190 du 30 mars 1966 relative aux droits d'accises et de consommation ainsi que son arrêté ministériel d'application du 30 mars 1966.

B. La deuxième, celle de l'arrêté ministériel n° 010/CAB/MIN/FINANCES/2008 du 21 août 2008, part des articles 2 à 9.

2.2. LA PLACE DE LA BRIGADE DOUANIERE AU SEIN DE L'ADMINISTRATION DOUANIERE

2.2.1. L'historique de l'administration des douanes

Depuis la décolonisation de la RDC, et même près de trois décennies après, le service des douanes et accises a fonctionné en RDC sous la forme d'une direction du ministère des Finances. De ce fait, elle était soumise à l'autorité directe du secrétaire général des finances. Ainsi, les agents de douanes et accises étaient-ils régis par le statut du personnel de carrière des services publics de l'Etat.

Au plan financier, ce service émargeait au budget général de l'Etat et devait appliquer les procédures budgétaires prescrites par le Règlement général sur la comptabilité publique, « RGCP ».

L'Office des douanes et accises, « OFIDA », fut créé par l'ordonnance n° 79-114 du 15 mai 1979. C'est un *établissement public à caractère administratif, économique et financier* doté d'une personnalité juridique[1]. Son siège social est situé à Kinshasa-Gombe, Boulevard du 30 Juin, immeuble Sankuru (Place Le Royal), et exerce ses activités sur l'ensemble du territoire national.

Mais l'Office ne dispose pas d'une autonomie financière suffisante pour l'accomplissement de ses missions d'autant plus qu'il dépend entièrement du gouvernement. En tant qu'administration publique personnalisée, elle est régie par les dispositions de la loi n° 78-002 du 6 janvier 1978 portant dispositions générales relatives aux entreprises publiques[2].

2.2.2. Les missions assignées à cette administration

L'OFIDA est le service de l'Etat par excellence chargé de gérer toutes les matières relatives aux mouvements de marchandises qui franchissent les frontières nationales (tant à l'import qu'à l'export et au transit), à la

---

[1] *Statuts de l'OFIDA*, art.1 al. 1.

[2] J. AFOTO ELENGA, *Analyse organisationnelle de la comptabilité douanière de l'OFIDA (1979-2000)*, TFC, Finances publiques, G III D&A, ENF, 2000-2001, pp. 10-15.

production et/ou à l'importation de quelques produits nommément cités par le législateur, les produits dits d' « accises » en RDC.

Il a pour mission d'une part de percevoir les droits et taxes sur les marchandises qui franchissent les frontières nationales en provenance ou à destination de l'étranger et, d'autre part, de lutter contre la fraude, la contrebande, de s'opposer à l'importation de produits prohibés, de surveiller ceux qui sont réglementés et de protéger l'espace économique national. L'OFIDA a reçu du législateur et de la collectivité nationale les dix principales missions suivantes :

a) **Mission fiscale**

Elle occupe les premières loges essentielles des missions confiées à l'ensemble des douanes du Sud, par son apport incontournable au financement des budgets de ces Etats, du fait de l'extraversion de leurs économies chancelantes. Ainsi l'administration des douanes tire-t-elle sa sève fiscale des mouvements transfrontaliers de marchandises tant à l'import qu'à l'export, au transit et aux autres réglementations y relatives ainsi qu'aux actes de délinquance douanière répressive qui en découlent comme des recettes au profit du Trésor public, des douaniers et des autres intervenants dans des dossiers contentieux. Tandis que les douanes du Nord n'accordent à cela qu'une importance subsidiaire comme le traduisent leurs impositions tarifaires. Leur rôle étant principalement focalisé sur les missions de sécurité économique, de protection de l'Environnement...

Le législateur a chargé l'OFIDA du prélèvement de l'impôt indirect par la mise en œuvre des législations des douanes, des accises, connexes et du tarif douanier du Système harmonisé (SH).

b) Mission économique

Cette mission consiste à protéger l'espace économique national en promouvant les échanges de nos produits à l'extérieur par rapport à l'industrie locale naissante grâce aux données qu'oriente notre politique douanière et commerciale qui conduit à l'élaboration de statistiques pour le commerce extérieur. L'administration des douanes collabore activement avec l'ANAPI pour stimuler les investissements par l'industrialisation du pays en accordant des régimes préférentiels, dits *régimes économiques*, aux investisseurs à travers le Code d'investissement et bien d'autres dispositions. Cette mission participe au développement économique en rendant attractif l'ensemble du pays aux échanges et aux investissements étrangers.

c) Mission financière

Elle consiste à procurer à l'Etat les ressources financières nécessaires à son fonctionnement et pour asseoir sa politique gouvernementale afin de mieux couvrir ses charges publiques par les moyens que génèrent ses finances. La douane en constitue un levier à la frontière.

d) Mission de sécurité

Depuis que les événements du 11 septembre noir en 2001 aux Etats-Unis ont soufflé sur les braises du terrorisme par l'attentat aux *Twin Towers de New York* et leurs suites inscrites sur le label de la nouvelle barbarie des fondamentalistes et des extrêmistes, ils sont sporadiquement ravivés et revendiqués par la multiplicité des actes terroristes, des kamikazes, des prises d'otages… tenant la communauté internationale dans l'insomnie. Le terrorisme présente aujourd'hui une dimension mondiale avec un caractère insaisissable dans ses actions imprévisibles. C'est ainsi que toutes les douanes du monde ont été sensibilisées à travers l'OMD pour renforcer les contrôles aux frontières. La douane congolaise y a répondu par l'ouverture et la mise sur pied de la *Division de la lutte contre le terrorisme et la criminalité transnationale organisée (LTCTO).*

C'est à cette mission sécuritaire que se greffe étroitement celle de la surveillance et de la lutte contre le trafic illicite de matières nucléaires, radioactives et leurs dérivés, telles que préconisées par l'Agence internationale de l'énergie atomique (AIEA). L'OFIDA en est un partenaire et membre actif[1] pour le compte de la RDC du fait de sa présence permanente aux frontières. Une sommité scientifique en chimie nucléaire en donne toute la quintessence :

La RDC est le tout premier pays africain à s'être doté d'un réacteur nucléaire pour la sous-région depuis le 6 juin 1959 [sous Mgr Paul Gillon, alors recteur de l'Université Lovanium, actuelle UNIKIN]. Notre pays a adhéré à cette agence (AIEA) en 1961 comme membre. Par le fait même de l'usage réglementé de l'uranium et ses dérivés, de leur exploitation ici à l'Unikin par le CREN-K [Centre Régional d'Etudes Nucléaires de Kinshasa] à des fins pacifiques et en réalisant des objectifs nobles, notamment dans la recherche opérationnelle en sciences et techniques appliquées en biotechnologie et radioagronomie pour la sécurité alimentaire, en radioprotection, en hydrochimie, etc., une surveillance et un contrôle spécifiques de ces produits et matières aux frontières sont absolument recommandés. Et étant donné que ces produits et matières radioactives rentrent dans le commerce international des substances réglementées, les Administrations des douanes – OFIDA – de la DGM, de l'OCC, de l'ANR…. devraient profiter des divers projets de notre agence pour la dotation et la formation spécifiques de leurs agents contre le trafic illicite de ces matières nucléaires et radioactives.

Une négligence coupable de leur part renforcerait l'insécurité internationale. D'autant plus que l'AIEA a recensé plus de 375 cas de trafic illicite de matières nucléaires au cours de ces dernières années. Ces cas vont

---

[1] Cf. Art. 5 al. 2. 6° du décret n° 05/020 du 29 mars 2005 portant création d'un Conseil national de sécurité nucléaire, en abrégé « CNSN ».

de l'osmium au mercure rouge en passant par des matériaux de qualité militaire. C'est pourquoi la communauté internationale a reconnu que de nouvelles mesures plus rigoureuses devaient être prises pour protéger les populations et être prête à réagir à divers types de scénarios terroristes.

Ce souci est relayé par le secrétaire général de l'Organisation mondiale des douanes (OMD) quand il déclare : « La sécurité est une préoccupation mondiale et même les administrations des douanes ont étendu leur rôle afin d'intégrer la sécurité du commerce international. La douane a également renforcé et intensifié ses initiatives de sécurité aux frontières [....] pour lutter efficacement contre le terrorisme et les crimes commerciaux [...] »[1].

Cette mission douanière s'inscrit dans le « Cadre de normes » adopté en juin 2005 à Bruxelles par 166 Etats-membres de l'OMD. Cet instrument international unique vise à protéger la chaîne logique internationale contre toute menace terroriste, toute criminalité transfrontalière organisée, tous les crimes et délits connexes (risque sanitaire, sécurité financière...) ainsi qu'à faciliter le commerce mondial. Tout en voulant écrire une nouvelle page de l'histoire douanière devant ce défi, cet engagement douanier fait bénéficier ses membres de tous les avantages économiques, financiers et sociaux, et par ricochet, permet de profiter davantage des effets positifs de la mondialisation qui se globalisent dans le commerce international.

Dans ses principes, le « Code de normes » vise les objectifs ci-après :

- Etablir des normes qui rassurent la facilitation et la sécurité de la chaîne logistique à l'échelon mondial en vue de promouvoir certitude et prévisibilité ;
- Rendre possible une gestion intégrée de la chaîne logistique pour tous les modes de transport ;
- Renforcer le rôle, les fonctions et les capacités de la douane à relever les défis et à tirer parti des opportunités du XXIe siècle ;
- Renforcer la coopération entre les administrations des douanes afin d'améliorer leur capacité à déceler les envois à haut risque ;
- Renforcer la coopération douanes-entreprises ;
- Promouvoir la circulation interrompue des marchandises le long de chaînes logistiques internationales sécurisées.

e) Mission de formation

La douane est actuellement le théâtre d'une révolution exigeant l'application tant de procédures administratives que de techniques douanières répondant aux standards internationaux de l'OMD pour être dans le temps. C'est ainsi que l'OFIDA s'occupe aussi de la formation de son personnel aux nouvelles techniques de gestion moderne en renforcement de ses capacités dans les domaines qui sont les siens (douanes et accises) pour répondre aux vœux de l'OMC que relaye l'OMD dont la RDC est partie

[1] MICHEL DANET, in < *http ://events.www.wcoomd.org*> (16/12/2005).

contractante des accords. D'où l'existence de la division de la formation en son sein (art. 5 des statuts de l'OFIDA) qui coordonne différentes formations.

Dans la définition claire et l'analyse des besoins de l'Office à couvrir par des formations spécifiques, la division de la formation contribue à faire de l'OFIDA une administration douanière professionnelle. Cette professionnalisation passe par le renforcement des compétences techniques des agents qui, par ricochet, conduit à favoriser l'éthique, contribuant ainsi à repousser un comportement répréhensible pour la profession.

f) Mission commerciale

L'administration des douanes et accises doit saisir l'intérêt commercial du pays en essayant de faciliter et d'assouplir les procédures de dédouanement et de proposer des régimes douaniers susceptibles d'offrir aux opérateurs des douanes des facilitations, un service rapide et efficace, susceptible de faire fléchir la concurrence extérieure. L'instauration du guichet unique au point d'entrée par exemple réduit le temps matériel que perdrait un opérateur douanier entre plusieurs services intervenant dans la procédure de dédouanement (Onatra, Occ, Ogefrem, Santé, Culture et arts, Intérieur, etc.).

g) Mission de surveillance

Inscrite parmi les missions traditionnelles de la douane, celle de la surveillance s'accomplit tant aux frontières qu'à l'intérieur du territoire national. Des bureaux douaniers et des brigades sont installés aux points d'entrée et de sortie (frontières) pour surveiller les mouvements des marchandises. C'est ici qu'apparaît la première des missions essentielles dévolues à la Brigade douanière. Cette mission est couplée à celle de la sécurité (cf. point d) ci-dessus).

h) Mission de protection de l'environnement[1]

La protection de l'environnement apparaît aujourd'hui de toute évidence comme une urgence dans l'ordre de priorité pour la survie de notre habitat commun, la Terre. Suivant donc la recommandation du 28 juin 2003 de l'OMD sur la surveillance du commerce international, l'OFIDA est chargé de surveiller les « Substances qui Appauvrissent la couche d'Ozone », dites et abrégées **S.A.O.**[2]. Ces substances ou marchandises sont reprises dans de nouvelles sous-positions supplémentaires (additionnelles) au S.H. et sont classées comme « produits réglementés » en import et en export jusqu'à la

[1] Cf. arrêté interministériel n° 21/2004 du 6 mai 2004 portant réglementation relative aux importations, réimportations, exportations et réexportations des substances qui appauvrissent la couche d'ozone et des produits et/ou équipements contenant de telles substances.

[2] <http://www. wcoomd.org/ie/fr Sujets Douaniers/SystèmeHarmonise/rec/recizol> (2007).

tolérance 0 (zéro) d'ici 2010. La section 4 du chapitre VI (La Brigade douanière face aux SAO) est consacrée à cette analyse qui devrait, pensons-nous, être inscrite dans l'agenda des législations connexes en rapport avec l'environnement.

i) Mission de collaboration avec les autres administrations nationales

En raison de sa présence permanente aux frontières nationales, l'OFIDA prête un concours très actif aux autres administrations publiques, notamment à la Dgi, Dgrad, Fpi, Bcc, à la Santé publique, à la Culture et aux arts, au ministère de l'Intérieur, etc. par l'application des législations connexes dont les dividendes leur reviennent et aussi au Trésor public. A titre illustratif, l'OFIDA procède à la taxation des services connexes de la manière suivante pour :

i.1. La DGI : La taxe perçue pour le compte de la DGI est le précompte BIC (Bénéfice Industriel pour le Commerce). Cette taxe se calcule de la manière suivante :

Précompte BIC = Valeur CIF x 2%

i.2. Le FPI : La taxe est égale à 2% de la valeur CIF plus le droit d'entrée (DE), et se calcule formellement :

Taxe FPI = (CFI + DE) x 2%

i.3. La DGRAD : Pour cette régie, l'OFIDA perçoit 3 taxes au total se rapportant respectivement au commerce extérieur, aux postes, téléphones et télécommunications (PTT) ainsi qu'à la Santé publique. Et ces taxes se calculent de la manière suivante :

1. Commerce extérieur (Comex) :
   - 20 $US si la valeur CIF de la marchandise est inférieure à 2 500 $US ;
   - 1% de la valeur CIF si elle est supérieure à 2 500 $US.
2. PTT : 3% de la valeur CIF si elle est supérieure à 2 500 $US ;
3. Santé publique : 5% de la valeur CIF si elle est supérieure à 2 500 $US.

j) Mission de coopération administrative

Au niveau international (ACP/UE), cette coopération s'articule autour de trois points, à savoir :

a) Echange d'informations ou renseignements, dit aussi « assistance mutuelle », mission qu'assure l'Assistance administrative mutuelle internationale (AAMI)[1] ;

b) Contrôle sur la certification de EUR1 et EUR2[2] au niveau de ACP/UE ;

c) Comité de coopération douanière : pour l'application de l'Accord de Cotonou (ex. Lomé IV) et le suivi sur les règles d'origine des produits par les experts des Etats-membres[3]. Il faut ici signaler que l'accord de Cotonou est en cours de (re)négociation et de transition pour être substitué par les Accords de partenariat économique (APE) ou d'autres en discussion (depuis le dernier sommet Union européenne-Union africaine réuni à Lisbonne au Portugal en décembre 2007). Cette réunion a circonscrit les avantages préférentiels accordés aux produits africains et à leur accessibilité au marché européen.

Au niveau sous-régional, l'OFIDA a réactualisé et signé, entre autres ententes, un accord de coopération au nom de la RDC avec l'administration des douanes du Congo-Brazzaville pour l'établissement de bureaux de contrôles nationaux juxtaposés aux frontières de ces deux pays, principalement au Beach de Brazzaville et au Beach Ngobila de Kinshasa, avec leurs antennes respectives au port autonome de Pointe-Noire, à Matadi et à Boma.

C'est dans cette foulée que l'hebdomadaire de Brazzaville, *Le Choc*, dans son édition spéciale, épingle cette nécessité de surveillance des mouvements de marchandises entre les deux Congos au départ de leurs ports maritimes et fluviaux et les autres frontières terrestres. Cette coopération administrative, signée le 14 mai 1974, a appelé une rapide réactivation du fait qu'il a été constaté que d'importantes cargaisons de marchandises (en conteneurs ou en « conventionnelle »), en transit pour Kinshasa via le port maritime de Pointe-Noire, sont détournées à la rupture du trafic par rails lors du transbordement à Dolisie (reliée par voie ferrée à Brazzaville par la ligne Congo-Océan sur 517 km). Quand bien même ces cargaisons atteindraient Brazzaville, elles sont littéralement dépouillées et se volatilisent après dispatching entre des hordes de personnes handicapées (paralytiques, aveugles, sourds-muets...) en association avec des gangsters dénommés « Romains, Pombas, Californiens... » qui en assurent la couverture lors de la traversée vers Kinshasa – en libre pratique par petits colis – soit par pirogues auprès des beaches privés ou par bateaux reliant les deux rives. Il en est de même des cargaisons qui transitent par l'aéroport international de Maya-Maya de Brazzaville pour Kinshasa. L'escorte douanière n'est toujours pas assurée.

Le même scénario, avec adaptation au terrain, se passe à Kasumbalesa (au Katanga) en zone neutre, entre la RDC et la Zambie, avec des

---

[1] B. KIMPEMENE LUZOLO, *Politique douanière*, cours inédit, Finances publiques, GIII D&A, ENF, 2000-2001.

[2] C.J. BERR et H. TREMEAU, *Le Droit douanier communautaire et national*, 4e éd. Economica, Paris, 1997, pp. 126-128.

[3] *Idem.*

délinquants dénommés « Katako ». Ces jeunes contrebandiers opèrent par différentes pistes de brousse à la frontière de ces deux pays.

Les mêmes opérations de fraude et de contrebande s'effectuent dans le sens inverse : des ports de Matadi et de Boma, sous le prétexte qu'il s'agit de marchandises à destination de Brazzaville, mais elles se déverseront en rupture de transit à Kinshasa, entraînant de fortes perturbations sur son marché intérieur.

C'est ainsi qu'il s'est développé, par extension, un important mouvement de faux transits de bois et d'autres produits congolais déclarés d'origine étrangère. Les pertes en recettes d'exportation sont ahurissantes à cause des fausses déclarations d'origine, de transit et de régimes accordés. C'est la conséquence évidente de la proximité de nos forêts et du fait d'être, en plus, à cheval sur un même fleuve mitoyen qui favorise cette situation de fraude et de contrebande, exutoire à cette énorme évasion fiscale.

Bien que nous ne disposions pas de statistiques fiables sur ce trafic illicite lié au faux transit en RDC, le rapport conjoint de François Corfmat et d'Adrien Goorman (FMI) donne une idée de l'ampleur de son évasion fiscale et du désastre financier qu'il génère : « L'expérience montre que le régime de transit sert souvent à importer des marchandises en fraude. Le transport comporte un haut risque sur les recettes, car la perte des recettes sur toute expédition détournée de sa destination est totale.... et peut être effectivement très importante [...] L'Union européenne estime à quelque 4 milliards de dollars US le manque à gagner annuel imputable au détournement illégal de marchandises en transit au profit de la consommation intérieure, au sein de l'UE »[1].

j.1. Les sources et modèles d'accord bilatéral

La RDC est appelée à négocier pour application avec ses neuf pays voisins sur les quelque 3 modèles d'accord bilatéral et autres issus :

- de la Convention bilatérale établie en 1967 ;
- de la Convention internationale des bureaux de contrôle juxtaposés signée le 9 juin 1977 à Nairobi, au Kenya ;
- des 10e et 11e recommandations de la 7e Conférence des directeurs généraux des douanes des pays de la représentation régionale de l'OMD pour l'Afrique[2] et qui se sont réunis successivement à Johannesburg, Alger, Marrakech et Accra.

j.2. Les points focaux et domaine d'application de l'assistance

[1] F. CORFMAT et A. GOORMAN, *in M. KEEN (dir.), op. cit.*, p. 124.

[2] KITENGE BUKASA, *La Nécessité de bureaux de contrôle juxtaposés pour lutter contre la fraude douanière* (cas de la RDC et du Congo-Brazzaville), TFC, Finances publiques, ENF, Kinshasa, 2002-2003, p. 16.

Les articles 4 et 5 du Protocole d'accord d'assistance mutuelle administrative entre les douanes de la République démocratique du Congo et du Congo-Brazzaville constituent le point d'orgue de cette assistance sur lequel pivoterait principalement ce type d'assistance pour l'ensemble de la sous-région et des pays limitrophes :

- Sur demande, *l'administration requérante* fournit toutes les informations sur la législation et les procédures douanières nationales utiles aux enquêtes menées en ce qui concerne la présentation, la recherche et la répression d'une infraction douanière (art. 4.1).
- Chaque administration douanière communique à l'autre, sur demande de l'administration requérante ou de sa propre initiative, toutes les informations dont elle dispose sur les questions suivantes :
  a. les nouvelles techniques de lutte contre la fraude douanière dont l'efficacité a été prouvée ;
  b. les nouvelles tendances des infractions douanières et les moyens ou méthodes employés par les délinquants pour les commettre (art. 4.2.).
- Sur demande, *l'administration requise*[1] fournit à l'administration requérante des informations, notamment sur les points suivants :
  a. la régularité de l'exportation ou du transit, à partir du territoire de la partie contractante requise, des marchandises importées dans le territoire de la partie contractante requérante ;
  b. la régularité de l'importation, dans le territoire de la partie contractante requise, des marchandises exportées à partir du territoire de la partie contractante requérante et le régime douanier sous lequel les marchandises ont éventuellement été placées ;
  c. la régularité et l'authenticité des documents établis par l'administration requise et présentés à l'administration requérante à l'appui d'une déclaration en douane des marchandises (art. 5).

Le point V de cet accord touchant à l'« Information et Renseignement » revêt tout autant son importance dans le cadre de cet essai.

A l'OFIDA, le Bureau national de liaison coordonne pleinement les activités de cette mission.

2.2.3. Le statut de l'OFIDA

En attendant le nouveau statut que prendra bientôt ce service au nom de la réforme, l'alinéa 1er du 1er article de l'ordonnance n° 79-114 du 15 mai 1979 portant création et statut d'un établissement public dénommé « l'Office des douanes et accises », en abrégé, l'OFIDA, stipule : Il est créé, sous la dénomination **« OFFICE DES DOUANES ET ACCISES »**, un établisse-

[1] « *Administration requise* » : L'administration douanière à laquelle une assistance est demandée.

ment public à caractère *administratif*, *économique* et *financier*, doté de la personnalité juridique.

Le schéma ci-après peut nous aider à en avoir une meilleure idée :

Schéma n° 03

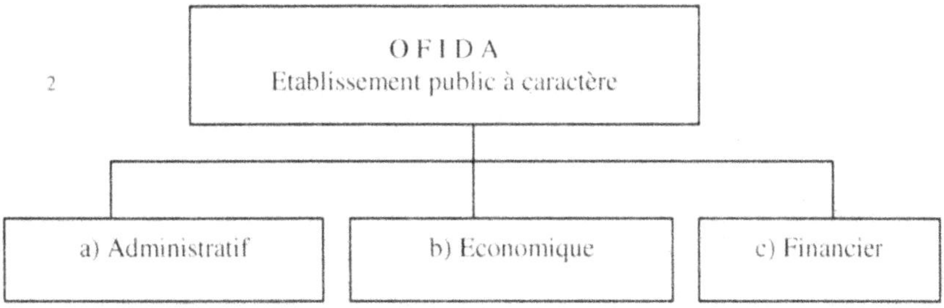

Source : Inspiré par l'auteur de l'énoncé de l'article 1, alinéa 1.

Définitions et commentaires

Etablissement public : l'OFIDA est un service public de l'Etat (sens organique) chargé d'une mission d'intérêt général (sens matériel), doté de la personnalité juridique et subordonné à une entité territoriale.

a) A caractère administratif : c'est celui qui exerce généralement une activité typiquement administrative. Il n'exerce des activités industrielles et commerciales que de façon accessoire. Son statut fonctionnel est soumis au droit public ; l'appel au droit privé est exceptionnel. Du fait de sa charge de garant du respect des lois et règlements en matière de douanes et accises, il est spécialement chargé d'étudier et de soumettre à l'autorité compétente les projets d'arrêtés, décrets-lois et décrets ainsi que les projets de leurs modifications.

b) A caractère économique : l'OFIDA joue ce rôle par la surveillance et la promotion des échanges extérieurs, la protection des industries locales et régule la concurrence par le jeu de manipulation des droits de douane.

c) A caractère financier : il est un service générateur de recettes pour l'Etat. Il a notamment pour mission de percevoir les droits, taxes et redevances à caractère douanier et fiscal qui sont dus, soit du fait de l'importation ou de l'exportation de marchandises de toute nature, soit du fait de leur transit ou de leur séjour en entrepôt douanier (art. 4, 1° Ord.).

Il est également chargé de percevoir des droits d'accises (art. 4, 2e Ord.).

** Doté de la personnalité juridique, l'OFIDA est une personne morale distincte de l'Etat. Il peut poser des actes juridiques et même ester en justice. Il dispose d'une autonomie de gestion limitée sous la tutelle du ministère des Finances et d'un patrimoine propre.

---

[2] Statut de l'OFIDA, art. 1.1 et 2.

Schéma n° 04 : L'organigramme de l'OFIDA

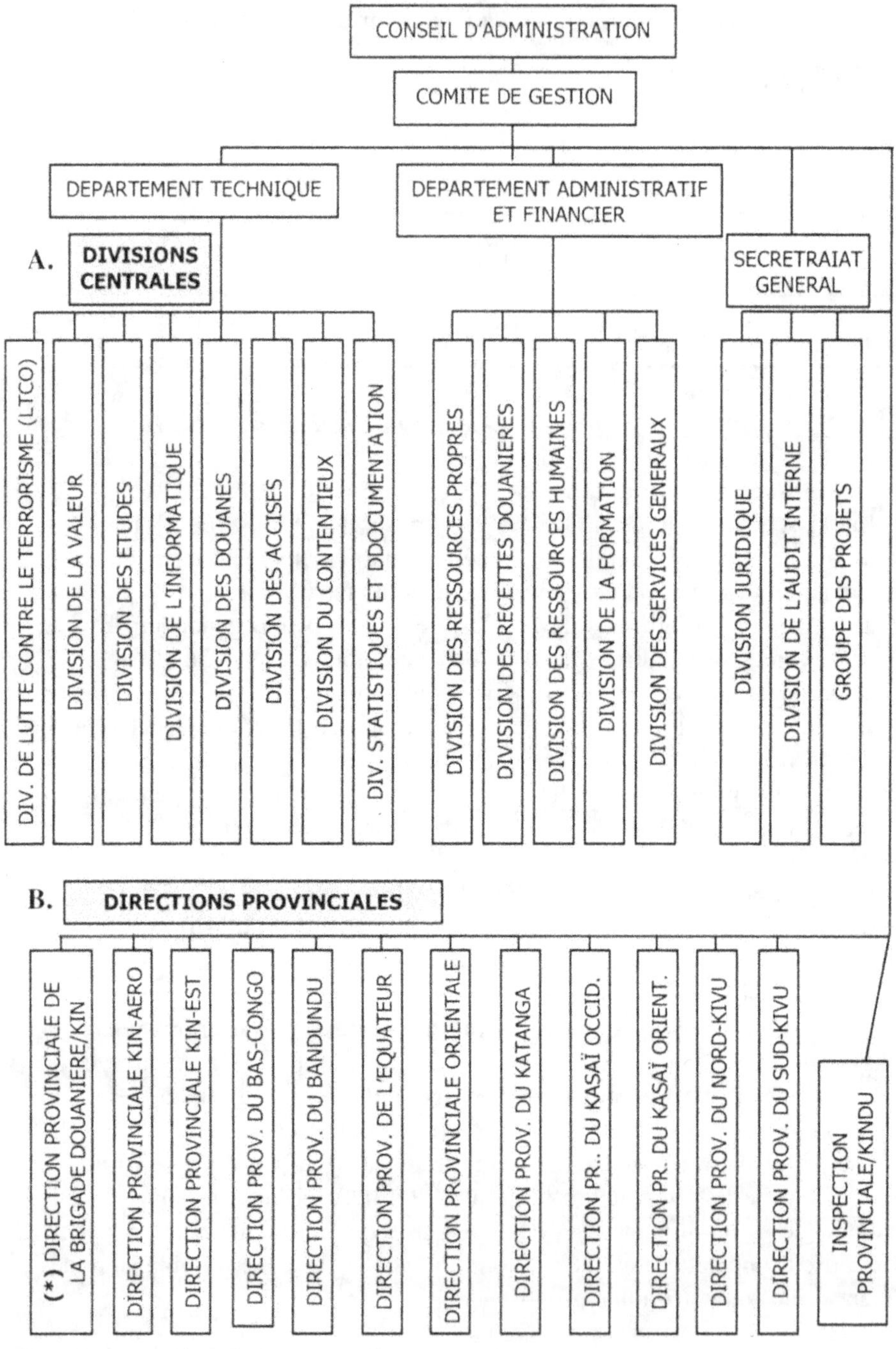

Source : Division des Ressources Humaines, février 2009.

** Lors de sa dernière réunion, la haute hiérarchie de l'Ofida a projeté de réhabiliter*
la Brigade Douanière à son ancien statut de Division centrale à la Direction générale.

L'organigramme étant une photographie macroscopique de la structure d'une organisation, il permet d'avoir une vision synthétique rapide de son ensemble. Ainsi, la position de la Brigade douanière au sein de cet organigramme permet de percevoir aisément l'origine des pesanteurs et des pressions sur ses missions qui souffriraient d'entropie.

a) La carte administrative des directions provinciales (D.P.) et/avec les aéroports douaniers (internationaux)

a.1. La carte administrative des directions provinciales de l'OFIDA

Schéma n° 05 :

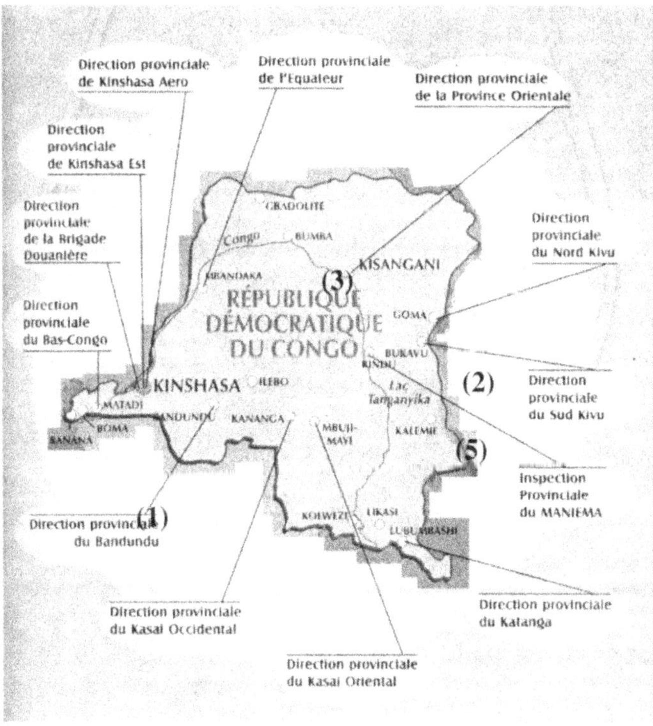

(4)

Source : DG/OFIDA, cf. Agenda Ofida 2009, p. 57.
(1,2,3,4,5)* : Cf. le point a.2. à la page suivante.

a.2. Les aéroports internationaux et douaniers de la RDC

Sur les 54 aéroports et aérodromes nationaux que compte actuellement la RDC (ceux gérés par la Régie des voies aériennes – RVA), 5 aéroports douaniers, dits internationaux, constituent les principales « frontières aériennes » assujetties à l'attention de la surveillance douanière, dont les noms et les spécifications ci-après :

Tbaleau n° 04

Ordre	Noms et localisation des aéroports internationaux de la RDC	Année de mise en service	Longueur x largeur
1er	Aéroport international de N'DJILI (KINSHASA)	1954	4 700 m x 60 m
2e	Aéroport international de BANGBOKA (KISANGANI)	1978	3 500 m x 45 m
3e	Aéroport international de MOANDA (GBADOLITE)	1984	3 200 m x 65 m
4e	Aéroport international de la LUANO (LUBUMBASHI)	1958	3 150 m x 50 m
5e	Aéroport international de GOMA	1982	3 000 m x 45 m

Source : Administration centrale RVA/ Direction d'exploitation (direction gestion des aéroports)

2.3. LA PRESENTATION ET L'EVOLUTION DE LA BRIGADE DOUANIERE ACTUELLE

2.3.1. Brefs rappels historique et juridique

Depuis la promulgation de l'ordonnance n° 78-302 du 6 juillet 1978 portant création de la brigade douanière, ce corps a connu fondamentalement maints métamorphoses et changements dans sa forme. Au sein de l'administration des douanes et accises, les agents de la brigade douanière ont pour mission d'exercer une surveillance continue sur l'étendue du ressort du bureau dont ils dépendent, de contribuer à la surveillance générale des frontières et de faire des patrouilles.

A cet effet, ils sont notamment chargés de :

1) rechercher, recueillir et prendre au sujet des infractions tous les renseignements possibles et en donner immédiatement connaissance à leur chef local ;

2) rendre compte à leur chef local de ce qu'ils remarquent de contraire aux lois, ordonnances, décrets, arrêtés et règlements et plus spécialement des infractions commises en violation de la législation douanière ;

3) dépister les tentatives de fraude et d'en rechercher les auteurs ;

4) empêcher, appréhender et conduire devant le chef local du bureau douanier dont ils dépendent tous les individus pris en flagrant délit de fraude

ou détenteurs de marchandises qu'ils tentent d'importer ou d'exporter par des voies non autorisées[1].

Il sied de rappeler l'ordonnance-loi n° 14 du 23 janvier 1964 par laquelle l'Etat créa au sein de la direction des douanes et accises du ministère des Finances le *Service de recherche des infractions douanières et financières*. Depuis, avant la promulgation de l'ordonnance créant la brigade douanière, un regard rétrospectif sur ce service donne un aperçu de son fonctionnement.

- **Organisation et fonctionnement du Service**

L'organisation du Service de la recherche et répression de l'OFIDA était régie par les différentes circulaires et notes de service de son président-délégué général. Celles-ci trouvent leur fondement dans les décisions du comité de gestion, conformément aux recommandations du conseil d'administration. Cette organisation, à l'époque, était orientée par la politique interne de l'Office et les objectifs dudit service. Elle pouvait être modifiée à souhait selon les circonstances techniques de l'Office et les réalités économiques de l'époque.

Ce service s'organisait à l'intérieur de la division du contentieux qui comprenait :

- le secrétariat de la division ;
- le bureau Pool dactylo ;
- l'inspection de la recherche et répression ;
- les bureaux 1, 2 et 3 des contrôleurs ;
- la cellule de vérification du Service de la recherche et répression.

En considérant la structure générale de la division du contentieux avec son inspection du contentieux et celle de la recherche et répression, deux inspections se trouvent placées aux côtés de deux autres :

- Inspection de la contre-vérification ;
- Inspection du contentieux administratif.

« De ces deux inspections, nous renseigne le contrôleur Jean Kankonde Leja, l'inspection de la recherche avec ses agents avaient des pouvoirs très étendus et exorbitants sur tout le territoire douanier du Congo. Comme l'évoquent les prescrits de l'ordonnance précitée [n° 78-302 du 6 juillet 1978], ces agents étaient en fait porteurs d'ordres de mission presque permanents, de jour comme de nuit, sur le terrain »[2].

Le directeur divisionnaire du contentieux qui a dans ses attributions le Service de la recherche et répression a pour mission de prévoir, organiser, coordonner, contrôler et prendre des décisions dans le cadre des lois et

---

[1] Article 2 de l'ordonnance n° 78-302 du 6 juillet 1978.

[2] Interview nous accordée le 15/08/2005 par le contrôleur de la division du contentieux, engagé à l'OFIDA depuis 1966 (matricule n° 114.833).

règlements en vigueur. Il a le pouvoir de transiger pour des amendes ne dépassant pas 15 000 $US.

L'inspecteur s'occupe de la coordination du travail et de l'exécution des ordres émanant de son chef hiérarchique.

Les contrôleurs sont responsables de la bonne marche du service à l'échelon du contrôle de leurs ressorts. Ils répercutent les injonctions des autorités supérieures aux vérificateurs et, en collaboration avec l'inspecteur, proposent ou désignent les investigateurs. Ils font le pont entre les agents de commandement et de collaboration de service.

Les vérificateurs, quant à eux, s'occupent des recherches et de la répression. Ils sont des agents de collaboration. Ils mettent en application les recommandations de leurs supérieurs et initient différentes missions d'enquête ou d'investigation. Ils sont en quête permanente de fraudes et d'infractions en matière douanière[1].

L'article 5 de l'ordonnance n° 78-302 qui créera la Brigade douanière fera correspondre, pour un besoin d'équivalence, les fonctions suivantes aux grades en son sein (jusque-là allant crescendo du sous-brigadier au commandant) de la manière suivante :

Fonctions :

1) Sous-Brigadier (AA1): Commis principal et/ou commis
2) Brigadier (AB2) : Rédacteur
3) Brigadier-Chef (AB1): Rédacteur principal
4) Commandant-adjoint (ATB2) : Vérificateur-Assistant
5) Commandant (ATB1) : Vérificateur

2.3.2. La répartition des missions et attributions de la Brigade douanière

En dehors de leur division et/ou direction, les agents de la brigade douanière sont hiérarchisés sur le plan administratif et fonctionnel de la manière suivante :

a) Les cadres de commandement

Cette catégorie socioprofessionnelle de la Brigade regroupe deux types de cadres : les inspecteurs et les contrôleurs.

- Les inspecteurs : ils ont pour rôle de superviser tous les services et branches de la brigade douanière, notamment la surveillance des frontières et tous les postes douaniers fixes auprès des entrepôts ; de superviser les investigations et les enquêtes douanières, et d'orienter le traitement des dossiers tant administratifs que contentieux concernant la brigade dans un sens comme dans l'autre. Ils sont les collaborateurs directs de la direction de la Brigade.

[1] BANGILA MATA, *op. cit.*, pp. 29-31.

- Les contrôleurs : au vu des rapports qui leur sont transmis par leurs commandants ou les instructions reçues de leurs inspecteurs (chefs hiérarchiques), les contrôleurs les exploitent et communiquent à leur tour les instructions à leurs collaborateurs immédiats, les commandants. Ils initient, le cas échéant, des dossiers contentieux pour des irrégularités et des litiges constatés. Ils sollicitent à la direction, par le biais de leurs inspecteurs, les ordres de mission en vue de réaliser des enquêtes et des investigations pour des cas de fraude et de contrebande signalés. Ils apprécieront, au regard de la législation, le niveau de l'infraction et la hauteur de la mesure à prendre y afférente (la mise sous scellé d'un entrepôt ou magasin, saisie, consignation...), mais en veillant à la régularité de la procédure en la matière.

b) Les agents de collaboration

Ce sont des commandants et commandants-adjoints.

- Les commandants-adjoints : ce sont des agents de la Brigade revêtus du grade de *vérificateur assistant*. Ils encadrent les agents d'exécution dans leurs tâches et missions ; ils centralisent et canalisent tous les rapports de service avant de les transmettre ou de les communiquer au commandant de brigade de leur ressort ou de leur équipe.
- Les commandants : ils ont le rang de vérificateur. C'est le responsable direct de la branche des activités opérationnelles de la Brigade et il fait exécuter les ordres sur le terrain. Il conduit et supervise toutes les opérations, autorise les enlèvements de marchandises auprès des entrepôts après avoir instruit le chef de terrain de procéder à l'apurement du registre 148. Ici, il prend acte et constate les entrées des marchandises en entrepôt... Il constate les infractions douanières et les couche sur un PV qui fera foi devant les instances judiciaires et autres. Il est l'élément moteur d'une équipe de brigade comme l'est le vérificateur au service des douanes à la vérification.

c) Les agents d'exécution

Dans cette catégorie se recensent les brigadiers et les sous-brigadiers.

- Les brigadiers : se regroupent dans cette catégorie les brigadiers-chefs (dont le grade est celui de rédacteur-principal), les brigadiers (ayant le grade de Rédacteur) et les sous-brigadiers.
- Les brigadiers-chefs, originellement, jouent le rôle de chef de terrain au sein de la brigade, en s'occupant de la gestion du registre 148 pour les mouvements de marchandises. Cette gestion part de l'arrivage, de l'arrangement, du rangement... des marchandises dans l'entrepôt en vue de leur localisation dans les loges, de l'apurement du registre 148 après que les formalités douanières ont été régulièrement terminées. Les brigadiers-chefs, dans leur rôle de chef de terrain de la brigade, s'acquittent de ces tâches avec l'assistance des brigadiers.

- Les brigadiers : sont des auxiliaires directs et immédiats du brigadier-chef. Ils sont commissionnés à des tâches telles que le pointage intégral des marchandises, le dépotage des containers, la manipulation des colis et leur comptage, le dénombrement des articles contenus dans les colis, cartons, conteneurs, magasins, dépôts, entrepôts...
- Les sous-brigadiers : ils se trouvent au bas de l'échelle professionnelle de la brigade. Ils sont huissiers, commis, commis principaux... Leur rôle essentiel se traduit dans l'exécution des tâches requérant non un effort intellectuel de conception ou d'analyse mais bien plus physique telles que : la levée ou la fermeture des barrières, l'escorte douanière, le dépôt et la distribution des courriers, la garde des frontières, la conduite automobile, la conduite des marchandises vers le bureau de douane, etc.

Suivant la décision n° DG/CAB/PDG/99/001 du 12 janvier 1999 portant restructuration de la division de la brigade douanière, celle-ci a pour missions :

- La surveillance permanente des frontières douanières nationales ;
- La recherche de la fraude douanière sur toute l'étendue du territoire douanier de la République.

La même décision précise en son article 5 les attributions de la division de la brigade douanière qui sont : la surveillance des frontières ; la prévention et la recherche de la fraude ; la protection du patrimoine de l'Office.

La surveillance des frontières consiste notamment à :

- contrôler les voies d'entrée et de sortie de marchandises ;
- contrôler les mouvements des marchandises ;
- canaliser les marchandises vers les bureaux douaniers ;
- constater la sortie des marchandises des installations douanières ;
- appréhender et conduire devant les services compétents de la brigade tous les individus et moyens de transport pris en flagrant délit de fraude.

La prévention et la recherche consistent notamment à :

- veiller au respect de la procédure de dédouanement ;
- interpeller tout véhicule ou moyen de transport acheminant des marchandises pour se faire produire les pièces justificatives nécessaires ;
- pénétrer dans tous les endroits, hormis le domicile privé, sauf lorsque la poursuite de la fraude n'a pas été interrompue depuis l'extrême frontière ;
- appréhender et conduire devant les services compétents de la brigade douanière tous les individus et moyens de transport pris en flagrant délit de fraude ;
- faire des patrouilles en vue de dépister les tentatives de fraude et d'en rechercher les auteurs.

L'inspection de l'administration et la protection du patrimoine s'occupent de :

- la surveillance des entrées et sorties dans les bâtiments et édifices de l'Office ;
- la garde des biens meubles et immeubles appartenant à l'Office ;
- la gestion du personnel affecté à la brigade ;
- la gestion et le suivi des dossiers contentieux initiés par la brigade ;
- la collaboration avec les services étatiques de sécurité.

2.3.3. L'organigramme de la Division de la Brigade douanière

La Brigade douanière a fonctionné comme une structure divisionnaire de la DG de 1998 à 2003, soit 5 ans durant, avant de se voir fondue en direction provinciale de la brigade douanière de Kinshasa et exécutée en sous-directions de provinces sous la coupe synergique du directeur provincial seul. Cette division se présentait comme suit :

Schéma n° 06

- **AU NIVEAU CENTRAL**

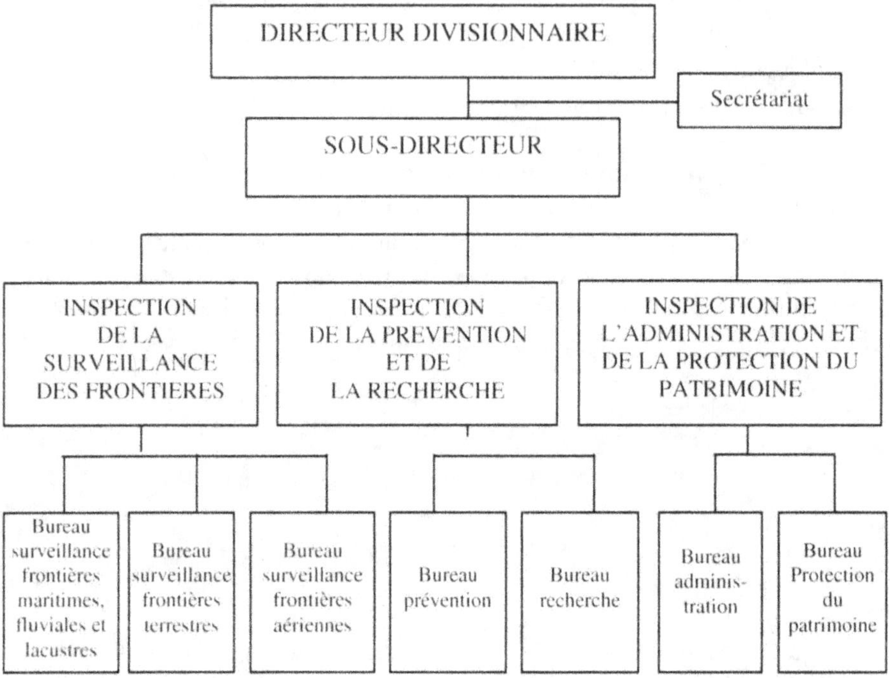

- **AU NIVEAU PROVINCIAL**

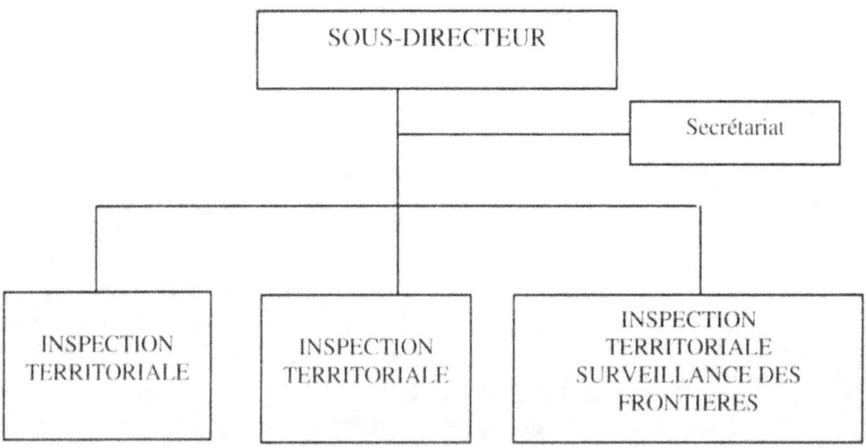

<u>Source</u> : Décision n° DG/CAB/PDG/99/001 du 12/01/1999.

2.3.4. La localisation et les opérations de la Brigade douanière

a) La Brigade de surveillance

Ses équipes sont postées à l'entrée et à la sortie de tous les entrepôts douaniers et surveillent la marchandise sous sujétion douanière. Elles ont pour mission principale de veiller à l'application stricte de la procédure et des formalités douanières préalables au dédouanement. Elles veillent notamment :

- à la conduite en douane ;
- à la prise en charge des marchandises ;
- au contrôle et à la surveillance à l'entrée de l'entrepôt ;
- à la surveillance pendant le déchargement, le chargement ou le transbordement des marchandises ;
- au contrôle à la sortie de l'entrepôt.

a.1. La conduite en douane

Cette règle consiste en l'acheminement sous escorte douanière des marchandises importées, depuis la frontière[1] jusqu'au bureau de douanes compétent le plus proche, tandis que des marchandises exportées depuis le bureau de sortie, seront, elles aussi, canalisées jusqu'au point de franchissement du territoire pour l'étranger[2]. En faisant observer la « route légale » de la marchandise sous escorte, la brigade douanière l'accompagne depuis la frontière jusqu'au bureau du ressort sous le couvert d'un bordereau ou autre document douanier (PAC, Déclaration E…).

Les obligations de la conduite en douane des marchandises sont faites :

a) Au pilote, obligé d'atterrir exclusivement sur un aéroport douanier (article 153/O_{50}) ;

b) Au chauffeur d'un camion ou à l'individu qui, dans le transport terrestre, transporte une marchandise sous douane (article 19/O_{50}) ;

c) Au capitaine de navire qui doit le conduire vers un port douanier (article 12/O_{50}) ;

d) Au machiniste qui, naturellement, doit s'arrêter au premier bureau douanier en vue du dédouanement (article 17/O_{50}).

Ces différentes obligations, chacune en ce qui la concerne, consisteront en la remise de la déclaration de chargement, de manifeste, de la lettre de voiture… auprès des services de douanes pour la prise en charge.

---

[1] Les divers entrepôts de douanes sont assimilés par fiction juridique aux « frontières terrestres » : à ce compris les frontières aériennes (Cf. 2.2.3.a.2 ci-dessus : Aéroports internationaux de la RDC), les frontières fluviales (exemples : le Beach Ngobila à Kinshasa, Soyo au Bas-Congo…), les frontières lacustres (lacs Kivu, Tanganyika, Moëro…).

[2] T. BANZE NGOI, *op. cit.*, pp. 32-33.

a.2. La prise en charge des marchandises

« La prise en charge, enseigne Claude Pacreau, consiste pour le service de douane à identifier, prendre en compte, garder sous contrôle, appréhender certains éléments caractéristiques de l'opération importation/exportation (essentiellement des formalités) permettant de leur attribuer un régime douanier ».[1]

« Elle [la prise en charge] permet, en outre, à l'importation de garantir que toutes les marchandises seront soumises à un régime douanier ou qu'elles recevront une destination. A l'exportation, elle permet aussi de s'assurer que les marchandises déclarées quitteront effectivement le territoire douanier. La prise en charge peut être documentaire ou physique »[2].

Les marchandises escortées sous douane sont acheminées à un bureau douanier où elles sont prises en charges sous l'œil vigilant des agents de la brigade de surveillance. La prise en charge est l'opération par laquelle la douane identifie les marchandises et les met sous sujétion douanière dans l'attente de leur assigner un régime douanier.

Elle est *documentaire* lorsqu'elle porte sur les tâches relatives au traitement des documents et à l'enregistrement des déclarations sommaires.

La prise en charge physique est l'ensemble des moyens de transport ou des colis et la surveillance des mouvements d'entrée et de sortie des marchandises des magasins de déchargement ou des entrepôts. A l'importation, elle permet à la douane de s'assurer que toutes les marchandises seront soumises à un régime douanier particulier. A l'exportation, elle est une garantie que seules les marchandises déjà dédouanées feront l'objet d'un passage effectif à l'étranger[3].

Conformément à l'instruction n° DG/SG/ADG/006/2003 du 16 mars 2003 relative aux mesures applicables à la prise en charge des marchandises à l'importation, cette disposition consiste à :

1) réceptionner la déclaration de chargement et les marchandises ;

2) identifier les marchandises ;

3) procéder au pointage de la déclaration de chargement au regard des marchandises ;

4) constater la conformité ou non du déchargement par rapport à la déclaration de chargement ;

5) inscrire les marchandises dans le registre général de prise en charge.

a.3. Le pointage

C'est une opération extrêmement importante pour la détermination de l'assiette d'imposition des droits. Elle consiste à apposer, après évaluation

---

[1] C. PACREAU, *Les Formalités préalables au dédouanement*, Ecole nationale de douane, Neuilly-sur-Seine, 1989, pp. 9, 10.

[2] T. BANZE NGOI, *op. cit.*, p. 67.

[3] *Idem*, p. 235.

quantitative des marchandises, sur la copie de la déclaration de chargement remise par le transporteur, un signe quelconque attestant que les marchandises reprises sur ladite déclaration sont effectivement déchargées sous le contrôle et la surveillance de la douane.

Il s'agit donc de la reconnaissance des marchandises pour s'assurer de leur conformité ou non, en quantités d'unités ou pièces et en nature par rapport aux éléments de la déclaration sommaire de déchargement. Ainsi donc la vérification physique est obligatoire pour :

a) les marchandises importées assez rarement ou pour la première fois en RDC ;

b) les déclarations laissant transparaître des indices sérieux de fraude ;

c) les marchandises en admission temporaire ou en exonération ;

d) les marchandises déclarées à des taux très élevés ;

e) les parties des pièces détachées.

Cette opération de vérification physique se termine toujours par un rapport de pointage et par un PV de pointage qui contiendront les constatations des agents de douane.

a.4. Le contrôle et la surveillance à l'entrée de l'entrepôt

La brigade douanière exige le document douanier qui a servi à l'escorte des marchandises ou la déclaration sur entrepôt lorsqu'il existe un bureau douanier à la frontière qui les a transférées vers un autre bureau proche de même catégorie, ou du niveau supérieur vers l'inférieur.

Le bordereau en douane est un document qui couvre le transport des marchandises depuis le lieu d'introduction jusqu'au bureau où elles seront déclarées. Le service de douane se réserve la faculté de vérifier l'exactitude des renseignements figurant sur le bordereau et d'exiger toute preuve relative à l'origine et à la destination des marchandises[1].

La brigade douanière vérifie le nombre de colis mentionnés et celui qu'elle a constaté physiquement. En cas de manquant ou d'excédent par exemple, le brigadier chargé de l'escorte doit le justifier. La brigade douanière cherchera à savoir la raison de cette discordance et demandera au chef d'entrepôt d'enregistrer le surplus constaté dans le registre 148.

Il faut signaler que l'escorte douanière est pratiquée dans le cas où le moyen utilisé pour transporter les marchandises sous douane n'est pas agréé par la douane et qu'elle en assure donc la surveillance sous escorte.

En cas de fraude signalée ou constatée, le transporteur privé est passible de pénalités : il doit acquitter sans délai les droits et taxes afférents aux manquants constatés. En cas de non-paiement dans les trente jours qui suivent le constat, il est passible des amendes prévues à l'article 99 du décret. Le moyen de transport qui a servi à la commission de la fraude peut être saisi, voire confisqué.

---

[1] BANZE NGOI, *op. cit.*, p. 67.

Le transporteur agréé par la douane est aussi appelé *transporteur public*. Il transporte les marchandises en douane sous sa responsabilité (sans escorte douanière) après avoir fourni à la douane un cautionnement unique permanent au moment de son agrément.

Le brigadier chargé de l'escorte est considéré, en cas de fraude, comme complice de la fraude car il est censé avoir coopéré à son exécution. Pour ce faire, il serait punissable solidairement des peines et amendes comme tous les autres responsables de cette infraction[1]. Dans ce cas, il fera seulement l'objet d'une procédure disciplinaire par l'Office, aboutissant, opportunément, au licenciement.

a.5. La surveillance pendant le déchargement, le chargement ou le transbordement

Les différentes opérations de manipulation des marchandises, au moment de leur prise en charge par la douane ou de leur enlèvement, se font obligatoirement en présence de la brigade douanière qui en dresse un rapport de pointage systématique et contradictoire.

a.6. Le contrôle à la sortie de l'entrepôt

C'est ici qu'intervient l'apurement par la brigade de surveillance des documents relatifs à la sortie des marchandises des installations douanières suivant les régimes sous lesquels les marchandises ont été déclarées. Les marchandises entreposées ne peuvent sortir de l'entrepôt, selon l'article 86 du décret du 29 janvier 1949, que pour l'une des destinations suivantes :

- L'importation définitive ou temporaire ;
- L'exportation ou le retrait dans les cas prévus aux articles 64 et 68 du décret du 29 janvier 1949, concernant les marchandises originaires de la RDC ;
- Le transfert vers un autre entrepôt, de même catégorie ou de catégorie inférieure ;
- La réexportation en transit.

Le deuxième alinéa de l'article 64 précise : « Les marchandises, que le déclarant désire retirer des installations douanières parce qu'il renonce à les exporter, peuvent être remises à sa disposition ».[2]

« Par son action de contrôle, la Brigade douanière rappelle à l'ordre les services de la recette et de la vérification afin de mieux remplir leurs tâches. Il n'est donc pas question que la Brigade douanière se substitue à elles »[3],

[1] Article 100 du décret du 29 janvier 1949 coordonnant et révisant le régime douanier de la RDC.

[2] Article 64 du décret du 29 janvier 1949 coordonnant et révisant le régime douanier de la RDC.

[3] I. ITONGWA MUTUMOYI, *Structure et attributions de la division de la brigade douanière congolaise suivant la décision n° 001/DG/PDG/98 du 5 janvier 1998 : Essai*

fait observer Innocent Itongwa Mutumoyi dans son étude. Ce qui fait véritablement que la Brigade douanière en constitue le contrepoids technique.

b) La Brigade de recherche

Cette branche de la brigade a pour mission de poursuivre les marchandises irrégulièrement déclarées ou ayant échappé d'une manière ou d'une autre aux formalités et à la vigilance douanières, de faire la recherche et la constatation de toute infraction en matière douanière. Elle bénéficie dans cette mission du concours des *aviseurs*.

Les articles 12 et 13 du décret du 29 janvier 1949 conférant aux agents de la douane le pouvoir de rechercher et de constater des infractions en matière douanière sont le fondement même du pouvoir que revêtent aussi et surtout les agents de la brigade douanière. Pour arriver à constater une infraction en matière douanière, la nécessité d'une bonne formation en cette matière s'impose.

Lorsque le service est informé d'un cas de fraude qui est ou a été commis quelque part, des agents y sont envoyés rapidement pour constater l'infraction ou mener des enquêtes. Ils peuvent mettre sous scellé tous les endroits, dépôts, entrepôts, magasins… contenant des marchandises de fraude.

Le but poursuivi par la brigade de la recherche est le recouvrement des droits compromis ou éludés au profit du Trésor public grâce à l'ouverture de dossiers contentieux à la charge des contrevenants à l'issue des enquêtes menées.

En fin limier, sa mission est de sillonner et de couvrir son secteur d'activité de recherche en quête de marchandises présumées frauduleuses ou en contravention aux prescrits de l'article 2 du décret de la législation douanière stipule : « Aucune marchandise ne peut entrer en RDC ou en sortir sinon par les voies autorisées par le ministre des Finances. La marchandise doit, en outre, être présentée en vue du dédouanement, aux bureaux douaniers désignés par le ministre des Finances. Toute importation ou exportation faite en contravention à ces dispositions est réputée frauduleuse ».

Cette équipe est chargée, de plus, des enquêtes en vue de dénicher des cas d'irrégularités sur les marchandises en libre pratique. Lorsqu'il s'agit d'une importation temporaire par exemple, cette équipe mobile de la brigade doit s'assurer de l'applicabilité de l'article 79/A de l'ordonnance indiquant les marchandises concernées par ce régime, si des signes récognitifs n'ont pas été altérés par une tentative frauduleuse ; la durée du séjour temporaire est bien respectée.

---

d'analyse et suggestions, TFC, Finances publiques, D & A, ENF, Kinshasa, 1997-1998, p.11.

Pour une marchandise en transit, cette brigade mobile doit ouvrir le pli contenant les volets 2 et 3 et s'intéresse particulièrement à ce dernier dit « Acte de décharge » sur lequel sont indiqués les signes récognitifs en vue de se rendre compte qu'effectivement la marchandise en transit depuis le bureau d'entrée est dans la régularité et la légalité. C'est ainsi que l'article 57 du décret met en garde les usagers de la douane de toute tentative d'altérer ces signes récognitifs.

La brigade mobile doit aussi vérifier si l'itinéraire fixé par le receveur du bureau d'entrée n'a pas été modifié et que le délai de validité de la « Déclaration T » n'a pas expiré d'après l'article 181 de l'ordonnance n° 33/9 du 6 janvier 1950 précitée. L'article 2 du décret adjoint la brigade de faire aussi observer si la route légale est respectée, sinon, il y a présomption d'une tentative de fraude.

Au terme de ces contrôles et vérifications, l'équipe devra refermer le pli après avoir fait des annotations sur le volet 3, témoignant par ce fait au bureau de sortie qu'un contrôle a été effectué en cours du transit et mettant ainsi le déclarant à l'abri de toute présomption préjudiciable.

2.3.5. La Brigade douanière et provinciale de Kinshasa (nouvelle structure)

a) Rappel

La division de la brigade douanière, restructurée par décision DG/CAB/PDG/99/001 du 12 janvier 1999, fonctionnait tant au niveau central qu'au niveau provincial. Au niveau central, la division fonctionnait avec à sa tête un directeur divisionnaire, secondé par un sous-directeur divisionnaire. Les trois inspections qui la composent sont chargées respectivement de la surveillance des frontières ; la prévention et la recherche ; l'administration et la protection du patrimoine.

Au niveau provincial, jusqu'à ce jour, la brigade est dirigée par un sous-directeur qui est assisté par trois inspecteurs assumant les mêmes fonctions évoquées précédemment.

Nous signalons par ailleurs qu'au niveau des directions provinciales de l'Ofida/Kin-Est et Kin-Aéro, il n'existe pas de brigade douanière propre à elles. Ce fonctionnement est resté le même avant et après la restructuration de la Brigade au regard de la décision sus évoquée. Celle-ci détermine en son article 5 des missions et attributions portant sur sa restructuration. Il faut cependant noter que ces attributions correspondent aux inspections qui formaient la Division de la Brigade douanière. En les comparant aux inspections précédentes, il y a eu tout simplement changement des dénominations.

b) Les missions et attributions

1° La surveillance des frontières

Elle consiste à :

-contrôler toutes les voies d'entrée et de sortie des marchandises aux frontières terrestres (tous les entrepôts inclus), aériennes et fluviales ;

-canaliser les marchandises vers les bureaux douaniers ;

-appréhender et conduire devant les services compétents tous les individus et moyens de transport pris en flagrant délit.

2° La prévention et la recherche

Elles consistent notamment à :

-veiller au respect de la procédure de dédouanement ;

-interpeller tout véhicule ou moyen de transport acheminant les marchandises pour se faire produire les pièces justificatives nécessaires ;

-faire des patrouilles en vue de dépister les tentatives de fraude et d'en rechercher les auteurs ;

-assurer un meilleur encadrement des marchandises sous douane entre Matadi et Kinshasa par la surveillance mobile au niveau des postes de Mitendi, de la gare centrale et de celle de Matete, du TCK (Terminal Containers de Kinshasa) et TCPK (Terminal Containers au port de Kinshasa).

3° L'administration et la protection du patrimoine

Elles assurent :

-la gestion du personnel affecté à la brigade douanière ;

-la surveillance des entrées et sorties dans les bâtiments et édifices de l'Office (Direction générale, Direction provinciale Kin-Est, Centre médical et Quartier général la Brigade douanière) ;

-la gestion et le suivi des dossiers contentieux initiés par la brigade ;

-la collaboration avec les services étatiques de sécurité et les autres interventions opportunes.

c) L'organigramme de la Direction provinciale de la Brigade douanière de Kinshasa (actuellement 2009)

Schéma n° 07 :

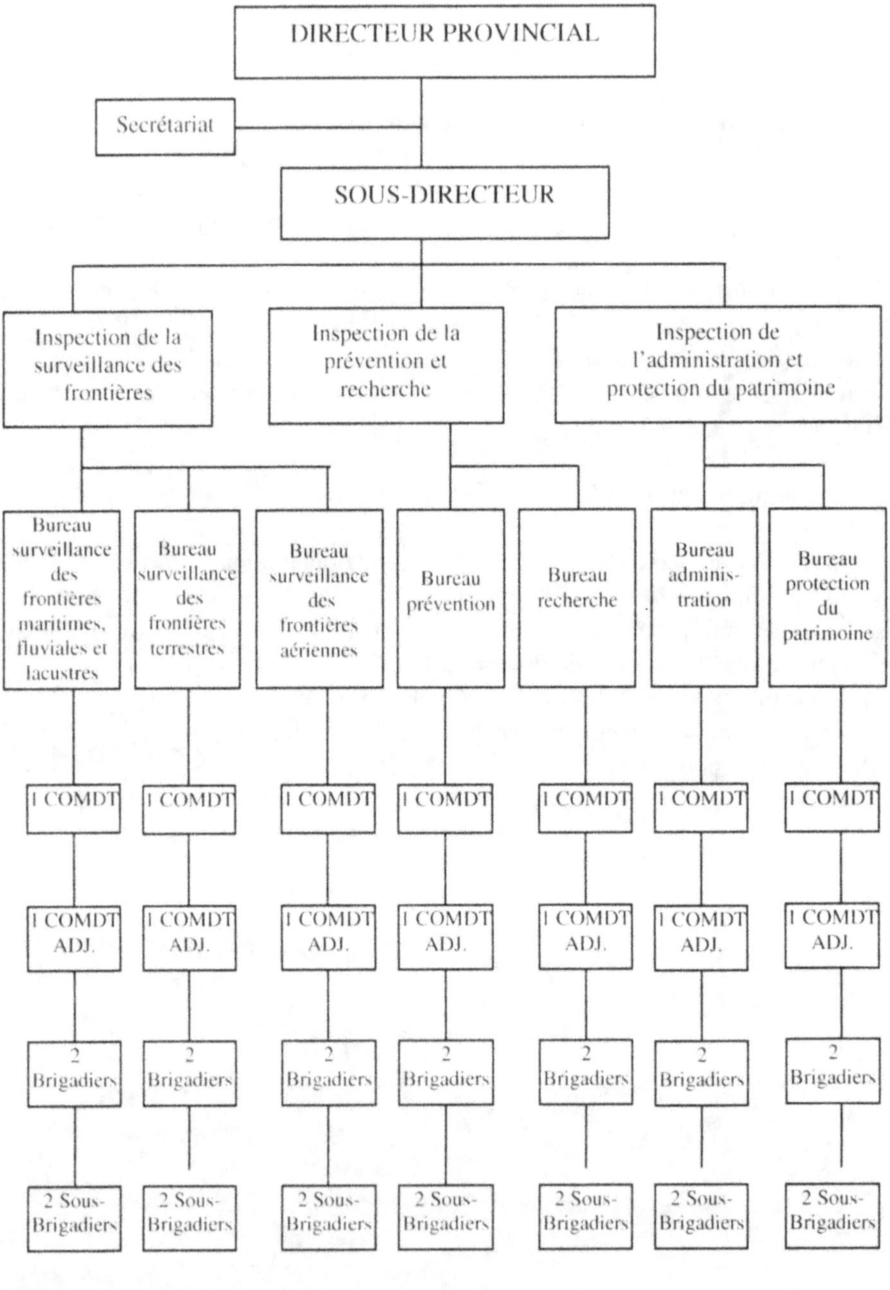

<u>*Source*</u> *: DG/OFIDA*

d) Les décisions « assassines » de la Brigade douanière actuelle

La Brigade douanière fonde la légitimité de ses missions et actions dans l'ordonnance n° 78-302 du 6 juillet 1978 l'ayant créée. Il n'est donc pas concevable que, pendant que l'OFIDA prétend la restructurer pour sa redynamisation, certaines dispositions d'une décision administrative de son fonctionnement viennent à contre-courant de l'esprit d'exécution de ses missions. Telles sont les deux notes jumelles administratives produites simultanément, aux traits et accents siamois qui, laissent transpirer ce que d'aucuns ont qualifié "de dispositions assassines et d'intentions malveillantes, d'iniques, de scélérates, d'inspiration maffieuse et de collusion pour les intérêts des fraudeurs'' dans le chef de l'OFIDA. Ces notes sont une tentative de muselage et de mise au parking technique scandaleuse de la Brigade douanière pour l'empêcher d'opérer. Ces instructions ont été mandatées précisément pour éluder les contrôles douaniers. Ces instructions qui se trouvent paradoxalement adressées à toutes les provinces douanières contre les dus du Trésor public ont largement contribué à la paralysie de la Brigade. Notons et décryptons cet extrait :

« Dans le cadre de la simplification et de la facilitation de la procédure douanière, je vous instruis dès réception de la présente de retirer les inspections ou services visés [ceux de la Brigade douanière de la surveillance et de la recherche] *du circuit de déclaration douanière dans l'ensemble des recettes relevant de vos juridictions et de les réaffecter à leurs tâches originelles... ».* [1] Une allégation très simpliste que les juristes qualifieraient d' « imputation dommageable » à l'endroit de la Brigade, mais que nous qualifions, au plus bas mot, d'« abus et usure de pouvoir » dans le chef de l'autorité de l'OFIDA. Ces deux notes de service fiscalement et financièrement suicidaires avec leurs apparentées ont franchi le Rubicond en tutoyant et crachant très proprement sur l'esprit de plusieurs conventions internationales ratifiées par la RDC, dont principalement la *Convention de Nairobi* signée en 1977 qui prône plutôt en son liminaire : « dans le cadre de la simplification des procédures, cette Convention instaure l'assistance administrative mutuelle internationale en vue de *prévenir, de rechercher et de réprimer les infractions douanières »*[2]. Ces notes de l'Odifa sont venues sonner le glas de la Brigade douanière au front, les armes à la main et non sans conséquences préjudiciables.

De toute évidence, l'intention délibérée du scélérat fiscal et financier sur les droits du Trésor se lit entre les lignes et a fondamentalement pour but d'éviter à la Brigade douanière la *« prise en flagrance de délits de fraudes quant à l'inadéquation à constater par elle entre la vérification physique des*

---

[1] Notes de service n[os] DG/SG/ADG/2003/096 et DG/SG/ADG/097/2003 du 12 mai 2003 concernant le redéploiement des inspections ou services de surveillance et de recherche (de la brigade douanière).

[2] Voir *supra*, chapitre I.3.2.

marchandises et la déclaration en sous-évaluation des droits » en faveur des commanditaires, complices et autres intéressés à ces fraudes. Ces instructions ont atteint la douane au talon d'Achille par l'affaiblissement de sa brigade qui, jusque-là, lui servait de cordon de sécurité financière et fiscale par la dissuasion et la répression.

Il faut, par ailleurs, tout de suite préciser que, de notre mémoire de carrière, la Brigade douanière n'est jamais intervenue dans le *circuit* classique de la procédure de dédouanement que lui impute ces notes ; c'est-à-dire *acceptation, enregistrement, numérotage, apurement, décorticage* et *validation*, mais que précisément « elle assiste et constate lors de la vérification physique des marchandises » pour établir sur place et sur pièce le rapport contradictoire entre la vérification documentaire de la déclaration souscrite et le rapport de la vérification physique. L'inadéquation flagrante qui s'en dégagerait, constituant l'arme du délit, ouvrirait de toute évidence la voie à l'établissement d'un contentieux et/ou éventuellement à une transaction. Les initiateurs, les instigateurs et autres commanditaires de la fraude qualifient cette mission de recherche et de constatation des infractions de « tracasseries douanières de la Brigade ». L'illustration éloquente de cette collusion est clairement démontrée au point 1.3. du chapitre VI.

Et comment comprendre que la loi demande à la Brigade douanière de « constater les infractions douanières », pendant que l'OFIDA l'éloigne officiellement par simple décision administrative du lieu, entres autres, de la commission de ces mêmes infractions en ne la confinant que dans les parages ? Cela relève simplement d'une mascarade administrative qui fait de la Brigade douanière un épouvantail sans pouvoirs réels de dissuasion et de répression.

Le témoignage matériel gênant qu'apporterait la Brigade avec ses conséquences pécuniaires sur les fraudeurs ont certainement inspiré la prise de cette décision qui fait prévaloir à l'OFIDA ses propres turpitudes et volte-face, en voulant quelque chose en même temps que son contraire : la recherche, la répression... de la fraude et en même temps son élargissement par des dispositions administratives paradoxalement ambiguës. C'est suite à cette ambiguïté que l'étude d'Emerson Hemedi Ngongo a pu conclure que « la Brigade douanière ne peut fournir donc le meilleur rendement que de manière proportionnelle à la politique de ses moyens (humains, financiers et matériels) et de *l'orientation tracée par les managers à la tête de l'OFIDA* »[1] (c'est nous qui soulignons). Ces Notes ont assené au Trésor public un coup d'une main d'acier aux gants de velours et constituent donc une épine administrative dans le pied de la Brigade douanière contre son émulation et sa justification technique.

---

[1] E. HEMEDI NGONGO, *L'Incidence du régime répressif des infractions douanières sur les recettes de l'OFIDA entre 2002 et 2004*, TFC, Administration publique, Administration douanière, ENAP, Kinshasa, 2004-2005, p. 33.

Pire encore, la Note n° DG/ADG/DCx/IB/356/0327/2003 adressée aux Directeurs divisionnaires et provinciaux de l'Ofida, la compétence matérielle de la Brigade douanière a été réduite et limitée pour ne transiger que sur des dossiers ne dépassant pas 15 000 $US de droits à recouvrer. La note susévoquée précise l'exécution de l'article 320 de l'ordonnance 33/9 qui modifiait l'Instruction n° DG/PDG/ADT/DCx/OM/0129/007/0235/2001 du 19/07/ 2001 : « *Le Directeur divisionnaire du Contentieux et les directeurs provinciaux sont compétents pour transiger sur les dossiers contentieux dont le montant des droits à récupérer ne dépasse pas l'équivalent en francs congolais de 15 000 $ américains. Les dossiers dont le montant dépasse l'équivalent en francs congolais de 15 000 $US sont transmis à l'Administrateur délégué général pour sanction.* »

Ce cloisonnement de droits à recouvrer jusqu'à hauteur seulement de 15 000 $US ouvrait la voie à l'infracteur à rénégocier directement à la baisse, c'est-à-dire auprès de la Brigade douanière ou autres directions, des droits à recouvrer qui vont au-delà de 15 000 $US pour l'allègement de cette pénalité pécuniaire qui lui constitue un poids fiscal à contourner.

Par ailleurs, les articles $20/D_{49}$ et l'article 2 de l'ordonnance 78-302 couvrent les agents de la Brigade douanière de cette compétence matérielle qui est déterminée par la peine comminée en matière répressive et par la nature du litige ou l'amande pécuniaire à réclamer dans le procès-verbal. Rappelons que dans *le cadre de leur exercice, les agents de la Brigade douanière ont le droit de visite de marchandises* par l'article $80/D_{49}$ qui leur accorde le droit total de contrôle sur les moyens de transport et des personnes, les marchandises transportées ou détenues; de recencer des marchandises, d'en vérifier l'origine et de la provenance en se faisant produire tous les documents réglementaires relatifs au dédouanement. Les statistiques des tableaux n° 30 et 31 (2003 et 2004) confirment nos allégations pour revisiter conséquemment cette disposition. Notre analyse, issue du décryptage ci-dessus, vient confirmer l'avis et l'observation de cette étude.

A n'en point douter, la réhabilitation de la Brigade douanière dans ses positions traditionnelles de lutte contre les fraudes est plus qu'une nécessité attendue de façon urgente.

2.4. LA REFORME DE LA BRIGADE DANS L'OPTIQUE DU COPIREP

2.4.1. La réforme et la mondialisation à gérer

Lorsque nous nous engageons dans des réformes douanières, c'est que nous souscrivons totalement à gérer le « changement ». Autrement dit, piloter ou encore manager autrement et différemment, mieux qu'avant notre organisation, suivant certaines directives et stratégies mises en place.

Le changement, c'est le passage d'un état à un autre qui est observé dans l'environnement et qui a un caractère relativement durable. Par extension, c'est toute modification relativement durable dans l'organisation, pourvu que cette modification soit observable par ses membres ou les gens en relation avec ce système (organisation). Ce processus fait référence aux différentes phases vécues par le système social qui doit, lui aussi, intégrer le changement. Les travaux de Lewin[1] (1947) avancent que le processus évolutif du changement suivrait un cheminement caractérisé par 3 phases selon les personnes et les groupes concernés. Ces étapes sont les suivantes :

- la *décristallisation* [se rapportant à la *déstructuration* de la brigade en mue] ;
- la *transition* [se rapportant à sa *structuration* en vue de sa mutation] ;
- la *recristallisation* [se rapportant à sa *restructuration* vers une nouvelle configuration].

Ainsi, on pourrait représenter ces trois phases ou opérations par un schéma qui s'illustre de la manière suivante :

Schéma n° 08 : Les phases du changement (de la Brigade) *

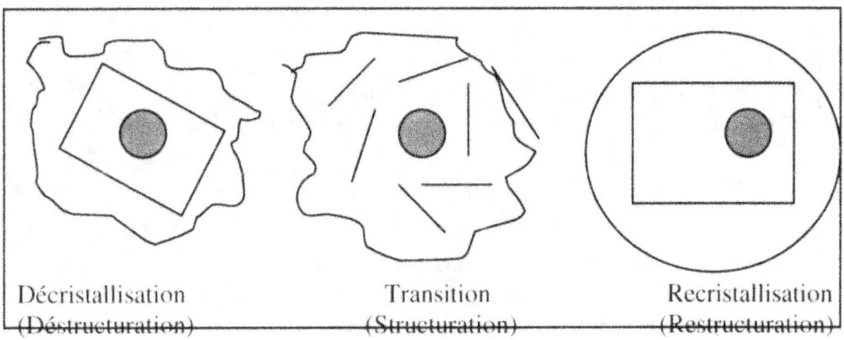

* <u>Source</u> : *In Le Changement organisationnel – Théorie et pratique, p. 22 adapté par l'auteur.*

L'illustration de ce schéma montre que la configuration initiale est provisoirement devenue fluide, pour ensuite redevenir solide, mais dans une forme différente de ce qu'elle était auparavant. Il faut tout de suite signaler ici que « solide » n'équivaut pas à rigide, mais évoque plutôt une certaine stabilité. Lorsque le changement souhaité est poussé à fond, il conduira inévitablement au résultat du processus que nous présente la configuration suivante :

---

[1] KURT LEWIN, *Resolving Social Conflicts*, New York, Harper, 1968, cité par Pierre COLLERETTE et Cie, in *Le Changement organisationnel – THEORIE ET PRATIQUE*, Presses de l'université du Québec, 1997, pp. 20-22.

Schéma n° 09 : Le schéma-synthèse sur la démarche du changement organisationnel adapté à la Brigade douanière.

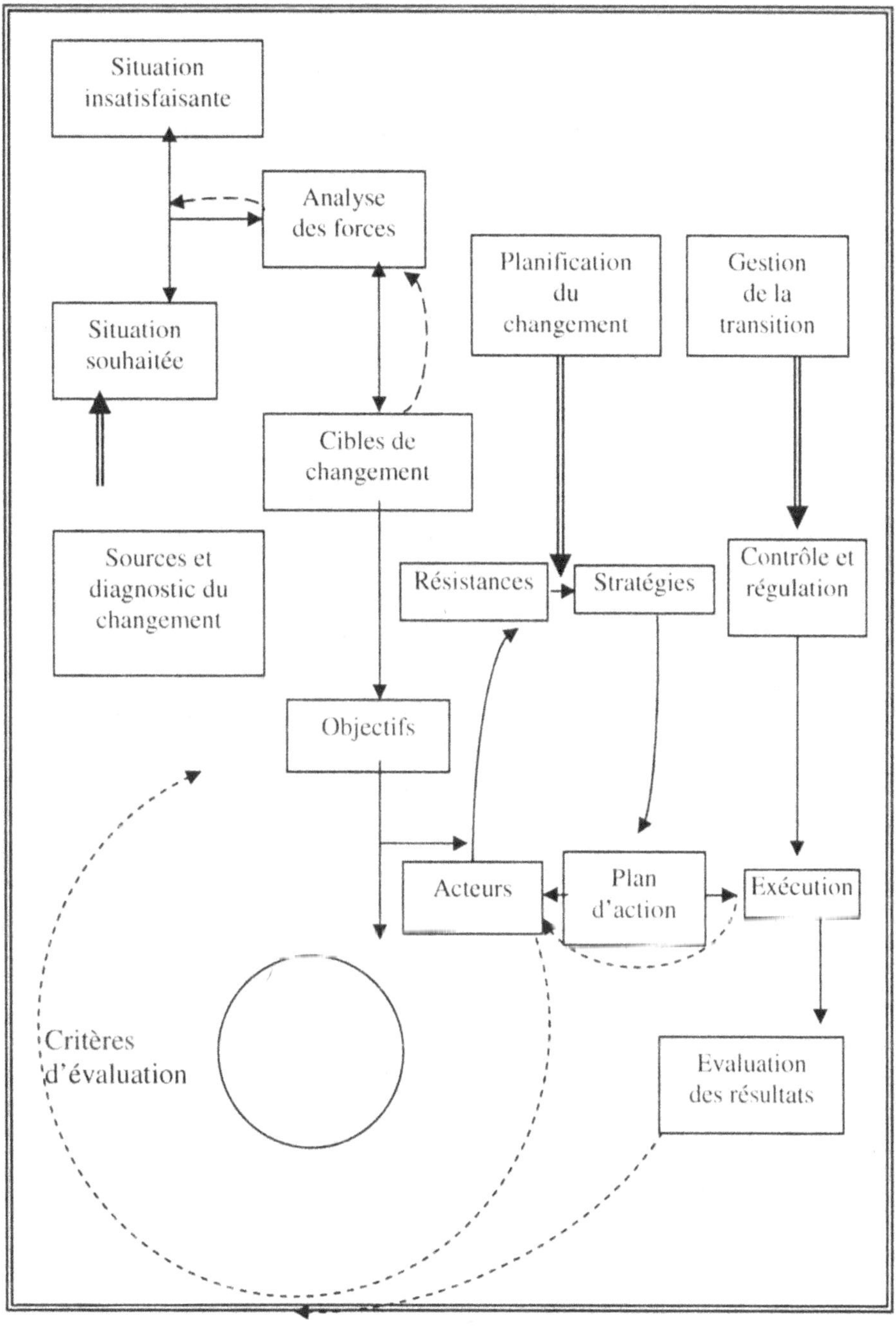

Source : Le Changement organisationnel – Théorie et pratique, op. cit., p. 169.

Quand l'OMD prône des réformes au sein des administrations douanières nationales, elle souligne en fait la nécessité de manager autrement que par le passé la politique, les objectifs et les missions de la douane. La gestion du changement consiste essentiellement à regarder, hors de l'organisation – lire l'environnement, agir sur les acteurs extérieurs et négocier sans relâche avec les dépositaires d'enjeux – et adapter les forces extérieures à sa vision interne. Car les organisations – brigade douanière soit-elle – sont inextricablement liées à leur environnement et doivent gérer ces liens de manière constante afin de veiller à rester « en phase » avec leur environnement [1].

Ainsi pour mieux piloter ce changement, il est impérieux de :
- cibler et identifier les dépositaires d'enjeux ;
- comprendre le contexte du changement ;
- choisir le dépositaire d'enjeux particulier ;
- attirer le dépositaire d'enjeux vers soi ;
- entrer en contact avec le dépositaire ;
- entretenir des relations à long terme avec les concernés.

La réforme est cet effort de rattrapage et d'adaptation demandé aux pays en développement pour qu'ils rejoignent le Nord dans ses standards de gestion et pour qu'ils prétendent bénéficier des égards et de certains avantages préférentiels liés à la bonne gouvernance. La réforme est donc cette compétition que le monde développé impose à tous et qui se traduit par un certain savoir-être, savoir-faire comportemental, se muant par une gestion saine dans tous les secteurs de la vie nationale et ce, à tous les niveaux. Ce qui sous-entend l'implication effective du pouvoir à un double niveau : la volonté politique claire de la classe dirigeante et l'appui univoque de la haute administration publique congolaise. Cette réforme passe donc par la volonté et la décision des autorités congolaises d'instituer des lois et des procédures conformes aux normes et aux pratiques des standards internationaux de l'OMC et de l'OMD. La réforme fait en fait le lit de la mondialisation, comme le fait un peu l'OMD avec l'OMC pour une intégration internationale.

A l'orée du 3e millénaire, l'actualité touchant la mondialisation est aussi riche que variée en points positifs et négatifs. Il s'agit particulièrement des aspects liés aux processus économiques, sociaux et culturels dont nous parlons peu au quotidien mais auxquels le futur immédiat accordera plus d'attention. Les échanges économiques lient de plus en plus les pays les uns aux autres, riches et pauvres, non seulement en termes de capitaux, de production et de consommation mais aussi en termes de développement

---

[1] Institut de Gorée/Sénégal, *Gérer pour l'autosuffisance: sur l'efficacité des organisations en Afrique*, édité par Piet Human et André Zaaiman, 1995, pp. 168 et s.

social et environnemental (c'est-à-dire un développement durable et propre) et de transformations culturelles.

Mais d'où surgit le courant des « altermondialistes » ? N'est-ce pas du revers de la médaille de la mondialisation ? Là n'est pas notre débat ici. Néanmoins pour certains observateurs, la mondialisation présente des aspects « positifs » tels que l'utopie de la communication généralisée que suscite aujourd'hui Internet et plus généralement les réseaux, par exemple. Viennent aussi à l'esprit, pour d'autres, les aspects « négatifs » de la mondialisation économique et financière lorsque se pose la question de l'accroissement des disparités régionales, en terme de répartition des richesses, ou celle de l'augmentation du nombre d'exclus de la croissance, y compris dans les pays riches[1].

« Sollicitée surtout à cause de ses ressources en matières premières, analyse Roger Lelo dans sa pré-thèse, la RDC, en réalité, n'a pas les moyens d'envisager une mondialisation à armes égales comme souhaitée ; elle n'a sa place dans celle-ci que si elle peut être compétitive. Or, jusque-là, l'improductivité à l'intérieur de l'Etat et les contre-performances sur l'échiquier international suffisent pour que l'on soit très sceptique à l'égard de la mondialisation.

(...) Nous pouvons dire que, face à la mondialisation, la RDC ne peut vivre en autarcie ; elle est obligée de s'y aligner, mais ce courant imposé par les ténors de la mondialisation, notamment les Japonais, les Européens, et les Américains constitue un schéma biaisé, dans la mesure où nous constatons que le monde est unifié autour de leurs pôles et que les pays sous-développés restent marginalisés. Pour preuve, les échanges commerciaux de la RDC avec le Japon, l'Europe et l'Amérique sont de l'ordre de 94,7%. Le reste constitue les échanges avec les autres pôles économiques dont fait partie aussi l'Afrique »[2]. La mondialisation des intérêts des regroupements semble ouvrir et poser avec acuité la base de la mondialisation des conflits des aigris et des révoltés du système que nous évoquions. Les altermondialistes contre ce système sont, constatons-nous, les véritables porte-voix du courant des anti-colonialistes.

Sous l'intertitre *« Mondialisation et sous-développement »*[3], le professeur Emile Bongeli rallie ce courant du problème en l'énonçant en ces termes : « ... la mondialisation repose sur une base économique autrement plus dangereuse. En effet, il ne s'agit ni plus ni moins que d'une politique dictée par les grandes firmes multinationales qui, pour assurer leur expansion

---

[1] M. HOUDU et H. RAVET, *La Mondialisation*, éd. Ellipses, Paris, 2001, p. 35.

[2] R. LELO-DI-MBOKO, *L'Internationalisation des échanges commerciaux et son incidence politique en République démocratique du Congo – Intégration ou marginalisation ? 1973-1994*, dissertation DES, faculté des Sciences sociales, administratives et politiques, Unikis, Kisangani, département des Sciences politiques et administratives, 2001-2002, p. 161.

[3] E. BONGELI, *op. cit.*, p. 146.

envahissante, par le biais de l'Organisation mondiale du commerce (OMC), la toute dernière née des organisations internationales impérialistes, et de ses aînées de Bretton Woods, tentent de briser toutes les barrières nationales qui s'opposent aux intérêts commerciaux des maîtres du monde »[1]. Il suffit par exemple de voir leur hargne et opposition allérgique à l'exécution des *Contrats chinois* qui, à notre avis, constitue une voie de sortie à la longue crise des infrastructures base dans laquelle était plongée la RDC pour son développement. Ces contrats s'exécutent dans le cadre du Programme sino-congolais que supervise l'Agence congolaise des grands travaux (ACGT). Nous donnons les enjeux de cette gue-guerre des intérêts au point 1.7. que nous développons un peu plus loin.

Il faut l'avouer et le reconnaître en observant comment est fait le lit de la mondialisation : la douane a été pendant assez longtemps le théâtre d'une longue évolution positive au travers de ses *Rounds* ou *Cycles*, dans l'harmonisation des tarifs qui ont finalement convergé vers le Système harmonisé (SH), comme point de chute et instrument de référence unique dans le commerce international. Les exemples du genre sont légion dans notre secteur des douanes. Cependant, une stratégie globale a été mise en place pour engager formellement la RDC dans le processus de la mondialisation à partir de son portefeuille qui, *ipso facto*, passe par sa remise en question générale et par le redimensionnement de ses entreprises.

2.4.2. Les caractères généraux des entreprises publiques et leur devenir

Avant que n'intervienne la transforrmation juridique de certains services publics de l'Etat, il fallait entendre par *entreprise publique*, d'après la loi n° 78-002 du 6 janvier 1978 portant dispositions générales relatives aux entreprises publiques, tout établissement qui, quelle que soit sa nature :

1. est créée et contrôlée par les pouvoirs publics pour remplir une tâche d'intérêt général ;
2. est créée à l'initiative des pouvoirs publics entre eux pour l'exploitation en commun d'un service ou d'une activité donnée ;
3. est créée à l'initiative de personnes morales de droit commun entre elles pour l'exploitation en commun d'un service ou d'une activité donnée ;

---

[1] Lire à ce sujet *Mondialisation de l'économie et coopération Nord-Sud : quelles alternatives au modèle néolibéral ? in* Acte du colloque organisé le 27 février 1997 à l'Université libre de Bruxelles par Solidarité socialiste avec l'appui de l'A.G.C.D. ; Eric Toussaint, *La Bourse ou la vie – La Finance contre les peuples*, Ed. CADTM, Bruxelles, 1998 ; Tade Akim Aina, *Mondialisation et politique sociale en Afrique : questions et pistes de recherche*, CODESRIA, Dakar, 1997. Plusieurs articles sur le sujet peuvent être consultés sur Internet : www.mondediplomatique.fr

4. est créée à l'initiative des pouvoirs publics en association avec les personnes morales de droit public pour l'exploitation en commun d'un service ou d'une activité donnée[1].

L'entreprise publique constitue une personne morale de droit public et jouit de l'autonomie de gestion, sous tutelle des autorités supérieures. Suivant son objet social, l'entreprise publique sera à caractère soit administratif, soit financier, soit social ou culturel, soit scientifique et technique, soit commercial et/ou industriel. Il va de soi que la douane et même la brigade douanière, de par leurs spécificités respectives, s'inscrivent comme entreprises à caractère technique et financier. Mais depuis 2002, le gouvernement de la RDC s'est engagé dans la voie des réformes économiques profondes, assisté et appuyé de ses partenaires extérieurs. Ces réformes touchent notamment au mode d'intervention de l'Etat dans ses mécanismes et aux principes de sa participation dans les entreprises dites du secteur public. Une structure comme le COPIREP a été mise en place pour aider l'Etat dans ce sens.

2.4.3. La création et l'autorité tutélaire du COPIREP

Le Comité de pilotage de la réforme des entreprises publiques, (COPIREP), en tant que structure, a été créé par le décret n° 136/2002 du 30 octobre 2002. Il a été complété et modifié par le décret n° 04/047 du 20 mai 2004 portant sa création, son organisation et son fonctionnement.

Le COPIREP est doté d'une autonomie administrative et financière. Il est placé sous l'autorité du ministère ayant le Portefeuille dans ses attributions (art. 1er du décret n° 04/047 du 20 mai 2004).

2.4.4. Les causes et motivations de sa création

Le constat général auquel étaient arrivés les différents forums et les rencontres sur la situation économique de la RDC est l'état de déliquescence avancé des entreprises publiques de l'Etat. L'objectif de toutes ces rencontres était d'examiner les meilleures possibilités pour redynamiser l'économie nationale à partir de réformes qui toucheraient au mode d'intervention de l'Etat dans ses mécanismes économiques. Il avait aussi été fait mention des principes de la participation de l'Etat directement dans les entreprises du secteur public.

Prises globalement, les entreprises du secteur public ne remplissent plus les objectifs pour lesquels elles ont été créées ; c'est-à-dire produire des biens et services pour combler les besoins de la communauté et, en même temps, contribuer au financement du budget de l'Etat. Quand bien même les services attendus étaient rendus, ils n'étaient pas non plus de bonne qualité. Certaines entreprises constituent véritablement des fardeaux financiers pour

---

[1] KALONGO MBIKAYI (Prof.), *Code civil et commercial congolais* (mis à jour au 31 mars 1997), éd. Centre de recherches et diffusion juridique (CRDJ), Kinshasa, 1997, p. 526.

l'Etat. Ce qui nous fait dire que les particularismes et les contraintes des entreprises publiques congolaises, « qu'elles soient office, régie, institut ou autres appellations, pèsent d'un poids énorme dans la vie économique du pays dont, pratiquement, toutes les activités dépendent de leur bon fonctionnement et de leur efficacité. Or, on en arrive à penser que ce secteur étatique est presque hypertrophié et que les résultats obtenus ne sont pas toujours à la hauteur de ceux espérés »[1].

En examinant la structure de l'économie congolaise, le monopole est exclusivement géré par les prestataires de services publics. D'où l'impératif de réformer les entreprises pour prétendre relancer l'ensemble de l'économie du pays. C'est d'abord dans cet esprit qu'était créé en janvier 1989 le Conseil supérieur du Portefeuille pour assurer le suivi de la gestion des entreprises du portefeuille de l'Etat. Cet organe devait en même temps servir d'organe de conseil en gestion au gouvernement. Le résultat ou le constat sur le terrain aujourd'hui reste malheureusement loin des espérances.

2.4.5. L'implication des partenaires extérieurs

C'est dans le contexte de dérapage évoqué ci-dessus qu'il a été mis en place, en octobre 2002, avec le concours de la Banque mondiale et des autres partenaires de la RDC, le COPIREP comme structure chargée de gérer le processus de réforme des entreprises publiques de l'Etat. Cette réforme vise à assainir le secteur des entreprises publiques et à le rendre rentable, en veillant à assurer la qualité et l'efficacité du service rendu au public.

Toute l'organisation du travail en son sein est fondée sur cette option.

2.4.6. Les missions du COPIREP

L'article 2 du décret créant le COPIREP lui assigne la mission de gérer le processus de la réforme des entreprises publiques par sa préparation ainsi que par le suivi et le contrôle de sa mise en œuvre. Il est chargé notamment :

2) de proposer les stratégies globales, sectorielles et par entreprise de la réforme des entreprises publiques ;

3) de proposer le nouveau cadre légal, réglementaire et institutionnel devant régir les entreprises publiques ;

4) d'assister les institutions et services publics dans la mise en œuvre du processus de réforme des entreprises publiques ;

5) d'assurer le suivi et le contrôle de la mise en œuvre du processus initié ;

6) de préparer la réforme du Conseil supérieur du Portefeuille et d'assurer le suivi et le contrôle de sa mise en œuvre ;

---

[1] J.R. ISAFFO, *La Gestion des ressources humaines : un nouveau défi pour l'entreprise zaïroise*, éditions CADICEC UNIAPAC/ZAÏRE, Kinshasa, 1990, p. 23.

7) de préparer les projets de résolutions et les mesures en matières de prise en charge des sureffectifs, des arriérés de salaires et des services sociaux des entreprises publiques.

a) Les méthodes de travail

Le point de départ de la réflexion sur les stratégies de réforme est constitué par le Groupe sectoriel de travail (GST). Fonctionnant dans chaque secteur, le GST est constitué par le ministère responsable du secteur. Il a pour tâche essentielle de formuler des politiques sectorielles dans une optique de libéralisation de l'économie et de proposer des stratégies de réforme pour chaque entreprise du secteur.

Le GST est composé de représentants significatifs du secteur ainsi que des représentants des organisations syndicales.

b) Les entreprises cibles échantillonnées

Cela permet donc d'organiser la réflexion sur la réforme des entreprises publiques au niveau de chaque secteur et de chaque entreprise.

C'est dans ce cadre que des audits opérationnels et fonctionnels ont été réalisés sur les entreprises publiques les plus significatives mais poursuivant un double objectif :

1) mettre à jour l'information de base disponible par la collecte et l'analyse, notamment en ce qui concerne les textes de création, les statuts, l'activité, la situation comptable, fiscale, sociale…

2) faire un diagnostic opérationnel pour apprécier la performance de l'entreprise auditée et identifier les problèmes auxquels elle est confrontée : adéquation des activités, processus de production, subventions reçues, résultats opérationnels et financiers, situation financière globale et de trésorerie, etc.

Il s'est dégagé de ces audits un tableau globalement négatif et orienté dans les deux directions complémentaires suivantes :

a) la première vise la modernisation du cadre juridique et institutionnel régissant actuellement les entreprises publiques et devant déboucher sur :

- la révision de la loi-cadre sur les entreprises publiques ;
- l'élaboration d'une loi sur la privatisation ;
- l'élaboration d'une loi particulière sur les établissements publics.

Pour assurer le plein succès des réformes, le programme d'accompagnement du « Plan social de réforme » pour la prise en charge des problèmes de sureffectifs, de services sociaux assurés pour les entreprises, de réinsertion et de formation (cf. art. 15-18).

Les propositions de réforme formulées par le GST sont soumises par le secrétariat exécutif du COPIREP au Conseil technique qu'est l'organe de conception, de mise en exécution et de suivi du processus de réforme. Le

GST est composé de représentants des ministères et des confédérations syndicales ainsi que d'experts indépendants.

Le Conseil technique propose au gouvernement via la Commission écono-mique et financière (ECOFIN) les stratégies de réforme qu'il a approuvées.

Dans le cadre du programme en cours, les secteurs-cibles ci-après ont été retenus avec leurs entreprises :

1. les Mines : la Gécamines ;
2. les Télécommunications : l'Office congolais des postes et télécommunications (OCPT) ;
3. l'Energie et les Transports : la Société nationale d'électricité (SNEL), les Lignes aériennes congolaises (LAC), la Régie des voies aériennes (RVA), la Société nationale des chemins de fer du Congo (SNCC) et City-Train ;
4. le secteur financier déjà en phase avancée de restructuration : l'Office des douanes et accises (OFIDA), etc.

Observation : S'agissant du dernier point ci-dessus, l'objet de cette étude pousse la logique de la réforme spécifiquement au fond dans son volet « encadrement des recettes douanières par la brigade » en vue d'augmenter ses capacités d'intervention optimale et d'améliorer les connexions directes et indirectes sur les perceptions du secteur des douanes, volet que le COPIREP n'a pas exploité. La mutation du statut de l'OFIDA et d'autres aspects ont fait l'objet d'un travail suffisamment appréciable dans l'optique du COPIREP, tel que nous l'avons observé.

Il y a lieu de préciser que toutes les autres entreprises publiques non citées ici sont concernées par la réforme, au même titre que celles que nous venons de mentionner ci-dessus et qui ont été prises comme un échantillon à partir duquel partiront l'expérience et le souci de méthode.

2.4.7. Les principes de la réforme

La réforme est guidée par les principes suivants [1] :

-réinstaller l'Etat congolais dans son rôle normatif et régulateur en créant des conditions de compétitivité ;

-redonner à l'initiative privée un rôle moteur dans la croissance et le développement ;

-le processus de réforme conçu dans le cadre du COPIREP n'est pas seulement une affaire d'experts. Il s'agit d'un processus social dont la finalité est de réunir le consensus le plus large possible de tous les intervenants et à plusieurs niveaux, c'est-à-dire au niveau de l'entreprise, du

[1] Communication de M. le secrétaire exécutif du COPIREP, le professeur ILUNGA ILUNKAMBA.

secteur d'activités dans lequel opère l'entreprise, des organisations syndicales, du gouvernement et du Parlement.

2.4.8. Les structures, organisation et fonctionnement du COPIREP

a) Les structures

Le COPIREP est doté d'une autonomie administrative et financière.

Ses structures sont :

1) le Conseil technique ;
2) le Secrétariat exécutif.

Le COPIREP s'appuie sur les groupes sectoriels de travail spécifiques aux domaines d'activités qui relèvent de leur compétence (art. 4).

a.1. Le Conseil technique

Il s'agit de l'organe de conception, d'orientation et de suivi du processus de réforme des entreprises publiques. Il a pour tâches :

- d'approuver les dossiers techniques de réforme des entreprises publiques préparés par le Secrétariat exécutif et à soumettre au gouvernement ;
- d'approuver les propositions de réformes préparées par les groupes sectoriels de travail ou par toute autre instance engagée ou sollicitée par le gouvernement dans la conduite du processus de réforme ;
- de proposer les grandes orientations du processus de réforme des entreprises publiques ;
- de réaliser et faire réaliser des études ou travaux dans le cadre de l'analyse de la situation des entreprises publiques, de la préparation ou de la mise en place desdites réformes ;
- d'aider et d'assister le gouvernement dans la définition et la mise en œuvre de la nouvelle politique en matière d'entreprises publiques ;
- de suivre l'exécution juridique, physique et fonctionnelle des mesures et des décisions en matière de réforme des entreprises publiques ;
- de veiller à la communication, à la diffusion et à la vulgarisation des mesures, des accords et des programmes économiques et financiers liés au processus de réforme ;
- d'examiner et de soumettre à l'approbation du gouvernement les plans d'actions annuels, les projets de budgets annuels internes, les rapports d'activités, les rapports d'exécution budgétaire, les états financiers élaborés par le Secrétariat exécutif (art. 5).

- **<u>Sa composition</u> :**

Le Conseil technique est composé :

- d'un délégué du ministère ayant le Budget dans ses attributions ;
- d'un délégué du ministère ayant le Plan dans ses attributions ;
- d'un délégué du ministère ayant le Portefeuille dans ses attributions ;

- d'un délégué du ministère ayant le Travail dans ses attributions ;

- d'un délégué du Conseil supérieur du Portefeuille (CSP) ;

- d'un délégué des organisations syndicales des travailleurs du secteur public les plus représentatives ;

- de deux experts indépendants choisis pour leurs compétences et leur connaissance du domaine ;

- du secrétaire exécutif.

Le Conseil technique peut, en cas de besoin, demander l'assistance de toute personne susceptible de l'éclairer sur une question en rapport avec sa mission (art. 6). Son secrétariat est assuré par les secrétaires exécutifs adjoints (art. 7).

a.2. Le Secrétariat exécutif

Il est l'organe technique permanent du COPIREP et est chargé notamment :

- de préparer les dossiers techniques de la réforme des entreprises publiques à soumettre à l'approbation du Conseil technique ;

- de préparer les réunions du Conseil technique, en assurer le secrétariat, et en tenir les archives ;

- de mettre en application les résolutions prises ou les orientations du processus de réforme arrêtées par le Conseil technique ;

- d'assurer la coordination du travail des groupes sectoriels de travail et de suivre, en liaison avec ceux-ci et les administrations concernées, l'exécution des opérations de réforme du Portefeuille de l'Etat ;

- d'assister, le cas échéant, le gouvernement dans le choix des consultants pour la réalisation des études, audits, diagnostics, évaluations des entreprises du Portefeuille de l'Etat, et d'évaluer l'exécution des mandats desdits consultants ;

- d'assurer la liaison et la coordination des actions des partenaires de l'Etat congolais dans le cadre de la réforme du Portefeuille ;

- d'animer et de communiquer les stratégies de travail ;

- d'assurer la communication, la diffusion et la vulgarisation des mesures, des accords et des programmes économiques et financiers liés au processus de réforme ;

- d'élaborer les rapports périodiques d'activités et de suivi du processus de réforme (art. 10).

Le Secrétariat exécutif est dirigé par un secrétaire exécutif assisté de deux secrétaires exécutifs adjoints dont un juriste. Le secrétaire exécutif coordonne le Secrétariat exécutif, gère le personnel administratif et technique ainsi que le patrimoine du COPIREP. Il assure la liaison entre le Conseil technique et les groupes sectoriels de travail d'une part, et entre le COPIREP et les autres partenaires intéressés à la réforme, d'autre part (art. 11).

2.4.9. Les lois réalisées par le COPIREP

Le résultat partiel auquel est arrivé le COPIREP au regard des missions qui lui ont été assignées demeure globalement positif. Les quatre lois ci-après qui avaient été soumises à l'approbation du Parlement, ont par la suite été promulguées par le chef de l'Etat :

1) Loi n° 08/007 du 07 juillet 2008 portant dispositions générales relatives à la transformation des entreprises publiques ;
2) Loi n° 08/008 du 07 juillet 2008 portant dispositions générales relatives au desengagement de l'Etat des entreprises du portefeuille;
3) Loi n° 008/009 du 07 juillet 2008 portant dispositions générales applicables aux établissements publics ;
4) Loi n° 008/010 du 07 juillet 2008 fixant les règles relatives à l'organisation et à la gestion du portefeuille de l'Etat.
(Cf. J.O. du 12 juillet 2008, numéro spécial, 49e année).

L'exposé des motifs de chacune de ces lois a pour objet :

a) La loi portant transformation des entreprises publiques :

A pour objet de créer un cadre institutionnel propre à :

- insuffler un dynamisme nouveau aux entreprises actuellement dans le Portefeuille de l'Etat et à améliorer leur potentiel de production ;
- faciliter à bref délai le désengagement de l'Etat de ses entreprises du secteur marchand ;
- contribuer à la mise en place d'un droit conforme aux principes universels de bonne gouvernance.

En substance, elle stipule que les entreprises publiques seront :

- soit transformées en sociétés commerciales dans lesquelles l'Etat pourra être l'actionnaire unique par dérogation aux principes contenus dans le décret du 27 février 1887 sur les sociétés commerciales ;
- soit transformées en établissements publics dans le but de régler la problématique du statut juridique de toutes les entreprises dites publiques mais dont les activités sont en réalité le prolongement de l'administration publique et n'ont pas de vocation lucrative ;
- soit cédées à titre onéreux totalement ou partiellement ;
- soit tout simplement dissoutes et liquidées dans la mesure où elles sont en faillite de fait, ou que leur activité économique ne se justifie plus[1].

b) La loi portant sur le désengagement de l'Etat :

Dans le secteur des entreprises publiques, l'option de libéralisation de l'économie et l'insuffisance de ressources... ont amené l'Etat à revoir son rôle dans le secteur productif en vue de lui permettre de se consacrer davantage à ses missions traditionnelles, de régulation notamment.

---

[1] Cf. Exposé des motifs *ad hoc*.

Le fonctionnement des entreprises publiques est caractérisé par une insuffisance ou un manque de performances financières, économiques et sociales nécessitant des ressources importantes que l'Etat ne peut leur assurer. Elles ne sont plus capables d'assurer les prestations que la communauté congolaise attend d'elles. Elles constituent plutôt une charge supplémentaire pour les finances publiques déjà en difficulté. La stratégie de désengagement décidée par l'Etat au cas par cas et éclairée par des études pertinentes pourrait revêtir diverses formes dans son application tout en restant basée sur un partenariat avec le secteur privé.

La stratégie de mise en œuvre des plans d'investissements, longtemps différées, est pourtant indispensable pour le renouvellement de l'outil de production et l'amélioration de la qualité des prestations. Le désengagement de l'Etat devrait contribuer à l'amélioration de la productivité dans l'ensemble des secteurs économiques où les privés joueront un rôle prépondérant : une opération complexe dans les détails de sa mise en œuvre. Le désengagement de l'Etat comporte aussi et surtout une dimension sociale, c'est pourquoi le gouvernement devra absolument garantir la transparence, la publicité et l'équité lors du déroulement de chaque opération. D'où la loi prévoit un principe de concertation avec tous les partenaires sociaux concernés (cf. exposé des motifs *ad hoc*) :

c) La loi portant dispositions générales applicables aux établissements publics :

Elle définit le cadre général de leur organisation et fonctionnement. Or, la loi n° 78-002 du 6 janvier 1978 portant dispositions générales applicables aux entreprises publiques a, dans sa définition de l'entreprise publique, inclus tout établissement public quelle que soit sa nature. Il en découle que certains établissements publics ne réalisant pas d'activités lucratives se sont retrouvés assujettis aux mêmes contraintes que des structures opérant dans le secteur marchand. Ils seront désormais extraits du Portefeuille pour être gérés autrement dans un cadre juridique propre, plus proche de l'Etat.

Cette option fait suite, par ailleurs, à la nouvelle définition de l'entreprise du Portefeuille dont la caractéristique distincte est d'être située en secteur marchand alors que l'établissement public est réservé aux seules missions de service public. Ladite loi s'articule autour des traits caractéristiques suivant : la définition et les caractères généraux de l'établissement public, ses structures organiques, sa tutelle, son personnel ainsi que le mode de sa dissolution. Par ailleurs, les structures organiques d'un établissement public sont :

- le conseil d'administration ;
- la direction générale ;
- le collège des commissaires aux comptes.

L'établissement public est placé sous la tutelle du ministère en charge du secteur dans lequel il exerce ses activités. Son personnel est régi par le droit commun[1].

d) La loi relative à l'organisation et à la gestion du Portefeuille de l'Etat, en l'occurrence, le Conseil supérieur du Portefeuille (CSP).

Créé en janvier 1989, comme nous l'avons vu, le Conseil supérieur du Portefeuille a été mis sur pied pour faire le suivi de la gestion du Portefeuille de l'Etat et servir en même temps d'organe de conseil en gestion du gouvernement. L'état des lieux, tel qu'établi par le COPIREP, prouve que le CSP était dépassé par les événements qui exigeaient une prise en compte générale de la situation. En sa qualité d'organe de conseil du gouvernement pour définir une nouvelle politique en matière de participation et de désengagement de l'Etat dans l'économie, cette nouvelle loi fixe l'organisation et la gestion du Portefeuille par le CSP dans sa nouvelle configuration, au sein de ce nouvel espace du Portefeuille (cf. exposé des motifs y relatifs).

e) La caractérisation de nouveaux concepts

Le réaménagement opéré par le COPIREP dans le Portefeuille de l'Etat a circonscrit les concepts dans leurs significations respectives suivantes qui leur confèrent un cadre juridique formel :

1) Secteur marchand : secteur d'activités susceptibles de générer des profits au travers des opérations commerciales et d'être soumises à la concurrence ;

2) Entreprise publique : toute structure mise sur pied pour produire des biens et rendre des services, constituée suivant les dispositions de la loi n° 78-002 du 6 janvier 1978 ;

3) Etablissement public : toute structure dotée d'une personnalité juridique ainsi que d'une autonomie de gestion, créée par l'Etat ou par une entité administrative décentralisée en vue de remplir une mission de service public ;

4) Service public : toute organisation ou activité administrative, relevant de l'administration et non dotée d'une autonomie de gestion et de fonctionnement.

Somme toute, l'ensemble du travail abattu par le COPIREP au travers de ses différents groupes sectoriels de travail (GST) laisse augurer des lendemains enchanteurs pour le Portefeuille de l'Etat congolais, par l'assainissement du secteur et la redynamisation de certaines entreprises qui n'attendaient que cette dépollution.

Comme le défend avec intérêt d'ailleurs Gabriel Banza M.M. dans sa thèse de doctorat, cette « nouvelle tentative [de COPIREP] offre la charge à la loi portant privatisation de [certaines] entreprises publiques sous la

[1] Cf. Exposé des motifs *ad hoc*.

première année de la première législature de la Troisième République. Elle a l'audace de réhabiliter l'économie de l'Etat pour lui donner, si pas mieux, sa santé de 1960. »[1] Le docteur prolonge cependant sa réflexion en l'orientant par cet ajustement : « Notons à ce niveau que la privatisation d'entreprises publiques, c'est une chose mais, la réhabilitation des anciennes sociétés ou la reprise du partenariat avec les puissances financières [en] est une autre et, c'est ce qu'il faudrait rechercher. Pour ce faire, un nouveau partenariat est de mise. »[2] A partir de ce partenariat, il faudrait corriger fondamentalement des erreurs commises consécutivement aux décisions ayant entraîné par exemple la privatisation de l'Union Minière du Haut-Katanga (U.M.H.K.) par l'ordonnance-loi n° 66/341, la loi Bakajika n° 66/343 du 07 juin 1966, la zaïrianisation du 30 novembre 1973, etc.

Partant de cette nouvelle vision de la gestion du Portefeuille de l'Etat par le COPIREP, nous nous en étions inspirés en proposant à travers le présent essai les bases d'une nouvelle brigade douanière pour accompagner temporellement dans l'efficacité et l'efficience l'encadrement des recettes douanières. Le diagnostic que posent les points suivants se penchent dessus et en donnent les articulations fonctionnelles de base.

2.5. L'ANALYSE CRITIQUE DES DEFIS A RELEVER ET LE CHOIX DES REFORMES GESTIONNAIRES DE LA BRIGADE DOUANIERE.

2.5.1. Les nouveaux défis de la brigade

La réforme de l'administration douanière, et partant celle de la brigade douanière, doit se mouvoir dans la logique de transformation, de restructuration et parfois même de remise en cause globale de ces services du secteur public liée au nouveau contexte de globalisation fait de nouveaux défis à relever. Les missions du COPIREP sont à ce sujet éloquentes. Cette mutation ne se fait pas sans tenir compte des turbulences de son environnement interne et externe dans lequel la brigade évolue et évoluera en tant que système. Dans *The social Pshychology of Organisations,* Katz et Kahn définissent *l'entreprise* comme 'un système formé d'autant de sous-systèmes qu'elle possède de fonctions. Tous ces systèmes sont en interaction, l'organisation permettant d'assurer une synergie optimale entre eux'. Saisi donc sous l'angle systémique, le système "brigade douanière" peut être schématisé comme suit :

Schéma n° 10 :

---

[1] G. BANZA MALELA MAKUTA, *Les aspects juridiques dans les enjeux de crises congolaises : des origines à nos jours (1860-2006)*, thèse de doctorat, faculté de droit, Unilu, p. 324.
[2] *Idem.*

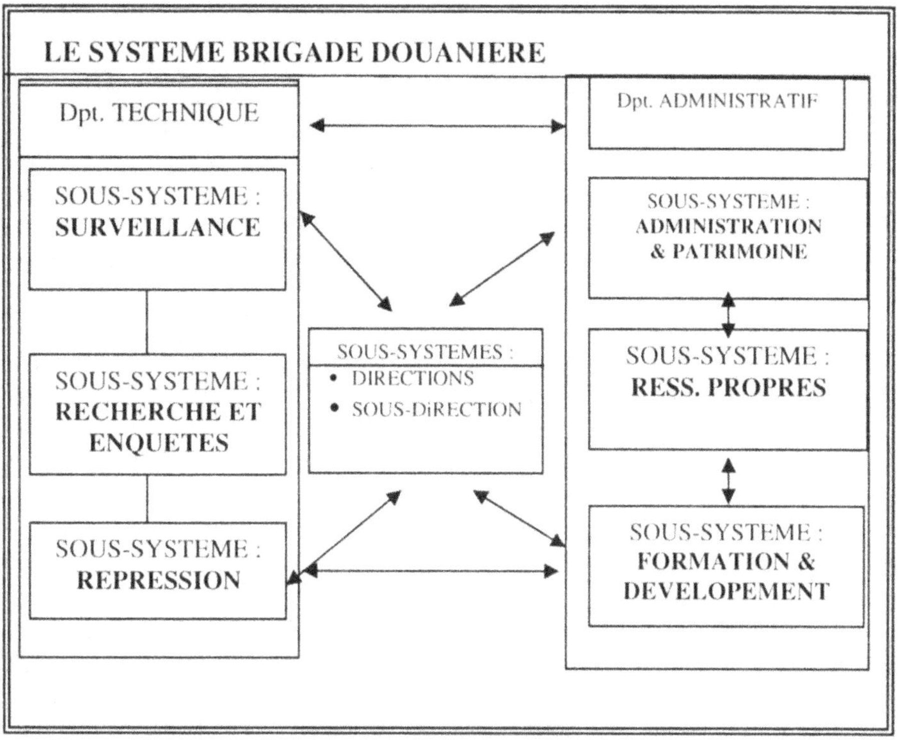

Source : Economie de l'entreprise, op. cit., p. 16, avec adaptation et enrichissement par l'auteur.

Le système « Brigade douanière » tel que présenté ci-dessus (schéma n° 10) est en permanent contact avec un environnement diversement varié. Cette variation d'environnement est tributaire des temps et des époques quant à sa durée dans le temps et à son espace. Cet environnement peut être turbulent, stable, menaçant, favorable, etc. Dans tous les cas de figure, elle est appelée à s'adapter au milieu de ces différentes fluctuations pour ne pas perdre son cap. Les relations d'interdépendance entre la brigade et son environnement, et entre le système "Brigade douanière" et le système socioéconomique plus vaste dans lequel il est arrimé, lui donnent donc plus de réflexes d'adaptation, bien entendu finalisés dans leurs objectifs et missions. L'impulsion partira du sous-système central (direction) comme cerveau-moteur pensant, pour galvaniser l'ensemble du système dit brigade douanière qui, malheureusement, présente des signes évidents de dysfonctionnement comme l'aborde le point suivant.

2.5.2. Les symptômes de la mauvaise organisation de la Brigade actuelle

Quiconque possède une certaine expérience de la direction d'une organisation peut facilement reconnaître une structure à l'organisation saine (ce qui est en fait rare). Il ressemble à un médecin, celui qui reconnaît qu'une personne est saine, mais ne peut définir « la santé » que d'une façon négative, comme une absence de maladie, d'infirmité ou de dégénérescence pathologique[1].

De même, il est difficile de décrire une organisation saine, mais il est facile d'identifier les symptômes d'une mauvaise organisation. Tant que ces symptômes demeurent, il est nécessaire d'examiner complètement et de mettre en question la structure de l'organisation. Nous le constatons, c'est parce que les principes convenables à une organisation n'ont pas été observés qu'il y a un risque de la conduire à l'entropie.

Une bonne structure d'organisation n'assure pas par elle-même des résultats meilleurs – tout comme une bonne Constitution telle que produite pour la IIIe République de notre pays ne garantit pas en soi à notre Etat de bons présidents futurs et lointains ; ni de bonnes lois ne produisent absolument une société congolaise moralement élevée – mais une mauvaise organisation (telle que celle que nous décrivons) est une entrave à une bonne marche et à un rendement optimal de la Brigade, indépendamment de la valeur personnelle que pourraient avoir ses directeurs, ses inspecteurs, ses contrôleurs et commandants. Améliorer la structure d'une organisation - au moyen d'une décentralisation fédérative poussée au maximum, de l'application du principe de décentralisation aux activités fonctionnelles du service -- augmentera toujours le rendement. Cela permettra à des hommes capables, jusque-là entravés ou sous-utilisés, d'accomplir un travail efficace. Cela fera d'hommes médiocres les meilleurs agents de la Brigade en élargissant leurs vues et en exigeant d'eux davantage. Cela signalera les incapables et permettra de les remplacer par de meilleurs agents.

Une bonne structure d'organisation n'est pas une panacée en soi. Ce n'est pas, ainsi que semblent le croire certains théoriciens de l'organisation, la seule chose qui compte pour organiser une direction quelconque. Après tout, pour bien illustrer, l'anatomie n'est pas toute la biologie ! Mais une bonne organisation de structure, adaptée à la brigade, est une base indispensable. Sans elle, les meilleurs rendements dans tous les autres domaines de la direction de la brigade resteront infructueux et sans résultats tangibles.

Avant de proposer une quelconque thérapeutique à un mal apparent ou récurrent qui semble ronger une organisation ou une entreprise comme notre actuelle Brigade douanière, il est vital de poser d'abord un vrai diagnostic de

---

[1] KIDINGA SHANDUNGO, *Diagnostic d'entreprise*, cours inédit, Licence/CEPROMAD, Kinshasa, 2002.

la situation afin d'apporter une panacée appropriée au mal qui demeure certainement profond plutôt que symptomatique. A l'examen, notre Brigade douanière actuelle souffre d'un passif assez lourd des faiblesses fonctionnelles qui s'articulent autour de l'identification de ces causes :

a) Diagnostics incomplets

Comme le conseille A. Bartoli[1], la qualité d'une stratégie de changement repose en grande partie sur la qualité des analyses préalables. Or il n'est pas rare, dans le secteur public comme ailleurs, que les phases de diagnostic soient rapidement évacuées, la solution étant parfois envisagée avant même l'identification complète du problème. Cette approche conduit alors souvent à se focaliser sur la résolution des symptômes et non sur les causes ou les problèmes de fond qui rongent la Brigade. Et dans la précipitation, on croit réorganiser : on instrumentalise, on déplace un hiérarchique avec ou sans ses collaborateurs, on pointe le bouc-émissaire, on instruit, on décide… et croyant endiguer le mal par une potion magique, le changement souhaité ne produit pas les effets escomptés. Ce qui conduit finalement à l'immobilisme général du service et on replonge dans l'inertie de départ : et c'est le perpétuel recommencement.

b) Pas ou peu de bilans et pas d'évaluations

Si la douane congolaise est malade de sa brigade par rapport à la fraude, telle que décrite en liminaire dans l' « état de la question », c'est en partie parce qu'elle est restée longtemps éloignée des préoccupations d'évaluation des impacts de ses actions sur l'ensemble des activités douanières. Aucune évaluation officielle et objective de ce bras droit de la douane ne semble avoir été faite quant à ce sujet. Seules les récriminations de la hiérarchie nourrissent les volte-face timides de l'autorité directoriale de la brigade qui, réciproquement, se livre à des faux-fuyants stratégiquement mensongers dans la gestion de la fraude.

De ce fait, l'activation des changements annoncés, tant claironnés par la hiérarchie, n'est guère possible ; et puisque rien n'est fait, la brigade douanière replonge dans une torpeur moite sans lendemain.

c) Centralisation excessive des pouvoirs hiérarchiques

Elle se traduit par la rétention tactique et stratégique par la hiérarchie des pouvoirs réellement dévolus à la brigade douanière. Notre dénonciation des décisions « assassines » (*in supra*) de l'OFIDA contre la brigade douanière est une parfaite illustration du *statu quo* dans lequel se trouve actuellement ce corps. La brigade souffre dès lors des injonctions centralisées au sommet de la pyramide hiérarchique par des directives technocratiques, des instructions administratives subjectives annonçant et énonçant des réformes

[1] A. BARTOLI, *Le Management dans les organisations publiques, op.cit.*, p. 248.

à mettre en place sans jamais les amorcer dans le fond. Ce faisant, c'est le processus même à enclencher qui se trouve largement relégué aux oubliettes. En plus, la brigade elle-même, dans l'ensemble de ses éléments constitutifs du corps, n'est pas consultée pour apporter sa propre expertise et son expérience du terrain. Son adaptation au contexte environnemental est inexistante et la possibilité réelle de s'engager dans l'hypothétique changement effectif dans le temps s'effrite. Les écarts patents qui s'observent entre intentions de réforme et réalisations sont parfois dus au manque de pertinence de l'intention, consécutif à la non-intégration des conditions de mise en œuvre en amont et en aval.

d) Pouvoirs parallèles à la Brigade

Deux types de situation dualiste et hiérarchique président les activités de la brigade :

- la filière hiérarchique, formellement et clairement définie, structurée en différents échelons dans une logique pyramidale unique et descendante (cas des bureaucraties mécanistes) qui gère le quotidien, existe dans une structure fonctionnelle avec une aura administrative conséquente ;
- plusieurs filières hiérarchiques, extérieures à la structure formelle, avec des phénomènes d'influences parallèles apparaissant sur la Brigade pour de multiples logiques possibles : logique de lobbying, logique de personnalité plus ou moins marquante, logiques relationnelles externes au corps de brigade, logique intéressée, logique de hiérarchie d'ascendance sur ce corps, etc. constituent des pesanteurs structurelles et systémiques sur la Brigade qui a du mal à s'en départir.

e) Lacunes du système fonctionnel de la Brigade

Une étude richement fouillée de Julienne Mponi Batiaka [1] relève sans état d'âme les lacunes qui concourent à l'inefficacité de la Brigade douanière. Elle recense :

1° *Lacunes liées au personnel* :

- Compte tenu de la délicatesse de sa mission, la brigade douanière a besoin d'un personnel à la fois sélectionné, apte, formé, compétent, expérimenté, intègre, dévoué et motivé. Il est déplorable de constater que ces critères ne sont pas les bases de l'affectation du personnel à la Brigade douanière ; l'effet de nivellement de service par le bas en est la conséquence (recrutement).
- Les fraudeurs, pour échapper à la rigueur de la loi, recherchent des complices internes au sein de la Brigade douanière (vulnérabilité à la corruption).

---

[1] J. MPONI BATIAKA, *Approche d'une politique optimale pour la brigade douanière en RDC – Cas de la brigade douanière de Kinshasa*, TFC, Finances publiques, D&A, ENF, Kinshasa, 2003-2004, pp. 23-24.

2° *Lacunes liées à la fonction de direction de la Brigade douanière* :

- Parmi les autorités de la Brigade douanière, il y a le directeur de la brigade douanière qui doit jouer un rôle déterminant dans l'animation de l'ensemble des services placés sous son autorité. Ce rôle est indispensable pour maintenir la cohérence de l'organisation structurelle et pour renforcer l'efficacité du dispositif de lutte contre la fraude.
- Or, ce responsable est actuellement trop impliqué dans l'activité quotidienne des bureaux. A titre d'exemple, s'agissant d'une des attributions confiées au chef de bureau (contrôleur), le directeur se charge d'autoriser ou d'arrêter le déchargement ou le dénombrement des marchandises dans un dépôt de Kinshasa. Il est dès lors impérieux de redéfinir le rôle du directeur de la brigade, ce qui éviterait les interférences et la trivialité de la fonction.

3° *Lacunes liées au social :*

- La Brigade douanière est consciente, dans son fonctionnement quotidien mais aussi pour la réussite de sa mission, d'identifier et de résoudre les problèmes liés au transport des brigadiers, à l'amélioration des soins de santé, à la restauration des agents pendant les heures de service, aux loisirs et aux congés de restitution qui devraient être obligatoires.

4° *Lacunes liées à la loi :*

- Outre la controverse générée par les différents courants de managers qui se succèdent à la tête de l'OFIDA et qui entendent organiser la brigade douanière par des notes et des instructions divergentes (instabilité des textes de loi), plusieurs incidents récents ont démontré les difficultés rencontrées et les risques encourus par les brigadiers dans l'exercice de leurs fonctions (agressions physiques, incarcérations, tortures, mépris, dénonciations calomnieuses) sans que la loi ne prévoit des sanctions sévères contre les auteurs de ces faits, sous peine de voir ces incidents se multiplier et altérer l'efficacité du dispositif de lutte contre la fraude; et moins encore l'indemnisation des agents ayant subi des préjudices (manque de protection des agents). Que la réforme de l'OFIDA intègre des dispositifs de protection des agents dans l'exercice de leur pouvoir.

5° *Lacunes liées à l'exploitation des informations* :

- Vu la délicatesse de la lutte contre la fraude, les rapports (de pointage, journaliers de service ou des sources) seraient à exploiter de façon urgente pour avoir la possibilité de retracer matériellement les faits d'infraction... Force est de remarquer l'absence de missions immédiates de l'autorité de la brigade douanière, sinon pour des dossiers sans couverture.

Avec ce relevé, partiel au final, ces différents facteurs négatifs, avec d'autres non signalés ici, créent un sociogramme et un flou artistique qui offrent une résistance selon les réflexes des mécanismes diffus de contre-pouvoirs pour ne pas souhaiter l'impulsion de projets de changement radical au sein de la brigade douanière. Pourtant, ce changement offrirait plus de chances de pérennité dans le temps et dans l'action de la brigade. Il est dès lors plus qu'urgent d'opérer des choix qui engageraient des réformes de gestion de la Brigade.

2.5.3. Le choix des réformes gestionnaires de la Brigade douanière de la RDC

La qualité d'une stratégie de changement de gestion d'un corps aussi important que la brigade douanière doit reposer essentiellement sur la valeur d'analyses préalablement faites avec circonspection. Manquer à cette réflexion pourtant vitale pour l'avenir de ce grand corps et ne pas faire de projection *a priori* dans la durée serait préparer en quelque sorte son échec dans le temps. Et par voie de conséquence, il serait illusoire de préparer les phases futures de la mise en place de sa restructuration.

En vue d'éviter les effets pervers qui résulteraient du mauvais choix dans un ensemble de méthodes gestionnaires existantes dans le management des organisations publiques (bien que n'existant presque pas tangiblement dans celles de notre pays), allié à notre modeste ambition de rationalité managériale (au sens de processus de management de la brigade) et de logiques gestionnaires (au sens des techniques de gestion classiques), nous opérons notre choix entre :

- RCB (Rationalisation des Choix Budgétaires) ;
- PPBS (Planning Programming Budgeting System) ;
- DPO (Direction Par Objectif) ; etc.

a) La RCB

La *Rationalisation des Choix Budgétaires*, dans son expérience, repose sur un système de planification d'objectifs et de moyens avec contrôle des réalisations budgétaires. Il s'agit tout à la fois de restituer au politique la maîtrise de la définition des fins et de l'allocation des ressources, et de remplacer le processus dysfonctionnel de décision centralisé pour fixer des objectifs précis et quantifiés. Dans ce dernier contexte, la RCB frôlait la démarche de la DPO (cf. le point **c** ci-dessous). Elle a pour objectif, dans le secteur public, d'améliorer la transparence et l'articulation entre les décisions politiques et leur mise en œuvre.

Malgré un bilan global jugé la plupart du temps décevant, il faut reconnaître dans la RCB une première tentative institutionnalisée d'introduire à grande échelle et durablement des méthodes à logique stratégique et partiellement managériale. Il semblerait cependant que l'approche expérimentale adoptée ait été essentiellement technique et peu contingente, c'est-à-dire insuffisamment adaptée à la réalité des processus de décisions publiques[1].

---

[1] A. BARTOLI, *op. cit.*, p. 13, 14.

Cette approche nous semble plus partielle que globale dans la recherche d'efficacité et d'efficience de notre étude. Nous n'y avons naturellement pas souscrit, et nous ne l'avons donc pas retenue.

b) Le PPBS

Le *Planning Programming Budgeting System* est le modèle américain d'où la RCB tire son inspiration de gestion. Le PPBS est utilisé dans l'armée américaine, comme l'indique son acronyme, comme la méthode consistant en la planification, la programmation et privilégiant le système de budgétisation pour établir efficacement les projets et les objectifs militaires des USA.

Bien que la Brigade douanière n'ait pas les mêmes objectifs et ambitions que l'armée, elle s'apparente néanmoins dans son aspect paramilitaire et policier quant à la dotation, la formation, l'efficacité à son développement, à son dynamisme, à sa discipline, etc. Ici encore, nous ne pouvons qu'opérer un choix plus parcellaire que total en le juxtaposant sur quelques-uns de nos objectifs spécifiques en rapport avec les missions dévolues à la brigade douanière de notre étude. De toutes les façons, l'esprit et la discipline paramilitaire de ce corps s'abreuveront à ce système de gestion tel que nous l'expliquons au point traité en *infra* dans la culture « paramilitaire » de la Brigade douanière.

c) La DPO

La *Direction Par Objectifs* encourage les cadres (les fonctionnels) à participer à l'établissement effectif des objectifs pour eux-mêmes et les effectifs ou unités opérationnelles sous leurs ordres, et à organiser le travail en fonction des objectifs[1] propres à la brigade. La DPO procédera à l'évaluation de l'encadrement par le biais de la définition d'objectifs auxquels seront comparés les résultats qu'aura atteints la brigade douanière dans une auto-évaluation.

Face à l'apparition de défis nouveaux en cette période de profondes mutations qui privilégient la réforme et la modernisation de l'administration publique congolaise, et étant donné que la formulation des objectifs à atteindre est ou sera encore formellement définie par la loi recréant la brigade douanière (dans sa nouvelle version), la DPO est retenue par notre étude pour son pilotage assuré dans le temps et pour ses résultats envisagés. De toute évidence et par pragmatisme, la direction de la brigade par objectifs est plus qu'indiquée dans un environnement financier pollué par la fraude où elle doit faire place nette et assainir les mœurs des finances publiques de son secteur.

De plus, la direction par objectifs exige une direction collégiale où les objectifs sont négociés en équipe et une responsabilité liée aux seuls

---

[1] A. BARTOLI, *op. cit.*, pp. 13, 14.

résultats. Ses structures sont fondées également sur les résultats. Le principe de cette direction est tel que proposé originellement par Peter Drucker, de sauvegarder l'unité de commandement et la spécialisation des tâches, sans perdre les bénéfices qu'apportent les conseillers à la ligne hiérarchique : entendez l'état-major ou *staff and line*.

De façon précise, les objectifs que vise notre brigade dans sa formule novatrice servent de charnière entre le diagnostic que nous posons et la planification que nous voulons mettre en place. Aussi longtemps que le diagnostic ne sera pas bien posé, nous ne disposerons pas d'une vision assez nette et claire de la situation pour préciser les orientations que nous comptons donner à cette brigade de changement. Par ailleurs, il serait illusoire d'amorcer une planification bien guidée si au départ nous n'avons pas clarifié les résultats que nous comptons atteindre grâce à la brigade au bénéfice du Trésor public. Et qu'en plus, et c'est notre crédo, couvrir et protéger certains droits humains relèvent de notre compétence et de notre ressort, tel que le circonscrira la loi.

Etant donné que notre étude vise le changement organisationnel et structurel de la Brigade, nos objectifs visent dans ce cas trois fonctions :

1° étant bien clarifiés, les moyens d'action à utiliser pour se rapprocher du résultat souhaité, les objectifs, nous obligeront à faire un choix approprié de sorte que la planification en devienne plus systématique ;

2° ces objectifs facilitent le processus continu d'évaluation et en même temps permettent d'en examiner l'évolution du changement en rapport avec les réalités du terrain ;

3° ces objectifs, enfin, facilitent la communication des intentions aux opérateurs douaniers et commerciaux en rendant les intentions explicites (et cadrant avec la vision de l'OMC et de l'OMD) pour ne pas tomber dans des énoncés vagues qui ressembleraient à des vœux pieux[1].

2.5.4. La stratégie planificatrice de la décision restructurationnelle de la Brigade douanière

Le Livre du manager définit la *planification stratégique* comme une démarche [managériale] par laquelle une entreprise vise à atteindre une position de succès stratégique en fixant des objectifs et en effectuant une analyse et des choix stratégiques[2].

Dans son cours-séminaire de « Management économique stratégique »[3], le prof. Jacques Kazadi Nduba fait observer que la *stratégie*[4] *planificatrice de la décision* est le « livre de route » de l'entreprise pour les années à venir.

---

[1] YEMBE TAFUM TAWABA T.A., *Diagnostic des entreprises, op. cit.*

[2] A. ANTOUN (dir. HSD), *Le Livre du manager – Théorie et pratique*, Hachette, Paris, 1988, p. 213.

[3] J. KAZADI NDUBA, *Management économique stratégique*, notes de cours/séminaire DEA, département de Management économque et Droits de l'homme, Chaire Unesco/Unikin, 2004.

[4] Stratégie, terme d'origine militaire qui ne planifie et ne vise que la réussite et non l'échec.

Cela consiste à prendre des décisions devant les problèmes qui se posent à son entreprise, à en contrôler la bonne exécution, à rectifier le tir au besoin de la cause, etc. Cela suppose posséder un certain nombre d'habiletés, de savoir-faire, des aptitudes de savoir être...

Pour mener à bien ce projet, les 1er et 2e concepts des trois compétences du manager dont nous a gratifié notre formation universitaire nous ont servi de fond d'expertise pour ce faire, comme les classifie Robert L. Katz, à savoir : les compétences conceptuelles ; les compétences techniques ; les compétences humaines.

a) La compétence conceptuelle

Elle repose sur notre capacité de manager senior de parcourir et de comprendre l'organisation dans toute sa complexité. C'est grâce à cette compréhension que nous pouvons parvenir à résoudre les problèmes généraux de l'organisation et à circonscrire ses actions dans la direction des objectifs poursuivis par cette organisation [comme celle de la brigade] en rapport avec sa vision et ses missions. Cette compétence se manifeste, écrit le prof. Kidinda Shandungo, à travers l'esprit d'analyse et de synthèse, le flair, le jugement, la créativité, l'initiative et l'esprit de décision du manager[1]. C'est ce qui nous a déterminés dans cet engagement.

b) La compétence technique

Il s'agit de notre capacité d'utiliser les connaissances spécialisées (acquises en matières douanières et acissiennes), les méthodes, les techniques et les instruments nécessaires pour accomplir cette tâche. Cette compétence s'acquiert par la formation et/ou l'expérience[1]. Notre modeste profil flirte avec ce cursus qui a stimulé notre préoccupation et a servi d'exutoire à cette étude.

Ces deux compétences combinées rationnellement aux cinq étapes de la prise de décision permettent d'asseoir notre conviction dans la recherche de solution à notre démarche. Une fois que nous aurons atteint notre objectif par la combinaison à la fois de notre compétence conceptuelle et de notre compétence technique (potentielles en nous), nous réaliserons en nous-même une carte de compétence humaine senior : une ressource première dans la direction de l'affaire. Ces étapes d'aboutissement managérial peuvent être schématisées de la manière suivante :

---

[1] KIDINDA SHANDUNGO, *Principes généraux de management*, *op. cit.*, pp. 24, 25.

Schéma n° 11 :

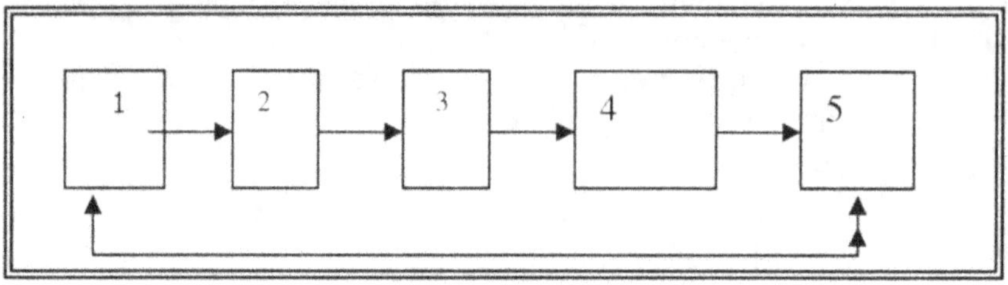

Source : *Economie de l'entreprise*, op. cit., *p. 164.*

1. Perception d'un problème
2. Formulation des choix possibles
3. Evaluation des choix
4. Choix
5. Contrôle

De son côté, mû par la préoccupation de ne pas échouer dans ce qu'on entreprend, Octave Gélinier définit la *« stratégie »* comme *« l'art de maîtriser le destin, de choisir [la réussite] plutôt que de subir »*[1]. Autrement dit, la place de l'échec n'est ni prévue ni inscrite dans le chronogramme du programme stratégique d'une lutte comme la nôtre, celle que nous entrevoyons dans ces pages. Tandis que Igor Ansoff, plus préoccupé par les objectifs à atteindre et à les identifier avant toute entreprise, les définit comme des *« règles de décision qui permettent à la direction de mesurer les résultats obtenus et d'orienter l'entreprise vers la réalisation de ses buts »*[2]. Ainsi, la brigade douanière se trouve-t-elle devant des défis et d'autres enjeux pour son affirmation.

2.5.5. Les enjeux de performance de la nouvelle Brigade

En vue d'atteindre la performance escomptée et projetée par notre Brigade douanière, ce résultat est tributaire de la mise en relation et en application de ces trois logiques qui s'imposent : l'*efficacité*, l'*efficience et la budgétisation* qui sont des facteurs déterminants que tente d'élucider Annie Bartoli dans ses approches théoriques[3]:

¤ L'**efficacité** concerne le rapport entre le résultat obtenu et l'objectif à atteindre (ce concept suppose donc d'une part qu'un objectif ait été préalablement défini, et d'autre part que le résultat obtenu ait été mesuré, ou

[1] J.M. AURIAC ; H. BOUGAULT, *Economie de l'entreprise*, 3e éd. Techniplus, Paris, 1994, p. 165.
[2] *Idem*, p. 160.
[3] A. BARTOLI, *op. cit.*, pp. 78-82.

du moins estimé, tel que nous le projetons pour notre brigade par les tenants et aboutissants de son fonctionnement).

¤ L'**efficience** concerne le rapport entre le résultat obtenu (en temps record) et les moyens engagés (en termes économiques, il s'agit de mettre en relation l'*output* [l'extrant] et l'*input* [l'entrant]. C'est donc un concept parfaitement distinct de l'efficacité). L'efficience gagne et se mesure sur le gain de temps pendant que l'efficacité est dans l'atteinte de l'objectif. Les deux concepts méritent d'être couplés en vue de la performance de notre brigade douanière en examen.

¤ La **budgétisation** touche à une programmation des moyens au regard des objectifs et du suivi de financement pour leur mise en application ou exécution dans un chronogramme bien arrêté et planifié pour espérer la recréation d'une brigade douanière performante. Ce qui évitera de recourir à des *solutions de facilité* face aux problèmes réels qui se poseront, sans leur allouer des moyens financiers de fonctionnement importants et en encadrant les démarches d'accompagnement, de manière à piloter le processus de changement dans la durée en vue de son encrage dans les mœurs des usagers de la douane.

Comme le reconnaît d'ailleurs Loïc Philip, « l'autonomie financière entraîne, pour chaque établissement public, l'existence d'un budget particulier et des ressources propres lui permettant d'assurer le financement des dépenses correspondant à son activité. En fait, l'autonomie budgétaire et financière est souvent limitée »[1]. Ces trois moyens réunis contribueront de toute évidence à la performance de notre brigade douanière pourvu que les pouvoirs publics s'y engagent formellement. De ce fait, le triangle de la future performance entrevue de notre brigade douanière peut être projeté à partir du schéma qui suit :

[1] P. LOIC, *op. cit.*, p. 275.

Schéma n° 12 : Le triangle de la performance de la Brigade douanière

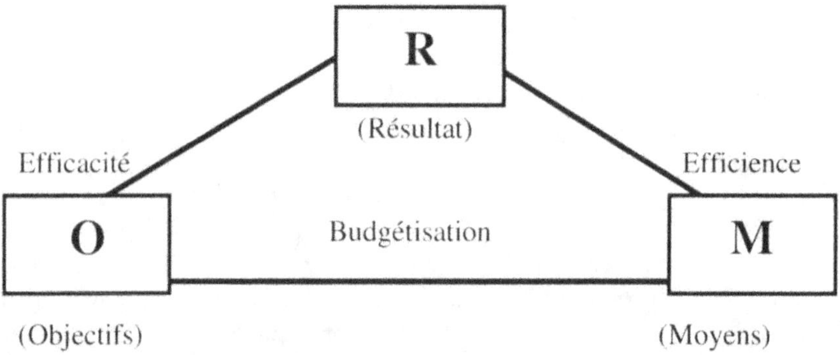

Source : Le Management dans les organisations publiques, op. cit., p. 79.

2.6. LA CONCEPTION DE L'ORGANISATION SCIENTIFIQUE DES NOUVELLES STRUCTURES DE LA BRIGADE DOUANIERE DANS LEURS TACHES ET ROLES

A défaut d'un modèle normatif[1], le livre *Les Classiques du management* nous a servi de cadre conceptuel et théorique à partir duquel nous allons poser les bases structurelles de la nouvelle Brigade douanière d'après les règles de l'art managérial couplées à celles de l'organisation scientifique du travail. Notre démarche managériale est globalement symptomatique du changement de fond et de forme pour enfin conférer à la Brigade douanière une nouvelle identité signalétique d'un grand service public de l'Etat qui devra s'imposer dans l'affirmation de ses structures.

Ainsi avons-nous pensé dans cette aventure à la mise en place d'une structure adhocratique de la brigade douanière qui s'appliquerait aux missions à accomplir, aux méthodes à utiliser, à la répartition des tâches entre les agents et à leurs zones opérationnelles, aux objectifs à atteindre et à l'interdépendance des différents services, allant de la base pyramidale de ce corps jusqu'au sommet. Ces études déterminent l'exécution de chaque tâche dans le temps ainsi que les gestes dont dépend[ra] son efficacité. C'est en cela que nous arriverons à imbriquer cette branche de la science économique (qu'est la douane) à la science de gestion en faveur du management des services publics de l'Etat congolais pour en faire une fenêtre d'observation et un terrain d'application.

[1] A. APPLEY Lawrence (dir.), *Les Classiques du management*, Bibliothèques du management, Léguge, 1970, pp. 16 et s.

Etant donné que la Brigade douanière s'inscrit dans le statut des services publics de l'Etat, nous nous sommes réservé d'analyser son Conseil d'administration et de la structure des Commissaires aux comptes qui sont des organes d'intervention ponctuelle dans la gestion de ce Corps. Le législateur en définira les articulations fonctionnelles.

2.6.1. La direction générale de la Brigade et son directeur

Pour une meilleure synergie opérationnelle au sein de l'OFIDA, il serait utile de concilier, dans une unité de vision, les missions respectives de la douane et de la Brigade douanière.

Dans cette perspective, nous proposons l'institution d'un organe central de direction, distinct d'un organe central de contrôle et d'estimation (érigé en haute direction de la Brigade).

Ici, deux cas de figures peuvent être envisagés : si la plupart des théoriciens de l'organisation pensent que l'institution d'un directeur général unique est « une loi de la nature » qui va de soi[1], certains autres (parmi les pragmatiques et les praxélogues) estiment à l'inverse qu'« une telle loi n'existe pas ». Raison pour laquelle ils penchent pour une direction générale organisée en équipe. Compte tenu de la spécificité des missions particulières assignées à la brigade douanière et à son histoire récente, qui fait l'objet de cette étude, nous nous rangeons derrière cette dernière option. Car la direction générale en équipe ou *staff and line*, semble présenter de nombreux atouts en termes de cohésion et d'efficacité de gestion. Cette option est d'ailleurs celle qu'a choisie le COPIREP, après analyse de la grave crise de gestion que subissent en particulier les entreprises du Portefeuille de l'Etat congolais. Attachons-nous à analyser le champ opérationnel de la direction générale et du commandement général de la Brigade.

a) La direction générale

En règle générale, les attributions de la direction générale s'articulent autour d'un champ opérationnel multipolaire. En tant que *haute direction,* cette entité tutélaire devra jouer le rôle d'un *organe central de contrôle et d'estimation.*

Ainsi, la direction générale sera-t-elle chargée de conduire la brigade douanière vers son but, en cherchant à tirer le meilleur parti possible des ressources dont elle disposera. C'est donc le pouvoir exécutif de ce corps. Elle dressera le programme d'actions, recrutera le personnel, ordonnera le mouvement, assurera le contrôle et l'exécution des opérations douanières sur terrain.

---

[1] KIDINGA SHANDUNGO, *Théorie des organisations*, notes de cours (inédit), faculté de management, UNIC, Kinshasa, 2001.

Le directeur général ou commandant général unique sera en rapport direct, soit avec les directeurs locaux et provinciaux ou interprovinciaux, soit avec des intermédiaires (c'est selon).

Une telle configuration a l'avantage de faciliter l'unité des vues, l'unité d'action, l'unité de commandement en adéquation avec la valeur personnelle des hommes impliqués dans la gestion de la douane et des accises.

b) Le Directeur ou Commandant général de la Brigade douanière

Les activités relevant des fonctions du directeur général et/ou commandant général de la brigade douanière sont trop diverses pour pouvoir être exécutées par un seul homme. Ses responsabilités sont essentiellement du ressort du planning, de l'analyse, de l'établissement d'une politique des attributions, de la détermination du champ d'action autour des objectifs de la brigade, etc.

Une fois opérationnelle, la nouvelle brigade s'attelera à juguler dans un nouvel esprit toutes les formes de fraudes commerciales et douanières, la contrebande, etc.

De plus, cette fonction implique dans le chef du directeur général qu'il maîtrise un certain nombre de nouveaux instruments de base servant à l'analyse, à la synthèse et à l'évaluation mathématique et logique. Il devra en plus être capable d'enseigner ou de transmettre aux autres membres de la direction générale les règles, techniques et stratégies essentielles qui concourent à rendre efficace et crédible la Brigade dans les « recherches opérationnelles », en exploitant au mieux les ressources des nouvelles « technologies de l'information et de la communication [1] », la « logique symbolique » utilisée dans la fraude, etc.

Ainsi donc, devrait-il être à bien des égards non seulement « un homme dans une équipe de première ligne, un homme d'action, un homme de réflexion », mais également un homme particulièrement apte à l'analyse et à la synthèse.

c) L'état-major

L'Etat-major est le centre nodal de la Brigade. Raison de plus pour qu'il soit constitué d'hommes compétents, bien formés et disposant des prérequis susceptibles, en matière de dissuasion et de represssson, de leur permettre d'assumer leur devoir avec comptétence.

Cet organisme est destiné à venir en aide au Directeur général dans l'accomplissement de sa mission.[2]

Schéma n° 13 : La place de l'état-major dans l'organigramme

---

[1] LUC DE WULF, *Modernisation de la douane – Un Manuel*, Banque mondiale, Bruxelles, 2004, p. 13.

[2] H. FAYOL, *Administration industrielle et générale*, Dunod, Paris, 1962, pp. 76-78.

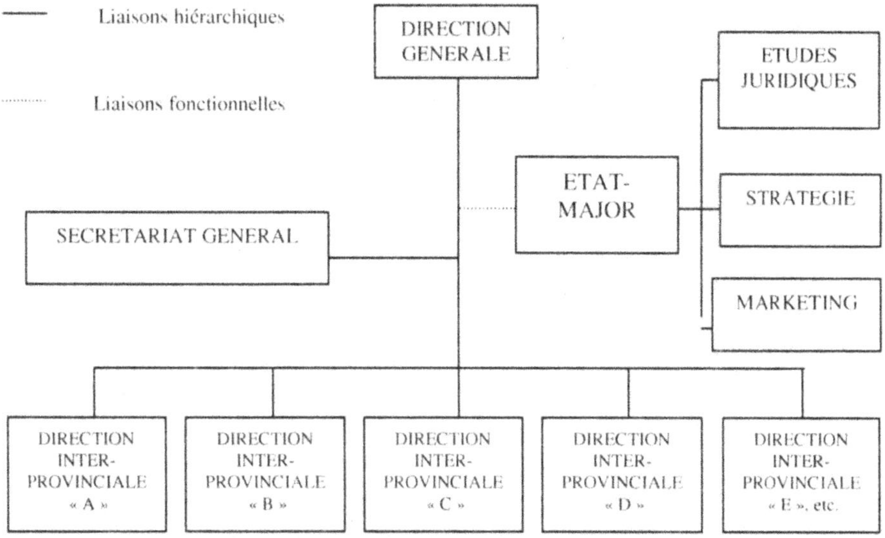

Source : *l'auteur.*

L'une des plus importantes missions de l'Etat-major est la réflexion stratégique et sa mise en œuvre en matière de surveillance, de dissuassion et de répression des fraudes. Ce qui implique forcément de la *méthode*, de la *compétence*, du *temps*, de la *volonté* et des *ressources financières*.

Il revient globalement à la Brigade d'*observer, recueillir* et *classer les faits, à les interpréter, d'instituer des expériences* s'il y a lieu et *de tirer de tout cet ensemble d'études* des règles qui, sous *l'impulsion du chef, entreront dans la pratique et la culture de la brigade douanière.*

Cette nouvelle approche de la pratique douanière confine à un comportement (de la part des éléments formés de la nouvelle brigade) chargé à la fois de responsabilité et d'humilité vis-à-vis des autres collègues douaniers non qualifiés. Il reste que la légitimité de la transformation qu'induit cette nouvelle vision du fonctionnement de la Brigade douanière tire sa pertinence d'un dosage entre souci de performance et interdépendance, dynamisé par l'esprit d'équipe, la confraternité, la loyauté et une gestion saine de l'entreprise[1].

[1] E. DALE et L.C. MICHELON, *Nouvelles Méthodes de gestion des entreprises*, Nouveaux Horizons, Paris, 1972, p. 80

2.6.2. Les tâches et rôle de la direction

a) Les tâches de la direction

Qu'est ce que la direction ?

La première définition que nous fournit Peter F. Drucker du terme « direction » renvoie à l'idée de « patron », c'est-à-dire à un palier hiérachique au sein d'une entreprise occupé par « les gens d'en haut ». La deuxième perception réfère tout simplement à un *directeur,* en fait à toute personne qui organise et dirige le travail des autres. On peut même dire qu'elle « *fait son travail en faisant travailler les autres* ».

Vue sous cet éclairage, la direction de la brigade douanière est soumise aux mêmes critères managériaux adaptés à la spécificité d'un établissement étatique. Sa raison d'être étant de fournir des produits et des services économiques, sociaux, techniques... tout en veillant à la protection des droits humains. Certes, une telle entreprise doit s'acquitter de ses responsabilités économiques de façon à affermir la société congolaise conformément à ses règles morales et politiques. Mais ce sont là des conditions accidentelles (au sens logique du terme) qui limitent, modifient, encouragent ou retardent ses activités économiques en induisant celles des autres entreprises en relation avec elle. « L'essence d'une entreprise, le principe vital qui détermine sa nature, observe Drucker, est sa fonction économique. »

b) La fonction de la direction : l'action économique

La direction doit toujours, avant toute action et toute décision, considérer d'abord l'aspect économique, conseille Drucker[1]. Seuls les résultats économiques qu'elle obtient justifient son existence et son autorité. Il peut y avoir d'importants résultats qui ne sont pas du domaine de l'économie : l'existence correcte des membres de l'entreprise, la contribution au bien-être ou à la communauté, etc. On peut dire pourtant qu'une direction a failli à sa mission si elle n'obtient pas des résultats économiques, si elle ne fournit pas les produits et les services attendus de sa part. Elle a failli si elle n'a pas amélioré, ou tout au moins maintenu, la capacité de production des biens et la qualité des services qui lui ont été confiés et sont attendus d'elle par le législateur ou la communauté nationale. Les 5 chantiers de la RDC et autres programmes économiques du gouvernement congolais, par exemple, auront toujours besoin de finacements tant intérieur qu'extérieur. C'est ici que la brigade douanière devra donc jouer sa partition par son action à la fois économique, financière, fiscale et autres pour s'y intégrer économiquement.

---

[1] P. F. DRUCKER, *La Pratique de la direction des entreprises*, les Editions d'Organisation, Paris, 1957, pp. 20-30, 124-127.

C'est en cela que la direction est unique. Par exemple : un état-major général de l'armée peut se demander en toute légitimité si ses décisions militaires fondamentales sont compatibles avec la structure économique et l'intérêt du pays. Mais il manquerait grandement à son devoir s'il basait ses considérations d'ordre militaire sur les besoins de l'économie. Les conséquences économiques des décisions militaires sont un facteur secondaire, un facteur qui peut limiter ces décisions, mais non leur point de départ ou leur fondement logique. Un état-major général, en tant qu'organe spécifique d'une organisation militaire, doit nécessairement placer au premier plan les impératifs de la défense nationale. Agir autrement serait trahir ses responsabilités et commettre une malfaçon dangereuse. De même, la direction de la brigade douanière, tout en tenant toujours compte de l'incidence de ses prérogatives sur la société congolaise, à l'intérieur comme à l'extérieur de son corps, doit placer au premier plan son action économique de manière positive en évitant les tracasseries douanières qui terniraient son image.

C'est pourquoi la première définition de cette direction de la brigade est : un organe économique et même l'organe technique et spécifique de répression des fraudes douanières et commerciales. Tout acte, toute décision, toute délibération émanant de la direction prend comme dimension première une dimension économique qui s'inscrit dans la logique de la facilitation du commerce international. La rigueur dans son intervention doit absolument être opportune, c'est-à-dire au moment et au lieu évidemment indiqués.

c) La tâche de la direction : la gestion

Cette affirmation, d'évidence apparente, mène à des conclusions qui sont loin d'être universellement acceptées. Elle impose à la fois des limites rigoureuses au champ d'action de la direction et à celui du directeur et elle implique une responsabilité accrue quand il s'agit d'actions à la fois créatrices et novatrices telles que nous les poursuivons dans cette recherche et cet essai.

Cela signifie que l'habileté professionnelle, la compétence et l'expérience de la direction ne peuvent pas toujours être transposées, ni appliquées comme telles à l'organisation et au fonctionnement d'institutions d'ordres différents. En particulier, le succès d'un homme doué, comme un directeur d'affaires, ne constitue pas une assurance en soi - et encore moins une garantie - de son succès au sein d'un gouvernement quelconque. Une carrière dans une fonction de direction n'est pas, par elle-même, une préparation valable à un poste politique important ou à un poste de commandement dans l'armée, dans la police ou à l'université. L'habileté, la compétence et l'expérience, qualités courantes dans le monde des affaires et transférables dans les autres domaines, sont analytiques et administratives. Elles sont très importantes, mais secondaires pour atteindre les objectifs essentiels des différentes institutions, autres que les affaires.

La direction ne sera jamais une science exacte, bien que le travail du directeur puisse être systématiquement analysé et classifié. En d'autres termes, il y a des caractéristiques professionnelles distinctes et un aspect scientifique attachés à la fonction de direction. Diriger une affaire n'est pas simplement un don ou une capacité innée. Les éléments et les exigences de cette mission peuvent être analysés et organisés systématiquement, ils peuvent être enseignés à tout homme normalement doué. Il est admis que, grâce à l'étude systématique des principes, à l'acquisition de connaissances méthodiques et à l'analyse systématique de son action personnelle dans tous les domaines de son travail et de sa mission, et pour tous les échelons de la direction, le directeur peut perfectionner son action dans tous les domaines de la direction. Celle-ci est elle-même comprise dans la gestion de ses responsabilités. En effet, rien ne peut contribuer plus efficacement au perfectionnement de ses qualités, de son efficacité et de son action. Ce qui exige de lui une discipline morale et des règles de conduite dignes des professionnels recherchés et à affecter à la fonction publique qui en a besoin actuellement. C'est ici que doit se manifester l'éthique et la déontologie professionnelles.

Et ce n'est pas tout. La fonction de notre direction sera soumise à une ultime épreuve qui est : l'efficacité de la « brigade douanière ». L'épreuve comme le but recherché sont les résultats, plutôt que les connaissances. L'art de diriger est en d'autres termes davantage une pratique qu'une science ou une profession, bien qu'il comporte des éléments de l'une et de l'autre. Le fait d'être une structure à part entière limite cette direction dans son champ d'action et dans ses pouvoirs. Ce fait même lui attribue une plus grande responsabilité quand il s'agit d'une action à la fois créatrice et novatrice, avions-nous déjà dit. Car la direction doit DIRIGER. Et diriger n'est pas une attitude passive ou complaisante se pliant aux circonstances. C'est agir en vue d'obtenir les résultats désirés, attendus et escomptés. La direction a pour tâche essentielle de rendre ce qui est souhaitable, d'abord possible, ensuite réalisable. La direction n'est pas une simple création de l'économie. Elle est aussi créatrice de richesses et d'emploi. La fonction de direction ne s'accomplit pleinement que dans la mesure où elle domine les contingences économiques, où elle les modifie par une action réfléchie et bien conduite pour viabiliser les statistiques de notre commerce extérieur par exemple. Diriger une brigade douanière signifie par conséquent « diriger en fonction des objectifs ». C'est là l'idée maîtresse qui guide cet essai et ce projet.

d) La direction des ressources humaines

d.1. Les cadres supérieurs ou fonctionnels

Pour l'essentiel, c'est l'organisation des cadres supérieurs et de leurs fonctions. Car les impulsions sont données par les dirigeants et s'appliquent d'abord au personnel de direction. Aussi, l'« esprit » d'une entreprise est celui qui domine dans le groupe directorial afin d'atteindre les « objectifs » de la brigade et son rendement. Mais les objectifs sont des buts que les dirigeants se doivent d'atteindre, étant entendu qu'ils occupent les premières loges de la direction d'où partent les impulsions. Et si une entreprise n'atteint pas son but, on embauchera ou recrutera d'autres dirigeants et non de nouveaux ouvriers. Ici, la responsabilité des cadres est plus qu'accrue et engagée.

Les cadres supérieurs représentent aussi les ressources humaines les plus coûteuses de toute entreprise. Même en supposant que le chiffre réel ne soit qu'une fraction du chiffre indiqué, il serait encore élevé pour démontrer que les sommes engagées pour les cadres dépassent les sommes engagées pour toutes les autres ressources, dans pratiquement toutes les affaires. Utiliser intégralement ce capital est, par conséquent, une obligation majeure pour la direction d'une affaire aussi importante que la brigade douanière.

Diriger des directeurs et des cadres supérieurs, c'est donc rendre productives les ressources qu'ils représentent en leur faisant constituer l'entreprise. Et diriger présente des aspects tellement multiples qu'exercer cette fonction est une tâche non seulement vitale, mais extrêmement complexe.

d.2. Les agents exécutants et leur travail

Diriger les agents et leur travail est la fonction ultime de la direction. Le travail doit être accompli et les ressources qui permettent de l'effectuer sont les agents (travailleurs) – qui s'échelonnent de l'huissier, sous-brigadier, pointeur... aux cadres. Cela exige une organisation scientifique du travail, pour le rendre adaptable à des êtres humains, et une organisation des individus, pour les faire travailler de la façon la plus productive et, particulièrement la plus efficace pour la brigade douanière et ce, dans les normes ergonomiques. Il faut ici considérer l'être humain comme une ressource – une ressource exclusive ayant des propriétés physiologiques, des aptitudes et des limites particulières, qui nécessitent autant d'attention technique que toute autre ressource, telle que la jeep par exemple. Il faut, d'autre part, considérer la ressource humaine comme formée d'êtres vivants, ayant à la différence de toutes les autres ressources, une personnalité, une individualité, un contrôle sur l'efficacité, la qualité et la quantité de leur travail, exigeant par la suite des stimulants, des participations, des satisfactions, des primes d'encouragement et des récompenses, des impulsions données par des chefs, un statut et une fonction. Et c'est la direction, et la direction seule, qui peut donner satisfaction à ces exigences. Car elles doivent être satisfaites par le moyen de la production du travail, de la mission et de la tâche, et dans le cadre de la brigade, par la direction qui en est l'organe moteur.

d.3. La culture « paramilitaire » de la brigade douanière

Jacques Elliot définit la *« culture de l'entreprise »*, tout comme celle de la brigade, comme étant son mode de pensée et d'action habituel et traditionnel, plus ou moins partagé par tous ses membres, qui doit être appris et accepté, au moins en partie, par les nouveaux membres pour qu'ils soient acceptés dans l'entreprise.[1]

La culture est aussi définie comme une philosophie, un ensemble de valeurs morales et de règles non écrites d'une entreprise qui conditionnent les comportements de ceux qui y travaillent[2]. Le concept de *culture*, ainsi défini, induit une vaste série d'attitudes et de comportements qui comprennent des méthodes de travail liées aux spécialisations et aux connaissances techniques ; des attitudes à l'égard de la discipline et des sanctions positives et négatives, des coutumes et des habitudes directoriales ; des objectifs et des missions de la brigade douanière en face des infractions ; des valeurs assignées aux différents types de missions ; le fait de croire ou non aux avis des collègues de service ou des tiers… et enfin, les conventions et les tabous dont on est moins conscients. Pour ceux qui viennent de faire nouvellement partie de la brigade, cette culture constitue une partie de leur seconde nature. Les nouvelles recrues se reconnaissent au fait qu'elles ignorent la culture de la brigade qui est tout à fait différente de celle de l'administration des douanes dans son ensemble. Les inadaptés se reconnaissent ou s'identifient au fait qu'ils la rejettent carrément ou qu'ils sont incapables de s'en accommoder.

C'est qu'en définitive, l'établissement de relations au sein d'un corps requiert que chacun assume des rôles dans une structure professionnelle comme celle de la brigade. La qualité de ces rapports est fonction de la façon dont chaque agent de la brigade a absorbé sa culture afin d'être en mesure d'agir à l'intérieur d'un même code général de ce corps. La culture de la brigade douanière est formée en quelque sorte des moyens et des techniques de travail qui sont à la disposition de chaque membre pour bien mener ses relations et auxquels il a recours pour s'orienter dans ses relations avec d'autres personnes au sein de cette autre famille professionnelle, la brigade douanière, avec ses allures paramilitaires.

---

[1] J. ELLIOT, *Intervention et changement dans l'entreprise*, éd. Dunod, Paris, 1972, pp. 216, 217.

[2] A. ANTOUN, *op. cit.*, p. 213.

La *paramilitarisation*[1] de la Brigade douanière passe donc par sa restructuration organisationnelle soumise à une discipline rigoureuse qui s'apparente à celle d'une armée républicaine efficacement établie, sans compromission et sans concession. Et comme nous le savons, le rôle primordial d'une armée ou encore celui des forces de la défense est d'exercer de manière ordonnée les activités militaires en vue de protéger l'intégrité territoriale, d'après la philosophie et l'orientation politique d'un Etat par le ministère ayant la Défense nationale dans ses attributions. A la différence de la Brigade douanière qui relève plutôt du ministère des Finances, son rôle sera celui de rechercher, de dissuader et de réprimer la délinquance dans le secteur de la douane et son corollaire, la fraude commerciale. De ce point de vue, la brigade douanière doit assumer un rôle paramilitaire dans sa capacité à maintenir l'ordre, faire respecter et faire observer la loi douanière et sa réglementation. Elle doit s'adapter aux impératifs d'un environnement exigeant cette rigueur et cette discipline, conduisant aussi à la culture professionnelle d'un grand service public.

Etant donné aussi que la mission de sécurité (telle que nous l'avons indiquée) est plus que désormais inscrite dans les attributions de la douane, cette mission demeure une question de sûreté devenue de plus en plus une préoccupation dans les relations internationales au départ des frontières nationales des Etats. Cette sécurité à la frontière est parfois mise à mal à la commission d'infractions en matière douanière, par la production d'incidents liés aux activités de lutte contre le trafic de drogue (par les narcotrafiquants) qui poseront problème demain, par la contrebande et les contrebandiers armés, par les prohibitions, par la protection du patrimoine de la douane et de la brigade douanière, etc. Ces responsabilités incluent le maintien de la sécurité, du bon ordre et de la discipline en douane, en y créant un environnement persuasif de sécurité et de sérénité mais sur fond d'esprit et de discipline paramilitaires.

C'est ainsi que la brigade douanière est appelée aux ordres en tant que corps paramilitaire pour la bonne gouvernance de la douane dans son ensemble et surtout pour revitaliser une gamme d'activités douanières de

---

[1] « La *paramilitarisation* d'un corps comme la Brigade douanière, nous a confié le Directeur académique du groupement des Ecoles supérieures militaires localisé au Centre supérieur militaire à Kinshasa/Ngaliema, le prof. Bachiza Kashema M., consiste en l'acquisition d'une formation militaire de base, ressemblant à celle qui se dispense dans les centres d'instruction et d'entraînement militaires. Cette formation inclut, en plus de notions théoriques sur le REEI (Règlement d'Exercices et d'Entraînements d'Infanterie), l'acquisition des techniques de tirs, le maintien et le rétablissement de l'ordre public, des notions de tactique et de simulation de scénarios anti-terroristes… qui imprimeront aux paramilitaires (brigadiers) les capacités indispensables pour affronter et maîtriser non pas l'ennemi, mais des hors-la-loi qui opposeraient une certaine résistance aux injonctions et directives de l'autorité douanière. Aussi ses cadres hiérarchiques devraient-ils bénéficier dans leur formation d'une paramilitarisation académique qui orientera l'efficacité dans la chaîne de commandement de ce corps ».

coopération en matière de sécurité et d'assistance administrative mutuelle sous-régionale, par exemple au sein de la SADC ou du COMESA en collaboration avec INTERPOL... quand ces activités et coopérations ne sont pas strictement d'ordre militaire. C'est en cela que la brigade douanière sera une ressource nationale précieusement inestimable et une structure technique aux assignations appropriées. Etant donné que la lutte qu'elle mènera, telle que nous la concevons, aura une dimension socio-économique, nous la considérons aussi importante que les menaces militaires à la frontière où il faut dresser un contrepoids approprié et se mettre en ordre de bataille économico-financière. C'est ainsi qu'il faut faire de nos frontières des véritables bases paramilitaires de la brigade douanière face aux tendances effrayantes que fait peser la fraude sur les droits du Trésor public.

Cela implique la nécessité de disposer d'une brigade douanière forte au moins pour dissuader les potentiels fraudeurs tant à l'intérieur qu'à l'extérieur de l'administration douanière. C'est ici qu'en même temps que doit être envisagée la problématique de la taille de cette brigade qui doit protéger et couvrir toutes les longues frontières poreuses de la RDC de l'hostilité probable des fraudeurs. Nous pensons donc que, parallèlement à la préoccupation qui devrait animer les décideurs politiques pour la formation continue d'une armée républicaine dissuasive, ce sentiment serait le même pour la délocalisation d'une grande école de formation continue des éléments de cette brigade douanière.

Puisque la notion de fraude porte l'ombre ou l'idée d'insurrection de l'opérateur douanier contre le fisc et, partant, l'insurrection contre l'Etat, il faut la mâter par des pénalités pécuniaires au nom de la puissance publique que traduit la brigade douanière. Donc, la loi et le règlement qu'édictera demain le législateur devraient lui conférer toute la souplesse nécessaire en vue de s'acquitter de ses missions. Un tel corps paramilitaire aura donc sa propre identité par ses véhicules, ses jeeps, ses uniformes... bref, toute sa logistique et sa dotation porteront un marquage signalétique distinctement personnalisé. Ses agents auront leurs insignes et emblème propres, etc.

Ainsi donc, pour augmenter l'épaisseur de sa force de dissuasion auprès de l'opinion, le renforcement des capacités de ses agents sera ponctué de formations paramilitaires intenses auprès de nos centres de formation militaire et policière. Ceux-ci sont mieux lotis et indiqués pour imprimer cette discipline et cette culture paramilitaires à ce corps, préalables à son institution dans sa nouvelle configuration.

« D'après la discipline dans l'art militaire, les paramilitaires [de la brigade douanière] s'organiseront essentiellement en *effectifs* comme les brigades des militaires traditionnelles. En plus du fait qu'ils seront armés, ils devront surtout avoir la culture et le réflexe militaires d'être prêts à servir, voire à mourir pour les intérêts de la nation congolaise »[1]. Cet élément

---

[1] A. BACIZA KASHEMA MUZIGWA, *Psychologie de commandement*, cours inédit pour

psychologique qui a une forte dose de dissuasion contribuera à intimider et à contrer les velléités antipatriotiques de certaines autorités tant civiles que militaires en quête de pollution de leur aura à la douane.

e) Le rôle de la direction

e.1. L'animation de la direction

La direction est l'élément dynamique de toute entreprise dont elle est animatrice. Privées de son impulsion, les ressources d'efficacité et de productivité restent à l'état de simples ressources et ne deviendront jamais rentables et efficaces. Les qualités et les activités des dirigeants sont, par-dessus tout, les facteurs déterminants du succès d'une entreprise lancée au devant d'un défi composé de : la fraude douanière et commerciale, la contrebande, la contrefaçon, le piratage, les prohibitions... Car les activités et les qualités intraverties et extraverties de ses dirigeants sont les seuls avantages réels que devra posséder cette nouvelle brigade en quête d'émulation et d'une nouvelle identité.

La direction apparaît dans ce postulat comme une institution essentielle, distincte et conductrice des ressources prises dans leur ensemble. Dans notre quête d'efficacité, notre direction se manifeste comme une institution de base nouvelle, un groupe de têtes nouveau qui cherche à s'affirmer dans une nouvelle identité, telle que nous la recherchons dans cette brigade, indispensable à l'assainissement sectoriel des finances publiques. Elle exprime la croyance en la possibilité de gouverner les moyens d'existence de l'homme pour l'organisation systématique des ressources économiques. Elle exprime aussi et encore la croyance que les transformations économiques peuvent constituer un puissant moteur pour améliorer les conditions de vie, la justice sociale et l'équité fiscale des douanes à rétablir pour un grand pays comme la RDC qui se veut un grand chantier des infrastructures au cœur de l'Afrique pour en être la locomotive du développement.

e.2. L'importance de la création de la direction générale de la Brigade douanière

La compétence, l'intégrité, l'action joueront toujours un rôle décisif dans la conduite et la philosophie des affaires qui tiennent à l'efficacité et à prospérer. La prospérité de nos finances publiques peut très bien dépendre de notre possibilité de faire face à cette exigence qui porte avant tout sur la compétence spécifique de notre direction.

Le fait que la RDC soit, au regard de son sous-sol, son sol, sa faune, sa flore, son hydrographie, etc. un pays « potentiellement riche » du point de vue économique donne *a priori* un caractère décisif à la mission de la

---

les commandants de bataillons et compagnies, Centre supérieur militaire (CSM), Kinshasa/Ngaliema, 2003.

direction de la brigade douanière. L'activité économique ira certainement parallèlement à la fraude douanière et commerciale croissante demain. Il faut donc planifier aujourd'hui des décisions qui détermineront l'assiette économique pour des résultats meilleurs demain. Nous constatons malheureusement dans notre pays une tendance à défendre ou à maintenir ce que l'on a, plutôt que de suivre l'évolution, s'adapter au changement et aller de l'avant. Nous devons rompre avec la culture du provisoire qui prend le pas sur le définitif. En d'autres termes, l'administration des douanes congolaises et l'impact financier qu'elle génère courent le danger avec le recul du temps de tomber dans l'insuccès par manque de largeur de vues, d'anticipation, d'efforts et de courage politiques en vue de marquer des changements radicaux et d'être de son temps, c'est-à-dire rompre avec le *statu quo* actuel. Seule donc une direction supérieurement compétente et perfectionnant continuellement son action à la lumière des recommandations de l'Organisation mondiale du commerce (OMC) et de son héraut, l'Organisation mondiale des douanes (OMD) peut nous maintenir sur la voie du progrès et nous empêcher de nous endormir dans une espèce d'inertie béate, comme c'est le cas maintenant.

Cette direction a une mission plus décisive encore et son travail est de plus en plus difficile mais pas impossible malgré les pesanteurs extérieures à son fonctionnement. Pour retrouver la prospérité économique et assainir propicement son environnement, la RDC dépend par dessus tout de toute la compétence requise de ses organes dirigeants, dont la direction générale de la brigade douanière constitue une branche spécialisée contre les fraudes. Mais avant cela, le vrai problème réside dans l'établissement d'une politique de base s'appuyant sur une vraie direction de la brigade douanière et il faut trouver les vrais hommes qui doivent la constituer. Mais avant d'introduire n'importe qui, il faut faire d'abord place nette, établir les principes de base qui régleront dans l'avenir son fonctionnement : choisir des hommes nouveaux mais expérimentés qui la dirigeront, qui exerceront eux-mêmes leurs propres activités, qui en assumeront l'entière responsabilité de gestion, et qui auront une autorité totale au sein de la brigade quant à la formation des agents, à la surveillance des frontières, à la recherche, aux enquêtes, à la prévention, à la dissuasion et à la répression de la fraude douanière et commerciale, de la contrebande et des autres missions que lui conférera le législateur.

La conduite de la brigade sera ainsi réglée par ses objectifs. Alors, les ordres arbitraires seront de toute évidence remplacés par des règles d'action fondées sur des objectifs et des évaluations. Cette nouvelle conception de la direction de la brigade douanière sera remplacée par celle de la responsabilité objective de ses différentes fonctions. Le changement le plus radical et certainement le plus apparent est celui de sa structure organisationnelle.

En revanche, si demain la direction de la brigade douanière était délocalisée au sein de l'administration douanière, avec ses directions, ses inspections, ses équipes de brigade entièrement responsables du fonctionnement et des résultats de son affaire, elle aurait pleine autorité pour prendre toutes les décisions nécessaires pour obtenir des résultats *a posteriori*. Entre autres, la direction générale de la brigade douanière formera une direction à part entière sous la tutelle technique directe du ministère des Finances, qui l'est aussi sur l'administration des douanes et accises.

Les ressources humaines qui seront gérées par la direction générale de la brigade douanière ne peuvent produire des résultats que si elles sont maintenues au-delà des possibilités humaines d'un seul homme ou groupe d'hommes. Cette direction doit pouvoir se perpétuer, et pour cela il lui faut un cadre légalement adéquat. La tâche est si complexe qu'elle exige une équipe bien organisée et intégrée dont chaque membre accomplit sa part de direction. On peut dire par conséquent que la réorganisation, la conception et la modernisation de la brigade douanière sont une entreprise qui exige un gouvernement et une direction, c'est-à-dire un organe qui la gouverne et la fait fonctionner sous de nouveaux auspices et textes réglementaires. Les fonctions et les devoirs de cet organe seront déterminés par une seule chose : les objectifs que la brigade devra atteindre. L'Etat propriétaire et les ministères de tutelle sont légalement les « employeurs » de cette nouvelle structure. Mais la nature, les fonctions et les responsabilités de cette direction seront toujours déterminées par la tâche à accomplir plutôt que par une délégation quelconque.

Nous attendons que le changement soit qualitatif par ses effets bien que le développement quantitatif fasse de cette direction un organe nécessaire. Cette direction a une fonction à cause des objectifs que se propose la brigade. Nier ou amoindrir cette fonction, comme c'est le cas actuellement, aboutit au bout du compte à ruiner la brigade avec une incidence négative sur les recettes budgétaires.

La création de la direction générale de la brigade n'est pas une fin en soi. C'est un organe constitué par des individus. La première condition est d'imposer à la direction et à ses fonctionnels l'obligation de concentrer leur attention sur les objectifs visés par la brigade douanière et de tendre sa volonté et ses efforts pour atteindre ses buts. Tandis que la première obligation de la direction des fonctionnels (directeurs, sous-directeurs, inspecteurs et contrôleurs de brigade) est de « diriger la brigade par objectifs et aussi par autocontrôle ».

Chaque directeur doit être également capable de fournir les efforts indispensables et d'obtenir les résultats escomptés. Ses fonctions doivent être établies de façon à lui permettre le maximum de rendement. La deuxième obligation de la direction des cadres est d'offrir « une structure convenable pour les fonctions de directeur ».

Même si ceux qui dirigent sont des individus, ils doivent travailler ensemble en formant une équipe. Un tel groupe organisé présente toujours un caractère distinct. Quoique formé par des individus, par leurs vues, leurs habitudes, leurs attitudes et leurs comportements, ce caractère est commun au groupe. Il subsistera longtemps après que les hommes qui l'ont créé auront disparu. Il façonne les attitudes et le comportement des nouveaux venus. De lui dépend dans une large mesure le succès d'un individu au sein de l'organisation. Un état d'esprit médiocre véhiculé par la hiérarchie engendrera avec le temps des directeurs médiocres ; un état d'esprit largement ouvert produira de grands directeurs qui pérenniseront l'efficacité de la brigade. Diriger ses cadres supérieurs suppose donc la création de « l'esprit de corps qui convient à la brigade ».

Etant donné que la brigade douanière sera essaimée sur tout le territoire national où fonctionnent des bureaux de douane, elle doit avoir une direction générale, organisme prenant en dernier ressort les décisions, et une structure générale d'étude et d'évaluation.

La réorganisation de la brigade doit prévoir et assurer son existence et sa croissance ; ce qu'elle doit anticiper pour « prévoir les directeurs de demain ». Tout groupe organisé doit avoir sa propre structure. C'est une exigence que la direction soit organisée suivant des principes de structure viables. Toute entreprise possède une structure d'organisation, qu'elle soit efficace ou non, mais elle en a toujours une. Toutes les entreprises ont un esprit qui tue ou qui donne la vie. Il y a donc une alternative : les individus peuvent se développer jusqu'à réaliser tout leur potentiel et satisfaire aux exigences de l'avenir du projet, ou bien voir leur développement se faire dans le mauvais sens. La direction n'a qu'une alternative dans ces domaines, c'est d'accomplir sa tâche, bien ou mal, mais elle ne peut s'y soustraire. Et c'est ce qui déterminera la survie et la prospérité des entreprises ou leur déclin, et enfin leur ruine. Nous en faisons un leitmotiv pour la brigade douanière.

Voilà comment, de façon évidente, la valeur de cette conception peut sauver la brigade douanière qui semblait vouée à un déclin certain, sinon à une ruine certaine, une brigade privée de vraie direction, démoralisée et sans pouvoirs réels d'exécution indépendants et sans interférences intempestives de pesanteurs systémiques. Elle peut dès lors reprendre sa pleine ascension et justifier économiquement son existence. De moribonde qu'elle est aujourd'hui, elle peut redevenir dans un futur proche un corps spécialisé des enquêtes et des recherches, de prévention, de dissuasion et de répression de la fraude douanière très importante et en plein essor aujourd'hui. Ce miracle que nous comptons opérer à partir de l'originalité de cette contribution sera dû au renversement radical des principes que la nouvelle direction de la brigade douanière veut apporter face aux fraudes et à d'autres lèpres.

f) L'identification de la Brigade douanière de la RDC et sa devise

Pour marquer définitivement la solennité de sa nouvelle existence en tant que label, et imprimer son empreinte par l'éclat de son action publique en sa qualité de corps paramilitaire spécialisé de lutte contre la fraude, la Brigade douanière se signalera par une double prestance extrinsèque, notamment par :

- son uniforme personnalisé et galonné aux couleurs traditionnelles ;
- sa fanfare douanière originale ;
- sa devise sera « *TOUT POUR LE TRESOR* ».

f.1. Par son uniforme personnalisé et galonné

« L'habit ne fait pas le moine », dit-on. Mais c'est justement par l'habit que l'on reconnaît le moine ! Ou encore comme l'écrit David J. Schwartz : « Les ambitions d'un homme sont proportionnelles aux soins avec lesquels il s'habille ».[1] A partir de ce portrait, nous soutenons donc que les ambitions de respectabilité et d'honorabilité de la Brigade douanière se liront donc dans la prestance de son uniforme enfilé avec élégance, coiffé d'autorité et des pouvoirs réels de dissuasion ou d'intimidation et de répression. La dissuasion est l'une des armes à laquelle recourt la Brigade pour ajuster le comportement des usagers de la douane. L'uniforme sert donc de rappel à l'ordre de façon intuitive. Car une brigade qui a de la prestance inspire auprès de l'opinion respect et considération. L'élégance et le maintien imposants dans un uniforme aux couleurs et motifs traditionnels, au galonnage artistiquement et simplement bien conçu, bariolé d'un logo, d'un emblème, d'insignes et d'une devise de la brigade ajouteront du sérieux à ce corps.

Dans cette optique, deux types d'uniformes pourraient être de mise :

-*Tenue de gala ou grande tenue* (avec képi galonné et assorti de l'écusson de la Brigade) : pour les cadres et fonctionnels de la Brigade. Elle sera portée lors de toutes les manifestations officielles et les grandes cérémonies publiques auxquelles la Brigade prendra part. Cette tenue s'apparentera à celle des officiers supérieurs de l'armée républicaine ;

-*Tenue de service* (avec béret galonné ou griffé) : elle sera commune à tout le corps de la Brigade (du brigadier au commandant général de la brigade). Cette tenue est individuelle et ne peut être cédée à un tiers quelconque puisque étant la propriété exclusive de la Brigade. Comme nous l'avons indiqué précédemment, celle-ci aura ainsi sa propre identité, ses véhicules, ses jeeps... portant un marquage signalétique distinctif et ses agents auront leurs insignes et emblème propres.

[1] Cité par Léonard R. SUMPI TSHIMANKINDA M., in *Bien parler et bien écrire – Cours de perfectionnement de la langue française* dispensé à l'IPN et à l'ENF, Kinshasa, 2000, p. 145.

Ce marketing communicationnel par l'image que présentera la Brigade douanière dans cette nouvelle posture constituera une belle arme de séduction et d'incitation à la culture fiscale.

f.2. Par sa Fanfare douanière originale

Pour marquer et faire assoeir sa visibilité de manière retentissante et entretenir de manière syncrétique son label, un protocole d'accord devra être signé entre l'*Ecole de musique des FARDC* et la Brigade douanière pour la formation spécifique de ses musiciens pour une durée maximale de 18 mois pour une fanfare classique du genre.

Formée dans la discipline de l'Ecole de musique des FARDC, la Fanfare douanière agrémentera désormais toutes les manifestations publiques à la fois au sein de l'Administration des douanes qu'à la Brigade douanière elle-même. Avec les éléments de la Brigade, cette fanfare sera impeccablement présente sur les lieux de réjouissances et mortuaires des agents des douanes et de ceux de la Brigade, lors de grandes festivités nationales et internationales, de journées festives, de réception et de grandes rencontres (assemblées syndicales, rencontres sportives, récréatives, etc.) pour porter haut l'image et le label de ce Corps de police douanière de la RDC. Elle se distinguera par sa prestance aux motifs de ceux de sa Brigade, son répertoire devra être aussi riche que varié. Sa composition répondra à la norme d'une fanfare classique du genre dont de filles tambourinaires dans l'effectif avec une élégante demoiselle comme tambour-major dans le respect du quota de la parité.

Aussi avons-nous opéré notre choix dont le premier a été retenu entre :

- Une ***Fanfare classique*** composée de : *89 musiciense +25 majorettes*
- Une ***Clique musicale*** composée de : *59 musiciens + 20 majorettes*[1].

Cette dernière (clique musicale) agrémenterait surtout l'installation des directions provinciales de la Brigade douanière pour marquer leur présence et leur existence auprès de l'opinion.

Les uniformes personnalisés et les instruments de la fanfare douanière seront sous la gestion du service du patrimoine de la Brigade douanière. Telle sera, sommairement, la touche à l'innovation que nous comptons apporter dans la vision de la nouvelle Brigade douanière.

f.3. Les grades au sein de la Brigade douanière et leurs équivalences au sein de l'OFIDA

Restant dans la logique de la restructuration et de la modernisation d'un grand service public comme la Brigade douanière incarnant la puissance

---

[1] « L'âge des *majorettes* varierait entre 12 et 14 ans qui, avec le temps, seront versées auprès d'autres musiciennes pour assurer la continuité de la fanfare dans son esprit de parité », nous a suggéré le Commandant de l'Ecole de Musique des FARDC, le Lt.-Col. Kawamonoko mwana Nkodia.

publique de l'Etat, il nous a semblé utile de nous aligner sur la réflexion tenue par la Commission de restructuration de l'OFIDA en 2005 et que nous schématisons comme suit :

Schéma n° 14

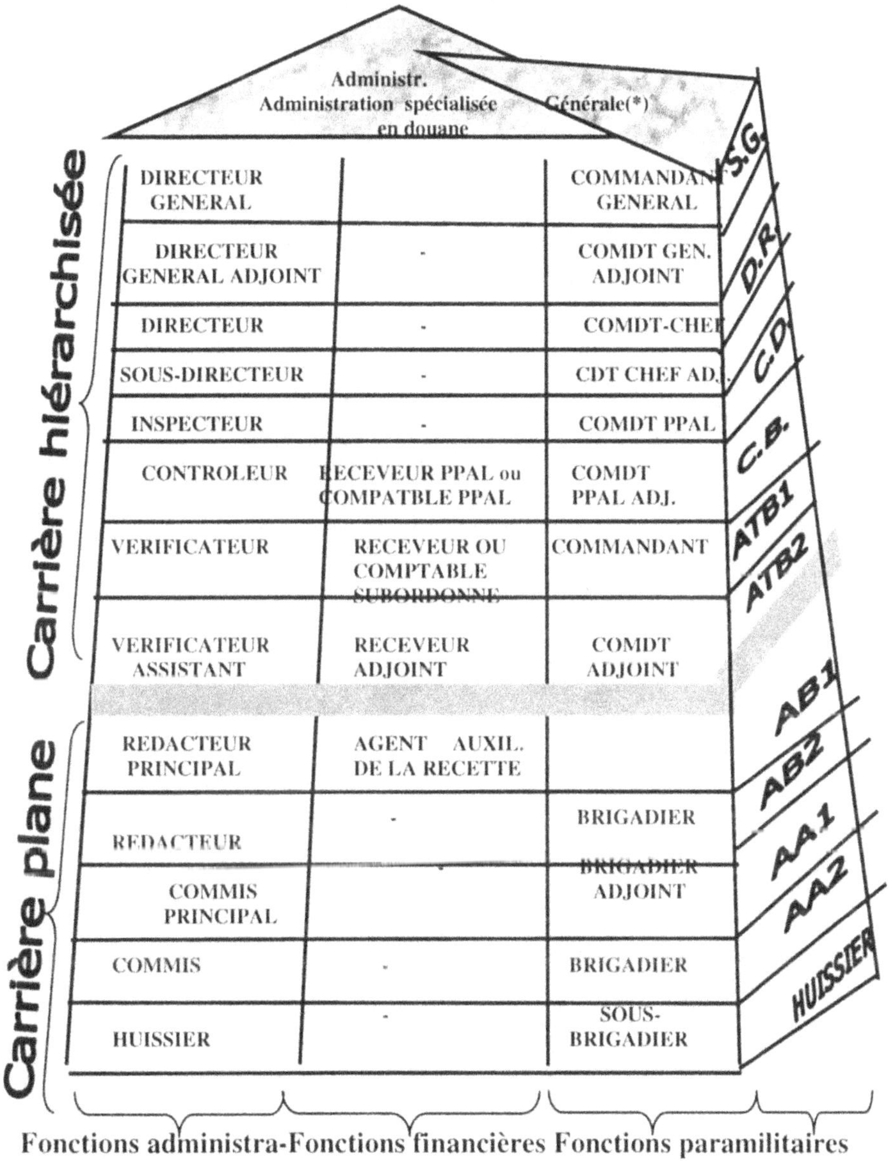

Source : L'auteur (Tableau schématisé et monté sur base de la réflexion de la Commission de restructuration de l'OFIDA en 2005).

Désignation :

* Fonction Publique/Administration Générale :

- AA2 : Agent Auxiliaire de 2ème classe
- AA1 : Agent Auxiliaire de 1ère classe
- AB2 : Agent de Bureau de 2ème classe
- AB1 : Agent de Bureau de 1ère classe
- ATB2 : Attaché de Bureau de 2ème classe
- ATB1 : Attaché de Bureau de 1ère classe
- C.B.: Chef de Bureau
- C.D. : Chef de Division
- DR : Directeur
- SG : Secrétaire Général.

f.4. Projet de l'organigramme de la direction générale de la Brigade douanière de la RDC

Schéma n° 15

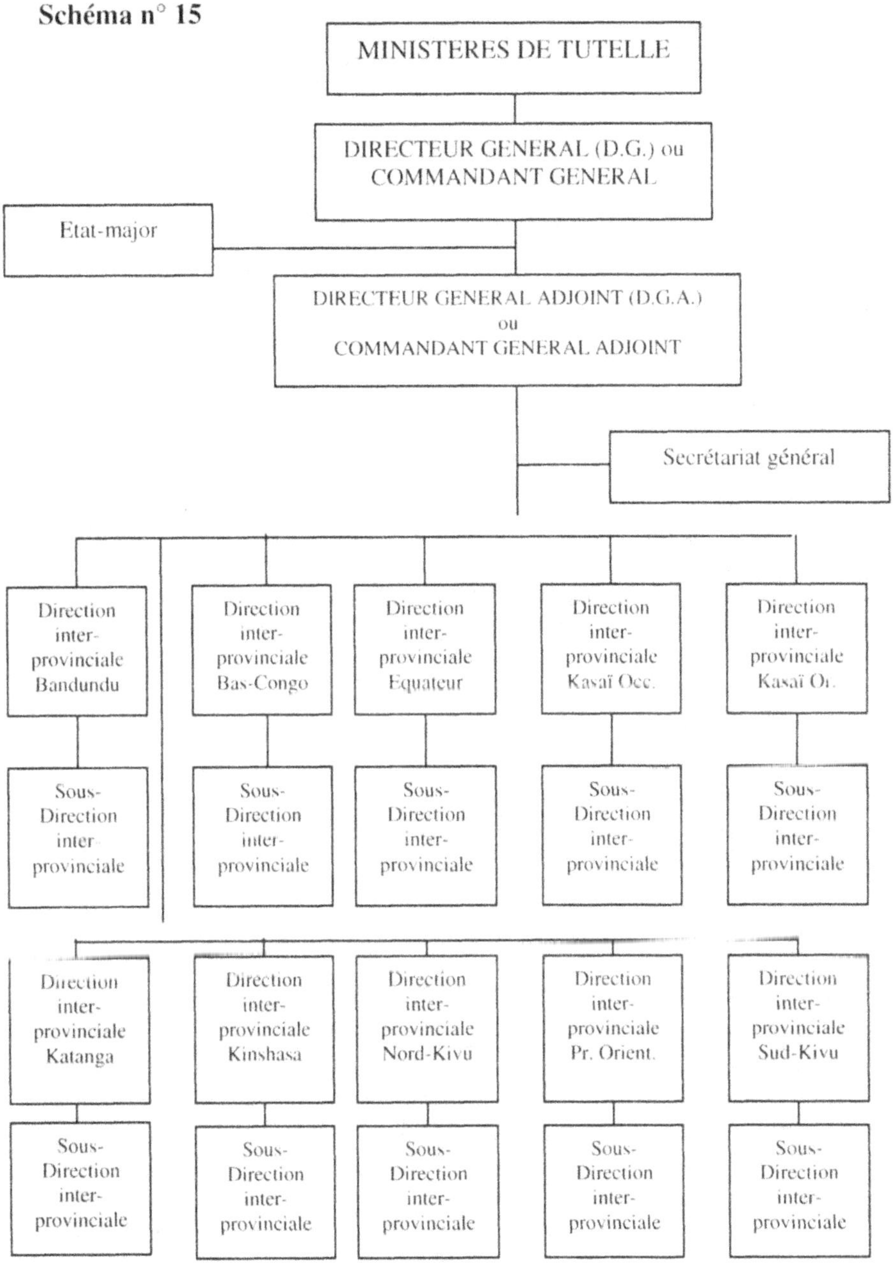

Source : l'auteur.

Nota : Nous préconisons la « Direction interprovinciale » en prévision des découpages des provinces administratives actuelles en fonction de l'article 2 de la Constitution de la RDC.

f.5. Le management par la modernisation de la Brigade douanière de la RDC

Nombre d'opérateurs douaniers qui se frottent aux brigadiers à la vérification d'un indice de fraude ont souvent le sentiment légitime d'être harcelés et se sentent même importunés. Tandis qu'à l'opposé, l'amélioration de la qualité du service de la brigade réduirait le temps nécessaire au dédouanement de la marchandise sans bien sûr compromettre la perception des droits dus au Trésor. Devant jouer le rôle de bouclier dans les missions de l'administration douanière, la brigade se trouvera placée devant l'ampleur des défis à relever et face à des impératifs tels que celui répondant à la sécurisation des recettes, sans toutefois constituer une entrave à la facilitation des échanges.

Par quoi passe donc cette modernisation et par rapport à quelle situation pendante ? Pour ne pas paraître trop caricatural, Michael Keen nous donne brièvement des éléments fondamentaux de réponse : *« Il est désormais de bon ton de désigner le travail de l'administration douanière et son amélioration par l'expression « facilitation des échanges », ce qui peut s'apparenter à une parodie du jargon journalistique « orwellien ». L'administration douanière est en effet intrinsèquement une entrave aux échanges commerciaux. Le but de sa modernisation est d'atténuer autant que possible les effets de cette entrave qui se caractérisent par les coûts que supporte l'Etat pour en assurer le fonctionnement, d'une part, et, d'autre, les charges que le respect des procédures douanières fait peser sur les opérateurs économiques. Tout ceci bien entendu conformément aux objectifs de la politique que l'administration des douanes est censée mener, c'est-à-dire veiller à l'observation des règles qui régissent le commerce en perturbant le moins possible les flux commerciaux [car] les entraves peuvent avoir des conséquences très coûteuses*[1].

Selon certaines études, nous rapporte M. Keen, les charges que les procédures douanières imposent aux opérateurs représenteraient environ 27% de la valeur des marchandises expédiées et souvent beaucoup plus dans les pays en développement. Si l'on tient compte du coût des retards que provoque cette charge, elle serait bien supérieure à 10%. Le changement organisationnel que nous comptons ici mettre en place constitue en fait une tentative intentionnelle de notre part d'améliorer le fonctionnement et la qualité de service par une plus-value qu'apporterait cette nouvelle brigade pour le Trésor public dans une mesure assez importante et quantifiable. Ces efforts conjugués en faveur d'un changement planifié visent à apporter une plus-value de la brigade, la maîtrise de la nouvelle technologie par les agents avec une augmentation de leur motivation. Ces buts-ci et bien d'autres similaires, dictés par un besoin d'amélioration, supposent en fait l'atteinte de deux objectifs :

---

[1] M. KEEN (dir.), *op. cit.*, p. 15.

- accroître la capacité ou l'aptitude de la brigade douanière à s'insérer et à s'adapter aux changements environnementaux de la douane mondiale dont la RDC est membre ;
- changer la culture et les modèles de comportement des agents de la brigade qui reflètent parfois, à tort ou à raison, une image peu reluisante auprès de l'opinion.

Sans baisser la garde face aux intérêts du Trésor public, la brigade douanière devra avec beaucoup plus d'attention cerner les grands risques qui guettent les recettes de douanes et accises que font peser les déclarants sur l'Etat par la fausse dénomination, la sous-évaluation de la valeur en douane et surtout la fraude à l'exonération abusive accordée à de grosses quantités de marchandises, sans compter les opérations des contrebandiers le long de nos frontières poreuses. La brigade ciblera dans ses missions et focalisera son attention encore plus sur les conteneurs de marchandises à taxation élevée bien souvent prédisposées à la fraude et à la contrebande. Par ailleurs, plusieurs méthodes sont envisageables pour mener efficacement la lutte contre la fraude dans ce nouveau cadre et contexte, notamment par les *méthodes dites intelligentes*. Par celles-ci, il faut entendre celles qui mettent l'accent sur la capacité intellectuelle des agents bien formés.

Ces méthodes impliquent la mise sur pied au quartier général de la brigade douanière ou en province d'un système de décentralisation des informations par l'établissement de fichiers informatiques sur les fraudes et leurs auteurs. Ces méthodes recourront aux schémas potentiels les plus divers de fraudes par le recueil des informations pour leur traitement et leur analyse dont la synthèse contrera leurs diverses menaces ; la conception de plans d'actions, le ciblage[1] de l'agent de fraude, la gestion des risques de fraude, l'action répressive, etc. La sélection dans *la gestion des risques*[2] visera préalablement des importateurs à haut risque et des marchandises réputées de contrôles suivis et les sociétés de transport et aussi leurs clients. L'exploitation judicieusement rationnelle de ces méthodes entraînera une meilleure utilisation des ressources et des mesures de lutte contre la fraude qui seront mises en place. Un investissement à la fois financier et humain en amont est attendu dans la formation continue des agents pour un résultat escompté[3]. En fait, l'approche systémique que nous apportera le

---

[1] *Le ciblage* consiste à sélectionner des envois commerciaux en vue d'effectuer un examen documentaire et matériel des marchandises afin d'opérer un choix des entreprises à examiner pour une enquête ou un contrôle *a posteriori* en fonction d'une évaluation des risques et d'en établir les profils.

[2] *La gestion des risques* passe par leur évaluation qui est une méthode consistant à appliquer diverses techniques en vue d'évaluer *la probalilité* que des marchandises prises en charge par la douane n'ont pas été déclarées *légalement*.

[3] M.-C. VEKO ZELEBA, *Les Indices de la fraude et leurs impacts sur la lutte contre la fraude douanière*, TFC, Finances publiques, douanes et accises, ENF, Kinshasa, 2002-2003.

management de ce corps vise à combler dans l'administration de la brigade douanière des besoins manifestés au cours de notre carrière tant pratique que scientifique.

f.6. L'autonomie administrative de la Brigade douanière

Le décor de la gestion administrative étant ainsi planté sur la base de structures organisationnelles comme nous avons tenté de l'expliquer dans les grandes lignes ci-haut, notre stratégie de lutte et d'administration vise à accroître l'autonomie de la brigade douanière à partir des choix de réformes gestionnaires que nous avons opérés après l'analyse des réalités de notre environnement. Afin de rejoindre ce que conclut James T. Walsh, la mise en musique de notre vision managériale nous conduirait à nous inscrire sur le registre des administrations ayant bénéficié d'une autonomie administrative accrue présentant les trois caractéristiques communes suivantes :

1) un certain degré d'indépendance financière dans le sens où les administrations peuvent répartir leurs ressources budgétaires comme elles l'entendent [dans un élan d'émulation bien entendu] ;
2) une autonomie administrative impliquant les administrations qui ont le pouvoir de fixer leurs propres objectifs et leurs politiques administratives [appropriés et adaptés à notre brigade] ;
3) une indépendance vis-à-vis des règles générales de la fonction publique signifiant que les administrations sont responsables de leurs politiques de recrutement, de leur grille des salaires, de l'évolution des carrières et de la formation, ainsi que de la définition des normes de rendement et des codes de conduite.[1]

Par ailleurs, s'agissant de l'organisation administrative dans la stratégie de réforme allant dans le sens de notre vision de la brigade douanière, le même auteur soutient « qu'il devrait y avoir une séparation nette entre les fonctions de planification et de supervision exercées par le siège de l'administration douanière [cas de l'OFIDA] et les activités opérationnelles de dédouanement sur le terrain [sous l'œil vigilant de la brigade douanière][2] » en vue d'accroître son autonomie de gestion et en même temps d'avoir l'obligation de rendre compte, si pas au ministère des Finances et/ou même devant le Parlement .

Plus encore, qu'apportera la Brigade douanière au Trésor public pour le financement du budget de l'Etat ? Voyons-en d'abord ses zones opérationnelles et les délits qui constitueront le point focal de sa lutte.

---

pp. 34.

[1] J.T. WALSH, « Dispositions pratiques visant à promouvoir l'éthique au sein des administrations douanières », Chap. 11, *in* Michael Keen (dir.), *Moderniser la douane, op. cit.*, p. 178.

[2] *Idem*, p. 70.

SECTION 3 : L'INTEGRATION DE LA BRIGADE DOUANIERE DANS LES MISSIONS DES UNIONS DOUANIERES ET LES CONVENTIONS INTERNATIONALES

En souscrivant son insertion dans un nouvel espace communautaire douanier et commercial comme la SADC ou le COMESA, la RDC passe donc de la *politique douanière autonome* (où elle disposait pleinement de sa liberté de manœuvre pour définir sa propre politique douanière) à la *politique douanière contractuelle* (où elle devra désormais tenir compte des engagements pris dans le cadre des accords commerciaux internationaux). De ce fait, la RDC se trouve devant de nouvelles responsabilités, requérant une adaptation technique et administrative avec des méthodes et un jargon de travail uniformisés qu'il faut savoir maîtriser. Ses vues et missions doivent converger vers les mêmes objectifs que ceux de l'union ou des unions en passant par un chronogramme d'assimilation établi par elle(s) et auquel l'Etat-membre a souverainement adhéré dans sa marche vers la globalisation pour être en phase avec son temps. Cette globalisation appelle de nouvelles responsabilités dont l'une d'elles touche à la fraude commerciale qu'analysent les lignes suivantes.

3.1. La « fraude commerciale » : une nouvelle donne de lutte

Depuis toujours, la *fraude douanière* est un fait délictueux défini par l'OMD comme « l'intention délibérée de l'assujetti d'éluder le paiement de droits et de taxes douaniers » et sur lequel est toujours focalisé toute l'attention de la brigade. La fraude commerciale par contre va au-delà de ce champ visuel relativement réduit. Le « Manuel de l'OMD destiné aux enquêteurs sur la fraude commerciale »[1] en dévoile un pan.

L'OMD définit la *fraude commerciale* comme toute infraction aux dispositions législatives et réglementaires que les administrations douanières sont chargées de faire appliquer, commise en vue :

a) d'éluder ou tenter d'éluder le paiement des droits, redevances ou taxes applicables aux marchandises ;

b) d'éluder ou tenter d'éluder les prohibitions ou restrictions applicables aux marchandises ;

c) de percevoir ou tenter de percevoir de manière indue des remboursements, subventions ou autres versements ;

d) de percevoir ou tenter de percevoir des avantages commerciaux illicites portant atteinte aux principes et aux pratiques de la concurrence commerciale licite ;

---

[1] M.L.F. MALNATI et M. J. ALLAIN RICHIR (dir.), *Manuel de l'OMD destiné aux enquêteurs sur la fraude commerciale*, éd. OMD/Equipe Fraude commerciale, Bruxelles, s.a., pp. 3-29.

e) de transférer ou tenter de transférer des fonds en tirant parti de l'importation ou de l'exportation de marchandises.

Comme on peut le constater, la fraude commerciale se juxtapose quelque part à la fraude douanière du fait qu'elles sont, toutes les deux, un franchissement illégal des marchandises importées du territoire national d'un pays, c'est-à-dire la soustraction volontaire de marchandises par l'importateur ou son représentant au paiement des droits et taxes dus au Trésor public avec d'autres actes commerciaux et douaniers illicites.

Bien que nous ayons abordé cette donne dans son approche générale, nous nous sommes réservé d'aborder tous les aspects techniques de la question qui relèvent, croyons-nous, de l'exclusivité des enquêteurs et autres professionnels du terrain. Notre réserve professionnelle touche aux modes opératoires et méthodes de détection des indices indicatifs propres à établir une présomption de ces fraudes, les procédures d'enquêtes et les lois internes y relatives. Les panoplies d'exemples et les explications illustrant ces délits peuvent constituer toute une étude à part.

3.2. Les types de fraude commerciale

a) La contrebande

C'est l'infraction douanière impliquant le passage clandestin, par tout moyen, de marchandises à travers la frontière douanière, les soustrayant ainsi au contrôle de la douane. Ce terme peut couvrir également certaines violations de la législation douanière relative à la détention et à la circulation des marchandises à l'intérieur du territoire douanier.

Dans certains pays :

-L'idée du franchissement clandestin des frontières n'intervient pas nécessairement dans la qualification de la contrebande ;

-Une infraction n'est qualifiée de contrebande que si elle est internationale.

b) La fraude par fausse désignation

C'est une fausse désignation de marchandises en vue de bénéficier d'un taux de droits inférieur ou nul et/ou d'éluder les prohibitions ou restrictions. Elle consiste à établir par présomption de fraude le faux classement de la marchandise par rapport à sa vraie position tarifaire.

c) La fraude en matière d'évaluation

Cette fraude concerne la valeur des marchandises importées ou exportées en :

- *Sous-évaluation :* Fausse déclaration indiquant une valeur inférieure à la valeur transactionnelle réelle. La valeur transactionnelle peut être sous-évaluée notamment pour les raisons ci-après :

- bénéficier d'un taux de droits inférieur ;

- éluder les restrictions à l'importation.

- *Surévaluation :* Fausse déclaration indiquant une valeur supérieure à la valeur transactionnelle réelle. La valeur transactionnelle peut être surévaluée notamment pour les raisons ci-après :
  - bénéficier de *drawbacks* plus élevés que ceux effectivement dus ;
  - recevoir une compensation fiscale d'un montant élevé à l'exportation de marchandises d'origine locale qui peuvent, d'après la loi, bénéficier de cette compensation ;
  - éluder le paiement des droits anti-dumping et/ou des taxes internes ;
  - bénéficier d'un taux de droits inférieur grâce à un classement inexact ;
  - éviter le contrôle des changes ;
  - blanchiment de fonds.

d) La fraude concernant l'origine et/ou les préférences

Cette fausse déclaration ou déclaration falsifiée concerne l'origine en vue :

- d'éluder les contingents tarifaires et/ou
- de bénéficier d'un taux de droits préférentiel et/ou
- d'obtenir un avantage commercial et/ou
- d'éluder le contrôle des changes ;
- de falsifier les critères de fabrication ou les pourcentages de valeur ;
- de contourner les sanctions commerciales ou les embargos en vigueur ;
- de satisfaire par des moyens illicites les exigences documentaires en vigueur dans le pays d'importation.

e) La fraude en matière d'admission en franchise dans le cadre du perfectionnement actif et/ou passif

Cette fausse déclaration ou la déclaration falsifiée est établie en vue de se prévaloir abusivement de l'admission en franchise dans le cadre du perfectionnement actif et/ou passif. Elle concerne entre autres :

- la non-réexportation et/ou la réimportation des marchandises ;
- la substitution des marchandises.

f) La fraude en matière d'admission temporaire

Cette fausse déclaration ou déclaration falsifiée voudrait se prévaloir abusivement et indûment des dispositions de la législation relative à l'importation et à l'admission temporaire. Elle touche notamment : la non-réexportation/réimportation des marchandises ; la substitution des marchandises.

g) La fraude en matière de licences à l'importation/exportation (par exemple, dispositions de l'Accord multifibres–matériel militaire)

C'est une fausse déclaration (ou elle est falsifiée) en vue de contourner les contrôles relatifs aux prescriptions en matière de licence.

Par exemple : les prohibitions ou les restrictions à l'importation ; les prohibitions ou les restrictions à l'exportation.

h) La fraude en matière de transit

C'est le détournement pour mise à la consommation par :

- la déclaration fausse ou falsifiée ;
- la non-exportation des marchandises ;
- la substitution des marchandises.

i) La fraude liée aux fausses déclarations de qualité et/ou de quantité

Fausse déclaration de quantité et de qualité en vue de bénéficier d'un taux de droits inférieur ou nul et/ou d'éluder l'application de lois ou règlements imposant des contrôles de quantité ou de qualité.

Par exemple : les marchandises importées en quantités supérieures aux quantités déclarées ; les marchandises dangereuses ; les marchandises mal étiquetées.

j) La fraude en matière d'utilisation finale

C'est l'utilisation abusive des régimes d'utilisation finale en détournant à des fins non autorisées des marchandises exonérées de droits et taxes. Elle se traduit par la non-utilisation des marchandises aux fins initialement déclarées.

k) La fraude en matière de désignations commerciales et de protection du consommateur

C'est la fausse déclaration ou la déclaration trompeuse concernant les marchandises, destinée à éluder l'application des dispositions des lois et règlements relatifs aux désignations commerciales ou à la protection des consommateurs.

l) La fraude portant sur des marchandises contrefaites ou pirates

On désigne par *Marchandises (de marque) contrefaites :*

1. Toute marchandise, y compris son emballage, portant sans autorisation une marque de fabrique ou de commerce valablement enregistrée pour lesdites marchandises ou qui ne peut être distinguée dans ses aspects essentiels de cette marque de fabrique ou de commerce, et qui de ce fait porte atteinte aux droits du titulaire de la marque en question en vertu de la législation du pays d'importation ;

2. Toute marque de fabrique ou de commerce conçue sans autorisation pour être fixés sur les marchandises, même présentée séparément et se

trouvant dans la même situation que les marchandises visées au point 1 ci-dessus ;

3. Toute marchandise portant une marque identique à une marque de fabrique ou de commerce protégée ou qui ne s'en distingue pas substantiellement et susceptible d'être en infraction au présent article lorsqu'elle est utilisée en relation avec des marchandises ou des services différents de ceux pour lesquels une marque de fabrique ou de commerce a été enregistrée, provoquant ainsi une confusion quant à la source ou l'origine.

On entend par *Marchandises pirates* :

- Toute marchandise constituant une copie faite sans le consentement du détenteur du droit ou d'une personne dûment autorisée par le détenteur du droit dans le pays de production, et fabriquée directement ou indirectement à partir d'un article dans le cas où la réalisation de cette copie aurait constitué une atteinte au droit d'auteur (ou à un droit connexe) en vertu de la législation du pays d'importation.

m) La fraude portant sur des transactions non enregistrées

Ce sont des transactions non enregistrées dans les livres de commerce tenus par la société, en vue de dissimuler des activités illicites.

n) La fraude en matière de *drawback* [1]

Ce sont de fausses demandes ou des demandes abusives de *drawback* touchant aux remboursements des droits et taxes. Le *drawback* est un système d'exonération qui prévoit le remboursement des droits de douane ou d'accise payés pour des marchandises qui n'ont pas été et ne seront pas consommées sur le territoire douanier national (car elles ont été exportées ou placées dans un entrepôt de douane).

La législation nationale de chaque pays détermine dans quelles conditions le remboursement des droits au titre du *drawback* peut être réclamé. Les articles 70 à 78 de l'ordonnance n° 33/9 du 6 janvier 1950 déterminent son champ d'application. Le *drawback* s'applique le plus couramment :

- aux marchandises importées sur le territoire douanier national, lorsque les droits ont été acquittés et que les marchandises ont ensuite été exportées ultérieurement ;

[1] Le système de *drawback* veut que les droits et taxes de douanes sur les intrants industriels importés soient remboursés aux exportateurs. Il se limite à fournir un remboursement ou une remise à hauteur du montant des droits et taxes d'importation prélevés sur les intrants importés qui ont été effectivement utilisés dans la production des marchandises exportées. Il peut être aussi appliqué à l'admission temporaire pour le traitement intérieur reposant sur le calcul des droit prélevés sur les intrants importés qui ont servi à la fabrication d'un produit fini. Les taux de *drawback* forfaitaires et individuels sont en application dans leurs spécificités respectives.

- aux marchandises qui ont été produites sur le marché national, lorsque les droits ont été acquittés et que les marchandises ont ensuite été exportées.

Le *drawback* relatif aux droits de douane peut s'appliquer à toute marchandise. Lorsqu'il est relatif aux droits d'accises, il s'applique généralement aux marchandises produites dans le pays et sur lesquelles les droits d'accises ont été prélevés, tels les boissons alcoolisées, le tabac et les produits pétroliers. Cette fraude se pratique sous plusieurs formes sur les marchandises consommées sur le marché intérieur mais déclarées comme ayant été exportées, notamment par :

- le remplacement ou la substitution des marchandises : exportation de t-shirts au lieu de costumes ; exportation de friperies au lieu de costumes de grande valeur ;
- les quantités inexactes : la sous-évaluation quantitative de marchandises exportées par rapport à la quantité déclarée effectivement ;
- les exportations fictives : aucune marchandise n'a été exportée ;
- les marchandises introduites initialement sur le territoire national par des voies frauduleuses ;
- les marchandises classées initialement comme relevant d'un système d'exonération de droits.

Elle touche par exemple à la production de faux éléments de preuve de marchandises exportées ou à la présentation de demandes portant des montants majorés.

o) Les fraudes en matière d'entreprises fictives

Elles touchent à la création d'entreprises fictives ou « fantômes » en vue d'obtenir des déductions fiscales indues.

p) La fraude en matière de liquidations organisées de sociétés

Ce sont des sociétés travaillant pendant de courtes périodes, accumulant des dettes en matière fiscale, puis mises en liquidation afin d'éluder les paiements. Ce type de fraude est souvent dénommé *syndrome du phénix*. Les administrateurs d'une société ayant été mise en liquidation fondent ensuite souvent de nouvelles sociétés dans le même but. Cette pratique s'observe surtout dans les milieux d'affaires ouest-afro-asiatiques à Kinshasa.

Incontestablement, c'est dans les différents compartiments de la fraude commerciale que se peaufinent ce que l'inspecteur des douanes et formateur Barbe qualifie des *fraudes intellectuelles*. Elles émanent le plus souvent de professionnels véreux du commerce international, signale-t-il. Elles portent sur des sommes et quantités importantes de marchandises, se doublent bien des fois de fraudes fiscales et cambiaires et revêtent ainsi un caractère de gravité généralement très accentué[1].

[1] C. BARBE, *Contentieux*, cours à l'Ecole des brigades des douanes, La Rochelle, janvier

Un examen attentif lié à la fraude commerciale attire ses pratiquants par le gain financier et les avantages commerciaux qu'ils en tirent mais surtout par la négligence qui s'observe du côté des pouvoirs publics qui, du reste, restent passifs. Cet état des choses n'est pas sans conséquences préjudiciables qui sont de plusieurs ordres : pertes de recettes pour l'Etat, dommages pour les milieux industriels, altération des échanges, concurrence déloyale, répercussions et préjudices d'ordre social et pour l'économie de l'Etat. Bref, la fraude commerciale nuit à la communauté en général et présente aussi des risques pour le consommateur[1]. Comme on peut en juger, la brigade douanière ne sera pas de tout repos pour la formation spécifique de son corps à cette mission de lutte.

q) La fraude fiscale internationale

Elle consiste en la rémunération de services fictifs, la fausse qualification juridique des termes de référence des opérations commerciales et contractuels, la perception de revenus réels par une société étrangère fictive, la manipulation et la modulation des prix de transfert entre unités de production des multinationales en vue d'alléger leurs charges fiscales, etc.

La fraude fiscale internationale se pratique et est souvent reliée dans des réseaux à filière internationale.

C'est dans ce contexte que nous suggerons l'institution par la tutelle d'une « *Commission permanente mixte : Brigade douanière/DGI* », à travers de différentes opérations commerciales ponctuellement ciblées, qui devrait techniquement déceler ce type de fraude en mission de contrôle conjointe *a posteriori*.

Cette opération (contrôle *a posteriori*) permettra à la brigade de vérifier l'exactitude des déclarations. Elle consiste à examiner les livres, les dossiers, les systèmes commerciaux ainsi que l'ensemble des données commerciales l'intéressant. Venant en complément de la vérification physique de la marchandise, ces documents mettront la brigade en possession de ceux qui participent directement et indirectement au commerce international. Ce contrôle permet de lutter de manière globale contre la fraude et protéger ainsi les dûs du Trésor public.

1990, p. 15.

[1] Manuel de l'OMD, *op. cit.*, (partie 1), p. 1.

3.3. L'implication de la Brigade dans les missions et les objectifs des unions douanières

a) Au niveau de la SADC

a.1. Bref rappel historique

Originellement, la SADC (Southern Africa Development Community = Communauté pour le développement de l'Afrique australe) est l'émanation de la SADCC (Southern Africa Development Conference Community = Conférence de coordination pour le développement de l'Afrique australe). Elle a été constituée à l'époque par les pays de la ligne de front (Namibie, Zimbabwe, Zambie, Angola et Mozambique) par un traité signé en 1980 en une organisation pour faire face à la politique ségrégationniste de l'Afrique du Sud qui octroyait des indépendances sélectives à des groupements. Son mot d'ordre général était « *la libération de l'Afrique* » sur le plan politique. Cette longue lutte a finalement abouti à la libération de l'emblématique Sud-Africain « Madiba » Nelson Rolihlahla Mandela le 11 février 1990 (après 27 ans d'emprisonnement) et à l'Indépendance de la Namibie le 21 mars 1990, etc.

A terme, ces victoires ont conduit au changement des orientations de l'organisation pour se muer en la SADC à la réunion des chefs d'Etats tenue à Windhoek le 17 août 1992. Cette nouvelle organisation s'inscrira donc dans le chronogramme du processus d'intégration du *Plan de Lagos*. Le traité de Lagos a institué le développement des groupements régionaux par le système et la notion d'intégration sur le plan économique en suivant une démarche à plusieurs phases. La RDC en deviendra membre le 28 février 1998 et devra se mettre au pas d'après le chronogramme établi.[1] Dans la foulée, la RDC a abrité activement le 29e sommet de la SADC du 02 au 08 septembre 2009 et le président Joseph Kabila après la vice-présidence, en assurera efficacement la présidence statutaire tournante (2009-2010) à l'issue de ce sommet, succédant au président Sud-africain Jacob Zuma.

Les 15 Etats ci-après sont membres de la SADC : 1) Afrique du Sud, 2) Angola, 3) Botwana, 4) R.D. Congo, 5) Lesotho, 6) Malawi, 7) Maurice, 8) Mozambique, 9) Namibie, 10) Seychelles, 11) Swaziland, 12) Tanzanie, 13) Zambie, 14) Madagascar, 15) Zimbabwe.

a.2. Les nouvelles approches de la SADC

La SADC fonde la légitimité de son fonctionnement et les rapports entre ses Etats-membres, dont la RDC, au regard de ses instruments juridiques qui sont :

---

[1] C. YEZI PYANA-FUMU (Prof.), *Relations internationales africaines*, cours inédit, licence, faculté de droit, université de Kinshasa, 2003.

a.- Le traité ;

b.- Le protocole commercial (qui est analysé aux points a.3. au a.7. suivants) ; et

c.- Les mémorandums d'attente.

a.3. Les stratégies adoptées pour la réalisation des objectifs du protocole commercial[1]

Le protocole commercial de la SADC a été signé en 1985 à Lesotho et entra en vigueur le 25 janvier 2000. Il couvre le domaine commercial et industriel. Les objectifs commerciaux en particulier visent à :

- libéraliser le commerce intra-régional des biens et des services ;
- assurer l'efficience de la production ;
- contribuer à l'amélioration du climat pour les investissements ;
- renforcer le développement économique, la diversification et l'industrialisation de la région.

Nous notons avec intérêt que la SADC est le regroupement économique le plus actif de l'Afrique avec la possibilité de ravaler avec le temps le COMESA à cause de ses faiblesses internes. Tandis que les stratégies adoptées pour la réalisation de ces objectifs concourent à :

- éliminer progressivement les droits de douanes ;
- adopter les règles d'origine communes ;
- harmoniser les règlements et les procédures des douanes ;
- éliminer les obstacles non tarifaires.

a.4. Le but du protocole commercial

Il vise à instituer une zone de libre-échange, qui est une étape intermédiaire à l'union douanière, et au marché commun dans la sous-région. La zone de libre-échange a été lancée en 2000 comme 1re phase préconisant la suppression des droits de douanes et des barrières tarifaires et non tarifaires. Dans le cas de la SADC, qui a une procédure différente des autres organisations, la suppression se fait sur la base de trois listes ainsi constituées :

- liste A : comprend les matières premières ;
- liste B : comprend le reste des produits ;
- liste C : comprend les produits sensibles (touchant les produits de grande consommation et affectant directement les économies nationales de la sous-région.

A la signature du protocole commercial, il y a suppression par l'Etat-membre des droits sur la 1re liste. Sur la 2e liste, la suppression obéit au principe d'« asymétrie », c'est-à-dire que l'on tient compte du niveau

---

[1] M. KIESE-a-NGUNDA, *Politique douanière II*, cours inédit, 10e session de formation douanière de base des agents de l'OFIDA, Kinshasa, 2004.

économique de chaque pays. C'est ainsi qu'au sein de la SADC, les pays membres sont subdivisés en 3 groupes[2] suivant le niveau de développement économique atteint par chaque pays membre.

a.5. La mise en application du protocole

La 1re phase est entrée en vigueur en 2000. A la signature du protocole, il y a suppression des droits sur les matières premières qui font l'objet de la liste A.

La liste B comprend tous les autres produits. À ce niveau du protocole, l'on tient compte du principe d'asymétrie que nous venions d'évoquer.

La SADC établit des règles d'origine calquées sur le modèle de l'Union européenne. Ces règles sont des critères d'appréciation pour l'inclusion d'un produit dans le tarif, et l'on tient compte de la transformation substantielle ; le changement de la position tarifaire.

Les règles d'origine de la SADC obéissent à :

1° des produits entièrement obtenus sur le territoire ;

2° des produits subissant la transformation substantielle.

Le tarif de la SADC est basé sur la trilogie suivante :

a) la classification de la marchandise (position tarifaire) ;
b) la valeur ajoutée (doit être de 55% si le produit remplit les conditions) ;
c) la détermination de l'origine (dépend de la valeur des matières et du coût de production).

a.6. Les documents commerciaux mis au point par la SADC

En vue d'harmoniser les procédures douanières et administratives des Etats-membres, la SADC a mis au point :

1. Le manifeste (qui est uniforme pour tous les Etats) ;
2. La SADC-C.D. (Customs documents = document douanier de la SADC, l'équivalent du DD-COM) qui est une déclaration unique reprenant tous les régimes douaniers ;
3. Le certificat d'origine (qui est la preuve documentaire de la certification d'origine de la marchandise de l'espace SADC).

a.7. La situation de la RDC

La RDC n'a pas encore adhéré à ce protocole commercial qui exige une préparation adéquate requérant de :

---

[2] *1er groupe* : 5 pays forment la SACU (Southern Africa Customs Union = Union douanière de l'Afrique australe) dont la Namibie, la RSA, le Swaziland, le Botswana et le Lesotho. En leur sein, la suppression des droits sur les produits va de 2001 à 2008.

2e groupe : l'Ile Maurice et le Zimbabwe en constituent le groupe ; et la suppression des droits va de 2000 à 2008.

3e groupe : il regroupe l'Angola, le Malawi, le Mozambique, la Zambie et la Tanzanie ; tandis que la suppression des droits couvre la période allant de 2006 à 2008.

- connaître les produits qui constitueront les listes A, B et C ;
- publier ces listes et négocier avec les pays membres ;
- déposer au secrétariat les listes pour enfin adhérer au protocole.

Ces échanges offriraient des avantages énormes à la RDC qui commerce déjà avec la Zambie, la Namibie, le Zimbabwe, la RSA et le Botswana. Comme nous pouvons le constater ici, la brigade douanière apparaît de toute évidence comme une structure technique de première loge appelée à connaître et à maîtriser les exigences de ce nouvel espace économique et douanier pour préserver les intérêts de la RDC. Elle est ensuite appelée à jouer un rôle avant-gardiste par la formation de ses agents aux nouvelles techniques et technologies (qui impliqueront la gestion des risques par la sélectivité, le ciblage...) et à cette nouvelle administration qui est plus qu'attendue.

b) Au niveau du COMESA

b.1. Bref rappel historique

- 1965 : Négociations qui avaient réuni les ministres des Affaires étrangères des Etats-membres pour promouvoir la coopération entre eux (Etats-membres). Ces réunions aboutirent à la mise en place d'une organisation sans mobile politique.
  Les ministres finiront par approuver, au terme des négociations et des réunions, la création en 1981 de la ZEP (qui est une zone où les échanges bénéficient d'une préférence) et prévoiront l'instauration d'une zone de libre échange (ZLE), d'une union douanière et d'un marché commun.
  La ZEP était très active et attirait les pays à l'intégration. Elle a existé et fonctionné de 1981 à 1994. Les préférences tarifaires ou les facilités sur le plan de la procédure étaient accordées dans l'optique du plan de Lagos avec le développement des entités économiques sous-régionales.
- 1992 : La ZEP s'est finalement muée en une zone, à un marché, d'où l'adoption du traité de 1994 créant en définitive le COMESA. D'ailleurs, la plupart des objectifs de la ZEP se retrouvent dans le COMESA.

- <u>COMESA</u> : *Common Market for Eastern and Southern Africa* (Marché commun des pays d'Afrique de l'Est et australe). Il n'est pas un marché commun au sens économique du terme ; mais plutôt une organisation des Etats indépendants et souverains qui ont convenu de coopérer dans la mise en valeur de leurs ressources humaines et naturelles pour l'intérêt de leurs peuples respectifs. Le COMESA existe sous sa forme actuelle depuis le

08/12/1994 à Lilongwe, capitale du Malawi. Il venait de remplacer la ZEP qui a existé en tant qu'organisation. Son siège est établi à Lusaka en Zambie et la RDC en est devenue membre depuis le 08/12/1994.[1]

Mais comme le précise le professeur Bakandeja, la décision de créer le COMESA a été prise lors de la dixième réunion de la ZEP tenue à Lusaka les 30 et 31 janvier 1992 conformément aux dispositions de l'article 29 du traité instituant la ZEP qui prévoyait la transformation de la zone d'échanges préférentiels des Etats de l'Afrique de l'Est et de l'Afrique australe en un Marché commun.

Les Etats ci-après sont membres du COMESA :
- l'Angola, le Burundi, le Botswana, les Comores, la RDC, le Djibouti, l'Erythrée, l'Ethiopie, le Kenya, le Lesotho, le Madagascar, le Malawi, le Mozambique, la Namibie, l'Ouganda, le Rwanda, les Seychelles, la Somalie, le Soudan, l'Afrique du Sud, le Swaziland, la Tanzanie, la Zambie, le Zibambwe et l'Egypte a été agréée lors de la session tenue à Kinshasa le 29 juin 1998.

b.2. Les objectifs du COMESA

Dans une approche généralement missionnaire du COMESA, le professeur Grégoire Bakandeja wa Mpungu restitue les objectifs et buts de ce Marché commun d'après l'article 3 du traité l'instituant, à savoir [2]:

- la réalisation d'une croissance et d'un développement durables des Etats membres en favorisant un développement plus équilibré et plus harmonieux de leurs structures de production et de commercialisation ;
- la promotion d'un développement conjoint dans tous les domaines de l'activité économique et l'adoption conjointe de politiques et programmes macro-économiques en vue de relever le niveau de vie des populations et de favoriser des relations plus étroites entre les États membres ;
- la création d'un environnement propice aux investissements étrangers, transfrontières et locaux, notamment la promotion conjointe de la recherche et l'adaptation de la science et de la technologie au développement ;
- la promotion de la paix, de la sécurité et de la stabilité parmi les Etats membres afin d'accroître le développement économique dans la région ;

[1] C. YEZI PYANA-FUMU (Prof.), *op. cit.*

[2] G. BAKANDEJA wa MPUNGU, *Le Droit du commerce international – Les peurs justifiées de l'Afrique face à la mondialisation des marchés,* Afrique Editions/De Boeck Université, Kinshasa/Bruxelles/Paris, 2001, pp. 68,69.

- le renforcement des relations entre le Marché commun et le reste du monde ainsi que l'adoption de positions communes dans les forums internationaux ;
- la constitution à la mise en place, l'avancement et la réalisation des objectifs de la communauté économique africaine.

Mis à part ces objectifs, le Traité prévoit des engagements particuliers des Etats membres dans certains domaines en vue de promouvoir la réalisation des buts et objectifs du Marché commun telle que spécifiée à l'article 4 du Traité.
D'un autre côté, mais restant dans la même vue, et dans un examen étayant et arpentant plûtot les préoccupations de la douane, l'expert congo-lais du COMESA, Maximilien Kiese-a-Ngunda, en décrypte la démarche, dans ses enseignements de formation douanière, en vue d'atteindre les objec-tifs de ce Marché commun :

1. Réalisation d'une croissance et d'un développement durables des Etats-membres, en favorisant un développement équilibré et harmonieux de leurs structures de production et de commercialisation ;

[=> Pourquoi la création du COMESA après la ZEP ?

A cause des constats négatifs enregistrés au niveau de la ZEP qui s'est soldé notamment par:

1° L'insuffisance du résultat sur le plan économique ;
2° Le manque d'entretien des structures de production ;
3° La dominance à l'exportation des produits primaires, c'est-à-dire des produits agricoles ;
4° Le manque d'investissements directs ou transfrontaliers ;
5° L'existence de programmes d'ajustements structurels peu viables ;
6° Les difficultés pour les petits pays d'attirer les investisseurs.

D'où la création du COMESA pour surmonter tous ces problèmes.]

2. La promotion d'un développement dans tous les domaines de l'activité économique et adoption conjointe de politiques et programmes macroéconomiques en vue d'élever le niveau de vie des populations ;
3. La création d'un environnement propice aux investissements ;
4. La promotion de la paix, de la sécurité et de la stabilité parmi les Etats-membres ;
5. Le renforcement et la consolidation des affinités historiques, sociales et culturelles des peuples de la sous-région.

b.3. Les règles d'origine

Les règles d'origine sont des critères visant à établir le pays d'origine d'un produit. Il s'agit de déterminer si sa production (son taitement) modifie sa position (sa classification) tarifaire, ou le degré de valeur ajoutée dans le dernier pays où le produit a été traité[1]. Ces critères permettent de déterminer l'octroi des préférences. Et quels en sont les critères pour faire bénéficier d'un tarif préférentiel à une marchandise ? Ici, le taux zéro (0) est en application linéaire, c'est-à-dire que la réduction porte sur l'ensemble du tarif et ses marchandises doivent obéir aux règles d'origine suivantes :

1re règle: marchandises originaires entièrement produites dans ces pays ;

2e règle: marchandises avec transformations substantielles, c'est-à-dire marchandises obtenues à l'aide des matières premières importées. C'est à ce niveau encore qu'interviennent les règles d'origine. Le COMESA prévoit :

1) que la valeur CAF (ou CIF) des matières premières importées ne dépasse pas 60% du coût des matières utilisées pour la production de la marchandise ;
2) que la valeur ajoutée du produit soit supérieure ou égale à 35% du coût total (départ usine). Cette valeur ajoutée est une valeur supplémentaire créée à un stade particulier de la production. C'est la valeur du produit diminué de celle de tous les intrants utilisés pour le produire *(Valeur ajoutée = coût total – coût des matières premières) ;*
3) le changement de position tarifaire : il faut que le produit obtenu change de position tarifaire au niveau de son chiffre du code ;
4) la liste des produits d'importance économique : que la valeur ajoutée soit inférieure ou égale à 25% lorsque la marchandise répond à ces critères ; dans ce cas, elle peut bénéficier des privilèges y relatifs.

b.4. Etudes et documents commerciaux douaniers du COMESA

Les comités techniques du COMESA ont mis au point certains documents et certaines dispositions qui sont en cours pour leur applicabilité dans l'espace. Il s'agit notamment :

1) DD-COM est un document unique mis en place pour faciliter les transactions commerciales.

2) Mise en place du règlement statistique commun : document qui explique la codification de tout ce qui est appliqué sur le DD-COM.

Par exemple : la monnaie, importation, exportation des biens…

Pour chaque régime, des symboles appropriés sont utilisés dans la déclaration.

---

[1] J. E. STIGLITZ (Prix Nobel d'économie) ; A. CHARLTON, *Pour un commerce mondial plus juste*, Nouveaux Horizons, Paris, 2005, p. 26.

3) Accord des garanties douanières pour le régime de transit : la résolution de la problématique lorsque la marchandise est en transit, elle paie la caution dans chaque bureau d'entrée jusqu'au pays de destination.

4) Réforme et modernisation des administrations douanières, suivant la recommandation de l'OMD, à appliquer dans tous les groupements douaniers requérant :

- l'utilisation accrue de l'outil informatique ;
- le renforcement des capacités par la formation du personnel ;
- la collaboration avec les auxiliaires des douanes (les partenaires).

La préoccupation technique que nous exprimions à la fin de l'examen sur la SADC reste d'actualité pour le COMESA au-delà de ses faiblesses de survie.

c) L'implication technique de la Brigade douanière dans les conventions douanières internationales

La RDC ayant ratifié plusieurs conventions internationales en matières douanières et commerciales, une structure technique bien rodée et outillée est requise pour faire observer aux usagers de la douane et du commerce toutes ces lois et ces règlements et en même temps réprimer les cas de flagrance par leurs auteurs.

L'OMD y accorde une grande importance au point que sur les six comités qui composent sa structure, le ***Comité de lutte contre la fraude*** est dans ses premières loges, comme nous l'avons déjà démontré. La brigade douanière de la RDC de cette étude en constitue la vraie matérialisation et la traduction comme son instrument technique de première force. C'est ainsi que l'influence de l'OMD dans le commerce international se traduit à travers ses divers accords, protocoles, recommandations et autres conventions, notamment :

- la Convention de Paris de 1883 sur la « protection de la propriété industrielle » ;
- *la Convention de Berne de 1886* sur la « protection des œuvres littéraires et artistiques » ;
- *la Convention unique de Vienne de 1961* sur les stupéfiants, complétée et enrichie par la Convention de 1971 sur les substances psychotropes ;
- *la Convention de l'UNESCO du 14 novembre 1970* à Paris concernant les mesures à prendre pour interdire et empêcher l'importation, l'exportation et le transfert de propriété illicite des biens culturels ;
- *la Convention de Washington de 1973* sur le *CITES*, le commerce international des espèces de flore et de faune sauvages menacées d'extinction ;
- *la Convention de Nairobi du 9 juin 1977* instaurant la Convention internationale d'assistance mutuelle administrative en vue de prévenir, de rechercher et de réprimer les infractions douanières ;

- *la Convention d'Istanbul* s'occupant des carnets de passage en douane pour les marchandises soumises à la réexportation en cas d'exposition ;
- *les Accords multilatéraux et bilatéraux d'assistance administrative* ;
- *les recommandations du Conseil de coopération douanière*, CCD (entendez Organisation mondiale des douanes, OMD) ;
- *les protocoles d'accords signés entre le CCD et les autres organisations internationales* ;
- *le manuel sur la lutte contre la fraude du CCD (Première Partie).*

Cette liste n'est pas limitative et nous pouvons ajouter d'autres documents. Une fois encore, rien n'est moins sûr qu'en posant ses pénates dans les conventions internationales du genre, la RDC doit absolument maîtriser leurs arcanes techniques pour prétendre assurer ses arrières dans ce concert. Bien plus, l'institution d'un tel corps aux pouvoirs étendus relève des pouvoirs publics qu'analyse le point suivant touchant à la lute contre le commerce illicite de prohibitions.

d) L'implication de la Brigade douanière dans les conventions internationales

La RDC a adhéré à plusieurs conventions internationales qu'elle a ratifiées, avons-nous signalé, et auxquelles elle est liée, en les insérant même dans sa Constitution pour application. Certaines d'entre elles touchent explicitement aux prohibitions, au commerce illicite de stupéfiants et autres substances psychotropes, à la protection de certaines espèces floristiques et de la faune en voie d'extinction, aux antiquités, etc. Pour épargner l'obésité littéraire à cet essai, nous n'effleurons que quelques-unes de ces conventions.

d.1. Convention unique sur les stupéfiants de 1961 :

Dans son article 35, la lutte contre le trafic illicite de stupéfiants est dans l'œil du cyclone de cette 1re convention signée conjointement par la RDC (alors Congo-Léopoldville) avec les 73 autres parties (Etats-membres) le 30 mars 1961 à New York. Cet article stipule : « Compte tenu de leurs régimes constitutionnel, juridique et administratif, les parties :

a) Assurent sur le plan national une coordination de l'action préventive et répressive contre le trafic illicite, à cette fin, elles pourront utilement désigner un service approprié chargé de cette coordination ;

b) S'assisteront mutuellement dans la lutte contre le trafic illicite ;

c) Coopéreront étroitement entre elles et avec les organisations internationales compétentes dont elles sont membres afin de mener une lutte coordonnée contre le trafic illicite ;

d) Veilleront à ce que la coopération internationale des services appropriés soit effectuée par des voies rapides[1].

Après avoir arrêté les dispositions pénales à l'article 36, l'article suivant (37) en donne l'application matérielle sur le terrain par la saisie et la confiscation. Cet article ordonne : « Tous stupéfiants, toutes substances et tout matériel utilisés pour commettre l'une quelconque des infractions visées à l'article 36 ou destinés à commettre une telle infraction pourront être saisis et confisqués ».

d.2. Convention des Nations unies contre le trafic illicite de stupéfiants et de substances psychotropes de 1988 :

Elle a été signée le 20 décembre 1981 à Vienne en Autriche et venait en renfort à celle de 1961 (sus-évoquée) telle que modifiée par le protocole de 1972 et dans la Convention de 1971 qui, comme spécifié en son article 25, gardent toute leur teneur. Cette convention étend son champ d'intervention face à l'ampleur et à l'augmentation de la production de ces produits nocifs, à leurs effets dévastateurs croissants, à leurs activités criminelles connexes organisées, etc. qui sapent dangereusement la santé et le bien-être des individus. Leurs effets néfastes menacent les fondements économiques, culturels et politiques de la société humaine en général et congolaise en particulier. C'est ainsi que l'article 5 de cette convention préconise la confiscation pour que chaque partie adopte les mesures qui se révèlent nécessaires pour la permettre. Les substances fréquemment utilisées dans la fabrication illicite de stupéfiants ou de substances psychotropes sont fichées pour « exercer une surveillance sur toutes les personnes et entreprises se livrant à la fabrication et à la distribution desdites substances »[2] (Article 12 alinéa 8 b) i).

Par ricochet, les transporteurs commerciaux sont surveillés à la commission de ces infractions mais les expéditions licites de stupéfiants et substances psychotropes destinées à l'exportation doivent être accompagnées des documents nécessaires[3]. C'est ici que nous rappelons la sonnette d'alarme tirée par M. Michel Danet dans sa lettre précitée à l'OFIDA avec cette mise en garde : « … les organisations criminelles se sont adaptées aux changements économiques pour tirer un maximum d'avantages et de profits. Les réseaux criminels se sont décentralisés pour mieux s'intégrer dans le flux de l'économie légale en utilisant notamment toutes les nouvelles technologies. (…) De même, quoi de plus facile que de noyer une transaction financière liée au trafic de stupéfiants dans le tourbillon quotidien des transactions monétaires. »

---

[1] ONU, *Convention unique sur les stupéfiants de 1961*, Nations unies, New York, 1961, p. 32.
[2] Art. 16, 17, pp. 17-24.
[3] Art. 16, 17, pp. 21-24.

Une entreprise criminelle de cette portée internationale fonctionne évidemment au moyen de laboratoires clandestins de fabrication de drogues – avec des ingrédients et matériels importants – qui alimentent la toxicomanie. Le flair d'un agent de répression en la matière est de mise. Car l'identification d'un laboratoire clandestin à partir de certains matériels n'attirera pas spécialement l'œil du simple policier alors qu'il s'agira en fait, soit de la mise en activité d'un futur laboratoire clandestin, soit de ce qu'il en reste après fonctionnement[1].

Ainsi, divers ingrédients sont utilisés dans la fabrication des drogues suivantes qui sont très courantes sur le marché clandestin mondial : *morphine*, *diacétylmorphine* ou *héroïne*, *cocaïne*, *amphétamines* (stimulants), *méthamphétamine*, *mescaline*, *D.M.T.* (*Dimethyl Tryptamine*), L.S.D. (Lysergic Säure Diaethylamid, composé de synthèse de méthodes I et III), *Hachich* liquide, le *chanvre* (le plus couramment consommé en RDC).

« Interpol met de plus en plus mal en point le trafic illicite de ces substances sur l'axe Amérique latine/Europe qu'alimentent les réseaux maffieux et leurs cartels. Depuis, ce commerce délictueux se fraie de nouvelles voies de trafic notamment en Afrique australe, occidentale (Guinée-Bissau, Sénégal, Mauritanie, Nigeria, Algérie…) et orientale (Tanzanie, Kenya…) qui sont devenues leurs plaques tournantes.

Les aéroports et ports maritimes internationaux de la RDC en sont potentiellement candidats comme points de transit pour l'Europe, compte tenu de notre position géostratégique, et aussi par la longueur et la porosité de nos frontières. La mise sur pied d'une brigade douanière de la taille de votre recherche serait notre grand bras séculier par sa présence et son ascendant sur le contrôle des marchandises aux frontières nationales. Son expertise revitalisera et confortera encore mieux la 5e position au niveau international de notre BCN Interpol [Bureau central national congolais] »[2].

d.3. CITES (Convention on International Trade in Endangered Species of wild fauna and flora)

Il s'agit de la Convention sur le commerce international des espèces de faune et de flore sauvages menacées d'extinction, signée à Washington le 3 mars 1973 et à laquelle la RDC a adhéré après l'avoir ratifiée le 18 octobre 1976. Son siège est établi à Genève, en Suisse, où fonctionne son secrétariat général. Après cette adhésion et cette ratification, la RDC applique cette convention par l'arrêté ministériel n° 056/CAB/MIN/AFF-ECNPF/01/00 du 28 mars 2000 portant réglementation du commerce international des espèces de la faune et de la flore menacées d'extinction (CITES).

---

[1] INTERPOL-OIPC, *Les Laboratoires clandestins de fabrication de drogues – Ingrédients et matériels -*, s.e., Paris, 1974, pp. 1-16.

[2] Interview nous accordée ce mardi 19 avril 2005 par le directeur-chef du BCN-Interpol à Kinshasa, M. FIDELE MUDJINDJI LUBENGA.

La CITES est un texte qui régit le commerce des espèces animales et végétales sur le plan international en vue de *lutter contre la fraude des espèces concernées*. C'est ainsi que dans cette convention, ces espèces sont regroupées en Annexes 1, 2, 3 (au niveau international) et en deux autres annexes additionnelles 4 et 5 (au niveau de la RDC).

- *L'Annexe 1* : y sont inscrites toutes les espèces menacées d'extinction qui sont ou pourraient être affectées par le commerce. Elles sont totalement protégées et ne font pas l'objet de commerce ;
- *L'Annexe 2* : regroupe toutes les espèces qui, bien que n'étant pas nécessairement menacées actuellement d'extinction, pourraient le devenir, si le commerce de leurs spécimens n'est pas soumis à l'arrêté ministériel y relatif, ou encore certaines espèces qui, afin de rendre efficace le commerce de spécimens d'espèces inscrites à cette annexe, doivent également faire l'objet de l'arrêté *ad hoc*. Bref, elle regroupe les espèces qui sont commercialisées sur la base de quotas annuels ;
- *L'Annexe 3* : regroupe les espèces dont l'insertion est rendue nécessaire par les objectifs d'empêchement ou de restriction de leur exploitation ;
- *L'Annexe 4* : reprend les espèces congolaises non inscrites dans l'annexe 1 mais se trouvant en danger ;
- *L'Annexe 5* : les espèces congolaises non inscrites dans les annexes 1, 2, 3, 4 et 5 mais soumises à un contrôle de protection en vertu des dispositions de l'arrêté précité.

d.4. Les autorités de gestion de la CITES

Au niveau de chaque Etat, deux organes assurent le fonctionnement de la CITES, à savoir :

a) L'Organe central de gestion CITES qui, en RDC, est la Direction de la gestion forestière et de la chasse. Elle a pour mission d'établir :

- le rapport annuel contenant un résumé des informations sur le nombre et la nature de permis ou certificats délivrés ; et
- le rapport biannuel sur les mesures législatives, réglementaires et administratives prises pour l'application de la Convention.

De plus, ces rapports et informations doivent être transmis au secrétariat de la Convention à Genève, les informations contenues dans lesdits rapports seront tenues à la disposition du public pour la vulgarisation (art. 6, 7).

b) L'Autorité scientifique, agissant en toute indépendance de l'Organe central de gestion CITES, est constituée de :

- L'Institut congolais pour la conservation de la nature (ICCN) et
- Des personnes scientifiques désignées par le ministre, en fonction de leur expertise en matière de conservation de la nature (art. 8-11).

Ces autorités scientifiques sont chargées de donner des avis indiquant si le commerce des spécimens de l'une des espèces concernées par la

Convention nuit ou non à la survie de cette espèce lorsque celle-ci est inscrite dans les annexes 1 et 2 de l'arrêté ministériel. Ces avis sont simultanément transmis à l'Organe de gestion (Direction de la gestion forestière et de la chasse) et au secrétariat de la Convention en Suisse.

d.5. La responsabilité de la brigade douanière

Comme ce qui est protégé, rarissime et souvent recherché, est cher, ces espèces CITES attisent l'appétit et la convoitise de la fraude par le gain qu'elle procure à ses maîtres. Et la RDC étant réputée « scandale des espèces rares par sa faune et sa flore sauvages », un pays inscrit dans le registre de tous les scandales, la responsabilité de la douane et plus particulièrement de sa brigade est fortement engagée à la frontière par l'arrêté ministériel précité. Son article 12 est clair et responsabilisant : *« Les agents de douane sont habilités à contrôler les documents qui doivent accompagner l'entrée, la sortie, le transit ou le transbordement de tout spécimen de l'une des espèces concernées par le présent arrêté et ses mesures d'exécution. Ils sont tenus de vérifier la conformité desdits documents et d'en faire régulièrement rapport à l'Organe de gestion ».*

Dans l'article 2, alinéas f et g, les considérations du même arrêté instruisent la douane dans le même sens. Ce contexte s'offre donc à la brigade douanière pour *former* son corps pour le contrôle de conformité, de régularité des documents et aux quantités de spécimens en cours d'exportation ou importés suivant les cas.

SECTION 4 :
LE ROLE DES POUVOIRS PUBLICS DANS LA CREATION DE GRANDS SERVICES PUBLICS DE L'ETAT

4.1. Les attributions des ministères étatiques

4.1.1. Les attributions communes et spécifiques à tous les ministères[1]

Le décret n° 03/027 du 16 septembre 2003 fixe leurs attributions. Sans préjudice des dispositions des textes légaux, les attributions des ministères sont fixées comme suit :

a) Les attributions communes à tous les ministères

- Conception, élaboration et mise en œuvre de la politique du gouvernement dans les secteurs qui leur sont confiés ;
- Préparation de projets de lois, de décrets-lois, de décrets et d'arrêtés d'exécution en rapport avec leurs attributions ;

[1] J.O. de la RDC (numéro spécial) du 20 septembre 2003 portant organisation et fonctionnement du gouvernement de Transition, pp. 22-37.

- Contrôle et tutelle des établissements et des services publics ainsi que des entreprises publiques de leurs secteurs respectifs ;
- Gestion des relations avec les organisations internationales s'occupant des matières de leurs secteurs respectifs ;
- Représentation de l'Etat dans les rencontres nationales et internationales en rapport avec les matières relevant de leurs secteurs d'activités ;
- Gestion des relations avec les organisations nationales s'occupant des matières de leurs secteurs respectifs ;
- Application et suivi des résolutions du Dialogue intercongolais par les Ministères dans leurs secteurs respectifs ;
- Gestion du secteur d'activités en collaboration avec les autres ministères.

b) Les attributions spécifiques des ministères

b.1. Le ministère des Finances[1]

- Politique monétaire, douanière, fiscale, parafiscale et des assurances de l'Etat ;
- Questions monétaires, banques et organismes de crédit ;
- Tutelle de la Banque centrale du Congo ;
- Contrôle du marché des assurances ;
- Mobilisation optimale des ressources de l'Etat et encadrement des dépenses publiques ;
- Politique et gestion de la dette publique directe et indirecte, intérieure et extérieure de l'Etat ;
- Tenue, arrêt et consolidation des comptes de l'Etat ;
- Comptabilité publique ;
- Ordonnateur des dépenses de l'Etat ;
- Autorisation préalable aux entreprises publiques, aux entités administratives décentralisées et aux autres services publics d'emprunter à l'extérieur ;
- Autorisation aux entreprises publiques d'emprunter à l'extérieur et approbation de l'autorisation d'emprunt des entités administratives décentralisées, lorsqu'il y a une garantie de l'Etat ;
- Contentieux relatif aux mesures de zaïrianisation et de rétrocession.

b.2. Le ministère du Portefeuille [2]

- Création des entreprises publiques ;
- Tutelle administrative et financière de toutes les entreprises publiques ;
- Administration, gestion et rentabilisation du portefeuille de l'Etat ;

[1] J.O., *op. cit.*, p. 27; décret, *op. cit.*, art. 1er, B.11°, p. 27.
[2] J.O., *op. cit.*, p. 28, décret, *op.cit.* art. 1er, B.17°, p. 29.

- Acquisition et gestion des participations de l'Etat dans les entreprises d'économie mixte ;
- Création ou participation à la création d'entreprises à caractère industriel ou commercial ;
- Autorisation aux entreprises publiques d'emprunter à l'extérieur, lorsque la garantie de l'Etat n'est pas requise.

4.1.2.. La tutelle administrative et technique de la Brigade douanière de la RDC

La création de la brigade douanière dans la réforme structurelle trouve son fondement dans le rapprochement des attributions du ministère des Finances et de celles du ministère du Portefeuille. En faisant converger les vues dans la politique de création de la nouvelle brigade douanière, un rapprochement *a priori* de compétence et de capacité au regard des attributions communes et spécifiques entre les deux ministères concourt clairement à la fondation de ce projet :

1. Les attributions communes à tous les ministères confèrent à ces deux ministères les responsabilités suivantes :

a) Conception, élaboration et mise en œuvre de la politique du gouvernement dans les secteurs qui leur sont confiés (point 1)[1] ;
b) Préparation des projets de lois, de décrets-lois, de décrets et d'arrêtés d'exécution en rapport avec leurs attributions (point 2)[2] ;
c) Contrôle et tutelle des établissements et des services publics ainsi que des entreprises publiques dans leurs secteurs respectifs (point 3)[3] ;
d) Gestion des relations avec les organisations internationales s'occupant des matières de leurs secteurs respectifs (point 4)[4].

2. Le ministère des Finances gère dans ses attributions :

a) La politique monétaire, *douanière, fiscale, parafiscale* et les assurances de l'Etat (point 1)[5] ;
b) La mobilisation optimale des ressources de l'Etat (point 5a)[6].

3. Le ministère du Portefeuille préside dans ses attributions aux activités suivantes :

---

[1] Se reporter aux attributions communes à tous les ministères au 4.1.1.a. ci-dessus.
[2] *Idem.*
[3] Se reporter aux attributions communes à tous les ministères, *op. cit.*
[4] *Idem.*
[5] Se reporter aux attributions communes à tous les ministères au 4.1.1.a. ci-dessus.
[6] *Idem.*

a) Création des entreprises publiques (point 1) ;

b) Tutelle administrative et financière de toutes les entreprises publiques (point 2) ;

c) Administration, gestion et rentabilisation du portefeuille de l'Etat (point 3).

Comme d'aucuns peuvent aisément le constater dans cette analyse, la recréation de la brigade douanière, en l'élevant en une direction ou inspection générale autonome, comme un grand service public de l'Etat, sera placée, de toute évidence, sous la double tutelle de ces deux ministères : Portefeuille et Finances. Ce besoin de recréation et de responsabilisation répond efficacement aux exigences du moment pour :

a. Le ministère des Finances : à sa politique et mission fiscale de douanes, de mobilisation optimale des recettes douanières. Ces aspirations légitimes du ministère ne peuvent être atteintes fondamentalement dans les faits que par la prévention, la forte dissuasion et la répression effective contre des actes et comportements de délinquance douanière. Ce ministère a la responsabilité de la conception et de la mise en œuvre de la politique financière, d'identifier et de déterminer le niveau et la nature des recettes souhaitables pour l'Etat. La direction générale de la brigade douanière (DGBD) viendrait ainsi s'ajouter à la liste de ses services auxiliaires, dont pour rappel : l'OFIDA, la DGI, la DGRAD, la CPCC, l'IGF, l'ENF.

b. Le ministère du Portefeuille : de procéder librement, en toute responsabilité légale, à la création d'un nouvel établissement public de l'Etat dont le ministère assurera la gestion et l'administration. Ainsi, la direction générale de la brigade douanière s'installera désormais comme une tour de garde, mieux une entreprise de gardiennage, qui veillera sur la viabilité et la rentabilisation du portefeuille de l'Etat par son encadrement préventif et dissuasit contre la fraude douanière, commerciale et les autres délits. Cette nouvelle structure sera placée de ce fait sous sa tutelle administrative et financière.

Il revient indubitablement donc aux deux ministères (Portefeuille et Finances) d'actionner le levier de leurs attributions respectives et communes, avec le quitus du Parlement ou du groupe technique de service du COPIREP, pour voir éclore la direction générale de la brigade douanière. Au ministère du Portefeuille premièrement, et secondairement au ministère des Finances, de concevoir, d'élaborer et de préparer un projet de loi, une ordonnace-loi ou une ordonnance et même un arrêté d'exécution dans la mise en œuvre de ce projet de création de la « direction ou inspection générale de la brigade douanière », « D.G.B.D. » ou « I.G.B.D. ».

Ainsi que le relève Jean-Claude Renoué, « la politique douanière et ses instruments de mise en œuvre, longtemps définis par l'Etat et relevant de sa seule autorité, s'inscrivent désormais dans un ensemble de normes internationales qui imprègnent l'ordre juridique national d'un Etat et modifient considérablement le cadre institutionnel du droit douanier »[1]. Notre travail n'est guidé dans sa démarche que par cet esprit philosophique.

4.2. La restructuration des services de la Brigade dans le programme de réforme et de modernisation de l'OFIDA

Il serait aberrant de nous lancer dans cette étude sans tenir compte de la *qualité du travail* abattu par le Programme de réforme et de modernisation de l'OFIDA produit sur plus de 61 pages, et plus particulièrement le résumé du programme touchant à l'Optimisation du dispositif de lutte contre la fraude (II), la Réorganisation des services (III) et les Mesures d'accompagnement (IV).

En dehors de la simplification et de la facilitation des procédures douanières telles qu'élaborées par le Programme, nous avons trouvé très intéressant de reprendre les résumés des points liminaires dans cette partie touchant à la brigade, en vue de marquer une lisière avec notre recherche :

4.2.1. L'optimisation du dispositif de lutte contre la fraude

Dès le début de l'année 2003, l'action des services opérationnels (bureaux, brigades, services de contrôle *a posteriori* et différé) sera strictement recadrée vers leurs missions traditionnelles afin d'assurer une meilleure complémentarité de leurs contrôles. En ce qui concerne les bureaux, les effectifs dégagés du circuit de la déclaration seront affectés à un renforcement de la prise en charge et du contrôle des installations sous douane ainsi que des mouvements de marchandises sous douane. Pour ce qui est des brigades, la priorité affichée sera la lutte contre la contrebande. La création d'une direction centrale des contrôles *a posteriori* et différé, pourvue d'échelons déconcentrés dans les provinces, permettra, en outre, de renforcer ce type de contrôles.

A moyen terme, l'efficacité du dispositif sera optimisée par une révision de la carte d'implantation des services et par la redéfinition de leurs effectifs afin d'assurer une meilleure couverture géographique des risques de fraude ainsi que par la création d'une direction centrale de la lutte contre la fraude chargée, dans le cadre d'un processus de gestion des risques, d'impulser et d'orienter les contrôles des services opérationnels et de leur apporter une assistance technique.

C'est dans cette logique tâtonnante de réforme que la direction de la Brigade douanière de Kinshasa a projeté l'organigramme qui suit en rapport avec sa sphère territoriale d'activités.

---

[1] J.-C. RENOUE, *La Douane*, « Que sais-je ? », 1ère édition PUF, juillet 1989, Paris, p. 36.

Schéma n° 16 : ORGANIGRAMME A METTRE EN PLACE
(inspiré de l'esprit et de la vision de la réforme et de la modernisation de l'OFIDA)

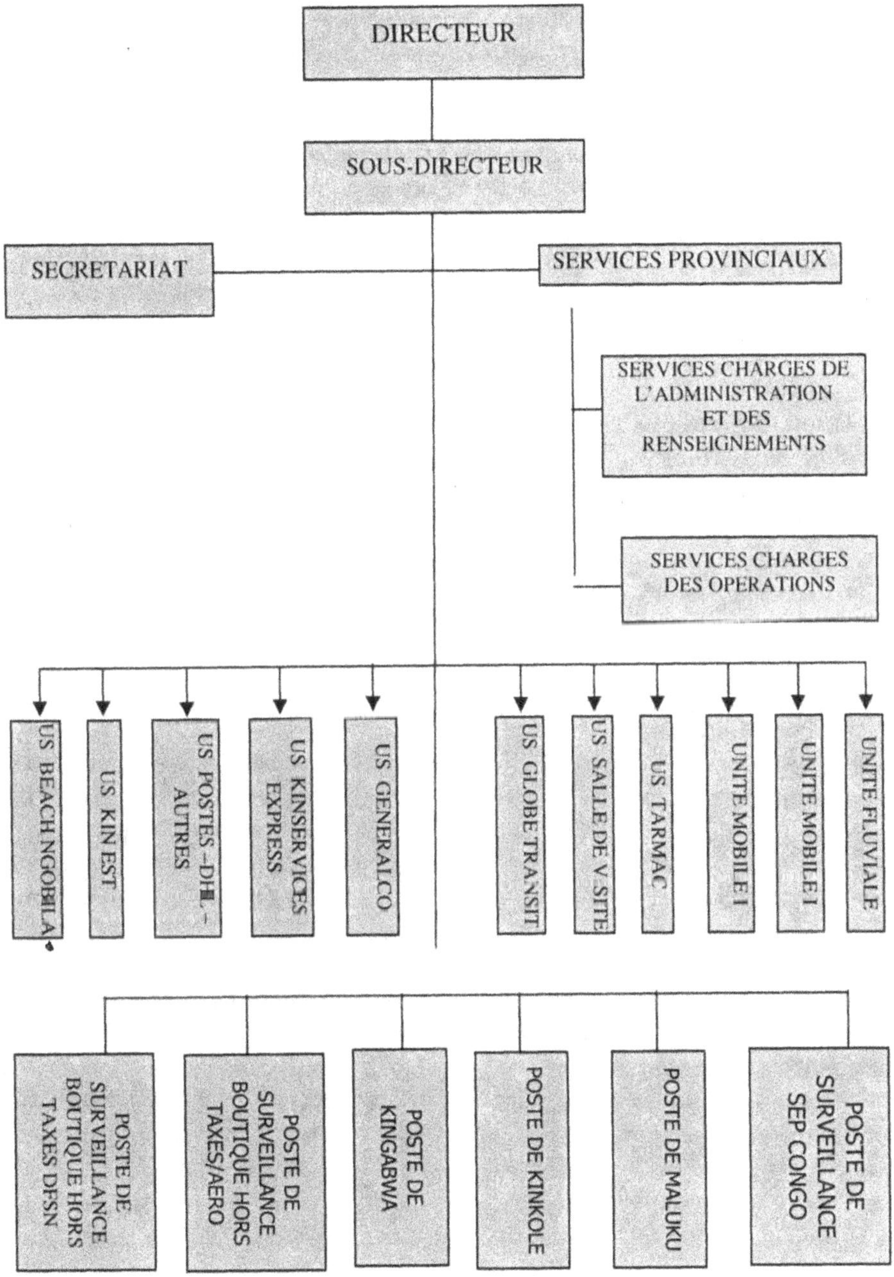

Source : Sous-Direction de la Brigade Douanière de Kinshasa
Légende : - US : Unité Sédentaire

- US + Unité Mobile + Unité Fluviale = Unités opérationnelles de la Brigade

4.2.2. La réorganisation des services

Compte tenu de la nécessité d'assurer une utilisation plus rationnelle des ressources humaines, techniques et financières de l'OFIDA, la réorganisation des services est indispensable. La révision de la carte d'implantation des services et la redéfinition de leurs effectifs, dont il est fait état au point précédent, constituent, bien entendu, une phase essentielle de cette organisation mais, pour atteindre l'objectif recherché, elles devront être complétées d'une nouvelle doctrine d'emploi et d'une réorganisation interne de ces services.

Dans le nouveau cadre administratif qui sera créé, l'essentiel des moyens sera affecté aux services (bureaux et brigades) chargés de la maîtrise des flux. Pour améliorer leur efficacité, les bureaux seront placés sous l'autorité d'un chef de bureau et, pour permettre une meilleure gestion des ressources, ils seront fusionnés dans les grandes localités. Pour optimiser la lutte contre la contrebande, le réseau d'implantation des brigades sera développé et les effectifs globaux qui sont affectés à cette branche d'activité seront augmentés. L'action des directions provinciales sera recadrée sur l'animation de ces services opérationnels et sur le contrôle d'exécution. La direction générale, dont les effectifs seront réduits, sera, quant à elle, chargée des tâches de conception et d'orientation générale de l'activité des services.

4.2.3. Les actions en direction du personnel et des moyens matériels

Parce que la réussite d'un tel programme repose en grande partie sur la qualité de ceux qui sont chargés de l'appliquer, plusieurs mesures d'accompagnement en direction du personnel sont prévues. Ces mesures visent à la fois à favoriser l'adhésion des agents (information et sensibilisation, motivation, mesures à caractère social, pouvoirs d'intervention et protection par la loi) et à augmenter leur professionnalisation (formation, responsabilisation, encadrement, optimisation du recrutement et prévention de la corruption). Ces mesures, qui sont d'autant plus nécessaires que la mise en application du programme impliquera le redéploiement fonctionnel et/ou géographique d'un certain nombre d'agents, feront l'objet d'une attention particulière de la part du comité de gestion.

Mais la réussite du programme repose également sur une amélioration sensible des moyens matériels dont dispose l'OFIDA. Les besoins en la matière ont été identifiés et certains comme l'informatisation des bureaux, ainsi qu'il a été indiqué précédemment, ou la fourniture de moyens pour les brigades (Coopération française) ont été ou seront pourvus par des partenaires étrangers. Pour le reste, l'Office, dont les ressources propres sont limitées, sait pouvoir compter sur la compréhension des autorités.

L'OFIDA n'ignore pas que la réalisation de ce programme se heurtera à des difficultés tant internes qu'externes, compte tenu du fait que la période trouble qui perdure depuis plusieurs années a figé un certain nombre de comportements illicites et de dysfonctionnements graves. Mais, et il n'est pas inutile de le répéter, l'OFIDA est pleinement conscient de l'importance pour l'avenir du pays des objectifs qui sont visés, et mettra, en conséquence, toute son énergie et toute sa détermination dans la réalisation de ce programme.

Il va sans dire que la mise en œuvre de cet ambitieux programme requiert l'implication totale des autorités nationales. L'OFIDA en appelle, donc, à un soutien déterminé du gouvernement en général et du ministère chargé des Finances en particulier.

Commentaire : *Ce beau et ambitieux programme reconnaît, dans ses dernières lignes, les écueils qui le guettent quant à la réalisation de ses objectifs face aux pesanteurs systémiques internes et externes de l'OFIDA. C'est ce qu'il sied d'entendre par ce passage dudit programme : « la période trouble qui perdure depuis plusieurs années a figé un certain nombre de comportements illicites et de dysfonction-nements graves ». C'est cela « la résistance au changement » que le management qualifie d'expression implicite ou explicite de réactions de défense à l'endroit de l'intention de changement.*[1] *Il s'agit en fait de l'émergence de nouvelles forces restrictives en vue de délimiter la tentative de changement et d'y faire obstruction.*

Les objectifs que visent cette réforme et cette restructuration des services de la Brigade douanière s'observent avec un scepticisme de bon aloi, d'autant plus qu'en empruntant cette voie, ce corps évoluera toujours dans la structure - OFIDA - des mêmes causes produisant les mêmes effets. Cette réforme nous paraît a priori comme un pétard mouillé d'autant plus qu'apparemment elle nous semble ne pouvoir rien révolutionner. Nous serons encore et toujours loin d'atteindre les résultats escomptés. Une restructuration de fond et de forme s'impose donc au-delà d'une forme d'apparat séductrice qui tente de soigner non le mal à la racine mais plutôt ses symptômes. Sinon, nous nous engagerons là sur la voie d'un « perpétuel recommencement » au lieu de saisir le taureau par les cornes avant que ne soit donné un réel coup d'accélérateur sur les principes de cette réforme et de cette modernisation tel que nous le préconisons dans cet examen.

4.2.4. La manifestation des résistances au changement

En rapport avec notre thème, les résistances au changement, lisons-nous dans *Le Changement organisationnel – Théorie et Pratique*[2], peuvent se manifester d'une multitude de façons et pour les saisir, on doit être attentif aux différents indices qui se présentent. Contrairement à une idée largement répandue, les résistances ne s'expriment pas toujours de façon explicite par l'hostilité ou le refus direct. Souvent, la résistance se manifeste par des voies indirectes ou détournées dont en voici quelques-unes parmi les plus répandues :

---

[1] P. COLLERETTE et al, *op. cit.*, p. 94.

[2] *Idem*, pp. 95-96.

- remettre en question de façon tatillonne les moindres détails du projet de changement ;
- évoquer des doutes quant à la nécessité d'introduire un changement ;
- faire de l'intention de changement un objet de ridicule et de dérision ;
- proposer que le projet soit référé à de multiples comités d'étude pour en évaluer l'intérêt ;
- feindre l'indifférence pour renvoyer le projet aux oubliettes ;
- vouloir étudier le projet plus à fond, mais à un moment où l'on n'aura plus le temps disponible ;
- évoquer douloureusement les avantages d'un passé pas très éloigné, où pourtant tout allait si bien… ;
- argumenter longuement sur des aspects secondaires du changement, en s'employant à démontrer qu'il ne sera pas réalisable dans la pratique ;
- invoquer la multitude de conséquences fâcheuses qu'entraînera à coup sûr le changement ;
- s'abstenir de coopérer au processus d'implantation ;
- exprimer de l'apathie, du désœuvrement, de la démobilisation ;
- adopter une attitude légaliste ou dépendante, où on ne fait que ce qui est strictement indiqué et de la manière prescrite, sans nuance ;
- ralentir le rythme de travail ;
- discréditer les initiateurs du changement ;
- profiter de toutes les occasions pour relancer le débat sur le changement ;
- faire un écho bruyant à toutes les difficultés rencontrées dans le processus d'implantation ;
- présenter le projet de changement comme la cause de toutes les difficultés que peut connaître le système ;
- suggérer régulièrement de repousser les échéances d'implantation ;
- déclarer une guerre en règle contre le changement ou ses initiateurs ;
- utiliser différentes tactiques de sabotage pour créer un climat d'adversité ;
- amplifier les avantages de la situation existante, etc.

Ces manifestations ont néanmoins toutes les mêmes effets : mettre en péril les chances de succès de la brigade de changement. Or, la recréation de la brigade douanière, nouvelle formule, aura une double incidence largement positive sur le budget de l'Etat et contribuera à améliorer les indicateurs macroéconomiques des finances publiques du pays. Ainsi donc, étant donné que la brigade douanière s'inscrit dans la réforme structurelle d'un grand service public de l'Etat au niveau national, un examen de son espace économique doit être effectué à partir de ses indicateurs macroéconomiques. Le chapitre suivant nous présente la photographie des lieux dans sa temporalité pour justifier après constat l'opportunité de recréation de ce corps afin de pouvoir matérialiser ce projet.

Chapitre III :

LE CONCOURS DE LA BRIGADE DANS LE BUDGET DE L'ETAT ET LA COMPTABILITE DES RECETTES DES DOUANES ET ACCISES

« Refaire un budget de l'Etat qui soit à la fois simple pour l'analyse du comptable, précis pour le vote du politique et clair pour le jugement de l'économiste. »

Michel DEBRE

(in Ces Princes qui nous gouvernent)

Paris, 1957.

SECTION 1 : LES INDICATEURS MACROECONOMIQUES DES FINANCES PUBLIQUES DE LA RDC DE 1998 A 2004

1.1. L'INCIDENCE ET LE ROLE DE LA BRIGADE DOUANIERE SUR LE PLAN MACROECONOMIQUE

Nous avons opté pour l'intégration de cette approche théorique de la macroéconomie pour nous permettre d'analyser l'économie de la RDC sur notre période d'étude d'un point de vue global, à travers les relations qui existent entre ses principaux agrégats (importations et exportations) qui sont de type *comptable* et dont découlent les autres, tels que le produit intérieur brut (PIB) ou la masse monétaire en circulation… Nous tentons d'en dégager un modèle macroéconomique fiable découlant des opérations douanières qui se combinent les unes avec les autres[1]. Ce qui nous permet d'observer l'exécution et la réalisation du budget de chaque exercice et d'en tirer des analyses en vue de réorienter l'action de notre brigade.

C'est surtout l'essentiel de ce point de vue sectoriel. Car le choix de ce sujet a une incidence positive sur le plan macroéconomique relevant du secteur public des douanes et accises de la RDC.

Notons *a priori* que la prise de nombreuses décisions d'un grand poids politique et économique en fonction de l'évolution commerciale la plus récente est parfois tributaire de la viabilité que les pouvoirs publics accordent aux statistiques du commerce extérieur que gère l'OFIDA. La brigade douanière y assume une grande responsabilité morale dans la *conduite en douane* et dans l'encadrement de la *prise en charge* des marchandises. Or, les données conduisant à l'établissement des statistiques du commerce extérieur sont généralement recueillies sur les déclarations

---

[1] B. GUERRIEN, *Dictionnaire d'analyse économique – microéconomie, macroéconomie, théorie des jours, etc.*, éd. La Découverte, 3e éd. revue et augmentée, Paris, 2002, p. 311.

douanières que gère l'OFIDA et qui établit les flux et les mouvements de marchandises à la frontière. Le *solde commercial* du pays se dégage aisément de l'ensemble des exportations face à l'ensemble des importations[1] (cf. chapitre III.1.5. L'évolution de la balance commerciale de la RDC – Tableau n° 16 : Le solde commercial de la RDC).

Car, en encadrant efficacement la perception des impôts et taxes douaniers (T), en canalisant au mieux sur la « *route légale* »[2] les exportations (X) et les importations (M), la brigade douanière sera à même de contribuer substantiellement à l'équation fondamentale de l'équilibre macroéconomique qui est :

$$\mathbf{Y = C + I + (G - T) + (X - M)}$$ [3]

où

1) **Y** = *Production domestique* ;
2) **C** = *Consommation privée* ;
3) **I** = *Investissement privé* ;
4) **G** = *Dépenses publiques* ;
5) **T** = *Impôts et Taxe*
6) **X** = *Exportations* ;
7) **M** = *Importations.*

C'est tout dire que si la brigade douanière apporte toute son expertise et sa technicité dans la réalisation de ses missions, il y a lieu de croire que la RDC retrouve avec sérénité le carré magique de l'orbite de la croissance économique et y évolue avec le rôle de stabilisateur de l'économie nationale qu'apporte la douane. L'apport de la brigade ne sera pas moins négligeable dans le maintien de l'équilibre de l'équation ci-dessus, pour ne pas le rompre, en aidant l'Etat à retrouver et à recouvrer des ressources financières intérieures issues des activités douanières et en faisant observer strictement aux opérateurs douaniers la « conduite en douane »[4]. D'autant plus que la

---

[1] *In infra.*

[2] La notion de ***route légale*** stipule que toutes marchandises importées ou exportées par les frontières nationales doivent être aussitôt conduites au plus prochain bureau de douane compétent par la route la plus directe désignée par le ministre des Finances. Sont considérées de droit comme **routes légales** ou **voies autorisées :** les voies ferrées, les canaux, les rivières, les fleuves, les lacs qui conduisent directement au premier bureau de douane compétent. C'est dire que chaque bureau douanier de la RDC dispose de ses propres voies autorisées de par sa position géographique.

[3] J. KAZADI NDUBA, *Management économique stratégique*, notes de cours/séminaire, Chaire Unesco de l'UNIKIN, DEA/Management économique, Kinshasa, 2004.

[4] La ***conduite en douane*** est l'ensemble des opérations qui ont pour but de diriger vers un bureau douanier compétent, en suivant une *voie obligatoire* indiquée, les marchandises en sujétion douanière introduites dans le territoire congolais ou qui en sortent, aux fins de paiement des droits ou éventuellement à d'autres mesures légales et réglementaires particulières applicables aux marchandises en trafic international.

brigade douanière assure la police des activités et pratiques douanières sur le terrain. Les missions et objectifs de la brigade douanière participent activement à la réalisation de la politique gouvernementale et à *l'équilibre des soldes significatifs de la balance des paiements commerciale* de la RDC rend compte de *l'ensemble des exportations en recettes et des importations en dépenses.* C'est avec justesse d'ailleurs que le professeur Dr Mabi Mulumba écrit que la RDC ne peut espérer sortir des tourments économiques qu'en équilibrant son commerce extérieur, ou mieux encore la *balance commerciale*[1] ou *des marchandises,* qu'au bout d'une période assez longue, impliquant ensuite une diversification de ses exportations avec une extension significative aux produits manufacturés[2]. Nous le rejoignons par l'efficience, que nous croyons idéale, de ce travail qui sera d'un apport intégrateur et fédérateur aux missions macroéconomiques que recherche notre brigade pour la RDC.

Or, en encadrant efficacement et techniquement les exportations et les importations qui sont les éléments ou encore mieux les agrégats de base de la *balance des paiements*[3] contre la fraude, la brigade douanière apparaît comme un catalyseur des instruments de la politique de rééquilibre budgétaire et de consolidatiòn de cette balance permettant ainsi de viabiliser significativement son solde commercial. Celui-ci étant l'écart entre la valeur des exportations et des importations. Il permet de ce fait d'analyser de manière réaliste l'influence de l'extérieur sur l'activité intérieure, notamment le degré de compétitivité des produits nationaux par rapport aux produits étrangers[4]. La maîtrise de ces données par l'action de la brigade douanière permet de poser avec confiance et réalisme les bases de l'*économétrie*[5] du secteur de la douane par l'évidence du rôle dévolu à ce corps afin d'aboutir à une convergence des objectifs économiques et de permettre ainsi le soutien du programme de relance économique.

---

[1] Somme algébrique de ses deux agrégats [importations (-) et exportations (+)] qui s'inscrivent dans les tableaux de douanes et accises pour une année donnée. Son taux de couverture rapporte la valeur des exportations à celles des importations : lorsqu'il est égal à 1 (ou 100%), c'est qu'elle est équilibrée. Mais les spécialistes accordent qu'un taux en moyenne de 93% correspond à une balance commerciale tout à fait équilibrée du fait qu'ils font intervenir la façon dont la marchandise a été frétée.

[2] MABI MULUMBA, *La Monnaie dans l'économie*, éditions Cedi, Kinshasa, 2001, pp. 209, 213.

[3] **Balance des paiements :** tableau comptable qui fournit sous une forme plus synthétique le relevé des transactions commerciales et financières qui ont été réalisées entre un pays donné (RDC par exemple) et l'étranger au cours d'une période fixée généralement à une année. Elle correspond à la somme algébrique de la balance des comptes et celle des opérations en capital.

[4] MABI MULUMBA, *op. cit.*, p. 210.

[5] Science expérimentale étudiant les problèmes économiques du double point de vue de la théorie économique et de la méthode statistique. Elle permet d'élaborer des modèles en vue d'expliquer et de prévoir les phénomènes économiques.

Les actions, les objectifs et les missions de la brigade douanière à l'encadrement et à la consolidation des excédents de la balance des paiements, en définitive, favoriseront l'expansion de la liquidité. Or, l'accroissement des dépôts en banque et l'augmentation des crédits bancaires sont liés, en grande partie, à ces excédents. En effet, lorsque les réserves monétaires augmentent et les achats de devises effectués par les autorités monétaires augmentent, les achats de devises effectués par les autorités monétaires favorisent la liquidité du marché [...]. Inversement, la liquidité bancaire tend à s'affaiblir avec la réduction des excédents de balance des paiements. En effet, chaque fois que l'on verse de la monnaie aux autorités monétaires en contrepartie d'achats de devises le volume du crédit tend à se resserrer. L'histoire monétaire de la RDC auprès de ses banques commerciales en garde encore fraîchement les empreintes amères.

Comme nous le rappelons, le solde de la balance des paiements est équilibré par construction (aux erreurs et ajustements près). C'est donc l'étude des soldes intermédiaires (positifs ou négatifs) qui permet d'établir un diagnostic sur la situation du pays. L'établissement de ce diagnostic pour la RDC peut se lire, donc, à partir de l'exécution et de la réalisation de ses différents budgets établis sur la période d'étude qui suit.

1.2. L'EXECUTION ET LA REALISATION DU BUDGET GENERAL DE L'ETAT AU 31 DECEMBRE

Tableau n° 05

(en milliers de CDF (*) et NZ (1998)** en millions ; 1$ US = 444,09 CDF)

	Rubrique	**1998**	**1999**	**2000**	**2001**	**2002**	**2003**	**2004**
1	Recettes	(**) 60.434.647	2.596.226	11.092.723	66.641.110	147.833.450	221.300.890	306.024.937
2	Dépenses	(**) 88.809.276	5.487.773	23.078.358	67.441.080	130.225.546	232.519.991	335.230.195
3	Soldes (écarts) (01 – 02)	28.374.809	-2.891.547	-11.985.635	-799.970	17.607.904	--11.219.101	-29.205.258
4	**Evolution (+/-)**	**-46,95 %**	**-111,38 %**	**-108,05%**	**-1,20%**	**+11,91 %**	**- 5.07%**	**- 9,54%**

(**) NZ : A l'avènement de l'AFDL, le 17 mai 1997, le nouveau zaïre (NZ) était toujours en cours légal jusqu'en 1998.

(*) CDF = *Congolese Democratic Franc* ; initiative anglophonique de la tendance politique prônée par feu président L. D. Kabila pour le *franc congolais (F.C.)*.

Source des données brutes : Ministère des Finances/Direction du Trésor et de
l'Ordonnancement (DTO) et BCC/Condensé d'informations statistiques n° C1/1999 du 12 janvier 1999, p. 15.
Conception : L'auteur.

Graphique n° 01

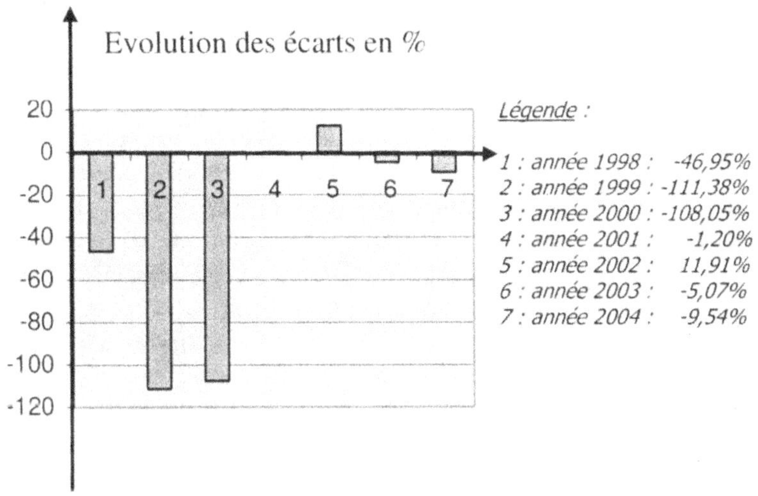

Source : L'auteur

Le tableau n° 05 et le graphique n° 01 ci-dessus permettent de formuler un jugement de valeur sur l'évolution des échelles numériques d'appréciation qu'ils nous fournissent. Les performances et la maîtrise des dépenses observées en 2002 sont la résultante des effets des différentes réformes initiées et opérées par les pouvoirs publics, tels l'élargissement de l'assiette fiscale consécutive à l'agrément de nouveaux investisseurs des secteurs de la foresterie, des mines, de la télécommunication (Vodacom, Celtel, CCT, Tigo [Oasis], Standard Télécom...), les guichets uniques de l'OFIDA (Kin-Aéro, Matadi/Beach, Kin-Est, Lubumbashi, Beni, Goma), etc.

Par contre, l'exécution du budget général de l'Etat a évolué en dents de scie quant à la maîtrise des dépenses et en même temps au fléchissement du recouvrement des recettes, comme l'expose le tableau n° 05 dont les évolutions fluctuantes se lisent aisément sur le graphique n° 1. En dehors de l'évolution positive constatée dans d'autres secteurs de la macroéconomie nationale, il s'est observé un manque scandaleux d'orthodoxie et de discipline budgétaires au niveau de l'exécution et de la réalisation des dépenses, encouragé par l'absence de sanction disciplinaire, ce qui a fait scléroser cet état par des écarts on ne peut plus astronomiques (- 46,95% en 1998 ; - 111,38% en 1999 ; - 108,05% en 2000 ; - 1,20% en 2001 ; - 5,07% et - 9,5% en 2003 et 2004). Fort malheureusement, les avis, les recommandations, les observations, les prérogatives et les pouvoirs du Parlement, de la Cour des comptes et de la direction de la Reddition des comptes, dont nous avons pris connaissance, n'ont jamais eu d'impacts tangibles sur les gestionnaires de crédits et les autres mandataires publics durant cette période. Le manque d'un pouvoir décisionnel fort, dû de toute évidence au laxisme lié à la transition politique de la RDC, en est en partie responsable.

En effet, comme le fait remarquer le J. O. spécial Cour des comptes du 28 janvier 2005, « la Cour des comptes a noté, d'une part, des dépassements sur certaines rubriques budgétaires (...), mais d'autre part, des dépenses exécutées pour des postes dont les crédits n'avaient pas été prévus (...). Toutes ces dépenses ont été effectuées en violation des dispositions des articles 13, 28 et 29 de la Loi financière ... »[1]. Quant à la récolte ou l'enregistrement des recettes, nos investigations ont abouti au même constat que la Cour des comptes qui conclut que "d'une manière générale, il a été noté des discordances entre les montants enregistrés par la direction de la Reddition des comptes, ceux fournis par la Banque centrale du Congo et ceux provenant des régies financières et des entreprises telles que la GECAMINES et la MIBA, avec comme conséquence l'absence de fiabilité des données contenues dans les comptes de l'exécution du Budget de l'exercice 2001..."[2]. Malgré nous, nous ne pouvons que faire avec, notre démarche ayant plus une portée analytique que qualitative des observations des faits enregistrés. C'est ainsi qu'« il ressort de ce qui précède que les objectifs du gouvernement en matière sociale n'ont jamais été atteints ».[3]

Autre constat : la Cour des comptes fait observer qu'« il a été constaté, en 2001 et 2002, que les discordances qui se dégagent entre les données provenant de la direction de la Reddition des comptes et celles fournies par la Direction du Trésor et de l'Ordonnancement [D.T.O.], de l'OFIDA, de la DGI et de la DGRAD font planer un doute sur la fiabilité des statistiques de la Direction des comptes [...] Comme en 2001 et 2002, l'exécution du budget de l'Etat en 2003 s'est fait en violation de la loi budgétaire, de la loi financière et du règlement général de la comptabilité publique ».[4] Ce constat

[1] J. O. de la RDC - Spécial Cour des comptes du 28 janvier 2005, (46è année) : *Reddition des comptes 1987, 1988, 2001 et 2002 – Cahier des observations relatives au projet de loi portant arrêt des comptes et règlement définitif du budget de l'Etat pour l'exercice 2001*, pp. 189, 190.

[2] *Idem*, p. 163.

[3] *Ibidem*, pour l'exercice 2002, p. 258.

[4] J. O. Numéro spécial du 24 juin 2005 : Observations de la Cour des comptes, *idem* pour l'exercice 2003, p. 48.

peut être étendu à d'autres sources sans nécessairement être péremptoire pour autant. Car il ressort de nos investigations auprès de cette dernière direction que les pièces jointes aux rapports transmis à sa hiérarchie soutenaient ses observations chiffrées.

L'exécution du budget de l'Etat en 2004 ne s'est pas tellement éloignée des mêmes dérapages que les exercices précédents. « Si globalement l'exécution du budget de 2004 s'est caractérisée par de nombreuses violations de la loi financière, du règlement général sur la comptabilité publique et de la loi budgétaire elle-même, fait remarquer la Cour des comptes, il est cependant noté, en 2004, des améliorations significatives dans la tenue des comptes. »[1] Cependant, la Cour des comptes précise : « Par cette remarque, la Cour des comptes ne va nullement dans le sens de confirmer que les recettes revenant à l'Etat sont portées au compte du Trésor. »[2] C'est autoritairement révélateur. Aussi est-il singulièrement important de rappeler la conclusion préoccupante de la Cour des comptes : « Il est aujourd'hui établi que l'ampleur de la *fraude* [douanière] est telle qu'une part importante des recettes fiscales échappe au Trésor »[3]. La Cour des comptes, toutes ses sections réunies, conclut par cette observation quant à l'exécution du budget 2004 : « Comme en 2001, 2002 et en 2003, l'exécution du budget de l'Etat en 2004 s'est faite en violation de la loi budgétaire, de la loi financière et du règlement général sur la comptabilité publique »[4].

1.3. LA QUOTE-PART RELLE ET SELECTIVE DES RECETTES DE L'OFIDA, DE LA DGI ET DE LA DGRAD DANS LE BUDGET DE L'ETAT

Tableau n° 06

En millions de $US

N°	EXERCICES / RUBRIQUES	1998	1999	2000	2001
01	Budget des recettes de l'Etat	380,45	288,52	295,49	251,46
02	Recettes de l'OFIDA	196,02	168,34	202,48	154,24
03	**Ordre de participation**	***51,52%***	***58,35%***	***68,52%***	***61,34%***
04	Recettes de la DGI	155,48	89,08	55,27	74,30
05	Ordre de participation	40,87%	30,87%	18,70%	29,55%
06	Recettes de la DGRAD	28,95	31,10	37,74	22,92
07	Ordre de participation	7,61%	10,78%	12,77%	9,11%

[1] J. O. de la RDC, *Reddition de comptes 2004 : Observations de la Cour des comptes relatives au projet de loi portant Arrêt des comptes et règlement définitif du budget de l'Etat pour l'exercice 2004, op. cit.*

[2] *Idem.*

[3] *Ibidem.*

[4] *Idem*, p. 85.

Tableau n° 06 (suite)
En millions de US

N°	EXERCICES / RUBRIQUES	2002	2003	2004	Rapport proportionnel
01	Budget des recettes de l'Etat	307,26	344,09	486,96	100%
02	Recettes de l'OFIDA	158,13	180,87	261,44	**OFIDA**
03	**Ordre de participation**	***51,46%***	***52,57%***	***53,69%***	**56,78%**
04	Recettes de la DGI	116,41	123,74	176,67	DGI
05	Ordre de participation	37,89%	35,96%	36,28%	32,87%
06	Recettes de la DGRAD	32,72	39,48	48,85	DGRAD
07	Ordre de participation	10,65%	11,47%	10,03%	10,35%

Conception et source : L'auteur.
Sources des recettes :
- *Budget de l'Etat : ministère du Budget.*
- *OFIDA : DG/Division des recettes.*
- *DGI : FLASH-IMPOT, supplément de la revue « MPAKO » n° 20 du 26 juillet au 9 août 2005, p.16 (dernière page de couverture).*
- *DGRAD : ministère du Budget et BCC/Condensé d'informations statistiques n° 39/2005 du 30 septembre 2005, p. 19.*

Graphique n° 2 : La hauteur et l'apport des recettes de l'OFIDA, de la DGI et de la DGRAD dans le budget de l'Etat

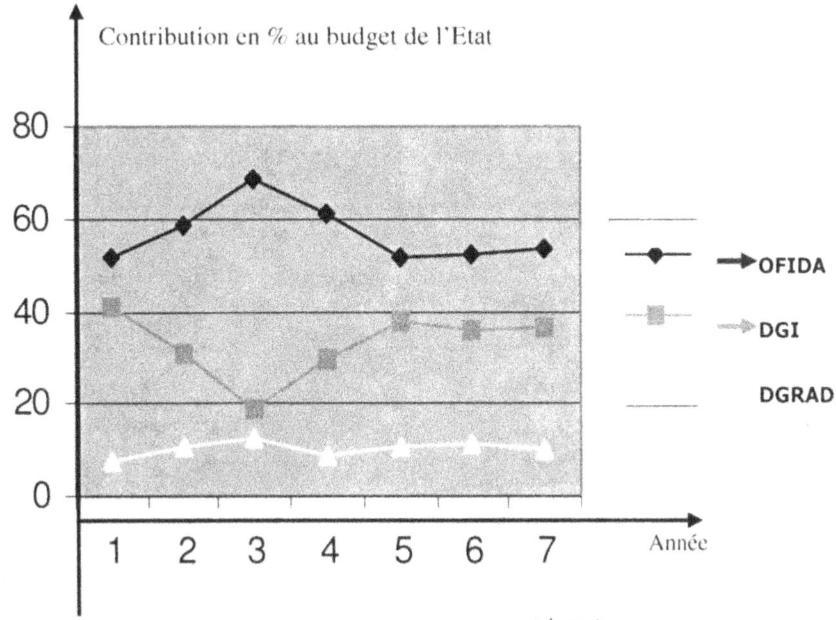

Légende :
1 : année 1998
2 : année 1999
3 : année 2000
4 : année 2001
5 : année 2002
6 : année 2003
7 : année 2004

Source : L'auteur

Sur l'ensemble de ces exercices (de 1998 à 2004), l'OFIDA caracole en « pole position », bien loin devant les deux autres régies financières dans la contribution en recettes dans tous les budgets de l'Etat de notre période d'étude. Ce qui attire sur elle une attention toute particulière à la manière d'une poule aux œufs d'or. Son rapport proportionnel est de **56,78 %** : ce qui fait de cette administration le plus grand contributeur en recettes au budget de l'Etat. Elle est suivie avec un écart de près de 24% par la DGI, et avec presque le double de par la DGRAD à 46,43% !

1.4. LES INDICATEURS DE CROISSANCE EN RDC

1.4.1. Les indicateurs de lecture de la croissance

La croissance économique d'un pays comme la RDC peut se lire à partir des facteurs qui indiquent son évolution au départ de sa population (en termes de millions) d'où seront tirés ses taux de produit intérieur brut (PIB) et ceux revenant à chaque habitant. Car le PIB constitue en fait une redistribution de la richesse nationale répartie virtuellement entre les habitants et revenant annuellement à chaque citoyen en référence au $ US et au taux d'inflation dans ses fluctuations. C'est en cela que ces facteurs constituent des indicateurs de croissance que nous présentons dans le tableau ci-après :

Tableau n° 07

N° d'Ordre	PERIODES / FACTEURS DE CROISSANCE	1999	2000	2001	2002	2003	2004
01	Population (en millions d'hab.)	50,4	52,1	53,5	55,0	56,4	58,0
02	Taux de la population	3,4%	3,4%	2,7%	2,7%	2,6%	2,8%
03	Taux du P.I.B.	- 4,3%	- 6,9%	- 2,1%	3,0%	5,6%	6,8%
04	**Taux du P.I.B./habitant**	**- 7,5%**	**- 10,0%**	**- 14,2%**	**- 0,7%**	**2,8%**	**3,9%**
05	P.I.B./habitant en $ US de 2000	91,7	82,6	78,7	79,3	81,6	84,8
06	Taux d'inflation	88%	511%	135%	15,8%	4,4%	2,2%

Source : B.C.C./Condensés d'informations statistiques n° 53/2004 et 13/2005 du 01/4/2005.

Graphique n° 3 : La fluctuation houleuse du taux du P.I.B./habitant

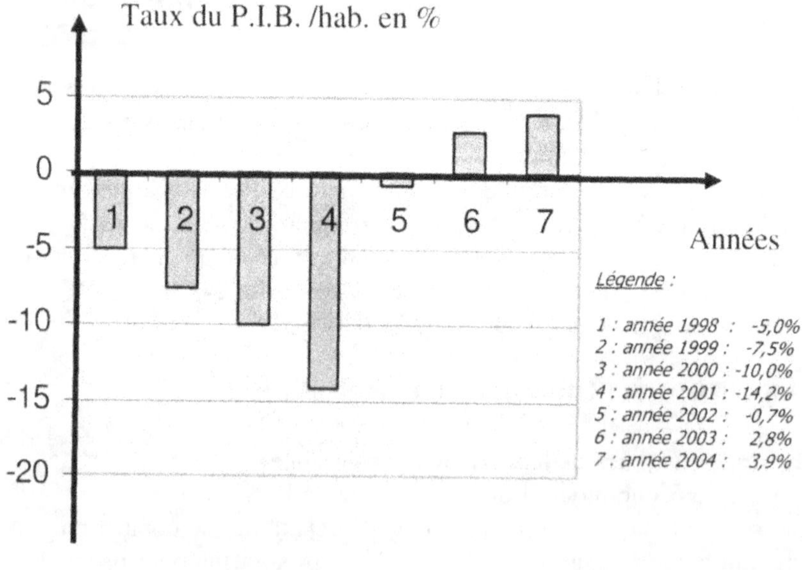

L'économie congolaise, dans son ensemble, avait pris et accusé pendant assez longtemps le coup à son redressement plongé dans le tumulte. L'option déterminante de la réorientation de la politique économique prise par les pouvoirs publics a pris effet à partir de 2002 et démarré sur les bases d'une bonne relance économique, comme l'indique le tableau n° 08 ci-dessus qui tire par la queue le PIB du gouffre comme le schématise sinueusement le graphique n° 3 correspondant.

Les indicateurs macroéconomiques positifs réalisés dès 2002 prouvent que les objectifs assignés au budget ont été relativement atteints par une nette rupture des contre-performances observées sur les exercices précédents (1998 à 2001). Le renforcement de la stabilité macroéconomique, par cette embellie, a fait fléchir tangiblement l'hyperinflation galopante qui avait atteint des pics vertigineux jusqu'à 511% en 2000, pour décliner à 135% en 2001, puis allant à se dégraisser à 15,8% en 2002 et à 4,4% en 2003 pour finalement tomber sous la barre de 2,2% en 2004 et, progressivement, sortir de la spirale du sous-développement qu'aborde le plan de relance au point 1.7 qui suit.

L'assainissement de l'environnement économique, bien que lent mais progressif, par des mesures courageuses, a certes concouru à soutenir cette émulation qui voit le taux du PIB par habitant parti de moins 5,0% en 1998 renverser la tendance tumultueuse à 3,9% : ce qui traduit une meilleure performance, marquant par là même la reprise de la croissance économique de la RDC, rentrant ainsi dans l'orbite de relance. Pourvu qu'elle s'y maintienne et que de l'autre côté les politiques tiennent le cap dans une évolution positive. Au nombre de ces mesures importantes d'incitation, nous avons épinglé, entre autres, la promulgation de nouveaux textes de lois simples et attrayants approchant virtuellement le paradis fiscal par l'institution de :

- *Tribunaux de commerce* : Loi n° 002/2001 du 3 juillet 2001 portant leur création, organisation et fonctionnement ;
- *Code des investissements* : Loi n° 004/2002 du 21 février 2002 portant ce code ;
- *Agence nationale pour la promotion des investissements (ANAPI)* : Loi n° 004/2002 du 21 février 2002 l'ayant instituée aux termes des dispositions de son article 4 et le Décret n° 065/2002 du 5 juin 2002 portant ses statuts, son organisation et son fonctionnement ;
- *Code minier* : Loi n° 007/2002 du 11 juillet 2002 portant ce code ;
- *Code forestier* : Loi n° 011/2002 du 29 août 2002 portant ce code ;
- *Code du travail* : Loi n° 015/2002 du 16 octobre 2002 portant ce Code ;
- *Tribunaux du travail* : Loi n° 016/2002 du 16 octobre 2002 portant leur création, organisation et fonctionnement ;
- *Nouveaux tarifs douaniers* : Loi n° 002/03 du 13 mars 2003 instituant le nouveau tarif pour les droits et taxes à l'importation et la

loi n° 003/03 du 13 mars 2003 instituant le nouveau tarif pour les droits et taxes à l'exportation ;

- *Evaluation en douane des marchandises* : Loi n° 009/03 du 18 mars 2003 se référant à l'évaluation en douane des marchandises selon l'Article VII de l'Accord de GATT de 1994 ;
- *Règlement minier* : Décret n° 038/2003 du 26 mars 2003 portant ce règlement ;
- *Cadastre minier (CAMI)* : Décret n° 068/2003 du 3 avril 2003 portant ses statuts, son organisation et son fonctionnement ;
- *Guichet unique* (à l'importation et à l'exportation) : Décret n° 05/183 du 30 décembre 2005 portant son institution ;
- *Code foncier* – immobilier et régime des sûretés (textes légaux et réglementaires coordonnés), *in* Journal officiel, numéro spécial, 47e année du 5 avril 2006 ;
- *Réduction de la fiscalité intérieure*, etc.

En plus de cette éclaircie par l'institution de ces cadres juridiques, la reprise de la coopération avec les institutions de Bretton Woods est venue à la rescousse de cette politique[1].

Par ailleurs, à partir du produit intérieur brut[2] (somme des valeurs ajoutées des productions de toutes les branches d'activités du pays), on remarque cependant, sur la période 1998-2004 cf. n° 5 du numéro d'ordre des indicateurs de croissance en RDC du tableau n° 08), un marquage des empreintes fort évidentes de la pauvreté de la population avec un PIB qui ne dépasse même pas 100$ US par habitant, encore qu'il était de 3 740$ US il y a 36 ans. C'est que l'exécution du budget de tous ces exercices n'est pas allée dans le sens de la réduction de la pauvreté telle que prônée par l'initiative PPTE (Pays Pauvres Très Endettés). Ce qui laisse voir que des efforts restent encore à fournir pour sortir de l'auberge.

La Cour des comptes trouve la réponse à cette préoccupation de non-réduction de la pauvreté du fait que « sur les 112 projets retenus dans le domaine de la santé et de l'éducation du Budget d'investissement, aucun de ces projets n'a bénéficié de paiements et n'a donc connu un début de réalisation.

Le même constat avait été établi lors de l'examen de la reddition des comptes pour l'exercice 2002. En effet, dans le secteur de l'éducation nationale, en fin d'exercice 2002, le niveau d'exécution des projets n'avait atteint que 2,12% soit le paiement de 12 100 540 FC sur 568 148 061 FC

---

[1] ANAPI, *Investir en R.D.Congo*, Anapi, Kinshasa, 2005, pp. 18-25.

[2] **P.I.B.** : somme des valeurs ajoutées de l'ensemble des branches de production (augmentée de l'ICA) grevant les produits et les droits de douanes. Le PIB est composé du produit intérieur marchand, c'est-à-dire les biens et services échangés et du produit intérieur brut non marchand, à savoir les services fournis par les administrations publiques et privées à titre gratuit ou quasi gratuit.

prévus. Dans le secteur de la santé publique, le niveau d'exécution des projets n'avait atteint que 11% soit le paiement de 62 157 516 FC sur 568.175.742 FC prévus.

En conclusion, si, au plan macroéconomique, les critères retenus ont pu être réalisés de façon satisfaisante, l'analyse des dépenses effectuées en particulier sur le plan des investissements révèle que peu de résultats ont été enregistrés au niveau des dépenses pro-pauvres ». Non seulement les efforts restent à fournir pour sortir de l'auberge, venions-nous de relever, mais cette léthargie laissait déjà planer *a priori* un doute sérieux quant à la conclusion au point d'achèvement d'annulation de la dette congolaise projetée en juillet 2006 : ce qui semblait poser la base d'un report certain (comme l'indiquent de toute évidence les indicateurs) ou même de la suspension momentanée de la coopération avec les institutions de Bretton Woods pour, comme réprimande et rappel à l'ordre, leur manque d'exécution disciplinée du programme DSRP.

Nous pensons aussi que la politique de redimensionnement des entreprises du portefeuille de l'Etat par le COPIREP soutiendra encore mieux cet assainissement avec l'espoir de voir prolonger la croissance économique sur le long terme qui a démarré en 2002 avec 3,0% de PIB après la reprise de la coopération en 2001.

C'est ici que la Brigade douanière doit apporter toute son expertise et sa technicité pour parer aux dérapages liés à son domaine d'intervention et d'action, notamment dans la lutte contre la fraude et la contrebande, à l'établissement et au recouvrement des contentieux, à l'observance stricte de la route légale, aux contrôles *a posteriori*, etc. pour renflouer les dus fiscaux du Trésor public.

1.4.2. Des mesures illustratives d'incitation et de stimulation à la croissance économique et à l'investissement en RDC

Après avoir rempli les conditions d'éligibilité au régime du Code, pour ne relever que ce cas parmi la panoplie de mesures importantes d'incitation à la carte, l'institution de l'Agence nationale pour la promotion des investissements (ANAPI) constitue une illustration attractive suscitant une émulation à la croissance économique. Quelques avantages fiscaux et douaniers qui s'accordent par le truchement de l'ANAPI dans le cadre du Code des investissements touchent les secteurs concernés par elle.

a) Les secteurs d'intervention de l'ANAPI

Les secteurs suivants sont concernés par l'ANAPI une fois l'agrément accordé : l'agriculture, l'agro-industrie, l'élevage, la pêche, les industries manufacturières, l'hôtellerie et la restauration, les bâtiments et travaux publics, les logements sociaux, le bois et la foresterie, les transports aériens, routiers, maritimes et fluviaux, les télécommunications, les technologies de l'information, l'énergie, le textile, divers services.

b) Les avantages douaniers et fiscaux accordés

L'alignement des mesures et des dispositions incitatives par l'octroi d'avantages douaniers et fiscaux constitue un véritable catalyseur à l'investissement pour asseoir une éclaircie dans le domaine économique. Comme l'écrit avec justesse Midagu, « la libéralisation économique, l'évolution technologique et la concurrence internationale imposent une adaptation permanente et minutieuse de l'arsenal fiscal indispensable pour attirer l'investissement et le réinvestissement étranger »[1] que détaillent les points suivants :

b.1. Les avantages douaniers :

- Exonération totale des droits et taxes à l'importation pour les marchandises, l'outillage et le matériel neufs, les pièces de rechange de première dotation ne dépassant pas 10% de la valeur CIF desdits équipements, à l'exclusion de la redevance administrative due aux services de la douane fixée à 5% de la valeur CIF des équipements importés ;
- Exonération des droits et taxes à l'exportation de tout ou partie des produits finis, ouvrés ou semi-ouvrés dans des conditions favorables pour la balance des paiements.
-

b.2. Les avantages fiscaux

- Exonération totale de la contribution professionnelle sur les revenus réalisés par les investissements agréés ;
- Exonération du droit fixe pour les sociétés agrées autres que les SARL ;
- Exonération de l'impôt sur la superficie des concessions foncières bâties et non bâties liées au projet agréé ;
- Exonération du droit professionnel à l'occasion de la constitution et de l'augmentation du capital social des SARL ou du droit fixe pour les autres types de sociétés ;
- Exonération de l'impôt sur le chiffre d'affaires à l'intérieur sur les produits locaux ou sur les prestations des services portant sur les travaux immobiliers sollicités par les entreprises agréées qui achètent auprès des producteurs locaux des biens d'équipements et intrants industriels fabriqués en RDC.
-

b.3. Certaines dispositions singulièrement favorables aux PME et PMI

---

[1] MIDEGU DON DEOGRACIAS: « Editorial », dans *Congo Fiscalité*, n° 001, 2008, Kinshasa, p. 5, col. 2.

- Exonération totale des droits et taxes à l'importation pour les matériels et équipements même de seconde main à l'exclusion de la redevance administrative ;
- Déduction de leur bénéfice imposable sur les sommes dépensées au titre de la formation, du perfectionnement du chef d'entreprise ou de son personnel, de la protection et de la conservation de la nature ;
- Possibilité de calculer leurs amortissements selon un mode dégressif ;
- Exonération des droits sur les actes constitutifs de société ou de coopérative et sur le droit d'enregistrement au nouveau registre de commerce (NRC).

c) Les avantages temporels et leurs zones économiques

La durée des avantages accordés par l'agrément d'un investissement va de trois à cinq ans suivant la région d'implantation :

- *TROIS ANS*, lorsque les investissements sont réalisés dans la *zone économique A* : ville-province de Kinshasa ;
- *QUATRE ANS*, lorsque les investissements sont réalisés dans la *zone économique B*, à savoir : Bas-Congo, villes de Lubumbashi, Likasi et Kolwezi ;
- *CINQ ANS*, lorsque les investissements sont réalisés dans la *zone économique C*, à savoir : Bandundu, Equateur, Kasaï-Occidental, Kasaï-Oriental, Katanga, Maniema, Nord-Kivu, Sud-Kivu et la province Orientale.

La mise en place de ce cadre incitatif et attractif de développement en RDC, l'amélioration de l'environnement et du climat favorablement stimulant par l'institution de l'ANAPI en 2002 et de son fonctionnement dès 2003 ont généré, en 6 six ans, plus de 700 projets d'investissement qui sont en cours de réalisation depuis en RDC. Leur volume et coût financier se montant à plus de 10 861 463 987 $US ont créé plus de 82 835 emplois stables en dehors de ceux déjà existants.[1] (A ceux-ci non compris le volume et le coût financier des *Contrats chinois* qui s'évaluait initialement à plus de *9 milliards de dollars américains* dont 6 milliards pour la réhabilitation et la construction des infrastructures routières, et le reste des chantiers se partage les autres 3 milliards). Selon ce qu'a rapporté *Les Dépêches de Brazzaville* du Secrétariat technique pour la promotion de l'emploi (en RDC), « la réalisation de divers projets élaborés en RDC par différents ministères peuvent générer 19 471 737 emplois à l'échéance de 2010 »[2]. Cette expertise estime que compte tenu de l'immensité des besoins, les secteurs de la construction, de l'entretien et de la réhabilitation des infrastructures socio-économiques, énergétiques, de télécommunications, en systèmes d'irrigation

---

[1] Cf. ANAPI/Direction des Agréments – Kinshasa/Gombe (RDC).

[2] Lucien DIANZENZA, « Près de 20 millions d'emplois à créer d'ici 2010 », *Les Dépêches de Brazzaville* n° 801, de jeudi 20 août 2009, p.7, col.1.

et de protection de l'environnement, présentent une capacité considérable d'emplois. C'est justement fort de cette embellie, propice à la création d'un meilleur environnement pour l'investissement, que dans sa thèse de doctorat très prospective, le professeur Paul Azama Lana, ancien président-délégué général de l'OFIDA soutenait avec rectitude que l'accroissement des investissements passe par l'assainissement attractif du climat dopé des affaires. Il préconisait déjà, à l'instar de l'ANAPI, que « les avantages fiscaux supposent déjà résolu le problème du climat des investissements. Par cette expression, on entend l'existence d'un certain nombre de facteurs dont la présence est de nature à inspirer confiance aux investisseurs étrangers en plus des privilèges fiscaux dont ils pensent bénéficier. Ces facteurs sont de quatre : politique, administratif, technique et économique »[1]. De toute évidence, les facilitations accordées par l'ANAPI semblent en être la réponse idoine et qui se constate visiblement, entre autres, par le boom de la promotion immobilère à travers le pays et plus particulièrement à Kinshasa.

C'est en cela que « *les avantages fiscaux et douaniers accordés en amont par les conditions d'éligibilité de l'ANAPI constituent des stimulants à ces investissements et à la création de nouvelles entreprises, et en aval, les indicateurs de croissance se gargarisent d'optimisme pour remonter le PIB par habitant dans ce contexte de reprise économique que nous comptons maintenir dans la durée pour sortir du bourbier* », nous a confié le Directeur général de l'ANAPI, le professeur fiscaliste Mathias Buabua wa Kayembe.

1.4.3. La Brigade douanière dans la politique de bonne gouvernance

La classe dirigeante congolaise a fini par prendre conscience que la bonne gouvernance et la transparence dans la gestion des affaires publiques sont essentielles pour une bonne évolution économique. C'est ainsi que les pouvoirs publics se sont investis dans ce contexte à créer un environnement institutionnel stable et un cadre général qui soient propices au développement du secteur privé. A cette fin, analyse J. Tutonda Batanguna, le gouvernement entend assurer :

- L'unicité du circuit de gestion des ressources publiques [chaîne de la dépense] ;
- La publication régulière du Journal officiel ;
- Le strict respect des procédures en matire de passation des marchés publics ;
- La réforme des circuits de paiement des impôts et taxes par les entreprises privées ;

---

[1] AZAMA LANA, *Le Régime des sociétés par actions en droit privé et en droit fiscal dans ses rapports avec les investissements sur le territoire de la République du Zaïre de l'époque coloniale à nos jours*, thèse de doctorat, Université nationale du Zaïre, campus de Kinshasa, faculté de droit, 1973, pp. 283-4.

- Le rapatriement des recettes d'exportation suivant la procédure et dans les délais fixés par la réglementation de change ;
- La mise en œuvre d'un plan d'actions visant à éliminer progressivement la ***corruption*** et la ***fraude*** ;
- La mise en place des tribunaux de commerce ;
- Le strict respect de discipline budgétaire.[1]

Ce sont là autant de stratégies pour rompre avec la précarité de la bonne gouvernance. Pour rappeler le climat des affaires, l'objectif est de promouvoir la croissance des entreprises compétitives, génératrices de nouveaux emplois à l'instar du cadre de l'ANAPI et dans l'optique du COPIREP. C'est dans ce cadre que le gouvernement congolais a développé une stratégie et un plan d'actions pour contourner certains obstacles et autres contraintes au développement du secteur privé à travers la mise en œuvre probable des ordonnances d'application de l'OHADA[2] en examen au Parlement. Ainsi au moyen des lois et reglements qu'édictera le législateur, la Direction générale de la Brigade douanière (de demain) se veut une structure nationale de coordination de lutte contre la fraude douanière et commerciale, et qui aura en plus pour vocation interne de restaurer son intégrité morale face à la fraude et à la corruption dans son vécu professionnel au quotidien.

Le meilleur financement des stratégies des secteurs porteurs de croissance nécessitera une amélioration du niveau des recettes de l'Etat par la poursuite du renforcement de l'administration fiscale par des structures de conception de notre Brigade douanière et la promulgation d'une série de nouveaux textes de lois au point 1.4.1 ci-haut évoqués.

Ce financement est illustré selon les contraintes de la bonne gouvernance indiquées par la Banque Mondiale dans le schéma suivant au sein duquel notre Brigade douanière devra trouver son espace d'expression pour son émulation :

[1] J. TUTONDA BATANGUNA, *Implication de la crise financière internationale sur les perspectives de croissance économique de la RDC de 2006-2011*, mémoire de Licence, Sciences commerciales et administratives, ISP-Gombe, Kinshasa, 2008-2009, pp. 48-50.

[2] OHADA : **O**rganisation pour l'**H**armonisation en **A**frique du **D**roit des **A**ffaires ; Traité du 17 octobre 1993, Port Louis, Ile Maurice, 3e édition, 2008.

Graphique n° 04 : Les indicateurs de bonne gouvernance relatifs aux pays d'Afrique subsaharienne et de la RDC

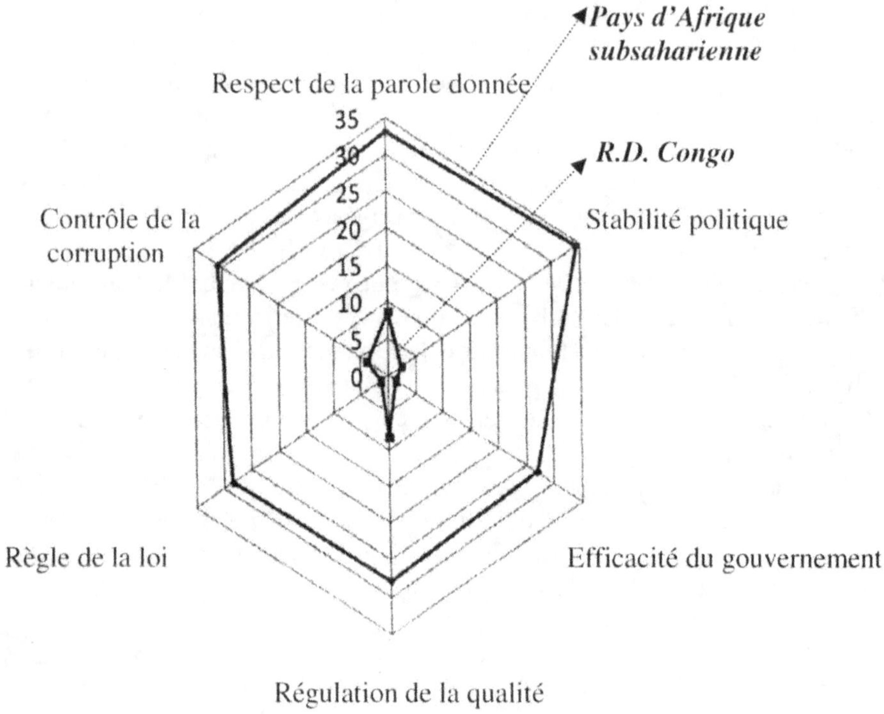

Source : *World Bank governance indicators data set*

Cette figure hexagonale de la Banque Mondiale ou *radar* du graphique n° 04 décrit les canaux de transmission de la crise par le manque de bonne gouvernance en RDC qui peine à aller au-delà de 10. Ce déficit de bonne gouvernance a fini par créér un nivellement de développement par le bas: un indice qui n'encouragerait ni les investisseurs étrangers ni les clubs des bailleurs de fonds extérieurs réunis autour de deux grands forums :
1.Le *Club de Paris*[1](pour la gestion des dettes contractées par les gouvernements auprès du secteur privé) ;

[1] Le *Club de Paris* est un forum ou groupe informel de créanciers publics constitués de 19 pays développés - qui en sont membres permanents - et dont l'objectif est de trouver des solutions coordonnées et durables aux difficultés de paiements de nations endettées. Ce Club traite des *dettes publiques*, c'est-à-dire celles contractées par les gouvernements auprès du sec-

2.Le *Club de Londres*[1] (gère les rééchelonnement des dettes à l'initiative du débiteur étatique auprès des banques commerciales privées) *et autres* d'apporter des capitaux dans un environnement pollué de mauvaise gouvernance contre laquelle les pouvoirs publics s'attèlent depuis quelque temps.

Il se dégage qu'à travers les six sommets qui terminent les axes autocentrés de ce polygone, se trouvent mentionnées des valeurs significatives de la bonne gouvernance qui vont de 0 à 35. Par contre, le déficit de bonne gouvernance de la RDC s'observe *entre zéro et deux points contre vingt-huit points* pour les pays d'Afrique subsaharienne dont la *corruption* et la *fraude* entre autres sont inscrites aux premi-ères loges. Ainsi, pour le contrôle de la corruption : 4,5 contre 28 points ; la stabilité politique : 2,5 contre 34 points, etc.

Pour enfin contourner ce piège, le gouvernement devra manifester de plus en plus son engagement d'améliorer sa situation de bonne gouvernance aux partenaires du développement par l'institution d'une structure comme celle de notre étude pour cette dépollution.

---

teur privé mais garanties par le secteur public. Les créanciers se réunissent 10 fois par an à Paris pour des sessions de négociations sous la présidence du directeur de la Direction générale du Trésor et de la Politique économique du ministère français de l'Economie et des Finances.

Ce Club a été progressivement créé à partir de 1956 quand l'Argentine accepta de rencontrer ses créanciers publics à Paris, d'où la dénomination *Club de Paris*.Ses 19 membres sont : la France, la Belgique, l'Allemagne, le Canada, les États-Unis, l'Autriche, l'Australie, le Danemark, le Pays-Bas, l'Espagne, Le Royaume-Uni, la Suède, la Fédération de Russie, la Suisse, l'Irlande, le Japon, la Norvège, l'Italie et la Finlande.

[1] Le *Club de Londres* est encore et aussi un groupe informel ou forum, mais des banques commerciales privées qui se réunissent pour la renégociation ou le rééchelonnement des créances à l'initiative du débiteur qu'elles détiennent sur des Etats souverains. Ce forum est aussi structuré sur le modèle de Club de Paris.

Ce Club n'existe que pendant les négociations dans différents centres de finance internationale. La présidence des négociations est assurée par une importante institution financière internationale, alors que le comité est composé des membres représentant les différents débiteurs, que ce soit des banques ou des fonds d'investissement. Une fois que l'attente de rééchelonnement de la dette est signée, le Club se dissout jusqu'à un autre forum.

N.B.: Sa toute première rencontre eut lieu en 1976 pour tenter de résoudre les problèmes de paiements de dettes de la RDC, alors République du Zaïre (http//fr.wikipedia.org/wiki/club de londres).

1.5. LES PRINCIPALES PRODUCTIONS MINIERES, AGRICOLES, METALLURGIQUES ET ENERGETIQUES D'EXPORTATION DE LA RDC

Tableau n° 08

Marchandises	Unités	1999	2000	2001	2002	2003	2004
Diamants	1000 carats	20.116	16.006	18.198	22.501	26.981	30.246
Cobalt	Tonnes	2.308	3.739	11.637	11.865	7.341	8.851
Or brut	Kilos	829	1.451	1.512	2.154	819	675
Pétrole brut	1000 barils	8.650	8.459	9.380	8.425	9.246	10.095
Bois en grumes	M^3	40.133	16.478	14.437	16.854	60.296	92.829
Bois sciés et placages	m^3	21.385	8.448	18.004	28.017	29.097	39.620
Huiles de palme	m^3	6.588	4.649	5.191	4.976	5.899	11.945
Zinc	Tonnes	-	214	1.004	828	4.886	5.067
Cuivre	Tonnes	32.195	30.821	37.845	27.359	16.359	19.737
Caoutchouc	Tonnes	1.799	2.029	2.099	1.351	2.307	2.635
Electricité	1000 Mwh	5.010	5.813	5.798	5.306	5.443	6.286
Café vert	Tonnes	24.430	11.330	1.060	8.785	5.945	6.778
Cacao	Tonnes	2.975	2.827	2.397	2.617	1.264	1.152

Source : BCC/Condensés d'informations statistiques n° 11/2002 (pp. 2, 3) et n° 13/2005 du 01/04/2005, p. 1.

Les différents volumes des exportations de ce tableau n° 08 ne sont que le trompe-l'œil d'une réelle activité de production que devrait réaliser la RDC en situation normale. Nous espérons à terme qu'elle déclenchera une diversification de ses exportations potentielles avec une extension significative aux produits manufacturés. Comparées aux statistiques que nous révèlent celles des productions minière, agricole, métallurgique... de la RDC (cuivre, diamant, cobalt, produits de rente...), celles-ci étaient parmi les plus fortes du marché mondial comme l'illustre le tableau n° 09 ci-après.

Il faut tout de même rappeler que les guerres dans l'est de la RDC (province Orientale, le grand Kivu, le nord Katanga,...), l'effondrement des mines de Kamoto depuis 1990, la baisse des activités agricole et industrielle de la Gécamines et des autres secteurs économiques ont sensiblement contribué à laminer la production et les recettes d'exportation du pays : ce qui a mis l'économie congolaise en berne. Les pillages de 1991 et 1993 ont, bien avant ce sombre héritage, exacerbé la situation déjà très mal en point et affecté l'ensemble des structures de l'économie nationale en panne qui piquait déjà du nez. Ces diverses crises peuvent être pointées d'un doigt accusateur comme étant les causes immédiates. Il est de bon aloi de pointer aussi et de citer les causes plus ou moins lointaines mais consécutives à la crise économique actuelle de la RDC.

Les ouvrages richement détaillés spécifiquement sur cette question nous renseignent avec pertinence sur les implications de la haute finance internationale et de son imbrication dans le pillage des richesses congolaises. Ces ouvrages et références donnent des précisions et des idées générales sur la vraie mesure de l'affectation effective de toute la fortune générée par la douane de l'EIC et du Congo belge, son injection et son encrage dans le circuit méandreux et fermé de cette géographie de la finance multinationale. L'ouvrage *Les Trusts au Congo*[1], par exemple, fait un inventaire sommaire de la débâcle anticipée de l'économie congolaise actuelle :

« ... Les sociétés belges avaient en effet pris soin de procéder à des retraits massifs de capitaux en même temps qu'elles poussèrent au maximum les exportations de produits congolais en limitant par contre à l'extrême leurs importations.

La balance commerciale congolaise connut de ce fait un boni exceptionnellement élevé en 1959 (13 471 millions de $), ce qui n'empêcha toutefois pas le Congo de connaître de très graves difficultés financières. En effet, une forte proportion des sommes perçues pour la vente des produits congolais n'était [plus] rapatriée dans la colonie et plus de 7 milliards de capitaux privés sortirent du Congo au cours de l'exercice. »

« Il ne faut pas essayer de se masquer cette réalité fondamentale au moment de la transmission des pouvoirs, notait un hebdomadaire belge au début de 1960. Il serait trop facile d'incriminer après coup la gestion du Congo indépendant alors que la faillite est acquise dès maintenant [1959]. Les finances publiques du Congo sont devenues celles d'un pays « assisté », tandis que des entreprises privées se livrent depuis 1959 à une politique économique caractérisée par un « Raubwirtschaft » pur et simple qui doit à brève échéance aboutir à la paralysie complète du système économique et, corrélativement, à des troubles sociaux très graves »[2]. Une belle brèche, s'il en faut, à l'argument massue d'un témoignage à charge au *contentieux belgo-congolais* qui demeure à ce jour non compensé et toujours pas réglé pour régularisation. Ce contentieux est à revisiter et à reconsidérer pour évaluation afin de trouver une récupération juste dans les budgets de *recettes de reparation* en faveur de l'Etat congolais.

Ainsi, à l'accession du Congo à l'indépendance, à l'image d'une entreprise aux grandes potentialités dormantes mais à qui étaient retirées toutes ses ressources d'entretien, de fonctionnement et de financements internes et externes, l'euthanasie de l'Etat congolais était tout bonnement chronométrée pour un dysfonctionnement assuré dans le temps. C'est ce qui arriva de suite de ces effets collatéraux. La suite des événements sociopolitiques au Congo

[1] P. JOYES et R. LEWIN, *Les Trusts au Congo*, Société populaire d'Editions, Bruxelles, 1961, p. 298.

[2] B. VERHAEGEN, « La décolonisation économique du Congo », dans *La Relève* (hebdomadaire belge) du 9 janvier 1960, cité par P. JOYES et R. LEWIN, in *idem*.

après son indépendance s'est réalisée avec une précision prophétique, dans la vision prospective des analyses faites par ces deux sources-témoins belges[1] d'une politique économique de terre brûlée laissée par les colons derrière eux. Quoi de plus normal et logique que la communauté internationale vienne à la rescousse de la RDC en détresse avec l'ONUC en 1960 et la MONUC actuellement, apportant un petit soulage-ment feûtré par rapport à son apport et à sa contribution directe par ses richesses ayant réglé de graves crises du passé qui ont frappé le monde, tel qu'inscrit élogieusement dans les pages de son passé historique.

Avant cette situation, le point de vue de Lambot, dirigeant syndicaliste de l'ardente pro-colonisation et de la social-démocratie belge publiait dans ce que rapporte *Le Syndicalisme et la Guerre,* juste avant la Seconde Guerre mondiale : « Le Congo est naturellement une source inépuisable de tout un éventail de richesses. Maintenant, pour une bonne part, la reprise économique de la Belgique peut être liée à l'incorporation directe de la colonie à la mère patrie. Nous devrions nous pourvoir à partir du Congo du maximum de ses matières premières minérales et végétales [...] Bien mieux que les impôts et les restrictions, l'exploitation du Congo sera en état demain de rétablir toutes les destructions de la guerre »[2]. Ce sont là les propos d'un colonialiste ironiquement sincères !

Pour preuve, après les deux guerres mondiales, la Belgique est sortie la tête haute de cette tourmente, sans un rond de dette qu'a payée la RDC grâce à un système d'exploitation belge qui forçait le colonisé congolais à céder et à vendre au colon la force de ses bras à des prix injurieusement nuls. C'est ainsi que l'Union minière (la Gécamines actuelle), fondée en 1906 avec un capital de 10 millions de francs, a réalisé entre 1950 et 1959, en moins d'une décennie, un bénéfice net de 31 milliards de francs pour le bonheur, le profit et la grandeur de la Belgique et des Belges et au grand dam des indigènes congolais !

Au nom des *droits acquis* des puissances réunies à la Conférence de Berlin, les richesses du sol, du sous-sol, les ressources humaines et militaires congolaises, et tout son portefeuille spolié ont largement, de façon unilatérale, été mis à contribution pour mettre fin aux déflagrations des deux guerres mondiales, sans contrepartie pour la RDC. C'est un fait, qu'en reconnaissance de ce pillage systématique des richesses congolaises par la Belgique et ses alliés pour la reconstruction de l'Europe après les deux Guerres, les puissances occidentales primeront les prouesses de la Belgique. C'est ainsi qu'elles bousculeront silencieusement l'ordre de la hiérarchie des capitales européennes pour octroyer à la miniscule et petite Belgique le privilège et le prestige inespérés de hisser Bruxelles au statut de la capitale

---

[1] J. AFOTO ELENGA, *L'Efficacité organisationnelle de la douane de l'EIC (1885-1906), op. cit.*, p. 93.

[2] Cf. SOLIDARITE INTERNATIONALE (Revue), *op. cit.*, p. 9, col. 2,3.

de l'Union européenne, avec tous les avantages collatéraux qu'entraîne le couronnement de ce véritable « Etat-*Kuluna* [1]».

Sans bien sûr dédouaner d'autres pilleurs du Congo, c'est ici que le panel des experts, inspecteurs et autres enquêteurs de l'ONU sur le pillage des richesses congolaises, devrait commencer par inscrire d'abord, sur la liste des pilleurs, la Belgique et ses alliés par une condamnation et un dédommagement de la victimisation dont est actuellement la RDC sur le plan de son développement.

En faisant une parodie de justice et au nom des droits de l'homme et des peuples que nous sommes, estimons-nous, un inventaire des contributions et des participations congolaises devrait être institué par une commission *ad hoc* des Nations unies. Celle-ci devra rétablir la RDC dans la spoliation de ses droits couverts insidieusement par une chape de plomb onusienne qu'il faut absolument décaper pour en extraire les implications au profit du Congo.

---

1 Allusion faite à la génération spontanée d'une jeunesse kinoise constituée des délinquants desœuvrés, chanvrés et troublant souvent l'ordre public par des actes de vandalisme, d'agression et de pillages lors de cérémonies funéraires, veillées mortuaires et autres. C'est dans cette convergence parallèle que la Belgique en était la parfaite pré-image de délinquance étatique pendant la colonisation par ses actes de pillages à ciel ouvert au cœur d'un monde occidental prétendu civilisé qui n'a trouvé mieux que de se délecter avec elle dans cette ignominie et autres actes de recel sur des droits et biens congolais.

1.5.1. Quelques productions minières, agricoles, métallurgiques et énergétiques d'exportation de la RDC en 1970

Tableau n° 09

Produits	**Tonnes**	**N°**	**Produits**	**Tonnes**
Manioc frais	9.475.000	14	Caoutchouc	32.000
Maïs	330.000	15	Cuivre	387.000
Bananes plantins	889.000	16	Monazite	143.000
Riz	172.000	17	Cobalt	14.000
Légumineuses	126.000	18	Cassitérite	8.970.000
Café (arabica + robusta)	67.000	19	Etain	7.000
Coton fibre	17.000	20	Wolfram	364.600
Sucre de canne	420.000	21	Manganèse	347.000
Cacao	4.000	22	Argent	46.000
Arachides	180.000	23	Zinc (concentré)	185.200
Thé	7.000	24	Coltan[1]	147.700
Huile de palme	203.000	25	Or (kilos)	5.630
Huile palmiste	96.000	26	Diamants: 14,062 millions de carats (1er producteur mondial)	
Electricité # (1996) : 3 milliards de Kwh.		28	Raffinage de métaux ferreux	
Populations : A. RDC (totale) : 16.700.000 hab. B. Kinshasa : 1.226.000 hab. C. Lubumbashi : 900.000 hab. D. Kisangani : 126.000 hab.		30 31	P.I.B (1975) : **3 740$ US/hab.** Parité monétaire : **1 Zaïre = 2 $US** **1 Zaïre = 11,1 FF**	

<u>Conception</u> : *L'auteur.*

<u>Sources</u> : *Atlas de poche,* éd. 4e trimestre 1971, p. 26, imprimé en Tchécoslovaquie ;

Atlas de la République du Zaïre, Editions Jeune Afrique, 4e trimestre 1978,Paris, pp. 43, 47, 55 et 57.

(#) INGA constitue la plus formidable réserve hydro-électrique du monde : si l'équipement de la chute de 102 mètres était terminé, la production électrique atteindrait 300 térawattheures (1 térawatt-heure = 1.000.000.000 de kilowattheures), 50 fois les besoins actuels de la RDC ! L'Afrique, avec tous ses barrages, produit tout juste 30 térawattheures et le monde entier un peu plus de 1.400 térawat-theures[1] (sans compter la production chinoise actuelle).

---

[1] G. LACLAVERE (dir.), *Atlas de la République du Zaïre*, Editions Jeune Afrique, 4è trimestre 1978, Paris, p. 4.

Avec l'avènement du nouveau tarif douanier, l'administration douanière est appelée à recouvrer ses droits sur les exportations du courant d'Inga vers les pays voisins pour accroître ses recettes :

Energie électrique à l'export : 2716 00 00 → 1 000 kWH →les droits de douanes (DD) sont passés de 1% à 5 % suivant la loi n° 008/002 du 16 mai 2008 portant modification de la loi n° 003/03 du 13 mars 2003.[2]

Bien que le tableau n° 09 ci-dessus soit en dehors de nos bornes temporelles dans cette étude, nous l'avons incrusté juste après les tableaux et graphiques des pages précédentes dans cette section, pour nous permettre de comparer le niveau et les volumes des différentes productions prospères de l'époque et de constater à quel point la RDC y a fait faillite aujourd'hui. Les productions annuelles agricole et minière de certaines substances ont littéralement disparu de la liste des produits d'exportation taxables du Congo de l'époque ! Alors que la presque totalité des produits ci-haut étaient taxés à l'exportation, huit seulement le sont aujourd'hui sur le tableau précédent correspondant. Tous les volumes de production du seul exercice 1970 tutoient ceux de chaque produit et de chaque année de toute notre période d'étude (1998-2004), indiquant visiblement par là la source interne et immédiate du laminage de l'économie congolaise actuelle.

Cette situation devrait faire prendre conscience à la Brigade douanière et à sa douane, qui assure actuellement la relève financière des anciens secteurs de production de recettes, qu'il faut consolider la reprise de leurs positions d'alors sur les marchés internationaux. La monnaie nationale de l'époque valait 2$ US (1 zaïre = 2$ US) au lieu de son antipode d'aujourd'hui : 1$ US = + 900 FC. Les indicateurs de croissance en RDC que nous lisons sur le tableau n° 07 (3 à 5) précédent laissent caresser un optimisme fondé sur la relance, reprise depuis 2002, si elle se maintient dans la durée et si jamais les politiques ne dérapent pas sur la gestion de la chose publique dans leur logique de prédation des biens de la communauté, comme se comportaient les composantes politiques des ex-belligérants qui gérèrent la Transition politique de la RDC. C'est face à la variété de ses potentielles richesses dormantes et encore ronflantes, et au vu de la liste de ses divers produits d'exportation que beaucoup de spécialistes étaient amenés à prophétiser que la RDC « était vouée à devenir une des superpuissances de l'an 2000 ». Cette belle prédiction semble aujourd'hui relever plutôt d'un revers de la prophétie

[2] Une étude technique de fond menée et présentée, sous l'impulsion de l'ADG D. RUGWIZA, PAR l'ingénieur technicien électricien de l'ISTA et « énefien » Jacques TUTONDA BATANGUNA, de la Division des études de l'OFIDA, en donne toutes les articulations de mise en œuvre et d'exploitation, couplées de ses savoirs et qualifications techniques en douanes et accises.

face au vécu quotidien du Congolais. Ironie du sort, plus de neuf ans après l'échéance de cette prédiction melliflue, la RDC se bat plutôt aujourd'hui pour se placer dans l'ordre utile des lanternes rouges sur la liste hideuse des Pays pauvres très endettés, PPTE !

1.6. L'EVOLUTION DE LA BALANCE COMMERCIALE DE LA RDC

Tableau n° 10 : Le solde commercial de la RDC
(en millions de $US)

Années / AGREGATS	**1999**	**2000**	**2001**	**2002**	**2003**	**2004**	**Variat° en %**
A. EXPORTAT°	508,7	823,6	900,7	1.131,7	1.374,1	1.849,9	34,6
* Or	0,1	-	20,8	18,2	-	-824,0	-
* Diamant	521,0	436,8	472,7	653,3	956,6	134,3	- 13,9
* Produits G.C.M.	59,7	1.395	84,0	57,8	42,3	372,6	217,5
* Pétrole brut	115,9	205,9	201,2	204,6	250,9	16,7	48,5
* Café	91,2	7,6	20,3	14,2	12,4	502,3	34,7
* Autres	20,8	33,7	101,7	183,6	111,9		348,9
B. IMPORTAT°	568,2	697,1	806,8	1.080,9	1.594,3	1.986,4	24,6
* Biens de consomm.	188,6	152,4	193,8	176,4	220,3	370,3	68,1
* Matières premières	94,9	76,8	54,6	65,1	71,8	124,1	72,8
* Biens d'équipement	79,6	64,3	66,1	88,6	76,6	135,3	76,6
* Energie	89,2	71,9	84,1	168,5	183,2	250,9	37,0
* Autres	115,9	331,7	408,2	582,3	1042,4	1105,8	6,1
C. SOLDE COMMERCIAL (A – B)	**+ 240,5**	**+126,4**	**+ 93,9**	**+ 50,8**	**- 220,2**	**- 136,5**	**- 38,0**

Source : BCC/Condensé d'informations statistiques n° 39/2005 du 30 septembre 2005, p. 40.

Etant donné que les exportations accroissent les réserves de l'Etat en devises étrangères qui viennent en même temps gonfler la masse monétaire en circulation, elles en constituent de ce fait même la contrepartie de la nouvelle monnaie ainsi créée. A l'opposé, les importations baissent ces mêmes devises étrangères et diminuent par conséquent la masse monétaire en circulation. Ce qui fait qu'un excédent d'importations tel qu'observé en 2003 et 2004 a provoqué une perte massive de la masse monétaire interne de l'ordre successif de 16 et 7%. Tandis que la contrepartie de la monnaie nationale en circulation se retrouve dans les excédents des exportations observées sur les périodes antérieures (1998 à 2002). Bien que l'évolution ait été décroissante, le solde positif de la balance commerciale de la période par ces exportations s'était nettement amélioré. Ce qui nous fait dire que le solde commercial (point C. (A – B) du tableau ci-dessus n° 10) ou solde net des échanges extérieurs agit sur la masse monétaire nationale.

En appliquant la formule ($\frac{T_1-T_0}{T_0}$)**x**100 ou [($\frac{T_1}{T_0}$) – 1] **x** 100 qui constate la variation en pourcentage de performance de l'exercice suivant sur le précédent, on observe que le résultat de la période des deux derniers exercices de notre étude est *négatif* de 38,0% : les gènes de cette contre-performance se lisent sur les deux exercices mêmes (2003 et 2004). Par ailleurs, le solde négatif de la balance commerciale observé en 2003 et 2004 doit être imputable à plusieurs paramètres dont la *fraude douanière* ; d'autant plus que les éléments constitutifs de la structure de la balance des paiements le confirment sur ces exercices. Cette tendance structurelle déficitaire de la balance commerciale est essentiellement liée à l'exportation des produits de base, les matières premières, dont les cours sur le marché mondial sont souvent instables et connaissent généralement des fluctuations dans la baisse des prix. A l'opposé, sur la même période, les importations de la RDC comportaient une écrasante part de produits manufacturés dont les prix n'avaient cessé de grimper. Ces opérations ont provoqué irrémédiablement d'importantes sorties de devises dans la parité imposée par les fournisseurs étrangers. Ces écarts déficitaires qui se lisent sur le solde commercial sont étroitement liés à la nature même du commerce extérieur de la RDC.

C'est là encore toute la responsabilité de la nouvelle brigade douanière qui est appelée à apporter un correctif structurel en contrepoids des deux principaux agrégats de la balance commerciale que sont les exportations et les importations. Avec les actions futures de la brigade douanière qui assurera l'observance de la « route légale » et la police des pratiques douanières sur le terrain, nous pouvons espérer réduire significativement ces écarts par la prise en charge et la conduite en douane des marchandises à la frontière. Ceci contribuera, tant à l'import qu'à l'export, à corriger ces contreperformances en vue de maîtriser et de viabiliser en même temps les statistiques du commerce extérieur et la balance des paiements de la RDC. La BCC signale même que « ces données [sont] réajustées en tenant compte de la fraude [douanière] au niveau des exportations ». Et elle a ensuite procédé à l' « ajustement de 90% pour l'or, de 120% pour le diamant et 150% pour le café »[1]. Le niveau atteint par la fraude douanière confirme cette appréhension à laquelle a abouti cette autre recherche : « ... *l'ampleur*

[1] Cf. *in* Source, Tableau n° 10.

de la fraude douanière devient de plus en plus complexe et inquiétante et constitue une entrave majeure au développement [...] de la République démocratique du Congo ». Ces indications donnent toute l'ampleur de la mission de lutte de la brigade douanière contre les fraudes douanières et commerciales.

Graphique n° 05 : Le solde commercial de la RDC

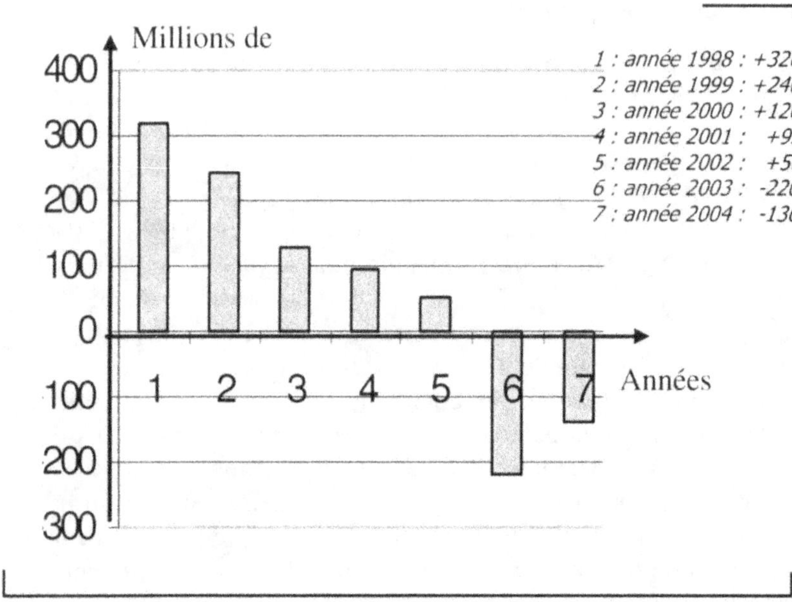

Source : *L'auteur*

La balance commerciale étant, comme nous l'avons dit, une partie de la balance des paiements, c'est un document comptable qui retrace pour le pays les entrées (importations) et les sorties (exportations) de biens ; on y ajoute le négoce international, c'est-à-dire les revenus tirés des opérations de vente et d'achat de marchandises réalisées par des firmes résidentes hors du pays.

Le résultat (ou solde de la balance commerciale) présente la situation commerciale extérieure en termes de déficit ou d'excédent. L'équilibre est atteint lorsque les exportations couvrent les importations (soit un taux de couverture de 100 %). En fait, les pratiques douanières font que les importations sont comptabilisées CAF (coût - assurance - fret compris), alors que les exportations le sont FAB (franco à bord, soit hors frais de transport) ; les exportations apparaissent minorées (ou les importations majorées).

SECTION 2 : LA BRIGADE DOUANIERE FACE AUX DEFIS D'UN NOUVEL ENVIRONNEMENT ECONOMIQUE

2.1. LE VOLET « INFRASTRUCTURES DE VOIES DE COMMUNICATION DE 5 CHANTIERS DE LA RDC » POUR LA RELANCE STRATEGIQUE DE L'ECONOMIE FACE AUX DETRACTEURS

Lorsqu'on relit bien des sources scientifiques, des ouvrages économiques de référence et la synthèse des « Monographies des provinces de la RDC[1] » réalisées en 1998 à l'initiative conjointe des Ministères de l'Agriculture et de l'élevage, du Plan, de l'Education nationale et de l'Environnement, conservation de la nature, forêts et pêche avec l'appui financier du PNUD, on constate qu'un diagnostic a été formulé, le meilleur possible, sur la problématique du développement de la RDC. Ces monographies et bien d'autres grandes références décrivent combien le pays, au départ des spécificités économiques de chacune de ses provinces, possède un potentiel immense dans tous les secteurs susceptibles de l'aider à se développer rapidement. Une fois ce potentiel mis en valeur, la RDC offre de grandes capacités d'emprunt, d'absorption de toute sorte de financements et d'autofinancement qui la conduiraient à son boom économique. Ce qui lui permettrait de capitaliser véritablement ses productions agricole, forestière, minière et énergétique sur le marché mondial (symbolisées sur ses billets de *50 et 100FC de 04.01.2000 ; de 200FC du 30.06.2000 ; de 500FC du 04.01.2002 ; etc.*). Avec possibilité de recouvrer le niveau de vie de référence d'autrefois qu'a perdu sa population et à partir duquel la courbe de vie de l'Etat congolais atteignit jadis le pic le plus élevé de son histoire.

Ce rêve tant caressé a été brisé par le coma infrastructurel dans lequel était plongé le pays depuis des décennies. Il ne pourra se matérialiser tant que la RDC ne sera dotée des infrastructures fiables de voies de communication modernes - routes, ponts, bacs, rails, ports, aéroports - qui relieraient toutes ses riches provinces au regard de l'étendue sous-continentale du pays. Toutes ces voies serviraient d'abord d'irrigateurs de toute la production intérieure vers les centres de consommation et de commercialisation. Ensuite, la production excédentaire irait à l'exportation, avec toutes les retombées financières qu'elle charrierait pour regargariser la vie nationale. Ce qui permettrait à coup sûr à la RDC de reprendre sa place de locomotive économique en Afrique.

---

[1] Cf. Monographies réalisées avec le concours du PNUD/UNOPS suivant le Programme National de Relance du Secteur agricole et rural (PNSAR) 1997-2007, octobre 1998. Travail exécuté et produit par la 'Mission de Programmation de relance du secteur agricole et rural', « MIPRO ».

C'est ce regard optimiste porté sur ces indicateurs économiques potentiels du pays qui prédisposaient déjà la RDC « *à devenir une des superpuissances de l'an 2000* », écrivait déjà Georges Laclavère en 1978. C'est ce qui a certainement guidé l'option prospective de rattrapage levée par le premier Chef de l'Etat élu de la Troisième République par son projet de société réaliste, d'engager la RDC sur les '' **5 CHANTIERS** '', entre autres, par les *Contrats chinois* relatifs aux *routes, écoles, eau et électricité, et les logements* - entraînant par voie de conséquence la création des centaines de milliers d'emplois stables pour les Congolais. Projet certes ambitieux, mais qui a dû faire face à certains détracteurs internes. Au nombre de ceux-ci des non-nationalistes appuyés de l'extérieur pour contrer subrepticement ce plan de relance vital pour la nation congolaise.

Et dire que ce plan, très stratégique, pose et trace avantageusement pour la RDC les pistes spectaculaires capables de faire sauter les goulots d'étranglement de son développement intégral. L'horizon s'étant desormais éclairci après que le gouvernement ait réussi à éclairer les zones d'ombres que critiquaient avec véhémence les opposants aux contrats chinois, parmis lesquels certains congolais *anti-kabilistes* et le FMI, l'accélération des travaux à l'échelle nationale a rendu davantage visible les différents chantiers. Là où certains voyaient du noir, les choses n'ont pourtant jamais été si claires que cela depuis le début.

L'encadré ci-après étale clairement et sans ambiguïté les déclarations et la position du Gouvernement congolais, de la Chine et du FMI sur ces contrats chinois par leurs officiels respectifs. Un lecteur avisé verra sans effort de quel côté se trouvent les intérêts égoïstes des détracteurs dans cette lutte qui a pour soubassement de continuer à régenter la RDC alors qu'elle tient à sortir de la spirale de sous-développement par ce plan.

Pas d'endettement supplémentaire de la RDC dans l'exécution des contrats sino-congolais

Kinshasa, 08 juin 2009 (APA)

« Le Fonds monétaire international n'a pas de raison de penser que la RDC s'est endettée davantage, car elle n'a pas emprunté de l'argent à la Chine »*, a déclaré l'ambassadeur de Chine, Wu Zexian, à l'issue d'une audience que lui a accordée dernièrement à Kinshasa le ministre congolais des Affaires étrangères, Alexis Thambwe*

« Nous avons évité, dès le début, une situation qui pouvait mener à une augmentation de la dette. Et donc, il n'y a plus de discussion possible »*, a-t-il indi-qué, insistant sur le fait qu'il n'y a pas de surendettement congolais dans l'accord sino-congolais.*

« Les experts du FMI sont venus me voir pour me poser des questions précises sur des éléments (de ces contrats) qui les tracassaient, mais après cela, il n'y a plus eu cas des discussions. Ils devraient nous dire pourquoi il est nécessaire d'abandonner cette coopé-ration, ces relations, si nous, nous sommes en mesure d'en expliquer les éléments »*, a ajouté le diplomate chinois.*

Mais, au FMI, on estime que certaines clauses du contrat sont incompatibles avec un éventuel programme pouvant conduire à l'allègement de la dette de la RDC. M. Wu Zexian rétorque que c'est à cette institution financière d'indiquer ces clauses et non à la Chine. ***« Ce n'est pas notre travail »****, a-t-il souligné.*

«Il est contradictoire de voir les institutions inter-nationales et les pays occidentaux s'intéresser aux réserves financières de la Chine, et tenter en même temps de nous bloquer en Afrique et particulièrement au Congo »*, a-t-il fait remarquer.*

Il a indiqué que la mise en œuvre de ces contrats obéit au schéma ***« infrastructures contre minerais »****. Et le ministre des Travaux Publics Pierre Lumbi avait précisé en son temps qu'il s'agissait* ***« d'un troc »****.*

Lors de son passage à Kinshasa [en juin 2009], le Directeur général du FMI [Dominique Strauss-Khan, DSK], avait reconnu la nécessité du programme des infrastruc-tures pour la RDC, ajoutant, toutefois, que ***« la difficulté résidait dans la garantie qui est demandée sur la partie minière, perçue par les bailleurs de fonds comme une augmentation de la dette de la RDC »****.*

L'ambassadeur a rejeté l'argument du FMI selon lequel l'utilisation des réserves minérales de la RDC en garantie des projets d'infrastructures constituerait une dette exté-rieure.

Lors de cette visite, le gouvernement congolais avait aussi annoncé qu'il renonçait à la deuxième partie du programme des infrastructures, soit trois milliards USD. Apparemment cela n'a pas suffi pour infléchir la position du FMI qui souhaite une révision des contrats avec l'assis-tance de ses experts

La RDC a signé l'année dernière avec deux entreprises chinoises, China Raiway Engineering Corporation (CREC) et Sinohydro un contrat aux termes duquel ***ces entreprises construiront 3 000 kilomètres de routes, 3 000 kilo-mètres de voies ferrées, 31 hôpitaux de 150 lits cha-cun, 145 centres de santé et 4 grandes universités.***

Ces entreprises ont déjà commencé à construire 3 routes et l'Hôpital du Cinquantenaire de l'Indépen-dance. Elles vont en outre réaliser la route du Touris-me le long de fleuve Congo et assurer la maîtrise de l'érosion du versant du camp Tshatshi à Kinshasa ainsi que la construction des routes nationales n° 4 et 5 dans l'Est de la RDC.

Source: Agence Presse Associée (APA), 9è année, Edition n° 2410 du 08 juin 2009, ısa, pp. 15,16.

Comme on le voit, la détermination salvatrice du Gouvernement congolais de faire exécuter ces contrats chinois a poussé le FMI, par son

Directeur général interposé, à durcir et à renforcer ouvertement et officiellement le ton à travers une opposition à peine voilée contre l'exécution de ces contrats. Curieusement, au lieu d'accompagner et d'encadrer la RDC dans la matérialisation de ces projets qui s'inscrivent dans la perspective de la lutte contre la pauvreté et le sous-développement dont ces institutions ont fait leur cheval de bataille et qui cadrent bien avec les objectifs des ajustements structurels, le FMI s'y opposait au motif que la *« RDC alourdissait sa dette extérieure »*. Même une opinion tant soit peu logique s'en était indignée d'autant plus que la RDC n'a pas emprunté de l'argent à la Chine par ces contrats, mais qu'il s'agit bien d'un contrat de troc *« minerais contre infrastructures »*. Par ailleurs, quel délit imprescriptible aurait commis la RDC quand bien même elle aurait emprunté, en toute souveraineté, de l'argent à la Chine pour son investissement en infrastructures de base, au point d'ameuter à ce niveau toutes ces organisations ? La raison inavouée, la vraie, de cet acharnement se trouvait bien ailleurs.

L'analyste politique et membre du Collectif pour la Rupture et le Renouveau, Freddy Mulumba Kabuayi, nous prévenait par cette interpellation sans équivoque: « Evitons de nous laisser bercer par le discours consistant à pérenniser la domination des autres nations sur la RDC. En réalité, il ne s'agit que d'un écran de fumée qui masque autant les avantages matériels et financiers tirés par ces pays industrialisés que les ascendants moraux puisqu'ils [tiennent] à perpétuer leur domination [sur la RDC] ».[1]

« Ce qui dérange dans ces *contrats chinois*, c'est **le troc**, nous a confié formellement une grosse pointure de la politique congolaise qui requérait l'anonymat. Or, qui dit « troc », poursuit-il, dit absence de liquidités dans ces transactions : ce qui ne permet pas des *« opérations retour »* auxquelles nous les avions habitués avec leurs suppôts internes que nous étions. D'où cette agitation feutrée et ce chantage désespéré du FMI et de ses autres institutions sœurs en invectives au portillon de la RDC pour tenter d'infléchir l'exécution de ces contrats afin de rester dans le schéma planifié de leurs intérêts. C'est dans cette même logique schématique que la RDC s'est retrouvée abandonnée, du jour au lendemain sous la 2e République, avec *une bête dette de 14 milliards de dollars US* sous la main avec les mêmes institutions dont le FMI et la Banque mondiale, sans contrepartie en infrastructures viables contre laquelle le pays se bat aujourd'hui pour en sortir par ces contrats. Infatiguables qu'ils sont, les voilà qui reviennent encore à la charge, comme toujours, avec un arsenal de bêtes et ridicules théories, tout en fomentant de fausses accusations de tous ordres contre le régime actuel, à cause de ces contrats, pour continuer de nous asservir. Malheureusement, une certaine classe politique congolaise et même des intellectuels souffrent encore et toujours de la scotomie morale pour ne pas voir l'intérêt général et le développement du pays que déclencheraient ces

[1] F. MULUMBA KABUAYI wa BONDO, *op. cit.*, p. 27.

contrats, mais ils s'en liguent contre ! Le Gouvernement congolais aura gravement tort devant l'Histoire de reculer devant toutes ces gesticulations qui sifflent déjà la fin de leur aventure. Pendant que ces chiens enragés aboient, la caravane de « 5 Chantiers » avance, marque les points sur le terrain et progresse allègrement », conclut-il.

Mais d'où était donc venue l'idée au président Joseph Kabila de faire démarrer les « *5 Chantiers* », sans trop d'accrocs apparents et glisser comme une anguille entre les mailles de filets des contraintes et des conditionnalités de financements extérieurs, qui a tant agité les bailleurs de fonds ? Il est permis de penser que c'est la résultante de sa pensée et de sa réflexion très fécondes de nationaliste en douceur, après l'analyse critique des causes de notre profond marasme économique face aux possibilités qu'offrent les potentialités ronflantes et dormantes du pays qui l'auraient inspiré. Pourtant, bien que notre pays ait à son actif une bonne brochette de « diplômés [sortis] de meilleures universités du monde, [ils] sont encore loin, très loin de former un corps citoyen d'élite pensant collégialement le devenir du pays »[1]. Ainsi notre analyste politique Freddy Mulumba nous donne-t-il le panorama à partir duquel Kabila a comblé le déficit de pensée et de réflexion patriotiques de certains intellectuels congolais sur la question :

> *« Chaque société humaine a toujours eu ses penseurs, reflets de leur époque. Ces penseurs éclairent la société de leurs idées, traçant des voies à suivre. C'est dans ce contexte qu'Aristote, Adam Smith, Descartes, Karl Marx, Keynes... pour la civilisation occidentale ; Ibn Khaldum, Farabi, Ibn Roshd pour la civilisation arabo-musulmane ; Conficius pour la civilisation asiatique, ont fourni à leurs sociétés respectives des pensées qui ont véhiculé certaines valeurs et créé une certaine cohésion sociale. Contrairement à ces civilisations, l'Afrique noire et en particulier le Congo font exception : ils n'ont abrité aucun penseur, aucun philosophe (...).*
> *Dès lors que la domination de la pensée occidentale sur l'Afrique en général et en particulier sur le Congo, n'était pas porteuse d'une vérité comme le souligne l'écrivain français conservateur Guy Sorman : '' Il est indéniable que l'Afrique est devenue dépendante de nos valeurs, de nos codes, de nos idées dominantes et de tous nos '' ismes ''. Nous sommes d'ailleurs responsables – une responsabilité considérable – non pas tant d'avoir exporté des idées vers l'Afrique, que de l'avoir accablée d'**idées fausses** '' (...).*
> *A cet égard, l'Histoire nous enseigne que beaucoup de philosophes grecs ont été en Egypte pour apprendre et, de retour*

[1] E. BONGELI Yeikelo Ya Ato, *D'un Etat-bébé ... op. cit.*, p. 11.

dans leur pays, ils ont développé des pensées originales qui furent à la base de la modernisation de la société grecque. Ils n'ont pas non plus imposé ces systèmes de pensée à leurs compatriotes.
Afin que ce déficit de la pensée soit également comblé en RDC ».[1]

A la lumière d'une telle analyse, concernant la RDC, il semble logique d'ajouter à ce tableau le président Kabila, dont le génie de bâtisseur fait penser qu'il appartient à cette race aristocratique très recherchée des penseurs aux âmes bien nées doublé d'un patriote dévoué et imaginatif, qui jusque-là avait fait défaut à la République Démocratique du Congo. Face aux invectives des complexés, il a levé courageusement et intelligemment une option qui permettra à la RDC de se reconstruire rapidement, à l'aune d'une vision obsessionnelle d'un Congo radieux. Après plus de « *40 ans de divagation, de dilapidation et d'errance économique dans le vaste et hostile désert zaïrois, jonché de toutes sortes de ronces et d'épines pour les malheurs du peuple congolais* », Kabila a su tracer la voie et poser les bases d'un développement durable de la RDC sur des bases factuelles des infrastructures fiables et viables d'une puissance économique qui se renaît de ses cendres.

Pour ce faire, il a fallu sortir des limites de la grille conventionnelle des échanges telle qu'enseigne la science économique occidentale. En fin diplomate, Joseph Kabila a court-circuité en douceur et sans choc frontal les schémas, les règles, les diktats de cette tradition économique, au grand désarroi des détourneurs, des corrupteurs et des corrompus du système des financements internationaux de la RDC. Les laissant de côté, pour ne pas tomber dans les mésaventures de la première dette de 14 milliards de $US, Kabila est allé puiser dans le principe directeur de la toute première convention du commerce international ayant opéré et fait ses preuves depuis la nuit des temps : **le troc** (« Infrastructures contre minerais »). En terme économique, l'avantage comparatif que le pays tire du produit de ce troc profite de manière directe et tangible aux Congolais et relance automatiquement le développement à impact visible avec effets multiplicateurs pour et par tous. Ce qui à terme devra conduire à une production et à une redistribution de la richesse nationale à chaque citoyen congolais.

Et comme dans une ruche grouillant de vie d'abeilles ouvrières et des faux-bourdons, la RDC grouille déjà véritablement partout d'engins et de travaux de génie civil dans un vaste chantier sous-continental que malheureusement l'œil humain, n'ayant le pouvoir d'ubiquité, ne saurait voir dans un seul champ visuel tant le pays et les chantiers sont multiples et diversifiés. Pour sûr, avec ces chantiers, la RDC se trouve déjà sur une rampe de lancement économique pour son décollage.

---

[1] F. MULUMBA KABUAYI wa BONDO, *op. cit.*, pp. 37,41.

Du coup, même la population qui avait depuis cessé de croire aux promesses de l'homme politique congolais a appris à croire en Kabila. Avec le démarrage effectif des travaux d'Hercule initiés par Joseph Kabila, le concret dans la réalisation de ses projets a renversé le pessimisme ambiant. L'opinion publique s'est approprié desormais du débat sur les « *5 Chantiers* ». Même les fondamentalistes et les radicalistes d'hier s'extasient devant ces paysages qui bougent et se transforment effectivement aujourd'hui. On croirait à des mirages tant la réalité est palpable. Haro sur des promesses séductrices non tenues !

Armé de son calme flégmatique de type anglo-saxon et ne gratifiant d'un sourire que sur commande, loin des rites ostentoires des kinois, voilà que Joseph Kabila déboule comme la comète d'Halley, à un moment où le pays a besoin d'un vrai électro-choc pour se relever de son long coma. Homme d'actions, le jeune président est plutôt du genre pragmatique. Le français Georges Duhamel n'avait pas tort en écrivant au sujet de telles silhouettes presque énigmatiques : « *Comme les vrais hommes d'actions, il [Kabila] est le plus souvent taciturne* ». C'est justement derrière ce trait de caractère que cet homme Kabila a su concocter à sa manière les grandes lignes d'un petit *plan Marshall* à travers les grandes actions de « 5 Chantiers », pour faire faire à la RDC un saut qualitatif et de développement dans un avenir très proche.

Sa ténacité, doublée d'une fermeté sans commune mesure, a fini par payer. Car sa vision non seulement a convaincu son peuple, mais elle a surtout triomphé des sceptiques.

En fin de compte, après plusieurs rounds d'âpres tractations que Kabila a fait jouer avec ténacité des experts congolais avec ceux des institutions de Bretton Woods, celles-ci ont fini par lâcher du lest et confesser timidement leur sceptissisme sur le bien-fondé de ces contrats chinois. Ceux-ci ouvrent en même temps la voie à d'autres éventuels contrats : américains, français, allemands, scandinaves, belges, coréens, indiens, etc. inscrits cette fois-ci dans la logique du schéma congolais.

En toute responsabilité, les Congolais doivent prendre conscience de s'approprier et de soutenir légitimement cette unique opportunité de (re)décollage économique dont les grandes bases sont finalement en train irréversiblement d'être posées.

Il sied donc de reconnaître au citoyen président Kabila ses mérites, ceux d'un homme moins friand des ballets d'animation politiques, et moins encore du culte de personnalité (de triste souvenir). Il a le mérite modeste d'être un acteur de l'ombre mais aux actions concrètes. Lui qui, après que le pays ait traversé et que Joseph Kabila a mis un terme à une longue zone de turbulences mortelles, émaillée des guerres sanglantes assorties d'une possibilité de balkanisation du pays, après une transition politique de 15 ans (la plus élastique de l'histoire politique en Afrique !), le voilà aux commandes du bateau de la reconstruction. Demain, l'histoire lui saura gré d'avoir su dementeler l'hostilité et l'incompréhension de ses détracteurs dans le seul but de rendre au Congo sa dignité, sa stature et sa propérité confisquées par 40 ans d'immobilisme. C'est dans cette perspective qu'il reviendra à la Brigade douanière de jouer sa partition en contre-point à l'action du président Kabila. Ce en participant activement à la croissance et au boom économique qui se profilent déjà, afin de se mettre en ordre de bataille.

Il va sans dire que la contribution en recettes de l'Administration et de la Brigade douanières viendra certes en renfort au financement budgétaire des *routes nationales (RN), routes provinciales prioritaires (RN1), routes provinciales secondaires (RN2)*, des *routes de desserte agricole* et d'autres projets non concernés directement par les contrats chinois. Ce qui rendra notre pays encore moins dépendant des financements budgétaires extérieurs.

2.2. LA QUOTE-PART DE LA BRIGADE DOUANIERE A LA CROISSANCE ECONOMIQUE DE LA RDC

Comme nous l'avons déjà indiqué au cours de cette étude, plusieurs sources nous informent que plus de la moitié des recettes douanières, si pas plus, sont englouties par la fraude. Or, les assignations ordonnées en recettes à l'Administration des douanes sont de l'ordre moyen de 40% du budget des recettes réalisées sur les exercices de notre étude allant de 1998 à 2004. Car « l'OFIDA demeure le plus gros contributeur financier du Trésor public. D'où le fait que la maximisation de ses recettes constitue une bouffée d'oxygène pour le gouvernement en proie à de multiples problèmes exigeant d'avoir suffisamment de moyens pour y répondre de manière spontanée »[1]. C'est la justesse de cette rhétorique qui a fait dire à une grande autorité du ministère des Finances, le professeur L. Lukieni Lu Nyimi, que « l'OFIDA est non seulement le grand pourvoyeur du budget national, mais aussi le pilier du développement national[2]».

Ce qui laisse espérer, toute proportion de la fraude douanière bien gardée et que toute chose restant égale par ailleurs, que l'action de la Brigade douanière pourrait contribuer à corriger exponentiellement à la hausse ces recettes sur deux axes :

1° La forte dissuasion par la prestance très remarquée de la nouvelle Brigade déconcentrée, avec des pouvoirs réels aux frontières, normalisera auprès de l'Administration des douanes le comportement de ses usagers en payant non autrement l'impôt des douanes ;

2° La répression en amont et en aval par la Brigade renflouera tangiblement les escarcelles du Trésor public de ses dus fiscaux des douanes et accises.

---

[1] DOMINIQUE MOKENZA, « OFIDA, un seul mot d'ordre : « La bonne gouvernance dans la transparence», dans *Le Phare, art. cit.*

[2] *Idem*, p. 13, col. 1.

Les paramètres de la fraude qui seront ainsi partiellement maîtrisés conduiront modestement au résultat traduit par cette formule, au moyen de laquelle nous voulons tenter la viabilité au tout 1er exercice du fonctionnement effectif de la Brigade :

$$RP = RR + (RR \times ½) . \gamma \pm \text{ ou } RP = RR + \left(\frac{RR \times 50}{100}\right) . \gamma \pm \quad (*)$$

(*) - R.P. = recettes potentielles et prévisionnelles du prochain exercice
- R.R. = recettes réalisées au précédent exercice
- ½ = la part de la fraude des droits compromis des douanes et accises
- γ = coefficient aléatoire (lié à des phénomènes imprévisibles : il est négatif à la chute ou positif à la baisse des importations sur l'année par rapport à l'exercice précédent).

Seul donc, à notre avis, un *audit opérationnel*[1] à la fin du 1er exercice du fonctionnement effectif de la nouvelle Brigade, qui aura valeur de test, devra confirmer ou infirmer la viabilité et la véracité de cette formule. En cas de confirmation, la Brigade aura trouvé là une position de *succès stratégique*, c'est-à-dire le point à partir duquel cette nouvelle structure aura les meilleures chances de réaliser des objectifs à long terme. Ceux-ci seront certainement supérieurs à la moyenne, avec le sentiment légitime du devoir bien accompli.

SECTION 3 : LES RESPONSABILITES DE RECEVEUR DE DOUANES[2]

3.1. QUANT AUX RECETTES

Le receveur des douanes est entièrement responsable des recettes opérées contrairement aux ordres et/ou instructions de l'administration des douanes. Il répond tant de la matérialité des acquits donnés par lui que de la matérialité des recettes qu'il effectue.

Aussi l'article 27 al.2 du décret de 1949 adresse-t-il cette mise en garde : « Le receveur est *personnellement* responsable des erreurs de perception

---

[1] L'***audit opérationnel*** (concept managérial) est la technique administrative qui consiste en la vérification et l'estimation de la qualité qui sera obtenue de la gestion de toute entreprise ou de toute autre organisation ; mais que nous appliquons ici à la Brigade douanière (cf. *Le Livre du manager*, *op. cit.* p. 210).

[2] G. BANZA MWAMBA-KABILA, *Comptabilité douanière*, cours inédit, Finances publiques, GII D&A, ENF, Kinshasa, 1999-2000.

qu'il commet au détriment du Trésor. » Qu'est-ce à dire ? Tout simplement que toute erreur de perception consécutive au *trop peu perçu* ou au *trop perçu* par rapport aux éléments de la déclaration, à une mauvaise application ou évaluation du taux de change, à la délégation de perception de son propre chef par un tiers engagent la responsabilité du receveur qui ne peut s'en soustraire sous un quelconque prétexte.

Il est *responsable du recouvrement* des droits, impôts et taxes dont la perception lui est confiée. Avant d'obtenir *décharge des droits non recouvrés*, il doit faire constater que le non-recouvrement ne provient pas de sa négligence, et qu'il a fait en temps utile toutes les diligences et poursuites nécessaires.

Quant un receveur des douanes a été *forcé en recettes* et qu'il a payé de sa poche les sommes dues et non renseignées, il est subrogé de plein droit dans les créances et privilèges de l'Etat à la charge des débiteurs.

3.2. QUANT A LA GARDE DES FONDS ET AUTRES VALEURS

Tout receveur, caissier, dépositaire ou préposé quelconque chargé de deniers publics, ne pourra obtenir décharge d'un vol ou perte de fonds, s'il n'est justifié qu'il est l'effet d'une force majeure et que les précautions prescrites par les règlements ont été prises.

Le receveur prend les mesures nécessaires pour prévenir les vols et pertes de fonds tels que les règlements d'administration l'auront indiqué.

CONCLUSION de la 1re PARTIE

En passant en revue les notions essentiellement structurelles de cette partie et leurs évolutions dans le temps en rapport avec notre essai, nous les avons opportunément insérées et appliquées dans la vision que nous tentons d'introduire dans l'Administration douanière en général et particulièrement au sein de la Brigade douanière, avec ses nouvelles structures. Ce qui pose là les bases d'une organisation d'un grand service public de l'Etat et qui s'insère dans la mouvance de la mondialisation.

En observant les résultats auxquels ont abouti les théories managériales dans les grandes entreprises du Nord, notre étude tente de les concevoir afin de les adapter d'une manière tropicalisée aux besoins de notre organisation sous examen. Nous relevons cependant qu'une recette qui a fait ses preuves sous d'autres cieux n'est pas forcément une panacée (comme vaccin) contre tous les maux dont souffrirait une organisation quelconque, à la manière du diagnostic que nous posons pour la Brigade douanière actuelle. Mais nous sommes parti de l'idée que les principes généraux de management sont, à tous points de vue et dans bien des situations, transposables à doses réglées par la combinaison de plusieurs facteurs et procédures. Cela étant, la définition des objectifs de ce corps comprend le détail des étapes nécessaires pour les atteindre à la lumière de notre cheminement ; surtout maintenant que la RDC s'insère dans un nouvel environnement économique international qui exige une anticipation pour ne pas être en déphasage avec son temps. Au sommet, bien entendu, les objectifs définis sont ceux de la Brigade dans son ensemble, mais la direction générale doit aussi déterminer les objectifs de chaque secteur de ce Corps et les moyens d'y parvenir.

Nous avons placé une passerelle de va-et-vient entre certaines disciplines scientifiques pour consolider l'assise et l'émergence d'une nouvelle brigade douanière à travers cette recherche, porteuse d'une nouvelle image identitaire, plus satinée, d'un grand service dignement public de l'Etat.

Deuxième partie :

De la vérification et des specificités techniques, technologiques et juridiques des matières douanières, accissiennes et connexes

CHAPITRE IV :
LES MOYENS D'INTERVENTION LEGAUX ET LE PROFIL DES SERVICES PUBLICS DANS LA LUTTE CONTRE LA FRAUDE

> « Les impôts directs et indirects sont compa-rables à deux aimables filles qu'un ministre des Finances doit courtiser ensemble sans jamais rendre l'une jalouse de l'autre.»
>
> GLASTONE (1809 - 1893),
> *(Chancelier de l'Echiquier = Ministre des Finances britannique)*

SECTION 1 : LES MOYENS JURIDIQUES ET TECHNIQUES D'INTERVENTION LEGAUX

L'impressionnant arsenal de « pare-fraudes » dont dispose la réglementation en matières douanières, accissiennes et connexes constitue véritablement une puissante arme de ratissage contre la fraude. Mais cette répression ne sera pourtant pas totale, car la fraude est un monstre à plusieurs têtes du fait de son pouvoir d'ubiquité dans les différents compartiments des procédures et opérations douanières. Cette réglementation part :

1.1. DES LEGISLATIONS DOUANIERE[1] ET ACCISSIENNE[2]

Elle est donc l'ensemble de textes juridiques applicables aux activités douanières liées aux mouvements de marchandises (import, export, transit, entreposage, etc.)

Cette législation douanière de base est constituée de 429 articles tirant sur deux sources coloniales belges :

- le décret du 29 janvier 1949, portant Code de douanes, est un recueil de 109 articles ;
- l'ordonnance n° 33/9 du 6 janvier 1950, portant exécution du décret du 29 janvier 1949 ci-dessus, recèle quant à elle 320 articles.

Il est particulièrement intéressant de noter que sur les 320 articles de l'ordonnance, 121 articles concernent exclusivement la tenue et la gestion des entrepôts douaniers. Cela va des articles 196 à 316. Quant aux 109 autres

---

[1] V. BUNDU PHEMBA, *Législation douanière*, notes de cours, Finances publiques, D&A, ENF, Kinshasa, 2000-2001.

[2] Les détails et développements sur les accises en RDC ont été développés *in supra*.

articles du décret, 22 articles allant de 67 à 88 concernent toujours la tenue et la gestion des entrepôts. C'est que le tiers de la législation de base est consacré aux entrepôts douaniers. Les activités douanières qui restent se disputent les 2/3 de cette loi[1].

1.2. DE LA LEGISLATION ET DES TECHNIQUES TARIFAIRES[2]

1.2.1. La structure du Système harmonisé (SH)

Le tarif douanier est principalement composé de 3 parties : la Nomenclature ; les Règles générales interprétatives (RGI) ; les Notes explicatives.

a) La Nomenclature

Rappelons tout d'abord que la *nomenclature* est une liste méthodique de mots en usage dans une science ou relatifs à un sujet donné. Elle est établie selon les règles internationales mais surtout utilisée dans les domaines de la chimie, de la physique ou de la biologie. Mais du point de vue douanier, la nomenclature est une liste analytique et méthodique de marchandises à usage tarifaire ou statistique. Elle regroupe ces marchandises en rubriques, sections, chapitres, sous-chapitres et positions tarifaires suivant leurs affinités.

Le tarif douanier recèle plus de :

- 5 000 différents types de marchandises (ou positions tarifaires) classées chacune par un code à 6 chiffres, faisant l'objet du commerce et des échanges internationaux ;
- 1 421 positions tarifaires avec :
- 3 558 sous-positions de 1er niveau (1 tiret) ;
- 5 019 sous-positions de 2e niveau (deux tirets) ;
- 311 positions ne sont pas subdivisées et se terminent par un double zéro (00).
- 97 chapitres (dont 1 chapitre, le 77, réservé pour un usage futur non encore codifié ni défini. Il en est de même des chapitres 98 et 99) qui sont ensuite répartis en :
- 21 sections, comme regroupements sélectifs des 96 chapitres.

Il faut observer que les *2 premiers chiffres* du code à 6 chiffres de la marchandise indiquent le numéro du chapitre dans lequel se trouve la

[1] Pendant que nous publions la présente recherche, le nouveau Code des douanes congolais était déjà en élaboration au Parlement pour sa réactualisation par rapport au niveau du contexte environnemental international et n'attendons plus que sa promulgation par le chef de l'Etat. Toute observation ou remarque de notre lecteur voudra donc en tenir compte entretemps.

[2] J.-D. MBOMY MALUKU, *Techniques tarifaires I*, cours inédit, Finances publiques, GII D&A, ENF, Kinshasa, 1999-2000.

position de la nomenclature ainsi structurée. *Les 2 chiffres suivants* indiquent le rang qu'occupe la marchandise à l'intérieur d'un chapitre. *Les 5e et 6e chiffres* du code désignent respectivement les sous-positions à 1 et à 2 tirets au niveau international ; tandis que *les 7e et 8e* le sont au niveau national.

b) Les Règles générales interprétatives (RGI)

Elles sont au nombre de 6. Elles ont pour but d'assurer une interprétation juridique uniforme du Système harmonisé (ou tarif). Il s'agit donc de règles générales pour l'interprétation des 21 sections regroupant les 96 chapitres de l'ensemble de la nomenclature du Système harmonisé[1]. Un exemple illustratif est donné au point 1.2.4. suivant.

c) Les Notes explicatives

Ce sont des notes légales des sections ou des chapitres, des positions et sous-positions ayant pour finalité de définir leurs contenus et leurs limites dans chaque cas.

1.2.2. Leur but et valeur légale

Ces règles visent à assurer l'application uniforme du Système harmonisé aussi bien à l'importation qu'à l'exportation. Les règles générales pour l'interprétation du SH contiennent les principes à observer lors du classement de marchandises, tel qu'illustré dans le schéma n° 17 ci-dessous.

Toute manipulation de l'une ou l'autre position tarifaire ci-dessus constitue donc un délit douanier passible d'amendes et pénalités à hauteurs variables, comme l'établira le dossier contentieux ou encore comme le prévoit la législation[2].

1.2.3. Les objectifs du Système harmonisé

Le Système harmonisé poursuit premièrement deux objectifs principaux qui sont : l'uniformisation et la simplification des procédures des opérations douanières. Ce qui permet d'assurer une désignation méthodique des marchandises qui alimentent le commerce international, en assignant à chacune d'elles la place la plus appropriée qui doit être la même dans tous les pays industrialisés et dans ceux en développement ayant adopté cette nomenclature.

Ce système présente ensuite des avantages qui poursuivent les buts suivants :

---

[1] Ces chiffres n'ont pas toujours été statiques, certaines positions ou sous-positions connaissant parfois des éclatements en leur sein et/ou à l'intérieur même ; ou des restructurations ayant été opérées au niveau de la nomenclature. Ces mises à jour invitent le douanier à veiller à la réactualisation constante de son savoir-être et savoir-faire. Cf. missions (9e) confiées à l'OFIDA.

[2] H. MOKINDI LIPEMBA, *Moyens et méthodes de vérifications et Lutte contre la fraude*, cours inédit, Finances publiques, Graduat D&A, ENF, Kinshasa, 2000-2001.

- l'affinement des informations au service des décideurs, de l'industrie pour de meilleures bases d'analyse, d'orientation et de décisions ;

- l'harmonisation et la disparition des diverses nomenclatures alors en usage en douane, dans les statistiques, les trafics terrestres, aériens, ferroviaires, par eau ;

- la simplification des formalités et procédures au plan international, facilitant ainsi l'accélération des échanges et du commerce ;

- l'utilisation accrue des logiciels d'exploitation *ad hoc* dans l'industrie, le commerce, les administrations de douanes et les autres services.

1.2.4. L'illustration sommaire de la législation et des techniques tarifaires

Nous avons extrait de la nomenclature du tarif cette section (à titre illustratif) : *Section XVI : Machines et appareils, matériel électrique et leurs parties*

1° <u>La portée de la section</u>

La section XVI qui englobe les chapitres 84 et 85 comprend : l*es machines, appareils, engins mécaniques et électriques (ex : moteurs pour la propulsion des bateaux ou véhicules) ; le matériel électrique (ex : moteur électrique, groupe électrogène) ; certains appareils non électriques, ni mécaniques (chaudières, filtres, appareils de nettoyage, etc.).*

(Les chaudières servent à chauffer les maisons, les appartements, les usines. Le système de combustion utilisé ne joue aucun rôle. Il peut s'agir de bois, de charbon, de gaz, de fuel…).

2° <u>Note de la section XVI</u>

2.1. <u>Les Exclusions</u>

a. <u>Les généralités</u>

Les exclusions sont reprises notamment à la note 1/XVI et concernent les produits qui ne sont classés ni dans le chapitre 84 ni dans le chapitre 85 (notes 1/84 et 1/85).

b. <u>Les produits du chapitre 82</u>

La note 1 K/XVI exclut de la section XVI certains produits du chapitre 82. Pour rappel, le chapitre 82 comprend les outils actionnés à bras franc, mais également avec de simples dispositifs mécaniques tels que les manivelles, les engrenages, etc. Montés sur un bâti ou pourvus d'un moteur, ces outils sont classés aux chapitres 84 et 85 *(ex : rabot à main pour le travail du bois : 8205.30.00 ; machines à raboter : 8461.10.00).*

c. Les combinaisons *machine-véhicule*, auxquelles le châssis et les possibilités d'emploi confèrent le caractère de véhicule, sont classées dans les chapitres 86 et 89. *(ex : camion-grue : 8705 ; une grue montée sur bateau : chap. 89).*

2.2. Les parties de machines

Elles font l'objet de la Note 2 de la section XVI. Le schéma ci-après illustre clairement la portée de cette Note :

Schéma n° 17

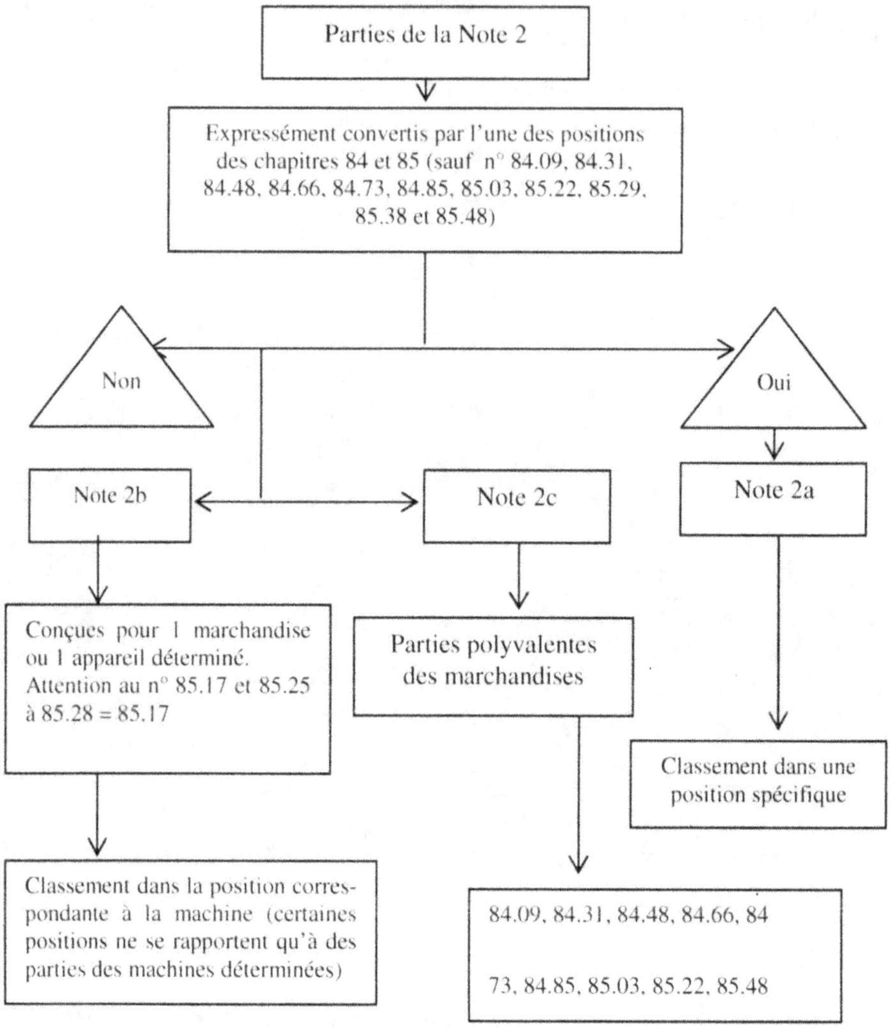

<u>Source</u> : *Cf. Notes de cours dispensé par D.-B. NIANDA MALANDA à l'ENF: Techniques tarifaires IV.*

Note 2 : concerne uniquement les parties des machines [1]

2.3. Les combinaisons des machines

D'après la Note 3 de la section XVI, il s'agit, en ce qui concerne :

a. les genres : des machines d'espèces différentes ;
b. les conditions : des machines constituant un seul corps et destinées à fonctionner ensemble ;
c. le classement : il se fait suivant la fonction principale.

2.4. Les unités fonctionnelles

Conformément à la Note 4 de la section XVI, il s'agit de :

a. genres : des machines constituées par différents éléments individuels et séparés ;
b. conditions : machines dont les éléments sont reliés entre eux par des conduites d'air, de gaz comprimé, d'huile ou par des dispositifs de transmission, des câbles électriques, des appareils transporteurs, etc. ; conçus pour assurer concurremment une fonction bien déterminée, etc.

1.3. LA LOI TARIFAIRE ET LA VALEUR EN DOUANE

1.3.1. La loi tarifaire

Elle a pour bases légales les lois n° 002/03 et 003/03 du 13 mars 2003 instituant respectivement les nouveaux tarifs de droits et taxes à l'importation et à l'exportation ainsi que l'arrêté ministériel n° 064/CAB/MIN/FIN&BUD/2003 portant exécution de la loi précitée. Consécutivement à celle-ci, par son instruction n° DG/ADG/ADT/005/2003 du 30.04.2003, l'administrateur-délégué général de l'OFIDA prit les mesures d'exécution des lois susmentionnées, instituant un nouveau tarif des droits et taxes à l'importation et à l'exportation (en un volume) qui se présente comme suit :

- La structure actuelle du tarif des droits et taxes :

1. Le taux de 5 % des droits de douane frappe les marchandises ci-après :
- biens d'équipement ;
- matières premières brutes ;
- intrants agricoles et d'élevage ;
- intrants pharmaceutiques ;
- collections d'assemblage CKD [Complete Knock Down];
- machines automatiques pour le traitement de l'information ;
- laits et autres préparations pour l'alimentation des enfants ;

[1] D.-B. NIANDA MALANDA, *Techniques tarifaires (chap. 84-97)*, notes de cours inédites, Finances publiques, GIII D&A, ENF, Kinshasa, 2000-2001.

- autres appareils pour la télécommunication par courant porteur ou pour la télécommunication numérique.

2. Le taux de 10 % des droits de douane frappe :
- les collections d'assemblage MKD [Medium Knock Down];
- les produits alimentaires de grande consommation ;
- les intrants autres que ceux visés au litera 2 du point III ;
- les pièces de rechange, les pièces détachées et les accessoires.

3. Le taux de 20 % frappe les autres produits finis.

4. Le taux de l'impôt sur le chiffre d'affaires (ICA) à l'importation est de 13 % pour l'ensemble des produits, à l'exception des marchandises ci-après qui sont assujetties au taux de 3 % :
- biens d'équipement ;
- intrants agricoles et d'élevage ;
- intrants pharmaceutiques ;
- machines automatiques pour le traitement de l'information ;
- laits et autres préparations pour l'alimentation des enfants ;
- autres appareils pour la télécommunication par courant porteur ou pour la télécommunication numérique.

1.3.2. La valeur en douane

La valeur en douane dont il est fait mention au litera 1 du paragraphe 2 des dispositions préliminaires du tarif (DPT) se réfère à l'évaluation en douane des marchandises selon l'article VII du GATT de 1994 telle que mise en œuvre par la loi n° 009/03 du 18 mars 2003 relative à l'évaluation en douane des marchandises. L'application de cette nouvelle disposition légale est en vigueur depuis le 19 juin 2003.

1. La base imposable de l'ICA

Aux termes du paragraphe 2 litera 3 des dispositions préliminaires du tarif (DPT), la base imposable de l'ICA est la valeur CAF (Coût, Assurance et Fret) augmentée des droits de douane.

2. La soumission à l'ICA des marchandises assorties de droits de consommation

Conformément au paragraphe 5 des DPT, les marchandises soumises aux droits de consommation ne sont plus exemptées de l'ICA. Elles payent l'ICA en plus des droits de consommation.

3. La base imposable pour le calcul des droits de consommation

Elle est basée, aux termes du paragraphe 2 litera 4 des DPT, sur la valeur CAF augmentée des droits de douane (CIF dédouané).

4. <u>La taxation des produits pétroliers (huiles minérales)</u>

Comme pour les autres produits soumis aux droits de consommation, les produits pétroliers supportent aussi les droits de douane et l'ICA de la manière suivante :

- le droit de douane est calculé sur la base de la valeur CAF qui est le « prix moyen frontière commercial » (PMF commercial) ;
- les droits de consommation à l'importation sont calculés sur la base du « prix moyen frontière fiscal », hors droit de douane (PMF fiscal) ;
- la base de calcul de l'ICA est le PMF commercial majoré des droits de douane tandis que celle des droits de consommation est le PMF fiscal hors droits de douane ;
- le PMF fiscal est fixé par arrêté du ministre ayant l'Economie dans ses attributions et publié périodiquement par l'OFIDA ;
- le PMF commercial, qui est régulièrement communiqué par l'OFIDA, est une moyenne des prix sur les principaux marchés des produits pétroliers.

Par conséquent, *L'ACCORD*[1] détermine la valeur en douane des marchandises importées, laquelle valeur sert de base imposable pour le calcul des droits et taxes à l'importation. Cette valeur est la valeur dite *transactionnelle*, c'est-à-dire le prix effectivement payé ou à payer pour les marchandises, lorsqu'elles sont vendues pour l'exportation à destination du pays d'importation, après ajustements éventuels.

Si la valeur en douane n'est pas déterminée sur la base de la *valeur transactionnelle*, on recourt aux méthodes de substitution. La principale des 6 méthodes, la méthode dite de la « valeur transactionnelle », et les 5 autres de substitution sont à utiliser dans un ordre contraignant. Seul donc l'ordre de la 4e méthode et de la 5e méthode peut être interverti sur demande expresse et écrite de l'importateur. La procédure des 6 méthodes d'évaluation se présente dans l'ordre suivant[2] :

1. Méthode de la valeur transactionnelle des marchandises ;

2. Méthode de la valeur transactionnelle des marchandises identiques importées ;

---

[1] Il est relatif à la mise en œuvre de l'article VII de l'Accord général sur les tarifs douaniers et le commerce (*GATT*) de 1994 par la loi n° 009/03 du 18 mars 2003 relative à l'évaluation en douane des marchandises en RDC. Par ailleurs, d'après *Le Vocabulaire des échanges commerciaux - Glossaire des expressions fréquemment utilisées dans le système commercial international*, de John J. HARTER, dans **GATT** (**G**eneral **A**greement on **T**ariffs and **T**rade), ici le terme "*tariff*" désigne souvent une liste générale de marchandises, ou "*barème*", comprenant le taux des droits de douane à verser à l'Etat pour importer les produits figurant sur cette liste, alors que le terme « *duty* » (=droit) s'applique seulement au taux applicable à un certain article.

[2] O.M.D., *Manuel sur les contrôles en matières d'évaluation en douane (Diffusion restreinte-Administration seulement)*, révision juillet 1999, Bruxelles, 1999, pp. 6-14.

3. Méthode de la valeur transactionnelle des marchandises similaires importées ;
4. Méthode de la valeur rétroactive ou déductive ;
5. Méthode de la valeur calculée ;
6. *Méthode de la valeur par moyens raisonnables* ou *méthode de dernier recours.*

(Les détails sur l'applicabilité de ces six méthodes par la détermination de la valeur en douane sont résumés dans l'*Annexe n° 3*).

Toutes ces méthodes sont liées par la formation de prix, les conditions pour l'application de la valeur transactionnelle pour les marchandises importées, les prix influencés, etc. Bien avant la promulgation de la loi susmentionnée, la douane congolaise comme partout ailleurs, se référait la définition de la valeur de Bruxelles (DVB) qui servait d'instrument de référence pour l'évaluation des marchandises depuis 1950 mais qui, désormais, est caduque par cette nouvelle loi.

1.3.3. Les autres innovations tarifaires[1]

Par rapport à l'ancien tarif, le nouveau a apporté les innovations ci-après :

1. La surtaxe est supprimée.
2. La levure vivante est soumise au paiement des droits et taxes à l'importation.
3. La soumission au droit commun de tous les régimes de destination particulière à l'exception des régimes d'importation CKD et MKD et du régime d'importation des matériels de guerre destinés à la défense nationale et à la sécurité du territoire. L'instruction de l'OFIDA n° DG/ADG/ADT/005/2003 du 30 avril 2003 reproduit à titre indicatif, aux pages 5 et 6, les anciens régimes dans un tableau *ad hoc*.
4. La création, la suppression et/ou la modification de certaines positions ou sous-positions tarifaires du Système harmonisé.
5. Les anciennes positions tarifaires qui ne sont pas reprises dans le nouveau tarif des droits et taxes à l'importation sont supprimées.

1.3.4. La vérification avant embarquement des marchandises importées en RDC

En vue de s'assurer le contrôle de toute importation des marchandises, un contrat de vérification avant embarquement est établi entre la RDC, représentée par l'OFIDA et l'OCC, et le bureau Veritas BIVAC BV, signé le 30 novembre 2005.

---

[1] Ces innovations sont l'œuvre de la « Commission tarifaire » qui suit l'évolution de la situation économique et la politique douanière du pays ainsi que ses incidences sur la fiscalité intérieure et remet au goût de l'environnement ses taux par rapport aux standards internationaux. Notre lecteur voudra bien en tenir compte en cours de lecture.

Ce contrat est exécuté par l'OFIDA suivant l'instruction n° DG/DV/DT/ADG/002/07 du 07/02/2007 relative aux modalités pratiques d'application de l'arrêté interministériel n° 106/CAB/MIN/FINANCES et n° 004/CAB/104/MIN.CE/2006 du 16 juin 2006 portant règlement d'application du contrat de vérification avant embarquement des marchandises importées en République démocratique du Congo. Ainsi, toute importation d'une marchandise est subordonnée au contrôle avant embarquement de la *qualité*, de la *quantité*, de la *conformité* et du *prix*, selon le nouveau programme de vérification des importations effectué par le bureau Veritas BIVAC BV pour le compte de l'OFIDA et de l'OCC.

Au sens de l'instruction sus-évoquée, il faut entendre par :

- ***Attestation de vérification (AV),*** le document émis par la société d'inspection avant embarquement pour confirmer les résultats de son contrôle à l'étranger notamment sur la *valeur* et la *quantité* ;
- ***Avis de refus d'attestation (ARA),*** le document émis par la société d'inspection avant embarquement pour sanctionner la discordance entre les résultats de l'inspection avant embarquement et les données émanant de l'importateur ;
- ***Inspection avant embarquement,*** toutes les opérations de contrôle de qualité, de conformité, de quantité et de prix y compris le taux de change et les conditions financières, et/ou de la classification douanière des marchandises destinées à être importées en République démocratique du Congo ;
- ***Société d'inspection***, société mandatée par l'OFIDA et l'OCC pour effectuer l'inspection avant embarquement des marchandises importées en RDC, à savoir la société du bureau VERITAS BIVAC BV.

Dans ses diverses modalités d'application, l'instruction recommande entre autres :

- Outre les documents généralement requis aux fins de dédouanement, le commissionnaire en douane a l'obligation d'annexer à la déclaration en douane l'original de *l'attestation de vérification (AV)* émise par la société d'inspection.
- Toute déclaration en douane des marchandises ayant fait l'objet d'un contrôle avant embarquement et non accompagnée de l'attestation de vérification est *irrecevable.*
- Les marchandises ci-après sont exemptées du contrôle avant embarquement :
  - Cargaisons dont la valeur totale est inférieure à 2 500 $ US ou leur équivalent en d'autres monnaies convertibles ;
  - Armes et munitions importées par l'Etat ;
  - Animaux vivants ;
  - Œufs frais ;

- Fruits, légumes, poissons et viandes, frais ou réfrigérés (non congelés) ;
- Journaux ou périodiques ;
- Réimportations en l'état ;
- Effets personnels et objets de déménagement, y compris un véhicule à moteur, à la condition que le véhicule satisfasse aux conditions applicables aux résidents revenant dans le pays ;
- Colis postaux sans valeur commerciale ;
- Echantillons commerciaux ;
- Cadeaux des gouvernements étrangers ou des organisations à des fondations, organisations caritatives reconnues et organisations humanitaires reconnues ;
- Cadeaux personnels ;
- Aide des gouvernements étrangers, des organisations étrangères ou des personnes privées en cas de catastrophes ;
- Cadeaux et fournitures importés pour leurs propres besoins par les missions diplomatiques et consulaires, par les organisations du système des Nations unies ou par d'autres organisations internationales bénéficiant des franchises douanières ;
- Marchandises acquises à l'aide de dons externes et d'obtention des prêts ;
- Pétrole brut et produits pétroliers raffinés.

• L'inspection des marchandises susvisées se fait à l'arrivée et leur évaluation se fait suivant la base des données du bureau VERITAS BIVAC BV et ce, sans préjudice de la loi n° 009/03 du 18 mars 2003 relative à l'évaluation en douane des marchandises importées.

S'agissant des termes de l'entrée en vigueur, de l'exécution… et de la résiliation dudit contrat, il est entré en vigueur le jour de sa signature par les parties, et la lettre de garantie de bonne exécution avait été préalablement déposée. Sa mise en œuvre a été matérialisée par la réception du premier lot d'attestations de vérification autour du 1er février 2006.

Ce contrat a été conclu pour une période de *3 ans* à partir de la date de sa mise en œuvre. Il est renouvelable *deux fois* par tacite reconduction, sauf en cas de :

- résiliation dans les conditions prévues en son point 2.7. [à lire] ;
- dénonciation express au terme de la durée initiale ci-dessus.

En cas de notification de résiliation avant terme, le contrat sera reformulé, et les parties s'engageront, pour une durée de 6 mois à clôturer avec diligence les dossiers en cours (cf. page 5/6 du contrat).

Remarque : Pour notre part, ce contrat courant, n'étant encore que dans sa première phase expérimentale en RDC, n'a que valeur de test : ce qui nous astreint à des réserves pour nous engager dans des conclusions hâtives aux résultats en vue de l'évaluation. Le temps y répondra en toute objectivité.

1.4. LE NOUVEAU CODE DES DOUANES CONGOLAIS

Pendant que nous finalisons cette dissertation, le nouveau Code des douanes est en voie de promulgation après son approbation par le Parlement. S'agissant de ce nouvel instrument juridique, nous laissons le soin au législateur de donner les raisons de sa mise en œuvre que nous lisons dans son exposé de motifs :

« Depuis la création de l'Etat indépendant du Congo en 1885 jusqu'en 1948, les régimes douaniers étaient régis par des textes épars. Ceux-ci furent regroupés plus tard en tenant compte des formalités et régimes applicables aux marchandises qui franchissent le territoire douanier de la colonie. Ce travail de regroupement a abouti à la signature du décret du 29 janvier 1949 coordonnant et révisant le régime douanier, et de l'ordonnance n° 33/9 du 6 janvier 1950 portant règlement d'exécution de ce décret, qui demeurent en vigueur à ce jour.

L'environnement commercial international qui prévalait lors de la promulgation de ces textes a considérablement évolué, si bien que, malgré leurs nombreuses révisions, ils ne sont plus adaptés au contexte actuel caractérisé par :

- la mondialisation des échanges ;
- la mise en œuvre des engagements internationaux notamment en matière de procédure et régimes douaniers, de nomenclature et codification des marchandises, d'évaluation en douane et de regroupements régionaux ;
- le recours à de nouvelles technologies de l'information et de la communication.

Est apparue ainsi la nécessité de mettre sur pied un nouveau Code des douanes qui s'inscrive dans le cadre de la facilitation et de la simplification des procédures en vue de stimuler la croissance économique grâce à la création d'un environnement douanier favorable au développement des investissements. Le nouveau Code des douanes s'est largement appuyé sur la Convention internationale pour la simplification et l'harmonisation des régimes douaniers, révisée en juin 1999, dite « Convention de KYOTO révisée ». Cet instrument juridique, élaboré par l'Organisation mondiale des douanes, a pour principal objectif d'offrir aux administrations des douanes un ensemble de principes modernes et uniformes leur permettant de remplir efficacement leur rôle sur le plan fiscal et économique.

Les principales innovations apportées par le nouveau Code des douanes sont les suivantes :

- la consécration du droit pour toute personne d'accomplir par soi-même les formalités douanières ;
- le renforcement des pouvoirs des agents des douanes dans la recherche et la poursuite des infractions ;
- l'introduction de mesures de lutte contre la corruption ;
- l'incorporation de la loi n° 009-03 du 18 mars 2003 relative à l'évaluation en douane ;

- le renforcement des pouvoirs de la douane en matière de protection de la propriété intellectuelle ;
- l'intégration des mesures de lutte contre le trafic de stupéfiants et de substances psychotropes, le blanchiment d'argent et de celles relatives à la sécurité de la chaîne logistique ;
- la prise en compte dans l'accomplissement des formalités douanières des nouvelles technologies de l'information et de la communication ;
- la mise en place de procédures simplifiées de dédouanement et d'un régime unique de circulation des marchandises sous douane par l'utilisation du transit en remplacement des régimes actuels de passavant à caution sommaire et de transfert sur entrepôt ;
- l'instauration de facilités de paiement (report de paiement, crédit d'enlèvement) ;
- la redéfinition et/ou l'introduction de régimes douaniers économiques et suspensifs, à savoir : entrepôt de douane, admission temporaire, réimportation en l'état, perfectionnement actif, perfectionnement passif, transformation des marchandises destinées à la mise à la consommation ;
- la possibilité de création de zones franches dans le territoire douanier ;
- la mise en place de procédures spéciales, en ce qui concerne les voyageurs, le trafic postal, les moyens de transport à usage commercial, les produits d'avitaillement et les envois de secours ;
- l'institution d'une procédure de recours contre les décisions des autorités douanières ;
- la redéfinition des infractions douanières et des peines ;

Le nouveau Code des douanes, qui a l'avantage d'être lisible et transparent, est subdivisé en quinze titres. »

1.5. L'INFORMATIQUE APPLIQUEE AUX DOUANES ET ACCISES

1.5.1. Le but de l'informatisation dans les missions douanières

a) Le rappel des missions de l'OFIDA

La mission principale de l'OFIDA est la perception des droits de douane, à l'entrée et à la sortie des marchandises en transit ou en séjour en entrepôt, et des droits d'accises ou de consommation, qui sont des impôts intérieurs qui frappent la production ou l'importation de ces produits. Il faut y ajouter les taxes, les redevances, les indemnités, les frais quelconques (créés ou à créer).

Ayant la responsabilité de l'application de la politique commerciale par la mise en œuvre des accords commerciaux préférentiels, de la gestion des contingentements et de l'application des restrictions et prohibitions, l'Office gère également la mise en application des législations connexes relevant par exemple de la santé publique, de la culture et des arts, de la sécurité nationale, du contrôle des changes, de la contrefaçon, du piratage, du recueil pour l'établissement des statistiques du commerce extérieur... Cet Office s'occupe aussi, dans sa branche particulière de la brigade douanière, de la lutte contre la fraude.

L'exercice de toutes ces nouvelles responsabilités à la frontière a accentué la complexité des règlements douaniers avec une incidence directe sur sa principale mission. Ce nouvel environnement a nécessité la mise en place d'un système moderne de gestion automatisée des opérations douanières et la perception des droits y afférents.

b) L'informatisation des procédures douanières et accisiennes

De manière succincte, cette informatisation vise principalement les domaines suivants[1] concourant à la facilitation, à l'harmonisation et à l'efficacité :

b.1. La facilitation du commerce

En accélérant le traitement des déclarations par l'informatisation, le commerce s'en trouve facilité avec ses effets multiplicateurs au dédouanement des marchandises : la douane se retrouve gagnante dans la réduction et la suppression des tâches répétitives ; les opérateurs douaniers gagnent du temps sur la livraison et l'expédition de leurs marchandises qui voient les frais de stockage ou de magasinage réduits ; les ports, aéroports, gares et autres frontières se désencombrent.

b.2. L'efficacité des contrôles douaniers

Dans un univers douanier informatisé, lorsque la vérification de cargaisons entières et le traitement de marchandises sont automatisés, le contrôle qui s'exerce de façon rigoureuse permet de déceler les fraudes. Ainsi, lorsque la fraude porte sur l'évaluation, l'ordinateur aide à repérer les importations correspondantes dont la valeur déclarée ne répond pas à des paramètres préétablis.

b.3. L'uniformité d'application de la législation douanière

L'informatique ne laisse aucune incertitude quant à la complexité et au nombre croissant de lois que l'administration des douanes est appelée à faire appliquer. Toutes les transactions sont soumises à une vérification uniforme et rigoureuse, ce qui garantit une stricte application de la réglementation et un traitement équitable à tous les opérateurs douaniers. Cette rigueur réduit

---

[1] J.-P. TSHIKAYA LUBILANJI, *Informatique appliquée aux douanes et accises*, notes de cours polycopiées et reliées, Finances publiques, G III Douanes et Accises, ENF, Kinshasa, 2001, p. 25.

les occasions de fraude, de détournement des deniers publics et dissuade en même temps les douaniers contre ces pratiques.

b.4. Le *Guichet unique* pour l'efficacité du recouvrement des recettes

Par décret n° 05/183 du 30 décembre 2005 portant institution d'un Guichet unique à l'importation et à l'exportation, s'est imposée la nécessité de simplifier et d'harmoniser les procédures de dédouanement afin de faciliter les échanges commerciaux. Aussi, la liquidation et la perception par un seul service de tous les paiements effectués à l'occasion des importations et des exportations, non seulement offrent une grande transparence des opérations, mais aussi réduisent la durée de dédouanement des marchandises. En plus de la parité monétaire, l'application des taux de droits et leur liquidation, le contrôle automatique des cautions et des garanties, la tenue des comptes des opérateurs bénéficiant du système de paiement différé, la célérité dans la comptabilisation des recettes, etc. sont des tâches qui se prêtent bien à l'informatisation. Sa rentabilité est indiscutable par rapport aux méthodes manuelles qui sont lentes, productrices d'erreurs et coûteuses en main-d'œuvre.

La phase expérimentale du logiciel Sydonia dans le Guichet unique a été réalisée à l'Ofida par le truchement de sa Division Informatique avec la sous-traitance de l'*EPC TRESCO sprl*[*] à l'aéroport international de N'Djili en 1998. Après cette exploitation avec sa rentabilité largement concluante en recettes à Kin-Aéro, sa seconde étape d'implantation a suivi à Matadi-Beach (Bas-Congo). Sa programmation d'implantation opérationnelle a été réalisée depuis juillet 2007 à l'OFIDA Kin-Est, puis projettée pour Kasumbalesa (Katanga) avant de le voir s'étendre sur l'ensemble du territoire national douanier. Le logiciel Sydonia est actuellement en exploitation où le Guichet unique est opérationnel. Il est en train d'être procédé à sa migration vers la ***version***[++] auprès du Guichet unique de Kin-Aéro, Matadi, Kin-Est... pour besoin d'ef-ficience cadrant avec la facilitation et la modernisation des opérations *ad hoc*.

b.5. L'efficacité de l'établissement des statistiques du commerce extérieur

La prise de nombreuses décisions d'un grand poids politique et économique en fonction de l'évolution commerciale la plus récente,

---

[*] « Avec l'avènement et le lancement du tout premier Guichet unique en RDC à partir de Kin-Aéro dont TRESCO sprl en est pionnier, nous a confié son Pdg Stanis Kalemwa Mwila, nous y avons maximisé jusqu'à ***85 fois*** les recettes de l'Ofida et à ***385 fois*** celles de l'OCC. Au point qu'avec les seules recettes réalisées par l'OCC à Kin-Aéro suffisaient pour payer mensuellement tous ses cadres de Kinshasa ! Voilà notre contribution par ces prousse et expertise professionnelles locales à notre actif ; en plus de la réhabilitation partielle en 2002, à nos frais, du magasin de déchargement (SAS) après l'incendie criminel qui y avait survenu le 14 avril 2000 et ayant dramatiquement fauché la vie de 14 vaillants douaniers ».

rappelons-le, est parfois tributaire de la viabilisation que les pouvoirs publics accordent aux statistiques du commerce extérieur que gère l'OFIDA. La Brigade douanière y assume une grande responsabilité morale dans la *conduite en douane* et dans l'encadrement de la *prise en charge des marchandises*. Or, les données conduisant à l'établissement des statistiques du commerce extérieur sont généralement recueillies sur les déclarations établissant les flux et mouvements de marchandises. Le *solde commercial* du pays se dégage aisément de l'ensemble des exportations face à l'ensemble des importations. On imagine difficilement comment une telle tâche pourrait être accomplie sans l'informatique.

b.6. La meilleure utilisation des effectifs

L'élimination et le gain temporels sur des tâches répétitives, fastidieuses et coûteuses font de l'informatique un outil de travail de premier ordre à la douane. Ce gain de temps permet au douanier de se consacrer aux tâches réellement techniques de vérification et de contrôle. La possibilité d'affecter une plus grande part des effectifs à des tâches de cette nature liée à la capacité de l'ordinateur de désigner des envois à haut risque en vue d'une vérification plus attentive fait de l'informatisation une solution particulièrement attrayante pour les fonctionnels de douanes soumis à de lourdes contraintes. En outre, les ordinateurs mettent à la disposition de l'autorité des rapports périodiques, par exemple, sur le volume du trafic des divers postes douaniers. Ces renseignements sont très utiles pour répartir aux mieux les effectifs.

1.5.2. SYDONIA : le logiciel d'exploitation à l'OFIDA

Pour la petite histoire, le système informatique des douanes fut introduit en RDC en 1970 par SINORG, société française, en collaboration avec l'équipe des experts congolais.

Mais le programme SYDONIA (Système Douanier Automatisé, un logiciel destiné à la saisie et au contrôle de la déclaration en douane et du manifeste) est dans la panoplie des logiciels conçus et développés par la CNUCED qui les met au choix et à la disposition de tous les pays qui en font la demande.

Ce logiciel permet la gestion des opérations de commerce extérieur, la gestion de la réglementation douanière relative à la taxation et au dédouanement, l'obtention de résultats comptables et statistiques dans des délais très brefs et dans les meilleures conditions de fiabilité. C'est un ensemble de menus, liés les uns aux autres de façon logique, permettant d'aborder sans difficultés les fonctions du système, au point que l'utilisateur est toujours en mesure d'effectuer sur un menu qui lui est présenté le choix qui lui permet de se diriger vers la fonction recherchée, vers la tâche à réaliser ou vers l'activité précise qu'il souhaite mettre en œuvre.

SYDONIA est protégé de différentes façons dans son exploitation et ses différentes fonctions de gestion sont accessibles, notamment :

- la gestion des déclarations en douane ;
- la gestion des recouvrements ;
- la gestion des manifestes ;
- la gestion du tarif douanier ;
- la gestion des tables de contrôle ;
- la gestion des bases de données.

Comme nous venions de le dire, ces diverses opérations ne pouvaient être facilitées sans le concours indéniable de l'informatique avec un logiciel d'exploitation spécifique, qu'est le Sydonia.

SECTION 2 : DU PROFIL ET DES COMPETENCES DES SERVICES PUBLICS DANS LA LUTTE ANTI-FRAUDE

Bien que certains textes légaux créant ces services publics ne déclarent pas toujours de façon explicite la lutte contre la fraude douanière, ce combat rentre tacitement dans les missions traditionnelles qui leur sont dévolues. Ainsi, les pouvoirs publics disposent, entre autres, de :

2.1. L'INSPECTION GENERALE DES FINANCES (I.G.F.)

2.1.1. Sa création et compétence

L'ordonnance n° 87-323 du 15 septembre 1987 portant création de l'Inspection générale des finances, en abrégé « I.G.F. », telle que modifiée et complétée par l'ordonnance n° 91-018 du 6 mars 1991, l'institue comme un service de contrôle doté d'une autonomie administrative et financière. Elle est l'organe de contrôle externe du gouvernement de la République.

L'Inspection générale des finances dispose d'une compétence générale et supérieure en matière de contrôle des finances et des biens publics. Ce contrôle tient tout autre en état, excepté ceux de l'Assemblée nationale et de la Cour des comptes.

A ce titre, l'Inspection générale des finances contrôle, vérifie ou contre-vérifie tant en recettes qu'en dépenses, toutes les opérations financières de l'Etat, des entités administratives décentralisées, des établissements publics, des organismes paraétatiques ainsi que des organismes ou entreprises de toute nature bénéficiant du concours financier de l'Etat, des entités administratives décentralisées et des établissements publics ou des organismes paraétatiques sous une forme quelconque, notamment sous la forme de participations en capitals, de subventions, de prêts, d'avances ou de garanties. Les inspecteurs des finances, dans l'exécution de leurs missions, ne peuvent s'immiscer dans la direction ou la gestion courante des services contrôlés (article 2).

L'Inspection générale des finances en tant que service d'audit supérieur placé auprès du gouvernement procède, après avis préalable du ministère ayant les Finances dans ses attributions, à toute mission de contre-vérification, au second degré, de toutes les situations fiscales de n'importe quel contribuable, soit en cas de réquisition des autorités politiques et administratives, soit en cas de réquisition des autorités judiciaires, soit sur dénonciation de tiers, soit, enfin, en cas de découverte d'une fraude lors de l'exécution normale d'une mission de contrôle ou de vérification (article 2 bis).

Les membres de l'Inspection générale des finances sont régis par un règlement d'administration pris conformément au statut du personnel de carrière des services publics de l'Etat.

En outre, ils ont la qualité d'*officier de police judiciaire à compétence spéciale* (article 6 bis).

L'inspecteur des finances n'entre en fonction qu'après avoir prêté serment verbalement ou par écrit, devant le ministre des Finances, représentant du président de la République (...).

En sa qualité d'officier de police judiciaire à compétence spéciale, l'inspecteur des finances prête serment devant le procureur de la République près le Tribunal de grande instance du ressort suivant les formules reprises à l'article 14 de l'ordonnance. Chaque prestation de serment fait l'objet d'un procès-verbal qui est versé au dossier de l'agent.

2.1.2. La structure de l'I.G.F.

L'article 7 de l'ordonnance n° 87-323 du 15 septembre 1987 portant création de l'I.G.F. établit que la hiérarchie des services en son sein est établie de la manière suivante : l'inspecteur général-chef de service ; le chef de service adjoint ; le corps des inspecteurs des finances subdivisé en cinq brigades :

1. la brigade de coordination ;
2. la brigade des recettes fiscales, douanières et administratives ;
3. la brigade des dépenses publiques ;
4. la brigade des organismes publics, des entreprises publiques, des sociétés d'économie mixte ou subventionnées et des entités administratives décentralisées ;
5. la brigade de contre-vérification fiscale, douanière et comptable ;

le service administratif et financier d'appoint.

Ce dernier service assiste le chef de service de l'I.G.F. dans la gestion des missions, des rapports, de la documentation, des archives, des crédits, des approvisionnements, du patrimoine, du personnel et de la bibliothèque de l'Inspection générale des finances. L'organisation et le cadre organique de l'Inspection générale des finances sont définis aux annexes I et II de l'ordonnance susmentionnée la créant.

2.1.3. Le statut judiciaire des inspecteurs des finances

Sauf cas de flagrance, les inspecteurs des finances ne peuvent être poursuivis pour des actes commis dans l'exercice de leurs fonctions qu'après avis du ministre ayant les Finances dans ses attributions. Pour toutes les autres poursuites, l'inspecteur de police judiciaire ou l'officier du ministère public en avisent au préalable le ministre des Finances[1].

Les inspecteurs des finances sont nommés et, le cas échéant, relevés de leurs fonctions par le président de la République, sur proposition des ministres des Finances et de la Fonction publique dans les conditions précisées aux chapitres 2 et 5 du règlement d'administration relatif à la carrière et aux fonctions d'inspecteur des finance.

2.1.4. Le recrutement et le stage probatoire des inspecteurs des finances

C'est l'ordonnance n° 91-019 du 6 mars 1991 portant règlement d'administration relatif à la carrière et aux fonctions d'inspecteur des finances en ses articles 2, 3, 7 à 13 qui en définit la quintessence :

Article 7 : « Nul ne peut être nommé inspecteur des finances s'il ne réunit pas les conditions énumérées ci-après :

1) être de nationalité congolaise (RDC) ;
2) jouir de la plénitude de ses droits civiques ;
3) être d'une bonne moralité attestée par un extrait de casier judiciaire et le certificat de bonne vie et mœurs ;
4) avoir atteint, au moment du recrutement, l'âge de 25 ans au minimum, de 35 ou de 40 ans au maximum pour les fonctionnaires ;
5) être en bonne santé et posséder les aptitudes physiques indispensables pour les fonctions à exercer ;
6) être titulaire au moins d'un diplôme de licence en droit, en sciences économiques, commerciales, financières ou en économie appliquée délivré par une université congolaise ou d'un diplôme délivré par une université étrangère et déclaré équivalent conformément à la législation congolaise sur l'équivalence des diplômes ;
7) s'il s'agit d'une femme mariée, produire une autorisation écrite du conjoint ;
8) avoir subi avec succès les épreuves d'un concours de recrutement. »

Article 8 : « Le recrutement s'effectue sur concours organisé par l'Inspection générale des finances, sous le contrôle du ministre de la

[1] Articles 1 et 2 de l'ordonnance-loi n° 91-005 du 6 mars 1991 relative au statut judiciaire des inspecteurs des finances.

Fonction publique, à la demande du ministre des Finances, en fonction de la situation des effectifs.

Le concours du recrutement doit faire l'objet d'une publicité préalable fixant un délai utile pour le dépôt des candidatures et déterminant les matières sur lesquelles porteront les épreuves. »

Article 9 : « Le concours de recrutement comporte trois épreuves, à savoir :

1) une épreuve de présélection comportant :
a) des tests psychotechniques ;
b) des tests professionnels ;
2) une épreuve de sélection comprenant :
a) un résumé d'un texte macroéconomique ;
b) des questions techniques et professionnelles,
3) une épreuve orale consistant en un entretien avec le jury. »

Article 11 : « Ne sont retenus à l'issue du concours que les candidats ayant obtenu le maximum de points requis classés en ordre utile. Les candidats retenus sont nommés inspecteurs des finances stagiaires par arrêté conjoint des ministres des Finances et de la Fonction publique.

Aucun candidat n'est admis à se présenter plus de deux fois au concours. »

Article 12 : « Les modalités d'organisation du concours non prévues par la présente ordonnance sont déterminées par arrêté du ministre des Finances, sur proposition de l'Inspecteur général-chef de service ».

Article 13 : « Pour être nommé à titre définitif, l'inspecteur stagiaire doit accomplir, sous la direction de l'inspecteur général-chef de service, un stage probatoire d'une durée de deux ans qui implique :

1) la rédaction d'un rapport au cours du stage ;
2) la présentation d'une étude sur un sujet abordé en cours de stage.

Le stagiaire méritant est nommé à la catégorie III d'inspecteur des finances de la classe 3 par le président de la République, sur proposition conjointe des ministres des Finances et de la Fonction publique.

Dans ce cas, son ancienneté court à partir de la date de son recrutement. »

2.1.5. La composition, la répartition et les missions des inspecteurs des finances

L'Inspection générale des finances est composée de deux cents inspecteurs des finances et est placée sous l'autorité directe du ministre ayant les Finances dans ses attributions (articles 3 et 4).

Les deux cents inspecteurs des finances sont répartis entre les cinq brigades par l'inspecteur général-chef de service pour une durée ne dépassant pas deux ans (cf. le point 2.1.2. ci-dessus : la structure de l'IGF telle que détaillée au 2e paragraphe suivant).

Les chefs de brigade sont désignés par le ministre des Finances, sur proposition de l'inspecteur général-chef de service pour une durée ne dépassant pas trois ans (art. 3 al. 2 et 3 de l'ord. n° 91-019 du 6 mars 1991).

Les articles 11, 12 et 12 bis de l'ordonnance n° 87-323 du 15 septembre 1987, modifiée et complétée par l'ordonnance n° 91-018 du 6 mars 1991, définissent clairement les différentes attributions confiées aux cinq brigades de l'I.G.F. qui sont les suivantes :

- la brigade de coordination assure, sous l'autorité de l'inspecteur général-chef de service, les fonctions d'animation et d'encadrement des services de l'Inspection générale des finances ;
- la brigade des recettes fiscales, douanières et administratives contrôle et vérifie, auprès des services, toutes les opérations de constatation, de taxation et de recouvrement des recettes, l'apurement des contentieux et les documents comptables y afférents ;
- la brigade des dépenses publiques contrôle et vérifie l'engagement, la liquidation, l'ordonnancement et le paiement des dépenses publiques ;
- la brigade des organismes publics, des entreprises publiques, des sociétés d'économie mixte ou subventionnées et des entités administratives décentralisées contrôle et vérifie toutes les opérations financières de ces organismes, sociétés et entités ainsi que celles de tout organisme bénéficiant du concours financier de l'Etat, des entités administratives décentralisées et des établissements publics ou organismes paraétatiques sous une forme quelconque, notamment sous forme de participations en capital, de subventions, de prêts, d'avances ou de garanties ;
- la brigade de contre-vérification fiscale, douanière et comptable vérifie, au second degré, après avis favorable du ministre ayant les Finances dans ses attributions, toutes les situations fiscales, parafiscales, douanières et comptables soumises à la vérification des organes de contrôle interne des autres services publics de l'Etat, soit sur réquisition des autorités judiciaires, soit sur dénonciation de tiers, soit en cas de découverte d'une fraude lors de l'exécution normale d'une mission de contrôle ou de vérification (article 11).

L'Inspection générale des finances accomplit toutes les enquêtes ou toutes les missions de contrôle, de vérification, de contre-vérification et de surveillance des services extérieurs des ministères des Finances et du Budget et de tous les autres services publics de l'Etat, ordonnées après avis préalable du ministre ayant les Finances dans ses attributions ou sur dénonciation de tiers ainsi que celles arrêtées dans son programme d'action (article 12).

Les membres de l'Inspection générale des finances effectuent leur mission sur place et sur pièces. Porteurs de l'ordre de mission, ils ont le droit de se faire présenter toute pièce et tout document nécessaires à l'accomplissement de leur mission.

L'obligation du secret professionnel n'est pas opposable aux inspecteurs des finances dans l'exercice de leurs fonctions (article 12 bis).

a) Les méthodes de contrôle sur place, sur pièces, la voie contradictoire et autres[1]

Le travail des inspecteurs des finances s'effectue sur place, sur pièce et par voie contradictoire. Ils doivent avoir une appréciation globale du service public sous contrôle et un rôle d'assistance à la demande des gestionnaires de ces services ou des autorités de tutelle.

a.1. Le contrôle sur place

Pour le contrôle sur place, les inspecteurs des finances se déplacent pour aller contrôler dans les endroits où les personnes soumises à leur contrôle exercent leurs fonctions. Ainsi, les convictions des contrôleurs sont fondées, sur place, après contrôle de régularité ou d'opportunité des actes posés par la personne contrôlée (...). Comme l'écrit l'inspecteur général des finances, A. Magain (de la métropole), le contrôle sur place présente entre autres les avantages suivants : il est expéditif : il permet de recueillir sur-le-champ toutes les informations utiles ; il est sûr : il s'applique aux réalités vivantes, tandis que les pièces sur lesquelles portent d'autres contrôles ne constituent jamais qu'une image de ces réalités, souvent inexacte ou déformée ; il est complet : car il est bien des choses que l'on écrit difficilement mais que l'on dit à un inspecteur sachant inspirer confiance ; il évite les risques inhérents aux déplacements des documents de travail et des pièces comptables[2].

a.2. Le contrôle sur pièces

Pour le contrôle sur pièces, les inspecteurs des finances, à partir des pièces comptables, des textes légaux et réglementaires, des manuels de procédures en vigueur, etc. qui leur sont présentés ou dont ils se saisissent, tirent des conclusions après leur examen approfondi, attentif et régulier. Cette méthode de contrôle permet d'éviter, en principe, les appréciations subjectives et superficielles qui presque toujours sont sans rapport avec les fautes administratives ou financières que l'agent vérifié a pu commettre. Le contrôle exécuté par l'inspecteur des finances est radicalement différent de celui du commissaire de police, auxiliaire de la justice ou de celui du magistrat, juge d'instruction qui, dans notre système judiciaire, se fonde sur leur intime conviction. L'inspecteur des finances en mission n'a pas d'intime conviction qui peut varier selon les individus ou les circonstances. Il analyse,

---

[1] J.-M. ABOLIA, *Finances et comptabilité de l'Etat en RDC – Principes, pratiques et perspectives*, éd. BESIF, janvier 2005, Kinshasa, pp. 369-377.

[2] A. MAGAIN, *Code des finances et de la comptabilité publique* – Tome I, les Editions comptables, commerciales et financières, Bruxelles, 1946, p. 362.

constate et consigne sur procès-verbal ce que révèlent les pièces écrites lors de son contrôle.

a.3. La voie contradictoire lors des missions

Par voie contradictoire, l'inspecteur des finances en mission de contrôle a trois obligations principales :

- de communiquer toutes les constatations sur une feuille d'observations, et de poser par écrit des questions à l'agent contrôlé ;
- de tenir l'agent contrôlé pleinement informé des charges qui pèsent sur lui et de le mettre dans la situation de se justifier ;
- d'écarter les charges pour lesquelles la personne contrôlée a apporté des réponses satisfaisantes.

Le but poursuivi par cette méthode consiste à garantir l'objectivité du contrôle en évitant les risques d'erreurs et de constatations des résultats des missions de contrôle.

a.4. Une appréciation globale de service contrôlé

Les inspecteurs des finances ont pour mission, dans le cadre de leurs vérifications, de prendre une connaissance globale de service contrôlé et non de se limiter à l'examen de la gestion de l'agent comptable.

Cela les conduit à examiner de manière détaillée l'honnêteté et la régularité des opérations, mais aussi à apprécier l'efficacité du service (ou de l'entreprise) public, la qualité de sa gestion et la pertinence de ses dispositifs de contrôle interne, sans négliger les relations du service (ou de l'entreprise) public avec son environnement, en particulier ses usagers, la qualité du dialogue social, l'adaptation de ses moyens à ses missions et ses perspectives d'évolution.

a.5. Un rôle d'assistance auprès des services publics

L'Inspection générale des finances peut être amenée à effectuer des missions de conseil de gestion ou d'aide à la modernisation, à la demande des autorités de tutelle ou des services (ou des entreprises) publics nationaux eux-mêmes.

Quelles que soient la motivation de son intervention et la méthode appliquée, l'IGF se donne pour vocation de contribuer à une gestion saine et efficace des deniers et services publics. En respectant les méthodes ci-dessus, les inspecteurs des finances doivent également veiller à l'application de la règle de l'improviste, de la règle du suspect et de la règle de la neutralité.

- *La règle de l'improviste*

Elle est nécessaire lorsqu'il s'agit du contrôle financier concomitant. Cette règle consiste à surprendre le comptable public ou le comptable de fait dans l'exercice de ses fonctions, de préférence le matin avant l'ouverture de son bureau, afin de constater de quelle manière et dans quelles conditions il les exerce réellement et surtout pour éviter qu'il ait le temps de camoufler ses malversations ou de maquiller ses insuffisances. La peur du gendarme étant le commencement de la sagesse, comme l'affirme la sagesse populaire, le maintien et le respect de la règle de l'improviste sont essentiels pour l'efficacité du service de contrôle.

- *La règle du suspect*

Cette règle consiste à mettre la personne contrôlée en position d'accusé. A cet effet, cette dernière est soupçonnée soit de ne pas respecter intégralement les lois et les règlements en vigueur dans sa gestion, soit de chercher de façon plus ou moins subtile à détourner les deniers publics. Cette règle est contraire cependant au principe de droit qui veut que tout accusé soit présumé innocent jusqu'à ce que sa culpabilité soit prouvée. Pour l'inspecteur des finances, la personne contrôlée est présumée coupable de quelque faute dont elle devra éventuellement prouver son innocence pour s'en décharger en vertu du principe de la voie contradictoire.

- *Interdiction de participer à la gestion de service sous contrôle*

Les inspecteurs des finances ne peuvent participer ni à la direction, ni à la gestion des services qu'ils sont chargés de contrôler. Ils ne peuvent pas non plus donner des ordres tendant à empêcher ou à suspendre aucune opération, ni s'immiscer dans l'exercice de la mission légale des comptables. Toutefois, lorsque les deniers publics sont directement menacés par des faits dûment prouvés, l'inspecteur en mission est autorisé par le règlement à prendre des mesures conservatoires propres à les sauvegarder pouvant aller jusqu'à la suspension des comptables publics ou de fait. Aussi, cette mesure doit être entérinée dans le plus bref délai par l'autorité compétente dont relève l'agent suspendu par les dispositions nécessaires, à savoir : la nomination, la suspension et la révocation.

a.6. Le résultat du contrôle de service ou d'entreprise

Les inspecteurs des finances donnent, sur tous les documents vérifiés, décharge de gestion dans les formes prescrites par le règlement, c'est-à-dire qu'à l'issue d'un contrôle, ils apposent un cachet dateur sur les différents documents contrôlés et arrêtés. Ensuite, ils établissent un rapport appuyé d'une attestation de contrôle et :

- s'il s'agit du contrôle d'une comptabilité, du procès-verbal de la situation de caisse, de la feuille d'observations et du procès-verbal d'excédent ou de déficit ;
- s'il s'agit du contrôle d'un dépôt de marchandises, de la liste des matières entreposées, des feuilles d'observations et du procès-verbal d'excédent et/ou de manquant.

Les inspecteurs des finances ne peuvent, sauf cas de vol ou de détournement, dénoncer directement un déficit au ministère public. Mais ils le mentionnent dans leur rapport s'ils estiment qu'il y a lieu de saisir le Parquet.

a.7. La prime contentieuse d'encouragement et les autres primes octroyées aux inspecteurs des finances

1° La prime contentieuse

Dans le cadre de la lutte contre la fraude, il est attribué aux inspecteurs des finances ainsi qu'aux aviseurs une « prime de contentieux » pour toute infraction en matière de recettes douanières, fiscales, parafiscales, administratives, judiciaires et domaniales découverte, constatée ou signalée par eux, donnant lieu à la récupération des pénalités en plus des impôts et taxes compromis ou éludés et, à titre exceptionnel, « une prime de contentieux forfaitaire » pour les récupérations ne donnant pas lieu à la perception de pénalités.

Il est alloué aux inspecteurs des finances une prime de contentieux minimale garantie et déterminée suivant leur catégorie et leur rendement, selon des modalités définies par arrêté du ministre ayant les Finances dans ses attributions. La prime de contentieux est calculée à raison de 40% des pénalités encaissées, dont 20% sont destinées aux inspecteurs des finances ou aviseurs, et 20% à la caisse de contentieux de l'Inspection générale des finances. La prime de contentieux forfaitaire est payée sur les fonds de la caisse de contentieux de l'Inspection générale des finances suivant des modalités fixées par le ministre des Finances. Le montant de la prime de contentieux minimale garantie est fixé par arrêté du ministre ayant les Finances dans ses attributions. La prime susdite est payée sur les fonds d'une dotation budgétaire approuvée par le ministre ayant les Finances dans ses attributions et évaluée à la lumière des plus-values générées par la lutte contre la fraude. Dès la reconnaissance de l'infraction par le contrevenant, il est attribué aux inspecteurs des finances ou aux aviseurs une avance égale à 10% des pénalités à encaisser, payable sur les fonds de la caisse de contentieux. Le solde de la prime de contentieux est payable après clôture du dossier (art. 20).

2° Les autres primes

Sous réserve des dispositions réglementaires et à l'exception de la prime de fonction, les inspecteurs des finances stagiaires bénéficient des mêmes droits que les inspecteurs des finances (art. 17 de l'ord. n° 91/19 du 6 mars 1991).

Les traitements initiaux, primes de responsabilité et autres avantages reconnus aux inspecteurs des finances sont fixés conformément à l'ordonnance n° 87-324 du 15 septembre 1987 telle que modifiée et complétée à ce jour.

Outre le traitement, la rémunération mensuelle des inspecteurs des finances comprend la prime d'intérim, la prime de risques professionnels, la prime de diplôme, les frais de représentation et tous les autres avantages, primes ou indemnités reconnus par le Statut du personnel de carrière des services publics de l'Etat ainsi que par le présent règlement d'administration (article 18).

a.8. Les réunions périodiques de l'IGF

Les inspecteurs des finances se réunissent en commission ou en brigade, au moins une fois par semaine (en pratique fréquemment) sous la présidence du chef de Brigade. Ils se réunissent également en réunion d'évaluation au moins une fois par mois sous la supervision de l'inspecteur général-chef de service en vue de rechercher et de proposer les mesures législatives ou réglementaires propres à assurer l'application stricte et uniforme de diverses dispositions concernant le fonctionnement des services. Par la même occasion, ils analysent les situations que certaines d'entre eux ont rencontrées individuellement pendant l'exécution de leurs missions et éventuellement les solutions avec lesquelles ils ont été en désaccord avec les ministères.

La fréquence des réunions d'évaluation des inspecteurs des finances susvisées est directement fonction de la confiance que le gouvernement place en son service d'audit supérieur. Plus il sollicite l'I.G.F., plus les réunions d'évaluation se tiennent pour qu'elle puisse proposer au gouvernement, par le truchement du ministère des Finances, des observations et propositions afin d'uniformiser et de rationaliser la gestion des finances et des biens publics.

a.9. Le programme d'action et le rapport d'activités de l'I.G.F.

Au début de chaque année, l'inspecteur général-chef de service, qui assure la direction de l'Inspection générale des finances, prépare et soumet à l'application du ministre des Finances le programme annuel d'action de l'I.G.F. ainsi que le programme des missions ponctuelles.

Après approbation par l'autorité précitée, l'inspecteur général-chef de service ordonne les missions d'inspection et d'enquête, centralise les conclusions, recommandations et mesures découlant des rapports de mission et en fait rapport au ministre des Finances.

Enfin, il élabore à l'attention du ministre des Finances les rapports trimestriel, semestriel et annuel d'activités ainsi que le rapport de synthèse annuel des missions d'inspection ou d'enquête exécutées.

2.2. LA COUR DES COMPTES

2.2.1. Son organisation et son fonctionnement

Nous avons répertorié quatre textes juridiques sur lesquels reposent l'organisation et le fonctionnement de la Cour des comptes, à savoir :

- l'ordonnance-loi n° 87-005 fixant la composition, l'organisation et le fonctionnement de la Cour des comptes ;
- l'ordonnance-loi n° 87-031 relative à la procédure devant la Cour des comptes ;
- l'ordonance-loi n° 87-032 portant statut des magistrats de la Cour des comptes ;
- l'ordonnance n° 87-275 portant organigramme de la Cour des comptes.

La Cour des comptes exerce un pouvoir général et permanent de contrôle de la gestion des finances et des biens publics. Son contrôle est juridictionnel. Elle relève de l'Assemblée nationale et assiste celle-ci dans l'accomplissement de sa mission constitutionnelle de contrôle de l'activité gouvernementale. C'est dans ce cadre notamment qu'en matière de gestion des finances publiques, le pouvoir de prononcer la décharge du gouvernement en ce qui concerne l'exécution du budget revient tout naturellement à l'Assemblée nationale en sa qualité d'autorité budgétaire. Ce processus s'insère dans les mécanismes de reddition des comptes par le vote par l'Assemblée nationale de la loi portant arrêt des comptes et règlement définitif du budget de l'Etat pour l'exercice clos.

L'Assemblée nationale est aidée dans la finalisation de la reddition des comptes par la Cour des comptes qui établit à son intention un cahier d'observations sur l'exécution du budget de l'Etat afin de lui permettre de voter la loi de règlement à bon escient. La Cour des comptes joue donc pour le compte de l'Assemblée nationale le rôle de « chien de garde » vis-à-vis du gouvernement. Elle assure la transparence de l'emploi des deniers publics en éclairant le Parlement, le gouvernement et les citoyens sur la gestion de la chose publique. De façon concomitante, la Cour des comptes assiste également le gouvernement et tous les gestionnaires publics dans le maintien et l'amélioration de la gestion des finances et des biens publics. La fonction d'audit externe indépendant qu'elle exerce est essentielle pour satisfaire à l'obligation de rendre compte de l'utilisation des fonds publics. Donc, la Cour des comptes joue le rôle d'institution de contrôle externe du gouvernement[1]. C'est ainsi que les résolutions de la CNS, l'esprit de la loi financière, l'Accord global et inclusif en font l'œil et l'instrument du Parlement.

2.2.2. Sa composition

La Cour des comptes comprend un président, des vice-présidents et des conseillers, ayant tous la qualité de magistrats et régis par un statut particulier.

Elle a en son sein trois sections subdivisées en chambres :

---

[1] Cf. *La Cour des comptes*, plaquette éditée par elle, CEDI, Kinshasa, 2005, p. 3-4.

1) la section chargée des comptes et services de l'Etat et des EAD (Entités Administratives Décentralisées);

2) la section chargée des établissements publics (entreprises publiques, organismes publics et entreprises d'économie mixte) ;

3) la section chargée des fautes en matière de discipline budgétaire et financière.

La Cour des comptes se réunit, selon les circonstances, en audience solennelle, toutes sections réunies, en chambre ou encore en comité des rapports. Ces réunions statutaires portent sur :

- la réunion en audience solennelle : pour procéder notamment à l'installation de nouveaux magistrats dans des audiences publiques ;
- la réunion de toutes les sections : elle réunit le président, les vice-présidents et deux conseillers de chaque section, d'après le shift établi par le président sur proposition de l'un des vice-présidents. Un conseiller rapporteur complète les sièges de la réunion avec une voix consultative.

La Cour des comptes ne tient cette réunion que lorsque :

- elle examine et arrête le compte général de l'Etat ;
- elle se prononce sur des questions de procédure ou de jurisprudence ;
- elle connaît des affaires qui lui sont déférées directement par le président sur renvoi d'une section, à la requête du ministère public ou sur renvoi sur cassation.

- la réunion en comité des rapports : ce comité a la charge de la préparation et de l'approbation des rapports prévus par les lois et règlements relatifs à la Cour des comptes. Ce comité est composé du président et de ses vice-présidents. D'autres magistrats peuvent y être désignés par le président. Le procureur général ou son représentant assiste à ces séances.
- la réunion en chambre : ces réunions peuvent se tenir au sein même des sections. La loi est muette quant à sa composition et à sa motivation.

- Par ailleurs, *un groupe de travail* institué par la loi est désigné par le président. Ce groupe est composé de conseillers qui appartiennent aux sections concernées par le travail lorsqu'un contrôle a soulevé des questions relevant de plusieurs sections. Le président désigne un vice-président pour assurer la coordination au sein du groupe de travail qui présentera son rapport devant les sections concernées.

2.2.3. Les conditions d'éligibilité

Les présidents et les conseillers doivent impérativement :

- être de nationalité congolaise (RDC) ;
- être âgé de 30 ans au moins ;
- jouir de la plénitude de leurs droits civiques ;
- jouir d'une parfaite moralité attestée par un extrait du casier judiciaire ;
- être titulaire d'un diplôme de licence ou d'un doctorat en droit, en sciences économiques, commerciales ou financières, ou en sciences

administratives délivré par une université congolaise ou d'un diplôme délivré par une université étrangère, déclaré équivalent conformément à la législation congolaise ;

- posséder une expérience d'au moins 10 ans dans l'une des trois disciplines énumérées ci-dessus.

Toutefois, des personnes non détentrices des diplômes énumérés ci-dessus pourront être nommées membres de la Cour des comptes sur proposition motivée du président, et pour autant que les disciplines considérées auront un rapport établi avec les comptes et la gestion des organismes soumis au contrôle de la Cour des comptes.

2.2.4. Ses missions

Comme nous l'avons relevé dans sa compétence, la Cour des comptes assume une triple mission ainsi détaillée :

1) Attribution juridictionnelle à l'égard des comptables publics, des comptables de fait et des ordonnateurs-délégués ;

2) Contrôle administratif : il concerne la légalité et la régularité de toutes les opérations financières de l'Etat, des EAD et des établissements publics.

Ainsi :

- La Cour des comptes examine les pièces justificatives des recettes et des dépenses effectuées au titre du budget général et des budgets annexes de l'Etat et des EAD qui lui sont transmises dans le dernier mois de chaque trimestre par les ordonnateurs-délégués, les situations des dépenses engagées et dans le premier semestre de chaque semestre et au plus tard le 30 juin, la situation générale des dépenses ordonnancées durant l'année précédente ;
- La Cour des comptes examine et liquide les comptes de l'Etat, des EAD et des comptables ;
- Elle veille à ce qu'aucun article de dépense du budget ne soit dépassé et à ce qu'aucun transfert n'ait lieu ;
- Elle arrête les comptes de différentes administrations de l'Etat, c'est-à-dire des administrations des recettes pour lesquelles la Cour des comptes doit constater que les résumés généraux des opérations des gestionnaires concordent avec les comptes des comptables ;
- Elle surveille les remboursements des sommes dues à l'Etat ou à l'EAD au titre de prêts ou de garanties d'emprunt ;
- La Cour examine la légalité et la régularité des marchés publics ;
- La Cour tient un livre de prêts remboursables consentis par l'Etat ou l'EAD à des tiers et veille à ce qu'il soit correctement inscrit dans le compte général du Trésor et les comptes des comptables publics ;
- Elle soumet au président de la République et au Parlement, chaque année, un rapport sur la gestion des finances et des biens publics ;
- Elle fait des observations et des recommandations qui accompagnent le projet de loi portant arrêt des comptes pour l'exercice budgétaire écoulé ;

- La Cour des comptes pose des questions aux ministres et leur adresse des observations ;
- La Cour examine les comptes des établissements publics. A ce titre, elle contrôle les opérations de ces établissements reprises au budget pour ordre et celles résultant du bénéfice des subventions accordées à charge du budget général, pour faire face à des dépenses qui incombent à l'Etat ou à l'EAD en vertu d'une loi, ou dont l'utilisation est réglée par le mode d'inscription au budget ;
- La Cour des comptes examine la gestion des services de l'Etat et des EAD ainsi que celle des établissements publics.

3) Contrôle législatif : la Cour facilite le contrôle législatif et y participe lorsqu'elle lui transmet annuellement le rapport sur la gestion des finances et des biens publics et les observations et les recommandations qui accompagnent le projet de loi portant arrêt des comptes pour l'exercice budgétaire écoulé.

2.2.5. Les justiciables de la Cour des comptes

Sont soumis à la juridiction de la Cour des comptes en matière de discipline budgétaire et financière, tous les fonctionnaires ou agents de l'Etat et des EAD, tous les responsables ou agents des établissements publics, auteurs d'une faute de gestion. Ils peuvent être condamnés à une amende qui n'excède pas le double de leur traitement mensuel.

Les justiciables de la Cour des comptes sont notamment :

- les comptables publics ;
- le caissier de l'Etat ;
- les comptables de fait ;
- les fonctionnaires et agents de l'Etat ou des EAD ;
- les responsables ou agents des établissements publics ou des organismes privés subventionnés ;
- les autorités adjudicatrices.

La notion de justiciable de la Cour des comptes englobe toute personne, civile ou militaire, impliquée, avec ou sans qualité, dans les opérations et la gestion des finances et des biens publics. Le comptable de fait, qui est justiciable de la Cour, est soumis aux mêmes obligations que le comptable public. La juridiction de la Cour des comptes s'étend sur toute l'étendue du territoire national, et, à l'extérieur du pays, aux missions et représentations diplomatiques[1].

2.2.6. Les fautes de gestion

Sont réputées fautes de gestion à l'égard de l'Etat, des EAD ou établissements publics :

- le non-respect des règles d'engagement des dépenses ;

---

[1] *La Cour des comptes*, plaquette, *op. cit.*, p. 16.

- l'engagement des dépenses sans en avoir le pouvoir ou reçu délégation ;
- l'engagement des dépenses sans disponibilité de crédits ;
- la dissimulation de nature à permettre la fausse imputation d'une dépense ;
- la procuration à soi-même ou à autrui d'un avantage injustifié, sous toute forme, entraînant un préjudice pour l'Etat, les EAD ou les établissements publics ;
- la dissimulation de pièces ou la production à la Cour de pièces fabriquées ou inexactes ;
- l'omission, en méconnaissance de la loi fiscale, de remplir les obligations qu'elle impose, afin d'avantager indûment les contribuables ;
- de façon générale, tout acte contraire aux règles d'exécution des recettes et des dépenses de l'Etat, des EAD et des établissements publics.

2.2.7. Les « arrêts » de la Cour des comptes et leur destination

a) Les arrêts

Au terme de sa mission, la Cour des comptes rend les arrêts définitifs en quitte ou en débet à l'endroit des comptables publics et des comptables de fait en apurement de leurs comptes. En faveur des premiers, elle accorde la décharge définitive quant à leur gestion. Tandis que pour les comptables en débet, elle les somme de l'apurer dès notification en dehors de tout recours ; sauf sursis accordé par elle-même jusqu'à la décision irrévocable sur le recours. A l'endroit des ordonnateurs-délégués, la Cour arrête les sommes à recouvrer à leur charge lorsque les crédits ont été engagés en violation de la loi budgétaire ou au grand dam du Trésor. Le rapport définitif est arrêté par rapport aux mandataires des établissements publics.

Quant aux autres fonctionnaires, aux agents de l'Etat et à ceux des EAD, les arrêts de la Cour des comptes les concernant sont immédiatement exécutoires dès notification. Et en même temps, les arrêts sont assortis du paiement des amendes à concurrence des montants tels que prévus par la loi (cf. le point 2.2.5. ci-dessus).

b) La destination définitive de ces arrêts

Les articles 30 et 25 des ordonnances-lois, respectivement n° 87-005 du 6 février 1987 et n° 87-31 du 22 juillet 1987 (déjà cités) destinent les arrêts définitifs de la Cour des comptes au ministre ayant les Finances dans ses attributions pour exécution si le compte concerné intéresse l'Etat et en même temps, il est envoyé aussi à l'autorité de tutelle lorsque le compte en cause intéresse les établissements publics.

Il faut noter que la beauté architecturale des missions confiées à cette Cour des comptes, comme l'écrit l'inspecteur principal des finances, Jean-Marie Abolia, « n'a presque pas encore connue d'exécution dans notre pays[1] ». Les raisons (auxquelles nous souscrivons avec retenue), soutient l'auteur, sont liées à la fois au manque de volonté politique, à l'ambiguïté ou à l'absence de textes législatifs cohérents, à la tutelle réelle de l'institution (son émanation), à l'instabilité institutionnelle caractérisée par la longue transition politique en RDC, etc. qui seraient des écueils évidents à l'opérabilité effective de cette institution, pourtant déterminante et qui doit s'exprimer, pour assurer l'unité et le toilettage de la vie d'un Etat qui se veut assaini dans ses finances publiques.

2.3. LA COMMISSION D'ETHIQUE ET DE LUTTE CONTRE LA CORRUPTION (CELC)

2.3.1. Les raisons de sa création

Un diagnostic très sévère et sans complaisance sur la crise des valeurs morales en RDC a été fait à plusieurs occasions tant à l'intérieur qu'à l'extérieur du pays. C'est ainsi que les dispositions de l'Accord global et inclusif avaient inséré la création de cette commission dans la Constitution de la Transition. Son organisation, ses attributions et son fonctionnement sont déterminés par une loi organique. Une telle institution ne pouvait qu'intéresser notre étude pour son éclairage.

2.3.2. Les supports légaux de sa création

La CELC est instituée par la loi n° 04/020 du 30 juillet 2004 portant son organisation, ses attributions et son fonctionnement, conformément à l'article 160 de la Constitution de la Transition. Sa création est consécutivement instituée par l'article 154 de la même Constitution de la Transition.

Elle est un organisme de droit congolais autonome, neutre et doté de la personnalité juridique (art. 1er de la loi n° 04/020 du 30 juillet 2004).

2.3.3. Les définitions des concepts institutionnels

L'article 3 de cette loi définit les termes ci-après :

a) *Ethique* : l'ensemble des principes et des valeurs morales qui assurent la personnalité d'une société en terme de bien et qui exigent de l'individu une soumission ;

b) *Corruption* : l'utilisation abusive, par le détenteur ou une tierce personne, d'une fonction ou d'un titre public, privé ou indépendant dans le but de se procurer un profit ou un avantage indu de toute nature pour soi-même ou pour d'autres ;

c) *Valeurs républicaines* : les valeurs inhérentes à toute société démocratique notamment : le respect des droits civils et politiques, le respect des droits humains, la bonne gouvernance...

---

[1] J.-M. ABOLIA, *op. cit.*, p. 357.

d) *Lutte* : l'ensemble des mesures mises en œuvre pour sanctionner ou empêcher les violations des valeurs morales et républicaines.

2.3.4. Les missions de la CELC

La CELC a pour mission de favoriser la pratique des valeurs morales et républicaines. Ses attributions sont les suivantes :

a) promouvoir la bonne gouvernance et l'amour du travail ;

b) moraliser la vie politique et les milieux d'affaires ;

c) renforcer la capacité de gestion des institutions publiques et des milieux d'affaires en référence notamment à leurs déontologies respectives ;

d) développer des réseaux et des relations de coopération avec les institutions de la République, les organisations locales, nationales et internationales poursuivant les mêmes objectifs ;

e) lutter contre les antivaleurs dans l'espace médiatique, les milieux public, social, professionnel, scolaire et universitaire, tels que le blanchiment d'argent, le trafic d'influence, la malversation financière, la pratique du pot-de-vin... ;

f) inciter à l'édification d'un système congolais de valeurs positives ;

g) procéder à des recherches, investigations et enquêtes pour détecter les cas de violations des valeurs éthiques et de corruption dans tous les secteurs de la vie nationale et proposer aux autorités compétentes des mesures appropriées ;

h) plaider auprès des ministères compétents pour le renforcement du programme des cours visant, aux niveaux primaire, secondaire, supérieur et universitaire, la pratique des valeurs morales et républicaines ;

i) collecter les données, diffuser les informations, alerter les autorités et l'opinion publique sur la vie morale dans la politique, l'administration publique, l'économie et la société civile ;

j) vulgariser la loi relative au Code de bonne conduite de l'agent de l'Etat et la Charte congolaise d'éthique ;

k) mener des actions pour l'identification des causes et des foyers de la corruption, la détermination de ses conséquences et la proposition de solutions pour son éradication ;

l) collaborer avec le gouvernement, les membres de l'Assemblée nationale et du Sénat, selon le cas, pour initier des projets ou des propositions de lois se rapportant à sa mission ;

m) prôner la transparence dans le financement des partis politiques et déconseiller aux acteurs politiques d'utiliser les produits de la corruption à des fins politiques ;

n) développer et faire des propositions concrètes dans le cadre de la politique et de la stratégie du gouvernement dans le domaine de la lutte contre la corruption ;

o) concourir à l'émergence d'une société pluraliste, non conflictuelle, contractuelle, autonome et démocratique ;

p) soutenir la conception de l'Etat comme l'émanation de la volonté du peuple ;

q) inciter à la promotion de l'Etat de droit, caractérisé par le dialogue et la concertation (art. 6).

2.3.5. L'organisation et le fonctionnement de la CELC

a) Son organisation

Au niveau national, la CELC comprend les organes ci-après :

a) l'Assemblée plénière ;

b) le Bureau ;

c) les Commissions spéciales.

Toute proposition ayant trait à l'établissement des bureaux dans les provinces doit prendre en considération les implications budgétaires s'y rapportant. Dans ce cas, la CELC peut établir des bureaux satellites pour travailler en partenariat avec les ONG locales. Cela n'entre en d'application qu'après saisine obligatoire et avis favorable de la Cour suprême de justice conformément à la Constitution de la Transition.

b) Son fonctionnement

b.1. L'Assemblée plénière

L'Assemblée plénière est l'organe de conception, d'orientation et de décision de la CELC. Elle comprend 21 membres, à savoir :

a) huit membres du Bureau issus des composantes et entités du dialogue intercongolais ;

b) treize membres désignés de façon paritaire par les composantes et entités du dialogue intercongolais à raison de deux membres par composante et d'un membre par entité, et choisis parmi les personnalités des instances judiciaires, des corps spécialisés dans le contrôle financier, de l'enseignement primaire, secondaire, professionnel, supérieur et universitaire, des chefs coutumiers, des branches spécialisées des confessions religieuses et des associations de femmes en rapport avec l'objet de la Commission.

La CELC est animée tant au niveau national que local par des personnalités désignées sur la base de leur compétence, de leur expérience et de leur probité morale, et elle assure une représentativité provinciale ainsi qu'une représentativité significative de la femme, à raison d'une femme au moins par composante et entité. L'Assemblée plénière détermine la politique générale de la CELC. Elle siège valablement à la majorité absolue de ses membres et ses décisions sont prises à la majorité de 3/4 de ses membres. Et si, à une séance de l'Assemblée plénière, ce dernier quorum n'est pas atteint, les décisions sont valablement prises, au cours de la séance subséquente, à la majorité absolue des membres prescrits (art. 15 et 16).

b.2. Le Bureau

Il est l'organe d'exécution et de coordination de la CELC. Ses décisions sont prises par consensus ou, à défaut, par vote à la majorité absolue.

Il est composé des membres ci-après :

a) un président ;

b) trois vice-présidents ;

c) un rapporteur ;

d) trois rapporteurs adjoints.

Le président de la CELC et président du Bureau provient de la composante « forces vives » conformément à l'article 157 de la Constitution de la Transition, tandis que les autres membres du Bureau sont issus des autres composantes et entités du dialogue intercongolais.

Le président de cette Commission a le rang de ministre conformément au prescrit de l'article 158 de la même Constitution et ce, conformément au point V.4C de l'Accord global et inclusif. Il convoque et préside les réunions de l'Assemblée plénière et du Bureau. Il veille à l'exécution des décisions de l'Assemblée plénière et du Bureau. Il gère quotidiennement les activités de la CELC. Il représente et engage celle-ci vis-à-vis des tiers dans les limites des pouvoirs qui lui sont délégués par la Plénière ou le Bureau, conformément à la loi créant la CELC et au règlement intérieur.

Les attributions des autres membres du Bureau sont fixées par le règlement intérieur (art. 17 à 21).

b.3. Les commissions spéciales

Ce sont des organes techniques chargés de traiter des questions spécifiques ayant trait à la mission de la CELC. Elles sont mises en place consécutivement à une mission à accomplir. Leur composition et leur fonctionnement sont fixés par le règlement intérieur.

Les membres de la CELC sont de droit OPJ à compétence restreinte. Toutefois, la CELC peut recourir à d'autres OPJ dont la prestation est jugée nécessaire ou, à sa demande, à d'autres services compétents de l'Etat.

1° Conditions d'éligibilité

Peut être membre de la CELC, le candidat ayant rempli ces conditions :

a) être de nationalité congolaise (RDC) ;

b) être âgé de 25 ans au moins ;

c) être titulaire d'un diplôme de graduat au moins ou d'un diplôme jugé équivalent et/ou justifier d'une expérience professionnelle dans un domaine pouvant présenter un intérêt pour la CELC ;

d) produire un certificat d'aptitude au travail, un extrait de casier judiciaire vierge, une attestation de bonne vie et de bonnes mœurs et un certificat de nationalité.

Avant d'entrer en fonction, les membres de la CELC sont présentés, pour entérinement, devant l'Assemblée nationale. Ensuite, ils prêtent devant la Cour suprême de justice le serment *ad hoc* (art. 9 et 12).

2° Les incompatibilités

La qualité de membre de la CELC est incompatible avec :

e) toute autre fonction dans une institution de la République y compris les autres institutions d'appui à la démocratie ;

f) la qualité de membre des forces armées, de la police nationale, des services de sécurité, d'agent de carrière des services publics de l'Etat, de mandataire public, d'agent d'une entreprise publique ou d'économie mixte, de membre du personnel d'appoint des institutions de la Transition ;

g) la fonction de membre des cabinets politiques des institutions de la Transition ;

h) la fonction de cadre politico-administratif de la territoriale ;

i) la fonction de magistrat ;

j) l'exercice de fonctions rémunérées conférées par un Etat étranger ou un organisme international.

Toutefois, si ce sont des agents de carrière de services publics de l'Etat, ils sont mis en détachement conformément à leur statut.

2.3.6. De la procédure de la saisine de la CELC

Elle est lancée sur plainte, dénonciation ou présentation volontaire. Elle peut aussi se saisir d'office.

Toute personne morale ou physique invitée devant la CELC a le droit de se défendre ou de se faire assister d'un avocat ou d'un défenseur judiciaire de son choix. En matière de corruption ou de concussion, le délai d'instruction de la cause est de trente jours pour les officiers du ministère public. A l'expiration de ce délai, le magistrat instructeur saisit la juridiction compétente qui statue toutes affaires cessantes dans un délai ne dépassant pas trente jours.

Le magistrat qui ne respecte pas ce délai commet un déni de justice (art. 30-32).

2.3.7. Des immunités des membres de la CELC

Les membres de la CELC ainsi que ceux de ses bureaux de représentation provinciale ne peuvent être poursuivis, recherchés, arrêtés, détenus ou jugés, aussi bien durant l'exercice de leur mandat qu'après l'expiration de celui-ci, pour les opinions émises dans l'exercice de leurs fonctions.

Pendant l'exercice de leur mandat, ils ne peuvent être poursuivis ni arrêtés en matière pénale qu'avec l'autorisation de l'Assemblée plénière ; sauf en cas de flagrant délit. Le règlement intérieur de la CELC en fixe les modalités et la procédure.

Ses membres bénéficient du privilège de juridiction conformément à l'article 151 de la Constitution de la Transition. Ils bénéficient en outre, en raison de la spécificité de leur mission, d'une protection spéciale des forces de maintien de l'ordre public (art. 33-35).

2.3.8. De la dissolution de la CELC

La CELC disparaîtra de la liste des institutions de la Transition en appui à la démocratie à la fin de la Transition politique en RDC. L'article 38 de la loi la créant précise : « La présente loi est applicable durant toute la durée de la Transition. »

A la dissolution de la CELC, son patrimoine est mis immédiatement, selon l'échelon, à la disposition du gouvernement ou des entités administratives provinciales dans lesquelles il a servi (art. 37). Sa dissolution, de l'avis d'une certaine opinion, paraît inopportune et même prématurée dans le contexte actuel.

Avant même que ne sonne le glas de cette institution, la réflexion d'une sommité scientifique, M. Ogniam Shentor (président du Centre d'études pour la démocratie de Sofia, Bulgarie), interpelle toute conscience : « Outre qu'elle constitue, comme partout ailleurs, une sorte d'impôt non officiel, la corruption (...) donne lieu à la mise en place de monopoles illicites dans les secteurs clés de l'économie... »[1]. Et il ne fait l'ombre d'aucun doute que la corruption stimule l'augmentation du coût de la vie et baisse la quantité des produits destinés aux consommateurs avec des répercussions énormément et amèrement incidentielles sur l'emploi et les salaires des agents et autres employés. Pourvu que les éléments actifs de la chaîne de la corruption cultivent un brin d'altruisme par l'éveil de l'éthique et de la probité morale pour prendre conscience du désastre qui sape la société. Cette plaie saignante de la corruption restant encore loin de la cicatrisation en RDC, la dissolution de la CELC mérite d'être différée en la muant plutôt en une structure nationale permanente aux pouvoirs de correction étendus face aux délinquants.

2.4. L'OBSERVATOIRE CONGOLAIS DE L'ETHIQUE PROFESSIONNELLE (OCEP)

2.4.1. Les conditions historiques de sa naissance

L'OCEP est l'émanation première de la Charte de la Fonction publique en Afrique, listé ensuite par la Réforme de l'Administration publique et, enfin, des Exigences de la Banque mondiale et du Fonds monétaire international.

---

[1] NATIONS UNIES (Plaquette), « Points saillants de la Convention des Nations unies contre la corruption », in *UPDATE Office contre la drogue et le crime*, décembre 2003, Mérida, Mexique, p. 2.

a) La Charte de la Fonction publique en Afrique

Faisant suite à l'engagement pris en décembre 1998 par les ministres africains de la Fonction publique de renforcer le professionnalisme et l'éthique dans la Fonction publique en Afrique, cette charte fut adoptée par la 3e Conférence panafricaine des ministres de la Fonction publique à Windhoek (Namibie) le 5 février 2001. Cette charte, en ses articles 1er al. 3 et 28, enjoint les Etats de se doter de codes d'éthique nationaux et d'instituer les organes et comités de contrôle chargés d'administrer lesdits codes.

b) La réforme de l'Administration publique

Après les échecs des réformes administratives de 1973 et 1981, suite principalement à la politisation de l'appareil administratif, à son incapacité et à ses insuffisances pour remplir les missions essentielles de l'Etat et au déficit de la socialisation professionnelle, la RDC tente une fois de plus une réforme de son Administration publique.

Les actions prioritaires du processus de cette réforme sont notamment la maîtrise des effectifs et de la masse salariale, l'audit stratégique et organisationnel des ministères, le renforcement des capacités humaines et institutionnelles ainsi que l'amélioration de l'éthique professionnelle. Cette amélioration se traduirait par la qualité du service rendu aux usagers des services publics de l'Etat. Elle est la clé de voûte de la réforme et une des conditions de la naissance du Code de conduite de l'agent public de l'Etat. La Réforme de l'Administration publique devient donc non seulement un défi à relever, mais aussi une des actions prioritaires de l'Etat, visant les trois objectifs majeurs suivants [1] :

1. mettre sur pied une Administration publique performante assumant correctement les missions essentielles de l'Etat ;

2. susciter en RDC l'émergence d'un nouveau type d'agent public de l'Etat : efficace, discipliné, motivé, courtois... bref valorisé et dépouillé des antivaleurs ;

3. ériger une administration de développement, c'est-à-dire créatrice de nouvelles richesses.

Le dysfonctionnement généralisé de l'appareil administratif de l'Etat est dû essentiellement à la détérioration du travail, à l'effritement de la conscience professionnelle, source d'antivaleurs telles que la concussion, la corruption, l'intéressement à la fraude, l'absentéisme et le recul de l'esprit patriotique. La nécessité de doter l'Etat congolais d'un instrument susceptible de moraliser la gestion de la chose publique est plus nécessaire qu'urgent.

---

[1] Communication verbale du 19/05/2005 nous faite par le Directeur général de l'OCEP, le professeur Saint-Augustin MWENDAMBALI.

c) Les exigences des partenaires en développement en RDC

La Banque mondiale et le Fonds monétaire international ont exigé, comme une des conditions à la reprise et à la poursuite de la coopération financière avec la RDC, l'élaboration, la promulgation et l'application effective d'un Code de conduite de l'agent public de l'Etat. Cette exigence constituait l'une des garanties de mise à l'abri d'importantes sommes d'argent que ces institutions financières internationales s'apprêtaient à apporter à notre pays. Etant donné que la RDC est réputée comme le *pays de la prédation financière* aussi bien nationale qu'internationale, les bailleurs de fonds voulaient s'assurer de la volonté politique du gouvernement congolais de moraliser la gestion de la chose publique.

2.4.2. L'organisation et le fonctionnement de l'OCEP

Son organisation et le fonctionnement sont régis par le décret n° 075/2003 du 3 avril 2003. L'article 1er du décret consacre l'existence légale de l'OCEP ; tandis que le décret-loi n° 017/2002 du 3 octobre 2002 institue le Code dè conduite de l'agent public de l'Etat dont l'OCEP est chargé d'assurer la vulgarisation, la promotion des règles de conduite et des devoirs de l'agent public de l'Etat.

2.4.3. Les structures de l'OCEP

Les articles 8-17 du décret n° 075/2003 du 3 avril 2003 nous donnent les structures et la composition des animateurs. Les structures de l'OCEP sont :

- le conseil de surveillance ;
- le conseil de direction.

a) Le conseil de surveillance

a.1. Ses attributions

C'est l'organe de contrôle et de suivi des activités de l'OCEP. A ce titre, il est chargé notamment :

- de veiller à la bonne gestion de l'OCEP ;
- d'établir un rapport sur le respect du Code de conduite de l'agent public de l'Etat et sur la gestion de l'OCEP à l'intention du ministre de tutelle ;
- d'examiner et de soumettre à l'agrément de son ministre de tutelle les plans d'action annuels, les projets de budgets annuels, les rapports d'activités, les rapports d'exécution monétaire, les états financiers, le compte de fin d'exercice et le bilan.

Il est présidé par le délégué du ministère de la Fonction publique et celui du Conseil supérieur de la magistrature en est le vice-président (article 12).

Les résolutions du conseil de surveillance sont adoptées à la majorité simple des voix. En cas de partage, la voix de son président est prédominante (article 13).

Le conseil de surveillance se réunit au moins une fois par trimestre sur convocation de son président ou à la demande express du ministère de tutelle.

a.2. Sa composition

Le conseil de surveillance est composé de six membres dont :

- 1 délégué de la présidence de la République ;
- 1 délégué du ministère ayant la Fonction publique dans ses attributions ;
- 1 délégué du ministère ayant les Finances dans ses attributions ;
- 1 délégué de la Cour des comptes ;
- 1 délégué du Conseil supérieur de la magistrature ;
- 1 délégué des entreprises du Portefeuille de l'Etat.

Le directeur général de l'OCEP participe aux réunions du conseil de surveillance avec voix consultative.

b) Le comité de direction

b.1. Ses attributions

Il est chargé de la coordination des activités de l'OCEP et de la gestion quotidienne de l'OCEP.

Il est chargé, à ce titre, notamment de :

- veiller au respect du Code de conduite de l'agent public de l'Etat et à l'exécution des décisions et des directives du ministre ayant la Fonction publique dans ses attributions et des résolutions du conseil de surveillance ;
- diriger l'ensemble des services de l'Observatoire ;
- préparer les plans d'action annuels, les projets de budget annuel, les rapports d'activités, les rapports d'exécution budgétaire, les comptes économiques et financiers de l'Observatoire.

Les modalités d'exécution de ces attributions sont arrêtées et versées dans un manuel qui expose l'organisation et la procédure de l'Observatoire, approuvé par le ministre ayant la Fonction publique dans ses attributions. Les autres modalités de fonctionnement du comité de direction sont fixées par le règlement intérieur de l'OCEP.

b.2. Sa composition

Le comité de direction est composé de :

- 1 directeur général ;
- 1 directeur général adjoint ;
- 1 directeur administratif et financier ;
- 1 directeur technique.

Ils sont tous nommés pour un mandat de cinq ans renouvelable et, le cas échéant, relevés de leurs fonctions par le président de la République.

2.4.4. Les mission de l'OCEP

L'article 28 du décret-loi n° 017/2002 du 3 octobre 2002 portant Code de conduite de l'agent public de l'Etat définit les missions de l'OCEP qui sont :

- assurer dans les milieux professionnels et auprès du public la promotion, la diffusion, la vulgarisation et le suivi du Code de conduite de l'agent public de l'Etat ;
- veiller à tout instant à la bonne application du Code et proposer aux autorités compétentes les mesures appropriées pour prévenir et sanctionner les violations des dispositions du Code ;
- publier un rapport annuel sur l'application et l'efficacité du Code de conduite de l'agent public de l'Etat.

2.4.5. Les méthodes d'approche de l'OCEP et leur champ d'application

a) Les méthodes d'approche

En vue de réaliser effectivement sa mission, l'OCEP s'appuie sur une approche de proximité et de participation comprenant les quatre étapes suivantes :

1) conscientisation et intériorisation des prescrits du Code dans le chef de l'agent public de l'Etat ;
2) moralisation par l'écoute et le dialogue ;
3) autocontrôle et contrôle ;
4) application des sanctions positives et négatives.

b) Le champ d'action

Pour atteindre l'efficacité de son action, l'OCEP a délimité et ciblé son champ d'action sur :

1. la personne cible en tant que :
   - Agent public de l'Etat,
   - Usager des services publics de l'Etat.
2. le secteur d'intervention en tant que :
   - Milieu socioprofessionnel (entreprise, syndicat…) ;
   - Milieu para-professionnel (société, famille, club, cercle…).

2.4.6. L'identification de l'agent public de l'Etat

L'article 1er du décret-loi n° 017/2002 du 3 octobre 2002 entend par « agent public de l'Etat » : toute personne qui exerce une activité publique de l'Etat et/ou rémunérée par ce dernier. Sont agents publics de l'Etat, notamment :

1. le président de la République, chef de l'Etat ;
2. les membres du parlement ;
3. les membres du gouvernement ;
4. les magistrats des cours et tribunaux ;

5. les ambassadeurs et envoyés extraordinaires ;
6. les autorités chargées de l'administration des circonscriptions territoriales et les membres des assemblées des entités administratives décentralisées ;
7. le personnel politique et administratif des services de la présidence de la République ;
8. le personnel politique et administratif de l'administration du Parlement ;
9. le personnel politique et administratif des cabinets des ministères ;
10. les agents de l'administration de tous les ministères ;
11. les magistrats et le personnel administratif de la Cour des Comptes ;
12. le personnel de l'administration des services de sécurité ;
13. le personnel civil et militaire œuvrant au sein des Forces armées de la RDC (FARDC) ;
14. les agents de la Police nationale congolaise (PNC) ;
15. les mandataires actifs et non actifs dans les institutions de droit public, les entreprises et organismes publics ainsi que les entreprises d'économie mixte ;
16. le personnel des institutions de droit public, des entreprises publiques et des organismes publics personnalisés ;
17. les employés des entreprises privées ou d'économie mixte exerçant une activité publique pour le compte de l'Etat.

2.4.7. Le programme d'actions de l'OCEP

Le cahier des charges de l'OCEP contient un programme d'actions temporel à trois durées :

a) **A court terme**

Campagne de vulgarisation du Code de conduite de l'agent public de l'Etat, à travers :

- l'organisation de séminaires de formation par des vulgarisateurs ;
- des séances de conscientisation dans les entreprises et services publics de l'Etat ;
- des visites d'encadrement dans les milieux sociaux et professionnels.

b) A moyen terme

- Publication d'une bande dessinée sur le Code de conduite de l'agent public de l'Etat ;
- Mise en scène et présentation de sketchs ;
- Affichage et diffusion de spots de vulgarisation ;
- Production d'émissions radiotélévisées sur le Code de conduite.

c) A long terme

- Campagne de déclaration du patrimoine de l'agent public de l'Etat ;
- Missions d'enquêtes (audits et contrôles) ;

- Ouverture d'actions disciplinaires et saisie des autorités judiciaires ;
- Octroi de la prime d'éthique aux aviseurs honnêtes ;
- Décoration (médailles du mérite civique) ;
- Constitution d'un fichier des agents coupables de violation des dispositions du Code de conduite de l'agent public de l'Etat.

2.4.8. Les pouvoirs de coercition de l'OCEP

Les pouvoirs de l'OCEP sur les délinquants sont très limités et dans la plupart des cas, ils s'exercent par pouvoirs hiérarchiques interposés des services tiers, l'OCEP se limitant bien souvent au suivi de ses recommandations et agissant souvent sur le volet préventif, éducatif... Ses actions ont une force de dissuasion psychologique lorsqu'il actionne différentes méthodes d'approche au travers de son programme d'actions.

Le fondement de cette action de coercition trouve sa légalité dans l'esprit de l'article 30 du décret-loi n° 017/2002 du 3 octobre 2002 qui stipule : « Sous peine des sanctions disciplinaires et/ou pénales prévues par la loi, tout agent public de l'Etat investi, à un degré quelconque, du pouvoir disciplinaire a qualité pour ouvrir d'office ou sur réquisition de ses supérieurs hiérarchiques ou de l'Observatoire du code d'éthique professionnelle, l'action disciplinaire à charge d'un agent public de l'Etat placé sous son autorité ou ses ordres ».

Les objectifs et les missions de l'OCEP sont plus que nobles et plantent là le décor d'un agent public de l'Etat plus que select dans le fond. Comme nous le lisons sous la plume de Wadambe, les agents publics de l'Etat « doivent faire preuve de compétence, de dévouement, d'intégrité, d'honnêteté et parfois d'abnégation ; car ils ont la lourde responsabilité de soutenir et même de gérer le programme national en matière de démographie, d'Etat de droit et de développement ». Il décèle pourtant certains écueils quand il clarifie sa pensée : « Néanmoins, ils ont le droit de bénéficier, de la part de l'Etat, de la protection contre les menaces extérieures dans l'exercice de leurs fonctions, et contre la pauvreté absolue et la misère »[1].

Ce vœu est exprimé à l'article 25 du décret-loi n° 017/2002 qui déclare : « Selon leurs moyens financiers, l'Etat, les organismes publics personnalisés ainsi que les entreprises publiques ou d'économie mixte doivent assurer aux agents publics de l'Etat œuvrant en leur sein une rémunération équitable afin de leur permettre de bien s'acquitter de leurs obligations professionnelles ». Autrement dit, les mettre à l'abri des tentations que suggéreraient les offres d'antivaleurs.

---

[1] D. WATHUM JACA WADAMBE, « *Le Code de conduite de l'agent public de l'Etat dans le cadre de la réforme de l'Administration publique et de la Charte de la Fonction publique en Afrique* », in *CONGO-AFRIQUE*, n° 389 de novembre 2004, pp. 540-552.

2.5. Le contrat d'assistance technique de la CTC à l'OFIDA

Le tout récent accord de partenariat en date signé (2008) avec une société privée américaine (CTC), par les protestations et les critiques négatives qu'il a suscitées dans l'opinion tant nationale qu'internationale, illustre de façon probante la perte de confiance de la RDC en ses propres capacités endogènes, parfois à la suite d'une banale synecdoque dont elle serait elle-même conséquemment responsable.

L'Etat congolais a définitivement fini de croire en la capacité de l'OFIDA et de ses dirigeants de se réformer et de se moderniser. C'est ainsi que le 5 juin 2008, la RDC, par ses ministres du Portefeuille, des Finances et du Budget, a signé un contrat d'assistance technique de « droit français » de 27 articles avec la firme américaine **Customs and tax consultancy (CTC)**. Avec ses 63 experts qui sont déployés ou qui le seront totalement sur l'ensemble du territoire national, la CTC s'est engagée à renforcer les capacités de l'OFIDA sur le plan de l'organisation, des ressources humaines, des textes législatifs et réglementaires ainsi que dans le domaine des opérations douanières.

Comme l'explique le préambule du contrat, la RDC poursuit dans cette convention les objectifs globaux suivants :

1. créer une administration des douanes modernes, efficace, efficiente et conforme aux standards internationaux les plus élevés en la matière ;
2. instituer un dispositif légal et règlementaire approprié et efficace, susceptible de favoriser les échanges commerciaux, de promouvoir les investissements et de sauvegarder les intérêts de l'Etat et de la population ;
3. réaliser une augmentation immédiate et durable des recettes douanières de manière à donner à l'Etat les moyens nécessaires pour faire face à ses multiples obligations ;
4. conseiller judicieusement l'Etat sur un cadre législatif et réglementaire susceptible de favoriser les échanges internationaux et d'assurer en même temps la protection des intérêts de l'Etat et de la population (cf. article 13).

2.5.1. Les pouvoirs tentaculaires et coercitifs de la CTC

Les autorités congolaises ont, nous semble-t-il, touché le fond du désespoir quant à leur lutte contre la fraude douanière organisée – en marge des structures formelles de lutte existantes – et eu égard à l'état de profonde déception que connaît la RDC face à ce fléau fiscal, cette situation les a poussées à conférer à la CTC des pouvoirs tout à fait spéciaux dans le cadre de l'exécution de ce contrat. Son article 15 décrit tous les pouvoirs reconnus au consultant CTC :

Par la signature de cette convention, l'Etat reconnaît au consultant et à son personnel l'autorité nécessaire et le pouvoir :

15.1. De gérer l'OFIDA conjointement avec les autorités désignées par l'Etat, d'intervenir directement et à tout moment là où il existe une menace de fraudes douanières et de faire détenir les personnes ou les marchandises dans les cas flagrants de fraude ;

15.2. D'accéder, d'examiner, de contrôler et de vérifier, selon le cas :

15.2.1. les installations, le personnel, les documents et les archives de l'OFIDA, de l'OCC, de l'OGEFREM et de l'ONATRA ;

15.2.2. les installations, le personnel et les documents et archives des services étatiques et des administrations publiques autorisés à opérer et à travailler aux postes frontaliers ;

15.2.3. les installations, le personnel et les documents et archives des agences en douane opérant en RDC ;

15.2.4. le programme d'inspection avant expédition, y compris l'accès libre à tous les rapports rendus par le fournisseur de l'inspection avant expédition, et de manière informatisée, si tel est le cas ;

15.2.5. les rapports de tous les départements gouvernementaux participant à la régulation des opérations commerciales (import/export) ;

15.3. De pénétrer et de contrôler les établissements commerciaux et industriels, entrepôts et autres, de vérifier et d'examiner les comptes et autres documents découverts, de contrôler physiquement la propriété et les biens et de les enlever si les preuves de fraude fiscale existent ou si toute autre activité frauduleuse est suspectée.

2.5.2. La destination des rapports de la CTC

L'article 16 précise :

Le consultant adressera au ministre des Finances et du Portefeuille des rapports périodiques d'activités à la fin de chaque trimestre.

Copies de ces rapports seront transmises parallèlement aux cabinets du président de la République et du Premier ministre.

2.5.3. Les obligations de l'Etat congolais

Nous trouvons ces obligations à l'article 14 de cette convention qui stipule :

En plus de l'apport attendu du consultant, l'Etat congolais reconnaît que la réussite du projet de réforme et de modernisation de l'OFIDA nécessite l'usage sans faille de sa puissance, de son autorité et de son pouvoir afin de soutenir et d'appuyer l'action du consultant. A cet effet, il s'engage à :

14.1. Accepter les recommandations du consultant et les mettre en exécution.

14.2. S'interdire de prendre toute décision administrative ou autre susceptible d'aller à l'encontre des objectifs du projet.

14.3. Informer les dirigeants de l'OFIDA et ses partenaires (OCC, BIVAC, AUFS, Ogefrem et ONATRA) d'apporter au consultant et à ses experts une collaboration franche et étroite afin d'assurer la réussite totale du projet.

14.4. Faire modifier et changer toutes les règles administratives et opérationnelles de l'OFIDA et de ses partenaires (OCC, BIVAC, AUFS, Ogefrem et ONATRA) susceptibles de constituer un obstacle à la réussite du Projet.

14.5. Informer l'OFIDA d'appliquer toute demande qui lui sera adressée par le consultant en matière de gestion des ressources humaines, y compris dans les mouvements de personnel, dans le respect des lois et des règlements en vigueur régissant l'OFIDA.

14.6. Pourvoir des mesures de sécurité et de protection adéquates pour les membres du personnel du consultant, leurs épouses (ou conjoint(e) de fait), leurs enfants et leurs biens, à tout moment pendant leur séjour en République démocratique du Congo ou tout autre lieu prévu aux termes du présent contrat. L'Etat tiendra le consultant informé par écrit des mesures de sécurité et de protection qui sont mises en place, et permettra au consultant et à ses experts d'inspecter et d'évaluer ces mesures, et d'exiger, s'il échet, leur amélioration ou leur modification.

14.7. Mettre à la disposition du personnel du consultant des espaces suffisants et adéquats pour l'exercice de leurs fonctions au sein des bâtiments de l'OFIDA partout en RDC, et leur permettre l'utilisation gratuite des équipements de télécopies, photocopieuses, téléphones, mobiliers de bureau, ordinateurs et accès à l'internet. En plus, l'Etat s'assurera que l'OFIDA offrira également les logements pour les tournées douanières sur les frontières et dans les parties isolées du pays.

14.8. Affecter au projet, à titre permanent, un haut magistrat du Parquet général de la République chargé de collaborer avec le consultant dans la répression de la fraude douanière et de la corruption.

14.9. Payer les rémunérations et honoraires dus au consultant à termes échus, promptement et sans retard quelconque.

Avec un « *no comment* », ni pour ni contre de notre part à l'une des parties, nous laissons le soin de jugement de valeur au temps et à l'opinion d'évaluer le niveau qu'aura atteint l'un des quatre objectifs globaux (le 3e) tel qu'exprimé dans le préambule du contrat, à savoir : « réaliser une *augmentation immédiate et durable des recettes douanières* de manière à donner à l'Etat les moyens nécessaires pour faire face à ses multiples obligations » et ce, par rapport à l'important investissement mis en jeu par le gouvernement congolais.

2.6. LES AUTRES SERVICES DANS LA LUTTE CONTRE LA FRAUDE

La liste de services tant publics que privés intervenant dans la lutte contre la fraude douanière n'est pas exhaustive au regard de ceux que nous venons d'évoquer. Nous les avons cités pour leur visibilité et leur statut sur la scène publique de l'Etat par rapport à leur objet social qui a une incidence directe sur les fraudes de toutes sortes.

Néanmoins, les services ci-après ont aussi leur place dans cette lutte, d'autant plus qu'ils peuvent en prendre l'initiative. Nous citerons :

2.6.1. Le ministère du Budget

En tant que service normatif chargé de l'octroi du visa de la dépense publique, d'autant plus que les attributions gouvernementales de ce ministère sont :

a) l'élaboration, le suivi et le contrôle de l'exécution du budget de l'Etat ;
b) l'encadrement des dépenses publiques ;
c) la gestion des crédits centralisés ;
d) le visa préalable à tout projet de décision de convention, d'acte d'administration ou à toute autre opération financière susceptible d'avoir une incidence sur les recettes ou les dépenses publiques de l'Etat (cf. J. O. de la RDC, numéro spécial du 20 septembre 2003, pp. 26-27).

2.6.2. L'ONG LICOF et sa source d'inspiration

La Ligue contre la corruption et la fraude (Licof) est basée à Lubumbashi avec quelques antennes dans les provinces. Bien qu'étant un organisme privé comme les autres s'inscrivant avec patriotisme dans cette lutte, la LICOF participe activement et efficacement à l'assainissement des mœurs, au renforcement et à la promotion de l'éthique morale, professionnelle et civique par ses dénonciations, ses communiqués et autres publi-reportages auprès des médias. Cette ONG, militante de la bonne gouvernance et de l'éthique, jouit d'une alliance favorable avec la CELC en sa qualité d'institution d'appui à la démocratie et à la Transition (qu'avait connue la RDC vers la IIIe République).

Elle en est donc un porte-voix engagé, autorisé et reconnu officiellement par les pouvoirs publics. En tant qu'organisation locale congolaise poursuivant la même mission que la CELC, elle a développé des réseaux tant internes qu'externes et des relations de coopération très suivies avec cette institution étatique. Elle a ajouté depuis à son existence une force de dissuasion efficace pour sa mission bien que n'ayant pas une force de coercition directe sur les délinquants et leurs suppôts.

La préoccupation de la LICOF dans ses missions rejoint ici un des points saillants examinés lors de la première Convention des Nations unies contre la corruption dont les négociations ont été marquées en 2003 par le souhait de pondérer judicieusement la prévention, l'incrimination, la coopération internationale... Cette prévention souligne : « La Convention engage le pays à favoriser la participation active d'organisations non gouvernementales[1]

[1] Nations unies, « Points saillants de la Convention des Nations unies contre la corruption », in *UPDATE – Office contre la drogue et le crime*, *op. cit.*, pp. 3,4.

[telles que la LICOF], de communautés de personnes et d'autres éléments de la société civile pour mieux sensibiliser le public à ce phénomène ». Celui-ci n'est pas sans cause ni effet. Dans sa déclaration à l'occasion de l'adoption par l'Assemblée générale de cette Convention des Nations unies, Kofi Annan, alors Secrétaire général de l'ONU, renchérit : « Ce sont les pauvres qui pâtissent le plus de la corruption, car là où elle sévit, les ressources qui devraient être consacrées au développement sont détournées, les gouvernements ont moins de moyens pour assurer les services de base, l'inégalité et l'injustice gagnent et les investisseurs et donateurs étrangers se découragent ». Malheureusement, comme le rapporte notre source, selon le *Baromètre mondial de la corruption pour 2003*, publié par *Transparency International*, l'opinion publique internationale estime que la corruption est généralisée avec ses effets et corollaires pernicieux.

2.6.3. Le support médiatique

La presse est qualifiée de quatrième pouvoir du fait de son aura et de l'ascendant qu'elle exerce dans la médiatisation de toute action, bonne ou mauvaise, pour la consommation et l'information du grand public. Son champ d'action, ou sa couverture, est sans borne, et elle s'inscrit dans notre faisceau de stratégie de lutte contre la fraude pour mieux évaluer le concours de la brigade douanière et son rôle de catalyseur de la culture fiscale... La brigade douanière pourrait créer son organe de presse exclusif et ses journalistes devraient avoir une formation de base en économie et en douanes et accises, dans le but de conforter la langue et la plume à la profession douanière qui devraient alors obéir à sa ligne éditoriale. C'est à ce niveau qu'est perçu son service de communication et de relations publiques. Son rôle primordial est, tout en bénéficiant d'une large autonomie éditoriale, non seulement de dénoncer les fraudes sous toutes leurs formes et mettre à la disposition du public des informations journalistiques bien finies traitant de la question. Dans sa quête communicationnelle, cet organe diffusera par un « évangélisme fiscal » patriotique de fond la culture de l'impôt auprès de l'opinion jusque-là demeurée dans l'allergie et la répugnance de s'en acquitter. En n'en point douter, dans un service aussi public que sensible qu'est la brigade douanière, un support de communication efficace est un déterminant essentiel des stratégies gagnantes et bien souvent réussies lorsqu'il est réalisé avec professionnalisme. La communication formelle reste donc une des meilleures voies de vulgarisation effective pour animer, transmettre et asseoir efficacement la philosophie et l'esprit de la brigade douanière.

Le ministère des Finances jouit actuellement du bénéfice de la vulgarisation des actions et réalisations de ses régies financières à travers une émission audiovisuelle d'une grande réputation et d'une large audience auprès du public, à savoir : *Fiscalité et développement* qu'anime avec virtuosité le journaliste économiste Jérôme Sekana pene Papa. Ce type d'émission est rarissime en RDC par la richesse et la variété des sujets d'actualité financière qui enrichissent le contenu de sa grille. Son animateur y a mis une touche de rigueur et d'érudition sans tabou qui, finalement, a apporté l'information attendue par et pour le public directement concerné par le sujet. Ses dénonciations, ses rappels, ses suggestions, bon gré mal gré, ont rappelé chaque fois aux contributeurs, aux redevables et aux contribuables des finances publiques de jouer pleinement leur rôle, allant de la dissuasion à la persuasion pour le bénéfice du Trésor public.

Il nous semble donc qu'une émission du genre contribuera énormément à la médiatisation visuelle des actions de la brigade douanière, pour renforcer et stimuler le civisme fiscal des opérateurs tant à l'intérieur qu'à l'extérieur de l'administration douanière, et surtout à la mise en éclat des actions lumineuses, par la dissuasion et la répression des délits douaniers, qu'exécutera la brigade douanière sur le terrain. Celle-ci en fera un porte-voix médiatique conséquent dans le parrainage pour la dissuasion de la fraude douanière, de la corruption, de la concussion et des autres lèpres douanières.

2.7. L'IMPACT DES POUVOIRS ET DES SERVICES PUBLICS SUR LA FRAUDE DOUANIERE

Les différents rapports consultés pendant notre recherche par diverses missions de services effectuées auprès des entreprises du Portefeuille de l'Etat auditées par l'ensemble de ces services étatiques, notamment l'OFIDA, nous ont révélé après analyse la double mission qui incombe à leurs inspecteurs et missionnaires. Ils contrôlent, premièrement, l'exécution quotidienne et la régularité des actes de gestion de ces entreprises. Ensuite, en marge de ce contrôle d'audit, ils étudient des voies et des moyens propres à réaliser des économies temporelles et financières dans l'organisation des services administratifs contrôlés ou audités. Leur compétence professionnelle s'est véritablement manifestée dans la technique budgétaire ouvrant la voie suggestive à la réforme administrative des services administratif et financier.

Plusieurs audits, initiés à l'endroit de l'OFIDA, ont conduit au même constat en dépit de sa spécificité technique. Tel est, par exemple, le rapport d'audit sur l'OFIDA rapporté par le quotidien *Le Potentiel* [1] du 20 septembre 2001. Les conclusions de ce rapport ne mettaient en cause que :

- les organes de gestion ;
- la mobilisation des recettes ;
- les actes anormaux de gestion ;
- la gestion du personnel ;

[1] Cf. *Le Potentiel* (quotidien) n° 2327 du jeudi 20 septembre 2001, Kinshasa, p. 6, col. 3 à 5 (rapport d'audit dans les régies financières et entreprises publiques).

- ses relations (parfois tumultueuses) avec la tutelle, etc.

(Les détails sur ces fautes de gestion sont explicités dans les grandes lignes au point 2.2.6. ci-dessus.)

Comme le révèle le rapport ci-dessus à titre illustratif et bien d'autres non évoqués ici, ces grands services publics de l'Etat manquent de clés qui permettent d'accéder avec spécificité technique aux cavernes de la fraude douanière pour découvrir les ingrédients techniques de la préparation de ses artifices méandreux. La section suivante de cette étude en livre partiellement le secret et donne en même temps les instruments et les techniques de lutte appropriés qui méritent un examen intellectuel d'information.

SECTION 3 : L'ECOLE NATIONALE DES FINANCES (ENF) : SECTION DOUANES ET ACCISES

L'HISTORIQUE ET LES RAISONS DE LA CREATION DE CETTE ECOLE

Cette Ecole a été créée en deux temps.

Dans un rapport adressé au chef de l'Etat sur l'état des finances publiques du pays, M. Pierre Mushiete, alors ministre des Finances, signalait d'une part la cote d'alerte successive qu'avait atteint la fraude douanière et l'évasion fiscale auprès des administrations fiscales et auxquelles il fallait apporter une thérapie appropriée. D'autre part, les cadres universitaires et autres agents commis à cette tâche (la lutte contre la fraude douanière et l'évasion fiscale) avaient des connaissances et des théories trop embryonnaires sur les finances publiques qui saignaient à blanc devant leur incapacité d'en juguler les causes pendant qu'ils ne s'attaquaient qu'aux symptômes du mal.

C'est avec pertinence, comme le soulignent justement J.-M. Bruneau et J.-F. Pujos que « le savoir théorique des universitaires est un ensemble d'informations générales qui n'est pas forcément opérationnel et qui ne s'acquiert que par l'instruction [ou une formation spécifique]. Le savoir-faire [par contre] est un ensemble d'informations permettant de rendre opérationnels les savoirs théoriques ; il s'acquiert par l'action. Concrètement, l'élève ou l'étudiant est mis en situation réelle en développant le stage en entreprise et en adoptant la méthode des cas. Le savoir-être est donc un ensemble d'informations comportementales. Il combine le savoir-faire et le savoir théorique. Cela se traduit dans les relations interprofessionnelles, hiérarchiques, dans la réalisation de diverses tâches à accomplir »[1].

---

[1] J.-M. BRUNEAU et J.-F. PUJOS, *Le Management des connaissances dans l'entreprise : Ressources humaines et systèmes d'information*, les Editions d'Organisation, Paris, 1992, p. 66.

C'est dire donc que l'université ouvre la voie au savoir théoriquement universel, posant les bases à l'acquisition potentielle des savoirs (connaissances) dans d'autres domaines ou disciplines. Tandis que la formation académico-technico-professionnelle comme à l'ENF conduit en plus au savoir-être, au savoir-faire, pratique et spécifique circonscrits aux besoins des Ministères *ad hoc* (Finances, Budget...) et de leurs régies financières. De ce fait, tout universitaire évoluant ou travaillant en leur sein est invité modestement à cette conversion technique pour un rendement optimal entendu.

Ce déficit spécifiquement technique de leur part tel que relevé par le ministre des Finances, comme c'est le cas dans l'ensemble de nos administrations publiques, a milité favorablement pour la création par le législateur d'une institution d'enseignement supérieur des finances publiques, à caractère purement technique et professionnel auquel se sont greffés les aspects académiques. Cette école serait donc placée sous la tutelle directe du ministre des Finances dont les produits couvriraient ses besoins en ressources techniques humaines (formule de l'ENF de 1968 suivant l'ordonnance-loi n° 68-014 du 6 janvier 1968).

Par la suite, en 1972, M. Baruti wa Ndwali, ministre des Finances, proposa au législateur de régler un certain nombre de points, tels que le niveau scientifique de l'enseignement (art. 15.4), les responsabilités de la coordination des études pour chacune des sections, etc. Ainsi fut recréée par le législateur l'ENF, formule de 1972.

Créée par l'ordonnance-loi n° 072-045 du 14 septembre 1972, cette école dispose actuellement de 4 sections, à savoir :

- la *section Budget et comptabilité publique* (dont les lauréats sont orientés dans nos différentes administrations publiques, auprès des EAD, de la DGRAD ou des services relevant du Budget, de la Comptabilité publique et de la Trésorerie) ;
- la *section Impôts directs et indirects* (tous les lauréats sont directement versés à la DGI) ;
- la *section Douanes et accises* (tous les lauréats sont directement orientés vers l'OFIDA) ;
- la *section Assurances* (qui venait de verser sa première promotion en 2008 à la SONAS).

3.2. LES COURS SPECIFIQUES DISPENSES A L'ENF/DOUANES ET ACCISES

En plus des cours généraux et d'option tels que dispensés dans toutes les institutions d'enseignement supérieur en RDC en trois années académiques, le programme technique et académique de l'ENF, ponctué de stages technico-professionnels, focalise la formation spécifique de ses étudiants douaniers sur les cours d'option exclusifs suivants :

Tableau n° 11 : Les cours spécifiques de l'option *douanes et accises*[1]

N°	Intitulés de cours	Volume horaire	Niveaux d'application
01	Techniques tarifaires (S.H. 96 Chap.)	255 H	GII et GIII
02	Législation douanière	180 H	GII et GIII
03	Organisation générale des douanes	30 H	GII
04	Valeur en douane	45 H	GII
05	Comptabilité douanière	45 H	GII
06	Politique douanière I et II	90H	GII et GIII
07	Législation accisienne	90H	GII et GIII
08	Législations connexes	30 H	GII
09	Statistiques du commerce extérieur	45 H	GIII
10	Moyens/méth. De vérif. & Lutte ctr la Fraude	90 H	GII et GIII
11	Rédaction et correspondance douanière I et II	105 H	GI + GII + GIII
12	Contentieux répressif douanier et accisien	75 H	GII et GIII
13	Technologie tarifaire	75 H	GII et GIII
14	Chimie et produits accisiens	45 H	GII
15	Gestion des entreprises	45 H	GIII
16	Informatique appliquée aux D&A (Sydonia)	60 H	GII
17	Cpté analytique d'exploitation appliquée	45 H	GIII
18	Anglais commercial (appliqué)	30 H	GII
19	Divers travaux pratiques (TP)	-	GII et GIII
20	Stage (8h/jour x 24 jours)	192 H	GII
21	Stage (8h/jour x 48 jours)	384 H	GIII
22	Visites guidées des douanes et accises	60 H	GIII
23	TFC + Soutenance publique	0,40 H	GIII
TOTAL		**1.987 H**	**1 an T.C. + 2 ans = 3 ans**

Source : Direction de l'ENF (2001 - 2002)

Observations : Il sied de souligner que les contenus de ces enseignements sont techniquement et spécifiquement d'une valeur inestimable sans pareille avec ceux inscrits aux programmes des instituts supérieurs et des universités d'où nous sommes aussi sorti. Ils postulent plutôt l'assainissement des finances publiques par une perception, une vérification et une contre-vérification techniquement rigoureuses des recettes au profit du Trésor public ainsi que par une lutte énergique contre la fraude et l'évasion fiscale. Les programmes de formation à l'ENF obéissent à la philosophie et à l'esprit

[1] L'organisation des enseignements et programmes des sections à l'ENF obéit à la lettre et à l'esprit de l'arrêté ministériel n° 019 bis/CAB/MIN/FIN/91 du 19 mars 1991 portant mesures d'exécution de l'ordonnance-loi n° 72-045 du 14 septembre 1972 portant création de l'ENF.

de « grandes écoles nationales » du Nord d'où revient formé l'essentiel de son corps enseignant. Ce corps est composé d'anciens diplômés des universités, recyclés, de professionnels éprouvés de l'administration des douanes ayant au moins le grade d'inspecteur[1] auréolé d'une longue expérience professionnelle.

C'est à juste titre d'ailleurs, fort conscient de ce savoir-faire, que le législateur prône cette spécificité technique des produits de l'ENF à l'article 15 al. 2 de l'ordonnance-loi précitée qui stipule « ... les étudiants ayant obtenu le diplôme de l'Ecole *bénéficient*, en outre, de la prime de diplôme octroyée aux gradués [2] et d'*une prime de technicité* fixée par le ministre des Finances. » (C'est nous qui soulignons). Corrolairement à cette disposition légale et répondant objectivement à la révendication du *Syndicat National des Financiers* (SYNAFI), que le ministre des Finances de la RDC, Athanase Matenda Kyelu, venait de réactualiser avec équité d'ailleurs cette prime de technicité en faveur des « énefiens » suivant sa lettre n° 0279/CAB/MIN/FINANCES/2009 du 23 janvier 2009. C'est la reconnaissance en ce que les « énefiens » sont véritablement les *mousquétaires des recettes douanières* à tous les niveaux qu'il faut savoir responsabiliser à bon escient pour l'intérêt du Trésor.

Un professeur émérite d'université nous entretenait : « L'ENF et son Centre de formation permanente sont à la RDC pour ses finances publiques ce qu'est presque par exemple l'ENA (Ecole Nationale d'Administration) pour l'administration française. C'est que tout universitaire congolais œuvrant dans les régies financières et au ministère des Finances devrait en toute modestie parfaire spécifiquement son savoir professionnel à partir des cours spécialisés non vus à l'université et dans les instituts supérieurs que seuls dispensent l'ENF et son Centre. Car, pour atteindre des objectifs inducteurs de formation pour le renforcement des capacités de travail, il devrait passer par cette formation spéciale de qualité[3] ».

L'efficacité de son Centre de formation permanente par exemple réside, en amont, dans son *évaluation ex-ante* qui adapte et adopte le programme de

---

[1] La même spécificité des cours d'option est aussi personnalisée pour les sections Budget & comptabilité publique, Impôts directs et indirects, et Assurances''

[2] Les cours généraux dispensés en sus au tronc commun (G1) et les classes montantes (en volume horaire) de l'ENF sont : 1) Initiation à l'informatique (45 H) ; 2) Introduction générale au droit (30 H) ; 3) Notions de sociologie (30 H) ; 4) Principes généraux de la comptabilité publique (30 H) ; 5) Mathématique générale (45 H) ; 6) Droit commercial (90 H) ; 7) Economie politique/Macroéconomie (60 H) ; 8) Finances publiques (90 H) ; 9) Comptabilité générale (90 H) ; 10) Statistiques (45 H) ; 11) Droit constitutionnel (45 H) ; 12) Droit administratif (45 H) ; 13) Notions de logique (30 H) ; 14) Notions de psychologie (30 H) ; 15) Notions d'anglais (30 H) ; 16) Civisme et développement (30 H) ; 17) Mathématique financière (45 H) ; 18) Comptabilité des sociétés (45 H) ; 19) Législation sociale (45 H) ; 20) Macroéconomie (60 H) ; 21) Déontologie administrative I et II (30 H).

[3] Réflexion tenue par le professeur-docteur Denys MBUYU MANGA, Directeur de l'ENF lors d'un entrtien qu'il nous a accordé.

formation et d'enseignement aux besoins spécifiques qu'exprime le service concerné pour ses participants (bénéficiaires). Ainsi à la fin de la formation, le Centre aboutira à une *évaluation sommative* pour constater *in fine* le niveau d'atteinte des participants, des objectifs et le résultat. Cette évaluation mesure aussi la somme de connaissances, des aptitudes et des attitudes acquises après le programme de formation.

La complexité de la matière douanière et accisienne vaut tout son pesant d'or. « Les exigences de la profession douanière font de cet agent qualifié un technicien pluridis-ciplinaire coiffé d'un peu de juriste, de policier, de médecin, d'agriculteur, de chimiste, de cuisinier... bref un peu de tous les bouts mis bout à bout. [...] Le métier de douanier est noble, technique et technologique... et s'apprend à rude école, à l'ENF », a écrit et constaté un jeune étudiant fraîchement émoulu de cette académie des finances publiques qu'est l'ENF[1].

3.3. LES DIPLOMES DE L'ENF AFFECTES A L'OFIDA : DE 1975 A 2005

1. Section : Douanes & Accises (D&A)

2. Section : Budget & Comptabilité publique (B&CP)

[1] F. KANUSHIPI wa KANUSHIPI, « Le métier de douanier vu par un douanier moulé à l'ENF », in *ENF-Diffusion*, n° 002, 2e année, Kinshasa, août 2000, col. 2, p. 2.

Les diplômés de l'ENF affectés à l'OFIDA de 1975 à 2005 à l'OFIDA
Tableau n° 12 (Source : *Secrétariat académique de l'ENF.*)

Promotion	Année Académique	Sect° D&A	Section B & CP	Total	Cumul	Observation évolutive
1re	1972-1975	17	-	17	17	0-----
2e	1975-1976	11	-	11	28	- 6-----
3e	1976-1977	13	-	13	41	+ 2-----
4e	1977-1978	09	-	09	50	- 4-----
5e	1978-1979	14	-	14	64	+ 5-----
6e	1979-1980	09	-	09	73	- 5-----
7e	1980-1981	16	-	16	89	+ 7-----
8e	1981-1982	11	-	11	100	- 5-----
9e	1982-1983	14	-	14	114	+ 3-----
10e	1983-1984	15	-	15	129	+ 1-----
11e	1984-1985	15	-	15	144	0-----
12e	1985-1986	10	-	10	154	- 5-----
13e	1986-1987	10	-	10	164	0-----
14e	1987-1988	12	-	12	176	+ 2-----
15e	1988-1989	07	-	07	183	- 5-----
16e	1989-1990	12	01	12	196	+ 6-----
17e	1990-1991	15	10	15	221	+ 12-----
18e	1991-1992	19	-	19	240	- 6-----
19e	1992-1993	36	-	36	276	+ 17-----
20e	1993-1994	38	-	38	314	+ 2-----
21e	1994-1995	32	-	32	346	- 6-----
22e	1995-1996	44	-	44	390	+ 12-----
23e	1996-1997	41	-	41	431	- 3-----
24e	1997-1998	48	03	48	482	+ 10-----
25e	1998-1999	68	-	68	550	+ 17-----
26e	1999-2000	48	-	48	598	- 20-----
27e	2000-2001	60	-	60	658	+ 12-----
28e	2001-2002	81	-	81	739	+ 21-----
29e	2002-2003	74	-	74	813	-7-----
30e	2003-2004	80	-	80	893	+ 6-----
31e	2004-2005	81	-	81	974	+ 1-----
TOTAL		**960**	**14 (*)**	**974**		

(*) Ces quelque 14 budgétistes et comptables publics ont été réquisitionnés par l'OFIDA pour couvrir ses besoins aux fonctions budgétaires. Le résultat de notre étude au sein de cet Office accuse une pénurie de plus en plus ressentie de ces spécialistes en budget face aux exigences professionnelles actuelles liées à la bonne gouvernance de ses bureaux douaniers et de ses services centraux du budget des recettes du Trésor et de celui de l'Office lui-même (cf. l'article 16 de l'ordonnance le

créant). L'OFIDA est appelé donc à réquisitionner souvent auprès de l'ENF des promotions entières de la section Budget et comptabilité publique pour parer à tout déficit d'expertise de ses services internes.

Par ailleurs, il se dégage du PV n° 2 du 30 novembre 1998 de la commission mixte Employeur-Syndicat (OFIDA – Délégation syndicale) une préoccupation sur la formation des agents dans le domaine du budget *et* de la comptabilité publique *qu'il faut combler à l'OFIDA.*

3.4. LE RAPPORT PROPORTIONNEL DES DIPLOMES DE L'ENF

1) De la section *douanes & accises* :

$$\frac{960 \times 100}{4\ 874 \text{ agents OFIDA}} = 9{,}69\%$$

2) De la section *budget et comptabil. pub.* :

$$\frac{14 \times 100}{4\ 874 \text{ agents OFIDA}} = 00{,}29\%$$

Ensemble de diplômés de l'ENF :

$$\frac{974 \times 100}{4\ 874 \text{ agents OFIDA}} = 19{,}98\%$$

Le rapport brut est de 1 diplômé pour 5 agents auxiliaires douaniers : ce qui dénote un déficit technique que l'OFIDA a toujours cherché à combler.

Le tableau n° 13 ci-après confirme cette démarche et en est une illustration.

Les sessions de formation douanière de base organisées par l'OFIDA au profit de ses agents de 1989 à 2006

Tableau n° 13

Session	Période de Formation	Durée	Agents formés	Pourcentage moyen	Observ.
1re	Juin 1989 – Déc. 1989	7 mois	45	63,76 %	-
2e	Oct. 1989 – Fév. 1990	5 mois	32	68,72 %	-
3e	Mars 1990- Août 1990	6 mois	57	63,02 %	-
4e	Juin 1990- Nov. 1990	6 mois	30	66,10 %	-
5e	Déc. 1990 – Juin 1991	7 mois	38	65,18 %	-
6e	Juil. 1991 – Déc. 1991	6 mois	35	58,72 %	2 échecs
7e	Mars 1992- Sep. 1992	7 mois	36	59,24 %	3 échecs
8e	Juin 1993 – Déc. 1993	7 mois	32	60,22 %	2 échecs
9e	Mai 1995 – Jan. 1996	9 mois	36	57,44 %	4 échecs
10e	Mars 1994- Sept. 2004	7 mois	39	60,74 %	-
Kisangani	Avril 2006 – Oct. 2006	6 mois	51	62,01 %	-
Bukavu	Avril 2006 – Oct. 2006	6 mois	40	63,25 %	-
11e(1reclasse)	Août 06 – Avril 2007	8 mois	40	58,16 %	-
11e(2e classe)	Oct. 2006 – Juin 2007	8 mois	46	65,36 %	-
TOTAL			**506**	**62,28 %**	**11 échecs**

Source : Division de la Formation – DG/OFIDA

La synthèse des agents douaniers issus de différentes formations douanières locales pour l'OFIDA

Graphique n° 06

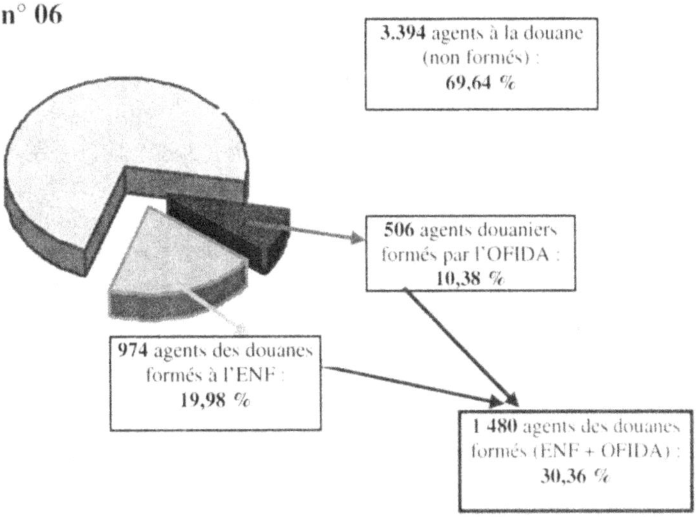

Source : Synthèse dégagée par l'auteur des tableaux n° 12 et 13

Cette situation mal lotie en formation des douaniers à l'OFIDA se présente donc comme suit :

- 1 480 fonctionnaires comme « agents des douanes », soit 30,36 % de l'ensemble du, personnel ayant suivi une formation douanière complète ou ayant bénéficié d'une session de formation douanière de base ;
- 3 394 fonctionnaires comme « agents à la douane », soit 69,34 % des effectifs comme fonctionnaires des services auxiliaires à la douane et n'ayant jamais suivi de formation en douanes et accises.

Ce rapport proportionnel, du reste très faible, confirmait la préoccupation de l'ADG de l'OFIDA (fin 2005), Deo Rugwiza Magera qui, en bon manager, a relevé, à la clôture de la 13e session du comité de direction élargi, entre autres, l'« insuffisance des agents qualifiés et bien formés (...). Tout cela, a-t-il ajouté, constitue un défi majeur à relever par l'entreprise pour donner le meilleur d'elle-même en renflouant par le fait [même] le Trésor public »[1]. Et il s'y est effectivement engagé avec son comité de gestion pour améliorer cette cote. C'est aussi ce qui a servi d'exutoire à l'assemblée de cette session qui a enfin adopté à sa clôture 45 résolutions dont 3 relatives au palliatif de formation :

[1] D. RUGWIZA MAGERA, « OFIDA, un seul mot d'ordre : « La bonne gouvernance dans la transparence »... « Consolidons l'OFIDA dans son rôle de poumon financier de l'Etat », *in Le Phare*, n° 2703 du Lundi 24/10/2005, p. 12, col. 3.

1) Organisation de sessions de formation sur les méthodes d'évaluation en douane sur toute l'étendue de la République *(Résolution 7)* ;
2) Participation des agents de douane à la formation, au scellage des colis de diamants... *(Résolution 32)* ;
3) Organisation de sessions de formation douanière de base, formation sur l'évaluation en douane et formation des receveurs *(Résolution 36)*[1].

Si seulement la Division de la Formation de l'OFIDA bénéficiait d'un financement budgétaire conséquent et bien planifié dans la mise en œuvre de ces résolutions, il y aurait un espoir que la tendance déficitaire actuelle en « agents des douanes » que nous présente l'histogramme ci-dessus soit renversée. Ainsi, l'Office réaliserait encore plus de performances en recettes : ce qui n'est pas le cas aujourd'hui.

Répondant à la question d'un journaliste : « Peut-on savoir les maux qui minent les deux douanes [RDC et Congo-Brazza.] si l'on tient également compte de la porosité de nos frontières ? », l'ADG Kasongo Mukonzo pointe l'insuffisance de la couverture du territoire douanier de la RDC en ressources humaines par rapport à celle du Congo-Brazza. Celui-ci, avec ses 342 000 km², emploie 1 300 agents ; alors que la RDC devrait proportionnellement en même temps employer au moins 8 914 agents, pendant qu'elle n'en était qu'à 3 000 (en avril 2005).[2] Cette analyse statistique qui colle à la rectitude d'une gestion rationnellement efficiente des ressources humaines qualifiées vient en télescopage d'une certaine « ENF-phobie » qui semble de plus en plus s'enraciner dans une certaine opinion des cadres de l'OFIDA.

Peut-on imaginer une grande armée républicaine forte, efficace et disciplinée, sans qu'il n'y ait en son sein des technocrates et des techniciens brevetés d'état-major (BEM), brevetés d'administration militaire (BAM), techniciens d'état-major (TEM), techniciens d'administration militaire (TAM) et d'autres corps d'élite sortis de grands centres et des grandes écoles militaires, plutôt qu'essentiellement composée d'universitaires ? Ou encore un docteur ou un licencié dans n'importe quelle discipline universitaire serait-il à même de vérifier ou de contrevérifier techniquement à fond une déclaration douanière ou accisienne pour un résultat escompté ?

Tout simplement que non, puisque l'étendue de ces matières spéciales en douanes et accises ne sont pas d'essence universitaire et exigent une formation douanière de base pour en maîtriser un peu les ressorts. Donc l'ENF est aux régies financières des ministères des Finances et du Budget ce que sont par exemple l'Ecole de formation d'officiers (EFO/Kananga) et le Centre supérieur militaire (CSM) pour le ministère de la Défense nationale. De même que sont l'Institut national de préparation professionnelle (INPP)

---

[1] « Les résolutions », in *idem*, p. 13.

[2] Cf. *Le Choc*, *op.cit.*, p. 3, col. 4, 5.

pour le ministère du Travail et de la Prévoyance sociale, l'Ecole de cadastre pour le ministère des Affaires foncières, l'Ecole de formation d'officiers de police judiciaire (EFOPJ) pour le ministère de l'Intérieur, Décentralisation et Sécurité... Le savoir technique en douane n'a de commune mesure avec les connaissances et les théories trop souvent embryonnaires des universitaires sur les finances publiques, comme s'en plaignit l'ancien ministre des Finances, Pierre Mushiete, lors du constat amer auquel il était arrivé[3]. Qu'on se le dise, l'efficacité et l'efficience avérées de l'administration française par exemple passent par la culture des grandes écoles pour ses différents ministères étatiques, et c'est l'Ecole Nationale de l'Administration (ENA) qui constitue la pépinière de ses cadres « énarques » et la charnière même pour ses différentes administrations. D'où la réhabilitation urgente de la fonction fondamentale de « vérificateur des douanes » en sa qualité de premier pourvoyeur et agent de collaboration en recettes en aval et à la base au sein de l'OFIDA où il joue véritablement son rôle de catalyseur en ressources fiancières au Trésor.

Nous nous trouvons là devant un déficit de gestion des ressources humaines qui appelle la réorganisation dans la durée des services internes de l'Office : l'ouverture de nouveaux bureaux des douanes aux frontières par un personnel qualifié parmi les plus expérimentés, la décongestion des bureaux des centres urbains oeuvrant souvent avec un personnel pléthorique, puisque surtout servis par le clientélisme et le népotisme.

Pour mieux établir le pont et combler le fossé, l'historien Shambuyi Kalala[4] préconise même que « la gestion de l'utilisation rationnelle et la politique de la formation [des agents] doivent être primordiales au Congo [démocratique]. Car il faut faire la liaison entre les potentialités que nous avons et les besoins de notre pays ». La prise en compte de la contingence et de la spécificité technique de l'OFIDA mérite de faire un état de lieu de cette situation qui a besoin d'un correctif de fond.

Graphique n° 07 : Le nombre des diplômés de l'ENF à l'OFIDA de 1975 à 2005

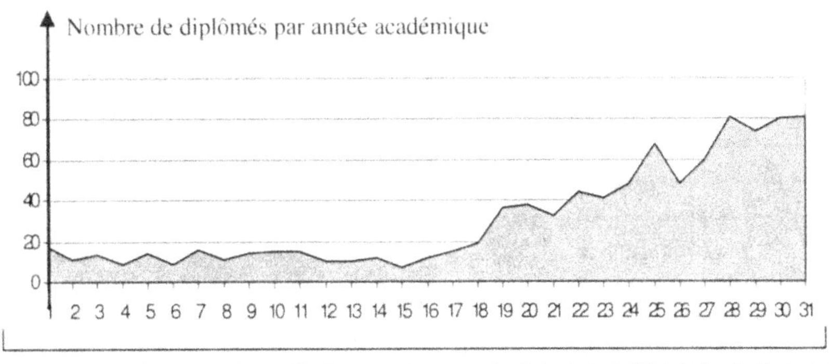

Congo, c'est la non-utilisation rationnelle de nos cadres », in *Le Potentiel* n° 4184 du lundi 26 novembre 2007, p. 12, col. 5 et 6.

Années académiques prises chronologiquement de 1975 à 2005, soit 31 promotions.

Observations : Dans ses vingt premières années de fonctionnement, l'ENF a connu un relatif engouement des étudiants jusqu'en 1992 et semblait battre de l'air, cela étant dû certainement à la fois à la capacité d'accueil réduite de ses infrastructures, à l'ignorance de l'opinion concernant l'existence de l'institution et, surtout, à la rigueur technique des enseignements à laquelle nous nous sommes confronté.

Depuis, c'est la ruée, mais toujours stoppée pour les mêmes raisons sus évoquées.

Les besoins de formation et d'appartenance (surtout dans les provinces) se font sentir de plus en plus comme l'indiquent les statistiques à partir de 1993 avec des pics jamais atteints ces 13 dernières années.

SECTION 4 : LES SIGNALEMENTS DES AGENTS DE LA BRIGADE DOUANIERE DE KINSHASA DE 1998 A 2004

4.1. LES TRANCHES D'AGES PAR CATEGORIES SOCIOPROFESSIONNELLES EN 2004

Tableau n° 14

Catégories Sociopro-fession. / Tranches d'âges	CADRES DE DIRECTION (Cadres de commandement)				CADRES DE COLLABORATION (Cadres subalternes)			
	Directeur		Sous-Directeur		Inspecteurs		Contrôleurs	
	Nbre	%	Nbre	%	Nbre	%	Nbre	%
20-25	-	-	-	-	-	-	-	-
26-30	-	-	-	-	-	-	-	-
31-35	-	-	-	-	-	-	01	2,08
36-40	-	-	-	-	-	-	02	3,57
41-45	-	-	01	1,75	-	-	05	8,77
46-50	-	-	-	-	02	6	06	17,61
51-55	01	4,55	-	-	-	-	03	13,62
56-60	-	-	-	-	01	2,86	03	8,57
61-65	-	-	-	-	-	-	01	5,26
66 et plus	-	-	-	-	-	-	-	-
Totaux	**01**	**0,33**	**01**	**0,33**	**03**	**0,99**	**21**	**7,00**

AGENTS DE MAITRISE (Agents de collaboration)				AGENTS D'EXECUTION				TOTAUX EFFECTIFS	
SCommandants		Comdts-adjoints		Brigadiers-chefs		Brigadiers		%	Nbre
Nbre	%	Nbre	%	Nbre	%	Nbre	%		
2	66,67	-	-	-	-	01	33,33	0,99	03
-	-	13	68,42	-	-	06	31,58	6,29	19
03	6,25	20	41,67	02	4,17	22	45,83	15,89	48
07	12,50	32	57,14	07	12,50	08	14,29	18,54	56
11	19,30	20	35,11	08	14,01	12	21,10	18,87	57
04	11,76	13	38,23	04	11,76	05	14,71	11,26	34
05	22,73	09	40,91	03	13,64	01	4,55	7,29	22
18	51,44	09	25,71	02	5,71	02	5,71	11,60	35
05	26,32	05	26,32	06	31,58	02	10,53	6,29	19
03	33,33	03	33,33	01	11,11	02	22,22	2,98	09
58	**19,16**	**12,4**	**41,06**	**33**	**10,93**	**61**	**20,20**	**100%**	**302**

Source : L'auteur.

Comme le laisse apparaître cette palette, les tranches d'âges comprises dans les 31-35 ans jusqu'aux 46-50 ans constituent le cocktail de vitalité et d'énergie de cette Brigade. Elles regorgent à elles seules 64,56% des effectifs (soit 195 agents sur les 302 unités) pour espérer atteindre potentiellement un rendement positif aux résultats mesurables et quantifiables.

Comme l'écrit Mireille Fesser[1], l'âge étant un critère plus fluctuant, les cadres à haut potentiel ont, en moyenne, entre 27 et 38 ans. […] A 45 ans, on a encore 20 ans de carrière devant soi. A l'inverse, il nous arrive de repérer des profils à haut potentiel très tôt.

Ainsi, la planification de ces effectifs requiert de la part du manager une analyse et une prévision conséquentes pour conserver, suivre et évoluer qualitativement et quantitativement avec une ressource humaine qui soutiendra et privilégiera la rentabilité et la viabilité de ce Corps. Ce qui nécessite de sa part la mise en place de stratégies organisationnelles en vue d'atteindre les objectifs de la Brigade à travers ses missions pour une période donnée. Ses stratégies se traduisent par des rotations périodiques et alternatives des équipes de la Brigade et/ou avec la réorganisation interne éventuelle des emplois de collaboration et de grandes fonctions, telles les

[1] Citée par ADELAÏDE MASSENGO, « Devenir un cadre à haut potentiel », in *Le Manager* n° 46 du lundi 4 février 2008 (3ème année), Brazzavile, p. 5, col. 2.

inspections, l'administration des services, l'analyse des profils des postes de travail par rapport aux fonctionnels et aux exécutants. Un travail ergonomique de fond devrait être envisagé pour rendre le travail plus fluide et moins fatigant.

Une bonne structure d'âges équilibrée devrait être l'un des principaux objectifs du planning de la main-d'œuvre directoriale pour un grand service comme la brigade douanière. Il faut dans ce cas un certain nombre de gens âgés pour laisser une chance aux jeunes d'évoluer et de s'exprimer professionnellement, assez aussi de jeunes pour assurer la continuité, assez de vieux apportant leur expérience, et assez de jeunes en préparation pour le commandement futur de la Brigade.

Cette vision ou cet entendement permet de comprendre que la structure d'âge de la direction est semblable au métabolisme du corps humain ou encore à l'équilibre du vase communiquant : son déséquilibre risquerait de frapper tous les éléments constitutifs de l'ensemble de l'organisme qu'est la Brigade et qui finira par battre de l'aile. La maîtrise de ces paramètres de gestion permet d'asseoir et d'ouvrir la voie à l'établissement des plans de carrière au sein de la Brigade parmi les agents.

4.2. LE REGROUPEMENT DES TRANCHES D'« AGES ET ANNEES D'ANCIENNETE » DU PERSONNEL EN 2004

Graphique n° 08

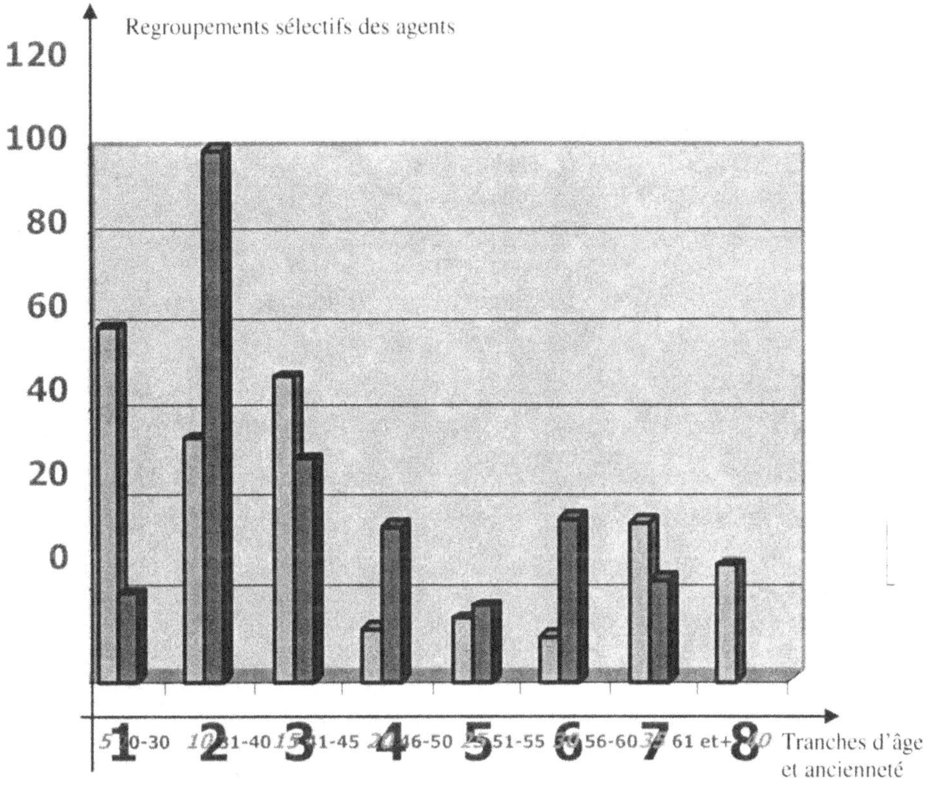

Légende :

: Ancienneté

: Tranche d'âge

Source : L'auteur.

Ces histogrammes mettent en lumière quelques caractéristiques de l'échantillon de la ressource humaine affectée à la Brigade avec des renseignements généraux pour la prise de décisions conséquentes : l'indication de l'expérience professionnelle acquise au cours de la carrière, l'orientation et la sélectivité pour la formation continue, les besoins en recrutement d'agents de niveau universitaire, supérieur et d'exécution, le recyclage des anciennes unités, les affectations et mutations… qui sont autant d'atouts et d'indicateurs pour dynamiser et revitaliser le corps de la

Brigade. Ce qui va lui donner de l'attrait et mettra ainsi ce corps technico-stratégique à l'abri de l'effet de *turnover*[1] pour conserver sur la durée son esprit d'équipe, sa culture paramilitaire, sa philosophie… bref son identité.

4.2.1. Le regroupement des agents par tranches d'âge

(1) 20-30 ans	:	20 agents, soit 6,62%
(2) 31-40 ans	:	120 agents, soit 39,74%
(3) 41-45 ans	:	50 agents, soit 16,57%
(4) 46-50 ans	:	35 agents, soit 11,59%
(5) 51-55 ans	:	17 agents, soit 5,63%
(6) 56-60 ans	:	37 agents, soit 12,25%
(7) 61 ans et +	:	23 agents, soit 7,62%
Total :		**302 agents = 100%**

[1] *Turnover* : (terme anglais) c'est la rotation du personnel dans une organisation (entreprise), c'est-à-dire le nombre de départs vers l'extérieur. Il est parfois le reflet d'une mauvaise prise en compte des aspirations du personnel qui peut constituer un dysfonctionnement coûteux en termes d'encadrement et de réalisation des recettes.

Graphique n° 09

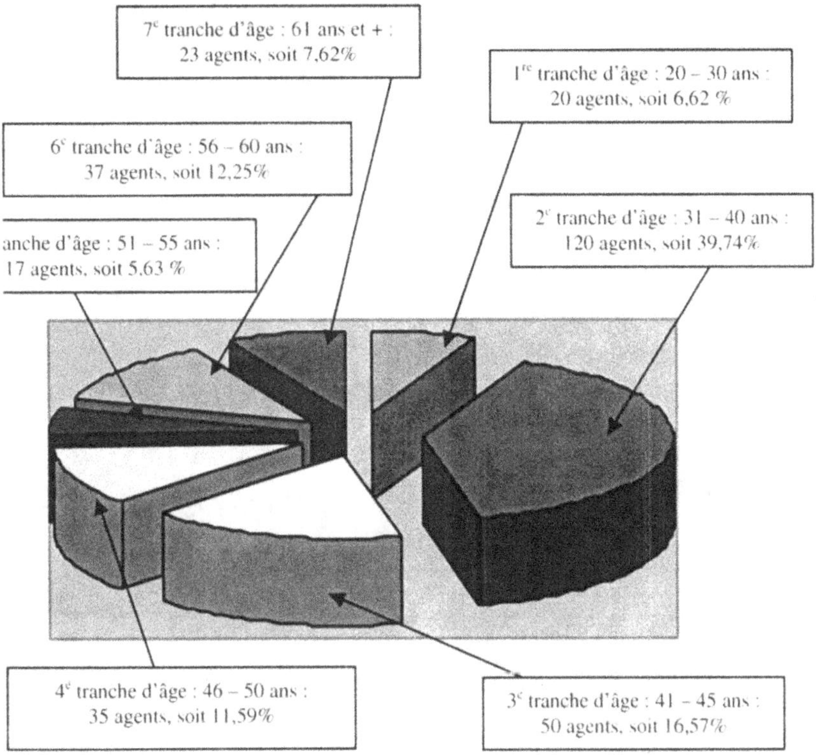

Source : L'auteur

4.2.2. Le regroupement des agents par années d'ancienneté

(1) 5 ans	: 80 agents, soit 26,49%
(2) 10 ans	: 55 agents, soit 18,21%
(3) 15 ans	: 69 agents, soit 22,85%
(4) 20 ans	: 12 agents, soit 3,97%
(5) 25 ans	: 14 agents, soit 4,64%
(6) 30 ans	: 10 agents, soit 3,31%
(7) 35 ans	: 36 agents, soit 11,92%
(8) 40 ans et +	: 26 agents, soit 8,61%
Total	**: 302 agents = 100%**

Graphique n° 10

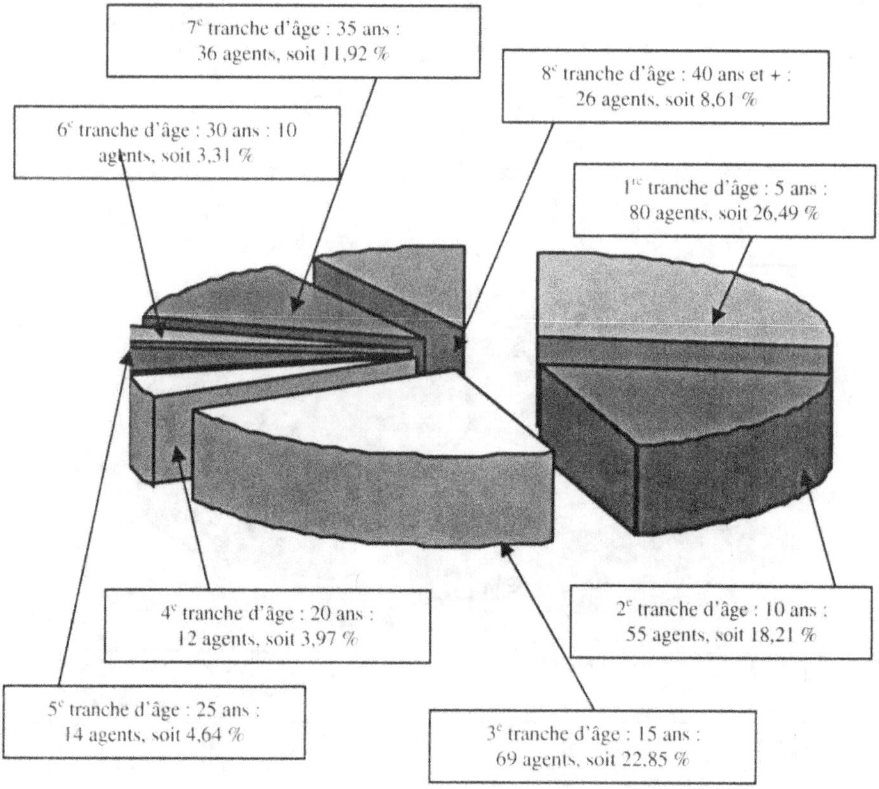

Source : L'auteur.

4.3. L'EVOLUTION DES EFFECTIFS DU PERSONNEL DE LA BRIGADE DOUANIERE DE 1998 A 2004

Graphique n° 10

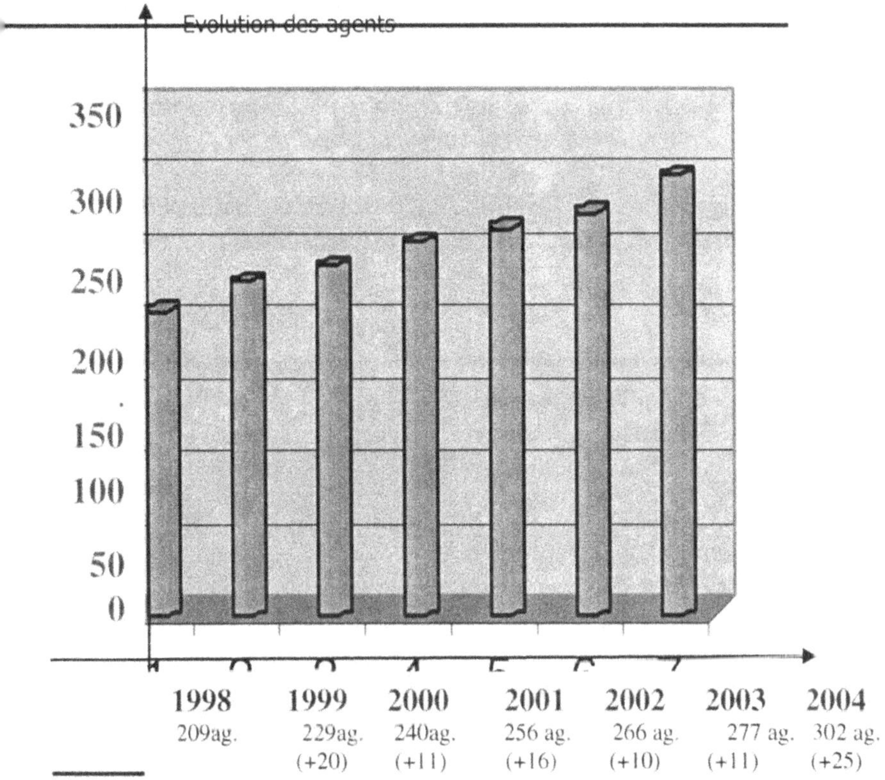

Commentaires :

En 7 ans d'évolution, la Brigade douanière a vu ses effectifs grossir de 93 nouvelles unités (soit par des mutations ou encore par de nouvelles recrues) avec une moyenne annuelle de 13 agents. Les engagements, les affectations et les mutations, ont révélé nos analyses, se sont peu référés aux missions et objectifs de ce corps spécifiquement technique pour faire correspondre ses besoins en ressources humaines répondant à un profil d'agents avec des prérequis technico-professionnels conséquents. Ce qui conduit à ce que le management détermine la « définition du poste de travail ». Celle-ci consiste dans notre cas à déterminer les caractéristiques formelles et informelles des tâches et des missions qui vont être accomplies par les agents, y compris les relations interpersonnelles que l'on attend d'eux et les interdépendances que crée l'exécution de tâches ou de missions avec d'autres personnes situées à l'intérieur ou à l'extérieur de la Brigade douanière.

L'idéal est de faire en sorte que le travail ou la tâche permettent d'utiliser efficacement les compétences et aptitudes des agents compte tenu des impératifs de la Brigade douanière, à savoir des services toujours plus efficaces. Mais certaines études indiquent que des améliorations substantielles sont possibles dans les relations triangulaires entre l'agent, son travail et l'organisation. Ces améliorations profitent tout aussi bien à l'agent, à l'organisation (Brigade) et au bénéficiaire du service[1]. Les profils des agents au signalement que donne le tableau suivant sont éloquents.

4.4. LE SIGNALEMENT « NIVEAUX D'ETUDES » DES AGENTS DE LA BRIGADE DOUANIERE DE KINSHASA EN 2004

Tableau n° 15

N° d'ordre	Niveaux des études	Cadres de Direct°	Cadres de collaborat°	Agents de collaboration	Agents d'exécution	% par effectif	Totaux des effectifs
01	Licenciés et plus	1	1	7	-	3%	**09**
02	Gradués/ ENF	-	9	54	-	21%	**63**
03	Gradués généraux	1	4	16	6	9%	**27**
04	D6 et moins	-	10	95	98	67%	**203**
TOTAL :		**2**	**24**	**172**	**104**	**100%**	**302**

Source : Division des Ressources humaines -- Conception : L'auteur

La maîtrise de la qualité des agents (qui passe par leurs niveaux d'instruction) permet de gérer avec efficacité et efficience cette ressource humaine par leur prise en compte au niveau de la :

1° Gestion prévisionnelle du personnel (GPP) de la Brigade : par la projection à moyen et long termes des besoins et des ressources en personnel de la brigade douanière, elle permet en même temps de disposer des agents capables d'exercer les fonctions nécessaires, dans l'immédiat ou dans un

[1] HELLRIEGEL et csrts, *op. cit., p. 362.*

futur proche, en termes de qualifications, de compétences, d'aptitudes et de motivations.

En termes pédagogique et managérial, le rapport proportionnel ici est de 1 diplômé de douanes et accises pour 5 douaniers sous-qualifiés (25% des effectifs) : ce qui, en gestion prévisionnelle des ressources humaines, est en dessous de la moyenne de l'efficacité attendue. Par conséquent, les séminaires de renforcement de capacités ou de perfectionnement, ou tout simplement la réquisition d'agents techniquement auréolés d'une longue expérience professionnelle ou de nouvelles unités « select » de diplômés de l'ENF constituent des plans stratégiques à mettre en place. C'est d'autant plus nécessaire pour parer au déficit de technicité douanière (compétence) et de qualification ;

2° Gestion stratégique de la Brigade : la qualité des agents, tel que le montre le signalement de ce tableau, facilite la méthode de gestion des ressources humaines de la brigade en vue d'atteindre certains objectifs à long terme assignés à ce corps et pour ne jamais faire fausse route. Car la connaissance de la qualité des agents permet de les engager dans le projet de cette nouvelle entreprise qui devra définir dans les grands traits sa vision quant à son avenir. Les agents devront la faire leur et être à même de répondre à une triple question (Qui sommes-nous en tant que Brigade ? – Que faisons-nous ? – Où voulons-nous aller ?). Cette vision doit être un cap pour la Brigade douanière et lancer un défi autour duquel les agents peuvent se mobiliser pour sa matérialité effective.

Dans ce cas d'espèce, la gestion stratégique du personnel commande que les cadres de direction et de collaboration privilégient plus la mise en œuvre de la technicité, l'expertise et l'expérience professionnelles des agents dans l'ordre du niveau d'étude (03) parmi les agents de collaboration pour des résultats escomptés. Or, comme le révèle le tableau n° 15 ci-dessus, une fraction importante des cadres de collaboration (10 agents sur 24, soit 42%) et des agents de collaboration (95 agents sur 172, soit 55%) se recrutent dans les D6 et moins (diplômés de 6 ans postprimaires) : présage évident d'une déficience assurée du résultat par rapport aux exigences des postes qu'ils occupent. Donc, les agents sont à la fois sans compétences et sans qualifications et n'ont, par voie de conséquence, ni le *savoir-faire* (les aptitudes nécessaires liées à la fonction et au poste occupé), ni le *savoir-être* (les attitudes et le comportement à adopter face aux responsabilités du poste). Ces insuffisances se traduisent souvent par des réactions biaisées dans le chef du responsable du poste en face d'une situation professionnelle donnée au grand dam du service.

Alors qu'à quelques exceptions près, ils devaient faire une carrière plane dans le rang des agents d'exécution, la hiérarchie leur accorde abusivement le bénéfice d'un avancement en grade au nom du népotisme et du clientélisme, en dehors de tout critère objectif. Pendant ce temps, 6 gradués sont sous-utilisés comme « agents d'exécution » et 7 licenciés ont continué à travailler en qualité d'agents de collaboration, à un « échelon inférieur » !

Telle est la situation hideuse du personnel de la Brigade évoluant avec ses zones d'ombre. Avec ses 302 agents qui ne représentent que le 1/16 des 4 874 agents de l'ensemble de l'OFIDA, il faut porter cette triste réalité, au plus bas mot, à l'exposant 16 sur l'ensemble de l'Administration douanière où le clientélisme et le népotisme se sont suffisamment exprimés. La période de notre étude a vu procéder à ce que d'aucuns ont qualifié de *soldes des grades* à l'OFIDA où nous avons vu par exemple le chauffeur, le ou la secrétaire… (agents à carrière plane) battre le record de gravir les échelons de promotion jusqu'à la catégorie socioprofessionnelle de cadre de l'Office (Contrôleur…) sans justifier d'un quelconque titre de scolarité et sans que l'on en soit médusé ! Pis encore, ces quelques promus (bien que ces cas soient marginaux) n'ont, pour soubassement, aucune formation douanière de base pour un office technique de la contingence de l'OFIDA ! Précisons tout de go que ces quelques cas sont simplement marginaux mais qu'il faut tout de même les relever. C'est ici que la hiérarchie de l'Office a péché, sur la question en rapport avec l'esprit et la lettre du *point 8* de la déclaration d'Arusha : « Les procédures de recrutement et de *promotion* appliquées aux fonctionnaires des douanes *doivent être objectives* et libres de toute influence extérieure… »[1].

C'est la conséquence logique de mismanagement dans lequel se trouve cette entreprise tant dans sa hiérarchie horizontale que verticale. Ce déficit de management de ressources humaines n'est malheureusement pas l'apanage de l'OFIDA et de sa Brigade, mais il est à la dimension du pays comme le constate une fois de plus l'historien Shambuyi Kalala : « Je crois que la crise la plus grande au Congo [démocratique], c'est la non-utilisation rationnelle de nos cadres. D'une part, la politique pour les former, et d'autre part, la manière de pouvoir les utiliser ».[2]

Le reclassement des agents peut tirer la Brigade d'affaires tout en reconsidérant les aspects ergonomiques de la question portant sur la description du job, l'amélioration des postes, l'enrichissement des tâches, etc.

C'est *hic et nunc* le moment de la mise en place d'un cadre de référence qui pourrait définitivement contribuer à corriger ces dérapages cumulés de gestion. Ces graves erreurs de management d'ordre structurel devraient être évitées dans le cadre de la *classification des emplois* et du *plan de carrière* au sein de cette Administration et au sein également de la Brigade douanière. Ce qui ferait correspondre les exigences d'un poste donné et détermineraient en même temps un type de profil du candidat à ce poste par rapport aux

---

[1] CCD, *DECLARATION D'ARUSHA* (Tanzanie) du Conseil de coopération douanière du 7 juillet 1993 (81e/83e sessions du Conseil).
[2] MULUMBA KABUAYI, *op.cit.*, p. 12, col. 6.

tâches à accomplir. Autrement, le manager ciblera les *objectifs inducteurs de la formation* (O. I. F.) pour corriger au besoin les insuffisances technico-professionnelles du candidat au poste[1].

Si cette cure n'est pas administrée aux cadres et aux agents en déphasage de formation, il faut encore continuer de rêver qu'ils règleront un jour les délits douaniers face à la loi et à la réglementation douanière. Nous tentons de nous pencher dessus dans la démonstration des pages suivantes.

[1] BCECO & UCOP – OFIDA, *Séminaire sur la formation [andragogique] des formateurs de l'OFIDA*, du 1er au 19 novembre 2005 au Q.G./brigade douanière, par le CENACOF ; *Module 5 : Conception d'une action de formation.*

Chapitre V :
LES DELITS DOUANIERS ET LEURS REGLEMENTS FACE A LA LOI

« Il faut calculer la peine de telle façon que le criminel éventuel, placé devant l'alternative de commettre l'infraction et de subir la peine ou de s'en abstenir et d'échapper à la répression, ait intérêt à s'abstenir. C'est le principe de l'arithmétique pénale. »

Jeremy BENTHAM
(Juriste britannique)

SECTION 1 : LES GENERALITES ET LES CARACTERES DU DROIT

1.1. L'INTERPRETATION DE LA LOI PENALE

L'étude du principe de légalité nous a permis de comprendre que seuls des faits préalablement définis comme infractionnels par la loi peuvent être punis. Il est donc essentiel que le juge, et dans le cas d'espèce de notre étude, le douanier formé et assermenté, sache donner une interprétation doctrinaire à la loi douanière. Trois sources d'interprétation nous y aident :

1.1.1. L'interprétation authentique

Elle émane du législateur lui-même. Elle revêt une force obligatoire pour le juge.

1.1.2. L'interprétation judiciaire

Elle est l'œuvre des cours et tribunaux, non pas une autorité de droit mais plutôt une grande autorité de fait.

1.1.3. L'interprétation doctrinaire

La théorie des règles du droit est l'œuvre de savants de droit : professeurs, magistrats, avocats… qui se prononcent par écrit sur un sens à donner sur telle ou telle autre disposition légale.

1.2. L'APPLICATION DE LA LOI DANS LE TEMPS

Une loi nouvelle abroge ou modifie une loi ancienne, engendre une problématique de son application dans le temps. Cette nouvelle loi peut créer de nouvelles conditions d'infraction ou en supprimer d'autres. Il est évident qu'une telle loi ne s'appliquera qu'après sa publication.

Mais qu'en sera-t-il des faits infractionnels commis sous l'ancienne loi et qui ne sont pas définitivement jugés ? Faut-il aussi leur appliquer la loi nouvelle ou doivent-ils se soumettre à la sanction de l'ancien régime ? Le Code pénal répond à cette question dans son article premier : « Nulle infraction ne peut être punie des peines qui n'étaient portées par la loi avant que l'infraction fut commise »[1]. Le principe est suivi par la non-rétroactivité de la loi pénale. La loi ne rétroagit donc pas.

➔ Exception : La loi pénale rétroagit que si elle est plus douce. La loi applicable au prévenu est celle la plus douce, donc la moins sévère.

Une loi est dite « sévère » si elle crée une nouvelle incrimination ; si elle supprime une cause de justification ; si elle institue une circonstance accablante.

1.4. L'APPLICATION DE LA LOI DANS L'ESPACE

Le problème qui se pose ici est de déterminer la loi applicable au moment où une personne incriminée se trouve en dehors du territoire d'infraction ou lorsque l'infraction se réalise sur plusieurs territoires différents ; ou encore lorsque l'infraction commise laisse l'Etat lésé dans ses intérêts ou ses droits.

Dans ce contexte, la réponse est donnée par deux principes :

1.3.1. La territorialité de la loi pénale :

Ce principe veut dire que la loi pénale s'applique sur des individus, quelle que soit leur nationalité ou celle de leurs victimes, qui ont commis un forfait sur le territoire où ils ont élu domicile et non ailleurs.

1.3.2. La personnalité de la loi pénale :

Au lieu que la loi s'attache à son Etat, elle poursuit la personne incriminée, peu importe là où elle se trouve.

1.5. LE CARACTERE DU DROIT PENAL GENERAL

Le droit pénal général est un droit public, légal et strict.

- *Public* : parce que régissant les rapports entre l'Etat et les citoyens. La répression de la criminalité est une fonction de l'Etat, un attribut de sa souveraineté. Il s'ensuit que ses règles s'opposent à tous et ne souffrent en aucune sorte de transaction.
- *Légal* : en vertu du principe des délits et des peines : aucune infraction ne peut exister, aucune peine ne peut être appliquée si la loi ne l'a pas prévue.
- *Strict* : dans les principes qui régissent les interprétations, le juge ne peut trouver d'explication en dehors de la loi. C'est-à-dire qu'une loi qui déroge au droit commun ne peut être étendue au-delà des limites fixées dans ce texte.

---

[1] Cf. Code de procédure pénale.

1.5. LA SANCTION OU LA PEINE

1.5.1. Notion

La sanction ou la peine est un mal infligé à titre de punition à celui qui a commis une infraction.

1.5.2. Les fonctions de la peine

Dans sa politique criminelle de la nécessité de la répression, Cesare Beccaria justifie : « La peine est une terreur salutaire destinée à empêcher le renouvellement des infractions... [ou encore] qu'elle sert à éviter la réitération de la faute commise dans l'avenir [d'autant plus que] le mal qu'elle inflige excède le bien qui peut revenir du délit ».[1] Ainsi la peine remplit les quatre fonctions principales suivantes :

a) <u>La fonction normale de la peine</u> :

Lorsqu'un délinquant commet une infraction, il contracte moralement une dette envers Dieu et la société. Par conséquent, il doit payer une indemnité compensatoire pour réparer l'équilibre ainsi rompu. « La répression, écrit le procureur général, a pour but primordial d'amener les personnes déclarées coupables à se repentir et à conformer leur comportement ultérieur à la ligne de conduite du groupe telle qu'elle se trouve fixée par les lois et règlements »[2]. C'est là que s'est développé chez certains penseurs laïcs l'idée traditionnelle de punition distributive : en réponse à l'infraction, la sanction punit le mal par le mal. La peine trouve dans la faute commise son fondement exclusif. Et le juriste Grotius fait même allusion à une peine infligée par l'Etat en raison d'un contrat social tacite par lequel « celui qui a commis un crime est censé s'être volontairement soumis à la peine. »[3]

b) <u>La fonction de la prévention individuelle</u> :

Le but visé par l'instauration de la peine est d'empêcher quiconque contre qui elle est appliquée de recommencer son forfait. Ce but est atteint soit par l'amendement, soit par l'intimidation, etc.

c) <u>La fonction de prévention générale</u> :

La sanction ou peine infligée à un individu est un avertissement, une mise en garde à l'endroit de quiconque serait tenté par le goût de la même aventure.

---

[1] Cf. C. BECCARIA, *Traité des délits et des peines*, p. 51, *in MASCALA Corinne, Droit pénal général* (Les fondements de la répression), éd. Fulguière, Paris, 2002, pp. 86-87.

[2] MONGAPA ALABOZANA, « Préface », in M'PLEKWA et autres, *op. cit*, p. 5.

[3] Cité par Pradel, *Histoire des doctrines pénales*, p. 21, *in* C. MASCALA, *Droit pénal général, op. cit., p. 84.*

d) La fonction éliminatrice :

Elle consiste à éliminer la personne qui a commis l'infraction, c'est-à-dire faire subir la peine capitale, donner la mort à une personne qui en détermine le caractère. C'est là qu'emporte l'idée d'utilité sociale de la répression pénale par laquelle Montaigne constatait déjà au XVIe siècle que « *l'on ne corrige pas celui qu'on pend, on corrige les autres par lui.* »[1] Un peu comme dit le proverbe espagnol : « *Pas de remède contre la mort ; mais la mort, elle-même, est un remède* » par lequel la justice distributive corrige les autres.

1.5.3. Le principe de la légalité de sanctions et de peines

C'est le principe le plus important du droit pénal : « Seuls peuvent faire l'objet d'une condamnation pénale les faits déjà définis et sanctionnés par le législateur au moment où l'accusé a commis son acte et seules peuvent être appliquées les peines édictées à ce moment-là par le législateur ». D'où le principe « *Nullum crimen, nulla poena sine lege* », c'est-à-dire qu'il n'y a pas de peine sans loi.

a) La limitation du droit de punir

La société ne peut punir sans borne et sans mesure. Seule la loi peut écarter les inégalités et stopper l'arbitraire qui, souvent, hante la subjectivité.

b) Le rempart contre l'arbitraire du juge

Le juge ne doit pas seul décider de la punissabilité des faits.

c) L'exigence d'une meilleure politique criminelle

Il n'est de meilleure politique criminelle que la loi avertisse avant de frapper afin que dans son comportement, tout individu sache à quoi s'en tenir.

d) Le contenu du principe

- Des incriminations : Les infractions sont établies par la loi. Seuls tombent sous la loi les faits connus, déjà constitués comme infractions par le législateur.
- Des peines : La légalité s'analyse au niveau du législateur. Seul le législateur peut déterminer la nature et le taux de la peine, c'est-à-dire que seules peuvent être appliquées les peines et amendes édictées par le législateur au moment où l'accusé a commis son acte.

Au niveau du juge : il ne peut prononcer les peines si la loi ne le prévoit pas ; supérieur au maximum ; il ne peut refuser de prononcer la peine prévue par la loi.

---

[1] *Idem*, p. 85.

1.5.4. Le caractère de la peine

a) Le caractère légal de la sanction

C'est lorsque la peine est reconnue par la loi. Le caractère légal de la peine veut tout simplement dire que tous les hommes sont égaux devant la loi, que la justice doit être identique pour tout le monde.

b) Le caractère individuel de la peine

La sanction est individuelle, c'est-à-dire que la personne qui a commis l'infraction doit en subir les conséquences. Il n'y a donc pas de sanctions collectives (pour des groupes de personnes).

1.6. LA RESPONSABILITE PENALE ET LA CLASSIFICATION DES PEINES

1.6.1. La responsabilité pénale

En droit pénal, on parle de la responsabilité pénale pour fait d'autrui, notamment pour sanctionner par le chef d'entreprise (par exemple pour les fautes commises par le préposé ou le commettant).

1.6.2. La classification des peines

Nous les classons ici pour information par ordre de sévérité décroissante :

- la mort ou peine capitale (c'est la sanction ultime, suprême) ;
- les travaux forcés ;
- la servitude pénale (emprisonnement, réclusion…) ;
- l'éloignement d'un lieu (mesure de sûreté ou imposition de rester dans un lieu donné, relégation…).

<u>SECTION 2</u> : LA COMMISSION ET LA CONSTATATION DE L'INFRACTION DOUANIERE ET SES CONSEQUENCES

2.1. LES CIRCONSTANCES DE L'INFRACTION

2.1.1. La durée de l'infraction dans le temps

Une infraction douanière peut être soit *instantanée*, soit *continue*.

Elle est <u>instantanée</u> lorsqu'elle s'accomplit dans un laps de temps, à l'exemple de la contrebande.

Elle est dite <u>continue</u> lorsque l'action frauduleuse se perpétue dans le temps, à l'exemple de la détention irrégulière de marchandise.

2.1.2. Le moment de l'infraction

L'infraction est dite <u>flagrante</u> lorsqu'elle se commet au moment où elle est constatée.

La flagrance est constatée lorsqu'une personne est poursuivie par la loi publique ou lorsqu'elle est poursuivie par la clameur publique ; lorsqu'elle est porteuse de faits, d'instruments ou de documents présumés, et qu'elle est l'auteur ou le complice présumé de l'infraction douanière.

2.1.3. Le déroulement de l'infraction

Les actes préparatoires à l'infraction ne sont pas punissables. Les actes d'exécution sont ceux qui conduisent à la réalisation immédiate et directe de l'infraction. On distingue donc, à ce niveau, la *tentative* et l'*infraction manquée.*

- La tentative : elle est régie par l'article 100 du décret de 1949. Elle est punie comme la tentative elle-même en matière douanière.

Dans l'hypothèse où la tentative a été suspendue à la suite de circonstances indépendantes de la volonté du fraudeur, elle est punissable même si tous les faits caractérisant le commencement d'exécution ont été accomplis à l'étranger. Par contre, si la tentative a été suspendue à la suite du désistement volontaire de son auteur, elle ne peut alors être punissable.

- L'infraction manquée : si cet échec est dû à la volonté consciente de son auteur, l'infraction n'est pas punissable ; par contre l'infraction est punissable car elle est similaire à une tentative.

• Le concours de l'infraction douanière et non douanière : dans ce cas, il y a indépendance des infractions mais cumul des peines.

2.2. LES POUVOIRS DES AGENTS ET LA CONSTATATION DES INFRACTIONS

2.2.1. Les pouvoirs des agents en matière de constatation

Constater une infraction, c'est consigner par écrit dans un document appelé procès-verbal les éléments constitutifs de l'infraction dans la forme prescrite par les usages (cf. 2.2.5. suivant).

a) La compétence territoriale

Les articles 1 et 9 à 12 du décret de 1949 et 317 de l'ordonnance de 1950 confèrent aux agents de douane le droit leur permettant « la recherche de la fraude jour et nuit sur toute l'étendue de la République ». Tandis que l'article 13 du décret leur adjoint de « rechercher et de constater les infractions limitées dans le ressort de douane ». Ces articles confèrent aux agents de douane une compétence territoriale. Elle est donc limitée au ressort du bureau, c'est-à-dire la partie du territoire où les agents (brigadiers) sont professionnellement ressortissants et où ils exercent leur mission de surveillance et de contrôle.

b) La compétence matérielle

Elle est déterminée par la peine comminée en matière répressive et par la nature du litige ou l'amende pécuniaire à réclamer dans le procès-verbal.

En plus de l'article $12/D_{49}$ ci-haut évoqué, les articles $20/D_{49}$ et l'article 2 de l'ordonnance 78-302 couvrent les agents de la brigade de la compétence matérielle quant à cela.

- Dans le cadre de leur exercice, les agents ont les pouvoirs suivants :

1° Le droit de visite de marchandises : L'article $80/D_{49}$ accorde le droit total de contrôle sur les moyens de transport et des personnes, les marchandises transportées ou détenues ; de recenser des marchandises, d'en vérifier l'origine et la provenance en se faisant produire tous les documents réglementaires relatifs au dédouanement.

2° Le droit de visite domiciliaire : Si la poursuite est ininterrompue depuis l'extrême frontière.

2.2.2. La constatation par voie d'enquête

Les agents verbalisateurs peuvent procéder à des enquêtes préliminaires et effectuer des perquisitions et des visites domiciliaires en rapport avec les dispositions y relatives.

A cet effet, lors de cette enquête, les agents verbalisateurs assermentés ayant au moins le *grade de vérificateurs* peuvent procéder à la saisie de tous les documents permettant de faciliter leur mission. Cette enquête consistera généralement à enregistrer, à consigner sur P. V. les conclusions auxquelles a abouti l'enquête.

2.2.3. La constatation par voie de saisie

C'est la voie d'exécution forcée mise à la disposition de l'administration des douanes par l'article $101/D_{49}$ de la législation.

Cet article prévoit en effet, pour les agents de douanes qui constatent une infraction douanière sur P. V., le droit de saisir tous les objets passibles de confiscation, de retenir les marchandises et tous les autres documents relatifs aux objets ou marchandises saisis et de procéder à la retenue préventive des objets ou marchandises affectés à la sûreté des pénalités. La saisie a un caractère de détention provisoire, alors que la confiscation attribue à la douane la propriété de la marchandise ou de l'objet saisi[1].

L'opération de saisie peut être accomplie soit :

- dans les bureaux de douane lors des opérations de déclarations ;
- en dehors des bureaux de douane en ce qui concerne les produits d'accises et les produits déclarés en faveur de l'un des régimes économiques douaniers ;

---

[1] G. R. MATHURIN, *op. cit.*, p. 97.

- dans le cadre du contrôle spécial effectué dans un rayon des douanes.

2.2.4. Les procès-verbaux (P. V.)

Les infractions douanières ne peuvent être constatées que sur procès-verbal établi soit par un (des) agent(s) douanier(s) assermenté(s) [OPJ/CR], soit par l'officier de police judiciaire à compétence générale (OPJ/CG).

Deux types de P. V. sont utilisés dans la procédure douanière :

1. Le P. V. en matière douanière : il est utilisé au stade de l'enquête préliminaire et il est rédigé dans les cas suivants : consignation, contrôle d'entrepôt, enregistrement des déclarations, saisie des documents comptables, inventaire des marchandises, fouille corporelle, recherche dans les écritures, saisie des disquettes, P. V. d'excédent, d'avarie, de déficit.
2. Le P. V. d'infraction en matière douanière : c'est la constatation de toute infraction douanière concernant la sous-évaluation, la fausse dénomination, les fraudes, le non-déclaré, le détournement de destination, l'excédent.

2.2.5. La rédaction des P. V. et leur force probante

a) La rédaction des P. V.

Le plus grand soin est recommandé à cette rédaction et il ne faut omettre aucune information ou les mentions obligatoires sous peine de nullité.

Ces mentions obligatoires sont :

1. La date et l'heure : la date, le commencement et la fin de la rédaction.
2. L'identité des verbalisants : il s'agit de déterminer l'identité des agents qui constatent l'infraction.
3. Le lieu de l'intervention : s'il s'agit de la visite domiciliaire, indiquer l'adresse physique de la maison, etc.
4. L'identité des personnes ou de la personne contrôlée(s) : elle doit être la plus complète possible (nom, postnom, surnom, prénom, B. P., adresse, filiation, etc.).
5. Signature du (des) verbalisant(s) et du verbalisé : si ce dernier s'en abstient ou est absent, il faut le mentionner (refus de signer, par exemple).

b) La force probante des P. V.

La force probante du P. V. est le pouvoir d'exécution coercitif que lui confère irrévocablement la législation douanière en ses articles 90 et 91 du décret de 1949. La force probante du P. V. contribue dans une certaine mesure à civiliser et à moraliser la barbarie du délinquant fraudeur.

Toutes les indications consignées dans le P. V. ne bénéficient pas de la même force probante. L'article $91/D_{49}$ la limite aux seules opérations et aux constatations matérielles opérées par les organes de la vue, l'odorat, l'ouie, le goût, le toucher. La foi aux forces probantes ne peut être acceptée que lorsqu'elle est confirmée par l'agent douanier lui-même et non pas par des tiers rapporteurs.

Les P. V. de douane, à condition qu'ils soient réguliers dans la forme, pour qu'ils ne fassent pas l'objet d'une cause de nullité, sont crus pour les opérations et les constatations faites par le rédacteur jusqu'à ce que fausseté soit prouvée. C'est que la constatation matérielle ne peut être mise en échec que par la preuve du faux.

Parmi les moyens de coercition utilisés par la brigade, nous pouvons citer :

- La saisie (P. V. de saisie), exercice du droit accordé par une disposition légale de s'emparer, à titre conservatoire, des marchandises prohibées et/ou fraudées ;
- Le scellement (P. V. de mise sousscellé), pour les dépôts, entrepôts et magasins de contrebande ;
- La consignation (P. V. de consignation), pour les excédents et les non-déclarés ;
- Les amendes pécuniaires ou fiscales ;
- La confiscation (souvent prononcée par la justice) si la transaction n'a pas été concluante avec la douane.
- La confiscation peut aussi affecter les marchandises et les matériels suivants ;
  • La marchandise de fraude en quelles que mains qu'elle se trouve ;
  • La marchandise ayant servi à masquer la fraude ;
  • Les moyens de transport qui ont servi ou devaient servir à réaliser l'infraction, quand ils sont la propriété de : ceux qui ont participé à la fraude ; ceux qui ont participé à la tentative de fraude ; un tiers étranger à l'infraction, dans le cas où ils (moyens de transport) ont été aménagés spécialement en vue de la fraude.

La confiscation de ces moyens de transport sera aussi obligatoirement ordonnée lorsque la fraude aura été commise par le préposé à la conduite du moyen de transport.

2.3. LES PERSONNES PENALEMENT RESPONSABLES D'INFRACTIONS DOUANIERES

Elles peuvent être des personnes physiques ou morales. Mais du point de vue juridique, elles sont regroupées en trois catégories qui sont : les auteurs ; les intéressés ; les complices.

2.3.1. Les auteurs d'une infraction

L'auteur d'une infraction est celui qui est réputé avoir commis un acte matériel puni par la loi, ou celui qui s'abstient d'exécuter une obligation légale qui lui incombe.

La législation douanière place certains auteurs dans cette catégorie :

1. Le détenteur des marchandises sera celui qui, selon les cas, détient la marchandise au sens propre du terme, celui qui a la marchandise en dépôt chez lui ; celui qui transporte la marchandise fraudée.
2. Le capitaine de navire et le commandant d'aéronef sont réputés pénalement responsables des omissions et inexactitudes dans des manifestes et, d'une manière générale, des infractions commises à bord de leurs bâtiments. Toutefois, le capitaine et le commandant seront déchargés de cette responsabilité dans le cas où les objets non manifestés et découverts à bord des navires démontrent clairement qu'ils ont rempli tous les devoirs de la surveillance, ou si l'auteur de la fraude venait à être découvert.
3. Le déclarant en douane est celui qui signe la déclaration en douane.
4. L'agent en douane ou commissionnaire en douane : en vertu de l'article 5/D_{49} qui dispose que les marchandises ne peuvent être déclarées en détail que par leurs propriétaires ou par des sociétés ayant obtenu cette qualité.

A ce titre, ils sont responsables des opérations qui en découlent.

2.3.2. Les intéressés à la fraude

On en distingue trois :

1. Ceux qui ont un intérêt direct ;
2. Ceux qui ont coopéré à la fraude ;
3. Ceux qui interviennent *a posteriori*.

1. Intérêt direct à la fraude : il peut résulter simplement de la qualité de certaines personnes : entrepreneurs, membres de l'entreprise, groupes maffieux ou de pression…
2. Ceux qui ont coopéré à la fraude : la coopération au plan de la fraude est caractérisée par un acte quelconque ; au gré que cet acte ait été accompli entre le commencement d'exécution et le déroulement de l'action jusqu'à la consommation de l'infraction, pourvu que cet acte soit continuellement relié.

Ces propositions, quelle qu'en soit l'origine, ne peuvent être écartées que par une justification d'un cas de force majeure.

3. Par intervention *a posteriori* dans la fraude : concerne deux catégories d'actes : les actes qui tendent à procurer l'impunité au(x) fraudeur(s) ; l'achat ou la détention de marchandises.

2.3.3. Le(s) complice(s) de la fraude

Est considérée comme complice toute personne qui fournit les moyens nécessaires à la fraude ou qui, en connaissance de cause, a facilité activement la fraude, couvert, acheté, détenu les marchandises en fraude.

2.3.4. La responsabilité solidaire à l'infraction

En matière d'infractions douanières, toutes les personnes (physiques ou morales) condamnées pour un même fait ou acte de fraude ou pour des infractions douanières connexes sont solidairement tenues des confiscations ou des sommes en tenant lieu ainsi que des amendes et des dépenses.

Les cautions[1] sont également poursuivies au même titre que les principaux obligés ou les auteurs de l'infraction ; elles sont tenues de payer les droits et taxes, les amendes pécuniaires ainsi que toute autre somme due par les redevables qu'elles ont cautionnés. C'est cela la solidarité des cautions en douane.

2.4. LES PENALITES OU SANCTIONS EN MATIERE D'INFRACTIONS DOUANIERES

Les infractions douanières sont généralement assorties de peines ou sanctions contre leurs auteurs accompagnées de mesures de sûreté qui sont : la confiscation, les condamnations fiscales, les mesures de sûreté personnelles.

2.4.1. La confiscation

La privation de la jouissance de ses marchandises par la brigade est un des moyens de contrainte usités pour recouvrer les droits dus au Trésor public auprès du délinquant infracteur. Le point 2.3.4. ci-haut détaillé en donne les implications.

2.4.2. Les condamnations fiscales ou pécuniaires

C'est la sanction par excellence, car elle consiste à payer au Trésor une certaine somme d'argent en rapport avec l'infraction. Il y a lieu notamment de distinguer deux types de condamnations pécuniaires : l'amende fiscale et l'amende administrative.

L'amende fiscale est fixée en fonction de la valeur de la marchandise litigieuse et des droits fraudés. L'esprit de l'article 92/D_{49} a fixé l'amende dans la limite maximum et minimum. Lorsque la pénalité est fonction de la valeur des marchandises, cette valeur est représentée par le cours du marché intérieur (local) à l'époque où la fraude a été commise.

[1] Personne garante qui s'engage à remplir l'obligation douanière ou autre contractée par une autre dans le cas où cette dernière n'y satisferait pas.

L'amende administrative est prononcée par le directeur provincial de douane. Cette amende a généralement un caractère de sanction administrative. Elle se reporte sur certains délits de première et troisième classes sus-évoquées au chapitre I.

2.4.3. Les mesures de sûreté personnelles

Elles frappent le délinquant en matière douanière des mesures suivantes :

- l'exclusion du bénéfice des régimes économiques en douane ;
- l'interdiction d'accès aux bureaux, magasins et terre-pleins sous surveillance douanière ;
- le retrait de l'agrément de douane ou de l'autorisation de douane ;
- l'interdiction de séjour dans le rayon des douanes.

Ces mesures peuvent être prises par décision administrative ou judiciaire selon les cas. Mais la primauté de la décision revient de droit à l'administration des douanes. Mais qu'à cela ne tienne, les décisions répressives de la douane ne sont pas sans appel. C'est ce qu'examine le point suivant.

2.5. LE « CONSEIL JUDICIAIRE D'APPEL » EN DOUANE

2.5.1. Son rôle et ses bases légales

Le Conseil d'appel est un organe de recours auprès duquel le commissionnaire en douane ou un déclarant lésé peut se pourvoir en cassation ou faire appel d'une décision douanière estimée par lui délictueuse ou irrégulière.

L'article 58 de l'ordonnance 33/9 du 6 janvier 1950 tel que modifié par l'ordonnance-loi n° 68/008 du 6 janvier 1968 stipule : « Lorsque la décision du directeur des douanes ou son délégué est défavorable au déclarant, celui-ci peut, dans les 5 jours de la notification, en appeler au Conseil d'appel du ressort. »

Cette disposition avait déjà précédé le point 2 de la déclaration d'Arusha du Conseil de coopération douanière concernant l'éthique douanière quand elle souligne ce facteur clé : « Les procédures douanières doivent être assorties des voies de recours contre les décisions de la douane, avec possibilité de s'adresser en dernier ressort à une instance indépendante (…) »[1].

Le droit d'appel sur la valeur en douane des marchandises suivant l'article 15 de la loi n° 009/03 du 18 mars 2003 relative à l'évaluation en douane des marchandises stipule que :

1. Si la valeur en douane déterminée par le service de douanes est contestée par un importateur, celui-ci a le droit d'interjeter appel d'abord

---

[1] CCD, *Déclaration d'Arusha* [du Conseil de coopération douanière concernant l'éthique douanière], *op. cit.*

devant une autorité supérieure de l'administration des douanes, ensuite en dernier ressort devant les instances judiciaires ;

2. Dans tous les cas évoqués ci-dessus, les droits d'appel n'entraînent aucune pénalité à charge de l'importateur ;

3. Notification de la décision rendue en appel est faite à l'appelant et les raisons de la décision sont exposées par écrit. L'appelant est également informé de tous les droits éventuels à un appel ultérieur.

4. Nonobstant les droits d'appel, la douane a le droit d'exiger que les droits de douane soient acquittés avant que l'appel ne soit formulé.

2.5.2. Sa structure géographique et administrative

a) L'organisation géographique

Le Conseil d'appel est implanté dans les chefs-lieux des provinces ci-après :

- **Kinshasa** pour les ressorts douaniers de la province de Kinshasa et du Bas-Congo ;
- **Lubumbashi** pour les ressorts douaniers de la province du Katanga ;
- **Kisangani** pour les ressorts douaniers de la province Orientale ;
- **Kananga** pour les ressorts douaniers de la province du Kasaï-Occidental ;
- **Mbandaka** pour les ressorts douaniers de la province de l'Equateur ;
- **Bukavu** pour les ressorts douaniers des provinces du Sud-Kivu et Nord-Kivu.

b) L'organisation administrative

Quelle qu'en soit la province, tout Conseil d'appel est composé :

- d'un président (fonction assumée par un magistrat) ;
- d'un fonctionnaire des douanes ;
- d'un membre de la Chambre de commerce locale [FEC] ou d'un commerçant ou d'un agent de société de la place.

Il est à noter que les deux premiers sont désignés par le ministre des Finances, tandis que le dernier l'est par le président du Conseil d'appel au cas où il n'existerait pas de Chambre de commerce dans le ressort douanier juridictionnel.

2.5.3. Le fonctionnement du Conseil d'appel

Lorsqu'il est constitué, le Conseil d'appel statue en dernier ressort et ce, dans les 15 jours de la notification du recours par le déclarant. Le Conseil jouit du pouvoir d'annuler ou de modifier les décisions qui lui sont déférées par la douane.

A sa réception, le recours est immédiatement transmis au président du Conseil d'appel par le chef local. Celui-ci, à son tour, y joint toutes les pièces justificatives ainsi qu'un rapport émettant ses avis et considérations dans le but d'éclairer le Conseil.

Le Conseil se réunit à la convocation de son président en vue de statuer d'après les investigations qu'il (le Conseil) jugera utile de mener. Après exploitation des renseignements et documents susceptibles de motiver sa décision, le Conseil peut requérir opportunément l'avis des personnes ressources et qualifiées pour estimer la valeur des marchandises constituant l'objet du litige.

Le Conseil d'appel rend ses décisions par écrit à la majorité de ses membres et ce suivant l'esprit de l'article 15.3, 4 de la loi n° 009/03 du 18/03/2003 sus-évoquée. L'opinion minoritaire d'un membre dans le délibéré est tenue de se rallier à la majorité de deux membres du Conseil.

La notification des décisions du Conseil sera faite au déclarant et au chef local. Le Conseil en est rémunéré.

2.5.4. Les droits de la défense au litige

Dans une démocratie libérale, la loi reconnaît à celui qui est cité devant une juridiction répressive (comme le Conseil judiciaire d'appel en douane) un certain nombre de droits regroupés sous l'appellation générique de « droits de la défense ». Ainsi, l'opérateur douanier a la possibilité de faire appel d'une décision en ayant l'assurance d'être entendu de manière objective et équitable pour prendre acte des décisions qui seront rendues.

Pour que l'effet de l'autorité de la « chose jugée[1] » soit considéré comme définitivement acquis devant ce Conseil d'appel, le défendeur (déclarant) devra jouir de ces principaux droits de la défense [2] qui sont :

- Droit au respect de la dignité du défendeur ;
- Droit à la sécurité pour le défendeur ;
- Droit d'être informé qu'une instruction criminelle s'oriente vers lui [ce qui n'est pas le cas ici] ;
- Droit de se tourner vers un juge ;
- Droit d'être entendu dans une langue qu'il comprend (ou d'être assisté par un interprète) ;
- Droit d'être informé des faits et circonstances qui lui sont reprochés ;
- Droit d'être traité à égalité avec l'accusation (principe de l'égalité des armes) ;
- Droit à l'assistance d'un conseil (droit à l'assistance d'un avocat) ; droit, éventuel, à l'assistance d'un interprète ;
- Droit de consulter le dossier de l'information et d'obtenir des copies de pièces ;
- Droit de bénéficier du temps nécessaire pour préparer sa défense (sinon il entraîne la nullité de la procédure) ;
- Droit d'être entendu par le tribunal avant toute condamnation ;
- Droit de ne pas répondre au fond et de ne pas être contraint de s'accuser (voir « droit au silence ») ;
- Droit de parler librement devant le [tribunal] Conseil d'appel (→ l'immu-nité judiciaire) ;
- Droit de produire ses témoins et de discuter la déposition des témoins de l'accusation ;
- Droit de prendre la parole le dernier (droit lié à la présomption d'innocence).

---

[1] L'effet est d'empêcher les parties de recommencer un nouveau procès qui porterait sur un différend qui aurait été déjà jugé.

[2] A. MPANYA B. MUKELENGE, *op.cit*, p. 181-182.

SECTION 3 : LES CONTENTIEUX DOUANIERS ET LEURS REGLEMENTS

3.1. LES CONTENTIEUX REPRESSIFS DOUANIERS ET ACCISIENS

Dans une recherche scientifique qui planche sur une dissertation comme la nôtre, il est utile de donner ou de limiter la valeur sémantique des termes juridiques qui forment l'ossature de notre chapitre afin de cadrer la compréhension de nos lecteurs.

3.1.1. Les définitions

Le terme « contentieux » se rattache à la fois à un nom et à un adjectif.

-en tant qu'*adjectif*, il signifie ce qui est contesté, litigieux, ou qui peut l'être. On parle donc d'une affaire ou d'un dossier contentieux. Tout ce qui est susceptible d'être mis en discussion devant les juges[1]. Le dictionnaire juridique en donne la même définition[2].

-en tant que *nom*, le contentieux est l'ensemble des affaires contentieuses d'une administration, d'une entreprise, le service qui s'en occupe[3]. C'est aussi un conflit non réglé ou non résolu. De là, certaines définitions se dégagent, comme celles de :

- Dominique Deldicque : le contentieux est l'ensemble des contestations susceptibles d'être portées devant les tribunaux qui définissent le fonctionnement du service de douanes[4]. La même définition est rendue par le formateur Barbe.[5]
- René Kalala Masimango : le contentieux répressif douanier et/ou accisien est tout litige, toute contravention qui intervient (survient) lors de l'accomplissement des formalités douanières à l'importation, à l'exportation, au transit et au cabotage[6].

3.1.2. La différence entre ces définitions

La définition de D. Deldicque, de C. Barbe et des autres du contentieux est insuffisamment définie d'une manière générale. Tandis que celle de R. Kalala Masimango suppose que la violation de la législation douanière doit donner lieu *ipso facto* à la récupération d'office des *droits éludés* ou compromis. Il évoque, lui, des litiges qui naîtraient des techniques ou régimes douaniers. Pour parler du contentieux, il y a d'abord constatation, ensuite poursuite et répression pour le clore.

---

[1] *Nouveau Larousse universel*, vol. I, librairie Larousse, Paris, 1974, p. 401.

[2] A. MPANYA B.M., *op. cit.*, p. 151.

[3] *Nouveau Larousse universel*, *op. cit.*

[4] D. DELDICQUE, *Les Eléments de base du contentieux répressif douanier*, cours cf. Division de la formation OFIDA/DG, Kinshasa, p.1.

[5] C. BARBE, *Contentieux*, *op. cit.*, p. 8.

[6] R. KALALA MASIMANGO, *op. cit.*

Nous pouvons donc dire que le contentieux répressif douanier et/ou accisien se rattache au droit pénal général en ce qu'il lui emprunte toutes les dispositions qui ne lui sont pas contraires. Cependant, il se différencie du droit général sur de nombreux points de sorte que le contentieux répressif douanier et/ou accisien puise du droit pénal général toutes les règles. Mais, le fait qu'il ait lui-même des caractéristiques spécifiques font de lui un droit spécial.

3.1.3. Le contenu du contentieux

D'une manière générale, en rapport avec la nature du litige, le contentieux douanier ou accisien comprend : le *contentieux répressif* et le *contentieux civil.*

a) Le contentieux répressif

Il concerne l'ensemble des dispositions relatives à la recherche et aux constatations des infractions en vue de les réprimer, ainsi que toutes les dispositions afférentes au règlement des litiges nés de ces infractions.

b) Le contentieux civil

Il concerne, quant à lui, l'ensemble des litiges relatifs à l'application des dispositions par la douane pour lesquelles les textes réglementaires ne définissent pas de peines. Il concerne précisément :

- le contentieux de recouvrement des droits dus
- le contentieux visant les mesures conservatoires pour la garantie de paiement des amendes fiscales.

3.1.4. Les caractéristiques générales du contentieux répressif douanier et accisien

La législation douanière se différencie sur de nombreux points du Droit pénal général, de sorte que le contentieux répressif douanier et accisien constitue un droit pénal spécial, nous venons de le dire, et est une branche du Droit fiscal. Le droit douanier est dit droit étroit, c'est-à-dire que son autonomie fait qu'il doit être interprété de manière stricte ; deux conséquences en découlent:

1) *là où la loi douanière est muette, les dispositions du droit commun seront d'application ;*
2) *en cas de conflit de la loi douanière contre le droit commun, la primauté est accordée à la loi de douane*[1].

[1] D. DELDICQUE, *op. cit*, p. 1.

a) Le caractère non intentionnel des infractions douanières

L'article 100/D_{49} stipule en son alinéa premier que les sanctions établies par le présent décret sont applicables indépendamment de tout élément intentionnel (intention morale).

b) Le fardeau de la preuve et les moyens de preuve particuliers

b.1. Le fardeau de la preuve

En droit pénal général, on est innocent jusqu'à ce que la culpabilité soit prouvée. Tandis qu'en droit douanier, ce principe ne trouve d'application que pour autant que l'infraction reprochée au prévenu n'ait pas été relevée dans un P.V.

b.2. Les moyens de preuve

En droit pénal général, il y a plusieurs moyens de preuve (aveu, témoignage, présomption par série de recoupements...) ; tandis qu'en droit douanier, seul le P. V. constitue le moyen par excellence de prouver la culpabilité d'un auteur.

c) L'existence d'un système de responsabilité pénale

Les auteurs des infractions douanières sont généralement des auteurs désignés par la loi elle-même. Cette existence repose sur la notion d'auteur apparent de la fraude.

A l'égard des complices d'infractions douanières, les ressources de droit commun étaient inadaptées puisque la notion de complicité est inséparable de celle de l'intention. D'où le concept particulier de l' « intérêt à la fraude » ou « intéressement à la fraude ».

Quant aux conséquences pécuniaires de la responsabilité pénale, en droit commun, chacun est responsable de ses propres actes et dans les limites de ceux-ci. Par contre, en droit douanier, tous les prévenus, quel que soit leur degré de participation à la fraude, sont responsables sur le tout (article 100/D_{49}).

d) La limitation des droits des tiers

En matière douanière, la saisie des objets passibles de confiscation du chef des infractions douanières a un caractère réel ; c'est-à-dire qu'elle porte sur l'objet litigieux sans que l'on ait à se préoccuper des droits des propriétaires ou des créanciers.

L'article 92/D instruit : « Les moyens de transport utilisés pour la fraude sont saisis et confisqués quels que soient leurs propriétaires ».

Cependant l'article 104/D précise : « La main levée des marchandises et des moyens de transport saisis peut être accordée sans caution suffisante de la valeur d'après une estimation faite ».

e) L'exercice de l'action fiscale confiée à la douane

Le ministère public dit le droit pour l'application des peines, tandis que l'action pour l'application des sanctions fiscales et pécuniaires relève de l'administration des douanes.

f) Les droits des transactions

C'est un contrat organisé par l'article 109/D_{49} qui est en fait une opération par laquelle les parties (douane et contrevenant) terminent leur litige moyennant un prix fixé par eux, ou une concession réciproque : la douane s'engage à ne plus poursuivre pénalement le délinquant et celui-ci s'engage à son tour à payer en contrepartie. La spécificité du droit de transiger, la loi l'accorde au fonctionnaire douanier mais la refuse au magistrat : celui-ci étant chargé d'appliquer la loi et non de sauvegarder les intérêts de l'administration comme le ferait l'autre. Le tableau ci-après nous en donne une idée.

Comparaison illustrative entre Droit pénal douanier et le Droit commun

Tableau n° 16

Ordre	Exemples	Droit douanier	Droit commun
01	Fardeau de la preuve	En cas de saisie, le pré-sumé fraudeur présente-ra la preuve de son in-nocence (renversement du fardeau de la preuve) sauf en cas de sous-évaluation)	L'accusation doit démon-trer la culpa-bilité du pré-venu
02	Limitation du pouvoir des tribunaux	En retenant les circons-tances atténuantes, les amendes fiscales peu-vent être réduites, jus-qu'à les annuler même.	Pas de limites dans la prise en compte des circonstances atténuantes
03	Pouvoirs discré-tionnaires de l'administration	Pouvoir de : 1. réduire les péna-lités au nom du droit de transaction ; 2. passer outre à l'infraction	Pas de sanction sans action publique
04	Force probante des P. V. de douane		Les P. V. de police peu-vent être con-testés en jus-tice par ceux qui en sont in-criminés

<u>Source</u> : *C. BARBE,* Contentieux, *op. cit.*, pp. 10-11, enrichi et adapté par l'auteur.

g) La prescription

Comme nous l'avons dit dans ce travail, la peine et la sanction sont réservées à celui qui en est l'auteur, le délinquant. Toutefois, la douane ne peut conserver indéfiniment un dossier contentieux, de même qu'elle ne peut indéfiniment rechercher les auteurs des infractions.

La *prescription* est donc la période qu'encourt un droit ou une peine. Elle est un moyen d'acquérir ou de se libérer par un certain laps de temps et sous les conditions déterminées par la loi. Des dispositions particulières régissent la prescription en matière d'impôt douanier.

La prescription constitue de ce fait un droit accordé par la loi à l'auteur d'une infraction de ne plus être poursuivi depuis la perpétration d'un fait, ou, si l'auteur de l'infraction a déjà été condamné, de ne plus subir sa peine après l'écoulement d'un certain temps que la loi a déterminé.

En droit civil, elle est qualifiée de *prescription extinctive* puisqu'elle entraîne la libération d'une obligation par le non-exercice d'un droit durant une certaine période et, telle quelle, elle est une voie d'extinction des obligations.

- Quant aux marchandises régulièrement déclarées mais dont les indices sérieux de la fraude ont été prouvés, l'article 34/D_{49} détermine la prescription à **trois ans**.
- Quant aux marchandises importées ou exportées en contrebande, la prescription, au regard de l'article 36/D, est de **six ans**.

Néanmoins, les litiges nés des infractions douanières constatées régulièrement par les agents de douane ou par d'autres agents compétents, sont réglés par les soins de l'administration des douanes, soit :

- dans le cadre d'une procédure de la transaction ;
- dans le cadre d'une procédure judiciaire.

La douane se réserve toutefois l'initiative d'engager des poursuites pour le recouvrement forcé des droits dus contre les débiteurs mis en demeure.

La prescription peut être interrompue par un P. V. traitant l'affaire, par un acte de justice, par une lettre recommandée avant l'expiration du délai.

L'article 35/D_{49} dispose que la prescription est acquise irrévocablement si l'action en recouvrement une fois entamée est ininterrompue pendant un an lorsque l'affaire est en instance devant le tribunal.

3.1.5. La prime contentieuse et sa répartition

a) Les bases légales

Il est attribué aux agents de l'administration des douanes et accises ainsi qu'aux aviseurs, une prime dite « de contentieux » pour toute infraction en matière douanière ou d'accise découverte, constatée ou signalée, donnant lieu à la récupération d'une amende en plus des droits et taxes compromis ou éludés [1].

L'alinéa 2 de l'article 1er de l'ordonnance n° 88-038 précise : « *En vue de décourager les offres des fraudeurs, il est assuré à tous les agents de l'OFIDA une « prime de contentieux minimale garantie » déterminée suivant leurs fonctions, le lieu d'exercice de celles-ci et leur dernier signalement* ». Il sied de signaler que le meilleur palliatif à cette solution de rechange se trouve inscrite au point 11 de la déclaration d'Arusha du Conseil de coopération douanière concernant l'éthique douanière, qui indique la meilleure voie à suivre par l'ensemble de la communauté douanière : « La rémunération attribuée aux fonctionnaires des douanes doit être suffisante pour leur assurer un niveau de vie décent et peut dans certaines circonstances inclure des avantages sociaux comme les soins médicaux et le logement, et/ou des paiements incitatifs, primes, gratifications, etc. »[2]. Cette déclaration ou recommandation de l'OMD vient soutenir en quelque sorte le raisonnement philosophique et combien instructif des sociologues qui concluent qu' « il n'y a pas de conscience professionnelle sans soubassement matériel », c'est-à-dire que sans salaire professionnel conséquent, c'est la porte ouverte à la fraude.

b) La répartition de la prime contentieuse

L'article 3 de l'ordonnance n° 88-038 du 10 mars 1988 en détermine théoriquement la répartition. La prime de contentieux est prélevée sur l'amende encaissée, les droits et taxes compromis ou éludés étant perçus intégralement au profit du Trésor public.

La clé de répartition de la prime contentieuse a évolué en deux temps. D'abord suivant l'instruction n° DG/DC/1574/88 du 16 décembre 1988 qui, par la suite, sera modifiée par l'instruction n° DG/PDG/DCx/004/295/2000 du 23 août 2000 qui fait l'objet de la répartition ci-après par son actualité. Elle concerne la répartition des primes contentieuses sur les *transactions ordinaires* et *exceptionnelles*.

b.1. La transaction ordinaire

La répartition du montant encaissé à titre d'amende s'opère de la manière suivante :

b.1.1. Pour un dossier contentieux avec aviseur

1° Le montant total de l'amende est réparti comme suit :

60% pour le Trésor public ;

---

[1] Ordonnance n° 88-038 du 10 mars 1988 relative aux primes de contentieux payables aux agents de l'OFIDA ainsi qu'aux aviseurs.

[2] OMD, *Déclaration d'Arusha, op. cit.*

40% du montant sont versés en espèces auprès du caissier principal ou du comptable provincial des dépenses pour paiement à raison de :

20% pour l'aviseur (L'***aviseur*** est tout agent de l'OFIDA (aviseur intérieur) ou non (aviseur extérieur) ayant découvert et signalé ou donné l'information ayant conduit à la découverte de la fraude douanière ou de la contrebande.), les verbalisants(Le ***verbalisant*** est tout agent assermenté de l'OFIDA (OPJ à compétence restreinte) qui consigne et relate sur P.-V. toute infraction aux législations douanière, accisienne et conne-xes conformément aux prescrits des articles 12, 13 et 90 du décret du 29 janvier 1949.) et intervenants(L'***intervenant*** est une personne, n'étant ni verbalisant ni aviseur, qui contribue par son implication effectivement personnelle de par ses initiatives, ses écrits, son zèle, ses efforts et par son concours au recouvrement d'une créance contentieuse.) ;

10% pour la caisse du contentieux destinés aux paiements de récompenses exceptionnelles décidées par le comité de gestion (cas de prime forfaitaire) ;

10% pour le fonds social de l'Office.

2° Le montant alloué aux aviseurs, verbalisants et intervenants se répartit de la manière suivante :

10% pour les aviseurs ;

7% pour les verbalisants ;

3% pour les intervenants.

b.1.2. Pour un dossier contentieux sans aviseur

- 60% pour le Trésor public ;
- 40% reviennent à :

  20% pour les verbalisants (15%) et intervenants (5%) ;

  10% pour la caisse du contentieux ;

  10% pour le fonds social de l'OFIDA.

b.2. La transaction exceptionnelle

Pour les dossiers contentieux clôturés et décidés sans amendes par la hiérarchie, les droits éludés sont intégralement versés au compte du Trésor public. Ainsi donc, une prime forfaitaire puisée dans la caisse du contentieux sera allouée aux bénéficiaires (aviseurs, verbalisants, intervenants) sur décision du comité de gestion.

b.2.1. Pour un dossier contentieux avec aviseur

1° Le montant total de l'amende est réparti de la manière suivante :

10% pour l'aviseur ;

7% pour les verbalisants ;

3% pour les intervenants.

2° Le montant de la répartition ci-dessus est prélevé dans le fonds de la caisse du contentieux.

b.2.2. Pour un dossier sans aviseur

La prime forfaitaire puisée dans la caisse du contentieux sera répartie de la manière suivante :

15% pour les verbalisants ;

5% pour les intervenants.

La clé de répartition de la prime contentieuse telle que nous venons de l'examiner est encore loin de rencontrer l'assentiment des bénéficiaires directement impliqués. Ce qui appelle une révision, ou mieux une réforme dans cette répartition, pour qu'elle soit conséquente, d'autant plus qu'elle est liée, à la fois, à la bonne gouvernance et à ; l'éthique professionnelle du douanier qui doivent être soutenues et que l'on attend de lui.

Malheureusement, comme l'écrit Michael Keen, déjà cité, « la réforme de la structure des incitations [comme celle de la prime contentieuse] au sein de l'administration douanière représente un défi de taille dans beaucoup de pays en développement, et constitue un élément fondamental des questions de gouvernance qui se posent au secteur public d'une manière générale ». La douane congolaise est appelée à réussir sa copie en se dépassant en ce point précis, en saisissant le taureau par les cornes.

3.2. LE REGLEMENT TRANSACTIONNEL ET/OU JUDICIAIRE ET LES POURSUITES EN RECOUVREMENT DES DROITS DUS

3.2.1. La définition des bases légales

La transaction est un contrat (acte) par lequel l'administration des douanes d'une part et la personne poursuivie pour infraction douanière d'autre part terminent un litige par des conditions conclues entre elles, dans les limites des pénalités fixées par la loi pour sanctionner l'infraction concernée[1].

La transaction, comme la définit Georges R. Mathurin, constitue un véritable contrat conclu entre le redevable et la douane. Le contrevenant reconnaît l'infraction qu'il a commise et s'en remet à la bienveillance de l'administration douanière. En contrepartie, l'administration douanière renonce à son droit d'action devant les tribunaux et accorde une réduction de l'amende prévue par la législation douanière[2].

Les articles 109/D_{49} et 320/D_{50} en constituent les bases légales. Ces articles confèrent le droit de transiger en matière douanière avec le ministre des Finances qui le délègue à l'administration des douanes. Les pouvoirs d'office des transactions sont limités aux pénalités pécuniaires.

---

[1] R. KALALA MASIMANGO, *op. cit.*

[2] G.R. MATHURIN, *Petit Dictionnaire de douane*, *op. cit.* p. 92.

3.2.2. Les effets de la transaction

Elle rend inutile la poursuite de l'infraction devant les juridictions pénales. Elle produit avant le jugement définitif :

- l'annulation des actions engagées ou à engager, c'est-à-dire pas de fait d'avocat, ni d'effet judiciaire, etc.
- elle empêche toute condamnation à des peines corporelles ;
- elle empêche toute condamnation judiciaire à des peines pécuniaires : pas d'amende et pas non plus de confiscation des biens ;
- les conditions pécuniaires sont généralement beaucoup plus avantageuses que celles prévues par la loi pénale.

En définitive, la transaction est fondée sur des concessions réciproques des deux parties en litige. D'une part, la douane renonce à obtenir la condamnation judiciaire du fraudeur en contrepartie du versement volontaire de la créance due à l'Etat ; d'autre part, la personne poursuivie tire bénéfice de l'absence de poursuites judiciaires en contrepartie du paiement volontaire d'une pénalité encourue après les accords. La décision de transiger n'est prise qu'après que l'intéressé ait souscrit un engagement de transaction par écrit.

L'autorité habilitée à exercer le pouvoir de transaction est l'ADG de l'OFIDA pour un montant supérieur à 15 000$ US ; pour moins de 15 000$ US, c'est le directeur de la brigade douanière ou le directeur du contentieux et le directeur provincial.

3.2.3. L'intérêt de la transaction et les modalités d'application

Le droit de la transaction s'analyse comme un moyen efficace et rapide pour régler un litige sur le plan administratif ne présentant pas un caractère de gravité de parité (parquet).

Les modalités d'application du droit de transaction dépendent des différents actes transactionnels mis en jeu et des personnes habilitées à exercer le droit de transaction. Par ces différents actes transactionnels, cet exercice peut prendre plusieurs aspects :

a) Le passer outre

Lorsque l'infraction commise présente un caractère purement formel ou bien est dénuée de tout caractère de gravité au regard de ses conséquences économiques, fiscales ou autres, il convient dans ce cas de ne pas retenir une infraction en contentieux : l'affaire pouvant, par exemple, être réglée par le paiement des droits et taxes simplement. On est donc en présence d'un acte administratif unilatéral qui trouve sa justification dans le droit de transaction. Le droit de l'unité de pénalité l'emportant à la limite sur celui de n'en exiger qu'une.

b) La transaction

Cet engagement est souscrit soit à la signature d'un P. V., soit à l'occasion de la dispense d'un verbalisé. Celle-ci est utilisée en cas de litige de grande importance consistant en une fausse dénomination, un manquant, un excédent, une sous-évaluation, un détournement de régimes... relevés sur une déclaration, ainsi qu'en cas de contrebande. A cette occasion, le contrevenant demandera à ce que le P. V. ne lui soit pas adressé et s'engagera à s'acquitter de l'amende transactionnelle décidée. Et il déclarera en outre se désister de tout recours ultérieur au sujet de cette affaire.

Par ailleurs, dans la pratique, la détermination du montant de la transaction tiendra compte de l'égalité sociologique qui commandera l'amende.

3.3.4. Le règlement judiciaire et les poursuites en recouvrement

L'administration des douanes n'est pas astreinte à recourir absolument à la transaction pour régler un litige avec les tiers, moins encore de répondre positivement à toute requête dans ce sens. Elle se réserve la liberté d'ester devant toute juridiction compétente en la matière.

Toute infraction dont le dossier contentieux n'aboutit pas à une transaction est envoyée au ministère public qui en dispose comme d'un dossier pénal ordinaire. C'est que, dans les conditions normales d'acceptation par les parties, l'amende fiscale trouve toute sa valeur indemnitaire du fait que l'administration douanière, étant lésée dans ses intérêts privés par la fraude, applique les amendes pour s'indemniser.

L'accord entre les parties (douane et contrevenant) relève des articles 583 et suiv. du Code civil congolais. Dans l'hypothèse où l'infracteur refuse la transaction, le P. V. perd son caractère indemnitaire pour reprendre son contenu répressif.

a) Les juridictions compétentes

Les infractions douanières qualifiées par la législation *ad hoc* peuvent être, en principe, poursuivies par toutes les voies de droit. C'est dire que ces poursuites le seront suivant les règles du droit commun. Autrement dit, ce sont les dispositions du Code de procédure pénale en matière de délits qui seront en application dans ce cas. Ainsi donc, la juridiction territorialement compétente sera soit : celle du lieu de l'infraction ; celle du lieu de résidence du prévenu ou des complices ; celle du lieu de leur arrestation.

Par contre, lorsqu'un militaire est impliqué dans une infraction douanière mais non associé au(x) civil(s), l'affaire est portée devant un tribunal militaire compétent.

b) Les procédures de poursuites judiciaires

Les poursuites par voie de plainte et les poursuites par voie de citation directe sont les deux modes généralement envisagés.

b.1. Les poursuites par voie de plainte :

Cette procédure est requise par la douane en cas d'infraction douanière. Lorsqu'elle est commise par un mineur, le dépôt de la plainte est obligatoire.

La procédure par voie de plainte comprend généralement deux parties : l'exposé de la constatation ; les références des dispositions violées et des textes répressifs y relatifs. Les plaintes, une fois rédigées et annexées de toutes les pièces (P. V., pièces à conviction), sont adressées au procureur de la République pour autant de fraudeurs incriminés.

b.2. Les poursuites par voie de citation directe :

La flagrance du délit par le poids de la preuve peut déclencher immédiatement cette procédure. Ainsi les requêtes aux fins de citation directe comprendront : l'exposé des faits ; les textes et dispositions réglementaires violés et répressifs ; l'examen détaillé des pénalités requises par la législation.

Ces requêtes seront adressées au président du Tribunal de grande instance du ressort des infractions en autant d'exemplaires qu'il y a de délinquants ou de personnes civilement responsables, plus deux copies.

c) Les parties en présence

Une créance n'est considérée comme éteinte en matière douanière qu'en cas de réalisation effective de l'un des faits suivants : le paiement ; la remise de la créance émanant d'une autorité qui en a la compétence ;

- l'impossibilité d'exécution ;
- la prescription (pour rappel) qui est de trois années pour les créances douanières, accisiennes et connexes nées de la fraude, et de six années pour les créances nées de la contrebande. Alors que la créance n'est pas éteinte mais que le délai d'exigibilité est dépassé, la douane peut s'autoriser à engager la procédure de recouvrement forcé contre le débiteur en demeure. Le receveur chargé de ce recouvrement s'y engagera activement.

d) Les procédures de recouvrement

Avant même que les poursuites en recouvrement forcé ne soient déclenchées, le receveur invite le débiteur à régler les droits dus. Dans la mesure où la persuasion n'aboutit pas, le receveur activera alors cette voie de droit en établissant un ordre de paiement appelé « état de liquidation ».

Cet acte unilatéral de contrainte ne requiert pas la ratification de l'autorité judiciaire. Une fois établi et visé par le directeur attitré de la douane ou par son administrateur-délégué général, l'*état de liquidation* devient exécutoire immédiatement et doit être déposé auprès de la juridiction compétente.

D'autres procédures peuvent être utilisées pour ce faire et c'est notamment le cas de l' « injonction à payer » pour des sommes d'une certaine importance. Elle est mise en branle au moyen d'une requête adressée au président du Tribunal de grande instance.

CHAPITRE VI :
LA BRIGADE FACE AUX STATISTIQUES DES RECETTES, DES FRAUDES ET DES SAO

« Dans les rapports que vous me faites, il faut parler clairement parce que la langue des finances ne permet pas de sous-entendus ».

Napoléon BONAPARTE à Mollien
17 avril 1806

SECTION 1 : LES RECETTES DES DOUANES ET ACCISES

1.1. LES RECETTES DES DOUANES ET ACCISES REALISEES DE 1998 A 2004

Tableau n° 17
(en millions de dollars)

EXERCICES	1998	1999	2000	2001	2002	2003	2004
Recettes réalisées	**196,02**	**168,34**	**202,48**	**154,24**	**158,13**	**180,87**	**261,44**
Taux annuel moyen (1$ =)	160.910,12 NZ	4,07 FC	22,78 FC	217,25 FC	346,50 FC	403,70 FC	337,87 FC

Total des recettes : **1.321,52**
Source : Division des recettes douanières (DRD) – DG/OFIDA.

Graphique n° 12 :

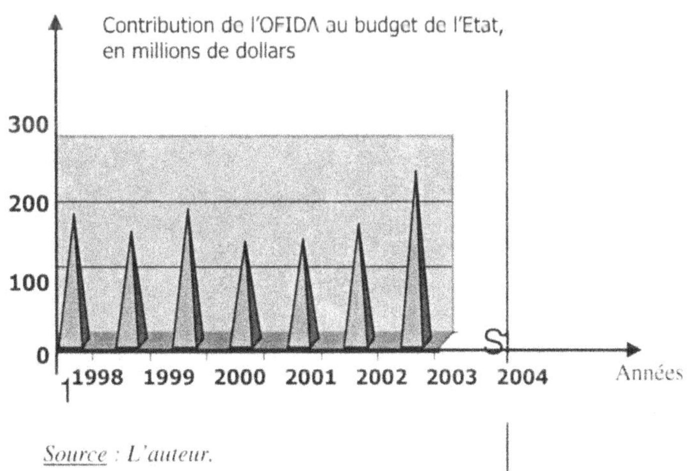

Source : L'auteur.

LES RECETTES DES DOUANES ET ACCISES REALISEES PAR LES PROVINCES DOUANIERES DE KINSHASA

Tableau n° 18
(en millions de dollars)

ANNEES	1999	2000	2001	2002	2003	2004	TOTAL
KIN-EST	49,81	52,64	33,74	31,17	38,75	86,46	**292,57**
KIN-AERO	13,40	13,69	20,44	20,38	21,43	29,44	**118,78**
TOTAL	**63,21**	**66,33**	**54,18**	**51,55**	**60,18**	**115,90**	**411,35**

Source : Division des recettes douanières – DG/OFIDA
Conception : L'auteur.

Graphique n° 13 :

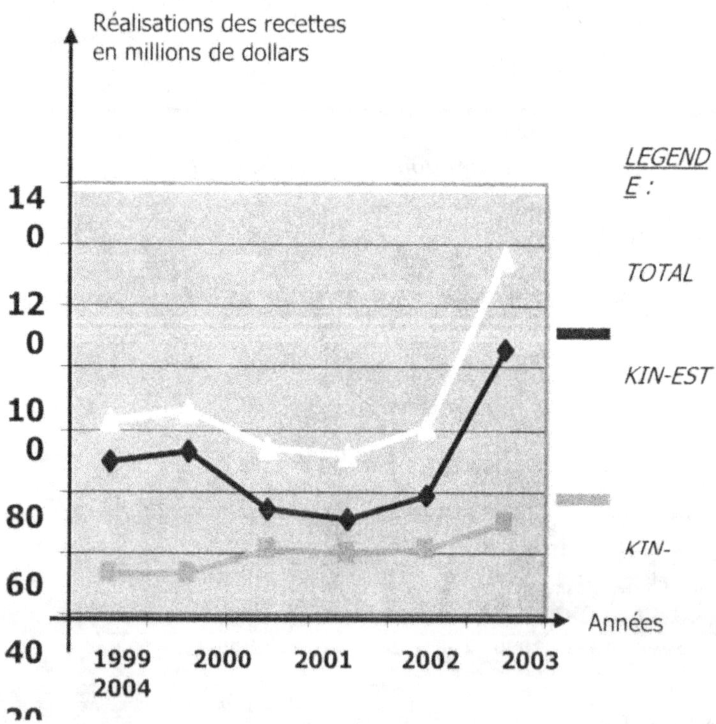

Observations : A première vue, l'ensemble des recettes réalisées par Kin-Est sur la période semble supplanter (selon les apparences) celles de Kin-Aéro qui n'ont qu'un poids de 28,88% sur l'ensemble de ces deux provinces. Alors que les recettes de Kin-Est proviennent de ses 26 bureaux principaux de recettes qui sont en fait le prolongement des activités douanières de Matadi et de Boma, celles de Kin-Aéro ne sont réalisées que dans 5 bureaux principaux de recettes seulement (Kin-Aéro N'Djili, DHL, Colis postaux, Kinservices express, Generalco). Une répartition proportionnelle de toutes les recettes provinciales de chaque bureau place, en qualité, Kin-Aéro en tête presque au quadruple, avec 39,593 millions de $US par bureau de recettes alors que celui de Kin-Est n'a réalisé que 11,253 millions de recettes.

1.3. LA DIMENSION TECHNIQUE ET LE CONTREPOIDS DE LA BRIGADE DOUANIERE

1.3.1. L'illustration des prétendues 'tracasseries douanières'

L'accusation est vite portée contre ce corps quand une déclaration librement souscrite par le commissionnaire en douane ou son déclarant est mise en cause. Sans chercher à couvrir ce mal (tracasserie) que nous pouvons opposer au lot de vices qui gangrènent l'ensemble de notre administration publique, la tracasserie n'est pas l'apanage de la douane, moins encore celui de la Brigade douanière.

Rappelons tout de même qu'en plus de la répression systématique de la contrebande sur laquelle la Brigade focalise sa lutte, ce service fait techniquement le contrepoids véritable de la vérification douanière devant laquelle il fait sa saine émulation.

- Deux exemples (à titre illustratif):

1° La dénonciation d'un conciliabule, monté sur une déclaration entre un opérateur économique (ou son déclarant) et un douanier chevronné mais troquant son savoir professionnel en échange d'un pot-de-vin peut bien faire l'affaire de la brigade en faveur du Trésor :

- Les pièces de rechange d'un véhicule de la position tarifaire **87.08** avec **24,3%** du CIF de droits à payer au Trésor sont délibérément taxés à la position similaire de la dénomination tarifaire **84.31,** imposée à **8,15%,** qui est d'un taux inférieur aux droits de la marchandise à payer. Cette forfaiture, commise dans la rouerie douanière du félon vérificateur avec l'opérateur économique, inflige au Trésor public un manque à gagner cinglant. Ce dernier sur le CIF à déclarer est de l'ordre de **24,3% - 8,15%**, soit **16,15%** de recettes compromises ou éludées au grand dam du Trésor public. La même interprétation est portée sur les illustrations composées des tableaux 19 B, C et D.

Synthétisons dans les tableaux suivants :

Tableau n° 19 : La fraude par fausse dénomination couplée à la sous-évaluation par assimilation des dénominations tarifaires

(A)

N°	**Dénominations et chapitres tarifaires**	**Positions tarifaires**	**Droits de douanes (DD + ICA)**
01	Parties et accessoires des véhicules automobiles des n° 87.01 à 87.05 (communément appelées « pièces de rechange »)	87.08	24,3%
02	Parties des machines ou appareils des n° 84.31 à 84.34	84.30	(-) 8,15%
03	**Droits éludés ou compromis par la fraude (01 - 02) :**		**16,15%**

(B)

N°	**Dénominations et chapitres tarifaires**	**Droits de douanes DD + ICA**
01	Riz en brisures (kg) : 1006.40.00	24,30%
02	Riz décortiqué (riz cargo ou brin) (kg) : 1006.20.00	(-) 18,65%
03	**Droits éludés ou compromis par la fraude (01 - 02) :**	**5,65%**

(C) : Produits d'accises

N°	**Dénominations et chapitres tarifaires**	**Droits de douanes (DD + ICA)**
01	Vins enrichis en alcool titrant 15° et plus (kg/l) : 2204.21.10	40,6%
02	Vins enrichis en alcool ; autres moûts des raisins (kg/l) : 2204.30.00	(-) 24,6%
03	**Droits éludés ou compromis par la fraude (01 - 02) :**	**16,0%**

(D)

N°	Dénominations et chapitres tarifaires	Droits de douanes (DD + ICA)
01	Viandes et abats comestibles ; coqs et poules à rôtir (kg) : 0207.11.10	(-) 24,3%
02	Viandes et abats comestibles ; foies gras, frais ou réfrigérés (kg) : 0207.34.00	25,6%
03	**Droits éludés ou compromis par la fraude (02 - 01) :**	**1,3%**

2° A. Produits mélangés

Les produits mélangés ayant des propriétés thérapeutiques et/ou prophylactiques sont considérés, dans tous les cas (sous la forme de doses ou pas), comme des produits pharmaceutiques à classer au chapitre 30.

Exemple : Médicaments contenant de la pénicilline : 3003.10.00

B. Produits non mélangés

1) Les produits non mélangés à l'état naturel ayant des effets ou propriétés thérapeutiques et prophylactiques sont considérés comme des produits pharmaceutiques seulement lorsqu'ils sont présentés sous forme de doses.

Exemple : Quinine, antibiotique, ampicilline (en gélules, en comprimés, en flacons, etc.) sont classés au chapitre 30.

- Ampicilline : 3004.10.10 (➔DD + ICA : 20% + 13% = **35,6%**).

2) Les mêmes produits (ci-dessus évoqués) présentés en vrac (pas sous forme de doses), soit dans des fûts ou touques... sont plutôt classés au chapitre 29 comme des produits chimiques, bien qu'ayant des propriétés thérapeutiques et/ou prophylactiques.

Exemple : Quinine, antibiotique... déclarés et contenus dans une touque.

Quinine : 2939.21.00 (➔DD + ICA : 5% + 13% = **18,45%**).

Le décryptage technique de toutes ces opérations de fraudes montre le préjudice causé aux droits du Trésor : non seulement la marchandise est déclarée sous une fausse dénomination tarifaire pour l'application d'un taux minoré par rapport à sa vraie position, mais en plus, la valeur en douane est fortement sous-évaluée au niveau du CIF. Cette dévaluation de la base imposable part de fausses factures (FOB), du fret (en faussant la provenance ou l'origine de la marchandise), etc.

Par ailleurs, la loi tarifaire et la valeur en douane actuellement en vigueur (valeur transactionnelle), partant de la structure actuelle du tarif des droits et taxes, regroupent :

- certaines marchandises au taux unique de 5% (biens d'équipement, matières premières brutes, intrants agricoles, pharmaceutiques et d'élevage, collections CKD, machines automatiques, laits et autres préparations pour enfants, etc.) avec 3% de l'ICA ;
- d'autres marchandises au taux unique de 10% (collections MKD, produits alimentaires de grande consommation, d'autres intrants, les pièces de rechange, détachées et accessoires...) avec 13% de l'ICA ;
- le taux unique de 20% ne frappe que les autres produits finis avec 13% d'ICA.

Le champ des opérations de fraude est allègrement vaste pour opérer dans les méandres des interprétations des règles générales, des exclusions, des notes explicatives du tarif... qui n'arrangent aucun délinquant fraudeur quand la brigade douanière y recourt en professionnelle.

• Observations techniques et technologiques

Pour besoin d'illustration, le produit ou la marchandise étant nommément cité dans la nomenclature tarifaire, l'attention à la fois du fraudeur et de la brigade sera attirée sur le taux le plus favorable à chacun pour sa cause. Pour le fraudeur, c'est le taux le plus bas à payer, en tentant de passer stratégiquement outre au conditionnement du produit (en touque, en gélule, en comprimé, en flacon, en fût...) qui détermine obligatoirement le taux applicable. En faisant un rapide calcul de coût et de bénéfice, il est clair qu'il gagne plus qu'il ne perd. Tandis que pour la brigade, en plus de la vraie base tarifaire de la marchandise ou du produit, son flair l'orientera sur son conditionnement dont les aspects technologiques précisent le vrai taux à appliquer. Le tableau ci-après étale la part léonienne de la fraude :

Les fraudes par glissement tarifaire des produits mélangés et non mélangés (cas des produits pharmaceutiques)

Tableau n° 20

N°	Dénominations et chapitres tarifaires	Positions tarifaires	DD+ICA
A. 01 02	1. Inversion des positions tarifaires a. Produits mélangés/non mélangés - Médicament contenant de la pénicilline (chapitre 30) (en flacons ou pas) … - Pénicilline (en flacons →chapitre 30) ...	3003.10.00 3004.10.00	(-) 24,3% 35,6%
03	**Droits éludés ou compromis par la fraude (02 – 01) :**		**11,3%**
B. 04 05	2. Inversion des taux et positions tarifaires b. Produit non mélangé contre un autre Quinine (en comprimés → chapitre 30) Quinine (en touque → chapitre 29)……	3004.10.10 2939.21.00	35,60% (-) 18,45%
06	**Droits éludés ou compromis par la fraude (03 – 04) :**		**17,15%**

Source *: L'auteur.*

Constat général :

1) L'impact négatif de la fraude sur les recettes dues au Trésor public dans le tableau n° 19A est de :

$$\frac{16{,}15\% \times 100}{24{,}3\%} = \mathbf{66{,}46\%}$$

2) L'impact négatif de la fraude sur les recettes dues au Trésor public dans le tableau n° 20 est de :

$$\frac{(11{,}3\% + 17{,}15\%)}{(35{,}6\% + 35{,}6\%)} \times 100 = \mathbf{40\%}$$

3) L'impact négatif moyen de la fraude sur ces deux exemples est de :

$$\frac{66{,}46\ \% + 40\ \%}{2} = \mathbf{53{,}23\%}$$

1.3.2. L'évaluation et le calcul des droits par les coefficients

Le contrôle de l'exactitude du montant de la valeur totale et sa répartition équitable sur les différentes espèces déclarées sont opérés par application du coefficient de répartition au montant facturé correspondant à chaque article.

Ce coefficient permet également de vérifier l'existence des glissements des valeurs unitaires (manipulations à la baisse) des marchandises fortement taxées et inversement pour celles bénéficiant d'une fiscalité plus favorable, dans le cas où la déclaration comporte plusieurs articles soumis à une fiscalité différente[1]. C'est ici que s'évadent les droits dus au Trésor.

Nous distinguons 4 sortes de coefficients pour ce calcul :

a) Le coefficient au FOB (ou au CIF) ;
b) Le coefficient au fret ;
c) Le coefficient au poids brut ;
d) Le coefficient au colis.

a) Le coefficient au FOB (ou au CIF)

- Facture avec plusieurs marchandises (espèces différentes) ;
- Même fret ;
- Même assurance ;
- Même monnaie transactionnelle ;
- Envoi total.

b) Le coefficient au fret

- Même facture ;
- Même fret ;
- Plusieurs marchandises (espèces différentes) ;

---

[1] H. MOKINDI LIPEMBA, *Moyens et méthodes de vérification & LCF, op. cit.*, Kinshasa, 2004-2005.

- Monnaie différente ;
- Envoi total.

c) Le coefficient au poids brut
- Même facture ;
- Même fret ;
- Marchandises d'espèces différentes ;
- Même monnaie transactionnelle ;
- Envoi total.

d) Le coefficient au colis
- Même facture ;
- Marchandises de même nature ou espèce ;
- Envoi partiel ou dédouanement partiel ;
- Même monnaie transactionnelle.

Dès lors, pour appliquer la formule spécifique à chaque cas, il sera exigé, pour la vérification ou le calcul des droits, le *document de transport* et la *facture* parmi les pièces jointes à la déclaration.

1.3.3. Moralité

La dénonciation ou la mise à nu par la Brigade douanière de cette tricherie, sur coup et sur pièce de l'inadéquation technique entre la position tarifaire correspondante et la marchandise, la met subjectivement sur la sellette (de banc des accusés de tracasseries douanières) par les non-initiés à la vérification douanière de fond. Alors que les détracteurs se régalent sur la forme pour se lancer dans une longue diatribe contre la Brigade douanière – par assimilation des dénonciations tarifaires – que fondent les récriminations en dilettante. Et c'est en guise d'étendard qu'ils brandissent ces contrôles et contre-vérifications en accusation comme des « tracasseries douanières de la Brigade », des pis-aller pour faire entendre leur raison, afin de trouver appui auprès de l'opinion, des hiérarchies politiques et autres partisans de l'OFIDA inféodés à leur cause, mais ignorant tout de ce savoir technique et technologique. Comme le dit le général boer Petrus Jacobus Joubert (RSA) dans sa citation : « Quand mes amis sont borgnes, je les regarde de profil » en cette matière douanière. C'est en cela que le flux grossissant des fraudes douanières a l'envergure de la plus grosse activité la moins fatigante en rentabilité financière, bien plus subtile, qui attire les hordes de ses barons.

Sur près de 6 000 marchandises que compte la nomenclature tarifaire, ce manque à gagner, mieux ce « trophée de fraudes », peut être porté à autant d'exposants imaginables au grand dam du Trésor. Ces fraudes portent sur l'interprétation de 6 règles générales du Système harmonisé valable pour sa nomenclature à 6 chiffres. Pour rappel, toutes ces marchandises sont groupées en *sections, chapitres, positions* et *sous-positions tarifaires*, avec leurs notes explicatives spécifiques.

Aucune technique sophistiquée, ni convention, moins encore une réglementation, sinon des émules techniciens rompus à la vérification et à la contre-vérification au chrono au sein de la Brigade douanière, dotés et usant de leurs cinq sens, doublés en plus d'un flair professionnel (6e sens), permettent de déceler les stratagèmes ou les subterfuges des fraudeurs qui se montent dans des officines spécialisées. Les conséquences de la fraude étant froidement catastrophiques sur les recettes (illustrations des tableaux n° 19 et 20), la Brigade douanière apparaît de toute évidence donc comme un bouclier et un parapet qui protègent la douane et le Trésor public contre toutes ces nuisances financières. Comme le laissent illustrer ces quelques exemples qu'une certaine opinion accuse faussement de « tracasseries douanières », nous pouvons les étendre à volonté sur d'autres positions tarifaires de marchandises, comme celles du chapitre 2 par rapport à celles du chapitre 12 ; du chapitre 4 à ceux des chapitres 16, 19, 21 ; etc.

La maîtrise des arcanes de ces spécificités techniques et technologiques tarifaires trouve sa justification dans la maxime technico-philosophique qui nous a inspiré et que nous avons inscrite en 2e épigraphe au début de ce travail et qui peut être ainsi paraphrasé : *« L'opérateur douanier doit pénétrer l'esprit de la Brigade douanière plutôt que d'en connaître l'apparence »* soutient bien l'existence et la présence permanentes de la Brigade aux frontières et lors de la vérification physique des marchandises.

Ce genre de débats hautement techniques et technologiques sur le classement des différentes marchandises les unes par rapport aux autres peut, par exemple, ouvrir légalement la voie autorisée à la *soumission*[1] pour départager les contestations sur la question soulevée. Ce qui, à première vue, paraît souvent être une tracasserie douanière. Car les conclusions de la « soumission » relèvent donc de l'expertise douanière pour clore tout désaccord entre les parties.

Dans la pratique, nous distinguons deux types de soumission : Soumission *a priori* et Soumission *a posteriori.*

a) La soumission *a priori* : elle s'observe ou se constate lorsque, pour parer à toute contestation ultérieure par la douane, l'importateur requiert préalablement son avis (celui de la douane) sur la position tarifaire, la valeur... d'une marchandise donnée. La position technique de la douane devant donner lieu à un avis de classement (servant désormais de base et de référence jurisprudentielle).

b) La soumission *a posteriori* : elle naît de la contestation de l'importateur sur l'avis technique, technologique et tarifaire de la douane. Cette

[1] La soumission a été instituée dans le cadre de la convention de Kyoto en vue d'assurer la fluidité du commerce international et la facilitation dans la procédure de dédouanement des marchandises à la frontière.

soumission doit être motivée sur des faits vérifiables spécifiques de la marchandise liés par exemple au poids, à la couleur, à la longueur, à l'épaisseur, au volume, à la nature, à la superficie... lors d'un contrôle physique de la marchandise, entraînant le dressement d'un P.V. par le vérificateur. En cas de vive contestation technique et technologique entre les parties et compte tenu de l'importance du contentieux éventuel en vue, l'importateur ou l'exportateur peut recourir au Conseil judiciaire d'appel tel qu'exposé à la section 1.5.1 à 1.5.4 du chapitre V ci-dessus.

SECTION 2 : LES ETATS DES DOSSIERS CONTENTIEUX DE 1998 A 2004

2.1. A LA DIVISION DU CONTENTIEUX

2.1.1. Les tableaux et graphiques

Les données chiffrées étant éparses, difficiles à reconstituer et peu fiables en 1998 et 1999, la période allant de 2000 à 2004 étant seule disponible en données chiffrées, elle a donc été retenue par notre étude.

Le niveau de traitement administratif des contentieux en 2000

Tableau n° 21

Niveau d'exécution	Nombre de dossiers	Droits éludés ou compromis	Amendes	Total	Rapports propor-tionnels (%)
Dossiers conten-tieux intégralement recouvrés	73	11.828.369 FC	15.177.038 FC	27.005.407 FC	17,00
Dossiers partielle-ment payés	9	5.345.485 FC	6.557.517 FC	11.903.002 FC	7,49
Dossiers non recouvrés (avec décision)	16	31.837.757 FC	34.736.283 FC	66.574.040 FC	41,92
Dossiers en cours d'instruction (encore sans décision)	0	0	0	0	0
Dossiers mal montés (classés sans suite)	5	19.014.862 FC	19.355.683 FC	38.370.545 FC	24,16
Dossiers annulés	6	5.299.154 FC	5.299.154 FC	10.598.308 FC	6,67
Dossiers prescrits (pour transmission tardive)	0	0	0	0	0
Créances à recou-vrer sur les dossi-ers partiellement payés	-	688.278 FC	3.691842 FC	4.380.120 FC	2,76
TOTAL	109	74.013.905 FC	84.817.517 FC	158.831.422 FC	100

Source : *Rapport annuel 2000 de la division du contentieux DG/OFIDA.*

Le niveau de traitement administratif des contentieux en 2001

Tableau n° 22

Niveau d'exécution	Nombre de dossiers	Droits éludés ou compromis	Amendes	Total	Rapports proportionnels (%)
Dossiers contentieux intégralement recouvrés	17	12.139.577 FC	9.523.222 FC	21.662.789 FC	2,04
Dossiers partiellement payés	1	516.022 FC	-	516.022 FC	0,05
Dossiers non recouvrés (avec décision)	37	263.257.131 FC	263.336.255 FC	526.593.387 FC	49,56
Dossiers en cours d'instruction (encore sans décision)	28	185.546.838 FC	171.842.005 FC	357.388.843 FC	33,64
Dossiers mal montés (classés sans suite)	6	965.315 FC	965.315 FC	1.930.630 FC	0,18
Dossiers annulés	0	0	0	0	0
Dossiers prescrits (pour transmission tardive)	1	76.952.184 FC	76.952.184 FC	153.904.368 FC	14,98
Créances à recouvrer sur les dossiers partiellement payés	-	-	516.022 FC	516.022 FC	0,05
Total	90	539.377.067	5232135.003 FC	1.062.512.070 FC	100

Source : Rapport annuel 2001 de la Division du contentieux DG/OFIDA.

Le niveau de traitement administratif des contentieux en 2002

Tableau n° 23

Niveau d'exécution	Nombre de dossiers	Droits éludés ou compromis	Amendes	Total	Rapports Proportionnels (%)
Dossiers contentieux intégralement recouvrés	11	317.411 FC	60.698 FC	378.109 FC	13,02
Dossiers partiellement payés	4	101.008 FC	104.331 FC	205.339 FC	7,07
Dossiers non recouvrés (avec décision)	34	333.089 FC	498.275 FC	831.364 FC	28,62
Dossiers en cours d'instruction (encore sans décision)	39	698.834 FC	-	698.834 FC	24,06
Dossiers mal montés (classés sans suite)	2	15.159 FC	15.159 FC	30.318 FC	1,04
Dossiers annulés	6	152.326 FC	55.081 FC	207.407 FC	7,14
Dossiers prescrits (pour transmission tardive)	0	0	0	0	0
Créances à recouvrer sur les dossiers partiellement payés	-	474.025 FC	79.005 FC	553.030 FC	19,04
	96	2.091.852 FC	812.549 FC	2.904.401 FC	100

Source : Rapport annuel 2002 de la division du contentieux DG/OFIDA.

Le niveau de traitement administratif des contentieux en 2003

Tableau n° 24

Niveau d'exécution	Nombre de dossiers	Droits éludés ou compromis	Amendes	Total	Rapports proportionnels (%)
Dossiers contentieux intégralement recouvrés	2	3.418 FC	1.834 FC	14.252 FC	0,50
Dossiers partiellement payés	3	9.523 FC	3.035 FC	12.558 FC	0,44
Dossiers non recouvrés (avec décision)	53	639.586 FC	639.586 FC	1.279.172 FC	44,82
Dossiers en cours d'instruc-tion (encore sans décision)	28	1.405.438 FC	-	1.405.438 FC	49,25
Dossiers mal montés (classés sans suite)	2	6.729 FC	6.729 FC	13.458 FC	0,47
Dossiers annulés	1	59.581 FC	59.581 FC	119.162 FC	4,18
Dossiers prescrits (pour transmission tardive)	0	0	0	0	0
Créances à recouvrer sur les dossiers partiellement payés	-	1.500 FC	8.311 FC	9.811 FC	0,34
	89	2.125.775 FC	728.076 FC	2.853.851 FC	100

Source : Rapport annuel 2003 de la division du contentieux DG/OFIDA.

Le niveau de traitement administratif des contentieux en 2004

Tableau n° 25

Niveau d'exécution	Nombre de dossiers	Droits éludés ou compromis	Amendes	Total	Rapports proportionnels (%)
Dossiers contentieux intégralement recouvrés	9	105.454 FC	101.961 FC	207.415 FC	0,33
Dossiers partiellement payés	16	3.012 FC	33.391 FC	36.403 FC	0,06
Dossiers non recouvrés (avec décision)	160	1.155.540 FC	1.155.540 FC	2.311.080 FC	3,66
Dossiers en cours d'instruc-tion (encore sans décision)	28	60.154.488 FC	-	60.154.488 FC	95,26
Dossiers mal montés (classés sans suite)	0	0	0	0	0
Dossiers annulés	6	40.380 FC	40.380 FC	80.760 FC	0,13
Dossiers prescrits (pour transmission tardive)	0	0	0	0	0
Créances à recouvrer sur les dossiers partiellement payés	-	201.692 FC	154.131 FC	355.823 FC	0,56
	219	61.660.566 FC	1.485.403 FC	63.145.969 FC	100

Source : Rapport annuel 2004 de la division du contentieux DG/OFIDA.

Schéma n° 18

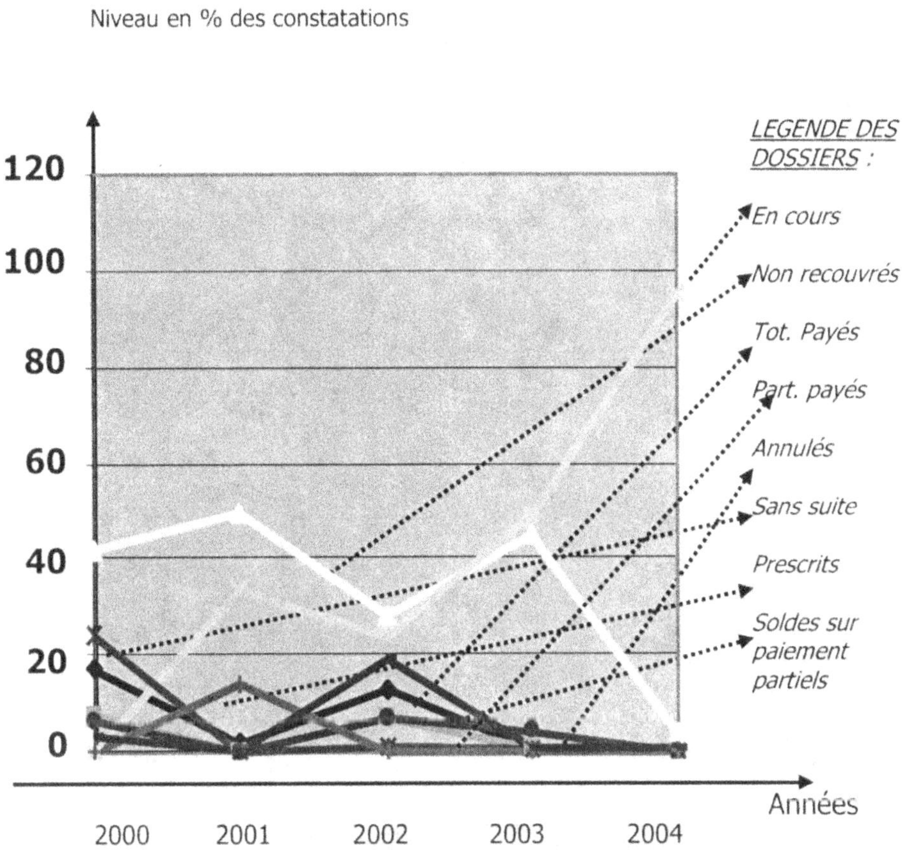

Source : l'auteur

En compulsant l'ensemble de dossiers contentieux, chaque rubrique présente une spécificité propre à elle ; telle est l'évolution de chacune de leurs courbes respectives. Ainsi se dégage-t-il de l'interprétation de ce schéma que la phase de l'instruction administrative des « dossiers contentieux en cours » par exemple est très élastique. Cette élasticité s'observe par la tendance du pic de sa courbe : ce qui autorise d'affirmer que près de la moitié de ses dossiers aboutissent difficilement à la signature de l'acte d'engagement transactionnel par les deux parties (verbalisant et contrevenant). Ce qui dénote en partie une certaine trivialité dans la prise dilatoire de décisions pour clore ces dossiers.

Schéma n° 19

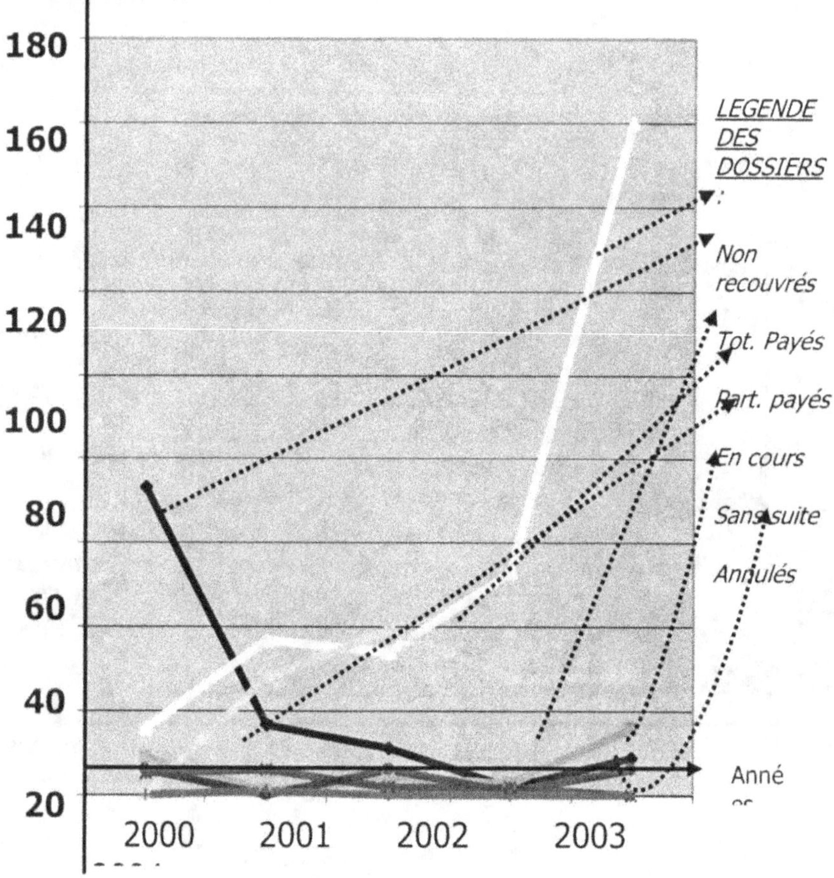

Source : l'auteur

Ce schéma n° 19 indique par contre le faible niveau de recouvrement des dossiers contentieux se traduisant par l'ascendance de la courbe des dossiers non recouvrés. Il se justifie notamment par le temps relativement long consacré à l'instruction administrative desdits dossiers comme indiqué sur le schéma n° 18. En revanche, la chute de la courbe des dossiers totalement payés s'explique par le simple fait que plus un dossier contentieux tend vers sa prescription plus sa marge de recouvrement s'accroît.

2.1.2. Les explications des concepts en rubriques :

a) Dossiers contentieux intégralement recouvrés

Ce sont des dossiers dont la totalité des créances contentieuses infligées aux contrevenants ont été totalement apurées pendant l'exercice. La créance contentieuse ou la dette contentieuse est le montant des droits et taxes éludés ou compromis majoré des amendes transactionnelles, le tout arrêté par l'autorité douanière compétente (ADG, directeur provincial ou directeur du contentieux) par voie de décision fixant les conditions d'assouplissement ou de clôture du litige.

b) Dossiers contentieux partiellement payés

Ce sont ceux dont les contrevenants se sont acquittés seulement d'une partie de la créance. Il peut s'agir d'un paiement partiel des droits ou des amendes qui pourront être apurés par paiements échelonnés suivant un échéancier arrêté.

c) Dossiers contentieux non recouvrés (avec décision)

Il s'agit des dossiers contentieux sanctionnés par des décisions transactionnelles (arrêtées par l'autorité douanière compétente) fixant les conditions d'extinction de ces litiges, mais pour lesquels les contrevenants ne se sont pas encore exécutés. L'action en recouvrement des créances contentieuses amorcée par l'administration n'a pas encore produit le résultat escompté.

d) Dossiers contentieux en cours d'instruction

Cette rubrique touche les dossiers présumés contentieux et pour lesquels les contrevenants sont invités à présenter leurs moyens de défense en vue de justifier les griefs retenus à leur charge. Les échanges ou débats contradictoires résultants entre verbalisants et contrevenants peuvent donner lieu à la confirmation de l'infraction ou carrément à son annulation.

Tant que la culpabilité ou la non-culpabilité des faits reprochés n'est pas encore démontrée, le dossier est dit « *en cours d'instruction* » administrative.

D'une manière générale, l'instruction administrative prend fin au moment de la signature par les deux parties (verbalisant et contrevenant) de l'acte d'engagement transactionnel. Mais la question administrative du litige, quant à elle, continue de demeurer jusqu'au paiement intégral ou à l'apurement du contentieux.

e) Dossiers contentieux classés sans suite ou mal montés

Ce sont des dossiers qui, lors de leur instruction administrative, ont démontré la fausseté des griefs mis à charge des contrevenants. Leur poursuite étant de ce fait sans fondement juridique, ces dossiers seront classés sans suite et par conséquent quittes de pénalité pécuniaire infligée.

La fausseté des faits reprochés aux contrevenants peut être prouvée soit par ces derniers lors des échanges et débats contradictoires (contrevenants > < verbalisants), soit par les services du contentieux lors de l'examen minutieux du litige.

f) Dossiers contentieux annulés

A l'instar de ce qui vient d'être dit, le *classement sans suite* intervient avant la décision transactionnelle, tandis que l'annulation porte sur les contentieux *préalablement sanctionnés* par une décision transactionnelle.

L'annulation peut être motivée par plusieurs raisons dont notamment :

1. Les insuffisances de fond ou de forme constatées dans le dossier du fait de :
   - ➔ procès-verbal non signé au contrevenant ;
   - ➔ procès-verbal à charge d'un contrevenant non identifiable ou non localisable (sans adresse physique) ;
   - ➔ absence d'éléments probants… ;
2. Les interférences politiques et autres ;
3. La décision de l'autorité douanière (par son pouvoir discrétionnaire).

g) Dossiers contentieux prescrits

Les dossiers contentieux prescrits sont ceux pour lesquels l'action en recouvrement total ou partiel des droits, taxes et amendes dus n'est pas réalisée dans le timing légal et tombe dans la prescription ou l'annulation.

Rappelons tout de même que pour les marchandises régulièrement déclarées, l'action en recouvrement total ou partiel des droits est prescrite après **trois ans** partant de la date de la déclaration ; tandis que pour les marchandises fraudées en contrebande ou irrégulièrement déclarées, l'action en recouvrement des droits et amendes est prescrite après **six ans** courant à partir de la date à laquelle l'infraction a été commise.

2.2. A LA DIRECTION PROVINCIALE DE LA BRIGADE DOUANIERE DE KINSHASA

Par la Note de service n° DG/PDG/001/98 du 5 janvier 1998 portant exécution des divisions de la brigade douanière et des statistiques et de la documentation, la brigade douanière se recherchait encore dans l'effectivité de son établissement et le démarrage de ses missions. C'est ainsi que l'année 1998 est creuse dans la tenue normative de son rapport d'activités et, par conséquent, elle ne dispose pas de données chiffrées fiables sur lesquelles nous devrions dresser le tableau y afférent.

2.2.1. Le niveau de traitement administratif des contentieux en 1999

Tableau n° 26

Taux annuel moyen : 4,07 FC

Niveau d'exécution	Nombre de dossiers	Droits éludés	Amendes	TOTAL	%
Dossiers contentieux recouvrés	16	1.119.588,51 FC	372.561,51 FC	1.492.150,02 FC	27,44
Dossiers Contentieux non recouvrés	46	3.946.415,69 FC	-	3.946.415,69 FC	72,56
TOTAL	62	5.066.004,20 FC	372.561,51 FC	5.438.565,71 FC	100,00
Total prime contentieuse rétrocédée à la Brigade :				**46.274,90 FC**	

Source : Rapport annuel 1999, Direction de la brigade douanière de Kinshasa
Concept : L'auteur

2.2.2. Le niveau de traitement administratif des contentieux en 2000

Tableau n° 27

Taux annuel moyen : 22,78 FC

Niveau d'exécution	Nbre de dossiers	Droits éludés	Amendes	TOTAL	%
Dossiers conten-tieux recouvrés	15	1.249.732,00 FC	4.512.781,00 FC	5.762.513,00 FC	21,39
Dossiers contentieux non recouvrés	29	6.346.595,40 FC	14.823.531,40 FC	21.170.126,80 FC	78,61
TOTAL	44	7.596.327,40 FC	19.336.312,40 FC	26.932.639,80 FC	100,00
Total prime contentieuse rétrocédée à la Brigade : non indiquée					

2.2.3. Le niveau de traitement administratif des contentieux en 2001

Tableau n° 28

Taux annuel moyen : 217,25 FC

Niveau d'exécuti°	Nombre de dossiers	Droits éludés	Amendes	TOTAL	%
Dossiers contentieux recouvrés	49	12.826.386,00 FC	1.689.652,00 FC	23.516.038,00 FC	4,45
Dossiers contentieux non recouvrés	38	189.216.835,00 FC	316.144.414,00 FC	505.361.249,00 FC	95,55
TOTAL	87	202.043.221,00 FC	326.834.066,00 FC	528.877.287,00 FC	100,00
Total prime contentieuse rétrocédée à la Brigade : 2.420.520 FC, soit 11.597 $US					

Source : Rapport annuel 2001, Direction de la Brigade douanière de Kinshasa.
Conception : L'auteur.

2.2.4. Le niveau de traitement administratif des contentieux en 2002

Tableau n° 29

Taux annuel moyen : 346,50 FC

Niveau d'exécution	Nbre de dossiers	Droits éludés	Amendes	TOTAL	%
Dossiers contentieux recouvrés	12	32.724.625,00 FC	4.233.012,00 FC	37.957.637,00 FC	8,40
Dossiers contentieux non recouvrés	54	207.047.748,00 FC	207.047.748,00 FC	414.095.496,00 FC	91,60
TOTAL	66	240.772.372,00 FC	211.280.760,00 FC	452.053.133,00 FC	100,00
Total prime contentieuse rétrocédée à la Brigade : 394.686 FC, soit 1.139 $US					

<u>Source</u> : Rapport annuel 2002, direction de la brigade douanière de Kinshasa.
<u>Conception</u> : L'auteur.

2.2.5. Le niveau de traitement administratif des contentieux en 2003

Tableau n° 30
Taux annuel moyen : FC 403,70

Niveau d'exécution	Nombre de dossiers	Droits éludés	Amendes	TOTAL	%
Dossiers contentieux recouvrés	-	-	-	-	-
Dossiers contentieux non recouvrés	11	-	-	-	100,00
TOTAL	-	-	-	-	100,00
Total prime contentieuse rétrocédée à la Brigade : Néant -					-

<u>Source</u> : Rapport annuel 2003, Direction de la brigade douanière de Kinshasa.
<u>Conception</u> : L'auteur.

Le rapport de la Brigade douanière rapporte ainsi la situation contentieuse de l'exercice 2003 :

« Au cours de l'année 2003, l'Inspection de la prévention et de la recherche a dressé 11 projets de procès-verbaux d'infractions en matière douanière à charge des prévenus contrevenants.

A cet effet, la direction provinciale a lancé plusieurs invitations à cette dernière afin de lui présenter ses moyens de défense.

Cependant, aucun d'entre eux n'a pu le faire, raison pour laquelle la direction susmentionnée a soumis trois procès-verbaux à charge de l'agence [...] et un projet de mise en demeure, laquelle était revêtue de l'accord de monsieur l'administrateur délégué général.

Etant entendu que l'agence [...] n'a pas daigné répondre à la mise en demeure, la direction provinciale de la brigade a une fois de plus proposé à l'autorité « un projet de suspension de l'agence ci-haut décrite »[1].

Si besoin de démonstration de l'inefficacité de la Brigade douanière était encore à prouver, cet exercice 2003 porte véritablement les stigmates d'une réelle et cruelle farce de la répression sur la fraude douanière. L'argument et même la justification avancés par cette direction pour justifier cette carence dans l'exécution de sa mission de répression transpirent un pis-aller et un faux-fuyant qui ne collent pas à un corps revêtu du pouvoir de la puissance publique que lui a légué le législateur.

Se ralliant à cette analyse, le jugement de la rédaction du *Libre Débat* est loin de la complaisance : « Tous les observateurs neutres sont d'avis que la Brigade douanière brille par une sorte de médiocrité [...]. En effet, spécialistes des coups fourrés, les inspecteurs et contrôleurs ne remplissent pas convenablement leurs devoirs et obligations professionnels. Devoirs et obligations consistant à surveiller les frontières douanières nationales et à rechercher la fraude douanière sur toute l'étendue du territoire douanier de la R. D. Congo [...] – Paradoxalement, ces dossiers se doivent de jouer le rôle de chiens de garde des Libanais et Indiens évoluant paisiblement dans les secteurs de l'import et de l'export pour servir leurs intérêts personnels au détriment de ceux de toute une nation ».[2]

---

[1] Cf. Rapport annuel 2003 de la Brigade douanière de Kinshasa, p. 19.

[2] Cf. Le LIBRE DEBAT, « OFIDA : La face cachée de la brigade douanière – causes et conséquences du contrat de partenariat Office de douane – Bivac, la corruption des contrôleurs et des inspecteurs », *Le Libre Débat* n° 450 du vendredi 1er février 2008, Kinshasa, p. 5, col. 2, 3.

2.2.6. Le niveau de traitement administratif des contentieux en 2004

Tableau n° 31

Niveau d'exécution	Nombre de dossiers	Droits éludés	Amendes	TOTAL	%
Dossiers contentieux recouvrés	-	1.476.832,00 FC	-	1.476.832,00 FC	5,36
Dossiers contentieux non recouvrés	12	26.074.607,00 FC	-	26.074.607,00FC	94,64
TOTAL	12	27.561.439,00 FC	-	27.561.439,00 FC	100,00
Total prime contentieuse rétrocédée à la Brigade : non indiquée					

Source : Rapport annuel 2004, Direction de la brigade douanière de Kinshasa.
Conception : L'auteur.

2.3. L'INTERPRETATION DES STATISTIQUES

2.3.1. De la division du contentieux

a) En terme de nombre de dossiers

Tableau n° 32

01	Années	1999		2000		2001	
02	Rapport proportionnel	En chiffres	En %	En chiffres	En %	En chiffres	En %
03	Nbre de dossiers	165	**21,5**	109	**14,2**	90	**11,7**

01	Années	2002		2003		2004		T O T A L	
02	Rapport proportionnel	En chif.	En %	En chif.	En %	En chif.	En %	En chif.	En %
03	Nbre de dossiers	96	**12,5**	89	**11,6**	219	**28,5**	768	**100**

Source : Division des recettes douanières (DRD) – DG/OFIDA.
Conception : L'auteur.

Graphique n° 14 :

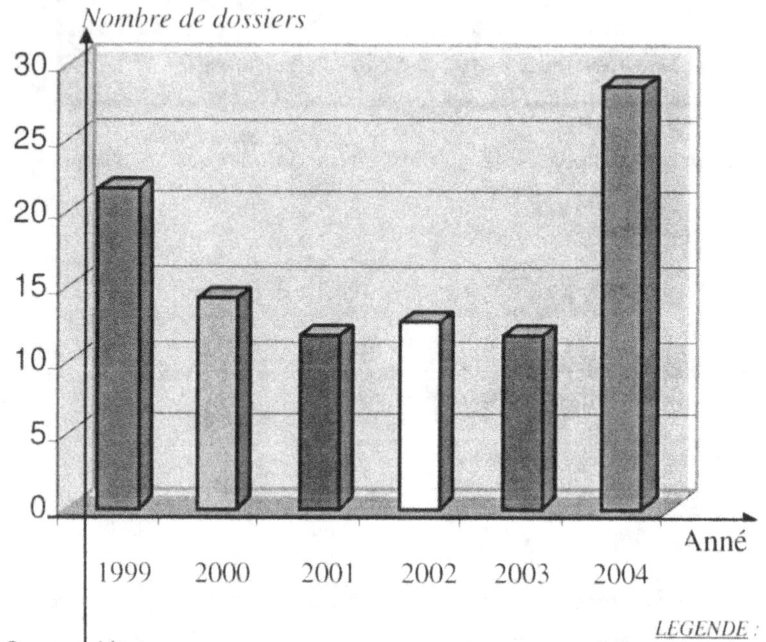

Source : L'auteur.

LEGENDE :
1999 : 21,5 dossiers
2000 : 14,2 dossiers
2001 : 11,7 dossiers
2002 : 12,5 dossiers
2003 : 11,6 dossiers
2004 : 28,5 dossiers

Les constatations contentieuses importantes en termes de dossiers ont été réalisées au cours des années 1999 et 2004, avec un total de 384 dossiers, soit 50% des dossiers constatés sur 6 ans !

Les quatre autres années restantes, à savoir 2000, 2001, 2002 et 2003 se répartissent l'autre moitié avec respectivement 14,2%, 11,7% ; 12,5% et 11,6%. Ces pourcentages ne sont pas très significatifs par rapport à la moyenne observée durant de ces 6 ans qui est de 128 dossiers, soit 16,7%.

Cependant, il sied de relever que même si l'établissement des dossiers est un indicateur de taille pour mesurer l'ampleur de l'activité contentieuse sur l'étendue du territoire national, il ne se révèle pas toujours un critère idéal de classement quant à la hauteur des créances constatées et à recouvrer.

b) En termes de dossiers intégralement recouvrés et le taux de recouvrement annuel

Tableau n° 33

Années	**2000**		**2001**		**2002**	
Rapport Proportionnel	En chiffres	En %	En chiffres	En %	En chiffres	En %
Dossiers intégralement payés	1.185.488	**62,9**	99.714	**5,3**	378.109	**20,0**
Taux de recouvrement annuel	**17%**		**2%**		**13%**	

Années	**2003**		**2004**		**TOTAL**	
Rapport Proportionnel	En chiffres	En %	En chiffres	En %	En chiffres	En %
Dossiers intégralement payés	14.252	**0,8**	207.415	**11,0**	1.884.978	**100**
Taux de recouvrement annuel	**0,5%**		**0,3%**		**32,8**	

Source : Division des recettes douanières (DRD) – DG/OFIDA
Conception : L'auteur.

En vue de faciliter l'exploitation et l'interprétation des sommes recouvrées, les données chiffrées des années 2000 et 2001 exprimées en FC ont été converties en $US dans l'objectif de garder une seule unité monétaire. Le cours moyen annuel appliqué en 2000 est de 1 $US = 22,78 FC et celui de 2001 est de 1 $US = 217,25 FC (cf. tableau n° 33 ci-dessus).

Ce faisant, les 27 005 407 FC recouvrés en 2000 ont été convertis en 1 185 488 $US et les 21 662 799 FC recouvrés en 2001 ont été convertis en 99 714$$ US.

Le taux moyen annuel de recouvrement se chiffre à 6,6%. Ce qui revient à dire que plus de 90% des créances contentieuses ne sont pas recouvrées, voire jamais recouvrées.

Pour les 5 années sous examen, seules deux années, à savoir 2000 et 2002, sont au-delà du taux moyen annuel de recouvrement avec respectivement 17 et 13%.

Graphique n° 15 :

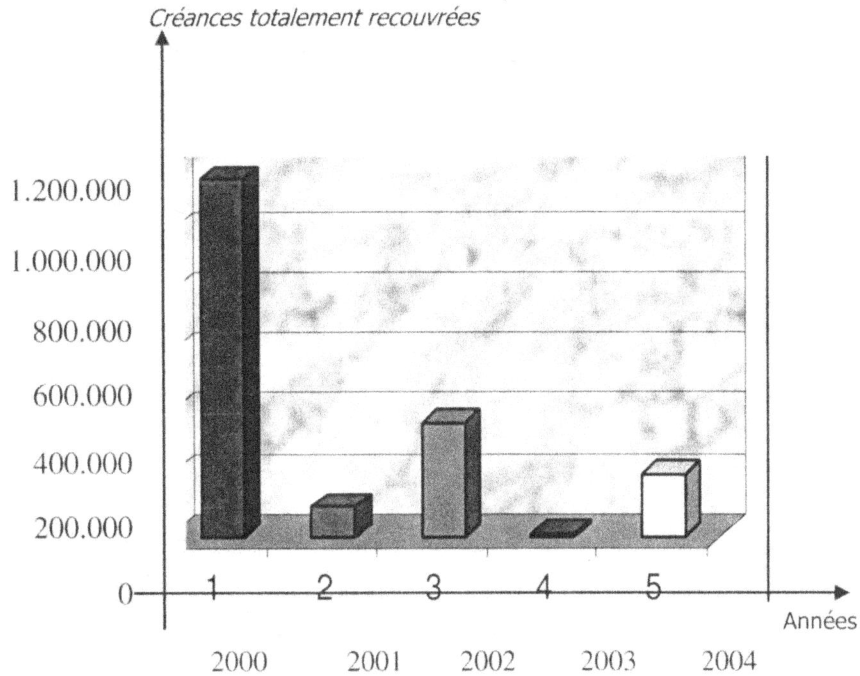

D'une manière générale, le recouvrement demeure fonction du temps. En effet, plus on évolue dans le temps, plus on recouvre les créances contentieuses antérieures. Cette évidence peut bien justifier l'importance du taux de recouvrement des créances de l'année 2000 qui s'élève à 62,9 %.

Néanmoins, l'écart demeure très significatif quant aux autres années et particulièrement pour l'année 2003 où l'action en recouvrement est quasi nulle sur l'ensemble de la période observée.

c) En terme de pression fiscale

Elle est relative à l'importance et à la mesure de l'emprise de la Douane sur ses opérateurs en situation contentieuse ou litigieuse. En terme économique, la pression fiscale concerne de manière générale aussi les grandeurs macroéconomiques, car elle exprime en pourcentage le poids des impôts par rapport au produit intérieur brut (PIB) puisque intégrant la fiscalité dans l'économie nationale.

Singulièrement dans ce contexte par contre, par pression fiscale ici, il faut entendre le rapport entre les créances recouvrées (paiement partiel et intégral) sur les créances constatées.

Tableau n° 34

Années	Créances constatées	Créances intégralement recouvrées	Créances partiellmnt recouvrées	Créances globales recouvrées	Pression fiscale
2000	6.972.406 FC	1.185.488 FC	522.520 FC	1.708.008 FC	24,50 %
2001	4.890.735 FC	99.714 FC	2.375 FC	102.089 FC	02,10 %
2002	2.904.401 FC	378.109 FC	205.339 FC	583.448 FC	20,10 %
2003	2.853.851 FC	14.252 FC	12.558 FC	26.810 FC	01,00 %
2004	63.145 969 FC	207.415 FC	36.403 FC	243.818 FC	00,40 %

Source : Division des recettes douanières (DRD) – DG/OFIDA
Conception : L'auteur.

La pression fiscale moyenne annuelle appliquée est de 10%. Ce qui fustige la théorie selon laquelle 90% des créances contentieuses demeurent non recouvrées.

2.3.2. De la Direction provinciale de la Brigade douanière de Kinshasa

Tableau n° 35 : L'évolution des contentieux de 1998 à 2004
(en millions de dollars)

ANNEES	1999	2000	2001	2002	2003	2004	TOTAL
Somme des contentieux constatés	1,34	1,18	2,52	1,31	-	0,69	7,04

Source : L'auteur (cf. tableaux ci-dessus)
Conception : L'auteur.

Graphique n° 16 : L'évolution des contentieux de 1999 à 2004

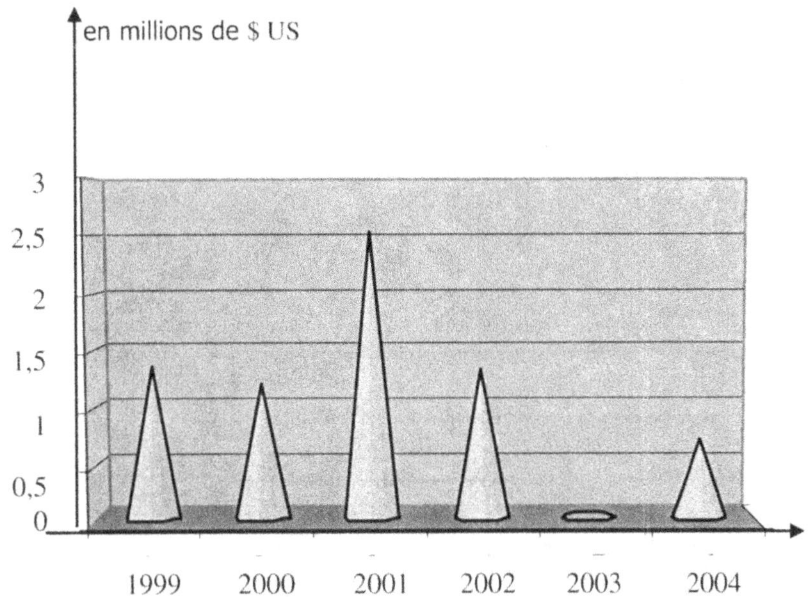

Source : L'auteur

Commentaires :

Le tableau n° 35 et le graphique n° 16 ci-dessus montrent clairement, si besoin de démonstration requérait encore la preuve, la faiblesse de la Brigade douanière dans son état d'épouvantail face à la lutte contre la fraude au plan de la répression sur l'ensemble des dossiers contentieux. En plus, ces dossiers ont été faiblement constatés par rapport au volume de ceux constatés par la Division du contentieux pour la même période.

En comparant les niveaux d'établissement et de recouvrement des droits compromis à la Division du contentieux par rapport à la Direction provinciale de la Brigade douanière de Kinshasa, cette dernière produit un constat qui laisse un arrière-goût de prestation manifestement décevante avec ce résultat techniquement désappointé et déficitaire. La justification de cette situation qui se lit dans le tableau n° 30 laisse dubitative toute analyse rationnelle, au point que 11 dossiers contentieux seulement ont été nébuleusement établis mais, curieusement, aucun n'a été recouvré. Cherchant à boucher ce déficit, la Brigade douanière a tenté timidement de sauver la face par un faux-fuyant en 2004 en essayant de remonter la pente malgré elle.

C'est la conséquence logique, avec clé à main, des « notes assassines » de l'OFIDA que nous évoquions au chapitre II section 2.3.5d et qui ont dépouillé jusqu'à ce jour la Brigade douanière de ses responsabilités et missions traditionnelles. C'est en cela que milite cet essai en faveur de la brigade douanière en vue de sa réhabilitation exponentielle.

Graphique n° 17 : Les créances contentieuses recouvrées par rapport à celles non recouvrées

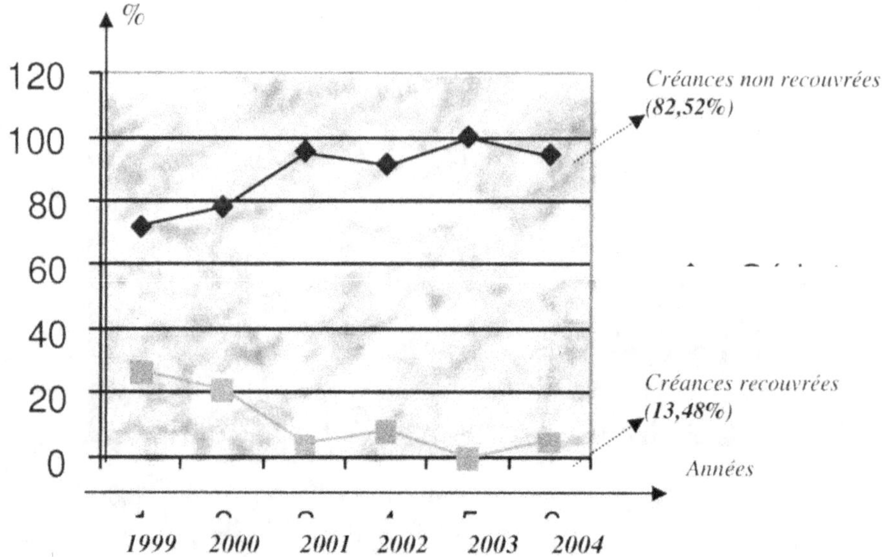

Source de données : Synthèse des tableaux n° 26 à 31

Conception : l'auteur

Les indices et la photographie de la grande faiblesse de la Brigade douanière se lisent aisément dans ce graphique n° 17 : sur les 100% des créances constatées, faiblement d'ailleurs établies en volumes et en valeurs par la Brigade douanière de Kinshasa, **13,48%** seulement de l'ensemble de créances ont été recouvrés; par contre **82,52%** ne l'ont pas été sur cette même période.

Pire encore, la Brigade douanière n'a jamais réussi à recouvrer la moitié des créances même pas sur un seul exercice ; et qu'en plus le recouvrement est allé decrescendo de **27,44%** à **5,36%** accusant une forte anémie dans la répression et le recouvrement par ce gouffre qui s'est largement creusé entre les *créances non recouvrées* (en tête) et *celles recouvrées faiblement* (en seconde position) sur ce graphique. L'inopérabilité de la Brigade douanière est plus que cynique. Il ne peut s'absoudre autrement que par sa restructuration de fond pour espérer renverser la tendance.

2.3.3. Les recettes douanières face aux droits éludés par la fraude

Les données des recettes contentieuses de toutes les provinces de la RDC étant difficiles d'accès et de fiabilité des suites des guerres qu'a connues le pays, et par notre *timing* pour une compilation rationnelle, nous avons procédé par extrapolation des recettes globales réalisées par les 7 provinces douanières en vue de les conforter face aux recettes contentieuses de cette Division et à celles de la Brigade douanière de Kinshasa, telles que nous les présente le tableau n° 36 ci-dessous. L'impact négatif de la fraude est très patent.

Tableau n° 36
(en MILLIONS DE US $)

Rubriques \ **Années**	**2000**	**2001**	**2002**
Recettes douanières[1] proportionnelles par province	33,74	22,03	22,59
Contentieux dressés par la division du contentieux	6,97	4,89	8,38
Contentieux dressés par la Direct° de la brigade/Kin	1,18	2,43	1,31
Sommation des contentieux (02 + 03)	8,15	7,32	9,69
Ecarts entre 01 - 04 (tension fiscale)	25,59	14,71	12,90
Impact négatif *annuel* et *moyen* de la fraude sur les recettes	24,15%	33,22%	42,89%

[1] *Source* : **Division des recettes douanières (DRD)/DG OFIDA**. Recettes encaissées annuellement sur la période par les 7 provinces douanières de Kin-Est, Kin-Aéro, Bas-Congo, Katanga, Kasaï-oriental, Kasaï-occidental et Equateur (sauf en 2000).

Années / Rubriques	2003	2004	TOTAL	IMPACT
Recettes douanières[1] proportionnelles par province	25,83	37,34	141,53	100%
Contentieux dressés par la division du contentieux	7,07	158,71	186,02	136,06
Contentieux dressés par la Direct° de la brigade/Kin	0,00	0,69	5,61	4,10
Sommation des contentieux (02 + 03)	7,07	159,40	191,63	140,17%
Ecarts entre 01 - 04 (tension fiscale)	18,76	-122,06	-50,10	-35,39
Impact négatif *annuel* et *moyen* de la fraude sur les recettes	27,37%	426,88%	554,51%/ 5ans	**110,90%**

Source : Synthèse des tableaux ad hoc.
Conception : L'auteur.

Comme l'étale si clairement mais partiellement ce tableau n° 36, si la « fraude douanière » avait été un « délinquant primaire personnifié » de détournement des deniers publics opéré sur des recettes douanières jusqu'à cette hauteur de **110,90 %**, soit **155 683 000 $US**, à combien d'années le droit positif ou le droit commun congolais la condamnerait-il avec pénalités ? Le régime des sanctions pénales le détermine. Mais la loi spécifique en la matière, la loi contentieuse de répression, ne condamnera un tel délinquant qu'à la simple restitution du principal couplé de pénalités allant de 1 à 30 fois les droits compromis, réglables au plus tard dans les 30 jours de la notification. Les années 2003 et 2004 battent le record des dérives fiscales de douanes dans leur commission et la faiblesse en recouvrement comme le signale le tableau n° 34 sur la pression fiscale.

Ce tableau ne touche qu'à une partie à peine visible de l'iceberg dans cette mer des fraudes (douanières et commerciales) en dessous de laquelle s'opèrent en plus des opérations beaucoup plus effroyables, telles que les détournements sans trace de containers entiers de 20 et 40 pieds, de cargaisons entières de frets aériens par des vols non réguliers (VNR en contrebande), le détournement des régimes… sans acquitter de droits. Or, ce tableau n'expose et ne dévoile là qu'une part infime du crime fiscal consécutif à ces quelques cas de fraudes constatées et enregistrées officiellement. Celles-ci passent en dehors de celles non signalées et herméti-

[1] *Source* : **Division des recettes douanières (DRD)/DG OFIDA**. Recettes encaissées annuellement sur la période par les 7 provinces douanières de Kin-Est, Kin-Aéro, Bas-Congo, Katanga, Kasaï-oriental, Kasaï-occidental et Equateur (sauf en 2000).

quement bien couvertes et protégées par les tenants d'un pouvoir discrétionnaire administratif, politique, militaire ... réfractaires à s'acquitter des droits de douanes.

Cet indice confirme finalement, à partir de cet échantillon, les allégations d'autorité de la Cour des comptes: « La Cour des comptes ne va nullement dans le sens de confirmer que toutes les recettes revenant à l'Etat sont portées au compte du Trésor. Il est aujourd'hui établi que l'ampleur de la fraude est telle qu'une part importante de recettes fiscales échappe au Trésor »[1]. Ce qui permet à l'ancien directeur de la Brigade douanière d'enfermer cette dérive fiscale dans une boucle sans fin : « Le Trésor public se trouve amputé de plus de la moitié des recettes [110,90%] qui devraient lui revenir. Le contribuable, quant à lui, paie aux opérateurs de fraude, ce qui revient de droit à l'Etat. La fraude douanière permet donc aux opérateurs de fraude de s'enrichir non seulement des bourses des contribuables, mais également du Trésor public »[2].

Le même constat se retrouve, analysé avec une plus grande lucidité, dans les propos de Dominique Deldicque : « Traditionnellement, l'opinion publique n'est pas particulièrement choquée par la fraude fiscale du fait que celle-ci ne s'opère généralement pas de façon violente ou spectaculaire. Les délits fiscaux sont ainsi communément considérés comme moins graves que les délits de droit commun ».[3] Que faire devant l'ampleur d'une telle criminalité fiscale ? Si ce n'est d'appliquer la loi dans toute sa rigueur: « Il faut cependant noter que le développement récent de fraudes fiscales à grande échelle a eu pour effet de nous faire prendre [...] conscience de la nocivité civique et économique de celles-ci et de la nécessité de les réprimer dès lors avec la sévérité qui convient »[4].

Cette analyse et ces preuves matérielles viennent de nous apporter un éclairage supplémentaire à l'*« Etat de la question »* (douanière) tel que nous l'avons introduit en liminaire de ce travail. Ce qui nous amène à présent à étudier les sources principales et les causes profondes de la fraude douanière.

---

[1] J. O. de la RDC, 46e année, numéro spécial, décembre 2005 : *Reddition des comptes 2004*, *in supra*

[2] KABONGOLO LUKUMU, *in supra*.

[3] D. DELDIQUE, *op. cit.*, p. 1-2.

[4] *Idem*.

SECTION 3 : LES PRINCIPALES SOURCES DE FRAUDES DOUANIERES

3.1. LES FRAUDEURS ET LEURS ORGANISATIONS DES FRAUDES DOUANIERES A KINSHASA

D'abord[1] « *le fraudeur peut être comparé à quelqu'un qui souhaiterait traverser un fleuve par un pont à péage en essayant d'éviter de payer. Par contre, placé dans la même situation, le planificateur [de fraude] étudierait un itinéraire et, se rendant compte qu'il existe un pont sans péage à quelques kilomètres en amont ou en aval, il ferait le détour pour éviter de payer le péage* ». Telle est l'illustration caricaturale des fraudeurs dans leurs subterfuges que donne l'ouvrage *FRAUDES*.... Aussi se permettent-ils tous les coups au nom du proverbe serbo-croate : « *Les mensonges ne paient pas de douane* ». L'esprit de cet axiome balkanique leur donne le visa au moindre effort de penser à toutes pratiques illicites qui concourent à l'atteinte leur objectif.

Ainsi grâce aux rotations de service trimestrielles et celles des différentes équipes des brigades au sein desquelles nous avons évolué nous ont permis de toucher du doigt le phénomène « fraudes douanières » et nous ont mis en face de ses acteurs, qui sont les fraudeurs. Ces rotations nous ont souvent mis nez à nez avec des dépositaires ataviques d'enjeux des fraudes et permis de mieux circonscrire le phénomène.

Les différents rapports produits et rendus par les différentes équipes de la Brigade douanière et qui tapissent dans ses archives du Quartier général à Kinshasa et à la direction de Kisangani par exemple (cf. *Annexes n° 07 à 17: Rapport des missions effectuées dans le district du Haut-Uélé du 19 septembre au 30 octobre 2005*) mettent en lumière la finesse et l'efficacité (et le gangstérisme même) de ces organisations. Leur caractéristique essentielle est la recherche du gain pécuniaire facile et rapide, peu importe la manière d'y accéder et encore moins le souci des innommables atrocités financières qu'elles infligent au Trésor public. Ces rapports recensent, pour l'essentiel, les structures de l'organisation des fraudes au sein de regroupements aux accents et à consonance syndicaux de déclarants dits « debout et/ou assis » à Kinshasa.

Pour rappel, Mathias BUABUA wa KAYEMBE[2] définit le « déclarant debout » comme étant un individu qui exerce les fonctions de commissionnaire en douane sans être agréé par l'Administration douanière et sans avoir une adresse physique précise. Les déclarants debout sont ceux qui, au Congo, favorisent et ne vivent que de la fraude. Leur vis-à-vis par contre, les

---

[1] Cf. « AVERTISSEMENT », *in* B. MORSELLI ; J. TIMINIAU, *FRAUDES... op. cit.*

[2] In *Droit fiscal congolais, op. cit.*, p. 201.

« déclarants assis », sont ceux qui opèrent sous le couvert ou au nom d'un agent en douane légalement établi, répertorié et immatri-culé auprès de cette Administration.

C'est ainsi que les uns opèrent en solo et les autres évoluent en véritables cartels en réseaux avec des sièges de conception et d'études, de réalisation ou de mise en œuvre de conclusions de fraudes, au grand dam des escarcelles du Trésor public. Cet espace qui requiert un assainissement de fond est plus infesté d'opérateurs parasitaires que de vrais professionnels du secteur qui se recrutent essentiellement parmi les déclarants dits « assis ». Par un effet de contamination pandémique du virus, la fraude bénéficie en plus des prouesses qu'offre l'informatique dans la modernisation de la fraude qu'induit tout fraudeur patenté et gagne pratiquement l'ensemble des opérateurs dits « déclarants debout ».

3.2. QUELQUES ILLUSTRATIONS DES OPERATIONS DE FRAUDES SUR TERRAIN

3.2.1. Les cas de fraudes les plus courants

Une étude minutieusement sélective des rapports très techniques élaborés par le Commandant de Brigade Kambale Kakule Chrysogone, entre autres, nous ont permis, à leur analyse par rapport aux constats sur le terrain, d'identifier plusieurs groupes portant les signatures de différentes pratiques où la fraude fonctionne à plein régime et sans concession. La répulsion atavique de ces déclarants et de leurs oligarques au paiement des droits de douanes se caractérise essentiellement par les *modus operandi* viscéral attachant et abjects suivants :

- la falsification et le trafic des documents de transport (LTA, BL, manifestes, listes de colisage...) en diminuant le poids réel des marchandises importées ou exportées ;
- la non-présentation des factures d'origine, généralement trafiquées auprès des bureautiques locales pour une forte sous-évaluation sur le CIF ;
- la dissimulation dans les contenants des colis d'autres marchandises de grande valeur et de grandes marques (bijoux, montres, téléphones mobiles portables, vestes, chaussures, chemises et pantalons griffés, etc.) dans les importations en groupages hétérogènes des marchandises ;
- les tissus de grande valeur tarifés en friperies ;
- la soustraction frauduleuse ciblée de déclarations en cours de circuit ;
- la dissimulation de colis en complicité avec certains agents de l'entrepôt, des pointeurs à la vérification physique des marchandises et autres agents de la brigade...
- la fausse dénomination tarifaire (très courante) ;
- les envois non manifestés ;
- les envois manifestés mais pointés comme non arrivés ;

- la contrebande « introvertie » par des Enlevements d'urgence (parallèles) non autorisés, c'est-à-dire sans numéros et jamais régularisés et autres (voir cas en *Annexes n° 18* et *19*);
- la forte dose d'influence de leurs protégés parmi les autorités politiques, douanières, militaires, judiciaires et autres qui sont elles-mêmes aux commandes des fraudes ;
- la fausse désignation ou la falsification des pays d'origine et/ou de provenance (en vue de minorer la valeur du fret qui influe sur la valeur CIF constituant la valeur en douane pour la levée de l'impôt douanier) ;
- l'utilisation d'exonérations prescrites, dépassées ou trafiquées ;
- le détournement des régimes économiques (IT, IC, Transit...) en les muant en ID, SD... ;
- l'ouverture d'entrepôt et mainlevée accordées après les heures légales de service (très fréquent à Kin-Aéro) ;
- les marchandises en PAC aériens souvent non signalées au bureau douanier de transit et de destination ;
- la contrebande des marchandises livrées par *vols non réguliers* (VNR), dans des aéroports et/ou sur des tarmacs militaires non signalée au bureau de douanes, etc.

A cet espace des fraudes se greffent de manière inextricable de faux régimes préférentiels et des exonérations que consacre le point 3.2.4 suivant. Toutes ces fraudes douanières, besoin est de le rappeler, revêtent essentiellement deux formes : documentaire et physique.

La fraude douanière, devenue une pratique affectueuse pour ses acteurs et commanditaires, engendre chez eux un appétit financier que rien ne peut assouvir, et dicte ainsi leur décision de frauder à ciel ouvert. Comme il est fastidieux et encombrant matériellement et temporellement d'illustrer cas par cas tous ces cas de fraudes, nous donnons ci-après quelques indications concrètes des fraudes pratiquées sur les déclarations. Leurs incidences financières négatives sur les droits dus au Trésor public donnent toute l'ampleur de leur agressivité :

La déclaration E (transfert) 785 du 01/08/2000 : Manifeste du 02/08/2000 :

-Poids manifestés et arrivés à destination : 29.309 kg pour 562 colis
-Poids déclarés suivants : - ID 1120 – 1129 : 9.255 kg → 209 colis.
- ID 1106 – 1111 : 5.765 kg → 118 colis.
- ID 1104 – 1105 : 1.715 kg → 34 colis.
- ID 1115 – 1119 : 5.506 kg → 99 colis.
- ID 1102 – 1103 : 2.341 kg → 45 colis.
Total : 24.582 kg = 505 colis.

-Différence de poids : 29.309 kg – 24.582 kg = 4.727 kg
-Colis non déclarés : 562 colis – 505 colis = 57 colis.

* Droits du Trésor compromis (1) : 4.727 kg x 2,5$ US[1] = **11.817,50$ US**

La déclaration E (transfert) 815 du 07/08/2000 : Manifeste du 07/08/2000 :

-Poids manifestés et arrivés à destination : 23.511 kg pour 477colis
-Poids déclarés suivants : - ID 1238 – 1243 : 7.520 kg → 167 colis.
- ID 1229 – 1234 : 3.944 kg → 123 colis.
- ID 1213 – 1214 : 1.688 kg → 35 colis.
- ID 1215 – 1217 : 3.877 kg → 66 colis.
- ID 1222 – 1224 : 2.159 kg → 54 colis.
Total : 19.188 kg = 445 colis.

-Différence de poids : 23.511 kg – 19.188 kg = 4.323 kg
-Colis non déclarés : 477 colis – 445 colis = 32 colis.

* Droits du Trésor compromis (2) : 4.323 kg x 2,5$ US = **10.807,50$ US**

La déclaration de transfert E 845 du 15/08/2000 : Manifeste du 15/08/2000 :

-Poids manifestés et arrivés à destination : 25.111 kg pour 515 colis
-Poids déclarés suivants : - ID 1286 – 1293 : 7.056 kg → 194 colis.
- ID 1273 – 1279 : 4.973 kg → 143 colis.
- ID 1284 – 1285 : 2.233 kg → 41 colis.
- ID 1295 – 1297 : 2.948 kg → 60 colis.
- ID 1282 – 1283 : 2.303 kg → 44 colis.
Total : 19.513 kg = 482 colis.

-Différence de poids : 25.111 kg – 19.513kg = 5.598 kg
-Colis non déclarés : 515 colis – 482 colis = 33 colis.

* Droits du Trésor compromis (3) : 5.598 kg x 2,5$ US = **13.995,00$ US**

La déclaration E (transfert) 899 du 22/08/2000 : Manifeste du 22/08/2000 :

-Poids manifestés et arrivés à destination : 27.998 kg pour 558 colis

[1] Le taux de perception est calculé de façon forfaitaire et même arbitraire à partir de l'indice appliqué au poids de la marchandise en provenance du Nigeria, de 2,5$ US/kg pour les marchandises en provenance des Emirats arabes unis, etc. Cette pratique est décriée par l'OMC et la RDC l'a abandonnée officiellement depuis la réforme tarifaire de 1990 étant donné que la taxation spécifique ne s'adapte toujours pas à l'inflation.

-Poids déclarés suivants : - ID 1403 – 1409 : 7.612 kg ➔ 165 colis.
- ID 1397 – 1402 : 5.033 kg ➔ 122 colis.
- ID 1394 – 1395 : 2.027 kg ➔ 48 colis.
- ID 1424 – 1427 : 6.138 kg ➔ 122 colis.
- ID 1411 – 1413 : 3.363 kg ➔ 63 colis.
Total : 24.173 kg = 520 colis.

-Différence de poids : 27.998 kg – 24.173 kg = 3.825 kg
-Colis non déclarés : 558 colis – 520 colis = 38 colis.

* Droits du Trésor compromis (4) : 3.825 kg x 2,5$ US = **9.562,50$ US**

La déclaration E (transfert) 937 du 29/08/2000 : Manifeste du 30/08/2000 :

-Poids manifestés et arrivés à destination : 19.493 kg pour 427 colis
-Poids déclarés suivants : - ID 1489 – 1495 : 6.016 kg ➔ 169 colis.
- ID 1486 – 1488 : 3.062 kg ➔ 81 colis.
- ID 1481 – 1482 : 2.267 kg ➔ 48 colis.
- ID 1498 – 1499 : 2.217 kg ➔ 48 colis.
- ID 1500 – 1503 : 2.308 kg ➔ 94 colis.
Total : 15.870 kg = 440 colis.

-Différence de poids : 19.493 kg – 15.870 kg = 3.623 kg
-Colis non déclarés : 427 colis – 440 colis = 13 colis.

* Droits du Trésor compromis (5) : 3.623 kg x 2,5$ US = **9.057,50$ US**

3.2.2. La synthèse partielle des droits du Trésor compromis

Il est question ici de faire la sommation des droits compromis pendant les 5 jours, seulement sur ces quelques petits transferts fichés auprès d'un seul EPC sur le trafic aérien du point 3.2.1. ci-dessus :

* Sommation des droits compromis :
= (1) + (2) + (3) + (4) + (5)
= $ US (11.871,00 + 10.807,50 + 13.995,00 + 9.562,50 + 9.057,50)

= **$ US 55.240,00**

* Nombre total de colis non déclarés :
= (1) + (2) + (3) + (4) + (5)
= Colis (57 + 32 + 33 + 38 + 13)

= **173 colis**

3.2.3. Le rapport proportionnel des droits compromis sur les droits du Trésor public

(1) a) Droits dus : 29.309 kg x 2,5$ US = 73.272,50$ US
b) Droits compromis : 4.727 kg x 2,5$ US = 11.817,50$ US

c) Rapport proportionnel : $\dfrac{11.817{,}50 \times 100}{73.272{,}50}$ = **16,13%**

(2) a) Droits dus : 23.511 kg x 2,5$ US = 58.777,50$ US
b) Droits compromis : 4.323 kg x 2,5$ US = 10.807,50$ US

c) Rapport proportionnel : $\dfrac{10.807{,}50 \times 100}{58.777{,}50}$ = **18,39%**

(3) a) Droits dus : 25.111 kg x 2,5$ US = 62.777,50$ US
b) Droits compromis : 5.598 kg x 2,5$ US = 13.995,00$ US

c) Rapport proportionnel : $\dfrac{13.995{,}00 \times 100}{62.777{,}50}$ = **22,29%**

(4) a) Droits dus : 27.998 kg x 2,5$ US = 69.995,00$ US
b) Droits compromis : 3.825 kg x 2,5$ US = 9.562,50$ US

c) Rapport proportionnel : $\dfrac{9.562{,}50 \times 100}{69.995{,}50}$ = **13,66%**

(5) a) Droits dus : 19.493 kg x 2,5$ US = 48.732,50$ US
b) Droits compromis : 3.623 kg x 2,5$ US = 9.057,50$ US

c) Rapport proportionnel : $\dfrac{9.057{,}50 \times 100}{48.732{,}50}$ = **18,59%**

Commentaires : Les articles 47 et 98 du décret font passer outre l'infraction de fraude ne dépassant pas 5% des droits éludés ou compromis. Du plancher de 13,66% au plafond de 22,29%, les droits compromis ou éludés ci-dessus viennent à l'appui de notre thème.

Cette petite fenêtre ouverte sur la fraude douanière donne une idée de l'ampleur des monstruosités financières que subit le Trésor public sur des opérations douanières plus importantes que celles-ci. Les pratiques frauduleuses les plus courantes, signalent les rapports, consistent en la falsification et le trafic des LTA, des déclarations ainsi que l'octroi de mainlevées par la hiérarchie de la douane sur ces documents avec la mention manuscrite : « *la vérification suivra* » pour une éventuelle régularisation qui sera renvoyée aux calendes grecques par les mêmes autorités douanières requérantes. Une extrapolation sur l'ensemble des exportations, des importations, des faux transits et cabotages, appelle de toute urgence la matérialisation de notre démarche pour rendre au Trésor public ses droits. Ce faisant, la RDC peut compter, au-delà des prévisions de ses recettes douanières, sur la viabilité de son budget par l'action de la brigade douanière avec une incidence positive sur l'apport de son financement intérieur.

3.2.4. Les exonérations : source intarissable d'évasion fiscale[1]

a) Définitions

L'*exonération* est définie comme le fait ou l'action de dispenser ou d'alléger quelqu'un ou quelque chose totalement ou en partie d'une charge, d'une obligation, fiscale en particulier.[2]

En sa qualité de formateur des douanes, Yoram Eciba w'Issanganino, dans son ouvrage, donne plutôt une définition largement technico-juridico-professionnelle de ce concept dans toute son extension : « En droit positif congolais, *l'exonération* est une mesure légale prévoyant la dispense de paiement des droits et taxes de douanes à l'importation ou à l'exportation d'une marchandise qui, en principe, est passible desdits droits.

Le dernier élément de cette définition paraît superfétatoire. On aurait dû s'arrêter au principe de la dispense de paiement des droits sans enlever à cette définition son caractère complet. Cependant, cet élément ne manque pas d'intérêt. En règle générale, particulièrement en matière d'importation, la loi soumet au paiement des droits toutes les marchandises entrant dans le territoire douanier congolais. Exceptionnellement, elle permet à certaines de ces marchandises, soit en raison de leur nature, soit en raison de la qualité de leur importateur, soit encore pour quelque autre raison, d'échapper au paiement des droits.

---

[1] Par rapport à la fraude, *l'évasion fiscale*, sans enfreindre une quelconque loi ou réglementation fiscale, exploite plutôt habilement les insuffisances ou les avantages que contient la loi ou la réglementation pour en éluder l'impôt. Le contribuable ou l'opérateur douanier qui y recourt ne transgresse pas tangiblement la loi ou la réglementation, mais se contente de se prévaloir des opportunités qu'offrent des textes ambigus ou l'absence de ceux-ci et de leurs failles pour passer outre au paiement de l'impôt.

[2] *Larousse encyclopédique illustré*, Paris, 1997, p. 581.

Est donc exonérée des droits et taxes d'entrée ou de sortie, une marchandise qui échappe au paiement de ces droits en vertu d'une disposition légale spéciale. Pour qu'il y ait exonération, il faut que le bénéficiaire prouve l'existence, en sa faveur, d'une dispense dérogative. L'exonération est donc une exception à la norme dont découlent deux principes :

- elle est définie par une loi ;
- elle consacre la dispense [partielle ou totale] du paiement des droits ».

Face aux recettes douanières, nous pouvons qualifier les exonérations de « dépenses fiscales », pour emprunter l'expression du prof. Stanley Surrey des Etats-Unis, pour désigner les avantages fiscaux accordés au contribuable (réduction d'impôts, exonérations, déductions...) qu'il désigne comme des *recettes négatives*. Nous le comprenons ainsi du fait de leur inscription fictive dans les escarcelles du Trésor public alors qu'elles n'y sont même pas entrées. Il ne s'agit donc pas littéralement de dépenses au sens propre du terme, mais que l'Etat et son Trésor renoncent aux recettes par application des mesures fiscales à caractère dérogatoire. L'Etat consent là un sacrifice fiscal dans un but social à effets économiques. Mais la Brigade, en tant que police de douane, doit veiller et surveiller à ce que ces objectifs et bénéficiaires du social et de l'économie soient atteints ou en jouissent effectivement.

Ces dispositions dérogatoires légales minorent en réalité les recettes douanières d'autant plus qu'elles ont pour finalité, aussi paradoxal que cela puisse paraître, d'aider financièrement leurs bénéficiaires à la même enseigne que les dépenses directement engagées par l'Etat dans son budget.

Pour mieux cerner ce concept, nous empruntons l'article 32 de la loi financière française qui qualifie cette dépense fiscale [de douane] comme étant : « toute disposition législative ou réglementaire dont la mise en œuvre entraîne pour l'Etat une perte de recettes et donc pour le contribuable, un allègement de sa charge fiscale par rapport à ce qui serait résulté de l'application de la norme, c'est-à-dire des principes généraux du droit fiscal... »[1].

b) La pratique des exonérations en RDC

Pour marquer la transparence des catégories d'exonération, la RDC en définit sa propre catégorisation ou classification, clairement exhaustive, facilitant scrupuleusement leur contrôle pour éviter les détournements de destination.

b.1. En théorie

[1] P. LOÏC, *op. cit.*, p. 79.

Nous tirons ces exonérations de la section 6 du *Droit fiscal congolais* du prof. Buabua wa Kayembe déjà cité qui les classifie en quatre rubriques et précise que « les marchandises exonérées sont admises en franchise des droits et taxes d'entrée, conformément à la législation en vigueur » les marchandises reprises ci-dessus :

§1. ***Les marchandises couvertes par les conventions douanières internationales*** :

- Les biens importés couverts de privilèges diplomatiques ;
- les bagages de voyageurs et les objets de déménagements ;
- les matériels destinés au bien-être des gens de la mer ;
- les échantillons de commerce ;
- les conteneurs et emballages ;
- les biens destinés à être présentés en exposition et en foire.

§2. ***Les marchandises inscrites dans le cadre de politiques commerciales et industrielles*** :

- Les marchandises destinées aux entreprises admises au bénéfice des dispositions du Code des investissements ;
- les marchandises destinées aux entreprises admises au bénéfice des dispositions du Code minier ;
- les marchandises destinées aux entreprises signataires de conventions particulières avec le gouvernement ;
- les matériels de rechange des aéronefs, navires ou véhicules en trafic international.

§ 3. ***Les marchandises inscrites dans le cadre de politiques sociales et culturelles*** :

- Le matériel pédagogique et scientifique ou culturel destiné exclusivement à l'enseignement ou à la recherche scientifique ;
- Les objets de culte ;
- Les marchandises destinées aux organismes philanthropiques.

§ 4. ***Les marchandises inscrites dans le cadre de politiques sécuritaires*** :

- Le matériel de guerre destiné à la défense nationale et à la sécurité du territoire ;
- Le matériel destiné à l'enseignement ou à la recherche scientifique ;
- Les objets de culte ;
- Les marchandises destinées aux organismes philanthropiques.

b.2. Dans la pratique

Puisqu'il n'existe pas de nomenclature officielle en matière d'exonérations, les termes de l'Instruction de l'OFIDA n° 86/0012, relative à la procédure de dédouanement en exonération auprès de la Division des douanes (DD), éclairent le champ d'application à la souscription d'une marchandise catégorisée dans la typologie des exonérations en RDC. Cette souscription est obligatoire et est, selon les cas, soumise aux régimes d'après les modèles d'imprimés que décrivent les lignes qui suivent.

c) La typologie des déclarations d'exonérations

1) *La déclaration modèle IE* (Importation en Exonération) ;
2) *La déclaration modèle ID* (Importation Définitive) ;
3) *La déclaration modèle IT* (Importation Temporaire).

c.1. la Déclaration modèle IE

Cette déclaration est exclusivement prévue pour le dédouanement :

- des marchandises destinées aux entreprises admises au bénéfice des dispositions de la loi n° 004/2002 du 21 février 2002 portant Code des investissements ;
- des marchandises destinées à la construction ou à l'extension des installations au sens des dispositions de la loi précitée (installations d'utilité publique) ;
- des marchandises destinées à l'usage officiel des ambassades, des consulats de carrière et des organismes internationaux ;
- des marchandises destinées à l'usage personnel, et sous réserve de réciprocité, des agents diplomatiques et consulaires de carrière, ainsi que des fonctionnaires internationaux[1] ;
- des marchandises destinées à l'exécution des projets financés par les organismes internationaux ;
- des marchandises importées dans le cadre de l'assistance ou de la coopération technique ;
- des marchandises destinées aux entreprises signataires de conventions particulières avec le gouvernement ;
- des marchandises importées par les administrations d'Etat[2] ;
- des marchandises destinées aux organismes philanthropiques ;
- des marchandises destinées aux bénéficiaires d'autorisations particulières.

Il est rappelé que les exonérations couvertes par le document *IE* ne sont acquises que dans la mesure où les marchandises concernées demeurent la propriété des bénéficiaires de l'exonération ou restent affectées au projet

---

[1] Lorsqu'il s'agit d'un véhicule automobile, il est rappelé que les intéressés doivent s'engager à ne pas céder leur voiture sur le territoire de la République avant un délai minimum de 2 ans à compter de la date d'immatriculation du véhicule. Ce régime ne s'applique que pour *deux véhicules par agent*. A l'issue du délai imparti, le véhicule peut être vendu sans rappel des droits. Ce délai peut ne pas être respecté si le véhicule est vendu à une autre personne bénéficiant des mêmes privilèges.

[2] Sous réserve du visa préalable du ministre.

désigné dans l'accord ou la convention. Tout changement de propriété ou d'affectation est donc subordonné à l'acquittement préalable des droits et taxes exigibles.

Il est également rappelé que lorsqu'elle concerne des marchandises destinées aux administrations de l'Etat, la déclaration *IE* doit être annotée au verso de la mention suivante : *Je soussigné .... (nom du directeur-chef de service) atteste par la présente que les marchandises reprises au recto du présent document n° .... (n° de série préimprimé et n° de validation) sont destinées à l'usage exclusif de mon établissement (ou direction) et sont reprises au compte Matières.*

En outre, j'autorise les agents de l'OFIDA dûment mandatés à effectuer le contrôle à destination de ce matériel.

c.1. La déclaration modèle ID

Cette déclaration est principalement utilisée pour l'importation en exonération des objets de déménagement au sens de l'article 134 de l'ordonnance-loi n° 33/9 du 06/01/1950. [Il s'inscrit au régime *C110* pour la mise à la consommation directe des objets de déménagement ; ainsi que le régime *C111* pour la mise à la consommation des bagages de voyageurs (effets personnels)].

La franchise concerne :

- tous les objets en cours d'usage (effets, linges, vaisselle, meubles...) ;
- un véhicule de tourisme dont l'intéressé peut prouver l'usage et la propriété pendant une période d'au moins six mois avant la date du départ de l'étranger. Ce délai peut être réduit par l'administrateur-délégué général de l'OFIDA si l'équité le justifie et sur demande express de l'intéressé.

Il est rappelé que les objets de déménagement (y compris les véhicules) doivent normalement être expédiés, en un seul envoi, dans les trois mois qui précèdent ou dans les six mois suivant l'arrivée en République démocratique du Congo[1].

En outre, les objets de déménagement doivent être en rapport avec la position sociale et la situation familiale de l'intéressé ou avec la nature et l'importance de l'organisme ou de l'entreprise.

Par ailleurs, lorsqu'elle concerne un véhicule automobile, la déclaration ID doit être annotée de la mention suivante : *Je soussigné.............. déclare sur l'honneur ne pas avoir bénéficié antérieurement d'une franchise pour un*

---

[1] Dans certains cas particuliers, lorsque les intéressés apportent la preuve qu'ils se sont trouvés dans l'impossibilité d'effectuer l'expédition en un seul envoi ou dans les délais prévus, l'administrateur-délégué général de l'OFIDA peut autoriser, exceptionnellement, sur demande écrite, l'importation en franchise. Pour les agents diplomatiques, cette autorisation ne peut être donnée qu'après accord du ministère des Affaires étrangères.

véhicule au titre d'un déménagement et m'engage à ne pas vendre mon véhicule avant un délai de six mois à compter de ce jour.

Cette rubrique concerne aussi les marchandises aux positions tarifaires ci-après :

01) 00 01.20.00 : Objets de déménagement autres que véhicules
(Article 134 de l'ordonnance du 6 janvier 1950)

02) 00 01.30.00 : Objets de déménagement « véhicules »
(Article 138 de l'ordonnance du 6 janvier 1950)

03) 00 02.10.00 : Objets échus en héritage
(Article 141 bis de l'ordonnance du 6 janvier 1950)

04) 00 03.10.00 : Trousseaux et cadeaux de mariage
(Articles 134.5° et 139 de l'ordonnance du 6 janvier 1950)

05) 00 04.10.00 : Trousseaux de pensionnaires
(Articles 134.6° et 140 de l'ordonnance du 6 janvier 1950)

06) 00 05.10.00 : Bagages de voyageurs
(Articles 133 ter de l'ordonnance du 6 janvier 1950)

07) 00 07.10.00 : Echantillons de valeur négligeable
(Articles 131 à 133 bis de l'ord. du 6 janvier 1950)

08) 00 08.10.00 : Provisions de bord de navires (pacotille)
(Articles 142 à 146 de l'ordonnance du 6 janvier 1950)

09) 00 20.20.00 : Archives et microfilms

10) 00 20.40.00 : Monuments funéraires sans valeur commerciale

11) 00 20.50.00 : Cercueils contenant les dépouilles mortelles

12) 00 20.60.00 . Emblèmes patriotiques

c.3. La déclaration modèle IT

Cette déclaration est utilisée pour le dédouanement des marchandises importées temporairement en franchise des droits et taxes. Il s'agit, notamment, des matériels destinés à l'exécution des projets ou des travaux d'une durée limitée, importés par des organismes internationaux ou par des entreprises étrangères ou congolaises.

La déclaration *IT* est également utilisée pour le dédouanement des objets et véhicules automobiles appartenant aux missions de coopération, aux coopérants, aux agents de chancellerie et à certains fonctionnaires internationaux non congolais. Il est rappelé, à cet égard, que pour les véhicules, la franchise est accordée pour une durée d'un an, éventuellement renouvelable et ne s'applique qu'à un seul véhicule par agent.

A l'issue du délai imparti, le véhicule doit, soit être réexporté, soit faire l'objet d'une déclaration d'importation définitive comportant l'acquittement des droits et taxes exigibles. Il en est de même en cas de vente à une personne ne pouvant pas bénéficier du régime de l'importation en franchise temporaire.

Remarque importante : La déclaration en exonération (IE, ID ou IT) doit, sous peine de rejet, être remplie correctement et ne comporter aucune rature ni surcharge.

En outre pour être recevable, ce document doit notamment reprendre dans la case prévue à cet effet, la *référence exacte* au texte législatif, réglementaire, contractuel (accord ou convention) ou à la décision particulière autorisant l'importateur à introduire sur le territoire douanier des marchandises en exonération des droits et taxes. La déclaration doit également mentionner le numéro de matricule BCC du bénéficiaire.

d) Les documents à joindre à la déclaration

a) Sauf dans les cas particuliers décrits aux § 2b et 2c ci-après, doivent obligatoirement être joints à toute déclaration en exonération les documents suivants :

- la photocopie du texte (+ annexes) législatif, réglementaire, contractuel ou de la décision particulière ayant accordé l'exonération ;
- la facture de la marchandise ;
- un exemplaire du titre de transport ;
- une fiche de calcul, sur papier libre, de la valeur en douane (valeur CIF) et du montant des droits et taxes éxonerés.

N.B. : Lorsque la déclaration en exonération *(IE)* concerne des marchandises importées par des entreprises commerciales, il y a lieu de joindre également :

- la licence d'importation (pour les importations d'une valeur égale ou supérieure à 1 000 DTS) ;
- l'attestation de vérification de l'OCC (pour les importations d'une valeur égale ou supérieure à 2 000 DTS).

b) <u>Cas des déménagements</u>

Dans ce cas, les dossiers d'exonération doivent comporter, outre la déclaration modèle ID :

- pour un premier établissement en RDC :
  - le visa d'établissement ou le permis de séjour spécial ;
  - le contrat de travail pour une période d'au moins deux ans ;
- pour les ressortissants congolais revenant après un séjour d'au moins un an à l'étranger :
  - le certificat d'immigration ;
  - le certificat d'études ou de l'employeur faisant apparaître la durée des études ou de l'emploi.
- pour les agents diplomatiques et consulaires congolais :
  - la lettre de rappel de fin de terme.

Lorsqu'il s'agit d'un véhicule, il convient également d'annexer à la déclaration *ID* :

- la facture d'achat ;
- le certificat d'immatriculation (carte rose);
- l'attestation d'assurance.

Les originaux de ces documents doivent être présentés, établis au nom de l'intéressé et porter sur une période d'au moins six mois.

c) Cas des ambassades, consulats, organismes internationaux et missions de coopération

Lorsqu'elles concernent :

- des marchandises destinées à l'usage officiel des ambassades, consulats, missions de coopération et organismes internationaux ainsi qu'à l'exécution des projets financés par ces organismes (*déclaration IE ou IT*) ;
- des marchandises destinées à l'usage personnel des agents diplomatiques et consulaires de carrière ainsi que des fonctionnaires internationaux (*déclaration IE*) ;
- des objets et des véhicules destinés à l'usage personnel des coopérants, des agents de chancellerie et des fonctionnaires internationaux non congolais (*déclaration IT*).

Les déclarations en exonération doivent être accompagnées des documents suivants :

- la facture de la marchandise ;
- un exemplaire de titre de transport ;
- un exemplaire de la Note verbale, remplie sans rature ni surcharge, émanant de l'ambassade, du consulat, ou de l'organisme international concerné et visée par la direction de protocole du ministre des Affaires étrangères.

Cette Note doit reprendre tous les éléments nécessaires à l'identification des marchandises tels que : valeur, nombre, espèce, marque, numéros, provenance, destinataire réel, numéro, numéro de BL, LTA ou LSA[1].

Ce document doit, en outre, être établi au nom du bénéficiaire de l'exonération et comporter l'engagement de ne pas céder la marchandise avant les délais impartis.

d) Cas des organismes philanthropiques

Les déclarations en exonération (*IE*) déposées par ces organismes doivent être accompagnées non seulement des documents énumérés au § 2 ci-dessus mais également d'une attestation modèle A ou B délivrée par l'organisme philanthropique, dûment visée par le ministère des Affaires sociales, ainsi que d'une attestation de dons.

L'attestation modèle A concerne l'importation à des fins de consommation à distribuer aux populations nécessiteuses. Elle mentionne la nature,

[1] D'une manière générale, les *Notes verbales* présentées au service doivent être numérotées en continu et mentionner le code du pays concerné.

la quantité et la valeur des marchandises ainsi que leur destination exacte au Congo. Seules les voitures pour handicapés et les prothèses entrent dans cette catégorie.

L'attestation modèle B concerne l'importation des biens d'équipement (y compris les véhicules utilitaires) sous forme de dons aux collectivités nommément désignées. Les dons adressés à des personnes physiques ne sont pas admis.

e) Le dépôt des dossiers

Tous les dossiers complets d'exonération doivent être déposés auprès du secrétariat du service des exonérations de la direction générale de l'OFIDA, boulevard du 30 Juin, 5e étage. Pendant l'examen des dossiers par les agents des douanes compétents, aucune suite ne peut être réservée aux demandes de renseignements formulées par les importateurs ou leurs représentants en dehors des jours et heures de réception prévus à cet effet et fixés le mardi et jeudi de chaque semaine entre 9 h et 12 h.

f) Le retrait des dossiers

Après avoir été visés par l'administrateur-délégué général de l'OFIDA et avoir été enregistrés, les dossiers doivent être retirés par les intéressés auprès du secrétariat du service des exonérations précité.

g) Les obligations des bénéficiaires

Les bénéficiaires des exonérations sont astreints aux obligations suivantes :

- faire apparaître, sur le volet « *contrôle à destination* » de la déclaration, de manière lisible, le lieu et l'adresse exacte où sont utilisées ou stockées les marchandises ;
- au lieu d'utilisation, tenir un registre-répertoire comportant les indications suivantes :
  - les numéros des déclarations (n° des séries réimprimées et n° de validation) ;
  - le bureau de dédouanement ;
  - la nature et la quantité des marchandises.

Les marchandises non inscrites au registre sont considérées comme détournées de leur destination.

h) La vérification des marchandises par la douane

Les marchandises faisant l'objet d'une déclaration en exonération sont soumises à vérification au bureau de dédouanement au même titre que les autres marchandises.

3.2.5. L'évasion fiscale par de fausses exonérations et autres

Comme les fraudeurs ne sont jamais en panne d'idées dans le subterfuge de leur art, la lecture et l'examen de ce vaste espace des exonérations en République démocratique du Congo sont suffisamment complexes pour miner les bases de la perception des droits dus au Trésor tant à l'import qu'à l'export. C'est un espace de prédilection propice à l'évasion fiscale qui nourrit leur imaginaire d'artifices très pernicieux jusqu'à sa commission pour des gains plantureusement faciles ; surtout que les fraudeurs disposent du temps matériel suffisant pour le montage d'un dossier de fraude sur tout le cordon des acteurs douaniers et autres intéressés intervenant dans le circuit des exonérations, tant en amont qu'en aval de l'opération. Les exonérations, allant souvent à contre-courant des visées de recettes recherchées, sont, si un contrôle indépendant n'est pas techniquement assuré, une source d'abus et de détournement des recettes qui devraient venir en soutien aux efforts de développement qu'elles auraient financé de l'intérieur.

C'est ici que, dans son indépendance, la Brigade douanière jouera un rôle de contrôle administratif des exonérations pour en déceler les abus au moyen de suivis, de contrôles *a posteriori*... pour chaque catégorie d'exonérations et leurs volumes mais aussi en fonction de leur fréquence. Grâce au système informatique, seront établies des statistiques sur ces diverses catégories d'exonérations et dégager les recettes non perçues. Ce qui permettrait de dégager périodiquement le montant du manque à gagner correspondant aux volumes de ces transactions. L'OFIDA devrait aussi publier ces statistiques pour l'opinion. Cette stratégie de contrôle lie la modernisation de la Brigade douanière à la politique persuasive d'accroître la perception des droits revenant de droit au Trésor public.

Bien que les recettes douanières connaissent une érosion dans la perception des droits dilués par les abus et autres détournements, de marchandises sous douane, nous signalons aussi ici les risques et les pertes de recettes qui guettent le Trésor dans une autre catégorie de régimes apparentés : les *régimes douaniers suspensifs des droits*. Il s'agit notamment des régimes suivants et de bien d'autres :

- l'admission temporaire pour transformation ;
- l'admission temporaire avec réexportation en l'état ;
- le transfert sur modèle E ;
- l'entrepôt industriel sous douane ;
- les entrepôts de stockage ;
- les boutiques hors taxes ;
- le transit ;
- les zones franches ;
- les PAC (passavant à caution sommaire) ;
- l'importation temporaire ;
- le drawback ;

- le cabotage ;
- les cartes d'entrée (pour les véhicules des pays frontaliers), etc.

Il y a lieu de relever de cette liste qu'en dehors du transfert sur modèle E, l'entrepôt industriel sous douane, les entrepôts de stockage, les boutiques hors taxes, le transit, les PAC, l'importation temporaire, le cabotage et les cartes d'entrée... où il y a souvent un risque de dérapage, le contrôle, le suivi et la surveillance douaniers de la Brigade devraient garder leur cote d'alerte dans le rouge au moindre indice de turbulence ou de suspicion. Bien que les autres régimes, au stade actuel de l'industrialisation du pays, ne connaissent pas encore un grand risque apparent de contraction ou de disparition des recettes, ils n'en sont pas moins dédouanés pour que la Brigade n'y veille ou baisse sa garde. Cette veille se justifie surtout quand on observe les avantages préférentiels qu'accorde l'ANAPI aux industries naissantes en République démocratique du Congo. L'option courageuse de cette politique managériale macroéconomique ne nous éloigne plus tellement de ce boom économique qui se hâte visiblement à l'horizon.

SECTION 4 : LA BRIGADE DOUANIERE FACE AUX S.A.O.

4.1. LA NOTION DE S.A.O.

S.A.O.= **S**ubstances qui **A**ppauvrissent la couche d'**O**zone, que les anglophones abrègent par *O.D.S.* (Ozone Depleting Substances).

Cette traduction – pour la moins euphémique – va au-delà du simple appauvrissement ; il s'agit de la destruction de la couche d'ozone[1] et de l'ampleur des dégâts dévastateurs que causent ces substances sur l'environnement et sur son alter ego, l'homme. Depuis bientôt trois décennies, tout l'environnement (par la fragilisation de son écosystème et la

[1] L'*ozone* est un composé chimique dont la molécule est constituée de trois atomes d'oxygène. A température ordinaire, l'ozone est un gaz bleuâtre et prend, à l'état liquide, une couleur bleue que nous contemplons au-dessus de nos têtes par un temps éclairci. Il (l'ozone) est présent dans l'atmosphère à un degré de concentration qui varie avec l'altitude et se forme dans la stratosphère vers 20 à 30 km d'altitude à partir de molécules d'oxygène qui, sous l'influence du rayonnement ultraviolet, se dissocient en deux atomes d'oxygène. Ceux-ci réagissent sur les molécules d'oxygène non dissociées pour former des molécules d'ozone instable qui, à leur tour, se dissocient et un état d'équilibre finit par s'établir.
La couche d'ozone a la propriété essentielle d'absorber la plus grande partie du rayonnement ultraviolet émis par le soleil. Elle protège ainsi tous les organismes vivants présents sur terre de ce rayonnement. Une grande inquiétude s'est donc manifestée après l'observation de la formation périodique de « trous » dans la couche d'ozone au-dessus des pôles. Une des hypothèses les plus avancées attribue la cause de ce phénomène aux chlorofluorocarbures (CFC), composés très utilisés dans les bombes aérosols et dans la réfrigération. Une décomposition à haute altitude de ces CFC sous l'influence du rayonnement ultraviolet donnerait naissance à des radicaux halogénés qui détruiraient les molécules d'ozone (cf. Encyclopédie Bordas, *op. cit.*, p. 3657, col. 1-3).

complexe biodiversité) de notre planète s'est rapidement modifié sous l'influence des activités polluantes de l'homme ; il se constitue ainsi une bombe à retardement environnementale et à déflagrations progressives qui se déclenche déjà et dont les effets se ressentent depuis. L'environnement ne sera jamais durable et propre. Et comme nous le tirons d'un publi-reportage d'un très éclectique et encyclopédique périodique de culture générale, « la destruction inconsidérée des forêts tropicales ces dernières années s'est accélérée à un rythme alarmant [surtout qu'] elles abritent une biodiversité plus grande ; leur disparition a des conséquences sur toute l'humanité ». La facture de la déforestation tropicale par l'industrie du bois, sans observer la norme et la réglementation écologiques, vient en plus élargir le gouffre de la ruine qui, à l'horizon, fait frémir et est loin de renverser la perspective.

Le *réchauffement de la planète* et le *changement climatique* sont causés par l'émission de gaz à effet de serre qui emprisonnent la chaleur provenant de la Terre et réchauffent ensuite l'atmosphère. Les gaz à effet de serre comprennent le *dioxyde de carbone*, le *méthane*, les *CFC*, les *HCFC* et les *halons*. Le **p**otentiel de **r**échauffement de la **p**lanète (***PRP***) est la contribution de chaque gaz à effet de serre au réchauffement de la planète relativement au dioxyde de carbone, dont le PRP est fixé par définition à 1. Ce potentiel est ordinairement indiqué pour une période de 100 ans (*PRP 100*). La déforestation, couplée à ces pollutions, enrichit tellement les gaz à effet de serre qu'ils appauvrissent graduellement la couche d'ozone. Il a donc paru urgent de leur consacrer une attention suivie et soutenue en soumettant ces substances à des mesures de réglementation plus strictes. Celles-ci ont été adoptées par la convention de Vienne pour la protection de la couche d'ozone et par le protocole de Montréal relatif aux substances qui l'appauvrissent.

La substance appauvrissant l'ozone est une substance réglementée en vertu du protocole de Montréal et de ses amendements. Ces produits, les SAO, comprennent les *CFC*, les *HCFC*, les *halons*, le *tétrachlorure de carbone*, le *méthylchloroforme*, les *hydrobromofluorocarbures*, le *bromochlorométhane* et le *bromure de méthyle*. Ces substances ont un potentiel de destruction de l'ozone supérieur à « 0 » et peuvent appauvrir la couche d'ozone atmosphérique.

Ainsi donc, pour permettre un monitoring efficace de contrôle en vue d'une élimination progressive de ces substances aux échéances arrêtées, une panoplie de mesures de réglementation est instituée sur le territoire de chaque partie (Etat signataire) à la Convention et au Protocole par la souscription d'un système de licence et d'autorisation préalables d'importation et/ou d'exportation des SAO. Pour la RDC et les autres Etats signataires, la réglementation courrait initialement jusqu'à la *tolérance zéro d'ici l'an 2010* qui voit se reporter à l'an *2020* au départ du sommet de Copenhague (décembre 2009) à cause de tergiversations de grands pollueurs de la planète. La douane a été désignée comme l'instrument par excellence pour réaliser et atteindre ces objectifs du fait de sa présence permanente aux frontières pour afin apporter son concours à cette résolution et à cette évolution écologique.

En effet, des conclusions scientifiques et techniques éprouvées et avérées ont conduit à la pleine mesure du danger que représentent l'appauvrissement et la destruction continus de notre couche d'ozone par le passage des rayons ultraviolets dans l'atmosphère. L'élan de la pollution qui a été imprimé par le monde industriel, renforçant l'émission des gaz à effet de serre, rend la catastrophe climatique de plus en plus inévitable quand on observe les résistances du club des grands pollueurs (Chine, Etats-Unis, France, Japon, Royaume-Uni, Fédération de Russie, Inde, Italie,...) à s'engager formellement dans les résolutions de la convention de Kyoto.

Le fait de nier par orgueil les éléments constitutifs et les évidences d'une catastrophe en vue ne peut l'empêcher de se produire. Il faut plutôt les prendre en compte pour sauver ne fût-ce que les meubles. A y observer de plus près, notre planète Terre semble embarquer les passagers d'un navire insouciants des conséquences néfastes de leur égoïsme mais qui est en passe d'entrer en collision avec un autre pendant qu'il prend de l'eau de partout.

Le *Bulletin of the Atomic Scientists*, qui règle quant à lui l' « horloge de la fin du monde », s'est dit pessimiste quant à l'avenir « étant donné que les scientifiques ne cessent de constater les effets en cascade [du réchauffement] sur les écosystèmes complexes de la planète ».[1] Immanquablement et fort heureusement, une intervention supra-humaine est aux aguets pour bientôt *« causer la ruine de ceux qui ruinent la terre »*.[2]

L'administration américaine, par exemple, qui claudiquait jusque-là de ne prendre formellement le parti de cette cause pour des gains égoïstes de ses pollueurs semble maintenant, face au danger, tendre une oreille attentive par une politique engagée à ce S.O.S. écologique, en l'insérant dans l'ordre des priorités de sa politique environnementale. Elle semble avoir pris et compris finalement toute la mesure du danger. Les conséquences sont loin d'être limitatives à l'environnement et à l'homme, surtout maintenant que les scientifiques observent impuissammant :

- les atteintes de la faune et de la flore, entraînant la rupture des équilibres des écosystèmes et de la biodiversité naturelle ;
- la baisse de rendement halieutique ;
- la baisse des récoltes ;
- la perturbation des prévisions et phénomènes météorologiques ;
- la sécheresse ;
- l'apparition précoce de certaines maladies (cancer de la peau,

---

[1] Cité par ***Réveillez-vous!*** n° 5, vol. 8 du 20 mai 2008, p. 3, col. 2.
[2] Cf. *Apocalypse 11*:18b ; Psaumes 37:9-11,29.

cataracte…),
- les déficiences du système immunitaire ;
- l'extinction de certaines espèces animales et végétales moins résistantes à l'action de la chaleur torride ;
- la chaleur excessive (de ces derniers temps) ;
- les ouragans très dévastateurs se succèdant comme des plaies ;
- la déglaciation accélérée des pôles ; et cætera.

C'est dans ce cadre que le Programme des Nations unies pour l'environnement (PNUE) s'est inscrit dans le cadre du Programme d'Actions Ozone dont la coordination relève, pour la RDC, du bureau national Ozone. Celui-ci veille principalement à la mise en œuvre des dispositions spécifiques des instruments ci-dessus cités[1] (Convention de Vienne et Protocole de Montréal) dans le respect d'un calendrier déterminé. Le respect de ce chronogramme contribuerait à juguler le développement du réchauffement climatique. Mais la réalité environnementale en observation sur le terrain est aux antipodes de ce souhait.

4.2. LES BASES JURIDIQUES DU CONTROLE DE LA DOUANE SUR LES SAO

4.2.1. Au niveau international

Deux textes majeurs constituent le socle des instruments juridiques pour la protection de la couche d'ozone. Ils tablent principalement sur :

1) La Convention de Vienne du 23 mars 1985, consacrant la protection de la couche d'ozone par les parties ;

2) Le Protocole de Montréal de septembre 1987 (ayant fait l'objet de 5 amendements) a engagé les Etats à la suite de la convention de Vienne à reconnaître la gravité du problème et sont convenus de mesures spécifiques à prendre et à intégrer dans leurs législations nationales.

4.2.2. Au niveau national

Bien qu'au stade actuel, la RDC ne soit ni producteur, ni exportateur de SAO, mais ayant ratifié le protocole de Montréal sur ces substances qui ne connaissent pas de frontières pour nuire, deux textes au niveau ministériel et interministériel ont été produits pour leur réglementation, à savoir :

1) La Circulaire ministérielle n° 292 du 20 juillet 1995 portant autorisation spéciale d'importation de SAO depuis cette date jusqu'à une période plus récente, cette circulaire avait connu un certain flottement dans son application ;

2) L'Arrêté interministériel n° 021/2004 du 6 mai 2004 portant réglementation relative aux importations, réimportations, exportations et

[1] http : //www.unep.org/ozone/ods-custums-codes 22/12/2005.

réexportations des substances qui appauvrissent la couche d'ozone et des produits et/ou équipements contenant de telles substances cet arrêté interministériel porte les signatures des ministres des Finances ; de l'Industrie, Petites et Moyennes Entreprises ; du Commerce extérieur et de l'Environnement.

* Est en cours d'élaboration, l'instruction au niveau de l'OFIDA, pour la rendre exécutoire aux frontières par les douaniers.

4.2.3. La localisation et l'identification des contenants des SAO

Tout douanier ayant une formation douanière de base identifiera ces substances dans les contenants repris dans le Système harmonisé (tarif) suivant leurs désignations et codifications ci-après :

Tableau n° 37: Les contenants des SAO, leurs positions tarifaires et taux

Désignations commerciales (et non tarifaires)	Positions tarifaires	Taux	
		D.D.	I.C.A.
Aérosols autres que ceux qui sont utilisés à des fins médicales	28 04 29.00	5%	13%
Fréon CFC 12	36 06 90.10	10%	13%
Déshumidificateurs	84 14 59.00	20%	13%
Appareils de climatisation des voitures automobiles et des camions..............	84 15 20.00	20%	13%
Installations frigorifiques	84 15 81.10	20%	13%
Appareils de réfrigération et de climatisation à usage domestique ou commercial .	84 15 83.20	20%	13%
Réfrigérateurs, congélateurs, climatiseurs et pompes à chaleur	84 18 10.00	20%	13%
Refroidisseurs d'eau	84 18 50.00	20%	13%
Extincteurs portatifs......................	84 24 10.00	5%	5%
Machines à fabriquer de la glace	84 38 80.90	5%	5%
Panneaux d'installation et revêtement de canalisation	85 37 90.00	10%	13%
Isolants thermiques	85 40 99.00	10%	13%

Source : *Séminaire/cours sur les SAO, op. cit.*

4.2.4. Principaux pays producteurs de SAO[1]

Cette indication des pays producteurs permet au douanier de cibler la provenance potentielle des SAO afin d'en maximiser la surveillance et le contrôle à la frontière.

[1] Programme Action Ozone pour 2001 de la DTIE du PNUE, Cf. *Manuel de formation des agents des douanes concernant les substances appauvrissant l'ozone*, p. 195 ou *Annexe E* : Transparents (Voir aussi *Annexes n° 4, 5 et 6*).

Tableau n° 38

Annexe	S.A.O.	Principaux pays producteurs
Annexe A-I	CFC	Chine, Inde, Fédération de Russie, Pays-Bas, Brésil, République de Corée, Italie, Espagne, Mexique, Venezuela, Royaume-Uni
Annexe A-II	Halons	Chine, République de Corée, Fédération de Russie
Annexe B-I	CFC	Fédération de Russie, Chine
Annexe B-II	Tétrachlorure de carbone	Inde, Brésil, Ukraine, Roumanie
Annexe B-III	Méthylchloroforme	Japon, Etats-Unis, France, Chine
Annexe C-I	HCFC	Etats-Unis, France, Japon, Chine, Royaume-Uni, Pays-Bas, Espagne, Inde
Annexe C-II	HBFC	Aucun producteur pour l'instant
Annexe C-III	Bromochlorométhane	Aucune donnée disponible au moment de la publication
Annexe E	Bromure de méthyle	Etats-Unis, Israël, Japon, France, Chine, Roumanie, Inde

[1] : La Fédération de Russie devait cesser de produire des CFC à compter du 1er juillet 2000, mais il lui a été impossible de respecter cette obligation en raison de difficultés économiques.

[2] : La Chine, l'Inde et la Russie, qui sont les principaux producteurs de CFC, ont accepté de fermer leurs installations manufacturières selon un calendrier prédéterminé.

4.2.5. Liste de produits contenant des SAO

- Climatiseurs d'automobile et de camion (qu'ils soient incorporés ou non aux véhicules)
- Appareils domestiques et commerciaux de réfrigération et de climatisation/thermopompes, par exemple :
  - réfrigérateurs ;
  - congélateurs ;
  - déshumidificateurs ;
  - refroidisseurs d'eau ;
  - resurfaceuses de glace ;
  - climatiseurs et thermopompes.
- Aérosols, excepté les aérosols médicaux
- Extincteurs portatifs
- Panneaux isolants, panneaux et revêtements de tuyaux
- Prépolymères.

4.2. Codes de classification du SH pour équipements fonctionnant aux SAO

a) La classification SH des climatiseurs

a.1. Ils sont principalement classés dans le chapitre 84 : Réacteurs nucléaires, chaudières, machines et appareils mécaniques, et leurs pièces.

- **84.15** : Climatiseurs comprenant un groupe moto-ventilateur et des éléments pour changer la température et l'humidité.

a.2. Ils peuvent aussi être classés dans :

- **94.06** : Bâtiments préfabriqués (comprennent les climatiseurs encastrés dans l'équipement).

b) La classification SH des réfrigérateurs, des congélateurs, des refroidisseurs d'eau, des resurfaceuses de glace et des thermopompes

b.1. Ils sont aussi principalement classés dans le chapitre 84 :

Surtout :

- **84.18 :** Réfrigérateurs, congélateurs et autres appareils de réfrigération et de congélation électriques ou non, thermopompes autres que les climatiseurs sous la rubrique 84.15.

b.2. Ils peuvent aussi être classés dans :

- **84.15** : Climatiseurs.
- **84.19** : Machines, installation ou équipement de laboratoire pour le traitement du matériel par un procédé comportant un changement de température, comme la condensation ou le refroidissement, autres que des machines ou une installation utilisées à des fins domestiques ;
- **85.09** : Appareils électromécaniques à usage domestique avec un moteur électrique autonome ;
- **87.16** : Remorques et semi-remorques ; autres véhicules à propulsion non mécanique, et leurs pièces.

c) La classification SH des compresseurs

c.1. Ils sont aussi principalement classés dans le chapitre 84 :
Surtout :

- **84.14 :** Compresseurs d'air ou d'autres gaz et ventilateurs...
- **84.14.20** : Compresseurs utilisés dans les appareils de réfrigération
- **84.14.90** : Pièces.

c.2. Ils peuvent aussi être classés dans :

- **84.11** : Turboréacteurs, turbopropulseurs et autres turbines à gaz

- **84.12** : Autres moteurs
- **84.15** : Climatiseurs…
- **84.18** : Réfrigérateurs, congélateurs et autres appareils de réfrigération et de congélation… thermopompes autres que les climatiseurs sous la rubrique 84.15
- **84.24** : Appareils mécaniques…
- **84.25** : Moufles et palans à poulie…
- **84.30** : Autres… Mobiles… Machines…

(Voir aussi le chapitre 87. Véhicules autres que le matériel roulant…)

d) La classification SH des automobiles et des pièces d'automobile

Chapitre 87. Véhicule autres que le matériel roulant de tramway et de chemin de fer ainsi que leurs pièces et accessoires.

- **87.01** : Tracteurs
- **87.02** : Véhicules à moteur pour au moins dix personnes
- **87.03** : Automobiles et autres véhicules à moteur conçus pour le transport de personnes
- **87.04** : Véhicules à moteur pour le transport de marchandises
- **87.05** : Véhicules spécialisés
- **87.08** : Pièces et accessoires

e) La classification SH des extincteurs

Chapitre 84 :

- **84.24** : Appareils mécaniques pour projeter, disperser ou pulvériser des liquides ou des poudres, extincteurs, chargés ou non…
- **84.21.10** : Extincteurs, chargés ou non (préparations et charges : voir 38.13)

f) La classification SH des machines à nettoyer à sec

Chapitre 84 :

- **84.50** : Machines à laver de maison et de buanderie, y compris les machines qui lavent et sèchent
- **84.51** : Machines (autres que celles sous la rubrique 84.51) à laver, à nettoyer, à essorer, à sécher
- **84.51.10** : Machines à nettoyer à sec

g) La classification SH des aérosols

Ils sont regroupés sous plusieurs rubriques du SH, selon l'utilisation voulue. Par exemple :

- **33.05 :** Préparations pour les cheveux
- **33.07 :** Préparations avant-rasage, pour rasage ou après-rasage, désodorisants individuels, etc., parfumerie, produits cosmétiques ou de toilette ; désodorisants commerciaux pour les locaux

- **34.03 :** Préparations lubrifiantes (y compris les huiles de coupe, les préparations pour desserrer les boulons ou les écrous, les préparations antirouille et anticorrosion et les préparations démoulantes à base de lubrifiants), etc.
- **38.08 :** Insecticides, rodenticides, fongicides, herbicides, etc.
- **38.14 :** Solvants et diluants organiques qui ne sont ni spécifiés, ni inclus ailleurs ; décapants commerciaux pour la peinture ou le vernis
- **38.24 :** Produits et préparations des industries chimiques ou connexes qui ne sont ni spécifiés, ni inclus ailleurs, produits résiduels des industries chimiques ou connexes qui ne sont ni spécifiés, ni inclus ailleurs
- **93.04 :** Bombes aérosol contenant du gaz lacrymogène

4.3. L'AMPLEUR DU COMMERCE ILLEGAL DES SAO

De toutes les SAO en cours de réglementation telles que relevées dans cette étude, les CFC (Chloro-fluoro-carbures) et les Halons (tel le BrFClC = Bromo-fluoro-chlorocarbone, utilisé principalement pour les extincteurs) sont fichés à la surveillance stricte et permanente de la douane.

Le commerce illégal des SAO rapporte à ses opérateurs, tant à ceux des pays développés qu'à ceux en voie de développement, des chiffres (à titre indicatif) qui laissent rêveurs :

Tableau n° 39 : Les recettes approximatives du commerce illicite des SAO

1) Pays développés : a. Recettes * Aux Etats-Unis : les produits de vente illégale des SAO occupent la 2e place après la cocaïne ; * 1995 : 10 000 à 20 000 tonnes de CFC ont valu entre 150 et 300 000 000$ US * 2000 : 1 000 tonnes de CFC dont la valeur avoisine les 15 000 000$ US 2) Pays en voie de développement * 2000 : 200 000 à 300 000 tonnes de CFC pour 300 à 450 000 000$ US

Source : Bureau Programme Action Ozone 2001 de la DTIE du PNE.

Tableau n° 40 : Quelques statistiques de répression sur les SAO (à titre illustratif)

b. Répression

-En 1999, aux Etats-Unis, il a été recensé 662 saisies de 1 000 tonnes de SAO ; 133 cas de criminalité signalés ; 87 contraventions ; 48 années d'emprisonnement ayant généré 38 000 000$ US d'amendes.

-Au Canada : saisie de 30 lbs de bouteilles importées frauduleusement de Jamaïque, ayant occasionné 5 000$ canadiens.

c. Interpol

-La Suède a détecté 40 cas d'exportation illégale de 5 300 réfrigérateurs à base de CFC embarqués pour l'Afrique ;

-La Belgique a aussi rapporté des cas de voitures de seconde main en provenance de Rotterdam, Amsterdam, Le Havre vers l'Afrique, remplies d'équipements usagés dont des réfrigérateurs de seconde main fonctionnant [aussi] aux CFC. Les portières de ces voitures étaient souvent verrouillées et parfois même soudées.

Néanmoins, le marché des SAO dans les pays développés est en baisse à cause de l'arrêt officiel de la production et de la consommation depuis 1996, de l'interdiction totale de la vente et de l'utilisation des CFC et des halons.

Source : Bureau Programme Action Ozone 2001 de la DTIE du PNE.

Les tableaux des recettes illicites et de quelques statistiques de répression sur les SAO ci-dessus fichés viennent corroborer avec justesse l'appréhension justifiée de madame la directrice du PNE/DTIE-France : « Le risque de commerce illicite augmente lorsqu'il existe une offre excédentaire sur le marché mondial ou une pénurie sur les marchés locaux, ou les deux à la fois. Dans certains pays, le marché noir des SAO est devenu l'activité la plus profitable après la contrebande des drogues. Les autorités douanières devront jouer un rôle plus imposant dans la prévention du commerce illicite des SAO ».[1]

Dans les pays en voie de développement, la tendance est malheureusement à la hausse à cause du transfert de frigos et de voitures de seconde main, du prix des CFC encore très bas, du coût élevé de la reconversion des entreprises fonctionnant encore aux CFC et du contrôle inefficace ne suivant pas l'évolution de la technologie écologique adaptée en la matière, mais coûteuse.

Les raisons de cette inefficacité peuvent se situer à 5 niveaux qui sont :

1) Les pays relevant de l'*Article 5* (c'est-à-dire les pays en voie de développement) du protocole de Montréal sont encore autorisés à produire des SAO alors que ceux de l'*Article 2* (pays développés) ne le sont plus, sauf pour des utilisations spécifiques et bien quantifiées ;

2) Les produits de substitution sont souvent plus chers que ceux fonctionnant avec des CFC ;

3) Le coût élevé de la reconversion aux nouveaux produits ;

4) Les nouvelles technologies de substitution ne sont pas à la portée de tout le monde ;

---

[1] Jacqueline ALOISI de Larderel, « Avant-propos », dans *Manuel de formation des agents des douanes – Protection de la couche d'ozone*, *op. cit*, p. 5.

5) La longue durée de vie des équipements fonctionnant aux CFC.

4.4. LES METHODES DE CONTREBANDE DU COMMERCE ILLEGAL DES SAO

Le commerce de SAO générant des profits plantureux et mielleux, les réseaux maffieux peaufinent des stratégies d'adaptation en vue de passer entre les mailles de la surveillance douanière. Les différentes pratiques de fraudes se traduisent par :

-la dissimulation des CFC et halons dans des contenants de produits de substitution agréés ;

-l'étiquetage non conforme indiquant qu'il s'agit de SAO récupérés ;

-l'utilisation de faux codes douaniers ;

-le détournement des SAO qui se trouvent dans des ports de transbordement ou des SAO produites en vue de leur exportation ;

-l'étiquetage non conforme indiquant qu'il ne s'agit pas de SAO ;

-la dissimulation et la disposition en double rangée des SAO dans un contenant ;

-le manque d'étiquetage universel et conventionnel ;

-la difficulté de l'appellation ou de la désignation chimique (en terme commercial conventionnel).

4.5. LE NIVEAU D'IMPLICATION DE L'AFRIQUE ET DE LA RDC

Comme l'indique l'étude du PNUE, dans le prospectus intitulé *Modèles de Réussite – L'Afrique et le protocole de Montréal*, l'Afrique est « un continent engagé… et s'est aussi montrée exemplaire au niveau mondial en ratifiant les divers amendements au protocole. En 2000, les pays africains représentaient 45 des 97 pays du monde ayant ratifié l'amendement de Londres de 1990, soit 46%. Pour l'amendement de Copenhague de 1992, les pays africains représentaient 41% du total (…) »[1]. Il est heureux de constater que la RDC figure parmi les pays africains ayant ratifié, en date du 31/11/1994, au même moment et à la fois et le protocole de Montréal et l'amendement de Londres[2].

En tout état de cause, une telle adhésion ne peut qu'accroître le degré d'engagement de la RDC vis-à-vis de ses partenaires. Avec à la clé, l'obligation de se doter d'une brigade douanière suffisamment formée, moralement conditionnée et outillée en conséquence pour faire face aux enjeux et défis qu'implique cette responsabilité.

---

[1] PNUE, « Un continent engagé », dans *Modèle de réussite – L'Afrique et le protocole de Montréal*, p. 10.

[2] *Idem*, p. 11.

SECTION 5 : LES INCIDENCES PSYCHOLOGIQUES DE LA FRAUDE SUR L'OPINION PUBLIQUE CONGOLAISE

5.1. Enrichissement illicite, attitude ostentatoire et convoitises

L'enrichissement illicite et ostentatoire (préjugés) du douanier met à jour un conflit latent avec une autre partie de l'élite sociale du même standing privée, elle, gratifiée des mêmes commodités que des biens matériels qui semblent placer une certaine classe des douaniers sous les projecteurs d'une certaine réussite matérielle.

De même, la problématique qu'engendre la disparité des primes concédées aux agents de l'Etat – particulièrement aux agents opérant dans les régies financières – est de nature à créer une situation conflictuelle, dans laquelle interagissent des rapports de méfiance, de suspicion (de fraude et de corruption supposées), et parfois de rejet. Et, à terme, c'est l'harmonie sociale qui en pâtit.

En réalité, ces cancans se colportent ou émergent faute d'informations sûres sur la légalité du revenu et des avantages professionnels du douanier nourris par une desinformation ignominieusement tendancieuse. Pourtant, le législateur a mis à la disposition du douanier un parapet contre la tentation des offres de la corruption et de la fraude. Un petit (re)examen des dispositions de l'ordonnace n° 88-033 du 10 mars 1988 et des mesures d'application telles que nous les avons exposées au chapitre V, épongerait tout doute dans les esprits non encore informés, et mesurerait la hauteur des dividendes que tireraient le douanier et même le non-douanier impliqués dans l'aboutissement d'un dossier contentieux.

Tout compte fait et toute proportion bien gardée, une petite organisation face à cette opportunité pécuniaire suffirait pour se faire satiner la vie, surtout pour un douanier au flair professionnel bien aiguisé, sachant traquer la fraude dans sa musculation intellectuelle et intelligente mise à nue par le produit de la répression qu'engrangerait son contentieux. Rien ne vaut la connaissance et l'exploitation judicieuse de cette disposition légale.

Cette situation interroge nécessairement aussi les limites entre l'éthique et la légalité des privilèges accordées généralement aux uns et aux autres dans le cadre d'une politique salariale juste et équilibrée adossée par des primes d'encouragement pour la production maximale des recettes. D'où l'obligation pour l'Etat de veiller à surveiller tout enrichissement illicite par des mécanismes de contrôle et de répression fondés sur la dissuasion et la coercition, conformément à la législation en vigueur.

5.2. De la gestion des cadres de commandement et l'induction psychologique de la fraude

Certains ambitieux caressent le sentiment légitime d'appartenance professionnelle à l'administration douanière et s'imaginent, s'ils n'y sont pas déjà, comment se tailler une place privilégiée en son sein afin de tirer au maximum les dividendes liés à cette position convoitée. D'autres par contre n'espèrent rien de mieux que la jouissance des avantages parfois illicites qu'offre cette profession afin de parer et de se mettre à l'abri d'un lendemain souvent incertain, sans se soucier du revers de la médaille.

Au-delà de la propension à l'enrichissement ostentatoire, il est possible de recadrer les choses en mettant en place une gestion rigoureuse du personnel de façon à ce que la crédibilité générale de l' « essence douanière » ne soit pas mise à l'index. Pour autant, les lobbies internes tacites, tels que les voit fonctionner ci et là, ne peuvent être déchargés d'une certaine responsabilité dans le dysfonctionnement de l'appareil douanier.

La gangrène est provoquée généralement à partir de l'intérieur des régies financières elles-mêmes, au point d'inhiber toute la perspective de hisser la maximisation des recettes à son niveau le plus performant. Ce qu'avait fustigé en son temps le professeur Buabua wa Kayembe en ces termes:

« *Les services fiscaux et douaniers congolais sont littéralement confisqués par certains agents corrompus ayant été à la base de plusieurs cas de fraude, qui utilisent l'argent sale ainsi amassé pour se hisser à de hautes fonctions de direction. Les mises en place quasi annuelles opérées dans ces administrations sont souvent guidées par cet impératif. Cette situation a fini par créer une mauvaise pédagogie dans ces services où s'est installé un climat de fraude généralisée* »[1].

Dans leurs interactions, ces lobbies, logés principalement auprès des ministères des Finances et du Portefeuille, se télescopent pour le positionnement de leurs pions à des postes et fonctions juteux (surtout parmi les directeurs et sous-directeurs). Attisant ainsi une certaine guerre froide entre clans rivaux à l'intérieur d'une même administration fiscale.

Quelle thérapie peut-on y apporter ? Un des experts de cette discipline depuis le FMI, James T. Walsh, en a suggéré une qui nous semble utile d'appliquer dans ce cas d'espèce : *la rotation des effectifs et les congés annuels automatisés.* A notre avis, cette formule de gestion devrait être étroitement assumée par l'administrateur-délégué général de l'Office ou le Délégué général lui-même. Un organe régulateur, quel qu'il soit, ne peut mieux remplir ses fonctions en toute impartialité que s'il est indépendant de ceux qu'il doit contrôler. C'est la seule manière d'éviter que ne s'institue, à l'insu du responsable de l'entreprise douanière, des « clans » ou « castes » tentaculaires aux pouvoirs occultes, qui plus est, nuisibles aux objectifs de maximisation fiscale. Il importe donc que la rotation des effectifs soit régulière [et rapprochée] pour réduire le risque de collusion. De la même manière, l'ensemble du personnel et, notamment, les cadres supérieurs et dirigeants, devraient être tenus [obligatoirement] de prendre leurs congés annuels (de façon à diminuer le risque que des liens trop étroits se nouent sans que l'on s'en aperçoive). Ils seraient alors remplacés par des cadres

---

[1] M. BUABUA WA KAYEMBE, *op. cit.*, p. 232.

suppléants pour assurer la continuité de la gestion courante de l'appareil administratif.

5.3. La fraude douanière : une lèpre planétaire

Pour sûr, la fraude douanière n'est pas l'apanage des seuls agents de l'administration douanière congolaise. C'est un mal planétaire. Michael Keen, tout en fustigeant la corruption douanière à l'échelle du monde et en renvoyant les douaniers à leur éthique propre, ne s'en cache pas : « *Les officiers des douanes n'ont généralement pas bonne presse. Au mieux, ils sont perçus comme des personnages inquisiteurs, fonctionnaires procéduriers à la tâche dans des bureaux austères ou des entrepôts insalubres. Au pire, on les considère comme un obstacle onéreux et corrompus aux transactions commerciales [...]. Le secteur privé et le citoyen ordinaire de manière générale sont plus exigeants sur l'intégrité et le comportement des personnes investies d'une mission de puissance publique. Et la douane, pour parler franchement, est considérée comme l'un des organismes les plus corrompus. L'argent que peut rapporter la connivence avec la fraude douanière et la fraude à la fiscalité intérieure est sans aucune mesure avec le salaire de la plupart des officiers des douanes (...). Au début des années 90 par exemple, les gains que pouvait rapporter l'entrée en contrebande d'une semi-remorque de cigarettes au Canada étaient de l'ordre de 350.000 dollars américains (Fleenor, 1998). Aux Etats-Unis, les recettes qui échappent à l'Etat avec l'entrée en contrebande du chargement entier d'un camion de cigarettes sont estimées à plus de 1.000.000 de dollars américains et à plus de 200.000 dollars américains pour les animaux vivants. Pouvant en outre infliger des pertes de recettes aux opérateurs en retardant le dédouanement de leurs marchandises, les officiers des douanes ont la faculté de prélever des rentes élevées.* »[1] Ces indications à titre illustratif ne montrent en fait qu'un arbre qui cache la forêt, sinon une partie à peine visible de l'iceberg de la fraude douanière. Car les opérations de fraudes sont diversément variées et revêtent des formes de pratiques inimaginables.

Mais quelles sont les raisons ou les causes qui encouragent et influencent une telle propension à des pratiques frauduleuses ? Nous pouvons tenter de répondre à cette interrogation en nous référant à notre propre analyse de la situation douanière en RDC. Ceci nous a amené à constater ce qui suit :

- Devant une « crête tarifaire », c'est-à-dire plus le taux d'imposition et le montant des droits dus sont élevés sur une marchandise, plus grande s'ouvre la porte de la fraude et la tentation à la corruption dans le sens de l'allégement de ce poids fiscal en faveur du corrupteur ;
- La lourdeur et la complexité des procédures administratives à travers plusieurs bureaux et autres services connexes à la frontière (Onatra, Occ,

---

[1] M. KEEN, *op. cit.*, pp. 12, 14.

Bivac, Ogefrem, Ctc, Hygiène/Santé, Fpi, Commerce extérieur, Bic, Dgrad, Anr,...) détournent les opérateurs du civisme fiscal (arguant du principe qui énonce que « trop d'impôts tuent l'impôt ») ;
- Le manque de professionnalisme de certains agents non formés en matières douanières et accisiennes;
- Les exonérations non légales accordées abusivement par le pouvoir discrétionnaire de la hiérarchie en empiétant négativement sur la législation douanière.

Cette analyse rejoint celle d'un éminent douanier congolais, le Directeur Kabongolo Lukumu André*, qui, lui aussi, dans une de ses analyses consacrées à la même problématique épingle les mêmes causes avec une plus grande acuité :

- « la défaillance des structures d'encadrement mises en place dans le cadre de la lutte contre la fraude douanière;
- l'insuffisance morale dans le chef des préposés à la lutte contre la fraude douanière ;
- l'inaptitude physique et professionnelle de certains cadres et agents commis à la lutte contre la fraude douanière ;
- l'octroi abusif des procédures de faveur ;
- le manque de soutien logistique et juridique aux actions de lutte contre la fraude douanière ;
- la vétusté des textes portant législation et réglementation douanières ;
- l'absence de motivation ;
- l'absence de sanction, etc.

Les facteurs externes de la fraude douanière sont notamment :

- la recherche effrénée du gain facile et des bénéfices plantureux par l'opérateur de fraude ;
- la complicité de tous les services étatiques et paraétatiques commis à la surveillance des frontières ;

* Directeur divisionnaire honoraire de la Brigade et des douanes de l'Ofida, *Kabongolo Lukumu André* est diplômé de la toute 1e promotion rigoriste et élitiste des 17 lauréats sortis de l'Ecole nationale des finances (ENF/RDC), option Douanes & Accises (1972–75) ; diplômé aussi d'Etudes supérieures de l'Ecole Nationale des Douanes (END) de Neuilly-sur-Seine à Paris (niveau Licence : 1978, 30è session) ; diplômé ensuite de Cadres supérieurs après plusieurs stages de formation en France : à l'END, à l'Ecole Nationale des Brigades Douanières de la Rochelle ainsi qu'au Havre/port sur l'Atlantique. Ayant plusieurs Attestations de stages de perfectionnement auprès des services douaniers français à Paris, à Amiens, au Havre, à Lille, à Marseille, à Strasbourg, ... Il a gravi en plus toute la pyramide socioprofessionnelle de l'Ofida, de la base au sommet, jusqu'aux hautes fonctions d'Inspecteur général, de Délégué général adjoint, et d'Administrateur-directeur technique de l'Ofida. Il a aussi été expert et fonctionnaire international en douanes à Libreville, au Secrétariat général de la CEEAC (1985-1987).

- le manque de collaboration de la part des transporteurs publics agréés, maritimes fluviaux, lacustres, terrestres (routes/rails) et aériens dans l'accomplissement de leurs obligations légales ;
- l'absence d'un cadre véritable de partenariat entre la Douane et les opérateurs économiques ;
- le système fiscal congolais caractérisé par la multiplicité et la complexité des taxes et redevances appliquées dans une structure administrative lourde et pleine de tracasseries (étouffant sans doute l'agent économique et l'incitant en dernière analyse à la fraude) ;
- l'instabilité chronique de la monnaie nationale avec son corollaire de l'effritement du pouvoir d'achat du consommateur ;
- le trafic d'influence, le chantage et l'intimidation ;
- les menaces et les arrestations arbitraires ;
- l'insécurité, les interférences extérieures, etc. »

5.4. Moralité sur la fraude douanière

« *La fraude douanière est comme la prostitution. Au début, on se gêne et, petit à petit, on s'y habitue jusqu'à s'en vanter*[1] », déplorait *Les* Coulisses dans l'interview que lui accordait le directeur provincial de l'Ofida/Nord-Kivu. Effectivement, une multitude d'influences socio-économiques mettent souvent l'honneteté de certains douaniers à rude épreuve pour demeurer inflexibles devant l'âppat du gain, des offres de la fraude et de la corruption. Le difficile processus de mise en synergie d'une éthique douanière, intégrant tout à la fois la nécessité d'une conscience professionnelle à toute épreuve et l'obligation d'une performance financière d'envergure, appelle une double approche de la part de l'Etat congolais :

a) L'encouragement d'une pratique douanière foncièrement conforme à la réglementation, capable de faire face aux réticences et dérives des techniciens de la douane qui peinent, parfois, à s'accommoder à la règle de droit, et partant, à l'éthique liée à leur charge ;
b) L'instauration d'une culture de contrôle et de la répression qui privilégie une mise à distance du rapport à l'argent facile et indu, en fait à l'enrichissement illicite sur le dos de la collectivité.

Une telle vision, adossée à un idéal de moralité, appelle à construire une éthique douanière proche des enjeux de la reconstruction d'un Etat fort au cœur de l'Afrique, ancré sur ses fondamentaux perdus : le sens du bien collectif, l'intérêt supérieur de la collectivité, la prospérité pour tous dans l'équité et la justice distributive. Ceci consiste à revitaliser la conscience du douanier en lui inculquant les vertus cardinales qu'induit son métier.

---

[1] Le directeur Kisanga Musafiri (de l'Ofida/Nord-Kivu) : « Nous sommes là pour maximiser les recettes mais le trafic d'influences est à la base de la fraude », dans *Les Coulisses*, n° 194 (Beni/Nord-Kivu) du 1er au 20 juillet 2008, p. 8, col. 4,5.

La Bible décrit la tranche de vie d'un cousin professionnel à nous douaniers du premier siècle : l'homme à la taille économique, un certain Zachée qui, selon toute vraisemblance, était *receveur principal et percepteur des douanes* de Jéricho. Illustre douanier corrompu de l'époque, Zachée a laissé les empreintes des actes de venalité dans les Saintes Ecritures. Bien qu'il se targuait de l'opulence de sa fortune devant Jésus, il en avait néanmoins humblement dénoncé son origine vénalement douteuse et amorale, bien qu'il l'avait présentée en plus comme des « trophées de fraude et de corruption » dans son récit. Interpellé par les enseignements piquants et aseptiques du Christ, ce douanier n'hésita pas de renoncer à la corruption pour s'arrimer à la morale, à l'éthique et à la déonthologie professionnelle de la douane.

De même, aujourd'hui c'est en arrimant l'honnêteté au civisme et au patriotisme fiscal qu'il est possible de contribuer à l'accroissement de l'économie de la RDC et, par le fait même, à sa grandeur.

Cela revient-il à conclure que tout avoir ou bien de valeur appartenant à un douanier porte nécessairement le sceau de la fraude ou de la corruption ? Ou encore que cela soit pointé d'un doit accusateur comme un « trophée de fraude » ? Absolument pas. Car les différentes primes contentieuses payées légalement aux douaniers (comme nous l'avons détaillé au chapitre V, au point 3.1.5 *La prime contentieuse et sa répartition*) et des avantages légaux liés à leurs catégories socioprofessionnelles leur ont valu des acquisitions conséquentes en biens matériels dignes de droit, sans qu'ils portent en eux les scories de la fraude et moins encore de la corruption.

5.5. La lutte contre la fraude comme priorité de tous les instants

Comme nous l'avons indiqué précédemment, préserver la dignité et le respect de la personne humaine est certes un devoir impérieux qui s'impose à tout Etat, mais se plier aux exigences de la fiscalité (à la charge du citoyen) est en revanche une obligation salutaire pour la collectivité.

Chaque citoyen devrait avoir conscience que la fraude porte atteinte à la *justice sociale* en même temps qu'elle crée des disparités. Les produits de la fraude creusent des inégalités sociales et renforcent encore plus la pauvreté dans l'autre échelle sociale ; voire un climat de frustrations parmi les opérateurs économiques, avec à terme une incidence fâcheuse sur le destin des honnêtes citoyens et autres consommateurs qui en font malencontreusement les frais.

La répression contre la fraude douanière et toute autre forme de contrebande est donc la réponse idoine la mieux indiquée. Il est utile de faire valoir la force de la loi en lieu et place de la loi de la force. En jetant un regard dans le passé, on peut remarquer que déjà du temps de Montesquieu dans son *De l'esprit des lois* (1748), c'est de la force de la loi que dépendait la vie des peuples, loi qui forcément se doit de s'adapter aux réalités propres de chaque communauté :

« Elles [les lois] doivent être relatives au physique du pays, au climat glacé, brûlant, ou tempéré ; à la qualité du terrain, à sa situation, à sa grandeur ; au genre de vie des peuples, laboureurs, chasseurs ou pasteurs ; elles doivent se rapporter au degré de liberté que la Constitution peut offrir, à la religion des habitants, à leurs inclinaisons, à leurs richesses, à leur nombre, à leur commerce, à leurs mœurs, à leurs manières ; enfin elles ont des rapports entre elles ; elles en ont avec leur origine, avec l'objet du législateur, avec l'ordre des choses sur lesquelles elles sont établies. C'est dans toutes ces vues qu'il faut les considérer[1]. »

C'est également à cette fin que la Brigade douanière devrait orienter ses missions tant dans son rapport aux défis nationaux qu'internationaux qu'elle devra affronter. Comme quoi, rien ne vaut une sanction exemplaire contre les hors-la-loi. Car c'est le seul message qu'ils sont censés comprendre. Une fois de plus, c'est l'histoire qui nous instruit le mieux en cette matière. Sur ce même sujet, au XIXe siècle, le sultan Abdul-Medjid, dans « Le Hatt-i hümayun (1856) écrit : *Les infractions à la loi dans ce domaine particulier [de la douane] seront sévèrement punies et entraîneront, par ailleurs, des sanctions (...) à l'encontre des autorités qui les auront ordonnées et des agents qui les auront commises. L'égalité devant l'impôt entraînant l'égalité de la charge, comme l'égalité des droits entraîne l'égalité des devoirs... les sujets devront être soumis aux obligations de la loi... Les mesures les plus rapides et les plus énergiques seront considérées afin de remédier aux abus dans la collecte des impôts [douaniers].* »

Cette leçon juridique de l'histoire, loin d'être *'une lanterne de poupe qui n'éclaire que les vagues derrière nous'*, a le mérite de clarifier le principe selon lequel les contribuables disposant des mêmes capacités contributives doivent contribuer de façon égale au financement des services publics, provenant pour l'essentiel de l'impôt, des ressources douanières et d'autres assiettes fiscales relevant des diverses dispositions réglementaires.

Il va sans dire que si l'Etat congolais ne recouvre pas ses droits fiscaux détournés par la fraude douanière, il sera dans l'impossibilité d'accomplir une partie de ses devoirs envers les droits de ses citoyens : leur offrir un travail ou un emploi décent, les soins de santé primaires, le logement, l'assistance, etc. Bref, la fraude peut mettre l'Etat dans une situation de non-Etat, en réduisant sensiblement, par le fait même, son potentiel régalien.

En proposant la mise en place d'une Brigade autonome qui assumerait tous les aspects commerciaux et douaniers dans ses missions, le pouvoir public, c'est-à-dire l'Etat congolais, en tirerait un réel profit, car cette structure révolutionnaire devrait aider à améliorer sensiblement la collecte fiscale en mutualisant un climat de confiance entre les opérateurs économiques douaniers et l'Etat.

---

[1] C. MONTESQUIEU, « De l'esprit des lois (1748) », *in* W. LAQUEUR et L. RUBIN (dir.), *ANTHOLOGIE DES DROITS DE L'HOMME, op. cit. p. 91.*

A terme, cette initiative vise l'évacuation radicale de la discrimination dans les obligations fiscales des citoyens sur base de l'évaluation en douane suivant un système équitable réfletant les réalités commerciales et excluant des valeurs en douane arbitraires ou fictives et ce, dans une chaîne de gestion et de commandement unique. Car c'est en renonçant à une diffraction des centres de décision que l'on aura toutes les chances de juguler la tare principale, qui mine la performance de la fiscalité douanière, qu'est la fraude douanière et commerciale. Il s'agit, selon notre entendement, de la création d'une brigade de type paramilitaire douée d'une capacité de prévention, de dissuasion ou, en cas de besoin, de répression plus importante et efficace.

Il est un fait que toute recherche d'harmonie sociale implique l'égalité, l'équité, la justice, la sécurité des citoyens, tout comme le respect de leur libre arbitre ne doit nullement conduire un Etat dans une situation de non-droit, surtout lorsque des intérêts économiques collectifs sont en jeu. De plus, à l'égalité des droits correspond une certaine posture équidistante vis-à-vis de la loi.

En joignant ainsi les prescrits de la loi et les intérêts économiques du pays, on voit bien que le résultat au final est favorable aux deux acteurs en situation (L'Etat et le Citoyen) et relève avec bonheur cette dualité éthico-économique dans la mesure où elle vise à matérialiser l'égalité des citoyens, l'égal traitement devant la loi fiscale, la réduction de graves disparités économiques et sociales, par la justice dans et par l'impôt pour ainsi être en phase de se procurer (le rôle plus connu) des moyens financiers nécessaires à l'accomplissement de ses devoirs au profit de citoyens.

Ainsi donc, pour en revenir à notre métaphore économique, on voit que le compte courant entre *l'offre* (par l'Etat d'une structure opérante, performante et viable de protection et de promotion des droits économiques de ses opérateurs comme cette Brigade) et *la demande* (des citoyens et opérateurs douaniers exigeant légitimement l'équité fiscale entre eux sur la base de structures viables et fiables) des droits fiscal et économique dans ce secteur d'activité qui est le leur. Il est évident que, fonctionnant selon le principe d'un vase communiquant, l'équilibre entre l'équité fiscale des douanes et accises et l'observance du droit fiscal ne doit pas être désarticulé. Il sera donc du devoir de la nouvelle Brigade de créer les conditions nécessaires à la concrétisation de cet idéal en doublant l'observance de la législation douanière et de ses corollaires (tout en préservant leur caractère *jus cogens* = norme applicable à tout le monde sans distinction), en termes d'équité fiscale, de vision humaniste et de ses aspirations les plus élémentaires, selon le principe du droit latin *pacta sunt servanda* qui ne saurait être écarté des règles du droit fiscal et, partant, de l'économie de notre pays. C'est là que l'Etat jouera son rôle régulateur de l'impôt douanier pour l'intérêt général de la collectivité nationale. Il est intéressant de faire un rapprochement entre cette vision optimiste et l'orientation prospective que donne le ministre des Finances sud-africain, sous le titre phare « Repenser les plans de réforme», lorsqu'il recommande que[1] « la plupart des Etats africains *doivent développer, et non réduire, leur secteur public et améliorer radicalement la qualité des services publics* » (C'est nous qui soulignons). La RDC n'en est pas du reste exclue. Bien au contraire. Mais le grand défi d'une entreprise théorique à relever comme celui-ci est surtout l'adéquation entre sa théorisation et sa mise en pratique.

1.3.4. La place et le rôle de la Brigade douanière vus par l'OMD

L'OMD accorde à l'action de la brigade douanière une grande attention et une place de choix. Pour preuve, parmi les six comités qui forment son ossature, le *Comité de lutte contre la fraude* figure parmi les dispositifs essentiels destinés à protéger et vitaliser les économies des pays membres. La place qu'occupe cette structure dans son organigramme l'atteste nettement. La mission de cette entité technique de contrôle et de répression est, notamment, « d'étudier la mise en place des stratégies de lutte anti-fraude » :

[1] A.M. TREVOR, « Trouver la bonne voie », in *FINANCES ET DEVELOPPEMENT (F&D)* n° 003, vol. 40, septembre 2003, p. 19.

Schéma n° 20 : La place du Comité de lutte contre la Fraude dans l'organigramme de l'OMD

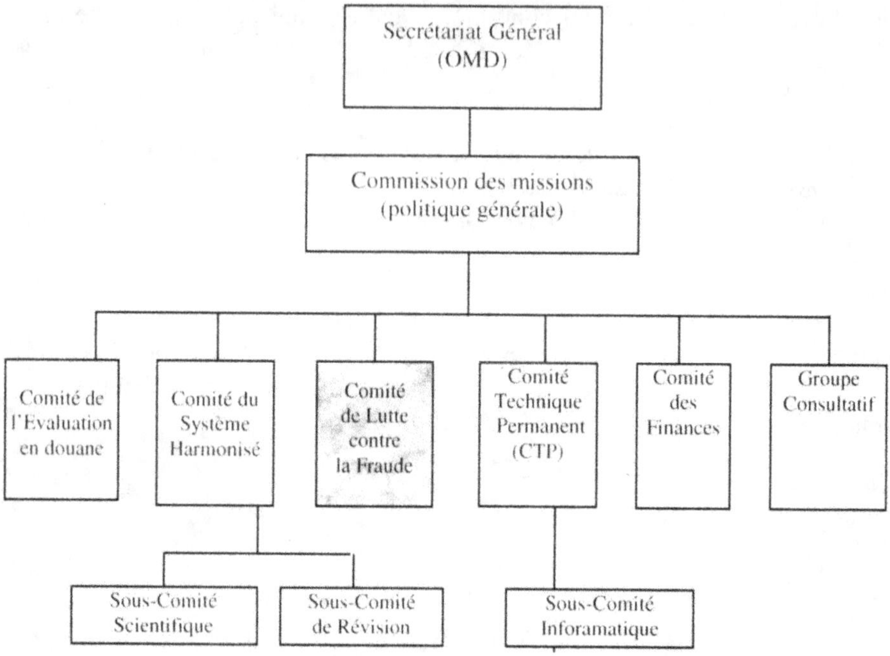

Source : Cours de Politique Douanière dispensé par M. KIESE-a-NGUNDA Maximilien à la
10e Session de formation douanière de base aux Agents de l'OFIDA en 2004.

Cette vision a été également réaffirmée lors de la convention de Nairobi qui a rappelé toute l'importance que l'OMD accorde dans le commerce pour son respect « dans le cadre de la simplification des procédures ». Cette Convention a appuyé à cette occasion l'Assistance administrative mutuelle internationale (AAMI) en vue de *prévenir*, de *rechercher* et de *réprimer* les infractions douanières, telle que signée en 1977[1]. Acte juridique parmi tant d'autres, celui-ci vient à point nommé pour montrer une fois de plus que « d'une manière générale, les actes juridiques sont les manifestations de volonté accomplies en vue de produire des effets de droit et sans lesquelles ces effets de droit ne se produiraient pas » (Terré, F. 2003 : 171).

[1] OMD, *Convention de Nairobi*, OMD, Bruxelles, 2003, p. 1.

CONCLUSION 2e PARTIE

Pour mener à bien et à terme une lutte ou un combat contre un mal, faire l'état des lieux de la question sous toutes ses facettes est une partie essentielle des stratégies gagnantes, reposant sur une exacte évaluation des points saillants des forces et des faiblesses, comme s'est efforcé de le démontrer cette dernière partie. La force de dissuasion et de répression de la Brigade douanière repose sur des moyens techniques d'intervention légaux constitués d'un arsenal de textes juridiques que nous avons répertoriés ici. Ceux-ci partent de la législation douanière (qui, bientôt, sera remplacée par un nouveau code réactualisé), de la législation accisienne (aussi partiellement réactualisée), de la valeur en douane transactionnelle, de la législation tarifaire et des autres moyens et techniques légaux.

En plus des qualifications qu'offrent les services publics de l'Etat dans ce secteur, la loi contentieuse vient en soutien à la répression des délits douaniers et à leur règlement dans un cadre juridique spécifique bien pensé. Les statistiques sur la fraude douanière nous ont indiqué le niveau du combat qui reste à mener par la nouvelle Brigade qu'attendent les pouvoirs publics pour la répression. La responsabilité de ce Corps s'accroît encore avec la nouvelle donne que sont les SAO avec leurs conséquences sur notre environnement et la fraude commerciale à l'horizon.

Le constat final est que les pouvoirs publics disposent de services compétents pour lutter contre la fraude douanière mais que ces derniers souffrent cruellement d'agents et de cadres qualifiés et rompus aux technicités spécifiques des « agents des douanes » que fournit insuffisamment l'ENF contre ce mal. L'OFIDA, seul, tente de temps en temps de combler ce déficit à travers des sessions de formation douanière de base pour ses agents. Les services de l'Etat que nous avons évoqués dans cette lutte souffrent en plus du déficit d'instruments procéduraux et de techniques appropriées et spécifiques de lutte en marge de la profession. Leur rôle d'intervention se limitant bien souvent à ne s'attaquer qu'aux symptômes plutôt qu'au mal technique et tactique des fraudeurs professionnels à la racine. Comme qui veut se spécialiser en contre-espionnage doit absolument d'abord maîtriser les arcanes de l'espionnage pour en triompher ! La Brigade douanière doit donc, pour l'assainissement du secteur, avoir la responsabilité morale de débarrasser la douane des ravages et insalubrités financiers causés par les fraudes. La démonstration attenante à cette lutte réalisée dans cette partie assoit la conviction de réduire exponentiellement le pouvoir d'ubiquité de la fraude douanière et de son *alter ego*, son tandem, la fraude commerciale, à nos frontières par la paramilitarisation de la Brigade.

CONCLUSION GENERALE

Dans cette étude, nous nous sommes efforcé d'analyser la question de l'érection et de la réforme structurelle de la Brigade douanière sous sa forme la plus performante. Dans une esquisse plus objective et rationnelle, l'étude nous a permis de mettre en lumière les frasques professionnelles des opérateurs douaniers, éclairée en cela par de sources juridiques les plus diverses du droit douanier. Ce qui nous a permis ensuite d'user d'une distanciation nécessaire à une meilleure analyse des faits tels que les ont révélés les statistiques.

Une telle démarche a eu surtout le mérite d'échapper à quelque récupération passionnelle de la problématique ou encore à toute subjectivité enchanteresse qui masquerait sa complexité. L'idée que nous faisons de ce sujet met aussi en évidence la pertinence ainsi que les possibilités de réformer structurellement ce grand service public de l'Etat, en vue de le faire sortir du ghetto financier. C'est qu'en réalité, l'érection de la Brigade douanière en une entité autonome et le texte législatif qui la recréera ont été envisagés ici de façon à concilier les intérêts de deux acteurs essentiels, à savoir : l'Etat et l'opérateur douanier ou commercial. Ainsi, pour nous, la nouvelle structure proposée dans cette étude devra apparaître sous les traits novateurs d'un établissement public du secteur non concurrentiel qui, utilisant effectivement les prérogatives de la puissance publique, devrait mettre en relief toute sa capacité productive qu'implique son impérieuse modernisation.

En conférant à la Brigade douanière son caractère exclusif de ''Corps spécialisé'' de lutte contre les fraudes douanière et commerciale, sous le couvert d'un nouveau cadre législatif, les pouvoirs publics l'auront aidé à opérer un véritable retour à ses sources fondatrices tout en lui garantissant une vaste autonomie de gestion des fraudes.

Avec la mise en place de cette unité de contrôle et de surveillance, devrait s'estomper l'ambiguïté entre un OFIDA juge et partie, contrôleur et contrôlé, garant de la légalité douanière et traqueur de fraudeurs... Seule une bipartie fonctionnelle plus claire, certes envisagée dans le sens d'une heureuse complémentarité, serait à même de conférer une cohérence idoine à l'action de ce secteur essentiel pour la maximisation des recettes publiques. A cette fin, nous préconisons, pour une bonne gouvernance des recettes douanières, la mise sous une double tutelle directe de la Brigade douanière : côté Ministère du Portefeuille (tutelle administrative et financière), et côté Ministère des Finances (tutelle technique). Avec comme vocation, dans une unité de regard, la recherche, la prévention, la dissuasion et la répression effectives des fraudes (douanière et commerciale) sans interférences directes de l'Administration des douanes et/ou des tiers. Quitte à cette Administration de se replier essentiellement dans son rôle principal de "pourvoyeuse" des recettes douanières pour l'Etat. La Brigade par contre, vecteur par excellence de la culture fiscale douanière, devrait contribuer efficacement à son tour à conjurer l'allergie et la répugnance du citoyen face à son devoir fiscal en impulsant un civisme économique en matière des droits et taxes de douanes.

Pour ce faire, il importe de dépouiller l'espace douanier des structures de fonctionnement parasitaires et phagocytées par l'esprit incivique en orientant la stratégie anti-fraude dans le sens de juguler le primat des intérêts personnels au détriment de l'Etat. Ce nouveau cadre légal favorisera par la même occasion la promotion et la protection des droits de l'homme par le fait de soumettre les mêmes marchandises à une imposition tarifaire identique sur la base d'une valeur identique à l'aune d'une valeur transactionnelle réglementaire. Ce qui est une manière de protéger la population en la mettant à l'abri de consommer des marchandises délictueuses et de fraude, prohibées ou impropres, etc., dans le souci évident de garantir aux citoyens un confort qualitatif de vie. Il va sans dire qu'un tel effort, de la part de l'Etat, permet de maintenir, qui plus est, l'égalité des charges douanières entre les différents opérateurs économiques pour une même marchandise donnée. C'est ici, pensons-nous, que la Brigade douanière fera effectivement triompher le sacro-saint *principe de l'égalité devant les charges publiques* : principe selon lequel les contribuables (importateurs ou exportateurs) disposant des mêmes capacités contributives doivent participer de façon égale au financement des services publics, en particulier lors de l'établissement de l'impôt, conformément au tarif douanier du Système harmonisé.

A. RESULTATS OBTENUS :

Dans la recherche de solutions à la « fraude douanière », nos investigations ont conduit aux résultats suivants :

a) Par rapport aux créances contentieuses

- **110,90 %** des recettes dues au Trésor ont été détournées via la fraude sur la période de 1998 à 2004 ;
- **90%** des créances contentieuses de la période concernée par notre étude sont demeurés non recouvrés sur l'ensemble des créances constatées ;
- L'impact négatif moyen de la fraude par glissement tarifaire (à titre simplement indicatif) est de l'ordre de **53,23%** sur les recettes ayant échappé au Trésor ;
- La prestation de la Brigade douanière par concussion, pot-de-vin, corruption, etc. l'a tant fragilisée qu'elle est réduite finalement au statut de simple épouvantail sans réel pouvoir de coercition devant les infracteurs.

Jusqu'au point où la Brigade douanière actuelle n'a paradoxalement presque pas établi de contentieux sur une tranche de la période étudiée (2003).

La Brigade douanière gagnerait donc à faire viabiliser l'établissement des statistiques du commerce extérieur, et ce, à l'idée que c'est cet instrument de veille qui permettra d'orienter les pouvoirs publics dans la prise de certaines décisions d'un poids politique, économique, voire diplomatique, auprès des partenaires extérieurs et des opérateurs économiques intérieurs.

b) Par rapport à la révision de l'ordonnance recréant la Brigade douanière :

Etant donné que la Brigade douanière apparaît comme le bras armé de l'Administration fiscale des douanes et accises en vue de garantir le paiement des droits et taxes éludés ou compromis, elle est appelée à réunir suffisamment de moyens de preuve concernant la commission des infractions qu'elle est chargée de rechercher et de constater en vertu de nouvelles dispositions du nouveau Code des douanes congolais.

Dans cette perspective, la lutte contre les fraudes douanières et commerciales devrait impliquer d'importants moyens tant logistiques qu'humains, ainsi que des dispositions juridiques spécifiques. Ceci concerne notamment la mobilité des agents commis à cette tâche. Au regard de l'étendue de la RDC et des enjeux qu'induit cette restructuration en termes de maximisation des recettes et de sécurité, il reviendra à l'Etat de doter la Brigade douanière d'un éventail des moyens de déplacement qui inclurait, entre autres, des véhicules, des bateaux (canots rapides...), des motos, et même des aéronefs. Sans oublier le matériel informatique relié en réseau. Car le champ opérationnel de la lutte antifraude est vaste en missions défoliantes : il va de la lutte contre le blanchiment d'argent sale, en passant par la traque de faux documents (qui faussent la base de l'assiette fiscale et autres), la détection des déchets toxiques, des matières radioactives et nucléaires, des SAO, du trafic de stupéfiants et substances psychotropes, de la contrefaçon, de la piraterie des œuvres de l'esprit, des espèces protégées jusqu'aux produits culturels, par exemple. C'est ici que se justifie l'adage selon lequel « qui veut aller loin, ménage sa monture ».

La nouvelle loi devra intégrer aux missions traditionnelles de la Brigade : la contre-vérification, les contrôles *a posteriori* des régimes économiques accordés par ce biais par la Douane, la prise en charge et l'identification effectives des mouvements de tous les conteneurs en RDC, de manière à décharger l'Administration des douanes de suivi, de surveillance et de contrôle des facilitations douanières accordées, ainsi que le suivi des *enlèvements d'urgence autorisés* et leurs régularisations dans le délai réglementaire.

c) **Par rapport à la réforme et modernisation de la Brigade douanière dans le sens de la paramilitarisation et professionnalisation technologique de son nouveau corps**

La dissuasion à la fraude douanière et commerciale, ainsi que la promotion de la culture fiscale exige une réelle volonté politique de la part des pouvoirs publics. Pour ce faire, il s'avère impérieux de soumettre la Brigade à une formation paramilitaire de dissuasion de haut niveau, couplée d'une formation douanière de base pour l'ensemble du Corps. Cette formation constituera sans doute une grande dissuasion psychologique face aux délinquants économiques.

Cette formation spécifique porterait sur l'évaluation de :

- matières gemmes auprès de grands centres de formation d'Anvers, Londres, RSA, ... pour faire nettement le contrepoids auprès du CEEC ;
- la valeur en douane réelle des essences tropicales de notre important parc forestier en exportation, toujours mal évalué et où prospèrent la fraude et l'évasion fiscale ;
- certaines matières stratégiques et autres substances sensibles nécessitant une spécialisation plus pointue ;
- tous les produits d'accises présents et futurs.

La porosité de nos longues frontières ainsi que la dimension sous-continentale de la RDC (entourée de neuf pays voisins) exigent non seulement d'envisager une solution idoine à cette problématique, mais implique une formation plus adaptée à la situation qui serait envisageable à deux niveaux :

1) Pour les agents de collaboration et d'exécution

Cette catégorie de personnel est celle qui est en contact direct avec les fraudeurs. Du fait d'être exposée à la criminalité la plus dangereuse, le législateur congolais, à travers le nouveau Code des douanes congolais, lui a concédé la possibilité de détenir et d'user des armes en cas de nécessité.

A ce titre, il lui incombe, en plus de ses prérequis en matière douanière, de la soumettre à une formation paramilitaire et/ou policière sur une période de trois mois auprès des experts des structures spécialisées des FARDC et de la Police nationale congolaise.

2) Pour les cadres de commandement et de collaboration

A l'intention de cette autre catégorie du personnel de commandement, nous préconisons qu'ils soient soumis à une formation particulière dans différents centres d'instruction militaires en vue de familiariser les agents de commandement avec le REEI et la discipline militaire au sein de ce Corps.

Ce type de formation peut être organisée dans le cadre de la coopération structurelle avec des pays tels que la France (à La Rochelle avec son Ecole nationale de brigades douanières), la Belgique, l'Afrique du Sud, le Maroc... Concernant le recyclage et le renforcement des capacités de gestion, une formation douanière approfondie consacrée aux unions douanières et commerciales sous-régionales (SADC, COMESA, CEEAC, CEMAC...) est souhaitable à très court terme, en vue de répondre aux vœux des politiques douanières contractuelles et commerciales de l'OMC et de l'OMD.

Une fois mis sur pied et opérationnel, cette unité spécialisée constituera en même temps un corps de réservistes à la fois en faveur de l'Armée et de la Police nationale congolaises.

En définitive, la création d'une Ecole Nationale de la Brigade Douanière (ENBD) en RDC dans le cadre de la coopération bilatérale et multilatérale serait un atout majeur pour la formation continue et permanente des brigadiers. A terme, ce centre de formation pourrait être investie d'une vocation sous-régionale. Par ailleurs, le caractère international de l'activité douanière devrait privilégier aussi bien l'élitisme que la maîtrise de la langue anglaise de la part des brigadiers commis aux frontières. Comme l'a écrit A. Kasongo Mukonzo, "il est absurde de se fixer des objectifs de mobilisation maximale des recettes douanières [...] si sa composante principale, à savoir l'homme [douanier], n'est pas suffisamment formé"[1] dans tout son potentiel de profil professionnel.

d) Par rapport à la révision de la loi et de l'instruction sur la prime contentieuse

L'un des objectifs de la réforme préconisée dans cette étude et de rationaliser *in fine* la clé de répartition de la prime dite contentieuse et de rétablir l'équité dans le partage. Ce, en tenant compte du fait que l'actuelle clé de répartition se heurte à l'insatisfaction généralisée dans la rétribution des verbalisants, aviseurs et autres intervenants, lesquels faute d'être rétribués équitablement et dans les meilleurs temps, s'exposent à la tentation de négocier à la source le produit de la fraude avec l'infracteur. C'est en cela que nous partageons la conclusion du professeur fiscaliste Buabua wa Kayembe quand il exhorte les pouvoirs publics en ces termes : « Tout ministre des Finances qui veut renflouer les caisses de l'Etat doit savoir dépenser de l'argent, investir. Chez les privés, 100 francs dépensés en rapportent 20 au titre de bénéfices. En revanche, le Ministère des Finances voudrait gagner 100 francs en ne dépensant que 5 (cf. rétrocession accordée aux régies financières). Nous sommes de ceux qui pensent que la Douane [OFIDA], de même que les services de l'impôt [DGI] et la DGRAD, peuvent rapporter beaucoup d'argent au Trésor public, à condition que leurs budgets de fonctionnement et d'investissement atteignent au plus bas mot 20 à 30% des recettes assignées et que des mesures appropriées d'encadrement et de suivi de ces services soient arrêtées.[2] »

---

[1] A. KASONGO MUKONZO, *op. cit.*, p. 13, col. 2.
[2] M. BUABUA wa KAYEMBE, *op. cit.*, p. 239.

L'étude et l'analyse critique de cette loi sur la prime contentieuse en même temps que son instruction de répartition nous inspirent les suggestions suivantes :

- Eliminer la faveur par trop abusive accordée à la caisse du "Fonds social", étant donné que celui-ci émarge déjà du budget propre de l'OFIDA et qu'il n'y a aucun rapport de cause à effet dans cette rétribution ;
- Eliminer l'octroi par trop généreux au Trésor public qui, en plus des droits et taxes recouvrés, se bonifie d'une part plantureuse et léonienne de 60% qui lui sont encore primés sur les amendes ; alors qu'il serait plus équitable et judicieux de ne la répartir qu'entre acteurs effectifs du dossier contentieux.

Il sied par ailleurs de relever que l'incidence temporelle dans le traitement des dossiers contentieux a un impact très négatif sur la rétribution très lente de la prime contentieuse aux différents bénéficiaires, dans la mesure où la prescription est de 3 ans pour les droits fraudés ou encore de 6 ans pour ceux en contrebande. Il est donc souhaitable que l'Administration des douanes et celle de la Brigade douanière reconsidèrent la clé de répartition dans une nouvelle instruction qui tiendrait compte des facteurs ci-dessous:

- le niveau ou du degré de l'implication privilégiée de l'aviseur ou du verbalisant principal qui, suivant les cas, sont les principaux piliers déclencheurs de dossiers contentieux ;
- le désintéressement des verbalisants et des aviseurs par la Caisse de contentieux de la moitié de leurs droits dès la reconnaissance par les contrevenants de leurs forfaits ;
- le fait que le verbalisant principal (actif) puisse bénéficier tout naturellement ne fût-ce que du double de la part revenant à chacun des simples verbalisants et figurants dans la répartition, ainsi que de la réduction par trop longue de la liste des bénéficiaires ;
- la vulgarisation de la notion d'*aviseur* auprès de l'opinion et des dividendes qu'elle peut en tirer ;
- le renforcement de la procédure de recouvrement forcé au-delà de 30 jours, conformément à l'article 22 de l'arrêté ministériel n° 011 du 30 mars 1998 portant réglementation de l'exercice de la profession de commissionnaire en douane, en vue de régulariser la créance contentieuse dans le temps en faveur des bénéficiaires.

e) Par rapport à la mise sur pied des stratégies et des structures de lutte contre les SAO

A ce niveau, nous suggérons simplement l'application des recommandations formulées par le dernier atelier des 2ᵉ et 3ᵉ sessions de formation sur les SAO des douaniers et inspecteurs du ministère de l'Environnement, de la conservation de la nature, des Eaux et des Forêts en décembre 2005 au Quartier général de la Brigade douanière, en ses articulations essentielles:

1° Recommandations au Programme des Nations Unies pour l'Environnement (PNUE) :

1. Encourager [par les subventions] les industries productrices de produits de substitution ;
2. Renforcer le contrôle de la production et de la consommation des SAO pour le respect du calendrier d'élimination des SAO dans le monde d'ici 2020 ;
3. Continuer à appuyer le gouvernement pour la formation et l'information à l'intérieur du pays.

2° Recommandations au Gouvernement de la RDC :

1. Informer et sensibiliser la population sur le danger des SAO ;
2. Restituer les conclusions des différents forums auxquels nos représentants prennent part ;
3. Vulgariser le calendrier d'élimination des SAO et les mesures prises pour la réalisation de ses objectifs ;
4. Promouvoir l'implantation de nouvelles technologies [écologiques] ;
5. Assurer le suivi du programme de contrôle des SAO ;
6. Former les douaniers de l'intérieur du pays à cette nouvelle donne ;
7. Assurer la sécurité sociale des agents de l'OFIDA.

- Et nous d'ajouter :

8. Créer, pour capitaliser avec le concours du Fonds pour l'environnement mondial par le « Crédit Carbone », et d'autres organismes spécialisés, des plantations botaniques spécifiques aux essences de production d'oxygène et autres résorbant les SAO.

3° Recommandations à l'Administration douanière :

1. Mettre sur pied l'instruction administrative sur l'importation, l'exportation, la réexportation et la réimportation des SAO ainsi que les produits et/ou équipements les contenant ;
2. Etendre la formation à tous les douaniers ;
3. Capitaliser cette formation ;
4. Equiper les douaniers de matériels de détection des SAO ;
5. Réduire les taux des droits d'entrée sur les produits de substitution dans le but d'encourager les importateurs à s'impliquer dans cette lutte.

f) Dans le cadre de la lutte contre les stupéfiants et les substances psychotropes

Après avoir inscrit cet objectif dans les missions de la Brigade douanière, il importe à la RDC d'exploiter les dispositions de la *Résolution I* de la Convention *ad hoc* sur l'assistance technique en matière de contrôle des stupéfiants. Celle-ci dispose, en effet, que « des ressources suffisantes seront rendues disponibles en vue de fournir aux pays qui en exprimeront le désir une assistance pour la lutte contre le trafic illicite, notamment sous la forme de services de conseillers techniques et de cours destinés à la formation de fonctionnaires nationaux ».[1]

Cette dynamique particulière dans la formation de ses agents peut amener la Brigade douanière à solliciter un financement auprès de l'OIPC-INTERPOL via son bureau de Kinshasa à travers une synergie affine. Ce qui renforcera l'expertise de la Brigade douanière pour lutter efficacement sur le terrain et de pallier ainsi les vulnérabilités exploitées par les organisations criminelles et terroristes. Ainsi, la mise en place et la formation des sections cynophiles avec leurs spécificités devraient être envisagées avec un budget conséquent.

f) Instauration d'une collaboration entre les administrations douanières d'ici et le monde universitaire et de la recherche en matière douanière

Hormis quelques travaux de recherche scientifique de fin de cycle que nous avons consultés, ce travail a démontré modestement que la douane est indubitablement restée une mine incontournable et la première place financière des recettes budgétaires de l'Etat (56,78% de l'ensemble de la période d'étude) en substitution des autres sources de ressources traditionnelles (en faillite) de financement intérieur. Alors même qu'à l'opposé, dans les Etats développés par exemple, les droits de douane font partie intégrante des impôts indirects. Toujours est-il qu'ils sont généralement classés à part, parce que dans ces grands Etats, les recettes que la douane leur procure, même si elles sont parfois substantielles, n'ont qu'un caractère secondaire par rapport à leur objectif principal qui est lié à la sécurité et à la protection de leurs activités économiques face à la concurrence étrangère.

Ne serait-ce qu'à ce titre, il est utile que la problématique douanière intègre le champ de la recherche universitaire en RDC de manière à aider ce secteur vital à mieux se rationaliser, à l'aune de la dynamisation et de l'harmonisation des politiques de l'OMD.

A l'instar de la *Conférence PICARD 2008*, tenue à Shangai (Chine) du 14 au 16 mai 2008, et organisée conjointement par *l'OMD, le Réseau universitaire international d'études des questions douanières (INCU), le Groupe consultatif PICARD et le Shangai Customs College* pour un partenariat universitaire en recherche et développement en questions douanières, est à intensifier et à populariser au niveau des Etats-membres de l'OMD afin de mieux affronter les problèmes douaniers qui se posent entre ses différents Etats pour leurs résolutions.

Les objectifs de notre préoccupation en ce point précis seront parfaitement atteints en faisant souscrire notre Douane dans la ligne philosophique de *l'International Network of Customs Universities*, ***INCU.***

---

[1] ONU, *Convention unique sur les stupéfiants de 1961, op. cit.*, p. 9.

Cette dernière structure technique est une ressource globale de l'OMD pour les gouvernements et le secteur privé, ainsi qu'une source pédagogique servant de point de contact unique avec les universités et les instituts de recherche en la matière et d'approfondissement dans le domaine de la gestion et de l'administration douanière, du commerce international et de la gestion logistique. C'est plus qu'une opportunité à saisir et à capitaliser par la RDC.

Il est plus que jamais indiqué aujourd'hui, après analyse, que la douane serve pour les Etats de l'OMD de base de développement en recherche prospective, ce qui permettrait un développement harmonieux du commerce international et des rapports harmonieux entre nations. Cette proposition sous-tend en fait l'idée d'un vaste champ de collaboration scientifique ouvert à une synergie des plus dynamiques à l'échelle du milieu universitaire.

h) Du profil ou portrait-robot du futur manager : le Directeur et/ou le Commandant général de la Brigade douanière de la RDC

A l'analyse, la réussite de cette réforme dépend en grande partie du choix de la personne capable de présider à la destinée de la Brigade douanière.

Ainsi le Commandant Général (ou Directeur Général) devrait être :

- Manager senior ;
- Détenteur d'un diplôme supérieur en douanes et accises.

En plus, il devrait :

- Disposer d'une parfaite maîtrise des arcanes de la Brigade douanière ;
- Avoir eu à assumer les fonctions liées au cadre de commandement ou de collaboration ;
- Avoir une vision politique et prospective d'accompagnement à l'émulation et au pilotage du changement ;
- Disposer d'une capacité d'anticipation, partant d'une vision prospective ;
- Disposer des aptitudes à la discipline paramilitaire et/ou policière évoluées ;
- Etre de nationalité congolaise (RDC).

Les mêmes dispositions seront exigées du Commandant Général Adjoint (DGA), en plus de son profil de juriste ou d'économiste.

B. PERSPECTIVES D'AVENIR

En envisageant les choses sous le prisme d'une métaphore obstétrique, toute réforme peut être assimilable à un accouchement avec douleur. Ainsi, partant de l'ancienne pratique douanière, nous n'avons été conduit tout au long de notre étude que par le vrai souci de contribuer aux principaux chantiers de la reconstruction de la RDC à travers une réflexion diachronique, doublée d'une vision prospective, assortie de quelques pistes essentielles en vue d'une maximisation honnête, loyale et performante des recettes au sein de la douane congolaise. Exploit qui passe forcément par le renforcement, sinon la reformulation des stratégies anti-fraude, par le biais d'une brigade douanière plus adaptée aux enjeux de la refondation de la RDC. Pour autant qu'elle vise un rehaussement de la capacité de recouvrement fiscal, une telle ambition n'a de chance de s'accomplir qu'à condition de s'inscrire dans une approche des plus humanistes dans un rapport étroit entre l'Etat et ses citoyens, entre la douane et ses opérateurs, entre le « mal de la loi et le mal du remède » (J. Bentham)... Rapport, enfin, entre le droit pour un Etat d'assumer sa charge régalienne au nom de tous et le droit à un traitement humain, équitable et décent, dévolu à tout être humain. Cette configuration complexe a tout d'un rapport de forces où, pour que se tiennent les promesses d'un Congo riche et prospère, il est utile que la nouvelle Brigade douanière, telle que nous l'avons pensée à travers cette étude, réponde aux trois objectifs de la réforme de l'administration prônée par les pouvoirs publics, en ce qu'elle vise à :

1. Mettre sur pied une brigade douanière performante, assumant l'essentiel de ses missions ;
2. Susciter en RDC l'émergence d'un nouveau type de « brigadier-citoyen » de l'Etat : efficace, discipliné, motivé, courtois... bref, valorisé et dépouillé des antivaleurs ;
3. Eriger une brigade douanière ambitieuse de développement, renforçant la création de nouvelles richesses et assurant en même temps la promotion des valeurs républicaines, dont le respect des droits humains et encadrant la bonne gouvernance à la Douane.

De ce point de vue, il est possible d'inscrire ce travail dans le cadre d'une relecture critique de notre histoire douanière, en tant qu'il nous a permis de mettre en lumière les dérives d'une politique douanière, les échecs de sa mise en œuvre, les corrections, ainsi qu'un nouveau processus législatif destiné à incliner la tendance déclinante de la fraude douanière en RDC. Et cela sans que jamais l'avenir de l'économie congolaise ne soit soumis forcément à une fatalité irréversible.

Il va sans dire qu'en faisant de la Brigade douanière une direction générale de lutte contre la fraude fiscale, économique et financière, l'Etat promeut en même temps la protection des droits humains dans ce secteur des finances publiques par « l'égalité des recettes fiscales qui recherche l'égalité dans l'impôt et non l'égalité par l'impôt [douanier] ». Condition qui permet à l'Etat de remplir son contrat social conclu avec sa communauté nationale de base à travers les droits dérivés et les autres droits sociaux. Un tel succès ne peut qu'être capitalisé tant par la SADC – dont nous assurons la présidence (2009-2010) -, le COMESA... que par l'OMD en tant qu'il participe de l'idée d'une immanente bienveillance et de la mission nationale de la Douane dans le sens d'une plus grande sécurité économique et financière, et, bien plus, d'une optimisation de la condition humaine en RDC.

ANNEXES

- Ordonnance portant création de la Brigade Douanière
- Illustration caricaturale de la fraude douanière à Kinshasa
- Evaluation en douane suivant l'article VI de l'Accord du GATT.
- Substances détruisant la couche d'ozone (SAO)
- Dérogations pour l'utilisation et la production des SAO
- Rapport de missions effectuées dans le District du Haut-Uélé
- Echantillons d'Enlèvements d'Urgence
- ITIE

Annexe N° 1 : Ordonnance portant création de la Brigade Douanière *in* Journal Officiel n° 14 du 15 juillet 1979, pages 59 à 61

Odonnance n° 78-302 du 06 juillet 1978 portant création de la Brigade Douanière :

Art. 1er. – Il est créé un Corps dénommé « Brigade Douanière ».

Art. 2. – Les agents de la Brigade Douanière ont pour mission d'exercer une surveillance continue sur l'étendue du ressort du bureau dont ils dépendent de contribuer à la surveillance générale des frontières des patrouilles.

A cet effet, ils sont notamment chargés :

1) de rechercher, recueillir et prendre au sujet des infractions tous les renseignements possibles et en donner immédiatement connaissance à leur chef local ;
2) de rendre compte à leur chef local de ce qu'ils remarquent de contraire aux lois, ordonnances, décrets, arrêtés, règlements et plus spécialement des infractions commises en matière de la législation douanière ;
3) de dépister les tentatives de fraude et d'en rechercher les auteurs ;
4) d'empêcher, d'appréhender et conduire devant le chef local du bureau douanier dont ils dépendent tous les individus pris en flagrant délit de fraude ou détenteurs de marchandises qu'ils tentent d'importer ou d'exporter par des voies non autorisées.

Art. 3. – La Brigade Douanière est placée sous l'autorité du secteur des douanes et accises.

Art. 4. – Le Ministre des Finances a compétence pour :

1) fixer l'effectif de la Brigade ;
2) décider du recrutement, de la formation professionnelle, de la nomination, de l'avancement et de la mutation de ses membres ;
3) déterminer les équipements et les matériels, la structure, l'organisation et le fonctionnement de la Brigade Douanière.

Art.5. – La Brigade Douanière est composée de :

1) sous-brigadier ;
2) brigadiers ;
3) brigadiers-chefs ;
4) commandants adjoints ;
5) commandants.

Les sous-brigadiers et brigadiers constituent le personnel d'exécution.
Les brigadiers-chefs constituent le personnel d'encadrement.
Les commandants adjoints et commandants constituent le personnel de commandement.
Par équivalence aux grades prévus par le statut du personnel de carrière de l'administration publique :

- les sous-brigadiers sont assimilés aux agents auxiliaires de 1ère classe ;
- les brigadiers aux agents de bureau 2ème classe ;
- les brigadiers-chefs aux agents de bureau de 1ère classe ;
- les commandants adjoints aux attachés de bureau de 2ème classe ;
- les commandants aux attachés de bureau de 1ère classe.

Art. 6. – Les sous-brigadiers, brigadiers et brigadiers-chefs sont recrutés par voie de concours.

Les commandants adjoints sont sélectionnés parmi les brigadiers-chefs ou parmi le personnel des douanes et accises de grade équivalent.

Les commandants sont sélectionnés parmi les commandants adjoints ou parmi le personnel des douanes et accises de grade équivalent.

Art. 7. – Les gardes-frontières actuellement en service, physiquement et professionnellement aptes seront versés d'office dans la Brigade Douanière.

Art. 8. – Les commandants adjoints et commandants de la brigade douanière sont officiers de police judiciaire à compétence restreinte sur tout le territoire de la République.

Ils peuvent requérir à tout moment l'appui des forces de l'ordre ainsi que celui des autorités civiles chaque fois que la nécessité s'en fait sentir.

Art. 9. – Les agents de la brigade douanière porteront l'uniforme pendant le service. Ils se distinguent des autres agents des douanes par des insignes qui établiront leur appartenance à la brigade douanière. Certains d'entre eux, dans certaines circonstances, seront autorisés à porter des armes pendant le service.

Art. 10. – L'ordonnance 33-345 du 31 juillet 1949 créant le corps des gardes-frontières ainsi que les autres dispositions antérieures qui seraient contraires à la présente ordonnance sont abrogées.

Art. 11. – Le Commissaire d'Etat aux Finances est chargé de l'exécution de la présente ordonnance qui entre en vigueur à la date de sa signature.

Fait à Kinshasa, le 6 juillet 1978.

MOBUTU SESE SEKO KUKU NGBENDU WA ZA BANGA

Général de Corps d'Armée

Annexe N° 2 : Illustration caricaturale de la fraude douanière à Kinshasa

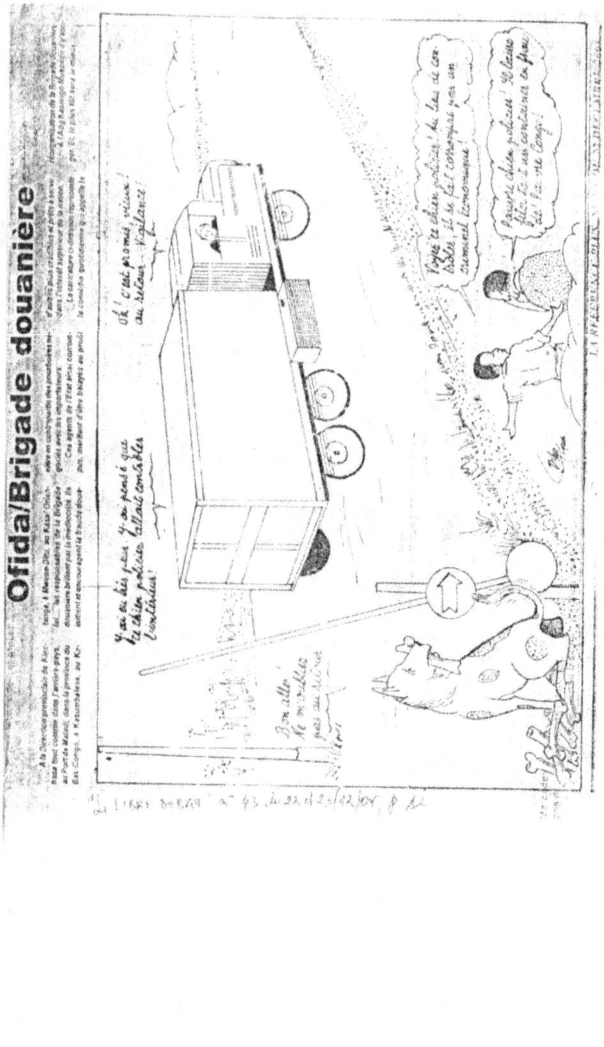

Annexe N° 3 : Evaluation en douane suivant l'Article VII de l'Accord du GATT

La base de l'évaluation en douane devrait être la valeur transactionnelle des marchandises, c'est-à-dire leur prix de vente, convenue entre le vendeur et l'acheteur. Cet Accord vise à créer un système équitable, uniforme et neutre d'évaluation en douane des marchandises reflétant les réalités commerciales et excluant l'utilisation de valeurs en douane arbitraires ou fictives. Par conséquent l'Accord prévoit aussi d'autres méthodes à utiliser dans un ordre déterminé pour établir la valeur lorsque la méthode transactionnelle ne peut s'appliquer.

Les méthodes de détermination de la valeur en douane se résument donc comme suit :

1) *Valeur transactionnelle* (Article 1 et 8) : Cette méthode privilègie la valeur que l'acheteur et le vendeur conviennent de donner à une marchandise sur un marché ouvert. Cette valeur repose pour l'essentiel sur le prix de vente appliqué à l'exportation ;
2) *Valeur transactionnelle de marchandises identiques* (Article 2) : Lorsque la valeur transactionnelle ne peut être établie, ce qui est le cas pour les transactions internes à une entreprise, la valeur en douane sera la valeur transactionnelle de marchandises identiques, vendues pour l'exportation à destination du même pays d'importation et exportées au même moment ou à peu près au même moment, au même niveau commercial (détail, gros, etc.) et sensiblement en même quantité que les marchandises à évaluer ;
3) *Valeur transactionnelle de marchandises similaires* (Article 3) : Si aucune des deux précédents méthodes ne peut s'appliquer, la valeur en douane sera la valeur transactionnelle de marchandises similaires produites par le même fabricant. Les critères de qualité, de niveau commercial, etc., sont les mêmes que pour la deuxième méthode de détermination de la valeur en douane ;
4) *Méthode de la valeur déductive* (Article 5) : Si la valeur des marchandises importées ne peut être établie par aucune des trois méthodes précédentes, la valeur en douane est déterminée par le prix de vente dans le pays d'importation, déduction faite de certains coûts (liés aux bénéfices et frais généraux par exemple) ;
5) *Méthode de la valeur calculée* (Article 6) : Cette méthode prévoit le calcul de la valeur en douane par la somme du coût ou de la valeur des matières et des opérations de fabrication ou autres (conditionnement, coûts techniques et coûts de développement) mises en œuvre pour produire les marchandises dans le pays d'exportation, auxquels s'ajoute un montant pour les bénéfices, les généraux et les frais d'assurance ;
6) *Méthode de dernier recours* (Article 7) : Dans ce cas, la valeur en douane peut être déterminée par l'une ou l'autre des méthodes susmentionnées, appliquées avec une souplesse raisonnable pour tenir compte de circonstances particulières (lorsqu'il y a lieu d'envisager une méthode spécifique pour établir la valeur en douane de véhicules automobiles d'occasion, par exemple).

Annexe N° 4 : Substances détruisant la couche d'ozone (1)

CUSTOMS OFFICER'S QUICK TOOL FOR SCREENING ODS

Ozone Depleting Substances ODS

Name/Group	Chemical name	Formula	ASHRAE # [illegible]	ASHRAE safety group	CAS #	UN #	CN code (8 digits) and HS code (first 6 digits)
Annex A, Group I (CFCs)							**--2903.40**
CFC-11	Trichlorofluoromethane	CFCl3	R-11	A1	75-69-4	1017	--2903.41.00
CFC-12	Dichlorodifluoromethane	CF2Cl2	R-12	A1	75-71-8	1028	--2903.42.00
CFC-113	Trichlorotrifluoroethanes	C2F3Cl3	R-113	A1	76-13-1		--2903.43.00
CFC-114	Dichlorotetrafluoroethanes	C2F4Cl2	R-114	A1	76-14-2	1958	--2903.44.10
CFC-115	Chloropentafluoroethane	CClF2CF3	R-115	A1	76-15-3	1020	--2903.44.90
Annex A, Group II (Halons)							**--2903.40**
Halon-1211	Bromochlorodifluromethane	CF2BrCl	R-12B1		353-59-3	1974	--2903.46.10
Halon-1301	Bromotrifluromethane	CF3Br	R-13B1		75-63-8	1009	--2903.46.20
Halon-2402	Dibromotetrafluroethanes	C2F4Br2	R-114B2		124-73-2		--2903.46.90
Annex B, Group I (Other CFCs)							**--2903.45**
CFC-13	Chlorotrifluoromethane	CF3Cl	R-13	A1	75-72-9		--2903.45.10
CFC-111	Pentachlorofluoroethane	C2FCl5	R-111		354-56-3		--2903.45.15
CFC-112	Tetrachlorodifluoroethane	C2F2Cl4	R-112		76-12-0		--2903.45.20
Annex B, Group II							**--2903.10**
Tetrachlormethane or carbon tetrachloride		CCl4		B1	56-23-5	1864	--2903.14.00
Annex B, Group III							**--2903.19**
1,1,1-trichloroethane or methyl chloroform		C2H3Cl3	R-140a		71-55-6	2831	--2903.19.10
Annex C, Group I (HCFCs)							**--2903.49**
HCFC-22	Chlorodifluoromethane	CHF2Cl	R-22		75-45-6	1018	--2903.49.10
HCFC-123	Dichlorotrifluoroethanes	C2HF3Cl2	R-123		306-83-2		--2903.49.10
HCFC-124	Chlorotetrafluoroethanes	C2HF4Cl	R-124		2837-89-0		--2903.49.10
HCFC-141	Dichlorofluoroethanes	C2H3FCl2			1717-00-6		--2903.49.10
HCFC-141b	1,1-dichloro-1-fluoroethane	CH3CFCl2	R-141b		1717-00-6		--2903.49.10
HCFC-142	Chlorodifluoroethanes	C2H3F2Cl			75-68-3		--2903.49.10
HCFC-142b	1-chloro-1,1-difluoroethane	CH3CF2Cl	R-142b		75-68-3		--2903.49.10
Annex C, Group II (HBFCs)							**--2903.49**
HBFC-22B1	Bromodifluoromethane	CHF_2Br					--2903.49.30
Annex C, Group III							**--2903.49**
Bromochloromethane		CH_2BrCl					--2903.49.80
Annex E, Group I							**--2903.30**
Methyl bromide (or Bromomethane)		CH_3Br			74-83-9	1062	--2903.30.33
The most popular ODS containing blends (Refrigerants)							
R-500	CFC-12 / HFC-152a		R-500		**		--3824.71.00
R-502	HCFC-22 / CFC-115		R-502		**	1973	--3824.71.00
R-401A (MP-39)	HCFC-22/HFC-152a/HCFC-124		R-401A		**		--3824.90.99
R-408A (FX 10)	HCFC-22/HFC-143a/HFC-125		R-408A		**		--3824.90.99
R-409A (FX 56)	HCFC-22 / HCFC-124/HCFC-142b		R-409A		**		--3824.90.99

Non-Ozone Depleting Substances

Name/Group	Chemical name	Formula	ASHRAE #	ASHRAE safety group	CAS #	UN #	CN code (8 digits) and HS code (first 6 digits)
Hydroflourocarbons (HFCs)							--2903.30
HFC-134a	1,1,1,2-Tetrafluoroethane	CF3CH2F	R-134a	A1	811-97-2	3159	--2903.30.80
HFC-152a	1,1-Difluoroethane	CHF2CH3	R-152a	A2	75-37-6		--2903.30.80
HFC-125	Pentafluoroethane	CF3CHF2	R-125	A1	354-33-6		--2903.30.80
HFC-143a	1,1,1-trifluoroethane	CF3CH3	R-143a	A2	420-46-2		--2903.30.80
HFC-32	Difluoromethane	CH2F2	R-32	A2	75-10-5		--2903.30.80
HFC-23	Trifluoromethane	CHF3	R-23	A1	75-46-7		--2903.30.80

Annexe N° 5 : Substances détruisant la couche d'ozone (2)

Name/Group	Chemical name	Formula	ASHRAE # (1)	ASHRAE safety group	CAS # (2)	UN # (3)	CN code (8 digits) and HS code (first 6 digits)
Hydrofluorocarbons blends (HFCs)							
R-404A	R143a/125/134a		R-404A	A1/A1	**		--3824.90.99
R-507A	R143a/125		R-507A	A1	**		--3824.90.90
R-407A	R32/125/134a		R-407A	A1/A1	**		--3824.90.99
R-407B	R32/125/134a		R-407B	A1/A1	**		--3824.90.99
R-407C	R32/125/134a		R-407C	A1/A1	**		--3824.90.99
R-410A	R32/125		R-410A	A1/A1	**		--3824.90.99
R-508A	R23/116		R-508A	A1/A1	**		--3824.90.99
R-508B	R23/116		R-508B	A1/A1	**		--3824.90.99
Halogen-free Refrigerants							
R-717	Ammonia	NH3	R-717	B2	7664-41-7	1005	--2814.10.00
R-600a	Iso-Butane	C4H10	R-600a	A3	75-28-5	1969	--2901.10.90
R-290	Propane	C3H8	R-290	A3	74-98-6	1978	--2901.10.90

1- ASHRAE Safety Groups (ASHRAE: American Society for Heating Refrigeration & Air [illegible]

A1 Lower Toxicity & No Flammability
A2 Lower Toxicity & Lower Flammability
A3 Lower Toxicity & Higher Flammability
B1 Higher Toxicity & No Flammability
B2 Higher Toxicity & Lower Flammability
B3 Higher Toxicity & Higher Flammability

2- CAS #: Chemical Abstract Service Number
3- UN #: United Nations Number for [illegible] Chemicals

** CAS # for blend is combined of the CAS # of its components
(Example: R-500 CAS # is: 75-71-8 / 75-37-6 which CAS # for both CFC-12 & HFC-152a)

Most popular refrigerants trade names
ARCTON - ASAHIFRON - ASAHIKLIN - FORANE - FREON - GENETRON - ISCEON - SOLKANE - SUVA - FLORON

DANGER SYMBOLS

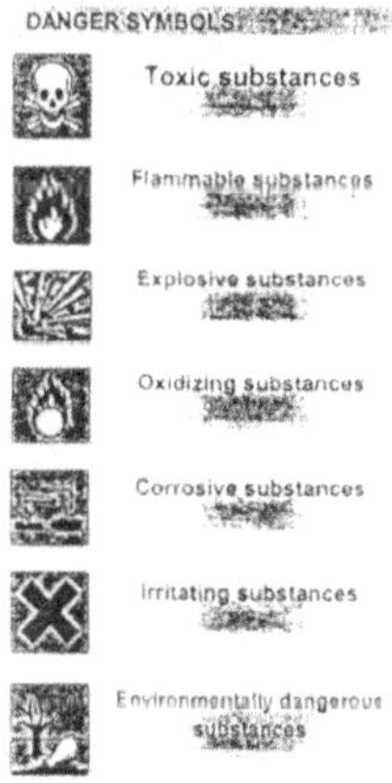

List of main producing countries for ODS

Group	Producing Countries
Chlorofluorocarbons (CFCs)	CHINA, INDIA, NETHERLANDS, BRAZIL, REP. OF KOREA, ITALY, SPAIN, MEXICO & VENEZUELA
Halons	CHINA & REP. OF KOREA
Carbon tetrachloride (CCl_4)	INDIA, BRAZIL, UKRAINE & ROMANIA
Methylchloroform (CH_3CL_3)	JAPAN, USA, FRANCE & CHINA
Hydrochlorofluorocarbon (HCFCs)	USA, FRANCE, JAPAN, CHINA, NETHERLANDS, UK, SPAIN, INDIA & RUSSIAN FEDERATION
Methyl Bromide	USA, ISRAEL, JAPAN, FRANCE, CHINA

Classification of ODS containing products with accordance to HS [illegible]	
Product	**HS code/codes**
A/C Systems	8415.10, 8415.20, 8415.81, 8415.83
AC components	8415.90
Refrigerators & Freezers	84.18, 84.19, 85.05
Compressors	8414.30
Vehicles	CHAPTER 87
Fire Extinguishers	8424.10
ins. boards & pipe covers	3917, 3920, 3921, 3925, 3926
PRE-POLYMERS	3901 - 3911

United Nations Environment Programme

Prepared by: Compliance Assistance Programme (CAP)
Regional Office for West Asia
Quality reviewed by: Dr. Janusz Kozakiewicz

Annexe N° 6 : Dérogations pour l'illustration et la production des SAO

(Programme Action Ozone pour 2001 de la DTIE du PNUE, Manuel de formation des agents des douanes concernant les substances appauvrissant l'ozone, page T14)

Dérogations pour l'illustration et la production des SAO

- **Utilisation essentielle :** Une dérogation à l'égard de l'élimination progressive totale des substances réglementées peut être accordée sur demande pour certaines utilisations essentielles si elle est approuvée par la Réunion des Parties au cas par cas (catégorie exemptée).
- **Matières premières :** Les substances réglementées qui servent à la fabrication d'autres substances chimiques et qui sont complètement transformées pendant le procédé.
- **Agents de procédé :** Certaines SAO sont utilisées dans la production d'autres substances chimiques, par exemple, comme catalyseurs ou inhibiteurs d'une réaction, sans être consommées. Seules les utilisations des substances réglementées approuvées par le Protocole de Montréal sont autorisées.
- **Production pour répondre aux besoins intérieurs fondamentaux :** On accorde aux pays visés à l'article 5, comparativement à ceux qui ne le sont pas, une période de sursis pour leur permettre d'éliminer progressivement l'utilisation et la production de substances réglementées afin de répondre à leurs besoins intérieurs.

Annexe N° 7 : Rapport de mission effectuées dans le District du Haut-Uélé (page 00)

REPUBLIQUE DEMOCRATIQUE DU CONGO
OFFICE DES DOUANES ET ECCISES
« OFIDA »
BUREAU CONTROLE
KISANGANI

RAPPORT DES MISSIONS EFFECTUEES DANS LE
DISTRUCT DE HAUT- UELE
DU 19 septembre 30 octobre2005

Par

ISSA AMURI
Inspecteur de la Brigade à Kisangani

Annexe N° 8 : Rapport de mission effectuées dans le District du Haut-Uélé (page 01)

I INTRODUCTION

Le bureau contrôle de l' OFIDA à Isiro supervise et coordonne les activité douanieres dans deux Districts de la province -orientale , à savoir : le Haut – Uélé et le Bas Uélé.

Quatre bureaux recettes se retrouvent ainsi dans son ressort dont trois dans le Haut- Uélé (Isiro, Bitima,et Aba) et un dans le Bas – Uele (Ndu)

La situation politique que vient de traverser notre pays n' a pas manqué d' affecter le Bureau contrôle de l' OFIDA . En effet, si ce dernier dispose de suffisamment d'informations sur la douane dans le Haut – Uélé, la situation pour le Bas – Uele reste cependant différente, car relativement jadis d'une autre coordination celle de l' OFIDA/ M L C

Agissant du Haut – Uele , , il convient de noter que ce district partage une frontière commune avec le soudan au Nord sur une distance de près de 400 Km . IL est limité à l'Ouest par le District du Bas- Uele , a l' Est et au sud – Est par l' ITURI, au Sud par la TSHOPO

C'est dire que la situation douanière dans le Haut – Uele est essentiellement liée au volume du trafic entre le Soudan et la RDCongo.

Etant donné que l' Unibra qui est implanté à Isiro, chef Lieu du district du Haut – Uele , n' est pas operationnel actuellement , les droits d'accises jadis generés par cette brasserie ne sont plus perçus ,ce qui a entrainé des conséquences négatives sur les recettes de l' OFIDA dans ce District

A cause de la situation sécuritaire encore précaire au Sud – Soudan et du mauvais etat des routes et ponts reliant ce district aux autres , la population du Haut – Uele a difficile a évacuer ses produits vivriers (Huile de palme , Riz ... - pour se procurer des produits manufacturés de première nécessités. Ce qui justifie en partie son niveau de vie qui est relativement bas. Néanmoins, la découverte de Diamant dans ce District a contribuc, tant soit peu, à relever le niveau de vie de cette population, et à augmenter ainsi le volume d'echanges commerciaux avec les autres Districts et Provinces de la RD Congo et du Soudan

Les principaux centres qui approvisionnent le Haut –Uélé sont Beni et Ariwara . S' il est vrai que la plupart des marchandises en provenance de Beni sont essentiellement évacuées dans le Haut – Uele sur Isiro , Watsa et Wamba par avions , et que celles d' Ariwara atteignent les différents centres de ce District par camions et camionnettes , le rôle joue par les vélos dans le transport des marchandises n' est pas a negliger

II FONCTIONNEMENT DE LA BRIGADE DOUANIERE DANS LE HAUT – UELE.

La Brigade Douaniere, dans ce District assume a l'instar de celles d' ailleurs, ses deux missions essentielles à savoir la surveillance des frontieres et la recherche et la constatation des infractions Douanières

C'est ainsi qu'elle est presente dans chaque Bureau, succursale et poste de surveillance de l' OFIDA dans la Haut – Uélé dans le cadre de sa premiere mission

Pour le cas specifique d' Isiro, la Brigade de surveillance est presente à Aeroport et dans les depôts des Agences d' Aviations. Quant à celle de recherche, elle patrouille la cite en quête d'infractions Douanières en assistant au déchargement des véhicules transportant des

Annexe N° 9 : Rapport de mission effectuées dans le District du Haut-Uélé (page 02)

2

marchandises en provenance d' Ariwara et en exigeant les documents justificatifs d'origine des marchandises sensibles telles les Véhicules, Motos, Vélos carburants et autres

Quant aux Bureaux frontaliers de Aba et Batima, ils organisent des missions de recherche des infractions douanières dans les grands centres et carrières de leurs ressorts respectifs. Compte tenu de leurs nombres, les brigadiers sont souvent appuyés par la police Nationale Congolaise dans l'exécution de leur mission. Ils contrôlent dans ce cadre les documents des engins roulants, Vélos, Groupe électrogènes, Tronçonneuses, dépôt et commercialisation des Alcools et Parfums

III. IMPLANTATION DE LA BRIGADE DOUANIERE DANS LE HAUT - UELE.

1 Bureau d' Isiro

a) Surveillance Aero- Dépôts – Bureau agent et commandant- adjoint
b) Recherche / ville Ii Agents et 1 commandant – adjoint. La Brigade d' Isiro utilise au total 22 agents car les 2 commandants – Adjoints sont dirigés par un commandant

2. Bureau de Bitima

a) Dungu (siège provisoire du bureau)		07 agents
b) P.S Nebiapay(Bitima)		07 agents
c) PS Bangbi		03 Agents
d) Succursale Doruma		02 Agents
Total	:	**19 Agents**

3. bureau de Aba

a) Aba		06 Agents
b) P S 18 km		02 Agents
c) P S Kitambala		04 Agent
d) P S Durba		05 Agents
Total	:	**17 Agents**

C'est dire que la brigade Douanière utilise actuellement 58 Agents sur 78 que compte l' OFIDA dans le Haut – Uélé.

NB pour des raisons évidentes d'efficacité telles qu'expliquées en introduction, la Brigade douanière copte bientôt se déployer à Wamba qui est plus le siège d' un grand Diocèse, et renforcer sa mission de recherche à Durba- watsa et mieux surveiller l' aérodrome de Durba pour mieux cerner la portée des impôts et exports de Borgakim. Ainsi que les exploitations minières de EGIREX et maison MBANGA

III. DIFFICULTES RENCONTREES PAR LA BRIGADE DOUANIERE DANS LE HAUT- UELE

La Brigade Douanière qui devait, dans ce contexte actuel de manque de trafic avec le Soudan et la fermeture de l' Unibra à Isiro, être la principale source des recettes réalisées est placée dans la quasi totalité d'opérer. Pour cause

Annexe N° 10 : Rapport de mission effectuées dans le District du Haut-Uélé (page 03)

1 L' incompréhension ou l' ignorance de la loi- douanière la douane , c' est a la frontière « j' ai la déclaration de mes marchandises » ; »Ce n' est pas moi qui ai importé ces marchandises, , suivez l' importateur a Beni », « Mes marchandises sont exonerées » . voila les affirmations que la brigade rencontre souvent dans ses investigations Toute autre démarche est taxée de « tracasserie » , bien que légale. L'autorité souscrit de fois à ce schema avant méme d'obtenir les informations précises de la locale de l'agent (De l' OFIDA)

2. Les Agents de la Brigade douanière Les engages sont presque tous evolues à la Douane d'intimidation Ils sont difficiles a s'adapter aux nouvelles methodes de la douane du dialogue et de persuasion Quant aux brigadiers dont les dossiers sont en cours de régularisation, ils sont courageux, dynamiques et généralement intellectuel Mais manquent de la matière et de l'expérience pour convaincre

3 Les documents de travail pour être efficace ,tout responsable de la Brigade Douanière , à quelque niveau qu' il soit , doit être , outillé en Tarif Douanier, Législation Douanière et Instructions relatives a sa mission Curieusement, ces outils de travail manquent cruellement dans le Haut – Uélé Les moyens logistiques La Brigade Douanière, à l'instar de l'armée, ne peut accomplir sa mission que quand elle dispose de la logistique nécessaire dont les moyens de transport et de communication pour avoir l'appui sollicité au bon moment Ce qui n'est pas le cas pour le Haut – Uélé ou la recherche d'infraction devait primer sur la surveillance

5 L'Insécurité le long de la frontiere Soudanaise Cette situation rend cette frontière très perméable surtout qu'elle est artificielle Pour cerner la portée de cette question , il sied de noter que sur prés de 400 Kms de frontiere , l 4 OFIDA Haut -,Uele n' est présent qu' à 4 postes 18 Kms (Aba) , Bitima, Bangbi par exemple, la Brigade observe impuissante l' entrée du Sel , Vélos ? Produits pharmaceutiques, fournitures de bureau, ... et la sortie de l'huile de palme Elle ne perçoit pour la sortie du café selon la « clemence » du chef de groupement de la place Signalons que sur ce marche se vendent publiquement les armes et munitions (par bassin contre une farde de super match) au vu de tous, la brigade observe impuissante Le seul Brigadier qui a osé voir autrement les choses a été arrête , battu et oblige de parcourir à pieds et la nuit après la pluie dans une forêt dense, les 40 Kms separant ce marche à Bangadi,les mains bien ligotées par derriere IL témoignera peut –être un jour

IV LA FRAUDE DOUANIERE

Aprés notre séjour dans le District du Haut – Uele nous avons remarqués que la fraude douaniére est presente et organisée
Ses aspecrs sont du genre en nuire l'économie nationale et surtout le tresor public

1 **Les axes de la fraude**

a) Arıwara vers Isiro, il s'agit de cabotage etablit a Aru . Arıwara en passant par le bureau d' Aba pour être decharge a Iboko dans le territoire de Faradje(sont des marchandise non declarcee) Ces document de cabotage sont de nature à favoriser la Fraude d'autant plus que il n' y a jamais y eu du suivie au moins le contrôle (carburant, pile torches, Farine, Sucre) dont a la fin de compte, ces sont les produit d' achats qu' ont presentent sans l P.

b) Pour les marchandises en provenance de Beni et Butembo la situation est plus organisee de telle maniere que la Douane Haut-Uele est incapable d' agir faute de la connaissance en matiere Douaniere et en particulier la brigade Douaniere. Les transports sur entrepôt qu'on établies a Beni pour l' entrepôt de Butembo, cette marchandise se retrouve curieusement être versee sur le marché d' Isiro, notamment des motos, diverse marchandises etc, sont des marchandises sous- Douane s non déclaree. En annexe un document de référence sur un contentieux en charge de la procure de Wamba

c) Exportation :

1 Fraude minière : dans le territoire de Watsa, la societe Borgakim sporl.4854, avenue L±colonel Lukusa à Kin / Gombe Dont l'exploitation minière est implanté à Watsa dans le District de Uélé exporte l'Or en prenant le routing Watsa ,Bunia et Tanzanie sans formalité Douaniere en déclarant avoir exploitee les échantillons et ses importation sont couverte par l' autorisation permanente d' enlèvement d' urgence de 21 janvier 2004 de Kinshasa

2 Maison Mbanga. Dans le même ordre d' idee la maison Mbanga exploite depuis des années les diamants dans ce territoire et ses exportations n' ont jamais ete contrôler d' après le rapport du chef local de l' OFIDA Haut,- Uélé, cette maison n' a jamais exhiber les documents d' importations comme drogue et ses exportations en faisant routing Watsa Beni

3 La société Girex, appartenant a un sujet Ougandais, un homme de la place, cette maison exporte et importe d'une manière frauduleuse et sans inquiétude vers l'Ouganda

d) Dans le cadre des renseignements nous avons été informé qu'il y a eu importation de :
- Deux Antonov 12 (Showa à Kinshasa)
- Un petit porteur appartenant à ASF/ Aru

Ces avions entré par Isiro n'ont jamais été déclarés curieusement ils portent l'immatriculation 9Q de la République démocratique du Congo pour preuve voici les référence :

- Le petit porteur a l'entree venant du canada via Nairobi l'immatriculation etait de 5 Y ... au jour d'hui c'est 9QBC ASF/Aru sans declaration. Bureau d'entré c'était Isiro au jour d'hui cloué au sol par manque de l'autorisation de service de l'aéronautique civil
- Les Antonov Showa Référence

Annexe N° 12 : Rapport de mission effectuées dans le District du Haut-Uélé (page 06)

6

b) Exonération entrée par le bureau d' ISIRO

. RELEVE DES MARCHANDISE EN EXONERATION .

Date	Wagon ou Vehic	Propriétaire	Nature des Marchandises	Poids en Kgs	Pays d' origine	Document
14/05/004	Air Santair	CONSOLATA	2 Véhicule Hilux		Japon	exonéré
27/07/004	Air Meridien	+	Appareil d'imprimante	156		
	+	+	3 casiers glasses			
	+	+	16 Matelas			
	+	+	1 jute divers	60	Ouganda	
	+	+	Carton de divers			
	+	-	8 Paire pneus			
25/08/004	+	+	10 Vélos transporteurs		Ouganda	
19/09/004	+	+	2 Véhicule Hilux		Japon	
	+	+	28 sacs riz blancs			
	+	+	32 sacs sucres			
	+	+	10 Carton de Carreaux			
05/10/004	+	+	200 sacs de ciments	10 000	Ouganda	
	+	-	100 De sels marin			
	+	+	60 Sacs de soude caustique			
	+	+	6 Batteries			
12/10/2004	+	+	60 Matelas			
	+	+	5 Touques x150L			
	+	+	4 Bidon de couleurs			
	+	+	40 carton de divers			
25/10/2004	+	+	380 certons de divers			
	+	+	6 Ordinateurs			
	+	+	16 congélateurs			
	+	+	35 Vélos			
10/07/2004	Route	-	76 gîtes de coussins			

	+	+	1 Camion MAN			
15/07/2004	+ Santair	+ Medair	Divers avec plomb n° 07222655 Produits pharmaceutiques		Ouganda	
	-	+	3 Caisses décortiqueuses			
11/11/2004	Air Navette	+	970 Cartons produits pharmaceutiques			
17/11/2004	+	+	Produits pharma	1330		
1/10/2005	+	+	350 Ballons moustiquaires	8000		
12/02/2005	+	-	1142 Cartons produits pharmaceutiques	15100		

V . ORGANISATION D'UNE SEMINAIRE DE FORMATION.

Au regard des difficultés rencontrées par la brigade douanière énumérées ci-dessus et étant donné que les ressources humaines constituent le premier atout dans la réalisation des objectifs de toute entreprise , il a semblé important au bureau contrôle d' organiser du samedi 21/ 05 au mercredi 03 août 2005 un séminaire de formation à l' intention de tous les douaniers présents à Isiro , dont les agents de la Brigade Douanière

Le but du dit séminaire était de permettre à chaque Douanier de se situer dans l'organigramme de son Office, de connaître les tâches spécifiques assignées à son poste par l'Office ainsi que la manière de les accomplir.

Plusieurs thèmes ont été abordés au cours de ce séminaire, à savoir

1. Généralités sous ce thème, il a été question de la création de l' OFIDA , ses textes de base, ses missions et un bref historique du bureau recette d' Isiro

2. Organisation de l' OFIDA sur le plan National. Ici, l'occasion a été donnée de présenter l'organigramme National et Provincial de l' OFIDA ainsi que celui du bureau contrôle d' Isiro en détaillant jusqu' aux postes de surveillance pour que chaque agent se situe par rapport aux autres

3. Organigramme fonctionnel d'un bureau Recette Circuit de dédouanement. IL a été question ici de montrer comment un bureau recette fonctionne, et le schéma que suit une déclaration Douanière, quelque soit le régime, de l'arrivée de la marchandise à son départ des installation Douanière le cas particulier de l'enlèvement d'urgence à été abordé

4. Rôle de la recette Il s'est agit aussi bien des rôles confiés pour l' OFIDA (prise en charge , conception , validation , apurement) que par les législations connexes (perception pour compte de la DGI , de la FPI et de l' OGEFREM)

Annexe N° 14 : Rapport de mission effectuées dans le District du Haut-Uélé (page 08)

5. Les imprimés de valeur et leurs utilisations Vingt imprimés de valeur ont été sélectionnes parmi ceux utilisés par L' OFIDA Les imprimés sélectionnes sont susceptibles de se retrouver dans le Haut - Uélé. L' objectif etait d' informer les Douaniers (Brigadiers) des conditions aux auxquelles chaque imprime est utilise afin de dénicher les infractions éventuelles

6. La tenue des documents comptables. Tous documents comptables ont ete evoques ainsi que la manière de les tenir. Livre de caisse, journal de recettes constatées sans oublier les différents PV comptables

7. Rôles de la vérification. les deux etapes de la vérification (documentaire et physique), les pouvoirs confiés par le législateur au vérificateur, indices pouvant permettre au Vérificateur a découvrir des infractions douanières pendant la verification (CV)

8. Rôle de la brigade Douanière. Sa création, son organisation, ses missions, la methodologie à adopter lors des investigations, les différentes infractions douanières et leurs sanctions, les différents P.V utilises par la Brigades et le chemins que suit un dossier contentieux ont été abordes sous ce titre

IL convient de préciser que la formation dont ont beneficiee les Brigadiers presents à Isiro se sont déroules a deux phases. Dans la 1 ère Phase , il a éte question d' expliciter les principaux articles de la Législation douanière couvrant les actions de la brigade Douanière sur le terrain et ses pouvoirs d' actions (art 2 5 12 13 21 30 90 a109 du decret du 29 janvier 1949)

Dans la 2é phase, un complément sur les éléments de base du contentieux répressifs Douanier leur a été donne

Cette partie de la brigade a eté exposée par

1. Le contrôleur chef local de l' OFIDA à Isiro, Monsieur Clément ASSIA - ONDIA, Licencié en Mathématique et professeur assistant a la Faculte de Polyclinique de L'Unikin de 19887 à 1994 ,
2. L'Inspecteur de la Brigade, de la Provinciale Orientale, monsieur ISSA AMURI licencie en Economie Monétaire et Assistant a l' EFOBANC .

Par ailleurs, pour permettre a chaque agent de savoir ce quoi attend le cas où il violerait les clauses de la convention collective de l'Office, il nous a semblé important d'exposer « Le Régime disciplinaire ».

Les points obtenus par évacuation ainsi que la participation d'un chacun aux differentes seances en annexe nous ont permis de nous faire une idée objective de notre personnel

IV CONCLUSION ET SUGGESTIONS

La Brigade Douanière qui utilise plus de 74% des Agents de l' OFIDA dans le Haut - Uele est capable d'améliorer son rendement en dépit de l'environnement qui ne lui est pas

Annexe N° 15 : Rapport de mission effectuées dans le District du Haut-Uélé (page 09)

très favorable. Pour y parvenir, le Bureau contrôle sollicite l'appui de la Direction provinciale pour

1 In – forme, Former et Brasser les Brigadiers. Car la réussite dans toute l'entreprise reste tributaire de la qualité des ressources humaines. Les Brigadiers seront alors capable d'assumer avec maitrise leurs fonctions dans la courtoisie tout en ayant la matière et les outils (documentation) nécessaire pour convaincre. Etant donné que les Brigadier d' Isiro ont été formes par le bureau contrôle, le brassage devra commencer entre eux et leurs collègues d' ailleurs pour échange de connaissance et d' expérience en attendant d' autres dispositions de la Direction Provinciale

2 Vulgariser la loi Douanière. Cette vulgarisation devra s' effectuer par des conférences par des émissions radio diffusées, par des journaux (La colombe plus, le Coq). pour atteindre les autorités sensées appuyer la brigade Douaniere (district, Parquet , Sécurité civiles et Militaire, Police,.) Les opérations Economiques , les Diocèses ainsi que tous les Usagers de la douane. Les thèmes à aborder seraient : les moyens et méthodes utilisées pour la recherche des infractions douanières , leurs constations , la procedure à suivre dans le cas d' un dossier contentieux, les responsabilites en cas d' une infraction douaniere , les differentes infractions douaniere et leurs sanctions , le risque de refus de signer un PV douanier , les exonération ,

3 Redeploiement de la brigade douanière. Ce Bureau contrôle compte modifier le plan de déploiement de ce corps dans le Haut – Uele dans un tout proche avenir. Le nouveau plan de déploiement vise essentiellement à mieux couvrir les trois grands centres de consommation du district que sont Durba- Watsa et , Wamba et Isiro en y implantant des brigades de recherche dirigees par des commandants – adjoints un accent particulier serant également mis sur de Dokyo pour des raisons sus – evoquées . Ce plan présente l'avantage de diminuer l' effectif du personnel à Isiro pour epargner ce Bureau des nombreux problèmes sociaux

4 contrôle à destination. IL est possible , si pas certain, que des infractions soient commises dans l' utilisation des marchandises importées sous regime preferentiel dont l' exonération pour le cas spécifique du Haut- Uelé. Etant donne que ce contrôle ne s'est jamais effectué dans ce District du Haut – Uele de memoire d'homme, il faut une préparation minutieuse et un appui necessaire de la hierarchie avant de l'entamer surtout que manuscrit les population sous peine de s'attirer la colère des autorite (surtout coutumiere). IL s' agit de Médair, FOPERDA, MEMISSA et consolata (dont l' exonération a expire le 24.09.05) Le souhait du Bureau contrôle à Isiro demeure que le renouvellement de toute exonération soit subordonné à l' examen du rapport du contrôle à destination des marchandises importées par le Beneficiaire, des ordres de missions spéciales delivrés par la Direction Provinciale à cette fin nous debloquerons le chemin pour cette première fois

5 Mise en retraite. L'effectif des brigadiers est gonfle par des Agents amortis, limités physiquement pour accomplir les tâches de la Brigade. Il serait honnête de les remercier pour leurs services rendus à l'Office en les mettant en retraite. IL s'agit de

I MALABHU MOGO ne le 03/ 01/1916 et preste depuis le 02/01/1954 , matricule 201 407

II MANGNGU MONGA (matricule 201 387) ne le 12/12/1932 et preste depuis 08/11/1966

Annexe N° 16 : Rapport de mission effectuées dans le District du Haut-Uélé (page 10)

III MISSA GUGUNGBA (matricule 200 910) né le 08/08/1932 et preste depuis 08/11/1965

La Brigade sera encore plus efficace quant l'Etat Congolais assumera toutes ses responsabilités, plus spécialement en matière de la protection des Brigadiers pour permettre à l'Office de mieux les encadrer et les motiver.

V.DÉCISIONS PRISES À PROPOS DE LA TRACASSERIE DOUANIÈRE À ISIRO

Décision

1. IL a été demande au chef Local de supprimer la Taxe sur tout le Vélos qui était de 5 $ la pièce.

2. Au déchargement de la marchandise a libre pratique venant de Beni, Butembo et Ariwara , ils avaient imposés le paiement de 25 $ avant tout mouvement , celle- là a été aussi supprimer.

3. Nous avons optés pour le renforcement des actions de la Brigade Douanière sur le terrain et les Brigadiers devront être le modèle dans la discipline et la courtoisie.

Fait à Kisangani, le 05 octobre2005.

L'inspecteur de la Brigade à Kisangani
ISSA AMURI

Annexe N° 17 : Modèle d'Enlèvement d'Urgence 1 (illégal)

Vu à la recette

REPUBLIQUE DEMOCRATIQUE DU CONGO
O F I D A
OFFICE DES DOUANES ET ACCISES
DIRECTION GENERALE

Passage à OMBAYI

OFIDA

ORIGINAL

DEMANDE D'ENLEVEMENT D'URGENCE

Original à reproduire lors de la régularisation

Je soussigné (1) ARC EN-CIEL AGENCE EN DOUANE

Représentant (2) YASIN SUPER MARKET

Sollicite par la présente l'autorisation d'enlever d'urgence à (3) L'OFIDA/ADU/OMBAYI

Les marchandises (4) SUCRE DE CANNE

- TD 17.01.1190
- Colisage 500 Sacs 25.000 Kgs
- Valeur CIF Fc 1.733.317,19
- Montant total des droits Fc 721.060
- Faisant l'objet de LTA ou BL ou CDA LTDR 16577 du 26.04.08
- Motif d'enlèvement ATTENTE DE VERIFICATION PHYSIQUE

Je m'engage à produire à l'appui de la présente une déclaration brute ainsi que des moyens suffisants de vérification,

Je m'engage également à régulariser dans le délai maximum de 3 jours (15 jours pour les marchandises admises en exonération des droits) le présent enlèvement et prends acte de sa nullité s'il n'est pas utilisé dans les mêmes délais

Je déclare en outre avoir été informé que tout usage abusif de la présente autorisation cons tuerait une tentative d'importation frauduleuse, infraction prévue et punie par l'art 92 du Décret du 29 janvier 1949

CAUTION FOURNIE (5) Fc 721.060

Le demandeur
(Nom et signature en toutes lettres)

AGENCE EN DOUANE
ARC EN CIEL
SUCC. ... ARU
N.R.C 1827 BKV ID NAT 5/74 N44115
TRANSITAIRE OFFICIEL EN RDC

Le Directeur Provincial, L'Inspecteur Chef local
(Nom et signature en toutes lettres)

PATRICE / ITSAI.

OFIDA

Le 02/05/2008

REVOIS

(1) Indemnisation du commissionnaire en douane matricule OFIDA
(2) Identification de l'importateur
(3) Localisation de l'enlèvement
(4) Description sommaire des marchandises
(5) Nature de la caution fournie (numéraire)

1$ = 554,55 Fc

Voir UAJ OFIDA

Annexe N° 18 : Modèle d'Enlèvement d'Urgence 2 (illégal)

REPUBLIQUE DEMOCRATIQUE DU CONGO
O F I D A
OFFICE DES DOUANES ET ACCISES
DIRECTION GENERALE

Vu à la recette
21/04/08
ORIGINAL
Passage à OMBAYI

DEMANDE D'ENLEVEMENT D'URGENCE

Original à reproduire lors de la régularisation

Je soussigné (1) SANNERM / JACKSON MAÏESO

Représentant (2) : MUNGUFENI MWA

Sollicite par la présente l'autorisation d'enlever d'urgence à (3) OFIDA ARU

Les marchandises (4) : MOTOCYCLES.

- TD : 87 M 2000
- Coli sage 221 colis 25.875 Kgs.
- Valeur CIF : 7.006.222 FC
- Montant total des droits : 2.494.215 FC
- Faisant l'objet de LTA ou BL ou CDA OTOR 32732 du 19/04/2008
- Motif d'enlèvement : ATTENTE DE VERIFICATION PHYSIQUE

Je m'engage à produire à l'appui de la présente une déclaration brute ainsi que des moyens suffisants de vérification,
Je m'engage également à régulariser dans le délai maximum de 3 jours (15 jours pour les marchandises admises en exonération des droits) le présent enlèvement et prends acte de sa nullité s'il n'est pas utilisé dans les mêmes délais.
Je déclare en outre avoir été informé que tout usage abusif de la présente autorisation cons tuerait une tentative d'importation frauduleuse, infraction prévue et punie par l'art.92 du Décret du 29 janvier 1949.
CAUTION FOURNIE (5) : 2.494.215 FC

Le demandeur
(Nom et signature en toutes lettres)
SANNERM ARU
JACKSON MAÏESO

~~Le Directeur Provincial~~ / L'Inspecteur Chef local, a.i.
(Nom et signature en toutes lettres)
MAUTSHAI ADRIKO
21/04/2008

REVOIS :
(1) Indemnisation du commissionnaire en douane + matricule OFIDA
(2) Identification de l'importateur
(3) Localisation de l'enlèvement
(4) Description sommaire des marchandises
(5) Nature de la caution fournie (numéraire)
REPRODUCTION INTERDITE – OFIDA – 81.104 – Din A4 – 1

1$ = 554,27 Fc.
Véh = KAZU 955U / ZC 4760

Annexe N° 19 : L'Initiative sur la Transparence dans les Industries Extractives (Extractive industries Transparency Initiative)

Les pays riches en ressources naturelles (pétrole, gaz, minerais) sont souvent aussi des pays ayant des taux de pauvreté élevés. Devant ce constat, les ONG et les gouvernements se sont interrogés sur les moyens de mettre davantage au service des stratégies de développement des pays producteurs les recettes tirées des industries extractives.

L'EITI (Extractive Industries Transparency Initiative) a été présen-tée en septembre 2002, à l'initiative du Royaume-Uni, au Sommet mondial sur le développement durable. Elle a été acceptée en juin 2003 par le G8, à Evian. Son élaboration s'inspire de la campagne « Publish what you pay », lancée en 2001 par plusieurs ONG. Les engagements pris par les pays adhé-rant à l'EITI sont les suivants:

- les entreprises extractives doivent régulièrement publier l'ensemble de leurs transactions financières avec l'État;
- l'Etat doit de son côté publier le montant des recettes tirées de l'ensemble des industries extractives;
- les comptes des entreprises concernées doivent être soumis à un audit indépendant, appliquant une norme internationale ; cette mesu-re inclut les entreprises publiques;
- un plan de financement pour le développement doit être établi par les États, avec, en tant que de besoin, l'appui des institutions finan-cières internationales;
- la société civile doit être associée au processus.

L'EITI regroupait au 31 mai 2006, 22 pays, dont 14 pays d'Afrique sub-saharienne.

Source : Rapport Zone Franc 2005, Banque de France, Paris, p. 60.

BIBLIOGRAPHIE SELECTIVE

I. OUVRAGES GENERAUX

01. ADAM HOCHSHILD, *Les Fantômes de Léopold – Un holocauste oublié* (traduit de l'américain par Marie-Claude Elsen et Frank Stras-chitz), éd. Belfond, Paris, 1998, 439 pages.

02. ATLAS DE POCHE, éd. 4è trimestre 1971, s.e., imprimé en Tchécoslovaquie, 178 pages.

03. BONGELI Yeikelo ya Ato, Emile (Dr.Pr.), *Sociologie & sociologues africains – Pour une Recherche Sociale citoyenne Au Congo-Kinshasa*, Editions L'Harmattan, Paris, 2001, 188 pages.

04. BONGELI Yeikelo ya Ato, Emile (Dr.Pr.), *D'un Etat-bébé à un Etat congolais responsable*, L'Harmattan – Espace Kinshasa, Paris, 2008, 243 pages.

05. GRAWITZ, Madeleine, *Méthodes en sciences sociales*, Dalloz, Paris, 1996, 1140 pages.

06. HOUDU Michel et Hyacinthe RAVET, *in* Pierre Le Guérinel (dir.), *La Mon-dialisation*, éd. Ellipses, Paris, 2001, 86 pages.

07. Institut Vie et Paix, *Les causes socioéconomiques des conflits armés en Afrique Centrale et leur résolution : Cas du Congo-Brazzaville*, étude non éditée, Brazzaville, Décembre 2006, 100 pages.

08. JOYES Pierre et **LEWIN Rosine,** *Les Trusts au Congo*, Société Populaire d'Editions, Bruxelles, 1961, 318 pages.

09. LACLAVERE, Georges (dir.), *Atlas de la République du Zaïre*, Editions Jeune Afrique, 4è trimestre 1978, Paris, 72 pages.

10. Le Monde dans ma poche, Afriquespoir, Edition 2009, Kinshasa, 112 pages.

11. *Les Saintes Ecritures – Traduction du Monde Nouveau*, éd. Watchtower Bible and Tract Society of New York, inc, 1995, 1661 pages.

12. M'PLEKWA YOMPUTU YEYELE et alii, *Index Alphabétique du Code Pénal et Divers Textes de Loi à l'usage du Justiciable*, s.e., édition corrigée, complétée et mise à jour jusqu'au 31 mars 1982 par MUZAMA MATANSI K., Mbanza-Ngungu, 1976/1982, 199 pa-ges.

13. MANDJUMBA MWANYIMI-MBOMBA, *Chronologie générale de l'histoire du Zaïre (des origines à 1988)*, 2è édition revue, corrigée, aug-mentée éd. Centre de Recherches Pédagogiques, Kinshasa, 1989, 191 pages.

14. MEERSCH, E. van der (Colonel), *La Force Publique a 70 ans*, Service de l'Information et de l'Education des Forces Armées, Bruxelles, 1956, 19 pages.

15. MULUMA MUNANGA G. TIZI, Albert, *Le guide du chercheur en sciences sociales et humaines*, Les Editions Sogedes, Kinshasa, 2003, 200 pages.

16. MULUMBA KABUAYI wa BONDO, Freddy, *Réflexions sur la responsabilité des intellectuels dans la crise en R.D. Congo*, Editions Le Potentiel, Kinshasa, Janvier 2007, 58 pages.

17. NDAYWEL è NZIEM, Isidore, *Histoire générale du Congo : De l'héritage ancien à la République Démocratique du Congo*, Duculot/Afrique Editions, Bruxelles, 1998, 955 pages.

18. SHOMBA K. et TSHUND'OLELA E.S., *Méthodologie de la recherche scien-tifique*, M.E.S., Kinshasa, 2003, 168 pages.

19. ZALA Lihau N'KANZA, Sophie (Dr.Pr.), *Les origines sociales du sous-développement politique au Congo belge - De Padroado à la Loi Fondamentale (1482-1960)*, PUZ, Kinshasa, 1985, 411 pages.

II. OUVRAGES SPECIALISES

a. Douanes et Accises

01. BANZE NGOI, Tsadok, *Terminologie de la Douane et du Commerce Inter-national*, éd. Semences Merveilleuses, Lubumbashi, 1977, 352 pa-ges.

02. BERR C. J. et TREMEAU Henry, *Le droit douanier communautaire et na-tional*, 4ᵉ éd. Economica, Paris, 1997, 746 pages.

03. BUABUA wa KAYEMBE, Mathias, *Droit fiscal Congolais – La Législation Fiscale et Douanière en vigueur en RDC*, Editions Universitaires Africaines, Kinshasa, 2006, 264 pages.

04. CHAMBAS, Gérard, *Fiscalité de développement en Afrique Subsaharienne*, éd. Ministère de la Coopération/Economica, Paris, 1994, 152 pages.

05. DELDICQUE, Dominique, *Les éléments de base du contentieux répressif douanier*, cours polycopié et relié, cf. Division de la Formation - Ofida/DG, Kinshasa, s.a., 64 pages.

06. ECIBA w'ISSANGANINO, Yoram, *Le Régime des Exonérations Douanières en République Démocratique du Congo*, éd. Cedis, Kinshasa, 2002, 149 pages.

07. ECIBA w'ISSANGANINO, Yoram, *Vente Publique des Marchandises Aban-données Sous Douane – Aspects* juridiques, Imprimerie Cedi, s.e., Kinshasa, 2007, 173 pages.

08. EPONDO ESO ASOMANZOA, Pascal, *Un demi-siècle des négociations com-merciales pour un nouvel ordre économique mondial – De GATT à l'OMC*, éd. Cedi, Kinshasa, 2008, 197 pages.

08. KATENDE KANUMUANGI, Simon, *L'Office des Douanes et Accises face à l'évolution technologique : Quelle stratégie pour l'adaptation des ressources humaines?*, éd. CRPA/IPN, Kinshasa, 2003, 68 pages.

09. KEEN, Michael (dir.), *Moderniser la douane : Défis et stratégies de réforme de l'Administration* douanière, éd. FMI/OMD, Washington/Bruxelles, 2003, 201 pages.

10. MORSELLI, Bruno ; TIMINIAU, Jacqueline, *FRAUDES – Techniques et Répression dans le monde*, éd. Office International de Librairie (OIL), Liège, 1996, 485 pages.

11. OMD, *Convention de Johannesburg*, éd. OMD, Bruxelles, Juin 2003, 77 pages.

12. OMD, *Convention de Nairobi*, éd. OMD, Bruxelles, 1999, 87 pages.

13. OMD, *Déclaration d'Arusha (Tanzanie)* du Conseil de Coopération Douanière du 7 juillet 1993 (81ᵉ/82ᵉ Sessions du Conseil).

14. OMD, *Manuel sur les contrôles en Matière d'Evaluation en Douane (Diffusion Restreinte – Administrations seulement)*, Bruxelles (Révision juillet 1999), 100 pages (sélectionnées).

15. OMD, M.L.F. MALNATI & M.J. ALLEIN RICHIR (dir.), *Manuel de l'OMD destiné aux Enquêteurs sur la fraude* commerciale, éd. OMD/Equipe Fraude commerciale, Bruxelles, s.a.

16. Petit Dictionnaire de Douane et du Commerce Extérieur, éd. Librairie générale de droit et de jurisprudence, Paris, 1967, 127 pages.

17. PNE/OMD et Cie, *Manuel de Formation des Agents des Douanes – Protection de la Couche d'Ozone : Elimination progressive des SAO dans les pays en développement*, UNEP/Division Technologie, Industrie et Economie, Paris, 2001, 212 pages.

18. RENOUE, Jean-Claude, *LA DOUANE, Que sais-je ?*, 1ère édition PUF, Paris, Juillet 1989.

19. TAJ, Kacem, *Dédouanement des marchandises au Maroc – Réformes douani-ères - Guide Pratique*, 2ème édition, s.e., revue et corrigée, Impri-merie Najah El Jadida, Casablanca, 1996, 254 pages.

20. TAMBWE-MWAMBA, Alexis Stéphane, *Droit Douanier Zaïrois*, PUZ, Kin-shasa, 1996, 192 pages.

b. Droits de l'Homme et Conventions internationales

01. ABDUL-MEDJID (Sultan),« *Le Hatt-i hümayun (1856)* », *in infra art. cit.*, p. 173, § 2.

02. INTERPOL – OIPC, *Les Laboratoires clandestins de fabrication de Drogues : Ingrédients et Matériels* –, s.e., Paris, 1974, 96 pages.

03. MONTESQUIEU, Charles de Secondat, « *De l'esprit des lois (1748)*», in Walter LAQUEUR et Barry RUBIN (dir.), *art. cit.* p. 91.

04. NGONDANKOY NKOY-ea-LOONGYA, *Droit congolais des droits de l'homme*, éd. Academia Bruylant, Bruxelles, 2004, 483 pages.

05. ONU, *Convention Unique sur les Stupéfiants de 1961*, Nations Unies, New York, 1961, 49 pages.
06. ONU, *Convention des Nations Unies contre le Trafic Illicite des Stupéfiants et de Substances Psychotropes - 1988*, Nations Unies, New York, 1991, 32 pages.
07. WALTER LAQUEUR et BARRY RUBIN (dir.), *ANTHOLOGIE DES DROITS DE L'HOMME*, Nouveaux Horizons, 1979/1989, Paris, New York, 594 pages.

c. Management, Administration, Finances, Economie

01. ABOLIA, Jean-Marie, *Finances et Comptabilité de l'Etat en RDC – Principes, Pratique et Perspectives*, éd. BESIF, Janvier 2005, Kinshasa, 471 pages.
02. AGEFOS PME Rhône – Alpes, *Manager le changement Changer le manage-ment – L'Entreprise apprenante*, éd. Chronique Sociale, Lyon, 2001, 151 pages.
03. AMIEL Michel et autres, *Management de l'Administration*, 2è édition, De Boeck & Larcier, Bruxelles, 1998, 294 pages.
04. ANTOUN, Antoine (dir. HSD), *Le Livre de Manager - Théorie et pratique*, Ha-chette, Paris, 1988, 223 pages.
05. APPLEY, Lawrence A., (dir.), *Les classiques du Management, Bibliothèques du Management*, Léguge (France), 1970, 395 pages.
06. AURIAC J.-M. ; BOUGAULT H., *Economie de l'Entreprise*, 3è éd. Techni-plus, Paris, 1994, 165 pages.
07. BAKANDEJA wa MPUNGU, Grégoire, *Le Droit du commerce international – Les peurs justifiées de l'Afrique face à la mondialisation des mar-chés*, Afrique Editions et De Boeck Université, Kinshasa/Bruxelles/ Paris, 2001, 174 pages.
08. BARTOLI, Annie, *Le Management dans les organisations publiques*, Dunod, Paris, 1997, 300 pages.
09. BAUDHUIN, Ferdinand, *Précis de Finances Publiques – Tome II*, 4è éd. Ets Emile Bruylant, Bruxelles, 1966, 289 pages.
10. BERGERON, J. L. et alii, *Les aspects humains de l'Organisation*, Gaëtan Morin éditeur, Québec, 1979, 337 pages.
11. BEITONE Alain et Cie, *Dictionnaire des Sciences Economiques*, Armand Colin Editeur, 2è édition revue et augmentée, 2è tirage, Paris, 1995, 376 pages.
12. BRUNEAU, J.M. et PUJOS, J.F., *Le Management des connaissances dans l'entreprise : Ressources humaines et systèmes d'information*, Les Editions d'Organisation, Paris, 1992.
13. COHEN, Allan R., *MBA Management – Synthèse des meilleurs cours des grandes business schools*, éditions Nouveaux Horizons & Maxima, Paris, 1995, 470 pages.
14. COLLERETTE Pierre et autres, *Le Changement Organisationnel – THEO-RIE ET PRATIQUE*, Presses de l'Université du Québec, Québec, 1997, 173 pages.
15. DALE Ernest et MICHELON L.C., *Nouvelles méthodes de gestion des entre-prises*, Nouveaux Horizons, Paris, 1972, 370 pages.
16. DRUCKER, Peter F., *La pratique de la direction des entreprises*, Les Editions d'Organisation, Paris, 1957, 404 pages.
17. EMERSON, Harrington, dans *Les Classiques du Management, art. cit.*, p. 161.
18. FAYOL, Henri, *Administration industrielle et générale*, Dunod, Paris, 1962, 151 pages.
19. GEORGES R. Terry et Stephen G. Franklin, *Les Principes du Management*, 8è éd. Economica, Paris, 1985, 696 pages.
20. GUGLIEMI, Jean-Louis, *Les expériences de la politique monétaire*, Presses Universitaires de France, Collection SUP (Section « L'ECONO-MISTE »), Paris, 1973, 226 pages.
21. GUERRIEN, Bernard, *Dictionnaire d'Analyse Economique – microéconomie, macroéconomie, théorie des jeux, etc.*, éd. La découverte, 3è éd. revue et augmentée, Paris, 2002, 568 pages.
22. HELLRIEGEL and all, *Management des organisations*, éd. De Boeck Univer-sité & Larcier, Bruxelles, 1997, 693 pages.
23. INSTITUT DE GOREE, *Gérer pour l'auto-suffisance des organisations en Afrique*, édité par Piet Human et André Zaaiman, Dakar, 1995, 69 pages.

24. ISAFFO, Jean R., *La gestion des ressources humaines : un nouveau défi pour l'entreprise zaïroise*, Editions Cadicec-Uniapac-Zaïre, Kinshasa, 1990, 209 pages.

25. JACQUES, Elliot, *Intervention et changement dans l'entreprise*, éd. Dunod, Paris, 1972, 300 pages.

26. KATZ et **KAHN**, *The social psychology of organization*, dans AURIAC J.M. et BOUGAULT H. *Economie de l'entreprise*, *op. cit.*

27. KEPNER, C. et TREGOR, B., *Le Nouveau Manager Rationnel*, InterEditions, Paris, 1985, 221 pages.

28. KIDINDA SHANDUNGO (Ph.D.), *Principes Généraux de Management*, Edi-tions Centre de Recherche de l'Université Pédagogique Nationale (CERUP), Kinshasa, 2005, 164 pages.

29. LAFERRERE, Armand (dir.), *Finances Publiques – Les Notices, éd. La Docu-mentation française/Nos Librairies, Paris, 2000*, 192 pages.

30. LOÏC, Philip, *Finances Publiques*, Editions Cujas, 4è éd. revue et augmentée, Paris, 1992, 440 pages.

31. MABI MULUMBA (Dr.Pr.), *La monnaie* dans *l'économie*, Editions CEDI, Kinshasa, 2001, 350 pages.

32. MAGAIN, A., *Code des Finances et de la Comptabilité Publique. Tome I*, Les Editions Comptables, Commerciales et Financières, Bruxelles, 1946, 397 pages.

33. MARRE, Jean, *Entreprise de partage*, Guy Trédamiel éditeur, Paris, 1994, 199 pages.

34. MBILO BOMPATE, François, *L'entreprise publique congolaise face au défi du management moderne*, éd. FMB, Bruxelles/Kinshasa, 2002, 431 pages.

35. MINGOTAUD, François, *La fonction d'encadrement – Comment réussir*, Les Editions d'Organisation, Paris, 1989, 258 pages.

36. MINTZBERG, Henry (Dr.Pr.), *Structure & Dynamique des organisations*, éd. Les Editions d'Organisation, Paris, 1991, 434 pages.

37. MUZELLEC, Raymond, *Finances Publiques*, 13è édition Intégral Concours /Dalloz, Paris, 2004, 621 pages.

38. PHELIZON, Jean-François, *Lexique des termes économiques*, éd. Technique et Vulgarisation, Paris, 1970, 177 pages.

39. PROBST J.B. et alii, *Organisation et Management - Tome I : Structure de l'Organisation*, Les Editions d'Organisation, Paris, 1991, 182 pages.

40. SPIELMANN, Michel, *De la définition des postes à l'organigramme*, Les Editions d'Organisation, Paris, 1991, 223 pages.

41. STIGLITZ Joseph E. (Prix Nobel de l'économie) ; **CHARLTON Andrew**, *Pour un commerce mondial plus juste*, Nouveaux Horizons, Paris, 2005, 420 pages.

42. STRATEGOR, *Stratégie, Structure, Décision, Identité : Politique générale d'entreprise*, 2ème édition InterEditions, Paris, 1993, 615 pages.

43. VEDEL, Georges, *Droit administratif*, Presses Universitaires de France, Paris, 1961, 712 pages.

III. TEXTES DE LOIS, REGLEMENTS ET AUTRES DOCUMENTS

01. Arrêté Ministériel n° 11 du 30 mars 1968 portant réglementation de l'exercice de la profession de Commissionnaire en douane.

02. Arrêté Ministériel n° 019 bis/CAB/MIN/FIN/91 du 19 mars 1991 portant mesures d'exécution de l'Ordonnance-Loi n° 72-045 du 14 septembre 1972 portant création de l'Ecole Nationale des Finances (E.N.F.).

03. Arrêté Ministériel n° 056/CAB/MIN/AFF-ECNPF/00 du 28 mars 2000, portant réglementation du Commerce international des espèces de la faune et de la flore menacées d'extinction (CITES).

04. Arrêté Interministériel n° 021/2004 du 6 mai 2004 portant réglementation relative aux Importations, Réimportations, Exportations et Réexportations des substances qui appauvrissent la couche d'Ozone et des produits et/ou Equipements contenant de telles substances.

05. Arrêté Ministériel n° 1250/CAB/MIN/SP/AFF-ECNPF/00 du 19 juillet 2007, portant mesures applicables à l'usage et à la consommation du tabac et ses dérivés.

06. Arrêté ministériel n° 010/CAB/MIN/FINANCES/2008 du 21 août 2008 portant mesures d'exécution de la loi 08/002 du 16 mai 2008 modifiant et complétant l'ordonnance-loi n° 68/010 du 06 janvier 1968 relative aux droits d'accises et de consommation et au régime des boissons alcooliques.

07. Bulletin Africain, Bruxelles, de 1954.

08. Bulletin Officiel (de la Colonie), Bruxelles, de 1930, 1932, 1949.

09. Décret du 29 janvier 1949 portant Législation de douanes.

10. Décret-loi n° 003 du 27 mai 1997 relatif à l'organisation et à l'exercice du Pouvoir en RDC par l'AFDL.

11. Décret-Loi n° 017/2002 du 3 octobre 2002 portant Code de Conduite de l'Agent Public de l'Etat.

12. Décret n° 136/2002 du 30 octobre 2002 portant création, organisation et fonctionnement du « Comité de Pilotage de la Réforme des Entreprises Publiques », COPIREP.

13. Décret n° 075/2003 du 3 avril 2003 portant organisation et fonctionnement d'un service public dénommé '*Observatoire du Code d'Ethique Professionnelle*', en sigle « O.C.E.P. ».

14. Décret n° 03/27 du 16 septembre 2003 fixant les attributions des Ministères.

15. Décret n° 04/047 du 20 mai 2004 modifiant et complétant le Décret n° 136/2002 du 30 octobre 2002 portant création, organisation et fonctionnement du COPIREP.

16. Décret n° 05/183 du 30 décembre 2005 portant institution d'un Guichet Unique à l'Importation et à l'Exportation.

17. J.O. de la République du Zaïre, numéro spécial Cour des Comptes, septembre 1987.

18. J.O. de la République du Zaïre (numéro spécial) de juin 1991 portant textes coordonnés sur l'Inspection Générale des Finances (I.G.F.).

19. J.O. de la RDC (numéro spécial) du 20 septembre 2003 portant organisation et fonctionnement du Gouvernement de Transition ainsi que les modalités prati-ques de collaboration entre le Président de la République, les Vice-Présidents de la République, les Ministres et les Vice-Ministres.

20. J.O. de la RDC, *Reddition des Comptes 2004 : Observations de la Cour des Comptes relatives au Projet de Loi portant Arrêt des comptes et Règlement définitif du budget de l'Etat pour l'exercice 2004*, 46è année, Numéro Spécial Cour des Comptes, décembre 2005, 89 pages.

21. J.O. Spécial Cour des Comptes du 28 janvier 2005 (46è année) : *Reddition des comptes 1987, 1988, 2001 et 2002 – Cahier des Observations*, 303 pages.

22. J.O. Numéro Spécial du 21 juin 2005 (46è année) : *Rapports particuliers de la Cour des comptes*, 78 pages.

23. J.O. Numéro Spécial du 24 juin 2005 (46è année) : *Observations de la Cour des comptes relatives au projet de Loi portant Arrêt des comptes et Règlement définitif du Budget de l'Etat pour l'Exercice 2003*, 50 pages.

24. KALONGO MBIKAYI (Prof.), *Code Civil et Commercial Congolais (mis à jour au 31 mars 1997)*, Centre de Recherches et Diffusion Juridique, Kinshasa, 1997, 645 pages.

25. La Constitution de la République Démocratique du Congo promulguée le 18 février 2006.

26. Loi n° 78-002 du 16 janvier 1978 portant dispositions générales relatives aux entreprises publiques.

27. Loi Financière n° 83-003 du 23 février 1983, modifiée et complétée par l'Ordonnance-Loi n° 87-004 du 10 janvier 1987.

28. Lois n° 002/03 et 003/03 du 13 mars 2003 portant Tarifs des Droits et Taxes à l'importation et à l'exportation (1ère édition Avril 2003).

29. Loi n° 009/03 du 18 mars 2003 relative à l'évaluation en douane des marchan-dises en RDC.

30. Loi n° 04/011 du 5 juillet 2004 modifiant et complétant l'Ordonnance-loi n° 68/010 du 06 janvier 1968 relative aux Droits d'Accises et Consommation et au Régime des boissons alcooliques.

31. Loi n° 04/014 du 10 juillet 2004 modifiant et complétant la loi n° 002/2003 du 13 mars 2003 instituant un nouveau Tarif des droits et taxes à l'importation.

32. MPANYA B. MUKELENGE, Augustin, *Dictionnaire Juridique*, 1ère édition, Presses de l'Université de Kinshasa, 2005, 714 pages.

33. Ordonnance n° 33/245 du 31 juillet 1949 créant et organisant le Corps de « Gardes Frontières » au Congo belge.

34. Ordonnance n° 33/9 du 6 janvier 1950 portant règlement d'exécution du Décret du 29 janvier 1949.

35. Ordonnance n° 77 du 24 mai 1962 portant création de la « Brigade Financière » en exécution du Décret du 22 novembre 1926 portant création du « Corps de Police Administrative ».

36. Ordonnance-loi n° 68-010 du 6 janvier 1968 relative aux droits d'accises et de consommation et au régime des boissons alcooliques.

37. Ordonnance-Loi n° 72-045 du 14 septembre 1972 portant création de l'Ecole Nationale des Finances (de la RDC).

38. Ordonnance n° 78-302 du 6 juillet 1978 relative à la création de la Brigade Douanière (J.O. n° 14 du 15 juillet 1978, pp. 59-61).

39. Ordonnance n° 79/114 du 15 mai 1979 portant création et statut d'une entreprise publique dénommée « Office des Douanes et Accises », OFIDA (J.O. de la République du Zaïre n° 11 du 1er janvier 1978).

40. Ordonnance n° 87-323 du 15 septembre 1987 portant création de l'Inspection Générale des Finances, en abrégé «I.G.F.», telle que modifiée et complétée par l'Ordonnance n° 91-018 du 6 mars 1991.

41. Ordonnance n° 88-038 du 10 mars 1988 relative aux primes de contentieux payables aux Agents de l'OFIDA ainsi qu'aux Aviseurs.

42. Ordonnance-Loi n° 91-005 du 6 mars 1991 relative au Statut Judiciaire des Inspecteurs des Finances.

43. Ordonnance n° 91-019 du 6 mars 1991 portant règlement d'administration relatif à la carrière et aux fonctions d'Inspecteur des Finances.

IV. DOCUMENTS DE SERVICE « OFIDA »

01. Décision n° DG/SG/ADG/028/2003 du 23 mai 2003 portant Réorganisation de la Brigade Douanière.

02. Décision DG/CAB/PDG/99/001 portant Restructuration de la Division de la Brigade Douanière.

03. Instruction n° 86/0012 relative à la Procédure de Dédouanement en Exonération.

04. Instruction n° DG/DC/1574/88 du 16 décembre 1988 portant la Prime con-tentieuse.

05. Instruction n° DG/DA/89/2098 du 18 août 1989 relative à la réglementation de l'exercice de la profession de transport public routier des marchandises sous douane (TRD).

06. Instruction n° DG/PDG/DCx/004/295/2000 du 23 août 2000 relative à la Prime de Contentieux payable aux Agents de l'OFIDA ainsi qu'aux Aviseurs.

07. Instruction n° DG/SG/ADG/006/2003 du 126 mars 2003 relative aux mesures applicables à la prise en charge des marchandises à l'importation.

08. Instruction n° DG/DV/DT/ADG/002/07 du 07 février 2007 relative aux moda-lités d'application de l'Arrêté Interministériel n° 106/CAB/MIN/FINANCES et n° 004/CAB/104/MIN.CE/2006 du 16 juin 2006 portant règlement d'ap-plication du Contrat de Vérification avant embarquement des marchandises importées en République Démocratique du Congo.

09. Note de Service n° DG/PDG/001/98 du 5 janvier 1998 portant exécution des Divisions de la Brigade Douanière et des Statistiques et Documentation.

10. Note de Service n° DG/PDG/098/044 du 10 février 1998 relative aux Structures et Attributions de la Division de la Brigade Douanière.

11. Note de Service n° 096/DG/SG/ADG/2003 autorisant le redéploiement des Inspections de la Surveillance et de Recherche (de la Brigade Douanière).

12. Note n° DG/ADG/DCx/IB/356/0327/2003 du 12/12/2003, adressée à tous les Directeurs divisionnaires et provinciaux, relative à leur compétence pour transiger sur les dossiers contentieux dont le montant des droits à récupérer ne dépasse pas l'équivalent en francs congolais de 15 000 $ américains.

13. Note n° DG/SG/ADG/2003/096 du 12 mai 2003, concernant le « redéploiement des inspections ou services de la surveillance et de la recherche, adressée au Directeur Divisionnaire de la Brigade Douanière et à tous les Directeurs Provinciaux de l'OFIDA ».

14. Note n° DG/SG/ADG/2003/096 du 12 mai 2003, concernant le « redéploiement des inspections ou services de la surveillance et de la recherche, adressée à Monsieur le Directeur Provincial de l'OFIDA/BAS-CONGO ».

V. ENSEIGNEMENTS, SEMINAIRES, NOTES DE COURS DES DOUANES ET ACCISES

01. AFOTO ELENGA, Jean, *Politique Douanière*, cours inédit, Administration Douanière, ENAP, Kinshasa, 2003-2004.

02. AFOTO ELENGA, Jean, *Moyens et Méthodes de vérification & Lutte contre la fraude*, cours inédit, GIII Administration Douanière, ENAP, Kinshasa, 2003-2004.

03. BACIZA KASHEMA MUZIGWA, Aristide, *Psychologie de commandement*, cours inédit pour les Commandants de Bataillons et Compagnies, Centre Supérieur Militaire (CSM), Kinshasa/Ngaliema, 2003.

04. BANZA MWAMBA-KABILA, Gérard, *Comptabilité Douanière*, cours inédit, Finances Publiques, GII Douanes & Accises, ENF, Kinshasa, 1999-2000.

05. BARBE, C., Contentieux, cours à l'Ecole Nationale des Brigades des Douanes, La Rochelle, France, Janvier 1990, 108 pages.

06. BCeCo&UCOP - OFIDA, *Séminaire sur la Formation [andragogique] des Formateurs de l'Ofida (du 1er au 19 novembre 2005), Modules 1 à 9*, par CENACOF au QG de la Brigade Douanière à Kinshasa/Gombe.

07. BONGELI YEIKELO Ya Ato, Emile, *Leadership et management des cadres*, notes de cours-séminaire, DEA, Unikin, Chaire Unesco, 2001-2002.

08. BUNDU PHEMBA, Vital, *Législation Douanière*, cours inédit, Finances Publi-ques, Graduat Douanes & Accises/ENF, Kinshasa, 1999-2000.

09. Conférence Panafricaine (La 3è) des Ministres africains de la Fonction Publi-que sur la « *CHARTE DE LA FONCTION PUBLIQUE EN AFRIQUE* » tenue à Windhoek (Namibie) et signée le 05 février 2001 par le Ministre de la Fonction Publique de la RDC.

10. ECOLE NATIONALE DES DOUANES/Tourcoing, *Contentieux Douanier Vol. 2 - « Les pouvoirs des agents des douanes, la responsabilité et le règlement des affaires contentieuses » Titres III & IV*, support de cours édité par la Direction Nationale du Recrutement et de la Formation Professionnelle, 56è Session - année 2004, 180 pages.

11. KALALA MASIMANGO, René, *Contentieux Répressif Douanier et Accisien, notes de* cours inédit, Finances Publiques, Douanes & Accises, ENF, Kinshasa, 1999-2000.

12. KAZADI NDUBA, Jacques, *Management Economique Stratégique*, cours/ séminaire, DEA, Chaire Unesco, Unikin, Kinshasa, 2004.

13. KIESE-a-NGUNDA, Maximilien, *Politique Douanière II*, notes de cours de la 10è session de formation douanière des agents de l'OFIDA, Q.G. de la Brigade douanière, Kinshasa, 2005.

14. KIMPEMENE LUZOLO, Benoît, *Politique Douanière*, notes de cours inédit, Finances Publiques, Graduat Douanes & Accises, ENF, Kinshasa, 2000 - 2001.

15. KUBURANWA BIRIMWAMI, Joseph, *Légalisation des Accises*, notes de cours, 10e Session de formation des agents de l'OFIDA, Kinshasa, 2004.

16. LUTALADIO MBUTA, Carol, *Droit Administratif*, notes de cours inédit, Finances Publiques, II Douanes & Accises, ENF, Kinshasa, 1999-2000.

17. MASANGA NDWASI, Albert, *Organisation Générale des Douanes*, notes de cours, Finances Publiques, GII Douanes & Accises, ENF, Kinshasa, 1999-2000.

18. MBENZA MASUNDA, Faustin, *Législation Accisienne*, notes de cours inédit, Finances Publiques, GII Douanes & Accises, ENF, Kinshasa, 1999-2000.

19. MBOMY MALUKU, Jean-Denis, *Techniques Tarifaires I (Chap.1-24 ; 71-83)*, cours inédit, Finances Publiques, GII Douanes & Accises, ENF, Kin-shasa, 1999-2000.

20. **MBOMY MALUKU, Jean-Denis**, *Législations Connexes*, notes de cours inédit, Finances Publiques, GII Douanes & Accises, ENF, Kinshasa, 1999-2001.

21. **MOKINDI LIPEMBA, Hubert**, *Moyens et Méthodes de Vérification & Lutte contre la Fraude*, notes de cours inédit, Finances Publiques, GIII Douanes & Accises, ENF, Kinshasa, 2001-2002.

22. **MOKINDI LIPEMBA, Hubert**, *Techniques Tarifaires III (Chap.50-63)*, notes de cours inédit, Finances Publiques, GII Douanes & Accises, ENF, Kinshasa, 1999-2000.

23. **MUKANYA BULEME**, *Analyse des Systèmes*, cours inédit, Licence, faculté de Management, UNIC, 2003 – 2004.

24. **MUKENDI MUNTU, Pierre-Espoir**, *Théorie des Organisations*, cours inédit, Licence, Faculté de Management, UNIC, 2004 – 2005.

25. **MUPINGANAYI KADIAKUIDI, Bruno** (Dr.Pr.), *Ethique et Déontologie Professionnelle*, notes polycopiées du cours/séminaire DEA, Unikin, Chaire Unesco, Kinshasa, 2004, 19 pages.

26. **NGALALA MAPESA, Louis**, *Gestion des Ressources Humaines*, notes de cours, faculté d'Administration des Affaires et Sciences Economiques, Graduat UPC, Kinshasa, 2001-2002.

27. **NIANDA MALANDA, Désiré-Benoît**, *Techniques Tarifaires IV (Chap.84-97)*, notes de cours inédit, Finances Publiques, GIII Douanes & Accises, ENF, Kinshasa, 2000-2001.

28. **NSAKA CILOMBO, Joseph**, *Elaboration des Prévisions Budgétaires*, cours inédit, Finances publiques, GII Budget et Comptabilité Publique, ENF, Kinshasa, 2001-2002.

29. **N'SAMAN-o-LUTU, Oscar** (Ph.D.), *Questions Approfondies du Management*, notes de cours inédit, Licence, Faculté de Management, Université du CEPROMAD, Kinshasa, 2001.

30. **NZONZIMBU MALUPAMBA, Ghyslain**, *Valeur en douane*, notes de cours, Finances Publiques, GII Douanes & Accises, ENF, Kinshasa, 1999-2000.

31. **TSHIKAYA LUBILANJI, Jean-Pierre**, *Informatique Appliquée aux Douanes et Accises*, cours polycopié, GIII Douanes & Accises/ENF, Kinshasa, 2000-2001, 40 feuilles.

32. **YEMBE TAMFUM-TAWABA, Thomas-Adolphe**, *Diagnostic des Entrepri-ses*, notes de cours inédit, Licence, Faculté Management de l'Univer-sité du CEPROMAD, Kinshasa, 2001.

33. **YEZI PYANA-FUMU, Charles (Prof.)**, *Relations Internationales Africaines*, cours inédit, Licence, faculté de Droit, Unikin, Kinshasa, 2001-2002.

VI. THESES, DISSERTATIONS, TRAVAUX DE RECHERCHE ET INEDITS

a) Thèses et dissertations

01. **AZAMA LANA**, *Le régime des sociétés par actions en droit privé et en droit fiscal dans ses rapports avec les investissements sur le territoire de la République Zaïroise, de l'époque coloniale à nous jours*, thèse de Doctorat, Campus de Kinshasa, Faculté de Droit, Université Nationale du Zaïre, 1973.

02. **BANZA MALELA MAKUTA, Gabriel**, *Les aspects juridiques dans les enjeux de crises congolaises : des origines à nos jours (1860 – 2006)*, thèse de Doctorat, Unilu, faculté de Droit, 2008-2009, 1036 pages.

03. **KASINDI YIMBA, Symphorien**, *La performance d'une entreprise publique en RDC - Le Manager Juge et Jury – Voyage à travers l'Office des Douanes et Accises (OFIDA)*, dissertation DES, Faculté des Sciences Sociales, Politiques et Administratives (SSPA), Unikin, Kinshasa, 2003-2004, 218 pages.

04. **LELO-di-MBOKO, Roger**, *L'Internationalisation des Echanges Commerciaux et son Incidence Politique en République Démocratique du Congo – Intégration ou Marginalisation ? 1973 – 1994*, dissertation DES, Faculté des Sciences Sociales, Administratives et Politiques, Dépar-tement des Sciences Politiques et Administratives, Unikis, Kisangani, 2001-2002, 189 pages.

05. MANDA TCHEBWA, *Traite négrière, Esclavage et Musique dans les Petites Antilles Françaises (du XVè au XXè siècles) – Quête de la paix et de la restauration ontologique à travers la dialectique de la violence coloniale face aux droits humains-*, dissertation DES, Unikin, Chaire Unesco, Département 'Education et Culture de la Paix ', 2003-2005, Kinshasa, 268 pages.

06. MUAKA NDOMBE MAKULA, Justin, *La Douane comme instrument de protection des Droits de l'Homme*, dissertation DEA, Unikin, Chaire Unesco, Département Management économique et Droits de l'Homme, Kinshasa, 2001-2003, 232 pages.

07. ZUKA MON'DO UGONDA-LEMBA, Georges, *Management des Obligations et Régies Fiscales et Droits des Citoyens en République Démocratique du Congo – Pour la création d'une régie fiscale des Entités Adminis-tratives Décentralisées*, dissertation DES, Département Management économique et Droits de l'Homme, Unikin, Chaire Unesco, Kinshasa, 2001-2003, 201 pages.

b. Travaux de recherche et inédits

01. AFOTO ELENGA, Jean, *Analyse organisationnelle de la comptabilité dou-anière de l'Ofida (1979-2000)*, TFC, D&A, ENF, Kinshasa, 2001, 79 pages.

02. AFOTO ELENGA, Jean, *L'efficacité organisationnelle de la douane congo-laise sous l'Etat Indépendant du Congo (1885-1908)*, mémoire de Licence, faculté de Management, Université du CEPROMAD (UNIC), Kinshasa, 2002, 117 pages.

03. BAKALI BIYENE, Freddy, *L'autonomie de gestion de l'OFIDA face au pouvoir public (de 1979 à 2002)*, TFC, Finances Publiques, Douanes & Accises GIII, ENF, Kinshasa, 2001-2002, 42 pages.

04. BANGILA MATA, *Analyse critique de l'organisation et du fonctionnement du service de la recherche et répresion des infractions douanières de l'OFIDA 1990 – 1993*, TFC, Sciences Commerciales et Financières, ISIPA, Kinshasa, 1994, 64 pages.

05. BUNDU PHEMBA, Vital, *L'intérêt de la démarche économétrique en matière d'élaboration des prévisions budgétaires des recettes de l'Ofida*, mémoire de Licence, faculté des Sciences économiques, Département Economie pure, Unikin, Kinshasa, 2002-2003, 92 pages.

06. CEFORMAD/AMOUYE Nas N. Christian, *Formation en management des organisations – Module 1*, CEFORMAD, Kinshasa, 2002, 122 pages.

07. FATAKI BEBESE, *La fiscalisation du secteur stratégique de la vie nationale : Cas du secteur forestier*, Finances Publiques, TFC Impôts Directs et Indirects, ENF, Kinshasa, 2003-2004, 46 pages.

08. HEMEDI NGONGO, Emerson, *L'incidence du régime répressif des infrac-tions douanières sur les recettes de l'OFIDA entre 2004 – 2005*, TFC, Administration Douanière, ENAP, Kinshasa, 2004-2005, 41 pages.

09. ITONGWA MUTUMOYI, Innocent, *Structure et attributions de la Brigade Douanière suivant la Décision n° 001/DG/PDG/98 du 5 janvier 1998 : Essai d'analyse et suggestions*, TFC D&A, Finances Publiques, ENF, Kinshasa, 1997-1998, 111 pages.

10. KEBADIO KANDA, Charles, *L'incidence de la Brigade Douanière restruc-turée sur le comportement des usagers de la douane*, TFC, D&A, Finances Publiques, ENF, Kinshasa, 2000-2001, 34 pages.

11. MAKIADI K., Jacques-Larsson, *L'impact des droits de consommation dans les recettes douanières – « cas du Zaïre de 1989 à 1993 »*, mémoire de Licence, Sciences économiques appliquées, ULK, Kinshasa, 1993 – 1994, 144 pages.

12. MPONI BATIAKA, Julienne, *Approche d'une politique optimale pour la Brigade Douanière en RDC – Cas de la Brigade Douanière de Kinshasa*, TFC, Finances Publiques, Douanes & Accises, ENF, Kin-shasa, 2003-2004, 35 pages.

13. NZONZIMBU LUSASI, Benoît, *La Douane congolaise face à l'exportation du diamant (2001-2004)*, TFC, Finances Publiques, D&A, ENF, Kinsha-sa, 2004-2005, 63 pages.

14. TUTONDA BATANGUNA, Jacques, *Implication de la crise financière inter-nationale sur les perspectives de croissance économique de la RDC de 2006 à 2011*, mémoire de

Licence. Sciences commerciales et adminis-tratives. ISP/Gombe. 2008-2009. 79 pages.
15. VEKO ZELEBA, Marie-Claire, *Les indices de la fraude et leurs impacts sur la lutte contre la fraude douanière*. TFC. Finances Publiques. D & A. ENF. 2002 – 2003. 39 pages.

VII. ARTICLES ET RAPPORTS

01. ABDUL-MADJID (Sultan). « *Le Hatt-i hümayun (1856)* ». in *infra*. p. 173. §2.
02. AGENCE PRESSE ASSOCIEE (APA), 9è année. Edition n° 2410 du 08 juin 2009. Kinshasa. 16 pages.
03. ANAPI. *Investir en R.D.Congo*. Anapi. Kinshasa. 2005. 25 pages.
04. BCC, *Condensés d'Informations Statistiques* (2002-2005).
05. CONGO-AFRIQUE n° 389 de Novembre 2004. Kinshasa. 576 pages.
06. CONGO FISCALITE (Magazine économique) n° 001. 2008. Kinshasa. 27 pages.
07. CRANSTON, Maurice, « *Qu'est-ce que les Droits de l'Homme ?* ». *in* Walter Laqueur et Barry Rubin (dir.). *in supra*. pp. 25-27.
08. De SAINT MOULIN, Léon « *Préface* ». *in* MANDJUMBA MWANYIMI-MBOMBA. *Chronologie générale de l'histoire du Zaïre (des origines à 1988)*. 2è édition revue. corrigée. augmentée. éditions Centre de Recherches Pédagogiques. Kinshasa. 1989. p. 5.
09. DJUMA-PILI BABU, Eddie. *Le manque et ses effets pathologiques à l'Ofida*. étude et réflexions inédites. cf. Division de la Formation. DG/Ofida. 20 pages.
10. ENF-Diffusion (Mensuel des étudiants de l'ENF) n° 002. 2ème année. Kinshasa. Août 2000. 8 pages.
11. FLASH-IMPOT. Supplément de la revue « *MPAKO* » de la DGI. n° 20 du 26 juillet au 09 août 2005. 16 pages.
12. F.M.I.. *FINANCES et DEVELOPPEMENT (F&D)*. n° 003. Volume 40. Wa-shington. septembre 2003. 57 pages.
13. France-LANORD, Bruno. « Préface ». *in* Michel SPIELMANN. *De la défin-ition de poste à l'organigramme*. Les Editions d'Organisation. Paris. 1991. p. 15. 223 pages.
14. IRES, *CAHIERS ECONOMIQUES ET SOCIAUX N° 2 et 3*. Kinshasa. sep-tembre 1969.
15. Jeune Afrique Economie. « *Congo – Kinshasa : Le bois apportera-t-il un souffle nouveau à l'économie?* ». dans JAE du 3 au 16 mai 1999. p. 44. col. 3. 4.
16. KANUSHIPI wa KANUSHIPI, Fidèle. « *Le métier de douanier vu par un douanier moulé à l'ENF* ». dans *ENF-Diffusion* n° 002. 2e année. Kin-shasa. Août 2000. col. 2. p. 2.
17. LAFERRERE, Armand (dir.). *FINANCES PUBLIQUES*. La documentation française. Paris. 2000. 192 pages.
18. La RELANCE (Hebdomadaire d'informations économiques et culturelles) n° 09 du 1er juin 2005. Kinshasa. col. 1-5. 8 pages.
19. Le CHOC (Hebdomadaire). Edition spéciale. publi-reportage *OFIDA-DGDDI*. n° 430 du 18/4/2005. Brazzaville. 12 pages.
20. Le Libre Débat n° 042 de lundi 20 et mardi 21/12/2004. Kinshasa. 12 pages.
21. Le Libre Débat n° 043 du 22 et 23/12/2004. Kinshasa. 12 pages.
22. Le Libre Débat n° 450 du vendredi 1er février 2008. Kinshasa. 12 pages.
23. Le Phare n° 2703 du lundi 24/10/2005. Kinshasa. 16 pages.
24. Le Phare (Exlusivité) n° 3198-3199 (pp. 3-13). Kinshasa. du vendredi 02/11/ 2007. 16 pages.
25. Le Potentiel (Quotidien) n° 2327 du jeudi 20 septembre 2001. Kinshasa. p. 6. col. 3-5. Rapport d'audit dans les régies financières et entreprises publiques.
26. Le Potentiel (Quotidien) n° 3465 du lundi 4 juillet 2005. Kinshasa. 24 pages.
27. Le Potentiel (Quotidien) n° 4184 du lundi 26 novembre 2007. Kinshasa. 24 pages.
28. Le MANAGER n° 46 du lundi 21 janvier au lundi 04 février 2008 (3è année). Brazzaville. 12 pages.
29. Les Dépêches de Brazzaville (Quotidien) n° 801. du jeudi 20 août 2009. 12 pages.
30. MARCHES TROPICAUX – *Stratégies & Investissements en Afrique*. n° 3066. 59è année. Vendredi 20 août 2004. éd. Médiagrame. Paris. 1848 pages.

31. MEYER, Michel (Dr.Pr.), « *Qu'est-ce qu'un problème?* », *in SCIENCES ET AVENIR (Hors série) : La Science en 10 Questions*, Décembre 2002 à Janvier 2003, Paris, p. 55, 82 pages.
32. MONGAPA ALABOZANA, « Préface », dans M'PLEKWA et autres, *op. cit.*, p. 5, 199 pages.
33. OMD Actualités n° 57, OMD, Bruxelles, octobre 2008, 56 pages.
34. OMD, *Cadre des Normes visant à sécuriser et à faciliter le Commerce Mondial*, OMD, Bruxelles, Juin 2005.
*35. **Plaquette de la COUR DES COMPTES***, éd. Cedi, Kinshasa, 2005.
*36. **PNUE**, MODELES DE REUSSITE – L'Afrique et le Protocole de Montréal*, Nairobi, Décembre 2000, 23 pages.
37. Programme de réforme et de modernisation de l'OFIDA, 2005, 61 pages.
38. Rapports annuels de la Division des contentieux de l'OFIDA (1998 – 2004).
39. Rapports annuels de la Direction provinciale de la Brigade douanière de Kinshasa (1998 – 2004).
40. *REGARDS sur Kinshasa* (Magazine officiel trimestriel de l'Hôtel de Ville de Kinshasa), n° 3, Editeur SEAP, Paris/Kinshasa, Avril 2005, col. 1-6, 56 pages.
41. Réveillez-vous! n° 12 du 22 juin 2003, Vol. 84, éd. Les Témoins de Jéhovah.
42. Réveillez-vous! n° 5 du 20 mai 2008, Vol. 89, éd. *idem*, 32 pages.
43. Revue des DOUANES CONGOLAISES, n° 000, OFIDA/DG, Kinshasa, Juin 1999, 70 pages.
44. Revue des DOUANES CONGOLAISES, n° 004, OFIDA/DG, Kinshasa, mai 2004, 38 pages.
45. SOLIDARITE INTERNATIONALE (Revue), n° 139, Bruxelles, 22è année, décembre 1997.
46. VERHAEGEN, Benoît (Dr.Pr.), « La décolonisation économique du Congo », dans *La Relève* (Hebdomadaire belge) du 09 janvier 1960, cité par P. JOYES et R. LEWIN, dans *art. cit.*, p. 298.

VIII ENCYCLOPEDIES ET DICTIONNAIRES

01. Dictionnaire encyclopédique de finances publiques, Tome I, Paris, 1984.
02. Dictionnaire Universel, 2è édition Edicef/Hachette, Paris, 1995, 1504 pages.
03. Encyclopédie BORDAS, Société Générale d'Edition et de Diffusion (SGED), Paris, 1996, 5068 pages.
03. Larousse encyclopédique illustré, Librairie Larousse, Paris, 1997, 888 pages.
03. Nouveau LAROUSSE Universel – Vol. I, Librairie Larousse, Paris, 1974, 788 pages.

IX. WEBOGRAPHIE (Sites Internet)

01. http://www.coomd;org/ie/fr/sujetsDouaniers/Systèmeharmonise/rec/recozof.htm, le 19-04-2005.
02. http://learning.wcoomd.org/FR/universites.htm,le 23-07-2005.
03. http://lcarning.wcoomd.org/FR/formation_membres_programme_clearning_presentationfr.htm, 23-07-2005.
04. http://www.unep.org/ozone/ods-custums_codes, le 22-12-2005.
05. http://events.www.wcoomd.org, le 16-12-2005.
06. http://www.wikipédia.org/, dossier : MANAGEMENT.
07. http://www.kimberleyprocess.com le 20-05-2006
08. http://www.who.into/tobacco/healt_priority/fr/print.htlm 23-04-2009
09. http://www.who.into/features/factfiles/tobacco_epidermic/tobacco_epidemic_facts.. 23-04-2009

TABLE DES MATIERES

Préface 7
Avant-propos 11

INTRODUCTION GENERALE 15

Première Partie: DES ESQUISSES NOTIONNELLES ET DEFINITIONNELLES DES CONCEPTS-CLES : MANAGEMENT, BUDGET, BRIGADE DOUANIERE ET LUTTE CONTRE LA FRAUDE DOUANIERE 39

CHAPITRE I : DU CADRE CONCEPTUEL ET THEORIQUE D'ANALYSE 41

CHAPITRE II : LA VISION ORGANISATIONNELLE ET MANAGERIALE DE RECREATION DE LA BRIGADE DOUANIERE FACE A LA REFORME, MODERNISATION ET SON INTEGRATION SOUS-REGIONALE 80

CHAPITRE III : LE ROLE DE LA BRIGADE DOUANIERE DANS LE CADRE MACROECONOMIQUE DE LA RDC 213

CONCLUSION (Ière Partie) 251

Deuxième Partie : DE LA VERIFICATION ET DES SPECIFICITES TECHNIQUES, TECHNOLOGIQUES ET JURIDIQUES DES MATIERES DOUANIERES, ACCISIENNES ET CONNEXES 253

CHAPITRE IV : LES MOYENS D'INTERVENTION LEGAUX ET LE PROFIL DES SERVICES PUBLICS DANS LA LUTTE CONTRE LA FRAUDE 255

CHAPITRE V : LES DELITS DOUANIERS ET LEURS REGLEMENTS FACE A LA LOI 329

CHAPITRE VI : LA BRIGADE FACE AUX STATISTIQUES DES RECETTES, DES FRAUDES ET DES SAO 357

CONCLUSION (IIe Partie) 429

CONCLUSION GENERALE 431

ANNEXES 441

BIBLIOGRAPHIE 463

L'HARMATTAN, ITALIA
Via Degli Artisti 15 ; 10124 Torino

L'HARMATTAN HONGRIE
Könyvesbolt ; Kossuth L. u. 14-16
1053 Budapest

L'HARMATTAN BURKINA FASO
Rue 15.167 Route du Pô Patte d'oie
12 BP 226 Ouagadougou 12
(00226) 76 59 79 86

ESPACE L'HARMATTAN KINSHASA
Faculté des Sciences Sociales,
Politiques et Administratives
BP243, KIN XI ; Université de Kinshasa

L'HARMATTAN GUINÉE
Almamya Rue KA 028 en face du restaurant le cèdre
OKB agency BP 3470 Conakry
(00224) 60 20 85 08
harmattanguinee@yahoo.fr

L'HARMATTAN CÔTE D'IVOIRE
M. Etien N'dah Ahmon
Résidence Karl / cité des arts
Abidjan-Cocody 03 BP 1588 Abidjan 03
(00225) 05 77 87 31

L'HARMATTAN MAURITANIE
Espace El Kettab du livre francophone
N° 472 avenue Palais des Congrès
BP 316 Nouakchott
(00222) 63 25 980

L'HARMATTAN CAMEROUN
Immeuble Olympia face à la Camair
BP 11486 Yaoundé
(237) 458.67.00/976.61.66
harmattancam@yahoo.fr

L'HARMATTAN SÉNÉGAL
« Villa Rose », rue de Diourbel X G, Point E
BP 45034 Dakar FANN
(00221) 33 825 98 58 / 77 242 25 08
senharmattan@gmail.com

L'HARMATTAN MALI
Rue de Leipzig, face au Palais de la culture,
Porte 203, Badalabougou, Bamako
00 223 20 22 57 24 / 00 223 76 37 80 82
pp.harmattan@gmail.com

www.ingramcontent.com/pod-product-compliance
Lightning Source LLC
LaVergne TN
LVHW021140061026
849535LV00002B/304